Peter P. Eckstein

Angewandte Statistik mit SPSS

Praktische Einführung
für Wirtschaftswissenschaftler

6., überarbeitete Auflage

Bibliografische Information Der Deutschen Nationalbibliothek
Die Deutsche Nationalbibliothek verzeichnet diese Publikation in der
Deutschen Nationalbibliografie; detaillierte bibliografische Daten sind im Internet über
<http://dnb.d-nb.de> abrufbar.

Professor Dr. Peter P. Eckstein lehrt Statistik, Ökonometrie und Empirische Wirtschaftsforschung an der Hochschule für Technik und Wirtschaft Berlin.

1. Auflage 1997
.
.
.
5. Auflage 2006
6. Auflage 2008

Alle Rechte vorbehalten
© Betriebswirtschaftlicher Verlag Dr. Th. Gabler | GWV Fachverlage GmbH, Wiesbaden 2008

Lektorat: Jutta Hauser-Fahr | Renate Schilling

Der Gabler Verlag ist ein Unternehmen von Springer Science+Business Media.
www.gabler.de

Das Werk einschließlich aller seiner Teile ist urheberrechtlich geschützt. Jede Verwertung außerhalb der engen Grenzen des Urheberrechtsgesetzes ist ohne Zustimmung des Verlags unzulässig und strafbar. Das gilt insbesondere für Vervielfältigungen, Übersetzungen, Mikroverfilmungen und die Einspeicherung und Verarbeitung in elektronischen Systemen.

Die Wiedergabe von Gebrauchsnamen, Handelsnamen, Warenbezeichnungen usw. in diesem Werk berechtigt auch ohne besondere Kennzeichnung nicht zu der Annahme, dass solche Namen im Sinne der Warenzeichen- und Markenschutz-Gesetzgebung als frei zu betrachten wären und daher von jedermann benutzt werden dürften.

Umschlaggestaltung: Ulrike Weigel, www.CorporateDesignGroup.de
Druck und buchbinderische Verarbeitung: Wilhelm & Adam, Heusenstamm
Gedruckt auf säurefreiem und chlorfrei gebleichtem Papier
Printed in Germany

ISBN 978-3-8349-0823-0

Vorwort zur 6. Auflage

Die sechste, aktualisierte Auflage basiert auf der SPSS Version 15.0 für Windows in der deutschen Ausgabe. Die augenscheinlichsten Neuerungen sind zum einen softwarebedingte Veränderungen und zum anderen ein erweiterter Katalog von Übungs- und Klausuraufgaben sowie aktualisierte SPSS Daten-Dateien. Letztere stehen wiederum im Internet unter der im Anhang *A.3 Downloadbereich* angegebenen Adresse zur freien Verfügung. Zur Gewähr eines effektiven Selbststudiums wird in bewährter Tradition für den aktualisierten und erweiterten Katalog von Übungs- und Klausuraufgaben, die jeweils am Ende eines Kapitels zusammengestellt sind, im *Anhang D* eine vollständige Lösung angeboten.

Die vorliegende sechste Auflage wäre ohne die Unterstützung von geschätzten Damen und Herren nicht möglich gewesen. In diesem Zusammenhang gilt mein besonderer Dank: Frau Chef-Lektorin Jutta HAUSER-FAHR und Frau Renate SCHILLING für die Betreuung dieses Buchprojekts seitens des Verlages, Frau Professor Dr. Monika KUMMER und Herrn Professor Dr. Rudolf SWAT für die unschätzbaren Hinweise zur inhaltlichen Gestaltung des Buches. Herrn Diplom-Wirtschaftsinformatiker Frank STEINKE gilt meine kollegiale Wertschätzung für die Gestaltung und Betreuung des Downloadbereichs. Äußerst dankbar bin ich meiner geliebten Gattin für ihre Hilfe bei der Fertigstellung des Buches.

Berlin, im Februar 2008

Peter P. ECKSTEIN

Aus dem Vorwort zur 5. Auflage

Die fünfte, aktualisierte Auflage basiert auf der SPSS Version 14.0 für Windows in der deutschen Ausgabe. Die augenscheinlichsten Neuerungen sind eine paradigmenorientierte Einführung in die CRT-basierte und in die CHAID-basierte Klassifizierung von Merkmalträgern sowie in den SPSS Expert Modeler, der nunmehr eine einfachere Zeitreihenmodellierung ermöglicht.

Berlin, im September 2006

Peter P. ECKSTEIN

Aus dem Vorwort zur 4. Auflage

Die vierte, vollständig überarbeitete und erweiterte Auflage basiert auf der SPSS Version 12.0 für Windows in der deutschen Ausgabe. Die augenscheinlichsten Neuerungen sind eine inhaltliche Ergänzung des vierten Kapitels durch eine problemorientierte Einführung in die zweifaktorielle Varianzanalyse sowie eine inhaltliche Erweiterung durch zwei „neue" Kapitel, die Einführung in die Faktorenanalyse und in die Clusteranalyse zum Gegenstand haben.

Berlin, im Juni 2004

Peter P. ECKSTEIN

Aus dem Vorwort zur 3. Auflage

Die dritte, vollständig überarbeitete und erweiterte Auflage basiert auf der SPSS Version 10.0 für Windows. Die augenscheinlichsten Neuerungen sind zum einen eine elementare Einführung in die Reliabilitätsanalyse und zum anderen eine Reihe neuer praktischer Beispiele und Aufgaben, die eine nützliche und redundanzfreie Ergänzung zu dem von mir gleichsam im GABLER Verlag herausgegebenen SPSS Arbeitsbuch darstellen.

Berlin, im Oktober 2000

Peter P. ECKSTEIN

Aus dem Vorwort zur 2. Auflage

Die erstaunlich positive Resonanz, welche die erste Auflage erfuhr, bewog mich, mit der Verfügbarkeit der SPSS Version 8.0 für Windows die Angewandte Statistik mit SPSS in einer zweiten, vollständig überarbeiteten und erweiterten Auflage bereitzustellen. Die augenscheinlichsten Neuerungen sind ein Kapitel zur Zeitreihenanalyse sowie kapitelbezogene Übungs- und Klausuraufgaben mit vollständigen Lösungen. Zudem sind alle in der zweiten Auflage verwandten SPSS Datendateien im Internet für einen individuellen Abruf bereitgestellt.

Berlin, im April 1999

Peter P. ECKSTEIN

Aus dem Vorwort

„Statistik verstehen und anwenden" ist das Leitmotiv, unter dem dieses Lehrbuch klassische und moderne Verfahren der Deskriptiven und Induktiven Statistik sowie der Explorativen Datenanalyse unter Verwendung von SPSS 6.0 für Windows vermittelt. Der in diesem Buch angebotene Zugang zur Angewandten Statistik setzt Vorkenntnisse in der Deskriptiven und Induktiven Statistik sowie der Wahrscheinlichkeitsrechnung voraus. Erfahrungen im Umgang mit dem Programmpaket Windows erweisen sich als erforderlich.

Das vorliegende Buch, das in sechs Kapitel gegliedert ist, gleicht in seiner Anlage dem von mir verfassten und im GABLER Verlag erschienenen „Repetitorium Statistik". Die statistischen Verfahren werden kurz theoretisch eingeführt und anhand praktischer Problemstellungen demonstriert. Damit ist es nicht nur für Studierende in den Wirtschafts-, Sozial- und pädagogischen Wissenschaften ein hilfreiches Nachschlagewerk, sondern auch für alle, die in ihrer praktischen Arbeit bei der Aufbereitung und Analyse von Daten mit der Anwendung statistischer Verfahren konfrontiert werden.

Für meine Eltern Max und Elisabeth ECKSTEIN

Berlin, im März 1997

Peter P. ECKSTEIN

Inhaltsverzeichnis

1	**SPSS für Windows**	1
1.1	Wofür steht SPSS?	2
1.2	SPSS starten und beenden	3
1.3	SPSS Editoren und SPSS Viewer	4
	SPSS Daten-Editor	4
	SPSS Viewer	5
	SPSS Pivot-Tabellen-Editor	6
	SPSS Diagramm-Editor	7
1.4	SPSS Dialogfelder	8
1.5	SPSS Hilfesystem und SPSS Optionen	9
2	**SPSS Daten-Management**	11
2.1	Erstellen einer SPSS Daten-Datei	12
2.1.1	Datenerhebung	12
	Urlistenkonzept	13
	Fragebogenkonzept	16
2.1.2	SPSS Variablendefinition	20
2.1.3	Daten eingeben und speichern	26
2.2	Einlesen einer Daten-Datei	28
	Einlesen einer SPSS Daten-Datei	28
	Einlesen einer Microsoft Excel-Datei	29
2.3	SPSS Daten-Dateien bearbeiten	31
	Dateien zusammenfügen, Fälle hinzufügen	32
	Dateien zusammenfügen, Variablen hinzufügen	34
	Merkmalsträger nummerieren	35
	Variablenwerte berechnen für alle Merkmalsträger	37
	Variablenwerte berechnen für ausgewählte Merkmalsträger	38
	Variablen umkodieren	40
	Visuelles Klassieren	41
	Merkmalsträger auswählen und/oder löschen	44
	Duplikate identifizieren	47
	Daten aggregieren	48
	Aufgaben	50
3	**Verteilungsanalyse**	51
3.1	Kategoriale Verteilungsanalyse	52
3.1.1	Fragebogenauswertung	52

		Analyse von nominalen Einfachantworten	52
		Analyse von Mehrfachantworten, dichotome Methode	57
		Analyse eines ordinalen Erhebungsmerkmals	64
3.1.2		Test auf eine Gleichverteilung	67
		Chi-Quadrat-Anpassungstest auf eine Gleichverteilung	67
		Vorgegebenes und empirisches Signifikanzniveau	70
3.1.3		Test auf eine Binomialverteilung	74
3.2		Metrische Verteilungsanalyse	77
3.2.1		Explorative Datenanalyse	77
		Aufruf und SPSS Dialogfeld *Explorative Datenanalyse*	78
		Verteilungsparameter	79
		Histogramm	83
		Stem-and-Leaf Plot	84
		Box-and-Whisker Plot	86
		Normal Q-Q Plot	90
3.2.2		KOLMOGOROV-SMIRNOV-Anpassungstest	93
		Unvollständig spezifizierter Test auf eine Normalverteilung	94
		Vollständig spezifizierter Test auf eine POISSON-Verteilung	96
		Aufgaben	99
4	**Mittelwertanalyse**		101
4.1	Verfahrensüberblick		102
4.2	Ein-Stichproben-Verfahren		103
4.2.1	Ziehen einer Zufallsstichprobe		103
4.2.2	Einfacher t-Test		108
4.3	Zwei-Stichproben-Verfahren		112
4.3.1	t-Test für zwei unabhängige Stichproben		112
	Doppelter t-Test		112
	WELCH-Test		118
4.3.2	MANN-WHITNEY-U-Test		120
4.3.3	t-Test für zwei verbundene Stichproben		122
4.3.4	WILCOXON-Test		125
4.4	k-Stichproben-Verfahren		127
4.4.1	Einfaktorielle Varianzanalyse		127
	Einfache ANOVA bei varianzhomogenen Faktorgruppen		128
	Einfache ANOVA bei varianzinhomogenen Faktorgruppen		132
4.4.2	KRUSKAL-WALLIS-Test		135
4.4.3	Zweifaktorielle Varianzanalyse		137
4.5	CRT-basierter Klassifizierungsbaum		143
	Aufgaben		149

5	**Zusammenhangsanalyse**	151
5.1	Kontingenzanalyse	152
5.1.1	Kontingenztabelle	152
5.1.2	Chi-Quadrat-Unabhängigkeitstest	157
5.1.3	CHAID-basierter Klassifizierungsbaum	160
5.1.4	Kontingenzmaße	166
	Nominales Kontingenzmaß V nach CRAMÉR	167
	Ordinales Kontingenzmaß τ_c nach KENDALL	167
	Kontingenzmaß κ nach COHEN	169
5.2	Rangkorrelationsanalyse	171
5.3	Maßkorrelationsanalyse	174
	Bivariate Maßkorrelationsanalyse	175
	Unabhängigkeitstest für einen bivariaten Zufallsvektor	178
	Partielle Maßkorrelationsanalyse	180
	Aufgaben	183
6	**Regressionsanalyse**	185
6.1	Bivariate lineare Regression	186
6.2	Bivariate nichtlineare Regression	193
6.3	Multiple Regression	201
6.4	Logistische Regression	210
	Einfache logistische Regression	210
	Multiple logistische Regression	219
6.5	Lokale lineare Regression	223
	Aufgaben	227
7	**Zeitreihenanalyse**	229
7.1	Zeitreihen	230
	Zeitintervallreihe	231
	Zeitpunktreihe	234
7.2	Deskriptive Zeitreihenmodelle	235
7.2.1	Gleitende Durchschnitte	236
7.2.2	Trendfunktionen	239
	Einfache Trendfunktion	239
	Trendpolynom	242
7.2.3	Trend-Saison-Modelle	243
	Additives Trend-Saison-Modell	244
7.2.4	SPSS Expert Modeler	250
	Multiplikatives Trend-Saison-Modell	251
7.3	Stochastische Zeitreihenmodelle	254
7.3.1	AR(p)-Modelle	255

7.3.2	MA(q)-Modelle	263
7.3.3	ARMA(p, q)-Modelle	266
7.3.4	ARIMA(p, d, q)-Modelle	269
	Random Walk	271
7.3.5	BOX-JENKINS-Verfahren	275
	ARIMA-Modell ohne saisonale Parameter	277
	ARIMA-Modell mit saisonalen Parametern	280
	Aufgaben	283

8	**Reliabilitätsanalyse**	**285**
8.1	Grundbegriffe	286
8.2	Maßzahlen und Verfahren	288
8.2.1	MCNEMAR-Test	288
8.2.2	Phi-Koeffizient	289
8.2.3	Punktbiseriale Korrelation	291
8.2.4	CRONBACH´s Alpha	293
	Aufgaben	300

9	**Faktorenanalyse**	**301**
9.1	Grundprinzip	302
9.2	Faktoren-Extraktion	303
9.3	Faktoren-Rotation	311
9.4	Faktorwerte	315
	Aufgaben	319

10	**Clusteranalyse**	**321**
10.1	Grundprinzip und Verfahrensüberblick	322
10.2	Geometrische Klassifikation	325
10.3	Hierarchisch-agglomerative Klassifikation	329
10.4	Partitionierende Klassifikation	336
	Aufgaben	341

	Anhang	**343**
A	Verzeichnis der SPSS Daten-Dateien	344
A.1	Alphabetische Auflistung	344
A.2	Kapitelbezogene Auflistung	346
A.3	Datenzugriff via Internet	347
B	Empirisches Signifikanzniveau	348
C	Ausgewählte Grenz- und Elastizitätsfunktionen	349
D	Lösungen zu den Übungs- und Klausuraufgaben	350
E	Verzeichnis ausgewählter SPSS Funktionsgruppen	360

Stichwortverzeichnis	**361**

1

SPSS für Windows

Schlüsselwörter

SPSS Dialogfelder
SPSS Editoren
SPSS Funktionsaufruf
SPSS Hilfesystem

SPSS Module
SPSS Optionen
SPSS starten und beenden
SPSS Viewer

Zielstellung. Das Ziel dieses Kapitels besteht in der Vermittlung elementarer Kenntnisse über das Statistik-Software-Paket SPSS 15.0 für Windows in der deutschen Version unter Verwendung des Betriebssystems Windows XP.

Gegenstand. Den Gegenstand dieses Kapitels bilden Notizen zur Entwicklungsgeschichte von SPSS, zum modularen Aufbau von SPSS, zum Vorgang des Startens und Beendens von SPSS, zu den Arten und Zweckbestimmungen von SPSS Editoren und SPSS Fenstern, zur Nutzung des SPSS Viewer, zum Aufbau, zur Funktion und zur Handhabung von SPSS Dialogfeldern, zum SPSS Hilfesystem sowie zu den SPSS Optionen.

Einführung. Die einführenden Bemerkungen sind lediglich auf die Inhalte und Funktionen von SPSS 15.0 für Windows beschränkt, die für alle weiteren Betrachtungen von Bedeutung sind. Ausführliche Darstellungen hinsichtlich des Aufbaus und der Wirkungsweise von SPSS 15.0 für Windows sind den Handbüchern bzw. dem SPSS Hilfesystem zu entnehmen. ♣

1.1 Wofür steht SPSS?

Programmpaket. Die Fotomontage innerhalb der Abbildung 1.1-1 untermauert bildhaft, wofür SPSS steht: SPSS® für Windows ist ein umfassendes und leistungsfähiges System zur statistischen Analyse von Daten aus nahezu allen im Datenmanagement verwendeten Dateitypen. Analog zu den Software-Produkten der *Microsoft Corporation* basiert SPSS für Windows auf einer grafischen Benutzeroberfläche, übersichtlichen und aussagekräftigen Menüs sowie übersichtlich gestalteten Dialogfeldern, die eine praktische Arbeit mit SPSS wesentlich erleichtern. Die Präsentation der Analyseergebnisse kann in einfachen Tabellen, mehrdimensionalen Pivot-Tabellen und/oder semigrafischen bzw. hochauflösenden Grafiken bewerkstelligt werden.

Abbildung 1.1-1: SPSS für Windows

Abbreviatur. Die Abbreviatur SPSS stand ursprünglich für *Statistical Package for Social Sciences*. Die Einbindung von SPSS in das von der *Microsoft Corporation* entwickelte Betriebssystem *Windows* hat letztendlich wohl dazu beigetragen, dass das unterdessen als *registered TradeMark* vertriebene *SPSS für Windows* wegen seiner Nutzungsfreundlichkeit eine weltweit breite Anwendung gefunden hat, die sich nicht mehr nur auf die Wirtschafts- und Sozialwissenschaften beschränkt. Dies ist auch ein Grund dafür, warum heute die Abbreviatur SPSS für *Superior Performing Software System* steht.

Module. Die diesem Lehrbuch zugrundeliegende deutsche Version von SPSS 15.0 für Windows ist analog zu ihren „Vorgängern" modular aufgebaut und kann zudem noch durch Zusatzprodukte ergänzt werden.

> **Hinweis**: Die in diesem Lehrbuch gezeigten Anwendungen basieren ausschließlich auf den Modulen SPSS Base™, SPSS Tables™, SPSS Regression Models™, SPSS Advanced Models™, SPSS Missing Value Analysis™, SPSS Trends™, SPSS Exact Tests™, SPSS Classification Tree™ und SPSS Maps™. Gleichwohl solche SPSS Module bzw. Zusatzprodukte wie zum Beispiel SPSS Data Entry oder Answer Tree in der empirischen Wirtschafts- und Sozialforschung vor allem im Zuge der Erstellung und der statistischen Auswertung von Fragebögen eine breite Anwendung erfahren, finden sie wegen ihrer Komplexität in diesem Lehrbuch keine weitere Berücksichtigung. ♦

Werkzeuge. Neben der windowsbasierten und einfach zu bedienenden Benutzeroberfläche wird in SPSS eine breite Palette von Werkzeugen und Hilfsmitteln bereitgestellt, die in den folgenden Abschnitten skizziert werden. ♣

SPSS für Windows 3

1.2 SPSS starten und beenden

Voraussetzung. Die Nutzung von SPSS setzt seine ordnungsgemäße Installation unter einem der Microsoft Betriebssysteme (etwa Windows XP) voraus.

Sequenz. Für das Dokumentieren und für das Nachvollziehen von SPSS Funktionsaufrufen wird für die weiteren Betrachtungen gemäß Abbildung 1.2-1 die skizzierte Darstellungsform mit Hilfe einer so genannten Sequenz vereinbart.

Sequenz
Eine Sequenz ist eine Abfolge von SPSS Menüpunkten und/oder SPSS Funktionselementen zur plakativen Darstellung eines SPSS Funktionsaufrufes.

Hinweise. Für den Aufbau und für die Verwendung von Sequenzen sind die folgenden Hinweise nützlich: i) **Hauptmenüpunkt**. Der erstgenannte Menüpunkt in einer Sequenz bezieht sich stets auf das Hauptmenü im jeweiligen SPSS Anwendungsfenster bzw. SPSS Daten-Editor. ii) **Funktionselemente**. Die Menüpunkte innerhalb einer Sequenz, die stufenweise nach rechts versetzt wurden, kennzeichnen die jeweiligen Funktionselemente in den nachfolgend geöffneten SPSS Dialogfeldern. Dies sind in der Regel Schaltflächen oder Optionen, die entweder durch das Ziehen des Mauszeigers auf das jeweilige Funktionselement oder durch einen Klick mit der linken Maustaste aktiviert werden. iii) **Abbildung**. Die in diesem Lehrbuch aufgelisteten Sequenzen werden noch durch eine Abbildung ergänzt, die das SPSS Fenster bzw. SPSS Dialogfeld, das final geöffnet wurde, vollständig bzw. als Ausschnitt darstellt und somit ein Nachvollziehen der skizzierten Analyseschritte erleichtern soll. ♦

SPSS starten. Die Sequenz 1.2-1 skizziert den Vorgang des Startens von SPSS 15.0 für Windows.

       Sequenz 1.2-1: SPSS Starten
       Start
          Programme
             SPSS 15.0 für Windows → Abbildung 1.2-1

Abbildung 1.2-1: SPSS 15.0 für Windows, Eröffnungsbild

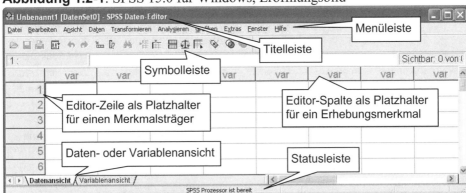

Die Abbildung 1.2-1 skizziert das nach dem Startvorgang im Windows Standardformat erscheinende Eröffnungsbild von SPSS für Windows, Version 15.0, deutsche Ausgabe, das im konkreten Fall in der Präsentation des SPSS Daten-Editors besteht. Zum Zwecke eines besseren Verständnisses des Aufbaus des SPSS Daten-Editors wurde zudem die Abbildung 1.2-1 noch durch Anmerkungen ergänzt, welche die Bestandteile des SPSS Daten-Editors markieren und benennen.

Abbildung 1.2-2: SPSS 15.0 für Windows beenden

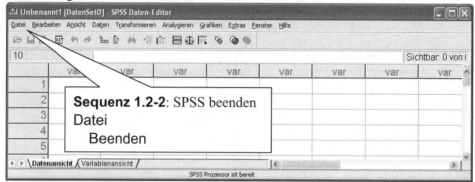

SPSS beenden. Über das schrittweise Aktivieren der Menüpunkte innerhalb der Sequenz 1.2-2 kann SPSS 15.0 für Windows beendet werden. ♣

1.3 SPSS Editoren und SPSS Viewer

Motivation. Die für SPSS 15.0 für Windows charakteristischen und für die weiteren Betrachtungen relevanten SPSS Editoren und der SPSS Viewer lassen sich wie folgt charakterisieren:

SPSS Daten-Editor

Der SPSS Daten-Editor ist ein Instrument (engl.: *tool*), mit dessen Hilfe hauptsächlich das SPSS Datei- und Datenmanagement bewerkstelligt wird. Das Kernstück des SPSS Daten-Editors ist ein in Zeilen und in Spalten aufgeteiltes Arbeitsblatt.

Hinweise. In der Arbeit mit dem SPSS Daten-Editor sind die folgenden Hinweise nützlich: i) **Komponenten**. Der SPSS Daten-Editor setzt sich aus den folgenden Komponenten zusammen, die in der Abbildung 1.2-1 zur leichteren Identifizierung jeweils mittels einer Legende markiert und kommentiert sind. Dies sind die **Titelleiste** *SPSS Daten-Editor*, die **Menüleiste** mit den Hauptmenü-Punkten *Datei, Bearbeiten, ..., Hilfe*, die **Symbolleiste**, deren Symbole (engl.: *icon(s)*) durch eine Kurzinformation (engl.: *short info*) erklärt werden und die Arbeit mit SPSS wesentlich vereinfachen und erleichtern, das **Arbeitsblatt**, das in Zeilen und Spalten aufgeteilt ist und die **Statusleiste**, die jeweils über den „aktuellen Zustand" des SPSS Systems informiert. Über die Statusleiste werden folgende Status-Informationen bereitgestellt: der **Befehlsstatus**, der zum Beispiel über die nach Aufruf einer Prozedur bereits verarbeiteten Fälle informiert, der **Filterstatus**, der darüber informiert, ob bestimmte Merkmalsträger einer SPSS Daten-Datei nach bestimmten Kriterien ausgewählt bzw. gefiltert wurden, der **Gewichtungsstatus**, der über eine vereinbarte Gewichtung von Merkmalswerten informiert und der **Aufspaltungsstatus**, der über die Gliederung einer SPSS Daten-Datei in Gruppen informiert. ii) **Zeilen**. Die Zeilen des Arbeitsblattes fungieren als Platzhalter für die statistischen Merkmalsträger γ_i einer statistischen Gesamtheit $\Gamma_n = \{\gamma_i, i = 1,2,...,n\}$. Die Anzahl der mit Daten (inklusive fehlenden Werten, engl.: *missing values*) belegten Arbeitsblattzeilen ist stets mit dem Umfang n der statistischen Gesamtheit Γ_n bzw. mit der grau unterlegten Zeilennummer identisch. iii) **Fälle**. Die Merkmalsträger $\gamma_i \in \Gamma_n$ werden in der SPSS Terminologie als Fälle (engl.: *case* → Fall) bezeichnet. iv) **Spalten**. Die Spalten des Arbeitsblattes fungieren als Platzhalter für die Erhebungsmerkmale, die in der SPSS Terminologie als Variablen bezeichnet werden und in der Kopfzeile des Arbeitsblattes durch die grau unterlegten Abbreviaturen *var* gekennzeichnet sind. In der praktischen Arbeit mit SPSS ist der Dateneingabe stets eine geeignete Variablendefinition vorzulagern. v) **Zelle**. Eine Arbeitsblattzelle (als Schnittmenge einer Arbeitsblattzeile und einer Arbeitsblattspalte) fungiert als Platzhalter für eine Ausprägung eines Erhebungsmerkmals eines Merkmalsträgers. Je nach Vereinbarung kann eine Merkmalsausprägung, also ein Zelleninhalt ein Begriff, ein Wert oder eine Datumsangabe sein. Merkmalsausprägungen als Zelleninhalte bezeichnet man auch als Daten. vi) **Daten-** oder **Variablenansicht**. Das Fenster des SPSS Daten-Editors wird mit Beginn einer SPSS Sitzung automatisch geöffnet. Zudem besteht gemäß Abbildung 1.2-1 die Möglichkeit, im SPSS Daten-Editor optional zwischen einer Daten- oder einer Variablenansicht zu wählen, indem man in der Status-Leiste jeweils die Schaltfläche *Datenansicht* bzw. *Variablenansicht* aktiviert. vii) **Datenmatrix**. Ein mit Daten „ausgefülltes" Arbeitsblatt bezeichnet man in Anlehnung an die lineare Algebra als Datenmatrix bzw. in Anlehnung an die Informatik auch als Tabelle (engl.: *spreadsheet*). Die Größe eines „ausgefüllten" Arbeitsblattes und damit die Größe der SPSS Daten-Datei hängt von der Speicherkapazität des verwendeten Rechners ab. viii) **Aktives Fenster**. Zu Beginn einer SPSS Sitzung ist der SPSS Daten-Editor stets ein aktives Fenster. Ein aktives Fenster ist ein aktuell ausgewähltes Fenster, das im Unterschied zu einem nicht aktiven Fenstern dadurch gekennzeichnet ist, dass seine Überschriftleiste farbig unterlegt ist. In SPSS 15.0 können mehrere Editor-Fenster gleichzeitig geöffnet werden. ix) **SPSS Daten-Datei**. Daten aus dem SPSS Daten-Editor können unter Verwendung des Dateiformats Daten-Datei, das durch die Extension **.sav* (engl.: *to save* → retten, schützen) kenntlich gemacht wird, gespeichert werden. ♦

SPSS Viewer
Der SPSS Viewer (engl.: *viewer* → (Dia)Betrachter) ist ein Instrument zur Präsentation von statistischen Auswertungsergebnissen in Gestalt von Tabellen, Kommentaren, Überschriften und/oder Diagrammen.

Hinweise. In der praktischen Arbeit mit dem SPSS Viewer sind die folgenden Hinweise nützlich: i) **Abbildung**. Die Abbildung 1.3-1 beinhaltet das Fenster des SPSS Viewers, das als eine Art „Schaufenster" für SPSS Ausgaben fungiert. Das Viewer-Fenster wird automatisch nach dem Aufruf einer Prozedur, die eine Ausgabe erzeugt, geöffnet. ii) **Aufbau**. Der Aufbau des SPSS Viewers ähnelt dem des SPSS Daten-Editors. Charakteristisch sind die unterschiedlich konstruierte Symbolleiste und das zweigeteilte Ausgabefenster. Während im linken Fensterflügel mit Hilfe eines *Navigators* die Ausgabestruktur angezeigt wird, beinhaltet der rechte Fensterflügel das eigentliche *Ausgabe-Fenster* für die jeweilig erstellten Tabellen und Diagramme. iii) **Hauptfenster**. Beachtenswert ist, dass (analog zum SPSS Daten-Editor) im SPSS Viewer mehrere Fenster gleichzeitig geöffnet werden können. Dabei ist ein *Hauptfenster* wohl zu unterscheiden von einem *aktiven Fenster*. Ein im SPSS Viewer neu geöffnetes Fenster fungiert automatisch als ein Haupt- und ein aktives Fenster. Während ein Hauptfenster in der Titelleiste des SPSS Daten-Editors bzw. des SPSS Viewers mit einem grünen Kreuz (✚) kenntlich gemacht wird, ist ein aktives Fenster stets an der farbig unterlegten Titelleiste zu erkennen. Jedes im SPSS Viewer geöffnete Fenster kann mittels Mausklick auf das Symbol ✚ in der Symbolleiste als Hauptfenster festgelegt werden. Dies hat den praktischen Vorteil, dass interessierende Ausgaben stets in das vereinbarte Hauptfenster „umgeleitet" und dort präsentiert werden können.

Abbildung 1.3-1: SPSS Viewer, festgelegt als Hauptfenster

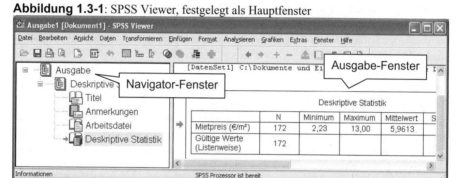

iv) **Viewer-Datei**. Viewer-Inhalte können in einer Ausgabedatei gespeichert werden. Ausgabedateien werden in SPSS unter dem Dateiformat Viewer-Dateien mit der Extension **.spo* (engl.: *SPSS object*) gespeichert. v) **Beispiel**. In der Abbildung 1.3-1 wurde im konkreten Fall im SPSS Viewer die Tabelle *Deskriptive Statistik* im linken Fenster per linken Mausklick ausgewählt und im rechten Fenster, das gleichzeitig aktives und Hauptfenster ist, durch einen roten Pfeil und einen Rahmen markiert. ♦

SPSS Pivot-Tabellen-Editor
Der SPSS Pivot-Tabellen-Editor ist ein Instrument zur Bearbeitung von Tabellen, die im SPSS Viewer ausgegeben und angezeigt werden.

Hinweise. In der praktischen Arbeit mit dem SPSS Pivot-Tabellen-Editor (frz.: *Pivot* → Drehzapfen, allgemein für drehen und bearbeiten) erweisen sich die folgenden Hinweise als hilfreich: i) **Aufruf**. Ist man daran interessiert, eine im SPSS Viewer ausgegebene Tabelle zu bearbeiten, kann man das gewünschte Pivot-Tabellen-Objekt via Doppelklick mit der linken Maustaste in den Pivot-Tabellen-Editor projizieren. ii) **Abbildung**. Die Abbildung 1.3-2 zeigt den SPSS Pivot-Tabellen-Editor, mit dessen Hilfe Tabellenausgaben auf vielfältige Art und Weise bearbeitet werden können. Ein Pivot-Tabellen-Objekt wird mit einer „gezackten" Umrandung markiert. Im konkreten Fall wurde im Ausgabe-Fenster die Tabelle innerhalb der Abbildung 1.3-1 bearbeitet, indem a) via Sequenz *Format* → *Schriftart* die Schriftart und die Schriftgröße der Tabellenüberschrift und der Tabelleninhalte verändert wurden, b) via Sequenz *Pivot* → *Zeilen und Spalten vertauschen* die Zeilen- und Spalten der Ausgabetabelle „pivotiert", also vertauscht wurden und c) via Sequenz *Format* → *Zelleneigenschaften* → *Wert* das Zahlenformat auf zwei Dezimalstellen nach dem Komma festgelegt wurde.

Abbildung 1.3-2: SPSS Pivot-Tabellen-Editor

iv) **Verlassen**. Der SPSS Pivot-Tabellen-Editor kann am einfachsten wie folgt verlassen werden: Den Mauszeiger auf eine beliebige Stelle außerhalb des markierten Bereichs der Pivot-Tabelle ziehen und die linke Maustaste klicken. Danach kehrt das System wieder in den SPSS Viewer zurück. ♦

SPSS Diagramm-Editor
Der SPSS Diagramm-Editor ist ein Instrument zur Bearbeitung von hochauflösenden Grafiken, die im SPSS Viewer ausgegeben und angezeigt werden.

Hinweise. Für die Nutzung des SPSS Diagramm-Editors erweisen sich die folgenden Hinweise als nützlich: i) **Aufruf**. Möchte man ein Diagramm bearbeiten, das im SPSS Viewer angezeigt wird, kann man das Diagramm via Doppelklick mit der linken Maustaste in den SPSS Diagramm-Editor projizieren. ii) **Abbildung**. Die Abbildung 1.3-3 zeigt die charakteristische Menü- und Symbol-Leiste des SPSS Diagramm-Editors. Der Diagramm-Editor fungiert in SPSS als eine Art „Staffelei" zur Bearbeitung und Speicherung von hochauflösenden Grafiken (engl.: *high resolution graphics*).

Abbildung 1.3-3: SPSS Diagramm-Editor

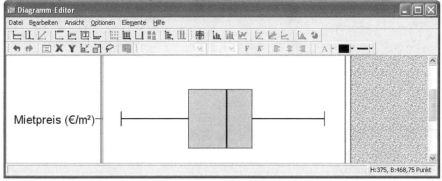

iii) **Bearbeitung**. Für die Bearbeitung einer SPSS Grafik stehen im Dialogfeld *Eigenschaften*, das sich automatisch nach einem Doppelklick mit der linken Maustaste öffnet, eine Vielzahl von Gestaltungsbausteinen zur Verfügung. Das Boxplot innerhalb der Abbildung 1.3-3 in Gestalt einer hochauflösenden Grafik wurde via Doppelklick mit der linken Maustaste vom SPSS Viewer in den SPSS Diagramm-Editor zur weiteren Bearbeitung projiziert. iv) **Templates**. Als vorteilhaft erweist sich die Arbeit mit Templates (engl.: *template* → Schablone), die man via Menüpunkt *Datei* individuell anlegen, speichern und applizieren kann. v) **Speichern**. Grafiken, die im SPSS Diagramm-Editor erstellt bzw. gestaltet wurden, können im SPSS Viewer als SPSS Objekte mit der Extension *.spo* gespeichert werden. vi) **Exportieren**. Via *Bearbeiten, Diagramm kopieren* können SPSS Grafiken in verschiedenen Grafik-Formaten in andere Anwendungen (etwa in Microsoft Word oder Microsoft Power Point) exportiert werden. vii) **Schließen**. Das Schließen des SPSS Viewers bzw. des SPSS Diagramm-Editors realisiert man am einfachsten über die Menüpunkte *Datei, Schließen*. ♦

1.4 SPSS Dialogfelder

Motivation. Analog zu Windows-Anwendungen ist es auch in SPSS möglich, über die Menüpunkte in der Hauptmenü-Leiste des jeweiligen SPSS Editors *Dialogfelder* zu öffnen. Ein SPSS Dialogfeld kann wie folgt charakterisiert werden:

SPSS Dialogfeld
Ein SPSS Dialogfeld ist ein spezielles SPSS Fenster, das als „Kommunikationsplattform" zwischen dem SPSS System und dem SPSS Nutzer fungiert.

Sequenz 1.4-1: Dialogfeld *Häufigkeiten*
Analysieren
   Deskriptive Statistik
      Häufigkeiten → Abbildung 1.4-1

Abbildung 1.4-1: Dialogfelder *Häufigkeiten*

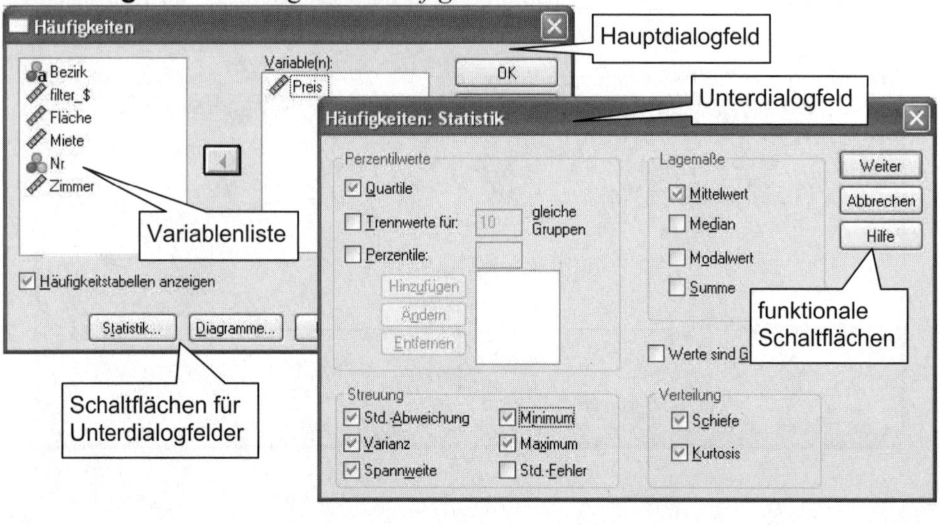

Hinweise. In der praktischen Arbeit mit SPSS Dialogfeldern sind die folgenden Hinweise nützlich: i) **Arten**. In SPSS werden zwei Arten von Dialogfeldern unterschieden: die so genannten *Hauptdialogfelder* und die so genannten *Unterdialogfelder*. ii) **Grundaufbau**. SPSS Hauptdialogfelder bestehen im Allgemeinen aus den folgenden Elementen: a) aus einer linksseitig platzierten *Variablenliste*, in der alle in der Arbeitsdatei definierten Variablen aufgelistet werden, b) aus einer zentriert platzierten und in der Regel mit *Variable(n)* überschriebenen Rubrik, in der die für eine Analyse ausgewählten Variablen aufgelistet werden und c) aus rechtsseitig bzw. unten platzierten *Befehlsschaltflächen*, die bestimmte Aktionen auslösen bzw. mit deren Hilfe *Unterdialogfelder* aufgerufen werden können. iii) **Beispiel**. Die Abbildung 1.4-1 beinhaltet das via Sequenz 1.4-1 geöffnete Hauptdialogfeld *Häufigkeiten* und das zugehörige Unterdialogfeld *Häufigkeiten: Statistik*, das via Schaltfläche *Statistik...* aktiviert werden kann. Im konkreten Fall wurden für die metrisch skalierte Variable *Preis* (aus der SPSS Datendatei *BerlinerMieten.sav*) die drei Mietpreisquartile, das arithmetische Mittel und die Standardabweichung angefordert. iv) **Charakteristik**. Hauptdialogfelder sind stets durch die Schaltfläche *OK*, Unterdialogfelder durch die Schaltfläche *Weiter* kenntlich gemacht. ♦

1.5 SPSS Hilfesystem und SPSS Optionen

Motivation. Für die Arbeit mit SPSS erweist sich das SPSS Hilfesystem als äußerst vorteilhaft, das gemäß Abbildung 1.5-1 via Sequenz 1.5-1 oder durch das Betätigen der Funktionstaste F1 auf der Tastatur angefordert werden kann.

Abbildung 1.5-1: SPSS Hilfesystem

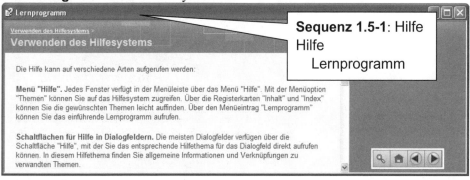

Aus dem umfangreichen Angebot können die gewünschten Informationen ausgesucht werden, derer man bedarf. Je nach Erfordernis können die angezeigten Hilfetexte durch das Betätigen der Schaltfläche *Drucken* ausgedruckt werden. Mit Hilfe der Schaltfläche *Schließen* bzw. über die Taste *ESCape* (engl.: *to escape* → entfliehen) gelangt man wieder in das übergeordnete Dialogfeld. Analog kann man sich das *SPSS Lernprogramm* oder den *SPSS Statistik-Assistenten* zu Nutze machen, die nützliche statistisch-methodische Hilfestellungen bei der Lösung von praktischen Problemstellungen gewähren.

Kontextbezogene Hilfe. Eine kontextbezogene Hilfe kann gemäß Abbildung 1.4-1 zum Beispiel in einem Dialogfeld via Schaltfläche *Hilfe* angefordert werden. Eine kontextbezogene Hilfe kann analog zum Abschnitt 1.3 auch in einem der dargestellten SPSS Editoren angefordert werden, indem man den Mauszeiger auf den interessierenden Begriff platziert und die rechte Maustaste betätigt. Kontextbezogene Hilfen besitzen den Vorteil, dass man sich zu jeder Zeit schnell und ohne großen Aufwand eine kurze und leicht verständliche Erläuterung eines statistischen Begriffes, Verfahrens oder einer Maßzahl zu Eigen machen kann.

Schließen. Wird das SPSS Hilfesystem nicht mehr benötigt, kann es via Schaltfläche *Abbrechen* bzw. via Windows-Schaltfläche ☒ verlassen werden.

Systemeinstellungen. Der prozedurale Ablauf wird in SPSS durch Systemeinstellungen organisiert. Dies betrifft sowohl die programminternen Berechnungen als auch deren Protokollierung in Text-, Tabellen- oder Grafikausgaben.

> **Sequenz 1.5-2**: Optionen
> **Bearbeiten**
> Optionen → Abbildung 1.5-2

Abbildung 1.5-2: SPSS Dialogfeld *Optionen*

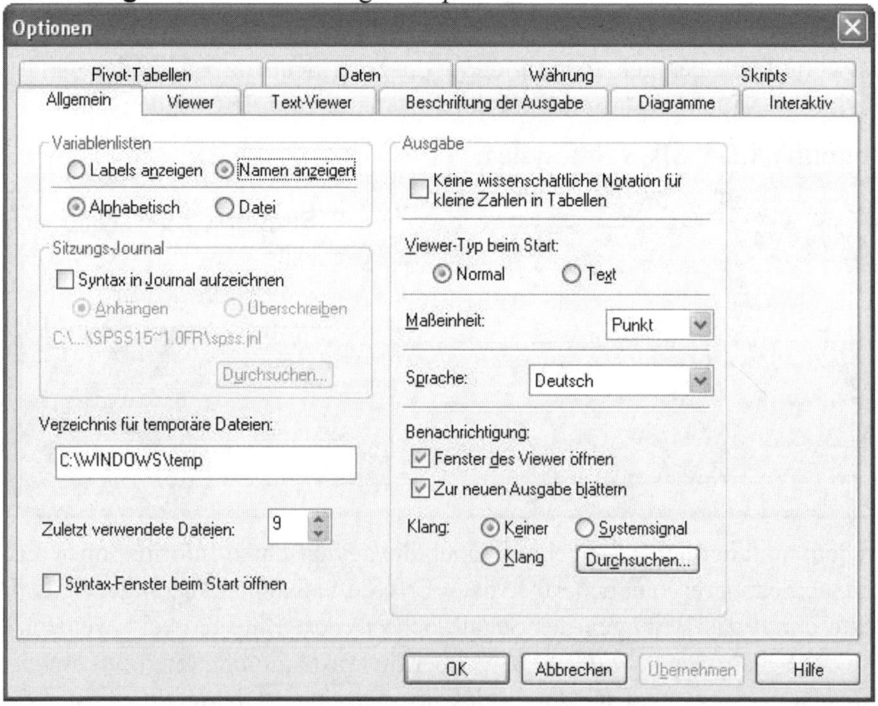

Via Sequenz 1.5-2 ist es möglich, anhand übersichtlich gestalteter Dialogfelder Voreinstellungen zu verändern und individuellen Bedürfnissen anzupassen, etwa derart, dass man eine Variablenliste innerhalb eines Dialogfeldes stets mit den vereinbarten und alphabetisch geordneten Variablennamen vorfindet. ♣

2

SPSS Daten-Management

Schlüsselwörter

Daten eingeben
Daten-Datei einlesen
Fragebogen
SPSS Daten-Datei bearbeiten

SPSS Daten-Datei speichern
SPSS Daten-Editor
SPSS Variable definieren
Urliste

Gegenstand. Dieses Kapitel hat eine elementare, problemorientierte und exemplarische Einführung in das SPSS Datei- und SPSS Daten-Management zum Gegenstand. Das SPSS Datei-Management kann im Wesentlichen durch die folgenden zwei Arbeitsweisen charakterisiert werden: i) Erstellen einer SPSS Daten-Datei auf der Grundlage von Ausgangsdaten, die nicht in einer Daten-Datei gespeichert sind. ii) Einlesen von Daten, die bereits in einer SPSS Daten-Datei oder in einer Datenbank-, Daten- oder Text-Datei gespeichert sind.

Konzepte. Sowohl das SPSS Datei- als auch das SPSS Daten-Management werden paradigmatisch auf der Grundlage des Miet(en)spiegel- und Fragebogenkonzepts an praktischen Sachverhalten demonstriert und kommentiert. Darin eingeschlossen sind die Arbeit mit dem SPSS Daten-Editor, das Definieren von SPSS Variablen, das Eingeben von Daten über die Tastatur, das Einlesen von Daten aus bereits existierenden SPSS Daten-Dateien, Excel-Dateien oder Text-Dateien, das Speichern von Daten und/oder Objekten, das Bearbeiten von Daten in Form des Berechnens und Umkodierens von Variablen, das Nummerieren und das Auswählen bzw. „Filtern" von Merkmalsträgern sowie das Identifizieren von Merkmalsträger-Duplikaten und schließlich und endlich das Zusammenfügen und das Aggregieren von SPSS Daten-Dateien. ♣

2.1 Erstellen einer SPSS Daten-Datei

Motivation. In der Angewandten Statistik mit SPSS im Allgemeinen und in der empirischen Wirtschafts- und Sozialforschung im Speziellen kommt dem Vorgang des Erstellens einer SPSS Daten-Datei auf der Basis von primärstatistisch erhobenen Daten eine besondere praktische Bedeutung zu. Beim Erstellen einer SPSS Daten-Datei erweist sich der SPSS Daten-Editor, der im Abschnitt 1.3 skizziert und in der Abbildung 1.2-1 dargestellt wurde, als ein als hilfreiches Instrument. Ein gleichermaßen sehr nützliches Werkzeug ist das Datensammlungsmodul *SPSS Data Entry^{TM}*, das in diesem Lehrbuch einzig und allein aus „Platzgründen" keine exemplarische Anwendung erfahren kann. ♣

2.1.1 Datenerhebung

Motivation. Aus der Vielzahl der vor allem in der empirischen Wirtschafts- und Sozialforschung applizierten Datenerhebungskonzepte im Kontext einer statistischen Primärerhebung werden im Folgenden exemplarisch das *Urlistenkonzept* und das *Fragebogenkonzept* jeweils anhand eines praktischen Sachverhalts skizziert und demonstriert.

Datenbegriff. Dabei wird in Anlehnung an die Begriffswelt der Informatik der statistische Datenbegriff inhaltlich wie folgt gefasst:

Datenbegriff

Statistisch erhobene Eigenschaften von Merkmalsträgern (engl.: *case(s)*) einer sachlich, örtlich und zeitlich abgegrenzten statistischen Gesamtheit heißen *Merkmale*. Aussagen über Merkmale heißen Merkmalsausprägungen. Merkmalsausprägungen, die für die automatisierte statistische Verarbeitung unter SPSS formalisiert werden, heißen Daten. Die für die Erhebungsmerkmale eines Merkmalsträgers aufbereiteten Daten bilden einen Datensatz. Die Menge aller im Kontext einer statistischen Primärerhebung erfassten merkmalsträgerspezifischen Datensätze bilden eine SPSS Datendatei.

Grundbegriffe. Aufgrund dessen, dass SPSS seinem Wesen nach ein merkmalsträgerorientiertes Statistik-Programm-Paket ist, kommt einem exakten Umgang mit den statistischen Grundbegriffen[1] *Merkmalsträger*, *Grundgesamtheit*, *Zufallsstichprobe*, *Identifikations-* und *Erhebungsmerkmal*, *Merkmalsausprägung*, *Urliste*, *Skala*, *Skalierung und Kodierung* sowie den Konzepten *Datenerhebung*, *Verteilungsanalyse*, *Stichproben-*, *Schätz- und Testverfahren* eine besondere praktische und theoretische Bedeutung zu. ♣

---

[1] Eine Einführung in die statistischen Grundbegriffe und Analysekonzepte findet man u.a. bei ECKSTEIN, Peter P.: Statistik für Wirtschaftswissenschaftler – Eine paradigmatische und realdatenbasierte Einführung mit SPSS, GABLER Verlag Wiesbaden 2008.

SPSS Daten-Management 13

Beispiel 2.1.1-1: Urlistenkonzept (Mietspiegel)
Mietspiegel. Die Berliner Senatsverwaltung für Bauen, Wohnen und Verkehr veröffentlicht jährlich einen Berliner Mietspiegel (der semantisch ein Mietenspiegel ist), der jeweils zu Beginn des Monats September eines Jahres die ortsüblichen Vergleichsmieten für verschiedene Wohnungstypen vergleichbarer Art, Größe, Ausstattung, Beschaffenheit und Lage zum Gegenstand hat. Die Abbildung 2.1.1-1 zeigt exemplarisch eine Seite der Internetpräsentation des Berliner Mietspiegels 2007 in Gestalt der Berliner Wohnlagenkarte.

Abbildung 2.1.1-1: Berliner Mietspiegel 2007, Wohnlagenkarte

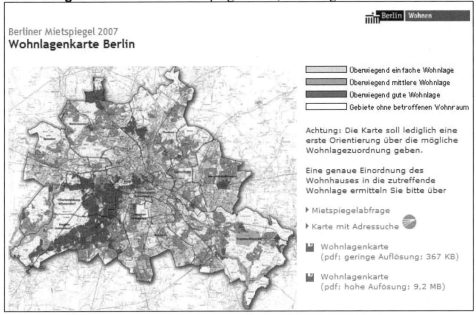

Urlistenkonzept. Gleichwohl der Berliner Mietspiegel das Ergebnis einer umfangreichen primärstatistischen Repräsentativerhebung ist, die den Rahmen der in diesem Buch angestrebten praktischen Einführung in SPSS sprengen würde, ist das darauf beruhende Urlistenkonzept vor allem im Blickwinkel einer praktischen Einführung in das SPSS Datei- und Daten-Management aus den folgenden didaktisch-methodischen Gründen von Interesse: i) Ein Mietspiegel ist das Resultat einer primärstatistischen Beschreibung des Marktsegmentes *Mietwohnungen* eines Territoriums zu einem bestimmten Zeitpunkt bzw. in einem bestimmten Zeitraum und damit eine spezielle Form von Marktforschung. ii) Die Beschreibung eines sachlich, örtlich und zeitlich abgegrenzten Mietwohnungsmarktes kann bereits durch die statistische Erhebung vergleichsweise weniger Eigenschaften von Mietwohnungen bewerkstelligt werden, die ohne großen praktischen Erhebungsaufwand lokalen Tageszeitungen entnommen werden können.

iii) Da SPSS ein merkmalsträgerorientiertes Statistik-Programm-Paket ist, eignen sich die Merkmalsträger *Mietwohnungen* und die statistische Beschreibung ihrer marktrelevanten Eigenschaften wie *monatliche Kaltmiete, Wohnfläche, Zimmeranzahl* und *Lage* ideal für eine praktische und didaktisch-methodische Einführung in das SPSS Datei- und Daten-Management.

Erhebungskonzept. Im Zuge einer statistischen Datenerhebung im Allgemeinen und der praktischen Arbeit mit SPSS als einem merkmalsträgerorientierten Statistik-Programm-Paket im Speziellen ist stets erforderlich, die in der Tabelle 2.1.1-1 zusammengefassten Grundbegriffe konkret zu spezifizieren.

Tabelle 2.1.1-1: Erhebungskonzept

Merkmalsträger	Wohnung		
Grundgesamtheit	(unbestimmte) Menge von Wohnungen		
Identifikationsmerkmale mit	Mietwohnung	Stadt	Zeitraum
festgelegter Ausprägung	annonciert	Berlin	IV/2007
Erhebungsmerkmal(e)	Variablenname	Skalierung	Typ
Stadtbezirk	Bezirk	nominal	String
Zimmeranzahl	Zimmer	metrisch	numerisch
Wohnfläche (m²)	Fläche	metrisch	numerisch
monatliche Kaltmiete (€)	Miete	metrisch	numerisch
Datenhebung	primärstatistisch, direkt, Stichprobenerhebung		
Auswahlverfahren	geschichtete und systematische Zufallsauswahl		

Grundgesamtheit. Gleichwohl die statistische Grundgesamtheit $\Gamma = \{\gamma_i, i = 1,2,...,N\}$ in Gestalt des zu beschreibenden Wohnungsmarktes durch eine endliche Menge von annoncierten Berliner Mietwohnungen $\gamma_i \in \Gamma$ definiert ist, kann im konkreten Fall ihr Umfang N nicht genau angegeben werden. Es ist lediglich bekannt, dass der Umfang N der statistischen Grundgesamtheit endlich und hinreichend groß ist. Da aus Zeit-, Kosten- und Realisierungsgründen eine statistische Totalerhebung des Berliner Mietwohnungsmarktes nicht sinnvoll erscheint, gilt es, den Mietwohnungsmarkt mittels einer (möglichst repräsentativen) Zufallsstichprobe $\Gamma_n = \{\gamma_i, i = 1,2,...,n\}$ von n Mietwohnungen γ_i zu beschreiben.

Stichprobe. Als Stichprobenverfahren wurde im konkreten Fall ein geschichtetes Zufallsauswahlverfahren praktiziert, wobei die Erhebungsmerkmale *Stadtbezirk* und *Zimmeranzahl* als Schichtungsmerkmale (und damit streng genommen als Identifikationsmerkmale) fungierten. Innerhalb jeder Schicht wurde im Sinne einer systematischen Zufallsauswahl zum Beispiel jede dritte Mietwohnung, die analog zur Abbildung 2.1.1-2 im Immobilien-Magazin der Berliner Zeitung im vierten Quartal 2007 annonciert wurde, ausgewählt und deren interessierende Eigenschaften in einer so genannten Urliste primärstatistisch erfasst.

Variablendefinition. Hat man die im erfassungsstatistischen Sinne elementaren und substantiellen Festlegungen getroffen, so ist es für das SPSS Datei- und Daten-Management erforderlich, für jedes interessierende Erhebungsmerkmal und für jedes variierende Identifikationsmerkmal, das in der statistischen Terminologie auch als Variable bezeichnet wird, sowohl einen geeigneten Variablennamen zu vereinbaren als auch den Variablentyp festzulegen. In der Tabelle 2.1.1-1 ist zugleich der Übergang von der Benennung eines Erhebungsmerkmals zur SPSS Variablendefinition exemplarisch und zusammenfassend dargestellt.

Abbildung 2.1.1-2: Urlistenauszug

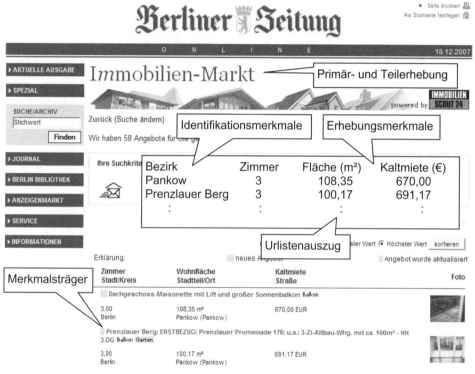

Urliste. In der angewandten Statistik finden alle bisherigen Überlegungen Eingang in die Verwendung so genannter statistischer Erfassungsbelege bzw. Urlisten. Als ein anschauliches Beispiel für eine statistische Urliste kann die Datentabelle innerhalb der Abbildung 2.1.1-2 angesehen werden. Im konkreten Fall wurden für eine annoncierte Berliner Mietwohnung die vier Eigenschaften statistisch erfasst: Ortslage, Zimmeranzahl, Wohnfläche und monatliche Kaltmiete.

SPSS Daten-Datei. Die im Zuge einer geschichteten Zufallsauswahl für das vierte Quartal 2007 empirisch erhobenen Daten für Berliner Drei- Zimmer-Mietwohnungen sind in der SPSS Daten-Datei *Mietspiegel.sav* gespeichert. ♣

Beispiel 2.1.1-2: Fragebogenkonzept
Motivation. In der empirischen Wirtschafts- und Sozialforschung im Allgemeine und in der Markforschung im Besonderen kommt der Erstellung und der statistischen Auswertung von standardisierten Fragebögen eine besondere praktische Bedeutung zu. Die statistische Auswertung von Fragebögen, die in SPSS durch speziell implementierte Prozeduren unterstützt und erleichtert wird, ist eine praxisrelevante Form der Erstellung einer SPSS Daten-Datei.

Fragebogen
Ein Fragebogen ist ein Instrument der primärstatistischen Datenerhebung und Datenanalyse. Mit Hilfe eines einheitlich gestalteten (standardisierten) Fragebogens werden über eine sachlich, örtlich und zeitlich gleichartig abgegrenzte statistische Gesamtheit bzw. über eine Teilgesamtheit (Stichprobe) von Merkmalsträgern interessierende Eigenschaften via mündliche, schriftliche, telefonische oder multimediale Befragung erhoben und statistisch ausgewertet.

Hinweise. Im Kontext der Erstellung und der rechnergestützten statistischen Auswertung von Fragebögen mit SPSS erweisen sich die folgenden Hinweise als sehr hilfreich und nützlich: i) **Fragetypen**. Nach ihrer Funktion im Fragebogenkonzept unterscheidet man zwischen *Einleitungsfragen* (auch Kontaktfragen genannt) zur Eröffnung einer Befragung und *Sachfragen* als Kernstück der primärstatistischen Untersuchung. Bei Sachfragen unterscheidet man zwischen *offenen* und *geschlossenen* Fragen. Während für offene Fragen keine Antworten vorgegeben sind, liegen bei geschlossenen Fragen (etwa in Gestalt von Alternativ- oder Skalafragen) bereits sachlogisch begründete, strukturierte Antworten vor. Weiterhin unterscheidet man zwischen *Kontrollfragen* zur Überprüfung der Antwortkonsistenz und Interviewer-Ehrlichkeit und *persönliche Fragen*, die interessierende Eigenschaften einer interviewten Person (zum Beispiel Geschlecht, Alter, Familienstand, soziale Herkunft etc.) zum Gegenstand haben. ii) **Identifikator**. Jeder Fragebogen ist mit einem Identifikator bzw. Schlüssel zu versehen. In praxi erweisen sich oft dekadische bzw. Nummernschlüssel als ausreichend, mit denen lediglich die Fragebögen nummeriert, also mit einer Fragebogennummer versehen werden. iii) **Kodierung**. Jede geschlossene Frage ist bezüglich ihrer vorgegebenen Antworten (engl.: response → Antwort, item → Punkt, Posten, Antwort) zu kodieren. Bezieht sich eine Antwort auf eine erfragte Eigenschaft, die bezüglich ihrer Ausprägungen mindestens auf einer Intervallskala definiert ist, dann ist der Vorgang der Kodierung durch den zugrundeliegenden Messvorgang definiert, in dessen Ergebnis stets nur ein Merkmalswert erscheinen kann. Bezieht sich hingegen die Anwort auf eine erfragte Eigenschaft, deren Ausprägungen entweder auf einer Nominalskala oder einer Ordinalskala definiert sind und als Begriffe, Kategorien oder Prädikate erscheinen, dann ist der Vorgang der Kodierung durch eine Abbildung der Begriffe, Kategorien oder Prädikate in die Menge der ganzen Zahlen gekennzeichnet. In diesem Falle ist zu beachten, dass (einmal abgesehen von der sogenannten 0-1-Kodierung) die Anwendung statistischer Analyseverfahren stark eingeschränkt ist. Gleich wo, wann und wie auch immer Ausprägungen kategorialer Merkmale zahlenmäßig kodiert vorliegen, sie bleiben ihrem Wesen nach stets nur nominale bzw. ordinale Merkmalsausprägungen. iv) **Einzelantwort**. Stellen die vorgegebenen Antworten einer geschlossenen Frage Einzelantworten dar, dann genügt es, die vorgegebene Antwortbatterie zu kodieren und die vereinbarten Kodes als Ausprägungen einer SPSS Variable zu deklarieren. Eine vorgegebene Antwort heißt Einzelantwort, wenn nur einer der vorgegebenen Punkte als Antwort markiert werden kann und darf. Dabei erweist es sich als vorteilhaft, den Variablennamen so zu vereinbaren, dass er einen Bezug auf die gestellte und auszuwertende Frage ermöglicht. v) **Mehrfachantworten**. Erscheinen die vorgegebenen Antworten einer geschlossenen Frage als eine Batterie von Mehrfachantworten, dann ist zum Beispiel im Kontext des Konzepts der multiplen Dichotomien (vgl. Beispiel 3.1.1-2) für jede vorgegebene Antwort eine dichotome Variable zu vereinbaren, wobei auch hier der Variablenname so festgelegt werden sollte, dass ein Bezug auf die gestellte Frage gegeben ist. vi) **SPSS Data Entry**. In der Abbildung 1.1-1 ist unter Rubrik 2 *Datensammlung* das Software-Produkt *SPSS Data Entry^{TM}* aufgeführt, mit dessen Hilfe es möglich ist, Fragebögen rechnergestützt zu entwerfen, worin Masken und Überprüfungsroutinen für die Dateneingabe eingeschlossen sind. Hinzu kommt noch, dass im Zuge einer Datenerfassung automatisch eine SPSS Daten-Datei erzeugt wird. ♦

Erhebungskonzept. Gleichsam wie beim Urlistenkonzept, das im Kontext des Beispiels 2.1.1-1 paradigmatisch anhand des Mietspiegelkonzepts skizziert wurde, ist es auch im Zuge einer fragebogengestützten statistischen Datenerhebung stets erforderlich, analog zur Tabelle 2.1.1-2 das zugrundeliegende Erhebungskonzept konkret zu spezifizieren, das seine Widerspiegelung im standardisierten Fragebogen findet, der in der Abbildung 2.1.1-3 dargestellt ist.

Tabelle 2.1.1-2: Erhebungskonzept

Merkmalsträger	Student(in)		
statistische Gesamtheit	bestimmte Menge von Student(inn)en		
Identifikationsmerkmale mit	Studiengänge	Hochschule	Semester
festgelegter Ausprägung	FB WiWi I	HTW Berlin	SS 2007
Erhebungsmerkmale	Variablenname	Skalierung	Typ
Geschlechtszugehörigkeit	Frage1	nominal	numerisch
Alter	Frage2	metrisch	numerisch
Körpergröße	Frage3	metrisch	numerisch
Körpergewicht	Frage4	metrisch	numerisch
Familienstand	Frage5	nominal	numerisch
Konfektionsgröße	Frage6	ordinal	numerisch
Berufsabschluss	Frage7	nominal	numerisch
Bafög-Empfänger	Frage8	nominal	numerisch
Studentische Aktivitäten	Frage9a bis 9f	metrisch	numerisch
Zufriedenheitsgrad	Frage10	metrisch	numerisch
Prüfungswiederholungen	Frage11	metrisch	numerisch
Verkehrsmittelnutzung	Frage12a bis 12l	nominal	numerisch
Datenhebung	primärstatistisch, direkt, Totalerhebung		

Abbildung 2.1.1-3: Standardisierter Fragebogen

Fragebogen-Nummer: ☐☐☐☐   Statistik-Kurs: _____

Hinweis. Füllen Sie bitte den anonymisierten Fragebogen aus, indem Sie die jeweilige Antwort ankreuzen bzw. den jeweiligen Wert angeben. Ihre Angaben werden vertraulich behandelt und dienen ausschließlich einer praxisnahen Gestaltung Ihrer Ausbildung im Studienfach „Statistik".

F1: Geschlecht: 0 ☐ männlich   1 ☐ weiblich

F2: Alter: ☐☐ Jahre

F3: Körpergröße: ☐☐☐ cm

F4: Körpergewicht: ☐☐☐ kg

F5: Familienstand: 1 ☐ ledig   2 ☐ verheiratet   3 ☐ verwitwet   4 ☐ geschieden

F6: Konfektionsgröße: 1 ☐ XS   2 ☐ S   3 ☐ M   4 ☐ L   5 ☐ XL   6 ☐ XXL

F7: Berufsabschluss: 0 ☐ nein   1 ☐ ja

F8: Bafög-Empfänger: 0 ☐ nein   1 ☐ ja

F9: Bewerten und markieren Sie jeweils auf der dargestellten 100 %-Skala die Intensität Ihrer bisherigen studentischen Aktivitäten bezüglich ...

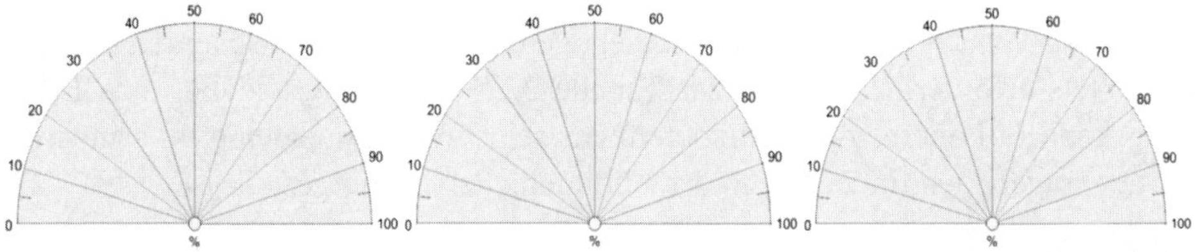

a) Vorlesungsbesuch   b) Übungsbesuch   c) Bibliotheksbesuch

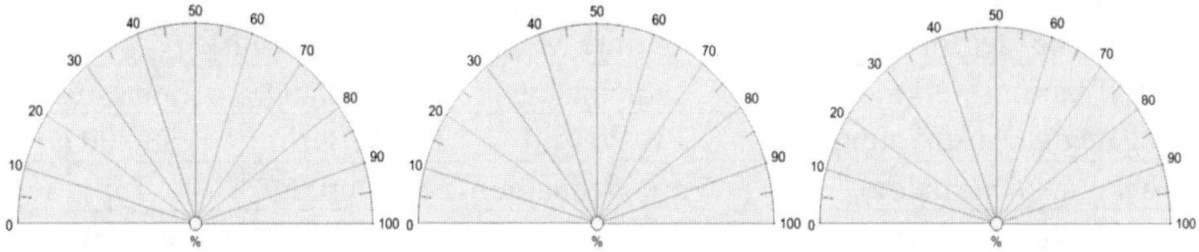

d) Selbststudium   e) Studiengruppenarbeit   f) Nebenjobtätigkeit

F10: Bewerten und **markieren** Sie auf der dargestellten Zufriedenheitsskala den Zufriedenheitsgrad mit Ihrem bisherigen Studium an der HTW Berlin.

unzufrieden $-\frac{1}{0}$ 0 $+\frac{1}{0}$ zufrieden

F11: Wie viele Prüfungswiederholungen hatten Sie im vergangenen Semester?

0 ☐ keine   1 ☐ eine   2 ☐ zwei   3 ☐ drei   4 ☐ vier   5 ☐ fünf   6 ☐ mehr als fünf

F12: Welche Verkehrsmittel nutzen Sie in der Regel auf dem Weg zur Hochschule? (**Mehrfachnennungen** sind möglich.)

a) U-Bahn	1 ☐	b) S-Bahn	1 ☐	c) Tram	1 ☐
d) Bus	1 ☐	e) Regionalbahn	1 ☐	f) Fernbahn	1 ☐
g) Taxi	1 ☐	h) PKW	1 ☐	i) Motorrad	1 ☐
j) Motorroller	1 ☐	k) Fahrrad	1 ☐	l) Roller	1 ☐

SPSS Daten-Datei. Die Daten, die auf der Grundlage des standardisierten Fragebogens innerhalb der Abbildung 2.1.1-3 in den Lehrveranstaltungen zur Statistik im Sommersemester 2007 am Fachbereich Wirtschaftswissenschaften I der Hochschule für Technik und Wirtschaft Berlin empirisch erhoben wurden, sind in der SPSS Daten-Datei *Fragebogen.sav* gespeichert. In der Abbildung 2.1.1-4 ist aus Anschaulichkeitsgründen ein Auszug aus der SPSS Daten-Datei *Fragebogen.sav* dargestellt.

Abbildung 2.1.1-4: Auszug aus der SPSS Daten-Datei *Fragebogen.sav*

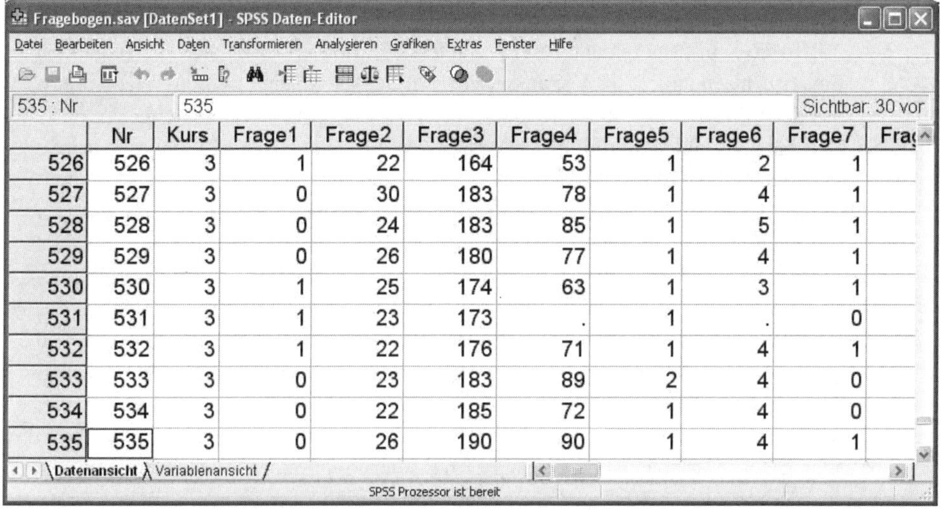

	Nr	Kurs	Frage1	Frage2	Frage3	Frage4	Frage5	Frage6	Frage7
526	526	3	1	22	164	53	1	2	1
527	527	3	0	30	183	78	1	4	1
528	528	3	0	24	183	85	1	5	1
529	529	3	0	26	180	77	1	4	1
530	530	3	1	25	174	63	1	3	1
531	531	3	1	23	173	.	1	.	0
532	532	3	1	22	176	71	1	4	1
533	533	3	0	23	183	89	2	4	0
534	534	3	0	22	185	72	1	4	0
535	535	3	0	26	190	90	1	4	1

Aufgrund dessen, dass im standardisierten Fragenbogen innerhalb der Abbildung 2.1.1-3 die Ausprägungen aller nominalen und ordinalen Erhebungsmerkmale kodiert wurden, erscheinen in logischer Konsequenz alle Merkmalsausprägungen innerhalb der primärstatistischen SPSS Daten-Datei als zahlenmäßige Informationen. Da im SPSS Daten-Editor (vgl. Abschnitt 1.3) die Merkmalsträger $\gamma_i \in \Gamma_n$ einer statistischen Gesamtheit $\Gamma_n = \{\gamma_i, i = 1,2,...,n\}$ in den Editor-Zeilen platziert werden und gemäß Abbildung 2.1.1-4 insgesamt 535 Editor-Zeilen „belegt" sind, ist es evident, dass die zugrundeliegende statistische Gesamtheit Γ_n aus n = 535 Merkmalsträgern $\gamma_i \in \Gamma_n$ besteht, für die gemäß Abbildung 2.1.1-3 mittels eines standardisierten Fragebogens jeweils m = 30 Identifikations- und Erhebungsmerkmale X_j (j = 1,2,...,m) empirisch erhoben wurden. Die empirisch erhobenen Daten füllen letztlich eine tabellarisch gestaltete primärstatistische Urliste aus, die aus 535 Zeilen und 30 Spalten besteht und im „idealen" Fall ausschließlich valider (lat.: *validus* → rechtskräftig, gültig) Daten im Sinne der linearen Algebra eine (535 × 30)-Datenmatrix mit 535·30 = 16050 Einzeldaten „aufspannt". Wie diese Datenmenge im konkreten Fall mit SPSS aufbereitet und analysiert werden kann, ist ein Gegenstand der folgenden Kapitel. ♣

2.1.2 SPSS Variablendefinition

Motivation. Die SPSS Variablendefinition, die eine grundlegende Voraussetzung im Zuge der Erstellung einer SPSS Daten-Datei ist, kann wie folgt charakterisiert werden:

SPSS Variablendefinition
Die Festlegung eines zulässigen Namens, eines geeigneten Typs und Spaltenformats, von Labels und fehlenden Werten für eine Variable kennzeichnet den Vorgang einer SPSS Variablendefinition.

Hinweise. In Zuge einer SPSS Variablendefinition erweisen sich die folgenden Hinweise als nützlich: i) **Voraussetzung**. Eine Variablendefinition setzt voraus, dass der SPSS Daten-Editor das aktive Fenster ist. ii) **Variablenansicht**. Um unter SPSS 15.0 eine Variablendefinition bewerkstelligen zu können, braucht man nur gemäß Abbildung 1.2-1 die Option *Variablenansicht* in der Status-Leiste des SPSS Daten-Editors zu aktivieren und für die angezeigten Variableneigenschaften *Name, Typ, Format, Labels, Ausrichtung* und *Messniveau* die jeweiligen Festlegungen zu treffen (vgl. Beispiel 2.1.2-1). Beachtenswert ist dabei, dass im Unterschied zur Datenansicht in der Variablenansicht die Variablen in den Zeilen und die Variableneigenschaften in den Spalten des Arbeitsblattes vermerkt werden. iii) **Regeln**. Bei der Festlegung von Variablennamen sind die folgenden Regeln zu beachten: a) Ein Variablenname muss stets mit einem Alphazeichen, also mit einem Buchstaben beginnen. Dabei ist es ohne Belang, ob man Groß- oder Kleinbuchstaben verwendet. b) Das letzte Zeichen eines Variablennamens darf kein Punkt sein. c) Ein Variablenname darf bis zu 64 Zeichen umfassen. Diese Festlegung ist erst ab der SPSS Version 12.0 gültig. d) Nicht erlaubt sind Leerzeichen, Umlaute sowie die Zeichen !, ?, -, „ und *. iv) **Typ**. Der Variablentyp ist per Voreinstellung auf numerisch festgelegt. Via Mausklick mit der linken Maustaste auf die grau unterlegte Veränderungsoption ... können weitere Variablentypen vereinbart werden (vgl. Beispiel 2.1.2-1). v) **Label**. Für eine Variablendefinition ist es nicht zwingend, jedoch stets zu empfehlen, eine Variable durch ein Variablenlabel (engl.: *label* → Beschriftung, Etikett) und kodierte nominale bzw. ordinale Ausprägungen mit Hilfe von Wertelabels zu kennzeichnen. vi) **Fehlende Werte**. Für fehlende Werte (engl.: *missing values*) ist die Option *Keine fehlenden Werte* per Voreinstellung aktiviert und kann je nach Erfordernis auf einzelne bzw. Wertebereiche via Mausklick mit der linken Maustaste auf die grau unterlegte Veränderungsoption ... erweitert werden. vii) **Spaltenformat**. Während die Spaltenbreite mittels eines aufwärts ▲ bzw. eines abwärts ▼ zählenden Zeigers eingestellt werden kann, besteht für die Ausrichtung die Möglichkeit einer optionalen Festlegung. viii) **Messniveau**. Die Festlegung eines nominalen, ordinalen oder metrischen Skalen- bzw. Messniveaus erfolgt analog zur Ausrichtung optional und ist unter SPSS vor allem beim Erstellen von interaktiven Grafiken von substantieller Bedeutung. ♦

Beispiel 2.1.2-1: Variablendefinition, Mietspiegelkonzept
Motivation. Sollen die Urlistendaten aus der Abbildung 2.1.1-2 einer statistischen Analyse mit SPSS zugänglich sein, ist es erforderlich, auf ihrer Grundlage eine SPSS Daten-Datei zu erstellen und die zugehörigen SPSS Variablen zu de-

finieren. In der Abbildung 2.1.2-1 ist der SPSS Daten-Editor in der Variablenansicht mit den definierten SPSS Variablen im Kontext der Beschreibung des Mietspiegelkonzepts dargestellt.

Abbildung 2.1.2-1: SPSS Daten-Editor, Variablenansicht

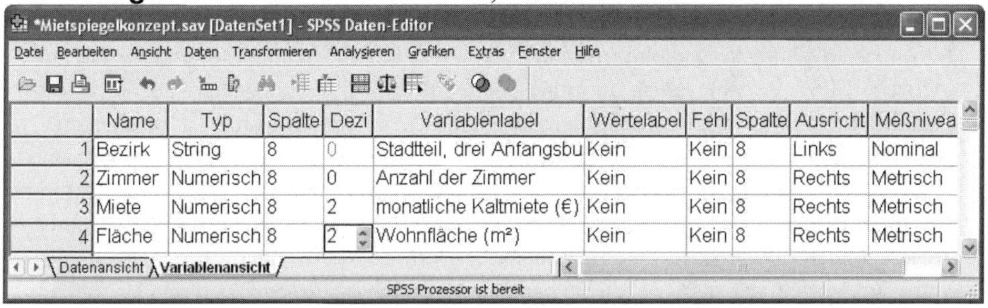

	Name	Typ	Spalte	Dezi	Variablenlabel	Wertelabel	Fehl	Spalte	Ausricht	Meßnivea
1	Bezirk	String	8	0	Stadtteil, drei Anfangsbu	Kein	Kein	8	Links	Nominal
2	Zimmer	Numerisch	8	0	Anzahl der Zimmer	Kein	Kein	8	Rechts	Metrisch
3	Miete	Numerisch	8	2	monatliche Kaltmiete (€)	Kein	Kein	8	Rechts	Metrisch
4	Fläche	Numerisch	8	2	Wohnfläche (m²)	Kein	Kein	8	Rechts	Metrisch

Hinweise. Im Zuge einer SPSS Variablendefinition erweisen sich die folgenden Hinweise als hilfreich: i) **Variablenansicht**. Zur Definition von SPSS Variablen ist es erforderlich, in der Status-Leiste des SPSS Daten-Editors per Klick mit der linken Maustaste die Option *Variablenansicht* zu aktivieren. ii) **Variablenname**. Im Zuge der Eingabe der vier vereinbarten Variablennamen via Tastatur in die vier Zellen der Namensspalte ist zu beachten, dass ein Variablenname aus maximal 64 zulässigen Zeichen bestehen kann. iii) **Variablentyp**. Ist gemäß Abschnitt 1.5 optional nichts anderes vereinbart worden, dann ist der Variablentyp *numerisch* per Voreinstellung festgelegt. Wünscht man einen anderen als den voreingestellten Variablentyp zu vereinbaren, dann platziert man einfach den Mauszeiger auf das Symbol ... in der zugehörigen, mit „Typ" überschriebenen Zelle und klickt die linke Maustaste, um das in der Abbildung 2.1.2-2 dargestellte Dialogfeld *Variablentyp definieren* zu öffnen, in dem es nur noch optional den jeweiligen Typ zu vereinbaren gilt.

Abbildung 2.1.2-2: Dialogfeld *Variablentyp definieren*

iv) **Zahlenformat**. Die Grundidee eines Datenausgabeformats in Gestalt eines Zahlenformats soll exemplarisch anhand der numerischen Variablen *Miete* und *Zimmer* verdeutlicht werden. Die Festlegung des Zahlenformats kann in der Variablenansicht in den Spalten *Spaltenformat* und *Dezimalstellen* bzw. gemäß Abbildung 2.1.2-2 im Dialogfeld *Variablentyp definieren* mit Hilfe der Parameter *Breite* und *Dezimalstellen* erfolgen. Das voreingestellte Zahlenformat, das für numerische Variablen auf ein Spaltenformat mit einer Breite von 8 Zeichen inklusive 2 Dezimalstellen festgelegt ist, basiert auf der Programmiersprache FOR(mular)TRAN(slator) und lässt sich unter Verwendung der so genannten Rauten-Notation wie folgt bildhaft darstellen: # # # # #,# #. Anhand der Rauten-Notation ist die Struktur des voreingestellten Formats leicht zu erkennen. Die auszugebende Zahl besteht maximal aus 8 Zeichen, worin 7 Zeichen (meist Vorzeichen und Ziffern) und ein Dezimalzeichen (meist Dezimalkomma) eingeschlossen sind. Vor dem Dezimalzeichen sind 5 Stellen, nach dem Dezimalzeichen 2 Dezimalstellen vorgesehen. Die insgesamt acht Stellen für Ziffern, Vorzeichen und Dezimalzeichen kennzeichnen in SPSS das so genannte Spaltenformat für eine numerische Variable. Während für die numerische SPSS Variable *Miete* aufgrund der reellwertigen Wertangaben „auf Euro und Cent genau" das (voreingestellte) Standardformat 8 : 2 vereinbart wurde, ist für die numerische SPSS Variable *Zimmer* das Zahlenformat speziell auf 8 : 0 festgelegt worden. Die letztere Festlegung leuchtet gleichermaßen ein, zumal Anzahlen stets ganzzahlige Informationen darstellen. v) **String**. Der Typ der SPSS Variable *Bezirk*, die bezüglich ihrer Ausprägungen die Ortslage einer annoncierten Berliner Mietwohnung beschreiben soll, wurde im Vorfeld der statistischen Untersuchung vereinbarungsgemäß auf den Variablentyp *String* festgelegt. In der Informatik ist der String-Begriff (engl.: *string* → Schnur, Kette) die Bezeichnung für eine alphanumerische Zeichenkette. Die Festlegung dieses Variablentyps erklärt sich im konkreten Fall daraus, dass die Ausprägungen des Erhebungsmerkmals *Stadtbezirk* begrifflich gefasst sind. Um den vereinbarten und gewünschten Variablentyp festlegen zu können, platziert man einfach den Mauszeiger auf das Symbol ... in der zugehörigen Variable-Typ-Zelle (Zeile *4*, Spalte *Typ*), klickt die linke Maustaste und erhält das in der Abbildung 2.1.2-2 dargestellte Dialogfeld *Variablentyp definieren*, in dem es nur noch die Option *String* einschließlich seiner Länge von *3 Zeichen* zu vereinbaren gilt. Da die Namen der Stadtbezirke informationstechnisch alphanumerische Zeichenketten unterschiedlicher Länge darstellen, müsste man der Eindeutigkeit halber bei der Festlegung der Stringlänge, also der Anzahl der Zeichen, auf den längsten Berliner Stadtbezirksnamen zurückgreifen. Da dies im konkreten Fall der Stadtbezirksname *Hohenschönhausen* ist, müsste man für die SPSS Variable *Bezirk* vom Typ *String* eine Länge von 17 Zeichen vereinbaren. Im Fall der zu erfassenden Berliner Stadtbezirke genügt es bereits, wenn man nur die ersten drei Buchstaben erfasst, die stets eine eindeutige Zuordnung eines der 23 „traditionellen" Berliner Stadtbezirke zum jeweiligen *String* von der Länge *3 Zeichen* garantieren. vi) **Spaltenformat**. Da die ersten drei SPSS Variablen vereinbarungsgemäß vom Typ numerisch sein sollen und dieser voreingestellt ist, braucht man nur noch das jeweilig gewünschte Spaltenformat festzulegen. In SPSS wird unter dem Begriff des Spaltenformats das Format der Datenausgabe subsumiert. vii) **Variablenlabel**. Bei der Vereinbarung und beim Eintrag von Variablenlabels via Tastatur ist zu beachten, dass ein Variablenlabel bis zu 256 Zeichen umfassen kann. Gemäß Abbildung 2.1.2-1 wurde zum Beispiel für die SPSS Variable *Miete* das Label *monatliche Kaltmiete (€)* vereinbart und vermerkt. viii) **Wertelabel**. Die Vereinbarung von Wertelabels ist nur für kodierte bzw. abgekürzte nominale bzw. ordinale Merkmale bzw. Variablen sinnvoll. Um Wertelabels vereinbaren zu können, platziert man einfach den Mauszeiger auf das Symbol ... in der zugehörigen Zelle des Arbeitsblattes und klickt die linke Maustaste, infolge dessen gemäß Abbildung 2.1.2-3 das Dialogfeld *Wertelabels definieren* geöffnet wird. Im konkreten Fall wurden die Ausprägungen für die Stringvariable *Bezirk* definiert, die jeweils aus den drei Anfangsbuchstaben des betreffenden Stadtbezirksnamens bestehen. Dabei ist zum Beispiel die Festlegung *Köp* = "*Köpenick*" semantisch wie folgt zu deuten: Die definierte Ausprägung *Köp* der Stringvariablen *Bezirk* ist identisch mit dem Berliner Stadtbezirksnamen *Köpenick*. Gleichwohl im konkreten Fall auch die definierte Ausprägung *Pan(kow)* streng genommen kein Wert, sondern ein Teilstring von der Länge 3 Zeichen ist, werden in SPSS die Ausprägungen kategorialer Variablen stets als Werte bezeichnet, was mit der Maßtheorie in einem sehr weiten Sinne als vereinbar gedeutet werden kann. Hat man ein Wertelabel vereinbart, muss es stets durch das Betätigen der „aktivierten" Schaltfläche *Hinzufügen* in die Liste der Wertelabel aufgenommen werden.

Abbildung 2.1.2-3: Dialogfeld *Wertelabels definieren*

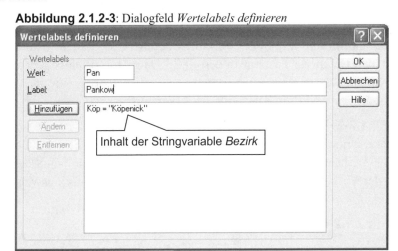

ix) **Fehlende Werte**. In SPSS werden zwei Arten von fehlenden Werten (engl.: *missing value(s)*) unterschieden: *systemdefinierte* und *benutzerdefinierte*. Wird ein Datenfeld im SPSS Daten-Editor mit einer nicht zulässigen Ausprägung belegt, so wird automatisch ein systemdefinierter fehlender Wert gesetzt. Für numerische Variablen werden systemdefinierte fehlende Werte durch ein Komma angezeigt. Bei String-Variablen erfolgt die Kennzeichnung eines systemdefinierten fehlenden Wertes durch ein Leerzeichen. Da im Fall der Variablen *Miete* alle Angaben vollständig sind, ist es nicht erforderlich, die voreingestellte Option *keine fehlenden Werte* zu verändern. x) **Spaltenbreite**. Bei der Festlegung der Spaltenbreite für die vier SPSS Variablen wurde der Einfachheit halber die voreingestellte *Spaltenbreite* von 8 Zeichen verwendet. Die Spaltenbreite kann beliebig verkleinert bzw. vergrößert werden. xi) **Ausrichtung**. Analog zur Festlegung der Spaltenbreite wird für die Ausrichtung die per Voreinstellung vereinbarte rechtsbündige Ausrichtung der in die Datenzellen einer SPSS Variablen einzugebenden Daten verwendet. Es ist allgemein üblich, Strings linksbündig und Zahlen rechtsbündig auszugeben. xii) **Messniveau**. Im Zuge der Vereinbarung des Messniveaus, das in SPSS synonym für den Begriff *Skala* bzw. *Skalierung* verwendet wird und das beim Ausführen zum Beispiel von interaktiven SPSS Diagramm-Prozeduren von Bedeutung ist, gelten die folgenden Standardeinstellungen: a) String-Variablen ohne definierte Wertelabels werden per Voreinstellung automatisch auf das Messniveau „nominal" gesetzt. b) String-Variablen mit weniger als 25 definierten Wertelabels und numerische Variablen ohne definierte Wertelabel mit weniger als 25 Werten werden per Voreinstellung automatisch auf das Messniveau „ordinal" festgelegt. c) Numerische Variablen, die keine definierten Wertelabel und per Voreinstellung mehr als 24 verschiedene Werte besitzen, werden automatisch auf dem Messniveau

„metrisch“ behandelt. d) In der Standardeinstellung ist die Anzahl eindeutiger Werte auf 24 festgesetzt. Die Voreinstellung kann gemäß Abbildung 1.5-2 in der Registerkarte *Interaktiv* je nach Erfordernis verändert werden. ♦

Identifikator. Im konkreten Fall wurde einzig und allein aus didaktisch- methodischen Gründen auf die Vereinbarung einer Identifikatorvariable für jeden Merkmalträger verzichtet. Das automatische Einfügen eines Identifikators in eine bereits erstellte SPSS Daten-Datei mit Hilfe geeigneter SPSS Funktionen wird exemplarisch im Kontext des Beispiels 2.3-2 demonstriert.

Dateneingabe. Sind alle SPSS Variablen definiert, so braucht man nur noch die erhobenen Daten via Tastatur in den SPSS Daten-Editor einzugeben und die eingegebenen Daten in einer SPSS Daten-Datei zu speichern. Wie man dies bewerkstelligen kann, wird im Abschnitt 2.1.3 skizziert. ♣

Beispiel 2.1.2-2: Variablendefinition, Fragebogenkonzept

Motivation. Unter Verwendung des standardisierten Fragebogens aus der Abbildung 2.1.1-3 erhält man im Zuge der SPSS Variablendefinition den SPSS Daten-Editor in der Variablenansicht, der in der Abbildung 2.1.2-4 auszugsweise dargestellt ist.

Abbildung 2.1.2-4: SPSS Daten-Editor, Variablenansicht

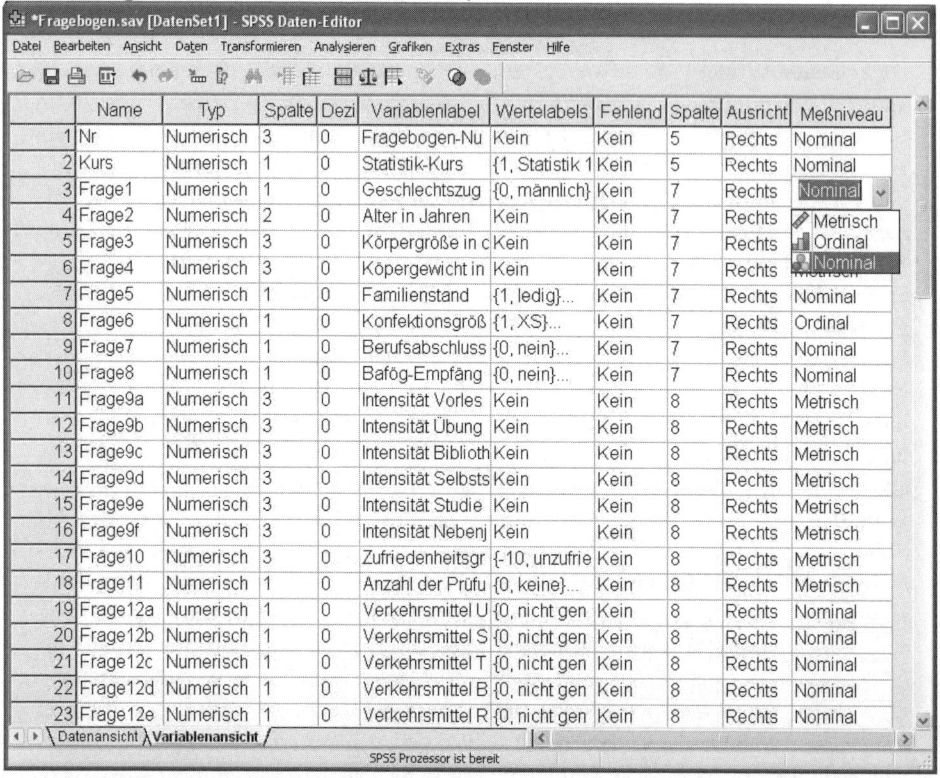

	Name	Typ	Spalte	Dezi	Variablenlabel	Wertelabels	Fehlend	Spalte	Ausricht	Meßniveau
1	Nr	Numerisch	3	0	Fragebogen-Nu	Kein	Kein	5	Rechts	Nominal
2	Kurs	Numerisch	1	0	Statistik-Kurs	{1, Statistik 1	Kein	5	Rechts	Nominal
3	Frage1	Numerisch	1	0	Geschlechtszug	{0, männlich}	Kein	7	Rechts	Nominal
4	Frage2	Numerisch	2	0	Alter in Jahren	Kein	Kein	7	Rechts	Metrisch
5	Frage3	Numerisch	3	0	Körpergröße in c	Kein	Kein	7	Rechts	Ordinal
6	Frage4	Numerisch	3	0	Köpergewicht in	Kein	Kein	7	Rechts	Nominal
7	Frage5	Numerisch	1	0	Familienstand	{1, ledig}...	Kein	7	Rechts	Nominal
8	Frage6	Numerisch	1	0	Konfektionsgröß	{1, XS}...	Kein	7	Rechts	Ordinal
9	Frage7	Numerisch	1	0	Berufsabschluss	{0, nein}...	Kein	7	Rechts	Nominal
10	Frage8	Numerisch	1	0	Bafög-Empfäng	{0, nein}...	Kein	7	Rechts	Nominal
11	Frage9a	Numerisch	3	0	Intensität Vorles	Kein	Kein	8	Rechts	Metrisch
12	Frage9b	Numerisch	3	0	Intensität Übung	Kein	Kein	8	Rechts	Metrisch
13	Frage9c	Numerisch	3	0	Intensität Biblioth	Kein	Kein	8	Rechts	Metrisch
14	Frage9d	Numerisch	3	0	Intensität Selbsts	Kein	Kein	8	Rechts	Metrisch
15	Frage9e	Numerisch	3	0	Intensität Studie	Kein	Kein	8	Rechts	Metrisch
16	Frage9f	Numerisch	3	0	Intensität Nebenj	Kein	Kein	8	Rechts	Metrisch
17	Frage10	Numerisch	3	0	Zufriedenheitsgr	{-10, unzufrie	Kein	8	Rechts	Metrisch
18	Frage11	Numerisch	1	0	Anzahl der Prüfu	{0, keine}...	Kein	8	Rechts	Metrisch
19	Frage12a	Numerisch	1	0	Verkehrsmittel U	{0, nicht gen	Kein	8	Rechts	Nominal
20	Frage12b	Numerisch	1	0	Verkehrsmittel S	{0, nicht gen	Kein	8	Rechts	Nominal
21	Frage12c	Numerisch	1	0	Verkehrsmittel T	{0, nicht gen	Kein	8	Rechts	Nominal
22	Frage12d	Numerisch	1	0	Verkehrsmittel B	{0, nicht gen	Kein	8	Rechts	Nominal
23	Frage12e	Numerisch	1	0	Verkehrsmittel R	{0, nicht gen	Kein	8	Rechts	Nominal

Hinweise. Im Unterschied zur Variablenansicht innerhalb der Abbildung 2.1.2-1 (Mietspiegelkonzept) sind gemäß Abbildung 2.1.2-4 (Fragebogenkonzept) die folgenden Besonderheiten zu beachten: i) **Identifikator**. Die erstgenannte SPSS Variable *Nr* fungiert als Platzhalter für die jeweilige Fragebogennummer, die wiederum als Identifikator für den jeweils zugrundeliegenden Fragebogen bzw. für die jeweils befragte Person fungiert. Per Definition ist die Fragebogennummer ein nominales Merkmal eines Fragebogens bzw. einer befragten Person, da mit ihrer Hilfe lediglich eine eineindeutige Identifikation eines Fragebogens bzw. einer befragten Person bewerkstelligt werden soll. ii) **Variablenname**. Die Variablennamen wurden der Einfachheit halber analog zum Fragebogen festgelegt. So kennzeichnet zum Beispiel die Variable *Frage1*, die im Ensemble aller Fragen die erste Frage darstellt, im konkreten Fall die Frage nach der Geschlechtszugehörigkeit eines Befragten. iii) **Messniveau**. Gleichwohl ausschließlich numerische SPSS Variablen vereinbart wurden, variiert in Abhängigkeit von der vorab im Fragebogen (vgl. Abbildung 2.1.1-3) vereinbarten und verwendeten Skala das jeweilig festgelegte Messniveau. Aus didaktisch-methodischer Sicht sehr anschaulich erweisen sich die drei Piktogramme (lat.: *pictus* → gemalt + grch.: *gramma* → Zeichen) zur Messniveau-Kennzeichnung: das Metermaß für ein metrisches (grch.: *metron* → Maß), ein farbiges und abgestuftes Diagramm für ein ordinales (lat.: *ordinare* → ordnen) und drei farbige und gleichgroße bzw. „gleichwertige" Kreise für ein nominales (lat.: *nominalis* → zum Namen gehörig, begrifflich) Messniveau. ♦

Multiple Dichotomien. Im Ensemble aller vereinbarten Variablen bedürfen die zwölf SPSS Variablen *Frage12a* bis *Frage12l* zur Beschreibung der Verkehrsmittelnutzung einer besonderen Aufmerksamkeit. Aus statistisch-methodischer Sicht sind diese zwölf SPSS Variablen nicht nur dichotome (grch.: *dicha* → zweifach + *tome* → Schritt) und 0-1-kodierte, sondern gleichsam auch häufbare nominale Merkmale eines bzw. einer befragten Studierenden. Diese Klassifikation resultiert aus dem Umstand, dass ein Student bzw. eine Studentin auf dem Weg zur Hochschule durchaus mehrere Verkehrsmittel nutzen kann. Ist man daran interessiert zu erfahren, welche Verkehrsmittelnutzung am häufigsten genannt wurde, braucht man nur noch die Anzahl der jeweiligen Verkehrsmittel-Nennungen zu „zählen", die im konkreten Fall mit dem Wert „eins" kodiert wurden. Diese Form der Analyse von Mehrfachantworten auf der Basis von kodierten Dichotomien subsumiert man in der Statistik unter dem Begriff der multiplen Dichotomien. Das Konzept der multiplen Dichotomien, das in der empirischen Wirtschaftsforschung vor allem bei der Analyse von fragebogenbasierten Mehrfachantworten-Sets appliziert wird, ist ein spezieller Gegenstand der kategorialen Verteilungsanalyse, die im Kontext des Abschnittes 3.1 paradigmatisch skizziert wird.

SPSS Daten-Datei. Die fragebogenbasierten Daten, die in den Lehrveranstaltungen zur Statistik im Sommersemester 2007 am Fachbereich Wirtschaftswissenschaften I der Hochschule für Technik und Wirtschaft Berlin empirisch erhoben wurden, sind in der SPSS Daten-Datei *Fragebogen.sav* gespeichert. ♣

2.1.3 Daten eingeben und speichern

Motivation. Dateneingabe und Datensicherung unter SPSS sollen in Anlehnung an die Abbildung 2.1.1-2 anhand der primärstatistisch erhobenen Mietwohnungsdaten exemplarisch demonstriert werden, wobei aus didaktisch- methodischen Gründen lediglich auf die vier Erhebungsmerkmale *Bezirk, Zimmeranzahl, monatliche Kaltmiete* und *Fläche* zurückgegriffen wird. In Anlehnung an die lineare Algebra kann die auf vier Erhebungsmerkmale reduzierte Urliste innerhalb der Abbildung 2.1.3-1 auch als eine (3×4)-Datenmatrix gedeutet werden, die insgesamt $3 \cdot 4 = 12$ Daten beinhaltet, wobei die drei Datenzeilen die ersten drei zufällig ausgewählten Berliner Drei-Zimmer-Mietwohnungen und die vier Datenspalten die vier in Rede stehenden Erhebungsmerkmale repräsentieren.

Abbildung 2.1.3-1: SPSS Daten-Editor, Datenansicht

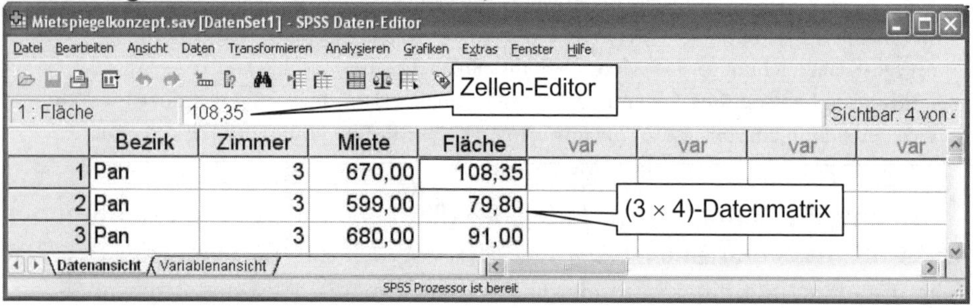

	Bezirk	Zimmer	Miete	Fläche
1	Pan	3	670,00	108,35
2	Pan	3	599,00	79,80
3	Pan	3	680,00	91,00

Dateneingabe. Im Vorfeld einer Dateneingabe ist es geboten, in der Status-Leiste des SPSS Daten-Editors die Option *Datenansicht* zu wählen. Die Daten können in die Datenzellen des SPSS Daten-Editors fall- oder variablenweise über die Tastatur eingegeben werden.

> **Hinweise**. Für eine Dateneingabe unter SPSS erweisen sind die folgenden Hinweise nützlich: i) **Dateneingabe**. Die Dateneingabe und die Korrektur einer fehlerhaften Dateneingabe können sowohl mit Hilfe von Funktionstasten wie etwa der Returntaste ↵ oder der Cursortasten ← ↑ → ↓ als auch unter Verwendung der Maus bewerkstelligt werden. Weitere Informationen können zudem über das SPSS Hilfesystem angefordert werden. ii) **Zellen-Editor**. Jeder Dateneintrag in ein Datenfeld des SPSS Daten-Editors wird gleichzeitig vor dem Zellen-Editor in der Form *Zeilennummer : Variablenname* vermerkt. iii) **Daten-Cursor**. Der Daten-Cursor erscheint stets in einer für die Dateneingabe aktivierten Datenzelle. Im konkreten Fall ist es die im Zellen-Editor unterhalb der Symbolleiste angezeigte Datenzelle der Ordnung *1 : Fläche*. Dies ist die Datenzelle, die sich im Arbeitsblatt in der Zeile 1 in der Spalte mit der Kennung „Fläche" befindet und in die der Wert 108,35 via Tastatur eingegeben wurde. ♦

Datensicherung. Hat man alle Daten via Tastatur eingegeben, dann gilt es, diese in einer SPSS Daten-Datei zu speichern. Beachtenswert ist dabei, dass Daten, die via Tastatur in das Arbeitsblatt des SPSS Daten-Editors eingegeben und noch nicht in einer SPSS Daten-Datei gespeichert wurden, in der Kopfzeile durch das Etikett „*Unbenannt*" gekennzeichnet werden. Beim Speichern einer SPSS Daten-Datei ist (analog zu allen Microsoft Windows-Anwendungen) stets zwischen dem ersten und allen weiteren Speichervorgängen zu unterscheiden. Den ersten Speichervorgang realisiert man einfachsten via Sequenz 2.1.3-1.

Sequenz 2.1.3-1: SPSS Daten-Datei speichern
Datei
   Speichern unter → Abbildung 2.1.3-2

Abbildung 2.1.3-2: Dialogfeld *Daten speichern als*

[Dialogfeld "Daten speichern als" mit Dateiliste im Verzeichnis "Daten", Dateiname "Mietspiegelkonzept.sav", Dateityp "SPSS (*.sav)". Hinweis: Extension einer SPSS Daten-Datei: *.sav]

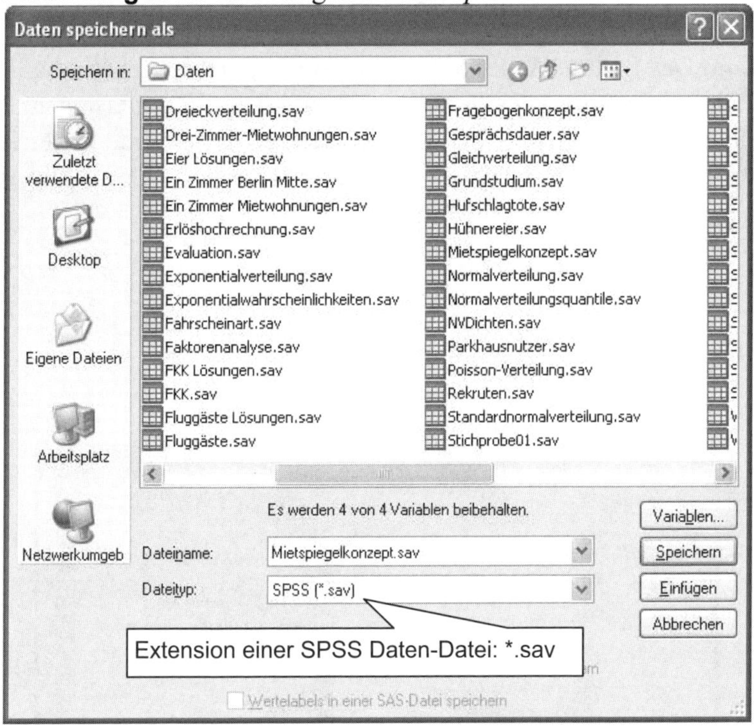

Hinweise. Im Zuge des Speichern einer SPSS Daten-Datei erweisen sich die folgenden Hinweise als nützlich: i) **Namenskonventionen**. Bei der Vergabe eines Datei-Namens ist zu beachten, dass den Namenskonventionen von Windows entsprochen wird. ii) **Extension**. In SPSS wird eine Datendatei mit der Extension *.sav* (engl.: *to save* → retten, schützen) versehen. Im konkreten Fall wurde eine SPSS Daten-Datei für den *Dateityp: SPSS (*.sav)* mit dem *Dateinamen: Mietspiegelkonzept* im Verzeichnis *Daten* gespeichert. Alle weiteren Speichervorgänge können über das Speichersymbol 🖫 in der SPSS Symbolleiste vorgenommen werden. iii) **Variablen speichern**. Über das Aktivieren der der Schaltfläche *Variablen*... kann optional vereinbart werden, welche Variablen einer im SPSS Daten-Editor „residenten Arbeitsdatei" in einer SPSS Daten-Datei gespeichert werden sollen. ♦

2.2 Einlesen einer Daten-Datei

Motivation. Unter dem Begriff *Datei einlesen* wird das Transportieren von Daten-Dateien unterschiedlichen Typs von internen oder externen Datenträgern in SPSS subsumiert. Als interner Datenträger fungiert eine Festplatte, als externer Träger in der Regel ein USB-Massenspeicher (engl.: *universal serial bus*) oder eine CD (engl.: *compact disk*). Aus der Vielzahl der Prozeduren zum Einlesen von Daten-Dateien, die in SPSS 15.0 für Windows implementiert sind, wird lediglich für die zwei in praxi häufig benutzten Datei-Formate *.sav (SPSS) und *.xls (Microsoft Excel) das Einlesen von Daten-Dateien skizziert. ♣

Beispiel 2.2-1: Einlesen einer SPSS Daten-Datei
Motivation. Das Einlesen einer SPSS Daten-Datei, die stets durch die Extension *.sav gekennzeichnet ist, kann grundsätzlich auf zwei Wegen erfolgen. Der erste Weg ist durch die Sequenz 2.2-1 gekennzeichnet. Der zweite (zweifellos einfachste und schnellste) Weg besteht darin, das dafür in Windows-Anwendungen vorgesehene Symbol 📂 für *Öffnen* zu nutzen.

> **Sequenz 2.2-1**: Datei öffnen
> Datei
>   Öffnen
>   Daten ... → Abbildung 2.2-1

Abbildung 2.2-1: SPSS Dialogfeld *Datei öffnen*

SPSS Daten-Management

Dialogfeld. Nachdem im SPSS Dialogfeld *Datei öffnen* innerhalb der Abbildung 2.2-1 die gewünschte SPSS Daten-Datei über das jeweilige Laufwerk und Verzeichnis ausgewählt wurde, kann sie über das Betätigen der Schaltfläche *Öffnen* in den SPSS Daten-Editor eingelesen werden. Im konkreten Fall wurde eine SPSS Daten-Datei mit dem Namen *Fragebogenkonzept* vom *Dateityp SPSS (*.sav)* aus dem Verzeichnis *Daten* in den SPSS Daten-Editor eingelesen. ♣

Beispiel 2.2-2: Einlesen einer Microsoft Excel-Datei
Motivation. In der praktischen statistischen Arbeit steht nicht zu jeder Zeit und an jedem Ort das Programmpaket SPSS zur Verfügung. Demgegenüber ist die Verfügbarkeit der allgemein zugänglichen und weit verbreiteten Software *Microsoft Excel 2003 (oder höher)* eher gegeben. Aus diesem Grunde wird im Folgenden die Erstellung einer Excel Datei, ihr Transport in SPSS 15.0 für Windows und ihre Ablage als SPSS Daten-Datei exemplarisch skizziert.

Excel-Tabelle. Die Abbildung 2.2-2 zeigt eine Urliste in Gestalt einer Microsoft Excel 2003-Tabelle. In die Zellen A, B, C, D der Arbeitsblatt-Zeile 1 wurden die vereinbarten Variablennamen *Bezirk, Zimmer, Miete* und *Fläche*, in die übrigen Zeilen die jeweiligen Merkmalsausprägungen als Zahlen bzw. Begriffe eingegeben und via *Datei, Speichern unter...* mit dem Namen *Mietspiegelkonzept.xls* gespeichert.

Abbildung 2.2-2: Excel 2003-Tabelle

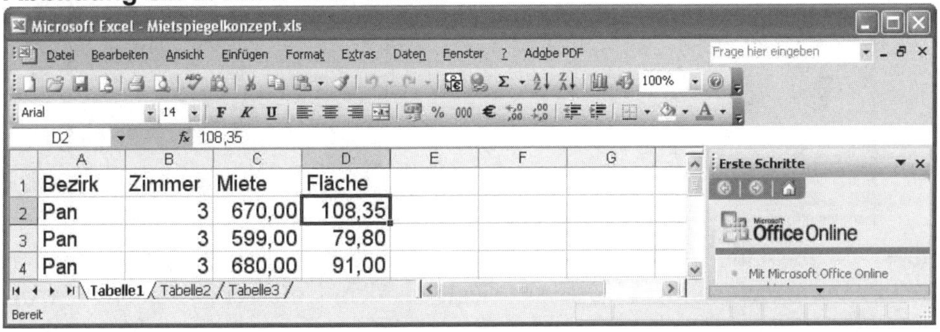

Hinweis. Beim Einlesen einer Excel-Datei in den SPSS Daten-Editor ist zu beachten und sicherzustellen, dass keine Microsoft Excel-Anwendung geöffnet ist, da sonst Konvertierungsfehler auftreten können, die den Datentransport von Excel nach SPSS scheitern lassen. ♦

Dateiformat. Im SPSS Dialogfeld *Datei öffnen* ist analog zur Abbildung 2.2-3 in der Rubrik Dateityp das Dateiformat *Excel (*.xls)* auszuwählen und zu vereinbaren sowie der Name der Excel-Datei, die importiert werden soll, in der Rubrik *Dateiname* zu vermerken.

Optionen. Nach dem Betätigen der Schaltfläche *Öffnen* erscheint das SPSS Dialogfeld *Öffnen einer Excel-Datenquelle*, das in der Abbildung 2.2-3 dargestellt ist, in dem man je nach Bedarf den Bereich der Excel-Tabelle, der nach SPSS importiert werden soll, vereinbaren kann. Dabei ist zu beachten, dass die Option *Variablennamen aus ersten Dateizeile lesen* zu aktivieren ist, wenn die benutzten Variablennamen übernommen werden sollen.

Abbildung 2.2-3: SPSS Dialogfelder *Datei öffnen* und *Öffnen...*

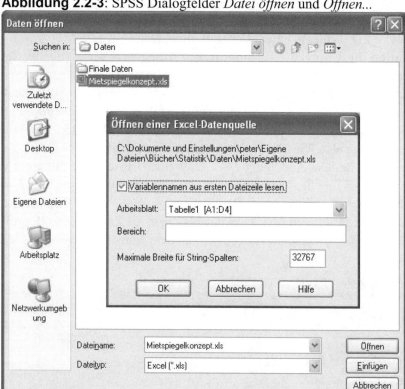

Im konkreten Fall wurde die Tabelle1 der Excel-Datei *Mietspiegelkonzept.xls*, welche die Excel-Zellen A1 bis D4 belegt, aus dem Unterverzeichnis *C:\ Dokumente und Einstellungen\...\Daten\...* für den Import nach SPSS 15.0 für Windows ausgewählt. Nach dem Betätigen der Schaltfläche *OK* im Dialogfeld *Öffnen einer Excel-Datenquelle* wird die Excel-Tabelle analog zur Abbildung 2.2-2 in den SPSS Daten-Editor transportiert. Man braucht dann nur noch analog zum Abschnitt 2.1.3 die transportierte Excel-Datei als SPSS Daten-Datei unter einem geeigneten und zulässigen Dateinamen im Dateiformat (Dateityp) *SPSS (*.sav)* zu speichern.

Hilfe. Im Bedarfsfall können kontextbezogene Informationen zum Transport einer Microsoft Excel-Tabelle nach SPSS via Schaltfläche *Hilfe* angefordert werden. ♣

2.3 SPSS Daten-Dateien bearbeiten

Motivation. Das Zählen, Auswählen oder Ermitteln von Merkmalsträger- Duplikaten bzw. das Berechnen oder Umkodieren von Variablen sowie das Zusammenfügen oder Aggregieren von SPSS Daten-Dateien sind typische Konzepte des SPSS Datei- und Daten-Managements, die gemäß Abbildung 2.3-1 in den SPSS Funktionsgruppen *Daten* und *Transformieren* zusammengefasst sind.

Abbildung 2.3-1: SPSS Funktionsgruppen *Daten* und *Transformieren*

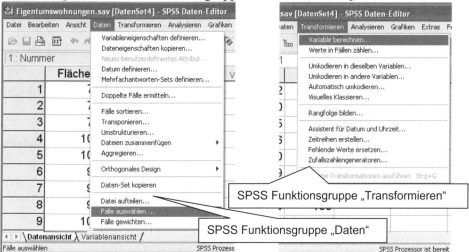

Tabelle 2.3-1: Konzepte des SPSS Datei- und Daten-Managements

Konzept		Beispiel	Seite
Dateien zusammenfügen	Fälle hinzufügen	2.3-1	
	Variablen hinzufügen	2.3-2	
Fälle nummerieren		2.3-3	
Berechnen	für alle Merkmalsträger	2.3-4	
	für ausgewählte Fälle	2.3-5	
Umkodieren (in andere Variablen)		2.3-6	
Bereichseinteilung (Klassierung)		2.3-7	
Fälle auswählen und/oder löschen		2.3-8	
Doppelte Fälle ermitteln		2.3-9	
Aggregieren		2.3-10	
Datum definieren		7.1-1	
Zeitreihen erstellen		7.2.1-1	

Konzepte. In der Tabelle 2.3-1 sind aus der babylonischen Vielfalt von Konzepten des SPSS Datei-Management und SPSS Daten-Managements nur diejenigen zusammengestellt, die in den folgenden Kapiteln von Belang sind. ♣

Beispiel 2.3-1: Dateien zusammenfügen, Fälle hinzufügen
Motivation. Im Kontext des Beispiels 2.1.1-2 wurde die statistische Datenerhebung anhand des Fragebogenkonzepts motiviert. Im Zuge einer primärstatistischen und fragebogengestützten Datenerhebung wurden im Sommersemester 2007 in den Vorlesungen zur Statistik am Fachbereich Wirtschaftswissenschaften I der HTW Berlin die Studierenden sowohl in den Bachelor-Studiengängen als auch in den Diplom-Studiengängen befragt und die jeweiligen Befragungsergebnisse aus arbeitsteiligen Gründen von den Assistenten in den SPSS Daten- Dateien *Bachelor.sav* und *Diplom.sav* gespeichert. Alle Befragungsergebnisse sollen letztlich in einer SPSS Daten-Datei zusammengefasst werden. Aus dieser Zielstellung wird bereits ersichtlich, dass es sich bildhaft um das Zusammenfassen von Merkmalsträgern (Fällen) handelt, die bezüglich gleicher Eigenschaften (Variablen) statistisch beschrieben wurden. Dieses SPSS Konzept *Fälle hinzufügen* wird exemplarisch anhand der SPSS Daten-Dateien *Bachelor.sav* und *Diplom.sav* skizziert.

Sequenz. Das Zusammenfügen gleichartig strukturierter SPSS Daten-Dateien kann via Sequenz 2.3-1 realisiert werden.

> **Sequenz 2.3-1**: Dateien zusammenfügen, Fälle hinzufügen
> Daten
>   Dateien zusammenfügen
>   Fälle hinzufügen...
>   Dialogfeld **Fälle hinzufügen zu** ... → Abbildung 2.3-2
>   Dialogfeld **Fälle hinzufügen aus** ... → Abbildung 2.3-3

Abbildung 2.3-2: Dialogfeld *Fälle hinzufügen zu*

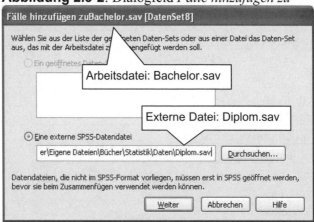

Hinweise. Beim Vorgang des Zusammenfügens von SPSS Daten-Dateien sind die folgende Hinweise nützlich: i) **Optionen**. In SPSS 15.0 werden gemäß Abbildung 2.3-2 zwei Optionen angeboten: erstens das Zusammenfügen von SPSS Daten-Dateien aus bereits geöffneten und speicherresidenten Dateien und zweitens (gemäß Abbildung 2.3-2) das Hinzufügen einer externen und nicht speicherresidenten SPSS Daten-Datei zur einer bereits geöffneten und speicheresidenten SPSS Daten-Datei. ii) **Gleichartigkeit**. Die SPSS Daten-Dateien sollten möglichst gleichartig strukturiert sein. Zwei SPSS Daten-Dateien heißen gleichartig strukturiert, wenn sie eine gleiche Anzahl gleichartig definierter Variablen besitzen, worin insbesondere die Festlegung gleicher Variablennamen und gleicher Variablentypen eingeschlossen ist. Nicht gleichartige Variablen werden im Dialogfeld *Fälle hinzufügen aus...* in der Rubrik *Nicht gepaarte Variablen:* aufgelistet (vgl. Abbildung 2.3-3). iii) **Arbeitsdatei**. Eine Daten-Datei, die in den SPSS Daten-Editor eingelesen wurde, also dort „residiert", wird auch als Arbeitsdatei bezeichnet. Im konkreten Fall ist die SPSS Daten-Datei *Bachelor.sav* die „speicherresidente" Arbeitsdatei. iv) **Dateiauswahl**. Gemäß Abbildung 2.3-2 braucht man im Dialogfeld *Fälle hinzufügen zu* nur via Schaltfläche *Durchsuchen* die jeweilige SPSS Daten-Datei auszuwählen. Da im konkreten Fall die externe SPSS Daten-Datei *Diplom.sav* ausgewählt wurde, erhält man via Schaltfläche *Weiter* schließlich und endlich das in der Abbildung 2.3-3 plakatierte Dialogfeld *Fälle hinzufügen aus*. ♦

Abbildung 2.3-3: Dialogfeld *Fälle hinzufügen aus*

Auf Grund dessen, dass in den beiden separat erstellten SPSS Daten-Dateien *Diplom.sav* und *Bachelor.sav* jeweils insgesamt 30 gleichartig definierte Variablen vorkommen, werden diese durch SPSS automatisch als „gepaarte Variablen" behandelt, gleichermaßen an die „speicherresidente" Arbeitsdatei *Bachlor.sav* „angehängt" und zu einer bezüglich der Merkmalsträger (Fälle) erweiterten SPSS Daten-Datei zusammengefügt.

Speichern. Analog lassen sich alle gleichartig strukturierten SPSS Daten-Dateien zu einer SPSS Daten-Datei zusammenfügen. Im konkreten Fall wurden die zusammengefügten SPSS Daten-Dateien unter dem Namen *Fragebogen.sav* gespeichert.

Hilfe. Kontextbezogene Informationen können im Bedarfsfall via Schaltfläche *Hilfe* angefordert werden. ♣

Beispiel 2.3-2: Dateien zusammenfügen, Variablen hinzufügen
Motivation. Dem Vorgang des Hinzufügens von Variablen aus einer speicherresidenten oder einer externen SPSS Daten-Datei in eine SPSS Arbeitsdatei kommt in der empirischen Wirtschafts- und Sozialforschung vor allem dann eine besondere praktische Bedeutung zu, wenn SPSS Daten-Dateien gleiche Merkmalsträger, jedoch unterschiedliche Variablen (Erhebungsmerkmale) beinhalten und diese Dateien zu einer SPSS Daten-Datei „verschmolzen" werden sollen. Das in Rede stehende Konzept soll anhand der folgenden praktischen Problemstellung erläutert und demonstriert werden: Im Wintersemester 2002/03 wurden alle Lehrveranstaltungen der HTW Berlin auf der Grundlage eines standardisierten Fragebogens durch die Studentenschaft evaluiert. Die anonymisierten und lehrveranstaltungsbezogenen Evaluationsergebnisse für den Fachbereich Wirtschaftswissenschaften I, die in der SPSS Daten-Datei *Evaluation.sav* gespeichert sind, sollen mit den zugehörigen lehrveranstaltungsbezogenen Semesterabschlussergebnissen, die in der SPSS Daten-Datei *Prüfungen.sav* enthalten sind (und für jedes Semester vom Prüfungsamt bereitgestellt werden), zu einer „neuen" SPSS Daten-Datei verschmolzen werden, die sowohl die Evaluations- als auch die Prüfungsergebnisse für jede als Merkmalsträger fungierende Lehrveranstaltung beinhaltet und die Grundlage für spezielle statistische Analysen bildet (vgl. Kapitel 5).
Sequenz. Via Sequenz 2.3-2 kann das Hinzufügen von Variablen in SPSS Daten-Dateien, die hinsichtlich der Merkmalsträger identisch sind, realisiert werden.

Sequenz 2.3-2: Dateien zusammenfügen, Variablen hinzufügen
Daten
   Dateien zusammenfügen
      Variablen hinzufügen...
         Dialogfeld **Variablen hinzufügen zu ...** → Abbildung 2.3-4
            Dialogfeld **Variablen hinzufügen aus...** → Abbildung 2.3-5

Abbildung 2.3-4: Dialogfeld *Variablen hinzufügen ...*

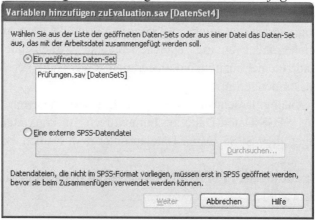

SPSS Daten-Management 35

Abbildung 2.3-5: Dialogfeld *Variablen hinzufügen aus ...*

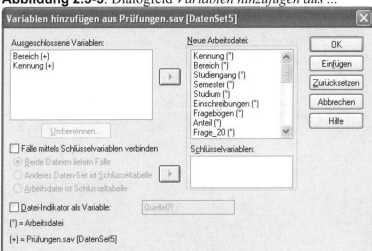

Hinweise. Beim Vorgang des Hinzufügens von Variablen aus einer speicherresidenten oder aus einer externen SPSS Daten-Datei in eine SPSS Arbeitsdatei sind die folgenden Hinweise nützlich, die gleichermaßen als kontextbezogene Informationen via Schaltfläche *Hilfe* angefordert werden können. i) **Reihenfolge**. Die Merkmalsträger müssen in beiden Daten-Dateien identisch und (zum Beispiel auf der Basis ihres Identifikators) in gleicher Reihenfolge sortiert sein. ii) **Ausschluss**. In der Rubrik *Ausgeschlossene Variablen* sind die Variablen aufgelistet, die aus der speicheresidenten SPSS Daten-Datei *Prüfungen.sav* nicht in die neue Arbeitsdatei übernommen werden, da sie bereits schon in der „residenten" SPSS Arbeitsdatei *Evaluation.sav* enthalten sind. iii) **Neue Arbeitsdatei**. In der Rubrik *Neue Arbeitsdatei* sind alle „residenten (*)" und „neuen (+)" Variablen aufgelistet, die nach dem Betätigen der Schaltfläche *OK* zu einer „neuen, durch weitere Variablen erweiterten" SPSS Daten-Datei automatisch „verschmolzen" werden. iv) **Speichern**. Die „um weitere Variablen erweiterte" SPSS Daten-Datei ist gemäß Abschnitt 2.1.3 unter einem geeigneten Dateinamen zu speichern. ♦

Beispiel 2.3-3: Merkmalsträger nummerieren
Motivation. Ein grundlegendes statistisches Arbeitsprinzip bei der Erstellung einer SPSS Daten-Datei besteht darin, jeden Merkmalsträger γ_i einer sachlich, örtlich und zeitlich abgegrenzten statistischen Gesamtheit $\Gamma_n = \{\gamma_i, i = 1,2,...,n\}$ mit einem Identifikator zu versehen, der jederzeit seine eindeutige Identifizierung und die seines ihn beschreibenden Datensatzes ermöglicht. In Anlehnung an die Urlistendaten innerhalb der Abbildung 2.1.1-2 soll in die SPSS Daten-Datei *Mietspiegel.sav* automatisch eine Variable eingefügt werden, die jeden Merkmalsträger mit einem Identifikator versieht. Eine einfache und für praktische Zwecke oft ausreichende Form eines Identifikators ist ein dekadischer Schlüssel, auch Nummernschlüssel genannt, mit dessen Hilfe die Merkmalsträger $\gamma_i \in \Gamma_n$ einer statistischen Gesamtheit nummeriert bzw. gezählt werden.

Sequenz. Das automatische Nummerieren der Merkmalsträger einer SPSS Daten-Datei kann via Sequenz 2.3-3 erfolgen.

Sequenz 2.3-3: Merkmalsträger nummerieren
Transformieren
Variable berechnen → Abbildung 2.3-6

Abbildung 2.3-6: Dialogfeld *Variable berechnen*

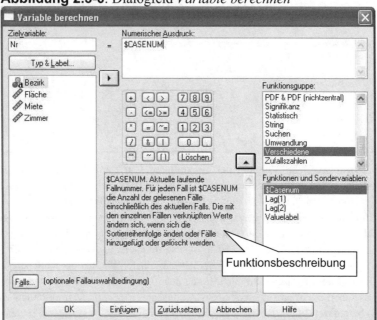

Hinweise. Beim Nummerieren von Merkmalsträgern einer SPSS Daten-Datei sind die folgenden Hinweise nützlich: i) **SPSS Funktion**. Die SPSS Funktion *$casenum* (engl.: *casenum(ber)* → Fallnummer), die in der Funktionsgruppe *Verschiedene* angeboten wird, bewirkt das Nummerieren aller Merkmalsträger einer SPSS Daten-Datei. Dabei wird automatisch in die nächstfolgend freie (im konkreten Fall in die fünfte) Spalte des SPSS Daten-Editors eine numerische Variable mit dem vereinbarten Variablennamen *Nr* eingefügt. ii) **Funktionsbeschreibung**. In der mittig platzierten Rubrik wird die ausgewählte Funktion hinsichtlich ihrer Zweckbestimmung und ihrer Spezifika kurz erläutert. iii) **Format**. Da dekadische Schlüssel ihrem Wesen nach natürliche Zahlen sind und insgesamt mehr als 6000 Berliner Mietwohnungen statistisch erfasst wurden, ist es vorteilhaft, gemäß Abschnitt 2.1.2 für die eingefügte SPSS Variable *Nr* im „Nachhinein" die Variablen-Definition noch zu vervollständigen etwa derart, dass man das Zahlenformat *Numerisch 4.0*, das Variablen-Label *Nummer der Berliner Mietwohnung* und das Messniveau *Nominal* vereinbart, da man mit der Variable *Nr* lediglich eine eineindeutige Identifikation der Mietwohnungen bewerkstelligen möchte. ♦

Speichern. Gemäß Abschnitt 2.1.3 ist die erweiterte SPSS Daten-Datei unter einem geeigneten Namen zu speichern. ♣

SPSS Daten-Management

Beispiel 2.3-4: Variablenwerte berechnen für alle Merkmalsträger
Motivation. Eine Kennzahl, die im Zentrum des Mietspiegelkonzepts steht, das im Beispiel 2.1.1-1 skizziert wurde, ist der Miet- oder Quadratmeterpreis (Angaben in €/m²), definiert als Quotient aus der monatlichen Kaltmiete (Angaben in €) und der Wohnfläche (Angaben in m²) einer statistisch erfassten Mietwohnung. Anhand dieser Maßzahl soll das Berechnen von Variablenwerten für *alle* Merkmalsträger einer SPSS Daten-Datei (in Gestalt einer Arbeitsdatei) demonstriert werden. Dabei gilt es, die SPSS Daten-Datei *Mietspiegel.sav* durch eine neue numerische Variable mit dem Namen *Preis* zu erweitern, die sich unter Verwendung des SPSS Divisionsoperators / aus der Division der in der Arbeitsdatei erfassten numerischen SPSS Variablen *Miete* und *Fläche* berechnen lässt. Die Berechnung der Variablen *Preis* kann via Sequenz 2.3-4 bewerkstelligt werden.

> **Sequenz 2.3-4**: Variablenwerte berechnen
> Transformieren
>   Variable berechnen → Abbildung 2.3-7

Abbildung 2.3-7: Dialogfeld *Variable berechnen*

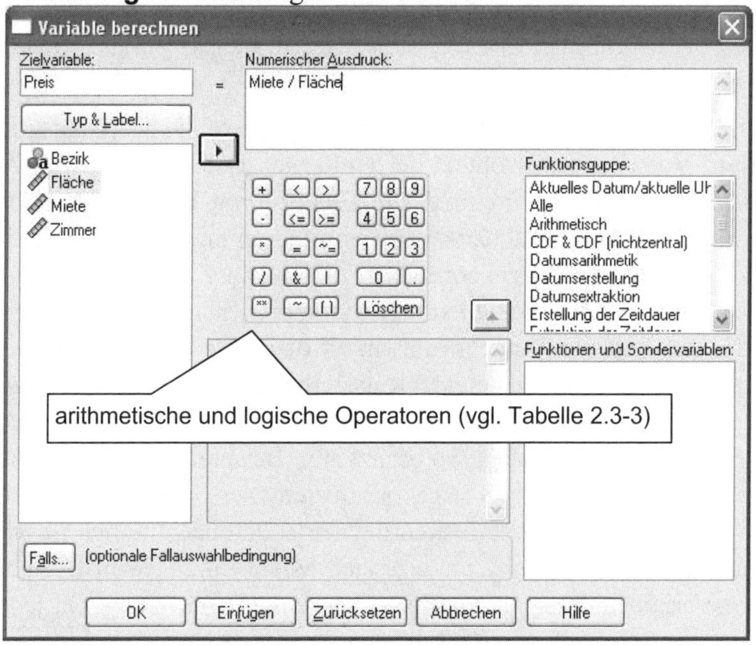

Hinweise. Für die Berechnung von Variablen erweisen sich die folgenden Hinweise als nützlich: i) **Numerische Variablen**. Bei der Eingabe des Terms *Miete / Fläche*, der als Berechnungsvorschrift für die Zielvariable *Preis* fungiert, in die Rubrik *Numerischer Ausdruck* ist zur Vermeidung von formalen und/oder syntaktischen Fehlern zu beachten, dass nur numerische Variablen mit Hilfe arithmetischer Operationen „verknüpft" werden können. Numerische Variablen sind in der im linken Dialogfeldbereich angezeigten Variablenliste durch ein „gelbes Lineal" gekennzeichnet. ii) **Taschenrechner-Tastatur**. Zur Vermeidung von syntaktischen Fehlern sollten die Variablennamen und die Symbole für die erforderlichen arithmetischen oder Rechenoperationen stets über das Aktivieren des jeweiligen Variablennamens in der Variablenliste und der Schaltfläche ▸ bzw. über das Betätigen der Taschenrechner-Tastatur bewerkstelligt werden. iii) **Variablenlabel**. Nach dem Betätigen der Schaltfläche *OK* wird automatisch für *alle* Merkmalsträger der SPSS Arbeitsdatei die numerische Variable *Preis* in die nächstfolgend freie Spalte des SPSS Daten-Editor eingefügt. Es ist vorteilhaft, gemäß Abschnitt 2.1.2 die Definition der numerischen Variable *Preis* etwa noch durch das Vermerken des Variablenlabels *Mietpreis (€/m²)* zu komplettieren und die erweiterte SPSS Daten-Datei zu speichern. iv) **Konzepte**. Beachtenswert ist zudem, dass es in SPSS zwei wohl zu unterscheidende Konzepte gibt, Variablenwerte zu berechnen: erstens das Berechnen von Variablenwerten für *alle* Merkmalsträger (vgl. Beispiel 2.3-4) und zweitens das Berechnen von Variablenwerten nur für *ausgewählte* Merkmalsträger (vgl. Beispiel 2.3-5). v) **Funktionen**. Im Dialogfeld *Variable berechnen*, werden in den (rechts angeordneten) Rubriken *Funktionsgruppe* und *Funktionen und Sondervariablen* eine breite Palette von mathematisch-statistischen und datenbearbeitenden Funktionen angeboten, die sich im SPSS Datei- und Daten-Management als nützliche Instrumente erweisen und bei ihrer Anforderung in der im Dialogfeld *Variable berechnen* mittig platzierten und grau unterlegten Rubrik inhaltlich kurz erläutert werden. Im Anhang E wird zum Zwecke einer besseren Orientierung eine Übersicht über ausgewählte Funktionsgruppen und Funktionen angeboten. ♦

Beispiel 2.3-5: Variablenwerte berechnen für ausgewählte Merkmalsträger
Motivation. Vor allem im Kontext der grafischen Datenanalyse (vgl. Abschnitt 3.2.1) erweist es sich als vorteilhaft, die Ortslage von Berliner Mietwohnungen nicht nur mit Hilfe des Stadtbezirksnamens, sondern in Anlehnung an die Abbildung 2.3-8 mit Hilfe von Lagekoordinaten zahlenmäßig zu beschreiben.
Lagekoordinaten. Im speziellen Fall wurde die Katasterfläche Berlins in Anlehnung an den Berliner Verkehrsatlas in 14 disjunkte Katasterbereiche auf der West-Ost-Achse und in 8 disjunkte Katasterbereiche auf der Nord-Süd-Achse unterteilt und für jeden der 23 „traditionellen" Berliner Stadtbezirke die „zentralen" Lagekoordinaten festgelegt. So besitzt zum Beispiel der Berliner Stadtbezirk Charlottenburg die „zentralen" Lagekoordinaten „4.1 West-Ost-Lage" und „4.8 Nord-Süd-Lage". Die Stadtbezirkskoordinaten sollen nachträglich für alle in der SPSS Daten-Datei *Mietspiegel.sav* erfassten Mietwohnungen in Gestalt der numerischen Variablen *WestOst* bzw. *NordSüd* eingefügt werden. Da jeder Stadtbezirk durch unterschiedliche Koordinaten beschrieben wird, ist es erforderlich, die jeweiligen Mietwohnungen eines Stadtbezirks auszuwählen und den numerischen SPSS Variablen *WestOst* bzw. *NordSüd* die zutreffenden „mittleren" Koordinatenwerte zuzuordnen.
Arbeitsschritte. Das Zuordnungsproblem der Lagekoordinaten für die Berliner Stadtbezirke kann wie folgt gelöst werden:

Abbildung 2.3-8: Lagekoordinaten der 23 „traditionellen" Stadtbezirke Berlins

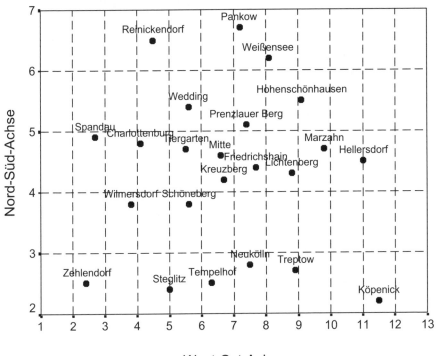

Unterdialogfeld. Gemäß Sequenz 2.3-4 ist das SPSS Dialogfeld *Variable berechnen* zu öffnen und über die Schaltfläche *Falls...* (optionale Fallauswahlbedingung) das SPSS Unterdialogfeld *Variable berechnen: Falls Bedingung erfüllt ist* aufzurufen, das analog zur Abbildung 2.3-9 auszufüllen ist. Dabei ist zu beachten, dass zuerst die Option *Fall einschließen, wenn Bedingung erfüllt ist* via linken Mausklick auszuwählen und danach die SPSS Auswahlbedingung *Bezirk = „Cha"* in der vorgesehenen Rubrik syntaxgerecht zu vermerken ist. Syntaxgerecht bedeutet im konkreten Fall, dass die Stadtbezirkskennung *Cha* für den Berliner Stadtbezirk Charlottenburg in Hochkommata zu setzen ist, da für die SPSS Variable *Bezirk* im Zuge der Variablendefinition das Format *String* vereinbart wurde, der wiederum durch das Piktogramm dreier verschiedenfarbiger Kugeln mit dem Alpha-Zeichen „a" bildhaft markiert wird.

Dezimalpunkt. Nach dem Betätigen der Schaltfläche *Weiter* kehrt SPSS zum übergeordneten SPSS Dialogfeld *Variable berechnen* zurück, das schließlich und endlich analog zur Abbildung 2.3-9 auszufüllen ist. Dabei ist zu beachten, dass in der syntaxgerechten SPSS Berechnungsvorschrift *WestOst = 4.1* für die Wertzuweisung bei der numerischen Variable *WestOst* kein Dezimalkomma, sondern (gemäß der amerikanischen Notation) ein *Dezimalpunkt* verwendet wird.

Abbildung 2.3-9: Dialogfelder *Variable berechnen*

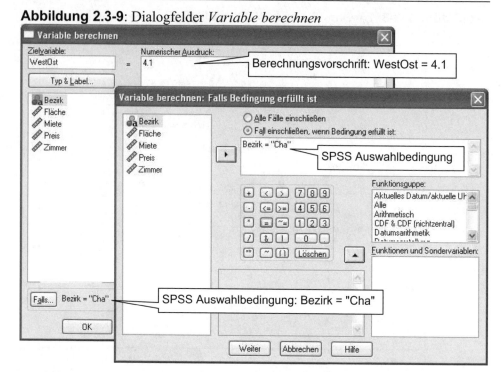

Analog wurden auch die Nord-Süd-Koordinate für die Charlottenburger Mietwohnungen sowie die Koordinaten für alle erfassten Mietwohnungen der restlichen 22 „traditionellen" Stadtbezirke Berlins im Zuge des „Berechnens von Variablen" automatisch zugewiesen, die jeweilige Variablendefinition komplettiert und schließlich die erweiterte SPSS Daten-Datei unter dem Namen *Mietspiegel.sav* gespeichert. ♣

Beispiel 2.3-6: Variablen umkodieren

Motivation. In praxi ist es oft erforderlich, zum Beispiel kategoriale Daten, die begrifflich erfasst wurden, zu kodieren oder kodierte Variablen durch die zugehörigen begrifflichen Ausprägungen zu beschreiben. Unter Verwendung der SPSS Daten-Datei *Fragebogen.sav*, die auf dem standardisierten Fragebogen in der Abbildung 2.1.1-3 basiert, soll via Sequenz 2.3-6 die numerische und 0-1-kodierte Variable *Frage1*, welche die Geschlechtszugehörigkeit der befragten Studierenden zum Inhalt hat, in die String-Variable *Gender* „umkodiert" werden.

Sequenz 2.3-5: Variablen umkodieren
Transformieren
   Umkodieren in andere Variablen → Abbildung 2.3-10
      Schaltfläche Alte und neue Werte
         Unterdialogfeld ... Alte und neue Werte → Abbildung 2.3-10

SPSS Daten-Management 41

Abbildung 2.3-10: Dialogfelder *Umkodieren in andere Variablen*

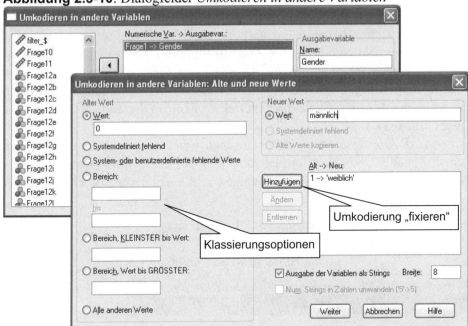

☞ **Hinweise**. In den beiden Dialogfeldern sind die Variablen- und Umkodierungsvereinbarungen stets durch das Betätigen der jeweiligen Schaltfläche *Zuweisen* bzw. *Hinzufügen* zu komplettieren. Nach dem Betätigen der Schaltflächen *Weiter* und *OK* wird in die Arbeitsdatei eine String-Variable *Gender* mit den kategorialen Ausprägungen „männlich" bzw. „weiblich" eingefügt. ♦

Speichern. Die erweiterte SPSS Daten-Datei ist gemäß Abschnitt 2.1.3 final unter einem geeigneten Namen zu speichern. ♣

Beispiel 2.3-7: Visuelles Klassieren
Motivation. Ein elementares, häufig appliziertes und nützliches Arbeitsprinzip in der praktischen statistischen Arbeit ist das Klassieren eines stetigen metrischen Merkmals, also die Konstruktion von Merkmalswerteklassen. Bei der statistischen Beschreibung eines Mietwohnungsmarktes mittels eines Mietspiegels klassifiziert man Mietwohnungen hinsichtlich ihrer Wohnfläche gemäß den Festlegungen in der Tabelle 2.3-2.

Tabelle 2.3-2: Wohnflächenklassisierung

Flächenklasse	Kategorie	Kode
unter 40 m²	klein	1
40 m² bis unter 60 m²	mittelgroß	2
60 m² bis unter 90 m²	groß	3
90 m² oder mehr	sehr groß	4

Aus statistisch-methodischer Sicht lässt sich dieser scheinbar einfache Sachverhalt der Wohnflächenklassierung von Mietwohnungen aus verschiedenen Blickwinkeln beleuchten: Erstens als eine Form der Klassierung stetiger Merkmalswerte, zweitens als eine Form der Klassifikation von Mietwohnungen hinsichtlich ihrer Wohnfläche und drittens als eine Form der Transformation bzw. des Umkodierens stetiger metrischer Merkmalswerte auf Merkmalsausprägungen einer niedrigerwertigen Skala, hier speziell und gemäß der Tabelle 2.3-2 auf die einer Ordinalskala.

Sequenz. Die Klassierung der metrischen Erhebungsmerkmals *Fläche* kann gemäß Tabelle 2.3-2 zum Beispiel für alle in der SPSS Daten-Datei *Mietspiegel.sav* erfassten Berliner Mietwohnungen sehr elegant via Sequenz 2.3-6 bewerkstelligt werden.

> **Sequenz 2.3-6**: Visuelles Klassieren
> Transformieren
>   Visuelles Klassieren → Abbildung 2.3-11

Abbildung 2.3-11: Dialogfelder *Visuelles Klassieren*

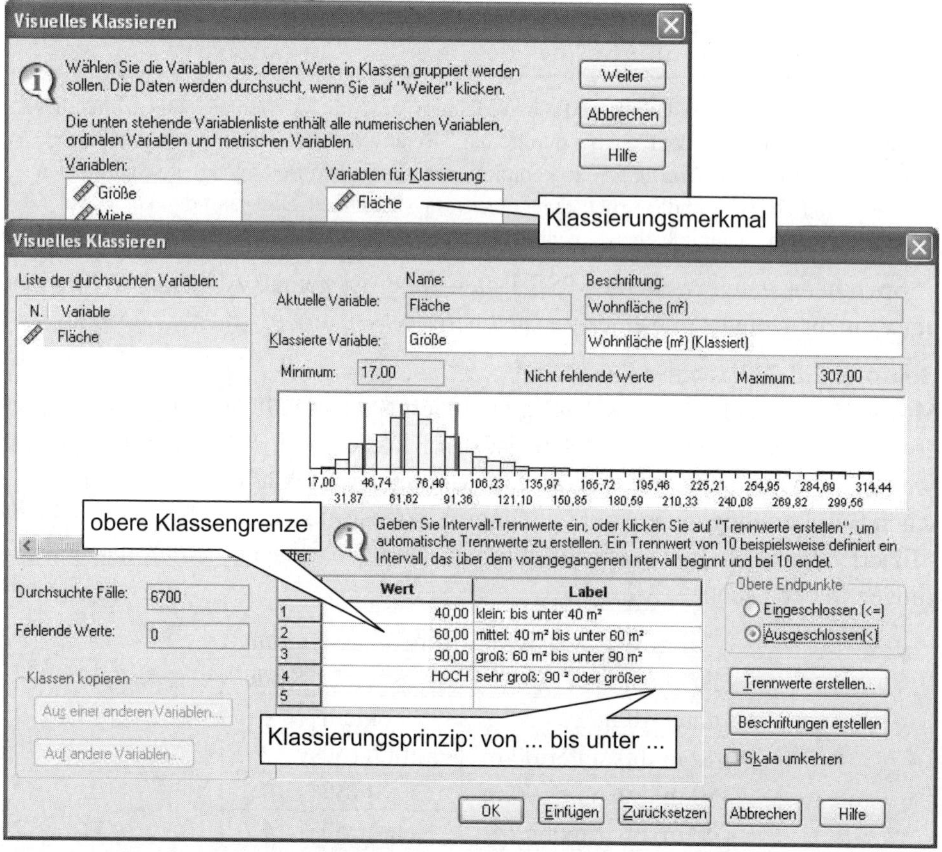

Hinweise. Beim Klassieren eines metrischen Erhebungsmerkmals erweisen sich die folgenden Hinweise als nützlich: i) **Klassierung.** Im zweiten SPSS Dialogfeld *Visuelles Klassieren* kann man analog zur Abbildung 2.3-11 Klassierungen je nach Erfordernis vornehmen, worin in logischer Konsequenz die Konstruktion von äquidistanten (lat.: *aequus* → gleich + *distantia* → Abstand) und/oder nicht äquidistanten Merkmalswerteklassen eingeschlossen ist. Im konkreten Fall wurde gemäß Tabelle 2.3-2 vereinbart, die Wohnflächen der erfassten Berliner Mietwohnungen in vier nicht äquidistante Wohnflächenklassen einzuordnen. Dabei braucht man im konkreten Fall nur via linken Mausklick in die jeweilige Wert-Rubrik die jeweilige Klassenobergrenze und in die zugehörige Label-Rubrik die vorgenommene Klassifikation zu vermerken. Hat man im Dialogfeld innerhalb der Abbildung die erforderlichen Vereinbarungen getroffen, dann wird mit dem Betätigen der Schaltfläche *OK* in die SPSS Arbeitsdatei eine numerische SPSS Variable eingefügt, die im konkreten Fall mit dem Namen *Größe* versehen ist und ihrem Wesen nach eine numerische, mit den Werten 1 bis 4 kodierte ordinale Variable ist. ii) **Klassierungsprinzip.** Beachtenswert ist zudem, dass im konkreten Fall in der Rubrik *Obere Endpunkte* die Option *Ausgeschlossen (<)* vereinbart wurde. Im Unterschied zur Option *Eingeschlossen (<=)*, die vor allem in der mathematischen Statistik üblich ist, ermöglicht die aktivierte Option die praktische Umsetzung des in der amtlichen Statistik üblichen Klassierungsprinzips „von ... bis unter ...". iii) **Trennwerte.** Via Schaltfläche *Trennwerte erstellen* kann man je nach Erfordernis das Unterdialogfeld *Trennwerte erstellen* aktivieren, das der Vollständigkeit halber in der Abbildung 2.3-12 plakatiert ist und eine weitere breite Palette von möglichen Klassierungskonzepten bereitstellt, die von der Konstruktion äquidistanter Klassen über die Konstruktion gleichhäufig besetzter bis hin zur Konstruktion von Klassen auf der Basis der Drei-Sigma-Regel reicht.

Abbildung 2.3-12: Unterdialogfeld *Trennwerte erstellen*

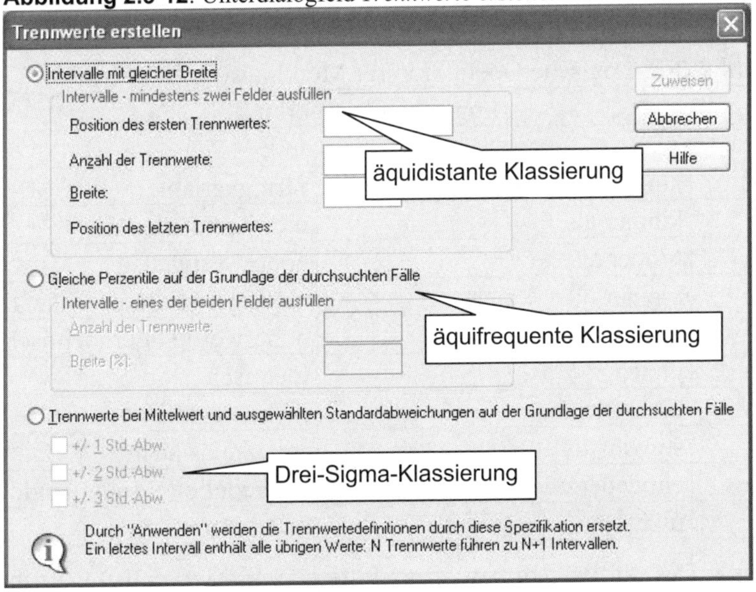

Speichern. Die erweiterte SPSS Daten-Datei wurde gemäß Abschnitt 2.1.3 unter dem Namen *Mietspiegel.sav* gespeichert. ♣

Beispiel 2.3-8: Merkmalsträger auswählen und/oder löschen
Motivation. Analog zum Beispiel 2.3-5 ist es in der praktischen Arbeit mit SPSS aus sachlogischen, statistisch-methodischen und/oder formalen Gründen mitunter erforderlich, aus einer SPSS Daten-Datei Merkmalsträger nach bestimmten Kriterien auszuwählen oder in eine „eigene" SPSS Daten-Datei auszulagern oder schlicht weg einfach zu löschen. Diese drei skizzierten Auswahlmöglichkeiten von Merkmalsträgern werden in SPSS jeweils mit Hilfe eines so genannten Filters bewerkstelligt.

Filter
Ein SPSS Filter ist seinem Wesen nach eine numerische, dichotome (grch: *dicha* → zweifach + *tome* → Schritt) und 0-1-kodierte Variable. Im Zuge eines Auswahlvorganges werden alle Merkmalsträger einer Arbeitsdatei, die eine formulierte Auswahlbedingung erfüllen, mit dem Filterwert „eins" kodiert. Die Merkmalsträger einer Arbeitsdatei, die einer Auswahlbedingung nicht genügen, werden in logischer Konsequenz mit dem Filterwert „null" versehen und zudem noch dadurch kenntlich gemacht, dass im SPSS Daten-Editor die Zeilennummer eines nicht in die Auswahl gelangten Merkmalsträgers „durchgestrichen" wird.

Auswahlbedingung. Für das Formulieren einer einfachen oder zusammengesetzten Auswahlbedingung erweisen sich die in der Tabelle 2.3-3 zusammengefassten und gemäß Abbildung 2.3-13 im Unterdialogfeld *Fälle auswählen: Falls* aufgelisteten und hinsichtlich ihrer Semantik kommentierten logischen Operatoren als nützlich.

Tabelle 2.3-3: Logische Operatoren für Merkmalsträgerauswahl

Symbol	Logische Operatoren	
	Semantik	
	numerische Variable	Stringvariable
<	kleiner als	niedrigerwertig als
>	größer als	höherwertig als
<=	kleiner oder gleich	niedrigerwertig oder identisch
>=	größer oder gleich	höherwertig oder identisch
=	gleich	identisch
~=	nicht gleich	nicht identisch
&	sowohl als auch	sowohl als auch
|	entweder oder (oder beide)	entweder oder (oder beide)
~	nicht	nicht

Sequenz. Das Auswählen bzw. das „Filtern" von Merkmalsträgern bzw. Fällen lässt sich via Sequenz 2.3-7 bewerkstelligen. Dem praktischen Hintergrund bildet im skizzierten exemplarischen Fall die SPSS Daten-Datei *Mietspiegel.sav*.

SPSS Daten-Management

Sequenz 2.3-7: Merkmalsträger auswählen
Daten
Fälle auswählen → Abbildung 2.3-13

Abbildung 2.3-13: Dialogfeld *Fälle auswählen*

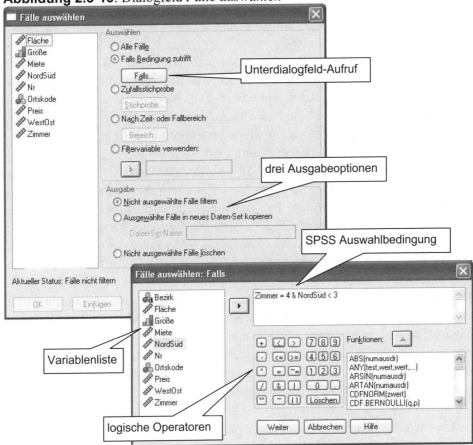

☝ **Hinweis**. Eine Auswahl von Merkmalsträgern kann in SPSS grundsätzlich auf drei Wegen erfolgen: Erstens über das „Filtern" oder zweitens über das „Kopieren der ausgewählten Fälle in ein Daten-Set" oder drittens über das „Löschen von nicht ausgewählten Fällen". Der wesentliche Unterschied der Auswahlvarianten besteht darin, dass beim Filtern die Merkmalsträger einer SPSS Daten-Datei, die nicht ausgewählt wurden, auch nicht gelöscht werden und damit zu jeder Zeit wieder aktiviert werden können, während beim Löschen bzw. beim Kopieren die in die Auswahl gelangten Merkmalsträger aus der SPSS Daten-Datei entfernt bzw. in ein „neues" Daten-Set kopiert werden, das wiederum als eine eigenständige SPSS Daten-Datei gespeichert werden kann. ♦

Auswahlbedingung. Die in der Abbildung 2.3-13 applizierte SPSS Auswahlbedingung *Zimmer = 4 & NordSüd < 3* besitzt die folgende Semantik: Wähle aus der SPSS Arbeitsdatei *Mietspiegel.sav* alle die Merkmalsträger (Fälle bzw. Mietwohnungen) aus, die bezüglich der numerischen SPSS Variable *Zimmer* den Wert 4 zugleich bezüglich der numerischen SPSS Variable *NordSüd* einen Wert kleiner als 3 besitzen. Aus mengentheoretischer Sicht symbolisiert der logische Operator & eine Schnittmenge, die sich im speziellen Fall und aus sachlogischer Sicht als die Teilmenge der erfassten Berliner Mietwohnungen deuten lässt, die vier Zimmer besitzen und gemäß Abbildung 2.3-8 in einem der südlichen Stadtbezirke Berlins angesiedelt sind.

Filter. Im Zuge einer Merkmalsträgerauswahl wird in die nächste freie Spalte des SPSS Daten-Editors, in dem eine SPSS Arbeitsdatei „residiert", eine numerische und 0-1-kodierte Filtervariable *filter_$* eingefügt, die alle ausgewählten Merkmalsträger mit „eins" und alle nicht ausgewählten Merkmalsträger mit „null" kodiert. Zudem werden im SPSS Daten-Editor die Zeilennummern mit den nicht ausgewählten Merkmalsträgern markiert bzw. „durchgestrichen".

Kopieren. Ist man im konkreten Fall zum Beispiel daran interessiert, die empirisch erfassten Erhebungsmerkmale von Vier-Zimmer-Mietwohnungen, die in den beiden südlichen Berliner „Randbezirken" Zehlendorf und Köpenick angesiedelt sind, in einer separaten SPSS Daten-Datei zu speichern, dann setzt man im Unterdialogfeld *Fälle auswählen: Falls* den SPSS Filter

Zimmer = 4 & (*Bezirk* = "Zeh" | *Bezirk* = "Köp")

und vereinbart gemäß Abbildung 2.3-13 im Dialogfeld *Fälle auswählen* in der Rubrik *Ausgabe* die Option *Ausgewählte Fälle in neues Daten-Set kopieren*, in deren Zuge alle ausgewählten Zehlendorfer und Köpenicker Vier-Zimmer-Mietwohnungen in eine neue SPSS Daten-Datei kopiert werden, die es dann nur noch unter einem geeigneten Namen zu speichern gilt. Beachtenswert ist dabei, dass (im Vergleich zur vorhergehenden bzw. nachfolgenden Auswahl) in der applizierten SPSS Auswahlbedingung sowohl numerische als auch String-Variablen Eingang in die Auswahlbedingung gefunden haben.

Löschen. Ist hingegen einmal nur an allen erfassten Berliner Mietwohnungen interessiert, die der SPSS Auswahlbedingung

Zimmer = 3 & *Miete* < 1000 & *WestOst* > 7 & *NordSüd* > 6

genügen, dann kann man auch in der Rubrik *Ausgabe* die Option *Nicht ausgewählte Fälle löschen* wählen, in Folge derer alle erfassten Berliner Mietwohnungen, die nicht die SPSS Auswahlbedingung erfüllen, gelöscht werden. Die SPSS Auswahlbedingung besitzt in Anlehnung an die Abbildung 2.3-8, in der die Lagekoordinaten für die 23 traditionellen Berliner Stadtbezirke skizziert sind, die folgende Semantik: Wähle aus der SPSS Arbeitsdatei *Mietspiegel.sav* alle die Mietwohnungen aus, die sowohl durch drei Zimmer als auch durch eine monatliche Kaltmiete unter 1000 € als auch durch eine West-Ost-Koordinate größer als 7 als auch durch eine Nord-Süd-Koordinate größer als 6 gekennzeichnet sind. Dies sind die jeweiligen Mietwohnungen in Pankow und in Weißensee. ♣

Beispiel 2.3-9: Duplikate identifizieren
Motivation. Die SPSS Daten-Datei *Mietenerhebung.sav* beinhaltet die originären Mietwohnungsdaten, die im Sommersemester 2003 von den Studierenden im Hauptstudienkurs „Angewandte Statistik mit SPSS" nach festgelegten Identifikationsmerkmalen (wie zum Beispiel Stadt, Stadtbezirk, Zimmeranzahl) im Zuge einer systematischen Zufallsauswahl aus der Menge der deutschlandweit in Tageszeitungen und/oder im Internet annoncierten Mietwohnungen empirisch erhoben wurden. Aufgrund dessen, dass sich der Erhebungszeitraum über die Monate April bis Juni 2003 erstreckte, ist es nicht auszuschließen, dass im Einzelfall ein und dieselbe Mietwohnung mehrmals annonciert und im Zuge der praktizierten systematischen Zufallsauswahl auch mehrmals statistisch erhoben wurde. Von Interesse ist die Frage, welche und wie viele der deutschlandweit erfassten Mietwohnungen als Duplikate in der originären SPSS Daten-Datei *Mietenerhebung.sav* erscheinen. Im konkreten Fall sollen alle Mietwohnungen, die bezüglich der sechs festgelegten Erhebungsmerkmale *Stadt*, *Stadtbezirk*, *Zimmeranzahl*, *Etage*, *monatliche Kaltmiete* und *Wohnfläche* gleiche Merkmalsausprägungen besitzen, als Duplikate identifiziert und wegen der damit verbundenen Informationsredundanz aus der originären SPSS Daten-Datei gelöscht werden.
Sequenz. Das Identifizieren von Merkmalsträger-Duplikaten kann via Sequenz 2.3-8, die umseitig aufgeführt ist, realisiert werden.
Duplikate. In der Tabelle 2.3-4 ist das Ergebnis des Identifizierens von Merkmalsträger-Duplikaten zusammengefasst.

Tabelle 2.3-4: Primäre Fälle und doppelte Fälle

Indikator jedes letzten übereinstimmenden Falles als primär

		Häufigkeit	Prozent	Gültige Prozente	Kumulierte Prozente
Gültig	Doppelter Fall	997	5,6	5,6	5,6
	Primärer Fall	16777	94,4	94,4	100,0
	Gesamt	17774	100,0	100,0	

Es wurden 997 von den insgesamt 17774 bzw. (977/17774)·100 % = 5,6 % aller primärstatistisch und deutschlandweit erhobenen Mietwohnungen als Duplikate und in logischer Konsequenz 17774 − 997 = 16777 Mietwohnungen als so genannte primäre Fälle identifiziert, die bezüglich der sechs in Rede stehenden Erhebungsmerkmale wenigstens eine voneinander verschiedene Merkmalsausprägung besitzen. Verwendet man die angeforderte und automatisch in die SPSS Arbeitsdatei eingefügte 0-1-kodierte SPSS Variable *PrimaryLast* als Filtervariable, dann kann man via Sequenz 2.3-6 und gemäß Abbildung 2.3-13 im Dialogfeld *Fälle auswählen* die Merkmalsträger-Duplikate aus der SPSS Arbeitsdatei löschen.

Sequenz 2.3-8: Identifizieren von Duplikaten
Daten
Doppelte Fälle ermitteln → Abbildung 2.3-14

Abbildung 2.3-14: Dialogfeld *Doppelte Fälle ermitteln*

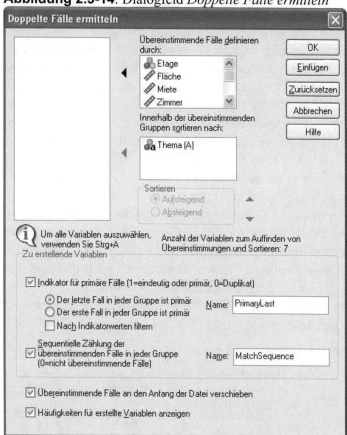

🏹 **Hinweis**. Im weitestgehend sich selbsterklärenden Dialogfeld *Doppelte Fälle ermitteln* können im Bedarfsfall via Schaltfläche *Hilfe* kontextbezogene Informationen zum SPSS Konzept des Identifizierens von Duplikaten angefordert werden. ♦

Speichern. Die von Merkmalsträger-Duplikaten bereinigte SPSS Daten-Datei wurde gemäß Abschnitt 2.1.3 unter dem Namen *StädteMieten.sav* gespeichert. ♣

Beispiel 2.3-10: Daten aggregieren

Motivation. In Weiterführung des Beispiels 2.3-9 soll die von „Duplikaten bereinigte" SPSS Daten-Datei *StädteMieten.sav* für einen städtespezifischen Mietwohnungsmarktvergleich derart aggregiert (lat.: *aggregare* → zusammenfassen) werden, dass automatisch eine neue SPSS Daten-Datei angelegt wird, in der für

SPSS Daten-Management

jede deutschlandweit erfasste Stadt und für jede erfasste Mietwohnung mit einer bestimmten Zimmeranzahl jeweils die Anzahl sowie die Mittelwerte für die Erhebungsmerkmale *monatliche Kaltmiete* und *Wohnfläche* enthalten sind.

Sequenz. Die angestrebte Datenaggregation kann via Sequenz 2.3-9 bewerkstelligt werden.

> **Sequenz 2.3-9**: Daten aggregieren
> Daten
>   Aggregieren .... → Abbildung 2.3-15

Abbildung 2.3-15: Dialogfeld *Daten aggregieren*

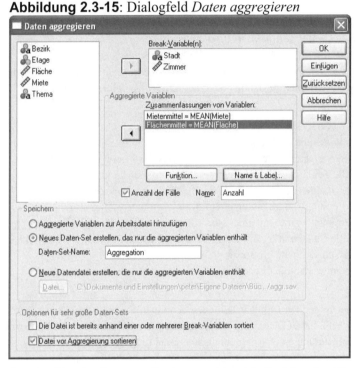

Hinweise. Für eine Datenaggregation erweisen sich die folgenden Hinweise als hilfreich: i) **Break-Variable**. Im konkreten Fall fungieren die SPSS Variablen *Stadt* und *Zimmer* als Break- oder Gruppierungsvariablen (engl.: break → Unterbrechung, Trennung), die letztlich bewirken, dass alle erfassten Mietwohnungen nach den Städten und innerhalb der Städte nach der Zimmeranzahl gruppiert und für die Anzahl der in den disjunkten Städte-Zimmeranzahl-Gruppen erfassten Mietwohnungen jeweils aggregierte Variablen in Gestalt des arithmetischen Mittels für die metrischen Erhebungsmerkmale *Miete* und *Fläche* berechnet werden. ii) **Funktionen**. Für die zu aggregierenden Variablen kann eine breite Palette von *Aggregierungsfunktionen* über das Betätigen der Schaltfläche *Funktion...* optional angefordert werden. ♦

Speichern. Die aggregierten Mietwohnungsdaten wurden unter dem Namen *Aggregation.sav* gespeichert. ♣

Aufgaben

Die mit * gekennzeichneten Aufgaben sind Klausuraufgaben.

Aufgabe 2-1
Verwenden Sie zur Lösung der folgenden Aufgaben die SPSS Daten-Datei *Fragebogen.sav* und fügen Sie jeweils eine vollständig definierte Variable ein, die für alle erfassten Personen
a) eine Erfassungsnummer beinhaltet.
b) den Körper-Masse-Index (in kg/m²) angibt, der als Quotient aus dem in Kilogramm erfassten Körpergewicht und dem Quadrat der in Metern gemessenen Körpergröße definiert ist.
c) die geschlechtsspezifischen Ausprägungen derart beschreibt, dass alle männlichen Personen mit „m" und alle weiblichen Personen mit „w" kodiert werden.
d) eine Klassifizierung des Personenkreises auf der Basis des K(örper)M(asse)I(ndexes) vornimmt, wobei gelten soll: KMI < 20 → untergewichtig, 20 ≤ KMI < 25 → normalgewichtig, 25 ≤ KMI < 30 KMI → übergewichtig und KMI ≥ 30 → schwergewichtig.
e) Wie viele der männlichen Studierenden sind schwergewichtig und wie viele der weiblichen Studierenden sind untergewichtig? Skizzieren Sie jeweils Ihren Lösungsweg.

Aufgabe 2-2
Erstellen Sie aus der SPSS Daten-Datei *Mietspiegel.sav* sechs separate SPSS Daten-Dateien, welche die geografische Gliederung Berlins wie folgt abbilden. Geben Sie zudem für jede separat angelegte SPSS Daten-Datei die Anzahl der erfassten Mietwohnungen an.
a) Westteil: alle Stadtbezirke mit einer West-Ost-Ordinate kleiner oder gleich 7
b) Ostteil: alle Stadtbezirke mit einer West-Ost-Ordinate größer als 7
c) Nordteil: alle Stadtbezirke mit einer Nord-Süd-Ordinate größer als 4
d) Südteil: alle Stadtbezirke mit einer Nord-Süd-Ordinate kleiner oder gleich 4
e) Zentrum: alle Stadtbezirke, mit einer West-Ost-Ordinate größer als 5 aber kleiner als 8 und einer Nord-Süd-Ordinate größer als 4 aber kleiner als 6
f) Randgebiet: alle Stadtbezirke, die nicht zum Zentrum gehören.

Aufgabe 2-3*
Zur Lösung der folgenden Problemstellungen benötigen Sie die SPSS Daten-Datei *LehrEvaluation.sav*. Die verfügbaren Daten sind das Resultat einer geschichteten Zufallsauswahl von evaluierten Lehrveranstaltungen. Als Schichtungsmerkmal fungierte der Studiengang.
a) Benennen Sie den Merkmalsträger und die statistische Grundgesamtheit.
b) Sind die in den SPSS Variablen *Studiengang*, *Durchfaller* und *Sterne* abgebildeten Erhebungsmerkmale adäquat skaliert? Begründen Sie kurz Ihre Entscheidung.
c) Wie groß ist der Umfang der Zufallsstichprobe insgesamt und in den jeweiligen Schichten?
d) Im Kontext der Auswertung der Evaluationsergebnisse ist die folgende Lehrveranstaltungskategorie von Interesse: Lehrveranstaltung im Grundstudium mit 40 oder mehr eingeschriebenen Teilnehmern und einer Durchfallerquote über 20 %. Wie viele der Lehrveranstaltungen können dieser Kategorie insgesamt und dem jeweiligen Studiengang zugeordnet werden? Geben Sie explizit die SPSS Auswahlbedingung an.
e) Legen Sie eine externe SPSS Daten-Datei an, welche die folgenden, nach dem Grund- und dem Hauptstudium gegliederten Evaluationsergebnisse beinhaltet: Anzahl der evaluierten Lehrveranstaltungen, Gesamtanzahl der Teilnehmer, durchschnittliche Durchfallerquote, Standardabweichung der Durchfallerquote, kleinster und größter mittlerer Punktewert für die Didaktik eines Dozenten. ♣

3

Verteilungsanalyse

Schlüsselwörter

Balkendiagramm
Binomialtest
Box-and-Whisker-Plot
Chi-Quadrat-Anpassungstest
Explorative Datenanalyse
Fehlerbalken
Häufigkeitstabelle

Histogramm
K-S-Anpassungstest
Mehrfachantwortenanalyse
PARETO-Diagramm
Q-Q Plot
Stem-and-Leaf-Plot
Verteilungsparameter

Gegenstand. Dieses Kapitel stellt auf die Beschreibung, Analyse und Modellierung univariater (lat.: *unus* → eins + *varia* → Allerlei) Verteilungen mit Hilfe von Verfahren der Deskriptiven Statistik (lat.: *descriptio* → Beschreibung), der Explorativen Datenanalyse (lat: *exploratio* → Erforschung) sowie der Induktiven Statistik (lat.: *inductio* → das Hineinführen) ab.

Inhalt. Anhand praktischer Problemstellungen werden in der angewandten Statistik häufig applizierte und in SPSS implementierte klassische und moderne Konzepte der Verteilungsanalyse für kategoriale und metrische Merkmale exemplarisch dargestellt. Ein besonderes Augenmerk wird dabei auf die Mehrfachantwortenanalyse und auf die Explorative Datenanalyse gelegt. Während die Mehrfachantwortenanalyse im Zuge der Auswertung von Fragebögen von besonderer praktischer Relevanz ist und aus statistisch-methodischer Sicht als eine spezielle Form der Verteilungsanalyse häufbarer nominaler Merkmale aufgedeckt werden kann, kommt der Explorativen Datenanalyse in der metrischen Verteilungsanalyse eine besondere praktische Bedeutung zu. Dabei stehen neben dem KOLMOGOROV-SMIRNOV-Anpassungstest vor allem solche grafischen Verfahren wie das Histogramm, das Stem-and-Leaf-Plot, das Box-and-Whisker-Plot sowie das Normal Q-Q Plot im Vordergrund. ♣

3.1 Kategoriale Verteilungsanalyse

Motivation. In diesem Abschnitt wird unter dem Begriff einer kategorialen (grch.: *kategoria* → Grundaussage, Begriff) Verteilungsanalyse die Beschreibung, Analyse und Modellierung der Häufigkeitsverteilung eines statistischen Merkmals subsumiert, dessen Ausprägungen auf einer Nominal- bzw. auf einer Ordinalskala definiert sind.[2] In der empirischen Wirtschafts- und Sozialforschung kommt der kategorialen Verteilungsanalyse vor allem im Kontext von Fragebogenauswertungen eine besondere praktische Bedeutung zu. ♣

3.1.1 Fragebogenauswertung

Motivation. Die statistische Auswertung von Fragebögen wird in SPSS durch speziell implementierte Prozeduren der kategorialen Verteilungsanalyse unterstützt und erleichtert, worin auch die statistische Analyse von Mehrfachantworten eingeschlossen ist. Aus statistisch-methodischer Sicht ist die Analyse von Mehrfachantworten eine spezielle Form der Verteilungsanalyse eines *häufbaren* nominalen Merkmals. In SPSS unterscheidet man zwei Methoden zur Analyse von Mehrfachantworten: die Methode der *multiplen Dichotomien* (dichotome Methode) und die Methode der *multiplen Kategorien* (kategoriale Methode). Demgegenüber erscheint im Kontext einer Fragebogenauswertung die Verteilungsanalyse eines (nicht häufbaren) nominalen bzw. eines ordinalen Merkmals als eine spezielle Form der Analyse von Einfachantworten. ♣

Beispiel 3.1.1-1: Analyse von nominalen Einfachantworten
Motivation. Die statistische Analyse der Häufigkeitsverteilung eines nicht häufbaren nominalen Merkmals soll anhand der SPSS Daten-Datei *Billet.sav* demonstriert werden. Die Datei basiert auf einem Marktforschungsprojekt, im Rahmen dessen mittels einer geschichteten Zufallsauswahl im November 1995 n = 561 Fahrgäste des Berliner Öffentlichen Personen-Nahverkehrs (ÖPNV) unter anderem danach befragt wurden, welche Fahrscheinart sie nutzen.

Quelle: PÖRNER, R., P. ECKSTEIN: Bargeldloses Zahlen im Öffentlichen Personennahverkehr – Chancen und Barrieren aus der Sicht Berliner Fahrgäste, fhtw-transfer 1996

Urlistenauszug. In der Abbildung 3.1.1-1, die den SPSS Daten-Editor mit einem Urlistenauszug beinhaltet, sind die Analyseschritte zur Erstellung einer Häufigkeitsverteilung für das nominale Erhebungsmerkmal X „benutzte Fahrscheinart" skizziert.

---

[2] Näheres zum Skalenbegriff, zum Begriff einer Häufigkeitsverteilung, zur grafischen Darstellung von Häufigkeitsverteilungen sowie zum Binomialtest und zum Chi-Quadrat- Anpassungstest auf eine Gleichverteilung findet man u.a. bei ECKSTEIN, Peter P.: Repetitorium Statistik, Deskriptive Statistik – Stochastik – Induktive Statistik, Mit Klausuraufgaben und Lösungen, 6., aktualisierte Auflage, GABLER Verlag Wiesbaden 2006.

Verteilungsanalyse 53

Abbildung 3.1.1-1: SPSS Daten-Editor mit Urlistenauszug

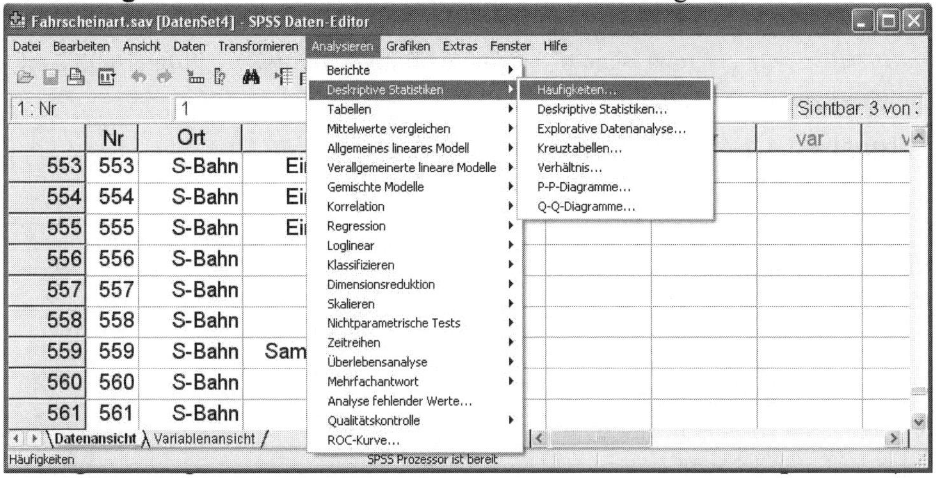

Häufigkeitstabelle. Die tabellarische Darstellungsform der empirischen Häufigkeitsverteilung des nominalen und des nicht häufbaren Erhebungsmerkmals X kann via Sequenz 3.1.1-1 angefordert werden.

Sequenz 3.1.1-1: Häufigkeitstabelle
Analysieren
   Deskriptive Statistiken
      Häufigkeiten... → Abbildung 3.1.1-2

Abbildung 3.1.1-2: Dialogfelder *Häufigkeiten*

Interpretation. Die Häufigkeitstabelle 3.1.1-1 ist in ihren Bestandteilen statistisch und sachlogisch wie folgt zu interpretieren:

Häufigkeiten. Von den insgesamt 561 befragten Fahrgästen gaben 555 Fahrgäste eine „gültige" Antwort auf die Frage nach der benutzten Fahrscheinart, worunter wiederum 240 Fahrgäste angaben, eine Monatskarte zu nutzen. Dies sind $(240/555) \cdot 100\ \% \cong 43{,}2\ \%$ aller empirisch erfassten und gültigen Antworten.

Kennzeichnet aus statistisch-methodischer Sicht die Zahl 240 die absolute Häufigkeit der Merkmalsausprägung *Monatkarte*, so markieren die 43,2 % die als *gültige Prozente* ausgewiesene prozentuale relative Häufigkeit gültiger und somit statistisch auswertbarer Antworten.

Tabelle 3.1.1-1: Häufigkeitstabelle

Fahrscheinart

		Häufigkeit	Prozent	Gültige Prozente	Kumulierte Prozente
Gültig	Monatskarte	240	42,8	43,2	43,2
	Jahreskarte	149	26,6	26,8	70,1
	Sammelfahrschein	75	13,4	13,5	83,6
	Einzelfahrschein	68	12,1	12,3	95,9
	keine Fahrkarte	10	1,8	1,8	97,7
	Dienstausweis	9	1,6	1,6	99,3
	7-Tage-Karte	4	,7	,7	100,0
	Gesamt	555	98,9	100,0	
Fehlend	System	6	1,1		
Gesamt		561	100,0		

Fehlende Werte. Auf Grund der Tatsache, dass im konkreten Fall sechs befragte Fahrgäste auf die Frage nach der benutzten Fahrscheinart keine der im standardisierten Fragebogen vermerkten (und somit „gültigen") Antworten gaben, besitzt die SPSS Variable *Billet* sechs systemdefinierte fehlende Werte (engl.: *missing value*) bzw. Ausprägungen. Ist eine SPSS Variable durch keine fehlenden Werte bzw. Ausprägungen gekennzeichnet, wurden im Sinne der Variablendefinition also nur zulässige Werte bzw. Ausprägungen statistisch erfasst, dann stimmen die Tabellenspalten *Prozent* und *Gültige Prozente* (engl.: *valid percent*, lat: *valere* → gültig sein) überein. Ist hingegen eine Variable durch fehlende Werte bzw. Ausprägungen affiziert, dann weichen die beiden Tabellenspalten bezüglich ihrer Ergebnisse voneinander ab. In diesem Falle fungiert für die Tabellenspalte *Prozent* die Anzahl der (erfassten bzw. ausgewählten) Merkmalsträger als Basis, unabhängig davon, ob für die betreffende Variable fehlende Ausprägungen existieren oder nicht. Die Spalte *Gültige Prozente* basiert auf der (stets gleichen oder kleineren) Anzahl der Merkmalsträger, die bezüglich der interessierenden Variablen definitionsgemäß gültige Ausprägungen besitzen.

Kumulation. Die Tabellenspalte *Kumulierte Prozente* beinhaltet die kumulierten (lat.: *cumulus* → vermehren, häufen) prozentualen Häufigkeiten für die $m = 7$ vorgegebenen nominalen Merkmalsausprägungen ξ_j in Gestalt der sieben vorab festgelegten Fragebogenitems (engl.: *item* → Punkt, Posten, Antwort), welche eine bildhafte Vorstellung von der Zustandsmenge $\Xi = \{\xi_j, j = 1,2,...,m\}$ des Erhebungsmerkmals X: *Fahrscheinart* ermöglichen. Da bei nominalen

Merkmalen die Reihenfolge der Merkmalsausprägungen in einer Häufigkeitstabelle wegen nicht existierender Ordnungsrelationen stets willkürlich ist, erhält man je nach Festlegung der Reihenfolge der Merkmalsausprägungen anders geartete kumulierte Häufigkeiten. Aus diesem Grunde sind in konkreten Fall die kumulierten prozentualen Häufigkeiten nur bedingt interpretierbar. Eingedenk der Tatsache, dass im Unterdialogfeld *Häufigkeiten: Format*, das gemäß Abbildung 3.1.1-1 im Dialogfeld *Häufigkeiten* via Schaltfläche *Format* aktiviert werden kann, eine Häufigkeitstabelle mit *absteigenden Häufigkeiten* vereinbart wurde, ist die folgende Interpretation möglich und sinnvoll: 70,1 % der befragten Fahrgäste gaben „gültig und statistisch verwertbar" an, entweder in eine Monats- oder eine Jahreskarte zu benutzen.

PARETO-Diagramm. Wann und wo es im Kontext einer Verteilungsanalyse möglich und sinnvoll ist, sollte eine Häufigkeitstabelle stets durch eine geeignete und aussagekräftige grafische Darstellung ergänzt bzw. ersetzt werden. Eine geeignete Form der grafischen Präsentation der empirischen Verteilung eines nominalen Erhebungsmerkmals mit wenigen sich voneinander unterscheidenden Merkmalsausprägungen ist ein PARETO-Diagramm.

PARETO-Diagramm

Ein PARETO-Diagramm ist ein einfaches Balkendiagramm bzw. ein kombiniertes Balken-Linien-Diagramm, das zum einen auf den gemäß ihrer absoluten Häufigkeiten $n_j = n(X = \xi_j)$ (j = 1,2,...,m) geordneten Ausprägungen ξ_j eines nominalen Merkmals X und zum anderen auf den kumulierten absoluten $H_j = n(X \leq \xi_j)$ bzw. den kumulierten relativen Häufigkeiten $F_j = p(X \leq \xi_j)$ beruht.

Hinweise. Für den Bau und für die Interpretation eines PARETO-Diagramms sind die folgenden Hinweise hilfreich: i) **Applikation**. Ein PARETO-Diagramm kann als eine grafische Darstellungsform einer geordneten Häufigkeitstabelle eines nominalen Erhebungsmerkmals aufgefasst werden. Es erweist sich in der Verteilungsanalyse vor allem dann als besonders hilfreich, wenn man sich schnell einen Überblick über die am häufigsten beobachteten Ausprägungen eines nominalen Erhebungsmerkmals verschaffen möchte bzw. muss. In praxi finden PARETO-Diagramme vor allem in der statistischen Qualitätskontrolle bei der Erkennung der häufigsten Fehlerquellen in einem laufenden Produktionsprozess oder in der Marktforschung bei der Häufigkeitsanalyse nominaler Fragebogen-Items (engl.: item → Antwort) eine breite Anwendung. ii) **Spezifik**. In praxi ergänzt man mitunter ein PARETO-Diagramm noch durch einen Polygonzug (grch.: *polys* → viel + *gonia* → Winkel), der auf den kumulierten relativen bzw. prozentualen Häufigkeiten beruht. Obgleich für nominale Merkmale wegen nicht definierter Ordnungsrelationen kumulierte Häufigkeiten nicht definiert sind, werden sie im speziellen Fall (vgl. Abbildung 3.1.1-3) durch die Ordnungsrelationen begründet, die sich aus den absteigend geordneten Häufigkeiten der Merkmalsausprägungen ergeben. iii) **Historie**. PARETO-Diagramme sind nach dem italienischen Nationalökonomen und Statistiker Vilfredo PARETO (1848-1923) benannt. ♦

Konstruktion. Im Unterschied zu den vorhergehenden SPSS Versionen kann in SPSS 15.0 ein PARETO-Diagramm via Sequenz 3.1.1-2 erstellt werden.

Sequenz 3.1.1-2: PARETO-Diagramm
Qualitätskontrolle
Pareto-Diagramme → Abbildung 3.1.1-3

Abbildung 3.1.1-3: Dialogfelder *Pareto-Diagramme*

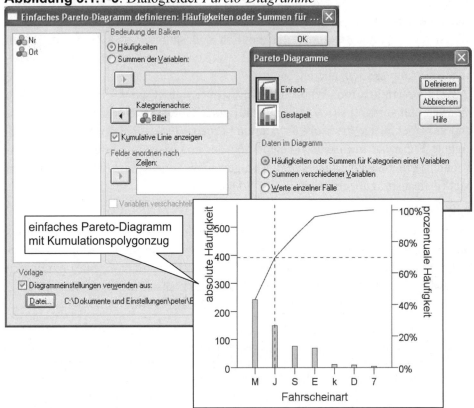

Interpretation. Hinsichtlich seiner Komponenten kann das PARETO-Diagramm innerhalb der Abbildung 3.1.1-3, das im speziellen Fall zudem noch im SPSS Diagramm-Editor „bearbeitet" wurde, wie folgt interpretiert werden:

Abszisse. Auf der Abszisse sind jeweils die m = 7 möglichen und in der Zustandsmenge $\Xi = \{\xi_j, j = 1,2,...,m\}$ definierten Fahrscheinarten ξ_j abgetragen, die im konkreten Fall der Einfachheit halber nur durch den Anfangsbuchstaben bzw. durch das erste alphanumerische Zeichen gekennzeichnet sind. Analog zur Häufigkeitstabelle 3.1.1-1 fungiert als „Ordnungskriterium" für die nominalen Merkmalsausprägungen ξ_j in Gestalt der namentlich aufgelisteten Fahrscheinarten die absolute Häufigkeit $n_j = n(X = \xi_j)$ bzw. die kumulierte prozentuale Häufigkeit $F_j = p(X \leq \xi_j) \cdot 100\ \%$ ihrer Nennung.

Verteilungsanalyse 57

Häufigkeit. Die Häufigkeit der Nennung einer Fahrscheinart ξ_j wird durch die Höhe des jeweiligen Balkens bildhaft dargestellt, die gemäß dem so genannten PARETO-Konzept im Ensemble absteigend geordnet sind. Während eine M(onatskarte) die Fahrscheinart ist, die von den befragten Fahrgästen, die eine gültige Antwort gegeben haben, am häufigsten benutzt wird, wurden die Fahrscheinarten k(eine Fahrkarte), D(ienstausweis) und 7(-Tage-Karte) von den befragten Fahrgästen vergleichsweise selten genannt bzw. genutzt.

Polygonzug. Der „stückweise linear ansteigende" Polygonzug (grch.: *polys* → viel + *gonia* → Winkel) über den absteigend geordneten Säulen im Säulendiagramm ist die bildhafte Darstellung der jeweiligen kumulierten absoluten Häufigkeit $H_j = n(X \leq \xi_j)$·bzw. der prozentualen Häufigkeit $F_j = p(X \leq \xi_j) \cdot 100\%$ der $m = 7$ Fahrscheinarten ξ_j der Ordnung $j = 1,2,...,m$, die auf den beiden Ordinaten abgetragen wurden.

Referenzlinien. Die gestrichelten Referenzlinien, die den schrittweise linear ansteigenden Polygonzug an der Stelle $\xi_2 = J$(ahreskarte) absolut auf der Höhe
$$H_2 = n(X \leq \xi_2) = 240 + 149 = 389$$
und prozentual auf der Höhe
$$F_2 = p(X \leq \xi_2) \cdot 100\% = ((240 + 149)/555) \cdot 100\% \cong 70{,}1\%$$
schneiden, können sachlogisch wie folgt gedeutet werden: 389 bzw. 70,1 % der befragten Fahrgäste, die eine gültige Antwort gaben, nutzten entweder eine Monats- oder eine Jahreskarte. Demnach waren zum Zeitpunkt der Befragung die Monats- und die Jahreskarte die beiden Fahrscheinarten, die im Berliner Öffentlichen Personen-Nahverkehr am häufigsten genutzt wurden. ♣

Beispiel 3.1.1-2: Analyse von Mehrfachantworten, dichotome Methode
Motivation. Eine spezielle Form der statistischen Auswertung von häufbaren nominalen Erhebungsmerkmalen ist die Analyse von Mehrfachantworten (engl.: *multiple responses*), mit der man in der empirischen Wirtschaftsforschung vor allem im Zuge der Auswertung von Fragebögen konfrontiert wird und die in SPSS mittels der dichotomen bzw. der kategorialen Methode bewerkstelligt werden kann. Als ein typisches Beispiel für eine dichotome Mehrfachantwortenanalyse kann gemäß dem Fragebogen, der in der Abbildung 2.1.1-3 dargestellt ist, die statistische Analyse der Frage 12 nach den benutzten Verkehrsmitteln angesehen werden, welche die befragten Studierenden in der Regel auf dem Weg zur Hochschule nutzen. Im Kontext der Frage 12 leuchtet es intuitiv ein, dass eine interviewte Person auf dem Weg zur Hochschule durchaus mehrere Verkehrsmittel nutzen kann. Aus statistisch-methodischer Sicht können die individuellen Verkehrsmittelnutzungen, die in der SPSS Daten-Datei *Fragenbogen.sav* gespeichert sind, als ein häufbares nominales Merkmal eines Studierenden aufgefasst werden, zumal eine interviewte Person keine, eine, zwei oder auch alle zwölf aufgelisteten Verkehrsmittel nennen kann, je nachdem, ob sie diese in der Regel

auf dem Weg zur Hochschule benutzt oder nicht. Das gleichzeitige Nennen mehrerer Nutzungsmöglichkeiten seitens einer interviewten Person, die im speziellen Fall als Merkmalsträger fungiert, subsumiert man im Kontext von Fragebogenauswertungen unter dem Begriff *Mehrfachantworten* bzw. *Mehrfachnennungen*.

Dichotome Methode. Die Methode der multiplen Dichotomien beruht auf der Darstellung jeder zulässigen Ausprägung eines häufbaren nominalen Merkmals mit Hilfe einer numerischen und dichotomen Variable. Die Anzahl der in SPSS zu definierenden dichotomen (grch.: *dicha* → zweifach + *tome* → Schritt) Variable ist stets identisch mit der Anzahl der zulässigen Ausprägungen eines zu analysierenden häufbaren nominalen Erhebungsmerkmals in Gestalt so genannter Fragebogen-Items (engl.: *item* → Punkt, Posten, Einzelheit). Bei der Beschreibung von Dichotomien erweist sich aus statistisch-methodischer Sicht die in der Abbildung 3.1.1-4 skizzierte Null-Eins-Kodierung als sehr nützlich und anschaulich. So kann zum Beispiel das arithmetische Mittel einer 0-1-kodierten Variable X als Anteil p(X = 1)/n der Merkmalsträger $\gamma_i \in \Gamma_n$ mit der Merkmalsausprägung „eins" in der statistischen Gesamtheit Γ_n aller n Merkmalsträger γ_i gedeutet werden. In praxi gleichsam üblich ist die „Kodierung" einer Dichotomie derart, dass lediglich eine Nennung mit einer „Eins" kodiert wird. Ansonsten wird ein systemdefinierter fehlender Wert, der in SPSS für eine numerische Variable durch einen Punkt kenntlich gemacht wird, vereinbart und durch die Betätigung der Enter-Taste bei der Dateneingabe automatisch gesetzt.

Abbildung 3.1.1-4: SPSS Daten-Editor mit multiplen Dichotomien

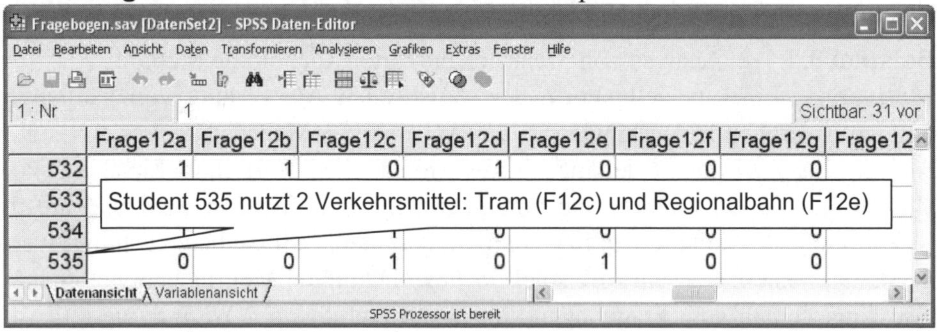

Zum Beispiel gab der befragte Studierende γ_i der Ordnung i = 535 an, auf dem Weg zu Hochschule in der Regel die Tram und die Regionalbahn zu nutzen.

Mehrfachantwortenanalyse. Eine statistische Auswertung der Frage 12, deren Antwortmöglichkeiten mit Hilfe multipler Dichotomien abgebildet wurde, kann auf zwei Wegen erfolgen: Entweder über die zeitaufwendige (und letztlich unübersichtliche) Auswertung jeder einzelnen der 12 dichotomen und 0-1- kodierten SPSS Variablen *Frage12a* bis *Frage12l* oder über das zeitsparende Definieren und Analysieren eines Sets von Mehrfachantworten.

Verteilungsanalyse

Häufigkeitstabelle. Die Häufigkeitstabelle 3.1.1-2, die im konkreten Fall via Sequenz 3.1.1-1 erstellt wurde, beschreibt die empirische Häufigkeitsverteilung für die U-Bahn-Nutzung.

Tabelle 3.1.1-2: Häufigkeitstabelle für die dichotome Variable *Frage12a*

Verkehrsmittel U-Bahn

		Häufigkeit	Prozent	Gültige Prozente	Kumulierte Prozente
Gültig	nicht genannt	216	40,4	40,4	40,4
	genannt	319	59,6	59,6	100,0
	Gesamt	535	100,0	100,0	

Demnach gaben 319 Studierende bzw. (319/535)·100 % = 59,6 % aller n = 535 befragten Studierenden $\gamma_i \in \Gamma_n$ an, auf dem Weg zur Hochschule in der Regel die U-Bahn zu nutzen. Gemäß der praktizierten 0-1-Kodierung wurde die Menge der 216 Studierenden, die das Verkehrsmittel U-Bahn nicht nannten, mit null kodiert.

Variablen-Set. Wesentlich eleganter als das singuläre Auswerten von dichotomen Variablen erweist sich die Nutzung von multiplen Dichotomien bzw. dichotomen Variablen-Sets (engl.: *set* → Menge, Bündel), die via Sequenz 3.1.1-3 definiert und via Sequenz 3.1.1-4 statistisch ausgewertet werden können.

Sequenz 3.1.1-3: Mehrfachantworten-Sets definieren
    Analysieren
        Mehrfachantwort
            Variablen-Sets definieren ... → Abbildung 3.1.1-5

Abbildung 3.1.1-5: Dialogfeld *Mehrfachantworten-Sets*

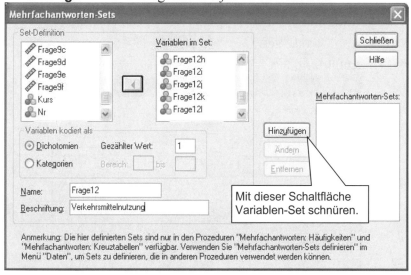

Hinweise. Für die Definition von Variablen-Sets im Kontext der Analyse von Mehrfachantworten sind die folgenden Hinweise nützlich: i) **Set-Definition**. In SPSS ist es auch möglich, Variablen-Sets via *Daten, Mehrfachantworten-Sets definieren* ... zu „schnüren", die allerdings in der Mehrfachantworten-Prozedur nicht verfügbar sind. ii) **Set-Name**. Im Zuge einer Fragebogenauswertung sollte bei Mehrfachantworten-Sets der jeweilige Set-Name so vereinbart werden, dass (gleichsam wie in Abbildung 3.1.1-5 für das Variablen-Bündel „Frage12" praktiziert) bereits aus dem Set-Namen eine semantische Verbindung zum Variablen-Set ersichtlich wird. iii) **Gezählter Wert**. Im Konkreten Fall wird im „geschnürten" Variablen-Set der dichotome Ausprägungskode bzw. Wert „eins" gezählt. iv) **Hinzufügen**. Die Definition eines Mehrfachantworten-Sets gilt erst dann als abgeschlossen, wenn die getroffenen Vereinbarungen (also die Variablenauswahl, die Festlegung des Namens und des zu zählenden Wertes für das Set) via Schaltfläche *Hinzufügen* in der Rubrik *Mehrfachantworten-Set* protokolliert wurden. Ein Set von Mehrfachantworten wird dabei stets mit dem Präfix $ gekennzeichnet. Im konkreten Fall lautet der Name des Variablen-Sets *$Frage12*. In diesem Zusammenhang ist zu beachten, dass definierte Variablen-Sets stets nur temporär sind. Da Variablen-Sets nicht gespeichert werden können, werden sie beim Schließen einer SPSS Arbeitsdatei automatisch gelöscht. iv) **Schließen**. Der Vorgang des Definierens eines Sets von Mehrfachantworten kann mit dem Betätigen der Schaltfläche *Schließen* ordnungsgemäß beendet werden. ♦

Häufigkeitstabelle. Sind das bzw. die interessierenden Mehrfachantworten-Sets definiert, braucht man nur noch das SPSS Dialogfeld innerhalb der Abbildung 3.1.1-5 zu „schließen", um via Sequenz 3.1.1-4 die Häufigkeitstabelle für das „geschnürte" Mehrfachantworten-Set *$Frage12* im Kontext der Frage 12 anfordern zu können.

Sequenz 3.1.1-4: Mehrfachantworten, Häufigkeiten
Analysieren
   Mehrfachantwort
      Häufigkeiten ... → Abbildung 3.1.1-6

Abbildung 3.1.1-6: Dialogfeld *Mehrfachantworten...*

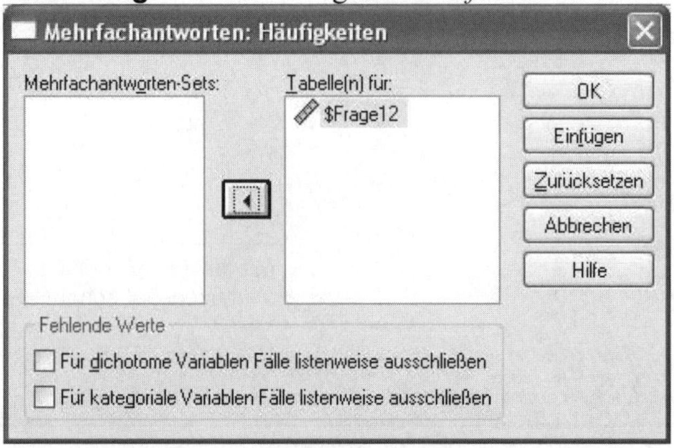

Ergebnisse. Nach dem Betätigen der Schaltfläche *OK* im Dialogfeld *Mehrfachantworten: Häufigkeiten* werden im SPSS Viewer die in den Tabellen 3.1.1-3 und 3.1.1-4 zusammengefassten Ergebnisprotokolle der dichotomen Mehrfachantwortenanalyse angezeigt, die wie folgt interpretiert werden können:

Gültige und **fehlende Fälle**. Die Basis für die statistische Auswertung bilden 506 gültige Fälle. Demnach gaben gemäß dem Fragebogen innerhalb der Abbildung 3.3-1 insgesamt 506 der befragten Studierenden bezüglich der Frage 12 mindestens eine gültige Antwort. Lediglich 29 von den insgesamt 535 befragten Studierenden gaben bezüglich der Verkehrsmittelnutzung keine bzw. eine ungültige Antwort. Aus diesem Grunde werden in der Tabelle 3.1.1-3 insgesamt 29 bzw. $(29/535) \cdot 100\,\% \cong 5,4\,\%$ fehlende Fälle ausgewiesen.

Tabelle 3.1.1-3: Mehrfachantworten, Fallzusammenfassung

	Fälle					
	Gültig		Fehlend		Gesamt	
	Anzahl	Prozent	Anzahl	Prozent	Anzahl	Prozent
$Frage12a	506	94,6%	29	5,4%	535	100,0%

a. Dichotomie-Gruppe tabellarisch dargestellt bei Wert 1.

Tabelle 3.1.1-4: Mehrfachantworten, Häufigkeiten

		Antworten		Prozent der Fälle
		Anzahl	Prozent	
Verkehrsmittelnutzunga	Verkehrsmittel U-Bahn	319	29,7%	63,0%
	Verkehrsmittel S-Bahn	237	22,0%	46,8%
	Verkehrsmittel Tram	204	19,0%	40,3%
	Verkehrsmittel Bus	65	6,0%	12,8%
	Verkehrsmittel Regionalbahn	25	2,3%	4,9%
	Verkehrsmittel Fernbahn	4	,4%	,8%
	Verkehrsmittel Taxi	3	,3%	,6%
	Verkehrsmittel PKW	142	13,2%	28,1%
	Verkehrsmittel Motorrad	4	,4%	,8%
	Verkehrsmittel Motorroller	8	,7%	1,6%
	Verkehrsmittel Fahrrad	61	5,7%	12,1%
	Verkehrsmittel Roller	3	,3%	,6%
Gesamt		1075	100,0%	212,5%

a. Dichotomie-Gruppe tabellarisch dargestellt bei Wert 1.

Antwortanzahlen. In den 506 hinsichtlich der Frage 12 statistisch auswertbaren und „gültigen" Fragebögen wurden insgesamt 1075 Antworten gezählt, die eine der 12 vorgegebenen Verkehrsmittelnutzungen betreffen. Während das Verkehrsmittel U-Bahn mit 319-mal am häufigsten genannt wurde, gaben zum Beispiel drei Studierende an, in der Regel auf dem Weg zur Hochschule ein Taxi zu nutzen.

Antwortprozente. In der Rubrik *Antworten, Prozent*, ist die sich auf 100 % addierende (vollständige) prozentuale Verteilungsstruktur der gültigen verkehrsmittelspezifischen Antworten an der Gesamtzahl aller gültigen Antworten vermerkt. Demnach entfielen zum Beispiel auf das Verkehrsmittel S-Bahn (237/1075)·100 % $\cong$ 22,0 % aller abgegebenen gültigen Antworten.

Fallprozente. In der Rubrik *Prozent der Fälle* ist die prozentuale Verteilung der gültigen verkehrsmittelspezifischen Antworten an der Gesamtzahl aller auswertbaren Fragebögen bzw. befragten Personen, die eine valide Antwort gaben, aufgelistet. Demnach gaben zum Beispiel (204/506)·100 % $\cong$ 40,3 % aller befragten Studierenden, die wenigstens ein „gültiges" Verkehrsmittel auf dem Fragebogen vermerkten, an, auf dem Weg zur Hochschule die Tram zu nutzen. Beachtenswert ist in diesem Zusammenhang, dass die so genannten Fallprozente, die ihrem Wesen nach Antwortintensitäten sind, in der empirischen Wirtschafts- und Sozialforschung in der Regel von analytischem Interesse sind.

Antwortintensität. Die Summe aller Fallprozente von 212,5 %, die als eine durchschnittliche Antwortintensität gedeutet werden kann, ist sachlogisch wie folgt zu interpretieren: Im Durchschnitt benutzte eine befragte Person auf dem Wege zur Hochschule 2,125 Verkehrsmittel, letztlich also geringfügig mehr als zwei Verkehrsmittel. Bei der Auswertung von Fragebögen, die zum Beispiel auf Paneldaten (engl.: *panel* → Kontrollfeld) beruhen, kann diese Kennzahl auch als ein Indikator zur Sichtbarmachung zeitlicher und/oder örtlicher Veränderungen im Antwort- bzw. Konsumverhalten von Befragten herangezogen werden.

Tabelle 3.1.1-5: Kreuztabelle Mehrfachantworten-Set vs. Geschlecht

			Geschlechtszugehörigkeit		Gesamt
			männlich	weiblich	
Verkehrs-mittel-Set[a]	Verkehrsmittel U-Bahn	Anzahl	142	177	319
	Verkehrsmittel S-Bahn	Anzahl	102	135	237
	Verkehrsmittel Tram	Anzahl	87	117	204
	Verkehrsmittel Bus	Anzahl	29	36	65
	Verkehrsmittel Regionalbahn	Anzahl	15	10	25
	Verkehrsmittel Fernbahn	Anzahl	3	1	4
	Verkehrsmittel Taxi	Anzahl	2	1	3
	Verkehrsmittel PKW	Anzahl	75	67	142
	Verkehrsmittel Motorrad	Anzahl	3	1	4
	Verkehrsmittel Motorroller	Anzahl	4	4	8
	Verkehrsmittel Fahrrad	Anzahl	28	33	61
	Verkehrsmittel Roller	Anzahl	0	3	3
Gesamt		Anzahl	232	274	506

Prozentsätze und Gesamtwerte beruhen auf den Befragten.
a. Dichotomie-Gruppe tabellarisch dargestellt bei Wert 1.

Kreuztabelle. Die Tabelle 3.1.1-5 beinhaltet für das nominale Mehrfachantworten-Set *$Verkehrsmittelnutzung* und für das nominale und dichotome Erhebungsmerkmal Ge*schlecht* die zugehörige (12 × 2)-Kreuztabelle, die (analog zu zur Sequenz 3.1.1-4) via Sequenz 3.1.1-5 angefordert und in ihren Bestandteilen wie folgt interpretiert werden kann:

Sequenz 3.1.1-5: Mehrfachantworten, Kreuztabellen
Analysieren
   Mehrfachantwort
      Kreuztabellen ... → Abbildung 3.1.1-7

Abbildung 3.1.1-7: Dialogfelder *Mehrfachantworten: Kreuztabellen*

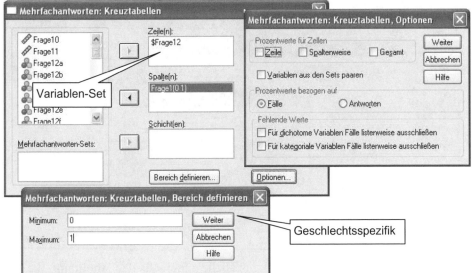

> **Hinweis**. Im Unterdialogfeld *Optionen* können für eine Kreuztabelle optional Prozentwerte angefordert werden, die inhaltlich wohl voneinander zu unterscheidende Informationen liefern. Im konkreten Fall wurde einzig und allein aus Gründen der Übersichtlichkeit auf die Berechnung von Prozentwerten verzichtet, die per Voreinstellung auf der Anzahl der Befragten, die eine gültige Antwort gaben, beruhen. ♦

Interpretation. Während zum Beispiel (75/232)·100 % ≅ 32,3 % der männlichen Studierenden angaben, in der Regel mit dem Auto zur Hochschule zu gelangen, waren dies bei den weiblichen Studierenden nur (67/274)·100 % ≅ 24,5 %. Von dieser sachlogischen Ergebnisinterpretation wohl zu unterscheiden ist die folgende Interpretation, die innerhalb der Kreuztabelle 3.1.1-5 hinsichtlich des Verkehrsmittels PKW die so genannten „Zeilenprozente" zum Inhalt hat: Demnach waren (75/142)·100 % ≅ 52,8 % aller befragten Studierenden, die angaben, in der Regel mit dem Auto zur Hochschule zu fahren, männlichen und in logischer Konsequenz (67/142)·100 % ≅ 47,2 % weiblichen Geschlechts. Analog sind die übrigen „Zellen" bzw. „Felder" der Kreuztabelle 3.1.1-5 sachlogisch zu interpretieren. ♣

Beispiel 3.1.1-3: Analyse eines ordinalen Erhebungsmerkmals
Motivation. Die Abbildung 3.1.1-8 plakatiert sowohl den SPSS Daten-Editor, der als Arbeitsdatei die SPSS Daten-Datei *Fragebogen.sav* beinhaltet, als auch das Dialogfeld *Häufigkeiten* sowie das zugehörige Unterdialogfeld *Häufigkeiten: Diagramme*, die beide via Sequenz 3.1.1-1 aufgerufen wurden, um eine Verteilungsanalyse für das ordinale Erhebungsmerkmal *Konfektionsgröße*, das bezüglich der merkmalsträgerspezifischen Ausprägungen in der SPSS Variable *Frage6* gespeichert ist, bewerkstelligen zu können.

Abbildung 3.1.1-8: Verteilungsanalyse für ein ordinales Merkmal

Struktogramm. Da die Häufigkeitstabelle innerhalb der Abbildung 3.1.1-9 nur auf sechs ordinalen Merkmalsausprägungen ξ_j beruht und die m = 6 prozentualen relativen Häufigkeiten p_j^* in Gestalt der Werte innerhalb der Rubrik „gültige Prozente" in ihrer Gesamtheit die „gültige und auswertbare" Verteilungsstruktur des Erhebungsmerkmals X: *Konfektionsgröße* kennzeichnen, ist zum Beispiel ein Kreisdiagramm als ein spezielles und in praxi häufig appliziertes Struktogramm eine geeignete Form der grafischen Präsentation der Konfektionsgrößenverteilung der befragten n = 535 Studierenden $\gamma_i \in \Gamma_n$.

Kreisdiagramm
Ein Kreisdiagramm ist eine grafische Darstellungsform der Verteilungsstruktur einer statistischen Gesamtheit $\Gamma_n = \{\gamma_i, i = 1,2,...,n\}$ durch die Aufteilung einer Kreisfläche in Segmente derart, dass die Flächen der Kreissegmente proportional zu den jeweiligen absoluten Häufigkeiten $n(X = \xi_j) = n_j$ bzw. zu den jeweiligen relativen Häufigkeiten $p(X = \xi_j) = p_j$ von m empirisch beobachteten und voneinander verschiedenen Ausprägungen $\xi_j \in \Xi = \{\xi_j, j = 1,2,...,m\}$ eines beliebig skalierten Erhebungsmerkmals X sind.

Verteilungsanalyse 65

Hinweise. Für die Erstellung und Nutzung eines Kreisdiagramms, das auch als Torten-, Kreis-Sektoren-, Kreis-Segment-Diagramm (engl.: *pie chart*) bezeichnet wird, erweisen sich die folgenden Hinweise als hilfreich: i) **Applikation**. Kreisdiagramme finden vor allem bei der grafischen Präsentation von Häufigkeitsverteilungen nominaler oder ordinaler Merkmale bzw. zur Sichtbarmachung von Strukturen oder Gliederungen von Merkmalswertesummen metrischer Merkmale eine breite Anwendung. Aus diesem Grunde subsumiert man sie auch in die Gruppe statistischer Struktogramme. Typische und in praxi häufig applizierte Struktogramme sind gestapelte Balken-Diagramme, Ring-Segment-Diagramme, Torten-Diagramme oder Spinnennetz-Diagramme. ii) **Konstruktion**. Das Konstruktionsprinzip eines Kreisdiagramms lässt sich wie folgt skizzieren: Man multipliziert für alle $j = 1,2,...,m$ die relativen Häufigkeiten p_j (bzw. die Anteile an einer Merkmalswertesumme) mit dem Faktor 360^0, um die Kreisinnenwinkel $w_j = p_j \cdot 360^0$ zu erhalten, die das jeweilige Kreissegment eines Kreises aufspannen. Der Übersichtlichkeit und Praktikabilität halber sollte man beachten, dass die Anzahl m der voneinander verschiedenen Merkmalsausprägungen ξ_j, die in der Zustandsmenge $\Xi = \{\xi_j, j = 1,2,...,m\}$ des Erhebungsmerkmals definiert sind, mindestens zwei aber nicht größer als acht ist. ♦

Interpretation. Die Abbildung 3.1.1-9 ist in ihren tabellarischen und grafischen Bestandteilen wie folgt zu interpretieren:

Abbildung 3.1.1-9: Häufigkeitstabelle mit Kreisdiagramm

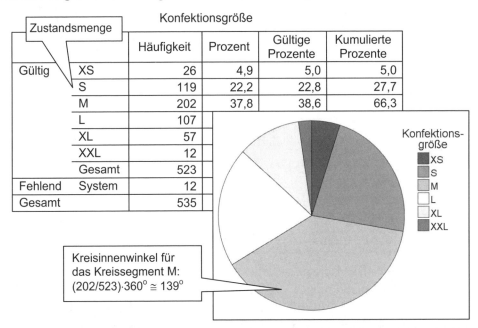

Häufigkeitstabelle. In der statistischen Gesamtheit $\Gamma_n = \{\gamma_i, i = 1,2,...,n\}$ aller $n = 535$ Studierenden γ_i gaben insgesamt 523 Studierende eine im erfassungsstatistischen Sinne „gültige" und insgesamt 12 Studierende keine bzw. eine „ungültige" Antwort auf die Frage nach der Konfektionsgröße. Wegen $n(X = \xi_3) = 202$

ist die Konfektionsgrößenausprägung ξ_j der Ordnung j = 3 diejenige, die am häufigsten beobachtet wurde. Da nur gültige Antworten von Interesse sind, beläuft sich der prozentuale Anteil der Konfektionsgröße ξ_3 = M im Ensemble aller m = 6 voneinander verschiedenen und ordinalen Konfektionsgrößenausprägungen ξ_j auf (202/523)·100 % $\cong$ 38,6 %. Schließlich und endlich erlauben nunmehr auch die „kumulierten Prozente", die in der letzten Tabellenspalte vermerkt sind, eine plausible Interpretation: Demnach gaben 66,3 % aller Befragen an, bestenfalls bzw. höchstens die Konfektionsgröße M zu besitzen.

Diagramme. Sowohl das Kreisdiagramm innerhalb der Abbildung 3.1.1-9 als auch das gestapelte Balkendiagramm innerhalb der Abbildung 3.1.1-10 sind eine geeignete bildhafte Darstellung der empirischen Verteilung des ordinalen Erhebungsmerkmals *Konfektionsgröße*.

Abbildung 3.1.1-10: Gestapeltes Balkendiagramm

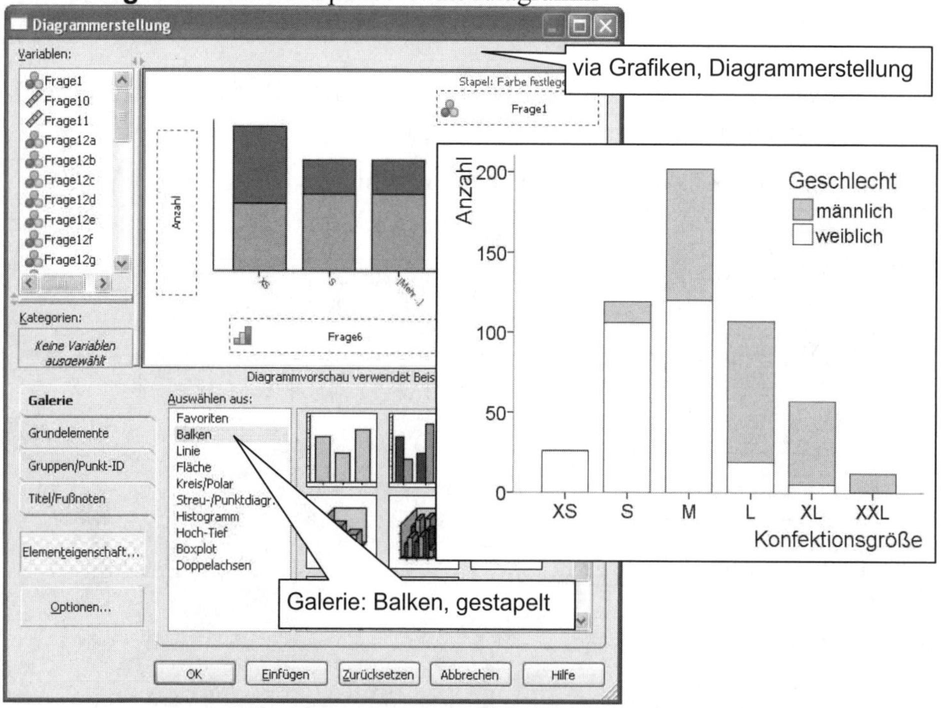

Kernaussage. Die Kernaussage der beiden Diagramme koinzidiert mit den vorhergehenden Ausführungen: Im Ensemble aller sechs Konfektionsgrößen ist die Größe M die modale Konfektionsgrößenausprägung, die im Kreisdiagramm durch das größte Kreissegment und im gestapelten Balkendiagramm einerseits durch den höchsten Balken und andererseits durch das größte „weiße" (geschlechtsspezifische) Balkensegment markiert wird. ♣

3.1.2 Test auf eine Gleichverteilung

Motivation. Das Prüfen einer Verteilungshypothese über ein nominales Erhebungsmerkmal ist aufgrund nicht definierter Ordnungsrelationen in den nominalen Merkmalsausprägungen stark eingeschränkt. Eine in praxi oft interessierende und in der nominalen Verteilungsanalyse sinnvolle Fragestellung besteht darin, mit Hilfe eines geeigneten Tests zu prüfen, ob aufgrund einer Zufallsstichprobe für die Ausprägungen eines nominalen Merkmals in der zugehörigen statistischen Grundgesamtheit eine (diskrete) Gleichverteilung angenommen werden kann. Ein geeigneter Signifikanztest zur Prüfung der Gleichverteilungsannahme Ausprägungen eines nominalen Erhebungsmerkmals ist der χ^2- .

> **Chi-Quadrat-Anpassungstest**
> Der χ^2-Anpassungstest (lies: *Chi-Quadrat-Anpassungstest*) ist ein Einstichprobenverteilungstest, mit dem man auf einem vorab vereinbarten Signifikanzniveau α mittels einer Zufallsstichprobe vom Umfang n prüft, ob für ein beliebig skaliertes Erhebungsmerkmals ein theoretisches Verteilungsmodell zur Beschreibung einer empirisch beobachteten Verteilung angesehen werden kann.

Beispiel 3.1.2-1: χ^2-Anpassungstest auf eine Gleichverteilung
Motivation. Unter Verwendung der SPSS Daten-Datei *Mietspiegel.sav* gilt es auf einem vorab festgelegten Signifikanzniveau von α = 0,05 mit Hilfe des χ^2-Anpassungstests die folgende Verteilungshypothese überprüft werden: „Vier-Zimmer-Mietwohnungen, die derzeit auf dem Berliner Mietwohnungsmarkt mit einem Mietpreis von höchstens 10 €/m² angeboten werden, sind auf die südlichen Stadtbezirke Berlins gleichverteilt."

Auswahl. Im Vorfeld des zu praktizierenden Anpassungstests auf eine Gleichverteilung ist es erforderlich, analog zum Beispiel 2.3-7 via Sequenz 2.3-6 alle Merkmalsträger auszuwählen, die der SPSS Auswahlbedingung

Zimmer = 4 & NordSüd < 3 & Preis <= 10

genügen. Die in der (verbindlichen) SPSS Syntax formulierte Auswahlbedingung besitzt die folgende Semantik: Wähle aus der SPSS Arbeitsdatei *Mietspiegel.sav* alle Mietwohnungen aus, die sowohl vier Zimmer als auch eine Nord-Süd-Ortslage mit einem Koordinatenwert kleiner als 3 als auch einen Mietpreis von höchstens 10 €/m² besitzen. Die ausgewählten Mietwohnungen können im konkreten Fall als eine Zufallsstichprobe aufgefasst und gedeutet werden.

---

[3] Eine paradigmatische Darstellung des Chi-Quadrat-Anpassungstests für verschiedene theoretische Verteilungsmodelle (etwa das Modell einer Gleichverteilung, einer POISSON-Verteilung, einer Exponentialverteilung oder einer Normalverteilung) findet man u.a. bei ECKSTEIN, Peter P.: Repetitorium Statistik, Deskriptive Statistik – Stochastik – Induktive Statistik, Mit Klausuraufgaben und Lösungen, 6., aktualisierte Auflage, GABLER Verlag Wiesbaden 2006.

Ergebnisse. Die Abbildung 3.1.2-1 beinhaltet die beobachtete und die unter der Gleichverteilungsannahme theoretisch erwartete Verteilung der ausgewählten Mietwohnungen auf die in Rede stehenden fünf Berliner Stadtbezirke.

Abbildung 3.1.2-1: empirische und theoretische Verteilung

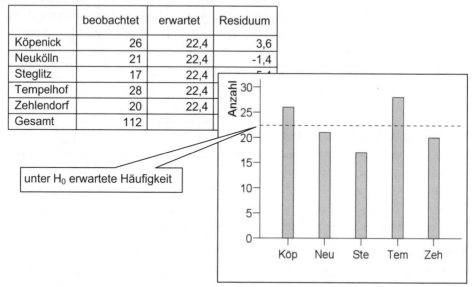

	beobachtet	erwartet	Residuum
Köpenick	26	22,4	3,6
Neukölln	21	22,4	-1,4
Steglitz	17	22,4	
Tempelhof	28	22,4	
Zehlendorf	20	22,4	
Gesamt	112		

unter H₀ erwartete Häufigkeit

Residuen. Die Frage, die es mit Hilfe des χ^2-Anpassungstests zu klären gilt, ist, ob die in der Spalte *Residuum* (lat.: *residuum* → Rest) der SPSS Pivot-Tabelle (auszugsweise) vermerkten residualen Abweichungen der beobachteten von den (unter der Gleichverteilungshypothese) theoretisch erwarteten absoluten Häufigkeiten eher zufälliger Natur oder ob die residualen Abweichungen im wahrscheinlichkeitstheoretischen Sinne als signifikant (und damit der Gleichverteilungshypothese widersprechend) einzustufen sind.

Balkendiagramm. Die Abbildung 3.1.2-1 verdeutlicht anhand eines einfachen Balkendiagramms die mit Hilfe des χ^2-Anpassungstests zu überprüfende Gleichverteilungshypothese. Während die Balken, die sich über den Ausprägungen des nominalen Erhebungsmerkmals *Bezirk* „erheben", in ihrer Gesamtheit die empirisch beobachtete absolute Häufigkeitsverteilung der Mietwohnungen auf die Stadtbezirke kennzeichnen, markiert die gestichelte Linie auf dem Niveau von 22,4 die unter der Gleichverteilungshypothese theoretisch erwartete absolute Häufigkeit der in Rede stehenden Mietwohnungen in ihrer Verteilung auf die entsprechenden fünf Berliner Stadtbezirke Köp(enick), Neu(kölln), Ste(glitz), Tem(pelhof) und Zeh(lendorf).

χ^2**-Anpassungstest.** Der angestrebte χ^2-Anpassungstest auf eine (diskrete) Gleichverteilung kann via Sequenz 3.1.2-1 praktiziert werden.

Verteilungsanalyse

Sequenz 3.1.2-1: Chi-Quadrat-Anpassungstest
Analysieren
Nichtparametrische Tests
Chi-Quadrat... → Abbildung 3.1.2-2

Abbildung 3.1.2-2: Dialogfeld *Chi-Quadrat-Test*

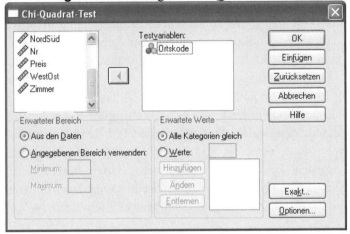

Hinweis. Beim praktizierten χ^2-Anpassungstest auf eine diskrete Gleichverteilung ist zu beachten, dass das nominale Erhebungsmerkmal in Gestalt einer numerischen Variable vorliegen muss. Diese Bedingung erfüllt die numerische Variable *Ortskode*, mit deren Hilfe lediglich das nominale Erhebungsmerkmal *Bezirk* in die Menge der natürlichen Zahlen abgebildet wurde. ♦

Testergebnis. In der Tabelle 3.1.2-1 sind die für die Testentscheidung erforderlichen (und kommentierten) Ergebnisse zusammengefasst.

Tabelle 3.1.2-1: Ergebnisse des Chi-Quadrat-Anpassungstests

	Ortskode
Chi-Quadrat[a]	3,625
df (Anzahl der Freiheitsgrade)	4
Asymptotische Signifikanz (empirisches Signifikanzniveau)	,459

a. Bei 0 Zellen (,0%) werden weniger als 5 Häufigkeiten erwartet. Die kleinste erwartete Zellenhäufigkeit ist 22,4.

Testentscheidung. Gleichsam wie bei allen statistischen Signifikanztests, die in SPSS implementiert sind, wird auch bei einem χ^2-Anpassungstest die Testentscheidung über den Vergleich des aus einem Stichprobenbefund ermittelten empirischen Signifikanzniveaus α^* und eines vorgegebenen Signifikanzniveaus α herbeigeführt (vgl. Anhang B: Empirisches Signifikanzniveau). Offensichtlich besteht wegen $\alpha^* = 0,459 > \alpha = 0,05$ kein Anlass, die eingangs formulierte Gleichverteilungshypothese zu verwerfen. Dabei ist zu beachten, dass diese Testentscheidung nicht dahingehend gedeutet werden darf, dass damit eine Gleichverteilung der in Rede stehenden Mietwohnungen im betrachteten Marktsegment „nachgewiesen" wurde. Eine Entscheidung zu Gunsten der Gleichverteilungshypothese heißt nicht, dass sie richtig ist, sondern erst einmal nur, dass man zum vorab vereinbarten Signifikanzniveau $\alpha = 0{,}05$ auf Grund des Stichprobenbefundes und aus Mangel an „beobachteten" Abweichungen nichts einer Gleichverteilung Widersprechendes hat nachweisen können. Mehr nicht!

Klassischer Test. Zur gleichen Testentscheidung gelangt man, wenn man im Sinne des klassischen Testkonzepts den in der Tabelle 3.1.2-1 ausgewiesenen Testvariablenwert $\chi^2 = 3{,}625$ mit dem als Schwellenwert fungierenden Quantil $\chi^2_{p,\,df}$ der Ordnung $p = 1 - \alpha = 1 - 0{,}05 = 0{,}95$ einer χ^2-Verteilung mit $df = m - 1 = 5 - 1 = 4$ Freiheitsgraden vergleicht, das für bestimmte Signifikanzniveaus α und der Anzahl der Freiheitsgrade df in der Regel tabelliert vorliegt. Aufgrund dessen, dass im konkreten Fall der Testvariablenwert unterhalb des Schwellenwertes liegt, wobei $\chi^2 = 3{,}625 < \chi^2_{0{,}95;\,4} = 9{,}488$ gilt, besteht auch beim klassischen Testen kein Anlass, zum vereinbarten Signifikanzniveau von $\alpha = 0{,}05$ an einer Gleichverteilung der in Rede stehenden Mietwohnungen auf die genannten fünf südlichen Berliner Stadtbezirke zu zweifeln. ♣

Beispiel 3.1.2-2: Vorgegebenes und empirisches Signifikanzniveau
Motivation. Die innere Logik des Testentscheidungskonzeptes innerhalb des Beispiels 3.1.2-1, das in der einschlägigen Literatur auch als *p(robability)-value* Konzept bezeichnet wird, leuchtet nicht immer sofort ein. Während in SPSS (wie übrigens in allen anderen Statistik-Software-Paketen auch) eine Testentscheidung über den Vergleich eines empirischen Signifikanzniveaus α^* (vgl. Anhang B) mit einem vorgegebenen Signifikanzniveau α bewerkstelligt wird, führt man im klassischen Testkonzept eine Testentscheidung über den Vergleich eines Testvariablenwertes mit einem Schwellenwert, der seinem Wesen nach ein Quantil der zugrundeliegenden Prüfverteilung ist, herbei. Die klassische und die unter SPSS praktizierte Testentscheidung aus dem Beispiel 3.1.2-2 sind der Anschaulichkeit halber in der Tabelle 3.1.2-2 zusammengefasst.

Tabelle 3.1.2-2: χ^2-Anpassungstest

Klassische Testentscheidung
Testvariablenwert versus Schwellenwert
$\chi^2 = 3{,}625 < \chi^2_{0{,}95;\,4} = 9{,}488$
Testentscheidung: Gleichverteilungshypothese beibehalten
Testentscheidung unter SPSS
empirisches Signifikanzniveau versus vorgegebenes Signifikanzniveau
$\alpha^* = 0{,}459 > \alpha = 0{,}050$
Testentscheidung: Gleichverteilungshypothese beibehalten

Testkonzepte. Der logische Zusammenhang zwischen beiden Konzepten lässt sich am Beispiel des praktizierten Chi-Quadrat-Anpassungstests auf eine Gleichverteilung wie folgt verdeutlichen: In beiden semantisch gleichartigen Testentscheidungen korrespondieren jeweils der aus dem Stichprobenbefund entlehnte Testvariablenwert $\chi^2 = 3{,}625$ und das empirische Signifikanzniveau $\alpha^* = 0{,}459$ bzw. der aus der Prüfverteilung entlehnte Schwellenwert $\chi^2_{0{,}95;\,4} = 9{,}488$ und das vorgegebene Signifikanzniveau $\alpha = 0{,}050$ miteinander.

Funktionen. Zur Verdeutlichung dieses elementaren Zusammenspiels erweisen sich gemäß Tabelle 3.1.2-3 die Verteilungsfunktion CDF und die zugehörige inverse Verteilungsfunktion IDF als sehr nützlich.

Tabelle 3.1.2-3: Funktionen CDF und IDF

Funktion	Wahrscheinlichkeit p	Quantil q
CDF	gesucht	gegeben
IDF	gegeben	gesucht

Die Abbreviaturen CDF bzw. IDF stehen für die englische Bezeichnung **C**umulative **D**istribution **F**unction bzw. **I**nverse **D**istribution **F**unction.

> **Hinweis.** Während eine Verteilungsfunktion CDF für ein vorgegebenes Quantil q stets eine Wahrscheinlichkeit p „liefert", wird mit einer inversen Verteilungsfunktion IDF für eine vorgegebene Wahrscheinlichkeit p stets ein Quantil q „berechnet". ♦

Quantilsberechnung. Für das vorgegebene Signifikanzniveau $\alpha = 0{,}05$, das per Definition die (Irrtums)Wahrscheinlichkeit dafür ist, im Zuge des χ^2- Anpassungstests die Gleichverteilungshypothese zu verwerfen, obgleich sie richtig ist, gilt im konkreten Fall die Beziehung

$$\alpha = P(X^2 > q) = 0{,}05 = 1 - P(X^2 \leq q),$$

die mit Hilfe der Verteilungsfunktion wie folgt dargestellt werden kann:

$$F_{X^2}(q) = P(X^2 \leq q) = 1 - \alpha = 0{,}95.$$

Da im praktizierten Anpassungstest das theoretische Verteilungsmodell einer χ^2-Verteilung mit einem Verteilungsparameter von df = 4 Freiheitsgraden zugrunde liegt, interessiert die Frage, wie groß der Wert des zugehörigen Quantils q der Verteilungsfunktion F_{X^2} ist, wenn der Verteilungsfunktionswert $p = F_{X^2}(q) = 0{,}95$ (in seiner theoretischen Deutung als eine Wahrscheinlichkeit) bekannt bzw. gegeben ist. Die Problemlösung liegt analog zur Abbildung 3.1.2-3 in der Anwendung der SPSS Funktion IDF.CHISQ(p,df), die für eine vorgegebene Wahrscheinlichkeit von $p = 1 - \alpha = 1 - 0{,}05 = 0{,}95$ und für den (durch den Zufallsstichprobenbefund fixierten) Verteilungsparameter df = 4 Freiheitsgrade wegen

$$q = \text{IDF.CHISQ}(0.95, 4) = 9{,}488$$

einen Wert liefert, der identisch ist mit dem Quantil $\chi^2_{0{,}95;4} = 9{,}488$ der Ordnung $p = 0{,}95$ einer Chi-Quadrat-Verteilung für df = 4 Freiheitsgrade.

Abbildung 3.1.2-3: Quantilsberechnung

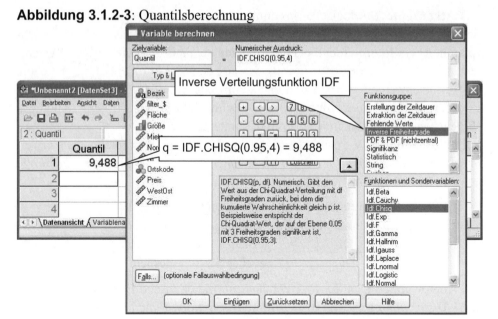

Hinweise. Für eine Quantilsberechnung erweisen sich die folgenden Hinweise als nützlich: i) **Aufruf.** Das Dialogfeld *Variable berechnen* kann gemäß Sequenz 2.3-4 aufgerufen werden. ii) **IDF.** Die Übersetzung der Abbreviatur *i(nverse) d(istribution)f(unction)* in der Rubrik *Funktionsgruppe* mit „inverse Freiheitsgrade" ist nicht nur fehlerhaft, sondern statistischer Unsinn. *idf.** bezeichnet eine inverse Verteilungsfunktion. iii) **Dezimalpunkt.** Bei der Übernahme der ausgewählten SPSS Funktion und der Eingabe der erforderlichen Parameter sollte man stets die bereitgestellten Schaltflächen via Klick mit der linken Maustaste verwenden, um syntaktische Fehler zu vermeiden, da im konkreten Fall nur *Dezimalpunkte* und keine Dezimalkommata zulässig sind. Kommata fungieren in SPSS Funktionen als Trennzeichen für Parameterwerte. ♦

Testvariablenwert. Analog erhält man für das empirische Signifikanzniveau $\alpha^* = 0{,}459$, für das

$$\alpha^* = P(X^2 > q) = 0{,}459 = 1 - P(X^2 \leq q) = 1 - F_{X^2}(q)$$

gilt, wegen

$$q = \text{IDF.CHISQ}(0.541, 4) \approx 3{,}63$$

einen Wert der inversen Verteilungsfunktion IDF, der mit offensichtlich (bis auf vernachlässigbare Rundungsfehler) mit dem Testvariablenwert $\chi^2 = 3{,}625$ im Kontext der klassischen Testentscheidung übereinstimmt.

Regel. Für das logische Zusammenspiel eines empirischen Signifikanzniveaus und eines Testvariablenwertes gilt die folgende allgemeingültige Regel: Markante Abweichungen von einer Nullhypothese gehen mit einem großen Testvariablenwert bzw. mit einem kleinen empirischen Signifikanzniveau und geringfügige Abweichungen von einer Nullhypothese mit einem kleinen Testvariablenwert bzw. mit einem großen empirischen Signifikanzniveau einher. ♦

Verteilungsanalyse

Tafel. Ein für die praktische Arbeit nützlicher Hinweis stellt auf die Möglichkeit ab, via Sequenz 2.3-4 und in Anlehnung an die Abbildung 3.1.2-3 mit Hilfe der SPSS Funktion IDF.CHISQ(p,df) einfach und schnell eine Tafel für ausgewählte Quantile der Ordnung $p = 1 - \alpha$ einer χ^2-Verteilung für df Freiheitsgrade zu erstellen. In der Abbildung 3.1.2-4 ist der SPSS Daten-Editor in Gestalt einer Tafel für ausgewählte Quantile $\chi^2_{p;df}$ der Ordnung $p = 1 - \alpha$ einer χ^2-Verteilung für df Freiheitsgrade exemplarisch dargestellt.

Abbildung 3.1.2-4: Tafel für ausgewählte Quantile einer χ^2-Verteilung

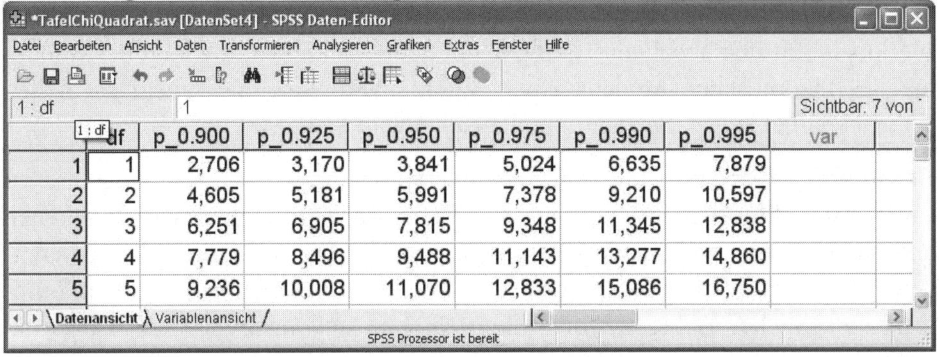

df	p_0.900	p_0.925	p_0.950	p_0.975	p_0.990	p_0.995
1	2,706	3,170	3,841	5,024	6,635	7,879
2	4,605	5,181	5,991	7,378	9,210	10,597
3	6,251	6,905	7,815	9,348	11,345	12,838
4	7,779	8,496	9,488	11,143	13,277	14,860
5	9,236	10,008	11,070	12,833	15,086	16,750

Wahrscheinlichkeitsberechnung. Analog zum Zusammenspiel von Testvariablenwert χ^2 und empirischem Signifikanzniveau α^* im Kontext des praktizierten χ^2-Anpassungstests auf eine Gleichverteilung kann die innere Logik von vorgegebenem Signifikanzniveau α und dem zugehörigen Schwellenwert $\chi^2_{p;df}$ wie folgt dargestellt werden: Die SPSS Funktion CDF.CHISQ(q,df), die im konkreten Fall die in SPSS typische Bezeichnung für die Verteilungsfunktion F_{X^2} einer χ^2-verteilten Zufallsvariable X^2 (engl.: *chisq(uare)*) mit df Freiheitsgraden darstellt, liefert für das vorzugebende Quantil $q = 9,488$ und den anzugebenden Verteilungsparameter df = 4 (Anzahl der Freiheitsgrade) einen Funktionswert von

$$p = \text{CDF.CHISQ}(9.488,4) = F_{X^2}(9{,}488) = P(X^2 \leq 9{,}488) = 0{,}95,$$

der als Wahrscheinlichkeit dafür gedeutet werden kann, dass die Zufallsvariable X^2 (lies: *Groß-Chi-Quadrat*) Werte annimmt, die gleich oder kleiner als der Schwellenwert $q = \chi^2_{0,95;4} = 9{,}488$ sind. Die Komplementärwahrscheinlichkeit $\alpha = 1 - p = 0{,}05$ kennzeichnet das vorgegebene Signifikanzniveau α im Kontext des praktizierten χ^2-Anpassungstests auf eine Gleichverteilung. Analog berechnet man für den Testvariablenwert $\chi^2 = 3{,}625$, der seinem Wesen nach ein Quantil q einer Chi-Quadrat-Verteilung mit df = 4 Freiheitsgraden ist, wegen

$$\alpha^* = 1 - p = 1 - \text{CDF.CHISQ}(3.625, 4) \cong 1 - 0{,}541 = 0{,}459$$

ein empirisches Signifikanzniveau von $\alpha^* = 0{,}459$, das im SPSS Ergebnisprotokoll synonym als *Signifikanz*, als *asymptotische Signifikanz*, kurz auch als *Sig.* oder als *p(robability)-value* bezeichnet und vermerkt wird. ♣

3.1.3 Test auf eine Binomialverteilung

Motivation. Als ein Spezialfall einer kategorialen Verteilungsanalyse kann der , der in der empirischen Wirtschaftsforschung eine breite Anwendung erfährt, aufgefasst werden.

Binomialtest

Der Binomialtest ist ein Einstichprobenverteilungstest, mit dem man auf einem vorab vereinbarten Signifikanzniveau α prüft, ob die empirisch beobachteten absoluten Häufigkeiten eines dichotomen bzw. dichotomisierten kategorialen Merkmals mit den absoluten Häufigkeiten übereinstimmen, die man bei Annahme des theoretischen Modells einer Binomialverteilung mit einem speziellen Wahrscheinlichkeitsparameter hypothetisch erwarten würde.

Beispiel 3.1.3-1: Test auf eine Binomialverteilung

Motivation. Linkshänder gehören zweifelsfrei zu den vergleichsweise seltenen und naturgegebenen Besonderheiten menschlichen Daseins. Die diskriminierenden Adjektive „linkisch" und „rechtschaffend" sind ein etymologischer und umgangssprachlicher Beleg für die offensichtliche und naturgegebene Disparität zwischen Links- und Rechtshändern. Physiologen gehen von der Prämisse aus, dass mindestens 90 % aller Menschen Rechtshänder und damit höchstens 10 % Linkshänder sind. Unter Verwendung der SPSS Daten-Datei *Befragung.sav* soll auf einem vorab vereinbarten Signifikanzniveau von 0,05 mit Hilfe des approximativen Binomialtests geprüft werden, ob die empirisch beobachtete Anzahl von Links- und Rechtshändern mit der Anzahl von Links- und Rechtshändern übereinstimmt, die bei Unterstellung des theoretischen Modells einer Binomialverteilung mit dem (von den Physiologen unterstellten) Wahrscheinlichkeitsparameter von 0,1 bzw. 0,9 zu erwarten wäre. Die Tabelle 3.1.3-1 beinhaltet das Antwortverhalten von 450 befragten Studierenden, die hinsichtlich der Frage „Sind Sie Linkshänder?" eine gültige Antwort gaben. Demnach gaben 417 bzw. 33 Studierende an, Rechtshänder bzw. Linkshänder zu sein.

Hypothesen. Bezeichnet man in diesem Kontext das zweipunktverteilte bzw. dichotome Merkmal *Rechtshänder* mit X, so gilt es, auf einem vorab vereinbarten Signifikanzniveau von $\alpha = 0,05$ mit Hilfe des Binomialtests die (vollständig spezifizierte) Verteilungshypothese $H_0: X_n \sim Bi(450; \pi)$ mit $\pi \leq \pi_0 = 0,9$ zu prüfen. Es leuchtet intuitiv ein, dass im konkreten Fall die Dichotomie darin besteht,

---
[4] Der Binomialtest wird in der einschlägigen Literatur auch als einfacher Anteilstest bezeichnet und dargestellt. Elementare Betrachtungen zum einfachen Anteilstest, zum theoretischen Modell einer Binomialverteilung sowie zu den Grenzwertsätzen findet man u.a. bei ECKSTEIN, Peter P.: Repetitorium Statistik, Deskriptive Statistik – Stochastik – Induktive Statistik, Mit Klausuraufgaben und Lösungen, 6., aktualisierte Auflage, GABLER Verlag Wiesbaden 2006.

dass eine zufällig ausgewählte und befragte Person angibt, ein Rechts- oder ein Linkshänder zu sein und dass die binomialverteilte Zufallsvariable X_n als eine Folge von n = 450 dichotomen (bzw. zweipunkt- bzw. Bi(1; π)-verteilten) Zufallsvariablen X_i (i = 1,2,...,n) aufgefasst werden kann. Aufgrund dessen, dass im konkreten Fall die Parameter für das vermutete theoretische Modell einer Binomialverteilung in Gestalt des Stichprobenumfangs n = 450 und der Expertenaussage $\pi_0 \leq 0{,}9$ vorgegeben sind, kennzeichnet man die Verteilungshypothese als einseitig und vollständig spezifiziert und den zu praktizierenden Binomialtest als einen einseitigen und vollständig spezifizierten Verteilungstest auf eine Binomialverteilung.

Sequenz. Der angestrebte einseitige, vollständig spezifizierte und approximative Binomialtest kann via Sequenz 3.1.3-1 bewerkstelligt werden.

Sequenz 3.1.3-1: Binomialtest
Analysieren
  Nichtparametrische Tests
    Binomial... → Abbildung 3.1.3-1

Abbildung 3.1.3-1: Dialogfeld *Test auf Binomialverteilung*

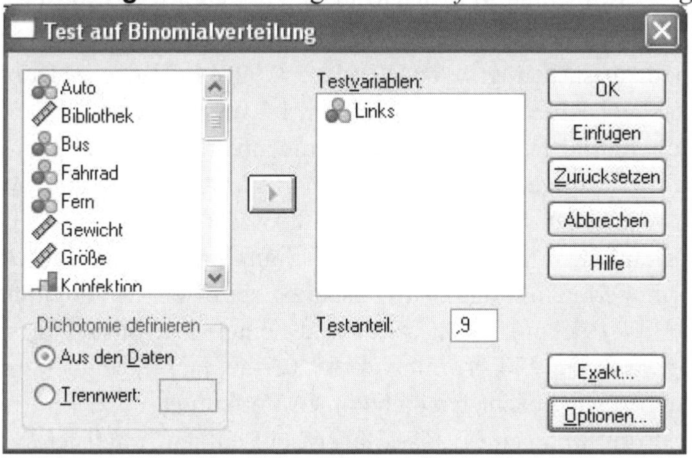

Hinweise. Um allerdings den angestrebten approximativen Binomialtest via Sequenz 3.1.3-1 bewerkstelligen zu können, sind die folgenden Spezifika zu beachten: i) **Testvariable**. Der Binomialtest erfordert die Existenz einer numerischen, dichotomen bzw. dichotomisierten SPSS Variable, die als so genannte Testvariable fungiert. ii) **Testanteil**. Der vorzugebende Testanteil bezieht sich stets auf die erstgenannte Kategorie der zugrundeliegenden numerischen Dichotomie. Aufgrund dessen, dass in der numerischen und dichotomen SPSS Variable *Links* die Rechtshänder mit null und die Linkshänder mit eins kodiert wurden, bezieht sich der optional zu vereinbarende Testanteil $\pi_0 \leq 0{,}9$ von höchstens 0,9 auf die Menge der Studierenden, die angaben, Rechtshänder zu sein. Dies ist der Grund dafür, warum die eingangs formulierte Verteilungshypothese auf die Rechtshänder (und nicht wie erwartet auf die Linkshänder) abstellt. Würde man die SPSS Variable *Links* analog zum Beispiel 2.3-6 derart umkodieren, dass die Linkshänder auf null und die Rechtshänder auf eins kodiert würden, dann beliefe sich der optional zu vereinbarende Testanteil $\pi_0 \geq 0{,}1$ auf mindestens 0,1. ♦

Ergebnisse. Die Tabelle 3.1.3-1 beinhaltet die Ergebnisse für den Binomialtest auf der Basis eines Testanteils von (höchstens) 0,9.

Tabelle 3.1.3-1: Test auf eine Binomialverteilung

		Anzahl	Anteil	Testanteil	Alpha * (1-seitig)
Links	nein	417	,927	,9	,031[a]
	ja	33	,073		
	Gesamt	450	1,000		

a. Basiert auf der Z-Approximation.

Stichprobenanteil. Fasst man (vor allem aus didaktisch-methodischen Gründen) die Aussagen der n = 450 voneinander unabhängig befragten Studierenden als eine realisierte Zufallsstichprobe auf, dann befinden sich in der Gruppe 1 des numerischen und dichotomen Erhebungsmerkmals *Linkshänder* 417 Studierende mit der Ausprägung *nein* (Rechtshänder) und in Gruppe 2 insgesamt 33 Studierende mit der Ausprägung *ja* (Linkshänder). Der empirisch beobachtete Rechtshänderanteil, der im Blickwinkel der Induktiven Statistik seinem Wesen nach ein Stichprobenanteil ist, beträgt $p_n = 417/450 = 0{,}927$. In logischer Konsequenz ist der empirisch beobachtete Linkshänderanteil $1 - 0{,}927 = 0{,}073$.

Testentscheidung. Das aus dem Stichprobenbefund ermittelte einseitige empirische Signifikanzniveau, das in SPSS per Voreinstellung als asymptotische Signifikanz bezeichnet wird, beträgt $\alpha^* = 0{,}031$. Wegen $\alpha^* = 0{,}031 < \alpha = 0{,}05$ verwirft man auf dem vorab vereinbarten Signifikanzniveau von $\alpha = 0{,}05$ die eingangs formulierte einseitige und vollständig spezifizierte Verteilungshypothese H_0: $X_n \sim Bi(450, \pi)$ mit $\pi \leq \pi_0 = 0{,}9$ und deutet die vollständig spezifizierte Binomialverteilung $Bi(450, \pi)$ mit $\pi \leq \pi_0 = 0{,}9$ als nicht geeignet zur Beschreibung der empirisch beobachteten dichotomen Verteilung.

Anteilstest. Im Sinne eines „klassischen" einseitigen Anteilstests, würde man unter Verwendung des Zufallsstichprobenbefundes die einseitige Nullhypothese H_0: $\pi \leq \pi_0 = 0{,}90$ zugunsten der einseitigen Alternativhypothese H_1: $\pi > \pi_0 = 0{,}90$ verwerfen und den empirisch beobachteten Rechtshänderanteil von $p_n = 0{,}927$ zum vorab vereinbarten Signifikanzniveau $\alpha = 0{,}05$ als signifikant größer als den angenommenen Rechtshänderanteil $\pi_0 = 0{,}90$ deuten. Für das Verständnis der formulierten einseitigen Anteilshypothesen ist zu beachten, dass im Sinne der Induktiven Statistik der Stichprobenanteil $p_n = 0{,}927$ als ein Schätzwert für den unbekannten Anteil π der Rechtshänder in der endlichen Grundgesamtheit aller Studierenden (etwa an allen Berliner Hochschulen) fungiert. ♣

3.2 Metrische Verteilungsanalyse

Motivation. In diesem Abschnitt wird unter dem Begriff einer metrischen Verteilungsanalyse die Beschreibung, Analyse und Modellierung der Häufigkeitsverteilung eines statistischen Erhebungsmerkmals subsumiert, dessen Ausprägungen auf einer kardinalen (lat.: *cardinalis* → hauptsächlich) bzw. einer metrischen (grch.: *metron* → Maß) Skala definiert sind. Analog zum vorhergehenden Abschnitt wird die metrische Verteilungsanalyse auf die Analyse univariater Verteilungen begrenzt. Aus der Vielzahl der in SPSS angebotenen Verfahren und Methoden zur Beschreibung, Analyse und Modellierung univariater Häufigkeitsverteilungen metrischer Daten werden lediglich ausgewählte Verfahren der Explorativen Datenanalyse erläutert und gleichsam auf der Grundlage der SPSS Daten-Datei *Mietspiegel.sav* exemplarisch demonstriert und interpretiert. ♣

3.2.1 Explorative

Motivation. Die Explorative (lat.: *exploratio* → Erforschung) Datenanalyse ist in ihrer konzeptionellen Anlage eine erforschende und ergründende Statistik mit dem Ziel, Häufigkeitsverteilungen metrischer Merkmale zu beschreiben, zu analysieren und zu modellieren. Aus statistisch-methodischer Sicht schlägt die Explorative Statistik eine Brücke von der Deskriptiven (lat.: *descriptio* → Beschreibung), also von der rein beschreibenden Statistik zur Induktiven (lat.: *inductio* → Hineinführen), also der vom Teil auf Ganze schließenden Statistik. In der Explorativen Datenanalyse kommt neben der parametrischen Verteilungsbeschreibung vor allem der Anwendung grafischer Analyseverfahren eine besondere methodische und praktische Bedeutung zu. Aus der Vielzahl der in der Explorativen Datenanalyse angewandten klassischen und modernen Verfahren werden in diesem Abschnitt die in SPSS implementierten Analysekonzepte exemplarisch an einem konkreten und praxisrelevanten Sachverhalt demonstriert und sowohl statistisch als auch sachlogisch interpretiert. Zu den explorativen Analysekonzepten gehören die Verteilungsparameter, die in Anlehnung an den englischen Sprachgebrauch in SPSS als „Statistiken" bezeichnet werden, das Histogramm, das Stem-and-Leaf-Plot, das Box-and-Whisker-Plot, das Q-Q Plot sowie der KOLMOGOROV-SMIRNOV-Anpassungstest in der LILLIEFORS-Modifikation, der in praxi zum Prüfen von unvollständig spezifizierten Verteilungshypothesen sowohl für diskrete als auch für stetige Verteilungsmodelle herangezogen wird.

---

[5] Die Explorative Datenanalyse, die auch unter dem Begriff der Explorativen Statistik firmiert, ist ein vergleichsweise „junges" und interessantes Teilgebiet der Statistik, das seit Ende der 70er Jahre des 20. Jahrhunderts mit einer gleichnamigen Publikation des amerikanischen Statistikers J. W. TUKEY nicht zuletzt wegen der Verfügbarkeit leistungsfähiger Rechentechnik Einzug in die moderne statistische Methodenlehre gehalten hat.

Beispiel 3.2.1-1: Aufruf und SPSS Dialogfeld *Explorative Datenanalyse*
Motivation. Das Konzept einer Explorativen Datenanalyse soll anhand der SPSS Daten-Datei *Mietspiegel.sav* für die SPSS Variable *Preis*, die auf dem metrischen Messniveau definiert ist und den Mietpreis (Angaben in €/m²) einer Berliner Mietwohnung zum Inhalt hat, exemplarisch demonstriert werden. Die angestrebte explorative Mietpreisanalyse soll dabei stadtbezirksspezifisch für alle erfassten Zwei-Zimmer-Mietwohnungen durchgeführt werden. Im Vorfeld der Mietpreisanalyse ist zu beachten, dass der Mietpreis als das Erhebungsmerkmal, der Stadtbezirk als ein Gruppierungsmerkmal und die Zimmeranzahl als ein Identifikationsmerkmal einer erfassten Berliner Mietwohnung fungiert. Um die angestrebte Verteilungsanalyse bewerkstelligen zu können, ist es erforderlich, in Anlehnung an die Abbildung 2.3-13 mit Hilfe der SPSS Auswahlbedingung *Zimmer = 2* die Zwei-Zimmer-Mietwohnungen auszuwählen.

Sequenz. Die angestrebte Explorative Datenanalyse der stadtbezirksspezifischen Mietpreise für Berliner Zwei-Zimmer-Mietwohnungen kann via Sequenz 3.2.1-1 realisiert werden.

> **Sequenz 3.2.1-1**: Explorative Datenanalyse
> Analysieren
>   Deskriptive Statistiken
>   Explorative Datenanalyse → Abbildung 3.2.1-1

Abbildung 3.2.1-1: Dialogfeld *Explorative Datenanalyse*

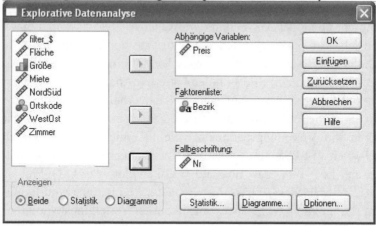

Hinweis. Bei der Durchführung einer Explorativen Datenanalyse ist zu beachten, dass in der Rubrik *Abhängige Variablen* stets nur numerische und auf dem metrischen Messniveau definierte SPSS Variablen platziert werden. Hingegen sind in der Rubrik *Faktorenliste* stets nur die String- und/oder numerischen Variablen einzutragen, die auf einem nominalen oder ordinalen Messniveau definiert sind und als Faktoren-, Gruppen-, Gruppierungs- oder Identifikationsvariablen fungieren. ♦

Ergebnisse. Im Zuge der angeforderten Explorativen Datenanalyse werden im SPSS Viewer die bezirksspezifischen Ergebnisse in Gestalt von Tabellen und/oder Grafiken angezeigt (vgl. Beispiele 3.2.1-2 bis 3.2.1-5). Inhalt und Umfang der Ergebnislisten hängen dabei von den Analyseinstrumenten ab, die via Schaltfläche *Statistik* bzw. *Diagramme* optional vereinbart und angefordert wurden. ♣

Beispiel 3.2.1-2: Verteilungsparameter
Motivation. Ist man daran interessiert, eine Verteilungsanalyse lediglich auf der Grundlage von Verteilungsparametern zu realisieren, dann braucht man innerhalb der Abbildung 3.2.1-1 innerhalb der Rubrik *Anzeigen* nur die Option *Statistik* zu wählen. Über die Schaltfläche *Statistik...* wird das in der Abbildung 3.2.1-2 skizzierte Unterdialogfeld *Explorative Datenanalyse: Statistik* geöffnet, in dem je nach Bedarf die gewünschten Verteilungsparameter angefordert werden können.

Auswahl. Aus der umfangreichen Menge der im konkreten Fall im SPSS Viewer angezeigten stadtbezirksspezifischen Analyseergebnisse werden im Folgenden zu Demonstrationszwecken lediglich die univariaten Verteilungsparameter für die 187 Zwei-Zimmer-Mietwohnungen, die im Berliner Stadtteil Steglitz liegen, einer statistischen und sachlogischen Interpretation unterzogen.

Abbildung 3.2.1-2: Univariate Verteilungsparameter

Stadtteil			Statistik
Mietpreis (€/m²)	Steglitz	Mittelwert	6,98
		95% Konfidenzintervall des Mittelwerts — Untergrenze	6,76
		95% Konfidenzintervall des Mittelwerts — Obergrenze	7,21
		5% getrimmtes Mittel	6,97
		Median	6,91
		Varianz	2,44
		Standardabweichung	1,56
		Minimum	3,64
		Maximum	11,20
		Spannweite	7,56
		Interquartilbereich	1,99
		Schiefe	,17
		Kurtosis	-,29

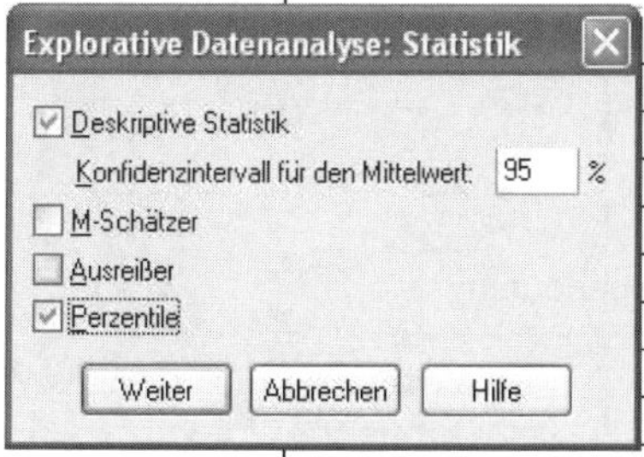

Interpretation. Die in der Rubrik *Statistik* innerhalb der Abbildung 3.2.1-1 aufgelisteten univariaten , die aus sachlogischen Gründen auf zwei Dezimalstellen (also „auf Euro und Cent genau") gerundet wurden, können wie folgt interpretiert werden:

---

[6] Eine Einführung in die univariate Verteilungsanalyse, worin Definition und Interpretation häufig applizierter Verteilungsparameter eingeschlossen sind, findet man u.a. bei ECKSTEIN, Peter P.: Repetitorium Statistik, Deskriptive Statistik – Stochastik – Induktive Statistik, Mit Klausuraufgaben und Lösungen, 6., aktualisierte Auflage, GABLER Verlag Wiesbaden 2006.

Mittelwert. Der durchschnittliche Mietpreis beträgt 6,98 €/m². Aufgrund dessen, dass die 187 Zwei-Zimmer-Mietwohnungen aus dem Berliner Stadtteil Steglitz im Zuge einer geschichteten Zufallsauswahl ausgewählt wurden, erscheint das arithmetische Mittel der 187 erfassten Mietpreise als ein Stichprobenmittelwert, der als ein Punkt-Schätzwert für den im besagten Mietwohnungsmarktsegment existierenden, jedoch unbekannten Marktpreis fungiert.

Konfidenzintervall. Das realisierte 95 %-Konfidenzintervall für den (unbekannten) durchschnittlichen Mietpreis µ, der sachlogisch als ein „marktüblicher" Mietpreis in der statistischen Grundgesamtheit aller Steglitzer Zwei-Zimmer-Mietwohnungen gedeutet werden kann, beläuft sich auf [6,76 €/m²; 7,21 €/m²]. Demnach ist es recht sicher, dass im Marktsegment der Steglitzer Zwei-Zimmer-Mietwohnungen der unbekannte Marktpreis µ (bei unbekannter Mietpreis-Varianz σ^2) zwischen 6,76 €/m² und 7,21 €/m² liegt.

> **Sequenz 3.2.1-2**: Fehlerbalken
> Grafiken
>   Diagrammerstellung → Abbildung 3.2.1-3

Abbildung 3.2.1-3: Dialogfeld *Diagrammerstellung*

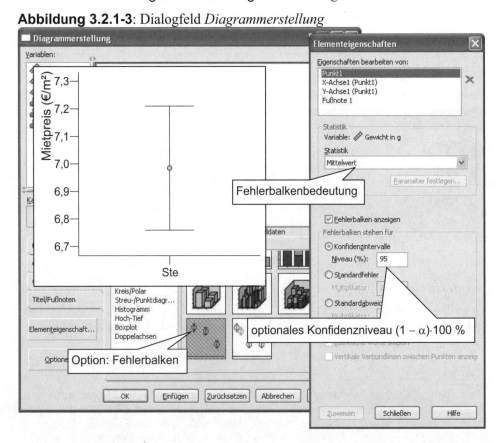

Fehlerbalken. In der Abbildung 3.2.1-3 ist das realisierte 95 %- Konfidenzintervall für den „wahren, jedoch unbekannten" Mietpreis im besagten Mietwohnungsmarktsegment mit Hilfe eines so genannten Fehlerbalkens dargestellt, der via Sequenz 3.2.1-2 für ein frei wählbares Konfidenzniveau und Fehlerbalken-Inhalte angefordert werden kann. Der Fehlerbalken lässt die Grundidee eines realisierten Konfidenzintervalls augenscheinlich werden: Das Stichprobenmittel von 6,98 €/m² ist seinem Wesen nach ein Punktschätzwert, der nur in den seltensten Fällen mit dem unbekannten Marktpreis „punktgenau" übereinstimmt. Aus diesem Grunde ergänzt man ihn durch eine „vertrauenswürdige" Intervallschätzung in Gestalt eines realisierten Konfidenzintervalls, das im konkreten Fall auf einem Konfidenzniveau von 95 % konstruiert wurde.

Getrimmtes Mittel. Aufgrund dessen, dass das 5 % getrimmte arithmetische Mittel von 6,97 €/m² aus der „getrimmten bzw. gestutzten" Mietpreisverteilung (es wurden jeweils die niedrigsten und höchsten 5 % der beobachteten Mietpreise aus dem Berechnungskalkül ausgeschlossen), nur um 0,01 €/m² vom Stichprobenmittel abweicht, kann davon ausgegangen werden, dass keine extrem niedrigen bzw. keine extrem hohen Mietpreise das Stichprobenmittel in Gestalt eines arithmetischen Mittels beeinflussen. Dieser Sachverhalt ist in der angewandten Statistik nicht ohne Belang, da Extremwerte die Berechnung eines Durchschnitts dahingehend affizieren können, dass er nicht aussagefähig bzw. repräsentativ ist.

Median. Der Median, der auch als zweites oder mittleres Mietpreis-Quartil bezeichnet wird, kann wie folgt interpretiert werden: Die „untere" Hälfte der ausgewählten und bezüglich ihres Mietpreises aufsteigend geordneten 187 Mietwohnungen besitzt einen Mietpreis von höchstens 6,91 €/m². In logischer Konsequenz ist die „obere" Hälfte der Mietwohnungen durch einen Mietpreis gekennzeichnet, der über 6,91 €/m² liegt. Da der Median der beobachteten Mietpreise in seinem Wert nicht wesentlich vom durchschnittlichen (Stichproben)Mietpreis in Höhe von 6,98 €/m² abweicht, kann dies als ein Indiz dafür gedeutet werden, dass die Quadratmeter- bzw. Mietpreise annähernd symmetrisch verteilt sind.

Varianz und **Standardabweichung.** Die Stichprobenvarianz der Mietpreise, die sich auf 2,44 (€/m²)² beläuft, bildet die Basis für die Stichprobenstandardabweichung der Mietpreise in Höhe von $\sqrt{2{,}44\ (€/m²)²} \cong 1{,}56\ €/m²$. Demnach streuen die beobachteten Mietpreise im Durchschnitt um 1,56 €/m² um den durchschnittlichen Mietpreis (Stichprobenmittel) von 6,98 €/m².

Drei-Sigma-Regel. Bei Unterstellung einer Normalverteilung der Mietpreise müssten gemäß der so genannten Drei-Sigma-Regel ca. 68 % aller Mietwohnungen im geschlossenen Mietpreis-Intervall
$$[6{,}98\ €/m² \pm 1{,}56\ €/m²] = [5{,}42\ €/m²,\ 8{,}54\ €/m²]$$
liegen. Da man im konkreten Fall mittels der SPSS Auswahlbedingung
Zimmer = 2 & Bezirk = „Ste" & Preis >= 5.42 & Preis <= 8.54

leicht nachprüfen kann, dass (124/187)·100 % ≈ 66,3 % der betrachteten Mietwohnungen in den so genannten Ein-Sigma-Bereich fallen, liegt die Vermutung nahe, dass die Mietpreise nicht nur symmetrisch verteilt, sondern sogar hinreichend genau normalverteilt sind.

Spannweite. Die Spannweite von 7,56 €/m² = 11,20 €/m² – 3,64 €/m² kennzeichnet die Schwankungsbreite der erfassten Mietpreise, letztlich also den Niveauunterschied zwischen dem höchsten (Maximum) und dem niedrigsten (Minimum) Mietpreis, der in der realisierten Zufallsstichprobe erhoben wurde.

Interquartilsbereich. Der Interquartilsbereich bzw. Interquartilsabstand in Höhe von 1,99 €/m² ≅ 8,03 €/m² – 6,05 €/m² kennzeichnet gemäß Abbildung 3.2.1-2 und unter Beachtung einer geringfügigen Rundungsdifferenz als Differenz aus dem oberen und dem unteren Mietpreis-Quartil die Schwankungsbreite der mittleren 50 % der erfassten und aufsteigend geordneten Mietpreise. Im Boxplot der Mietpreise, das in der Abbildung 3.2.1-6 dargestellt ist, findet der Interquartilsabstand seine bildhafte Deutung in der Boxbreite.

Schiefe. Aufgrund dessen, dass das normierte Schiefemaß mit 0,17 geringfügig größer als null ist, deutet man die empirische Verteilung der Mietpreise als geringfügig (und daher vernachlässigbar) rechts schief bzw. links steil bzw. als nahezu symmetrisch.

Wölbung. Das normierte Wölbungsmaß von –0,29, das in SPSS als Kurtosis bezeichnet wird, deutet wegen seines (geringfügig) unter null liegenden Wertes auf eine (geringfügig) flach gewölbte bzw. platykurtische (grch.: *platys* → flach + lat.: *cortina* → kesselförmige Rundung), letztlich also auf eine nahezu normal gewölbte empirische Verteilung der Mietpreise hin.

Tabelle 3.2.1-1: Quartile (Perzentile)

			Perzentile		
		Stadtteil	25	50	75
Tukey-Angelpunkte	Mietpreis (€/m²)	Steglitz	6,05	6,91	8,03

Quartile. Die in der Tabelle 3.2.1-1 ausgewiesenen drei (als TUKEY Angelpunkte bezeichneten) Perzentile, die im konkreten Fall identisch sind mit den drei empirischen Mietpreis-Quartilen, erweisen sich bei der Konstruktion und bei der Interpretation eines Box-and-Whisker-Plot (vgl. Beispiel 3.2.1-5) als sehr nützlich. Ihre sachlogische Interpretation ist analog zu der bereits gegebenen Interpretation des Median, der im konkreten Fall als zweites oder mittleres Mietpreis-Quartil bzw. als 50-stes Mietpreis-Perzentil erscheint. Während 25 % bzw. ein Viertel der aufsteigend geordneten Mietwohnungen einen Mietpreis von höchstens 6,05 €/m² besitzen, sind 75 % bzw. drei Viertel der hinsichtlich ihres Mietpreises aufsteigend geordneten Steglitzer Zwei-Zimmer-Mietwohnungen durch einen Mietpreis von höchstens 8,03 €/m² gekennzeichnet.

M-Schätzer. Die nicht angeforderten M-Schätzer erweisen sich vor allem bei der parametrischen Analyse von Verteilungen, die durch Extremwerte affiziert sind, als nützlich. M-Schätzer sind spezielle Maximum-Likelihood-Schätzer, deren unterschiedliche Berechnungsvorschriften auf der Idee beruhen, Extremwerte mit einem geringeren Gewicht zu versehen, als die Werte, die im Zentrum einer Verteilung liegen. Aus schätztheoretischer Sicht liefern M-Schätzer für extremwertaffizierte Verteilungen bessere Schätzungen für einen Erwartungswert als das arithmetische Mittel oder der Median. ♣

Beispiel 3.2.1-3: Histogramm
Motivation. Die Erstellung eines Histogramms und seine Nutzung zur Beschreibung der Häufigkeitsverteilung eines stetiger Merkmalswerte soll analog zur parametrischen Verteilungsanalyse anhand des metrischen Erhebungsmerkmals *Mietpreis* für die 187 zufällig ausgewählten und im Berliner Stadtteil Steglitz angesiedelten Zwei-Zimmer-Mietwohnungen demonstriert werden.

Erstellung. In SPSS ist die Erstellung eines Histogramms über verschiedene Wege möglich etwa im Kontext einer Explorativen Datenanalyse oder via *Diagrammerstellung, Histogramm*. Im Zuge einer Explorativen Datenanalyse braucht man nur gemäß Abbildung 3.2.1-1 die Option *Diagramme* zu wählen und via Schaltfläche *Diagramme* im Unterdialogfeld *Explorative Datenanalyse: Diagramme*, das in der Abbildung 3.2.1-4 wiedergegeben ist, die Option *Histogramm* zu aktivieren.

Abbildung 3.2.1-4: Unterdialogfeld *Diagramme* (mit Histogramm)

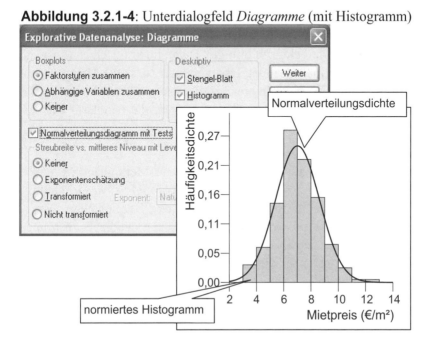

Hinweise. Im Hinblick auf das in der Abbildung 3.2.1-4 dargestellte normierte Histogramm sind die folgenden Hinweise nützlich: i) **Klassenhäufigkeiten.** Auf der Ordinate werden in SPSS per Voreinstellung die absoluten Klassenhäufigkeiten angezeigt. Um dem Prinzip der Flächenproportionalität zu entsprechen und zu garantieren, dass sich die Rechteckflächen bei einem normierten Histogramm stets zu eins addieren, ist es angebracht, auf der Ordinate die relativen Häufigkeitsdichten abzutragen. ii) **Häufigkeitsdichten.** Die Bestimmung der relativen Häufigkeitsdichten kann man im SPSS Diagramm-Editor wie folgt bewerkstelligen: Für die Ordinatenwerte (Option *Y-Achse)* via Unterdialogfeld *Eigenschaften* die Option *Zahlenformat* auswählen und die Zahl 187 in die Rubrik *Skalierungsfaktor* eintragen. iii) **Skalierungsfaktor.** Die im SPSS Diagramm-Editor benutzte Bezeichnung *Skalierungsfaktor* ist missverständlich, zumal die jeweiligen absoluten Klassenhäufigkeiten durch die Anzahl n aller Beobachtungen (bzw. aller Merkmalsträger) zu dividieren bzw. mit dem reziproken Wert 1/n zu multiplizieren sind, um die jeweiligen relativen Häufigkeitsdichten zu erhalten, die wiederum ihre bildhafte Darstellung in den jeweiligen Säulenhöhen des normierten Histogramms erfahren. Da im konkreten Fall n = 187 Mietwohnungen ausgewählt wurden, ist in der Rubrik *Skalierungsfaktor* die Zahl 187 einzutragen, um auf der Ordinate die äquivalente Skalierung für die relativen Häufigkeitsdichten zu erhalten. iv) **Klassenbreite.** Analog können auch für die Abszisse (Option *X*-Achse) im Unterdialogfeld *Eigenschaften* die Klassenbreite bzw. die Klassenanzahl optional vereinbart werden. ♦

Normiertes Histogramm. Die Abbildung 3.2.1-4 zeigt das normierte Histogramm der Mietpreise für die 187 zufällig ausgewählten Steglitzer Zwei-Zimmer-Mietwohnungen, das im SPSS Diagramm-Editor bearbeitet wurde und auf 11 äquidistanten Mietpreisklassen von der Breite 1 €/m² beruht. Aus dem Histogramm wird ersichtlich, dass die Mietpreise der in Rede stehenden Mietwohnungen hinreichend symmetrisch verteilt sind. Mehr noch: Die in das Histogramm projizierte (glockenförmige) Dichtefunktion einer (noch näher zu spezifizierenden) Normalverteilung lässt vermuten, dass die Mietpreise nicht nur symmetrisch, sondern sogar (hinreichend genau) normalverteilt sind. Dieser explorative Befund koinzidiert mit den Aussagen, die bereits in der parametrischen Verteilungsanalyse getroffen wurden. ♣

Beispiel 3.2.1-4: Stem-and-Leaf-Plot

Motivation. Vor allem für massenhaft erhobene Merkmalswerte eines metrischen Merkmals erweist sich ein Stem-and-Leaf- (engl.: *stem* → Stamm, Stängel + *leaf* → Blatt), das in SPSS auch unter der Bezeichnung *Stengel-Blatt-Diagramm* firmiert, als ein sehr leistungsfähiges und nützliches Instrument einer explorativen Verteilungsanalyse. Die Abbildung 3.2.1-5 beinhaltet das Stem-and-Leaf-Plot der Mietpreise für die 187 in der SPSS Daten-Datei *Mietspiegel.sav*

---

[7] Eine paradigmatische Einführung in die Klassierung sowie in die Konstruktion und Interpretation eines Stem-and-Leaf-Plots findet man u.a. bei ECKSTEIN, Peter P.: Repetitorium Statistik, Deskriptive Statistik – Stochastik – Induktive Statistik, Mit Klausuraufgaben und Lösungen, 6., aktualisierte Auflage, GABLER Verlag Wiesbaden 2006.

Verteilungsanalyse

erfassten und im Berliner Stadtteil Steglitz gelegenen Zwei-Zimmer-Mietwohnungen.

Abbildung 3.2.1-5: Stem-and-Leaf-Plot

```
Mietpreis  (€/m²)
 Frequency      Stem &   Leaf
     6           3  .  667899
     2           4  .  03
    10           4  .  5556888899
    15           5  .  000000000111234
    12           5  .  566666778889
    32           6  .  00011111122222223333344444444444
    19           6  .  5555666677778888999
    28           7  .  0001111122222222333344444444
    15           7  .  555666668889999
    15           8  .  000012223334444
    14           8  .  55666677777899
     6           9  .  122223
     7           9  .  5566789
     3          10  .  023
     2          10  .  56
     1       Extremes    (>=11,2)
 Stem width:    1,00
 Each leaf:     1 case(s)
```

Interpretation. Das Stem-and-Leaf-Plot der Mietpreise der 187 zufällig ausgewählten Steglitzer Zwei-Zimmer-Mietwohnungen ist in seinen Bestandteilen wie folgt zu interpretieren:

Frequency. Die Spalte *Frequency* (engl.: *frequency* → Häufigkeit) beinhaltet die absoluten Häufigkeiten, mit denen die jeweiligen „Mietpreisstämme" mit „Mietpreisblättern" besetzt bzw. „belaubt" sind.

Stem. Die Stammwertigkeit (engl.: *stem width*) beträgt 1 €/m². Demnach besitzt zum Beispiel der mit 32 Mietpreisen (der 32 Mietwohnungen) am stärksten „belaubte" Mietpreis-Stamm eine Wertigkeit von 6·1 €/m² = 6 €/m².

Leaf. Wenn ein Mietpreis-Stamm gemäß dem dekadischen Zahlensystem eine Wertigkeit von $1 \cdot 10^0 = 1$ €/m² besitzt, dann besitzt in logischer Konsequenz ein Mietpreis-Blatt, das im konkreten Fall jeweils eine Mietwohnung repräsentiert (engl.: *each leaf: one case*), eine Wertigkeit von $1 \cdot 10^{-1} = 0,1$ €/m² bzw. von 10 Cent je m² Wohnfläche. Die zweite Mietpreis-Dezimalstelle selbst, die eine Wertigkeit von $1 \cdot 10^{-2} = 0,01$ €/m² besitzt, bleibt dabei außer Acht. Demnach gibt es für die 32 Mietwohnungen mit einem Mietpreis-Stamm von 6 €/m² zum Beispiel wegen der 11 „angehäuften" 4-er Mietpreis-Blätter insgesamt 11·1 = 11 Mietwohnungen mit einer „Blattwertigkeit" von $4 \cdot 10^{-1} = 0,4$ €/m², also 11 Wohnungen mit einer „gestutzten" Mietpreisangabe von $6 \cdot 10^0 + 4 \cdot 10^{-1} = 6,4$ €/m². In Anlehnung an das Beispiel 2.3-7 kann man mit Hilfe der SPSS Auswahlbedingung

Bezirk = „Ste" & Zimmer = 2 & Preis >= 6,4 & Preis < 6,5
nachprüfen, dass dies die 11 erfassten Mietwohnungen mit einem Mietpreis von 6,4 €/m² oder mehr, aber weniger als 6,5 €/m² sind.

Klassierung. Aus diesen elementaren Überlegungen leitet sich schließlich die Interpretation des am häufigsten mit „Blättern" besetzten „Stammes" ab:

```
    32           6 .   00011111112222222233334444444444
```

In der Stichprobe der 187 zufällig ausgewählten Zwei-Zimmer-Mietwohnungen befinden sich 32 Wohnungen mit einem Mietpreis von 6,00 €/m² oder mehr, aber weniger als 6,50 €/m². Dies ist ja gerade die sachlogische Deutung von klassierten Daten, die nach dem Klassierungsprinzip „von ... bis unter ..." aggregiert wurden. Anhand der Blattreihung ist zu erkennen, dass sich die 32 Mietwohnungen hinsichtlich der Zehner-Cent-Angaben „klassenintern" mit 3 mal 0er Blätter, 7 mal 1er Blätter, 7 mal 2er Blätter, 4 mal 3er Blätter und 11 mal 4er Blätter allerdings nicht gleichmäßig auf die Mietpreisklasse verteilen.

Extremes. Gleichsam wie in einem Boxplot (vgl. Beispiel 3.2.1-5) werden in einem Stem-and-Leaf-Plot alle Mietpreise, die außerhalb des geschlossenen Intervalls [unteres bzw. oberes Quartil ± 1,5·Interquartilsabstand] liegen, als Extremwerte (engl.: *extremes*) bezeichnet.

Verteilung. „Kippt" man das semigrafische Stem-and-Leaf-Plot innerhalb der Abbildung 3.2.1-5 entgegen dem Uhrzeigersinn um 90^0, so wird augenscheinlich, dass die Mietpreisverteilung der 187 analysierten Mietwohnungen (zwar multimodal, aber dennoch) nahezu symmetrisch ist. Offensichtlich koinzidieren die Verteilungscharakteristika auf der Basis des Stem-and-Leaf-Plots mit denen des normierten Histogramms in der Abbildung 3.2.1-4. Gleichwohl beide explorativen Häufigkeitsdiagramme auf dem fundamentalen statistischen Arbeitsprinzip der Klassierung (von stetigen metrischen Merkmalswerten) basieren (und unter Beibehaltung der SPSS Standardeinstellungen vergleichbare Analyseergebnisse liefern), erweist sich das „moderne" Stem-and-Leaf-Plot als ein in einem weitaus höheren Maße „informatives" exploratives Analyseinstrument als das „klassische" Histogramm, zumal neben Extremwerten vor allem die absolute Häufigkeitsverteilung auf der Basis klassierter Daten sowie die jeweilige empirische Verteilung innerhalb einer Klasse durch die „Blätterstruktur" angezeigt wird. ♣

Beispiel 3.2.1-5: Box-and-Whisker-Plot
Motivation. Die Erstellung eines einfachen Box-and-Whisker-Plot (engl.: *box* → Schachtel + *whisker* → Schnurr- oder Barthaar) und seine Nutzung zur Charakterisierung der Häufigkeitsverteilung eines metrischen Erhebungsmerkmals soll analog zu den bisherigen Betrachtungen unter Verwendung der SPSS Daten-Datei *Mietspiegel.sav* anhand des Mietpreises für die 187 Zwei-Zimmer- Mietwohnungen aus dem Berliner Stadtbezirk Steglitz erfolgen.

Verteilungsanalyse 87

Boxplot. Um ein einfaches Boxplot zur Charakterisierung der Mietpreisverteilung erstellen zu können, braucht man gemäß Abbildung 3.2.1-1 im Dialogfeld *Explorative Datenanalyse* nur die Option *Diagramme* zu wählen und via Schaltfläche *Diagramme* gemäß Abbildung 3.2.1-4 im Unterdialogfeld *Explorative Datenanalyse: Diagramme* in der Rubrik *Boxplots* die Option *Faktorstufen zusammen* zu vereinbaren. Die Abbildung 3.2.1-6 zeigt das einfache Boxplot der Mietpreise für die ausgewählten 187 Ste(glitzer) Zwei-Zimmer- Mietwohnungen.

Abbildung 3.2.1-6: Box-and-Whisker-Plot

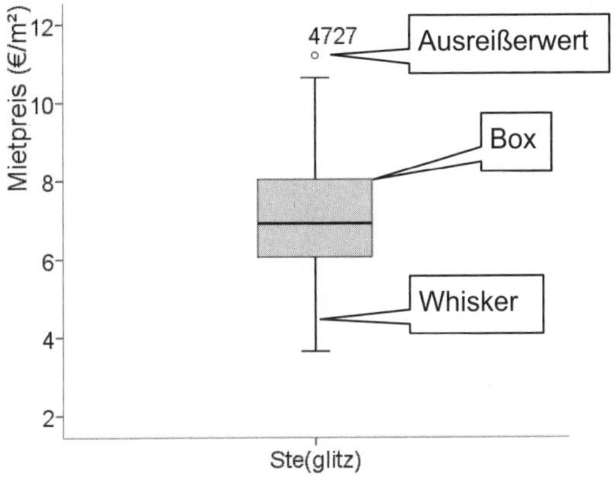

Interpretation. Unter Nutzung der drei Quartile aus der Tabelle 3.2.1-1 kann das Boxplot der Mietpreise für die ausgewählten 187 Ste(glitzer) Zwei-Zimmer-Mietwohnungen in seinen Komponenten wie folgt interpretiert werden:

Spannweite. Die Ausdehnung des Box-and-Whisker-Plot, worin der mit einem ° markierte Ausreißerwert, der den Mietpreis der Mietwohnung mit der Nummer 4727 markiert, eingeschlossen ist, findet ihren zahlenmäßigen Ausdruck in der Spannweite von 7,56 €/m², die als Differenz aus dem größten (Maximum 11,20 €/m²) und dem kleinsten (Minimum 3,64 €/m²) beobachteten Mietpreis berechnet wird. Demnach variieren die Mietpreise der 187 zufällig ausgewählten Steglitzer Zwei-Zimmer-Mietwohnungen zwischen 3,64 €/m² und 11,20 €/m² bzw. in einer Spannweite von 7,56 €/m².

Interquartilsabstand. Der Interquartilsabstand, der als Differenz aus dem oberen Mietpreis-Quartil 8,03 €/m² und dem unteren Mietpreis-Quartil 6,05 €/m² berechnet wird, findet seine bildhafte Deutung in der Breite der Box. Demnach liegen die Mietpreise der mittleren 50 % der 187 hinsichtlich ihres Mietpreises aufsteigend geordneten Mietwohnungen zwischen 6,05 €/m² und 8,03 €/m² bzw. sie variieren (rundungsfehlerbedingt) auf einem Niveau von 1,98 bzw. 1,99 €/m².

Median. Der Median (oder das mittlere Quartil oder das 50. Perzentil) der Mietpreise in Höhe von 6,91 €/m² erfährt seine bildhafte Darstellung durch die (im konkreten Fall „mittig verlaufende") Box-Trennlinie.

Verteilung. Aufgrund dessen, dass das Boxplot in seiner Konstruktion mehr oder weniger symmetrisch ist, kann aus seiner alleinigen Betrachtung bereits der Schluss gezogen werden, dass die Verteilung der Mietpreise der 187 Steglitzer Mietwohnungen annähernd symmetrisch ist. Diese Aussage koinzidiert mit den bisher getroffenen Aussagen im Kontext der Explorativen Datenanalyse.

Ausreißerwerte. Für die Identifizierung von Ausreißerwerten gelten in SPSS die folgenden Regeln: Alle beobachteten Merkmalswerte, die mehr als das 1,5-Fache des Interquartilsabstandes (Boxbreite), jedoch weniger als das 3-Fache des Interquartilsabstandes (Boxbreite) unterhalb des unteren bzw. oberhalb des oberen Quartils liegen, werden als Ausreißerwerte bezeichnet und durch das Symbol ° kenntlich gemacht.

Extremwerte. Analog werden alle beobachteten Merkmalswerte, die mehr als das 3-Fache des Interquartilsabstandes (Boxbreite) vom unteren bzw. vom oberen Quartil entfernt liegen, als Extremwerte bezeichnet und mit dem Symbol * markiert. Im Ensemble der 187 Steglitzer Zwei-Zimmer-Mietwohnungen wird einzig der Mietpreis der Mietwohnung mit der Identifikationsnummer 4727 als ein Ausreißerwert ausgewiesen. Diese statistisch-methodische Mietpreisklassifikation kann man sich für die Mietwohnung mit der Identifikationsnummer 4727 anhand der folgenden Überlegungen leicht verdeutlichen: Alle in der SPSS Daten-Datei *Mietspiegel.sav* erfassten Zwei-Zimmer-Mietwohnungen, die der SPSS Auswahlbedingung

Bezirk = „Ste" & Preis > (8.03 + 1.5 * 1.99) & Preis < (8.03 + 3 * 1.99)

genügen, besitzen demnach einen Mietpreis, der als Ausreißerwert zu klassifizieren ist. Im konkreten Fall gibt es nur die Mietwohnung mit der Nummer 4727, für die ein Mietpreis von 11,20 €/m² statistisch erfasst wurde. ♣

Beispiel 3.2.1-6: Gruppierte Boxplots
Motivation. Die Aussage- und Leistungsfähigkeit von Boxplots wird vor allem im Zuge einer vergleichenden explorativen Verteilungsanalyse augenscheinlich. Die Abbildung 3.2.1-7 skizziert auf der Basis der SPSS Daten-Datei *Mietspiegel.sav* mit Hilfe von gruppierten Boxplots die Mietpreisverteilungen für Zwei-Zimmer-Mietwohnungen links in den sechs südlichen Stadtbezirken Berlins und rechts in allen 23 „traditionellen" Stadtbezirken Berlins. Der im linken Diagramm skizzierte explorative Verteilungsvergleich kann zum Beispiel unter Zuhilfenahme der Stadtbezirkskoordinaten aus der Abbildung 2.3-8, der Sequenz 3.2.1-1 sowie der SPSS Auswahlbedingung *Zimmer = 2 & NordSüd < 3* herbeiführt werden, wobei im konkreten Fall wiederum die Stringvariable *Bezirk* als *Faktorvariable* innerhalb des Dialogfeldes *Explorative Datenanalyse* fungiert.

Interpretation. Da im linken Diagramm die bezirksspezifischen Boxplots der Mietpreise analog zu ihrer Lage auf der West-Ost-Achse Berlins angeordnet sind, wird das für Berlin typische Mietpreisgefälle augenscheinlich: Offensichtlich (und allgemein bekannt) ist im Ensemble der sechs südlichen Berliner Stadtbezirke das mittlere bzw. das mediane Mietpreisniveau in Zeh(lendorf) am höchstens und in Neu(kölln) am niedrigsten. Bemerkenswert ist in diesem Zusammenhang, dass die bezirksspezifischen Mietpreisstreuungen, die durch den jeweiligen Interquartilsabstand und die jeweilige Spannweite bildhaft dargestellt werden, ein nahezu gleiches Ausmaß erkennen lassen

Abbildung 3.2.1-7: Gruppierte zwei- und dreidimensionale Boxplots

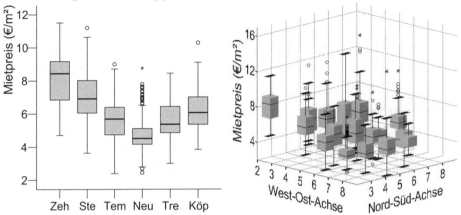

3D-Boxplots. Das rechte Diagramm innerhalb der Abbildung 3.2.1-7 zeigt die bezirksspezifischen Boxplots für alle in der SPSS Daten-Datei *Mietspiegel.sav* erfassten Zwei-Zimmer-Mietwohnungen auf der Basis eines dreidimensionalen Diagramms, das gleichsam (aus süd-östlicher Sicht) ein „räumliches" Bild der empirisch beobachteten Mietpreisverteilungen in den Berliner Stadtbezirken ermöglicht. Die dreidimensionale grafische Darstellung kann via *Grafiken, Interaktiv, Boxplot, 3D-Koordinate* erstellt und im SPSS Diagramm-Editor in ihren Grafikbausteinen „wunschgemäß" bearbeitet werden.

Resümee. Aus den Boxplots innerhalb der Abbildung 3.2.1-7 wird ersichtlich, dass die Mietpreisverteilungen in den jeweiligen Berliner Stadtbezirken (ungeachtet der Ausreißer- und Extremwerte) mehr oder weniger symmetrisch sind.

> **Hinweis**. Ein symmetrisches Boxplot ist immer ein Indiz für eine symmetrische, jedoch nicht mit Notwendigkeit für eine Normalverteilung. Wohl ist eine Normalverteilung immer symmetrisch, aber eine symmetrische Verteilung ist nicht immer eine Normalverteilung. Ist ein Boxplot asymmetrisch, dann ist die jeweilige Verteilung asymmetrisch bzw. schief. ♦

Inwieweit allerdings die beobachteten stadtbezirksspezifischen Mietpreisverteilungen jeweils auch durch das theoretische Modell einer Normalverteilung beschrieben werden können, ist anhand von Boxplots, selbst wenn sie symmetrische Verteilungen indizieren, nicht zu klären. ♣

Beispiel 3.2.1-7: Normal Q-Q Plot
Motivation. Grafische Verfahren, die auf die Frage nach dem theoretischen Verteilungsgesetz von metrischen Beobachtungsbefunden bereits eine befriedigende und für praktische Zwecke oft ausreichende Antwort ermöglichen, sind zum Beispiel so genannte Q(uantil)-Q(uantil)-Diagramme, die in SPSS im Rahmen einer Explorativen Datenanalyse via Sequenz 3.2.1-1 oder via *Analysieren, Deskriptive Statistiken* angefordert und wie folgt charakterisiert werden können:

Q-Q-Diagramm
Ein Q(uantil)-Q(uantil)-Diagramm ist ein grafisches Verfahren der Explorativen Datenanalyse zur Überprüfung der Passfähigkeit eines theoretischen Verteilungsmodells auf eine empirisch beobachtete Verteilung eines metrischen Erhebungsmerkmals.

Normalverteilung. Konstruktion und Interpretation eines so genannten Normal-Q-Q-Plot soll für die Mietpreise der 187 Steglitzer Zwei-Zimmer- Mietwohnungen aus der SPSS Daten-Datei *Mietspiegel.sav* demonstriert werden. Dabei gilt es mittels eines explorativen Normal Q-Q-Plot zu analysieren, ob die empirisch beobachtete und symmetrische Mietpreisverteilung als ein Indiz dafür angesehen werden kann, dass die erhobenen Mietpreise als Realisationen einer normalverteilten Zufallsgröße aufgefasst werden können. Um dies im Kontext einer Explorativen Datenanalyse bewerkstelligen zu können, braucht man innerhalb der Abbildung 3.2.1-4 nur die Option *Normalverteilungsdiagramm mit Tests* zu aktivieren. Die Abbildung 3.2.1-10 zeigt das Q-Q Plot und das zugehörige bereinigte Q-Q Plot der Mietpreise unter Verwendung des theoretischen Modells einer Normalverteilung, das kurz auch als *Normal-Q-Q-Plot* bezeichnet wird.

Abbildung 3.2.1-8: Q-Q-Diagramme der Mietpreise (Stadtbezirk Steglitz)

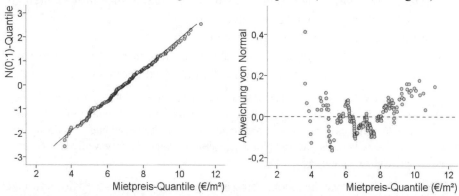

Interpretation. Aufgrund der Tatsache, dass im links platzierten Normal-Q-Q Plot die Punktekette der Quantil-Paare der empirischen (also aus der Stichprobe errechneten) Mietpreis-Quantile (Angaben in €/m²) und der theoretischen Quanti-

Verteilungsanalyse

le der Standardnormalverteilung N(0;1) sehr eng an der so genannten „Normalitätsgeraden" verläuft, deutet man diesen explorativen Befund als ein Indiz dafür, dass die Mietpreise der 187 Zwei-Zimmer-Mietwohnungen als normalverteilt angesehen werden können. Dieses Ergebnis koinzidiert mit den vorhergehenden Resultaten der Explorativen Datenanalyse und wird nicht durch den identifizierten Ausreißerwert beeinträchtigt.

> **Hinweise**. Für die Konstruktion und Interpretation eines Q-Q-Diagramms im Kontext einer Explorativen Datenanalyse erweisen sich die folgenden Hinweise als hilfreich: i) Modell. Ein Q-Q-Diagramm basiert auf dem theoretischen Modell einer Normalverteilung. ii) **Arten**. In SPSS wird ein „originäres" Q-Q-Diagramm stets durch ein „bereinigtes" Q-Q-Diagramm ergänzt, das in der Abbildung 3.2.1-8 rechts neben dem „originären" Q-Q-Diagramm dargestellt ist. ii) **Bereinigtes Q-Q Plot**. Schlängelt sich im „bereinigten" Q-Q-Diagramm die Punktekette unsystematisch um die „Null-Linie", dann ist dies ein Hinweis darauf, dass das zugrundeliegende theoretische Verteilungsmodell (im konkreten Fall ist es das Modell einer Normalverteilung) zur Beschreibung der Beobachtungsbefunde verwendet werden kann. Da innerhalb der Abbildung 3.2.1-8 die Punktekette einen unsystematischen Verlauf um die Null-Linie anzeigt, findet man auch anhand des bereinigten Q-Q-Plot eine Bestätigung dafür, dass die Mietpreise im betrachteten Marktsegment als normalverteilt angesehen werden können. Beachtenswert ist in diesem Zusammenhang, dass die in SPSS als Standardeinstellung angebotene Kennzeichnung *Trendbereinigtes Q-Q Plot* missverständlich ist, da hier kein zeitlicher, sondern lediglich ein räumlicher Vergleich von Quantilen bewerkstelligt wird. ♦

Vergleich. Zu Vergleichszwecken sind in der Abbildung 3.2.1-9 das originäre und das bereinigte Normal Q-Q Plot der Mietpreise für die 258 Zwei-Zimmer-Mietwohnungen aus dem Stadtbezirk Neukölln dargestellt.

Abbildung 3.2.1-9: Q-Q-Diagramme der Mietpreise (Stadtbezirk Neukölln)

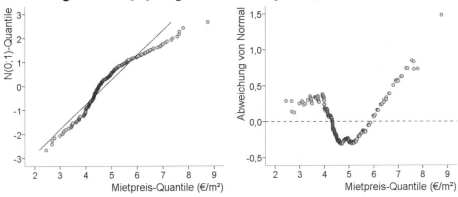

Da im originären Q-Q-Diagramm die Punktekette offensichtlich systematisch von der „Normalitätsgeraden" und im bereinigten Q-Q-Diagramm von der „Null-Linie" abweicht, deutet man diesen explorativen Befund als ein Indiz dafür, dass die empirisch erhobenen Mietpreise für die 258 Neuköllner Zwei-Zimmer- Mietwohnungen nicht mit Hilfe des theoretischen Verteilungsmodells einer Normalverteilung beschrieben werden können. Diese Aussage koinzidiert mit dem zugehörigen Boxplot der Neu(köllner) Mietpreise innerhalb der Abbildung 3.2.1-7, das bereits eine (vor allem durch Ausreißer- und Extremwerte affizierte) schiefe und somit nicht „normale" Mietpreis-Verteilung indiziert.

P-P-Diagramm. In SPSS können via Analysieren, Deskriptive Statistiken, P-P neben Q(uantil)-Q(uantil)-Diagrammen zudem auch so genannte P(robability)-P(robability)-Diagramme erstellt werden. Gemäß dem in der Abbildung 3.2.1-10 dargestellten Dialogfeld *P-P-Diagramme* kann ein Stichprobenbefund auf der Basis verschiedener Daten-Transformationen und für eine breite Palette von theoretischen Verteilungsmodellen explorativ analysiert werden, die in der Rubrik *Testverteilung* optional ausgewählt bzw. vereinbart werden können.

Abbildung 3.2.1-10: Dialogfeld *Q-Q Diagramme*

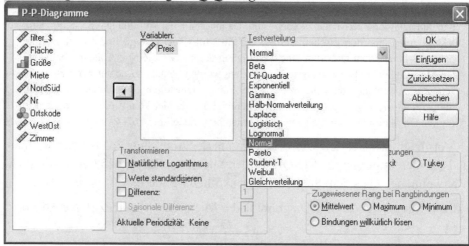

Anpassungstest. Unabhängig davon, welches explorative Verteilungsdiagramm man verwendet, man wird allerdings nicht immer mit solch „eindeutigen" explorativen Befunden konfrontiert, wie sie in den Abbildungen 3.2.1-8 und 3.2.1-9 skizziert wurden. Mitunter ist eine angestrebte Entscheidung darüber, ob für einen Stichprobenbefund ein spezielles theoretisches Verteilungsmodell unterstellt werden kann, mit Hilfe eines Q-Q- bzw. P-P-Diagramms nicht ohne Weiteres zu beantworten. Dies ist auch ein Grund dafür, warum in SPSS im Kontext einer Explorativen Datenanalyse ein Q-Q-Diagramm stets noch durch einen Test auf eine Normalverteilung ergänzt wird. Den theoretischen Hintergrund des implementierten Verteilungstests bildet der KOLMOGOROV-SMIRNOV-Anpassungstest in der LILLIEFORS-Modifikation auf eine unvollständig spezifizierte Normalverteilung, dessen Applikation ein Gegenstand des folgenden Abschnitts ist. ♣

3.2.2 KOLMOGOROV-SMIRNOV-Anpassungstest

Motivation. Der KOLMOGOROV-SMIRNOV-Anpassungstest erfährt in der angewandten Statistik in seiner Eigenschaft als trennscharfer Omnibus-Test (lat.: *omnibus* → für alle), der gleichermaßen Abweichungen in den Lage-, Streuungs-, Schiefe- und Wölbungsparametern einer empirischen im Vergleich zu einer theoretischen Verteilung aufzudecken vermag, eine breite Anwendung.

Kolmogorov-Smirnov-Test

Der KOLMOGOROV-SMIRNOV-Test, kurz: K-S-Test, ist ein Einstichproben-Verteilungstest mit dem auf einem vorab vereinbarten Signifikanzniveau α geprüft wird, ob eine hypothetisch erwartete Verteilungsfunktion eines metrischen Erhebungsmerkmals als ein geeignetes theoretisches Verteilungsmodell für eine aufgrund einer Zufallsstichprobe vom Umfang n empirisch beobachtete Verteilungsfunktion angesehen werden kann.

Applikation. In praxi wird der K-S-Test gleichermaßen für stetige und für diskrete metrische Erhebungsmerkmale (mit vielen sich voneinander unterscheidenden Merkmalswerten) appliziert. In der Tabelle 3.2.2-1 sind die in SPSS implementierten theoretischen Verteilungsmodelle für einen vollständig spezifizierten K-S-Test bzw. einen unvollständig spezifizierten K-S-Test auf eine Normalverteilung in der LILLIEFORS-Modifikation zusammengefasst. Während der modifizierte und unvollständig spezifizierte KOLMOGOROV-SMIRNOV-Anpassungstest auf eine Normalverteilung ein integraler Bestandteil eines explorativen Q-Q Diagramms ist (vgl. Beispiel 3.2.1-7), kann ein vollständig spezifizierter KOLMOGOROV-SMIRNOV-Anpassungstest für eines der vier in der Tabelle 3.2.2-1 angegebenen theoretischen Verteilungsmodelle via Sequenz 3.2.2-1 angefordert werden.

Tabelle 3.2.2-1: Verteilungsmodelle für einen K-S-

Theoretisches Verteilungsmodell [a) stetig, b) diskret]	
unvollständig spezifiziert	vollständig spezifiziert
Normalverteilung [a)], K-S-Test in der Modifikation nach LILLIEFORS, vgl. Beispiel 3.2.2-1	Normalverteilung [a)]
	Exponentialverteilung [a)]
	POISSON-Verteilung [b)], vgl. Beispiel 3.2.2-2
	Gleichverteilung [b)]

---

[8] Eine elementare Darstellung der diskreten theoretischen Verteilungsmodelle einer Gleich- und einer POISSON-Verteilung sowie der stetigen theoretischen Verteilungsmodelle einer Normal- und einer Exponentialverteilung sowie des KOLMOGOROV-SMIRNOV-Anpassungstests auf ein vollständig spezifiziertes Normalverteilungsmodell findet man u.a. bei ECKSTEIN, Peter P.: Repetitorium Statistik, Deskriptive Statistik – Stochastik – Induktive Statistik, Mit Klausuraufgaben und Lösungen, 6., aktualisierte Auflage, GABLER Verlag Wiesbaden 2006.

Spezifikation. Die Unterscheidung zwischen einem unvollständig und einem vollständig spezifizierten Verteilungsmodell ist (bis auf das Modell einer Gleichverteilung) vor allem im Zuge einer Testentscheidung für die Berechnung des empirischen Signifikanzniveaus α* (vgl. Anhang B) bedeutungsvoll. Ein Verteilungsmodell heißt vollständig spezifiziert, wenn seine Parameter bekannt sind, unabhängig davon, ob sie vorgegeben oder aus einem Stichprobenbefund berechnet bzw. geschätzt wurden. Da man in praxi meist jedoch über die „wahren" Parameter eines Verteilungsmodells keinerlei Vorstellungen bzw. Kenntnisse besitzt, schätzt man diese in Ermangelung an verfügbaren Informationen aus einem Stichprobenbefund. In diesem Falle bezeichnet man ein Verteilungsmodell als ein (bezüglich seiner Parameter) unvollständig spezifiziertes Modell.

LILLIEFORS-Modifikation. Beachtenswert ist in diesem Zusammenhang, dass in SPSS der im Kontext der Explorativen Datenanalyse bereitgestellte K-S-Test auf eine Normalverteilung in der so genannten LILLIEFORS-Modifikation seinem Wesen nach ein unvollständig spezifizierter Anpassungstest ist. ♣

Beispiel 3.2.2-1: Unvollständig spezifizierter Test auf eine Normalverteilung
Motivation. In Anlehnung an das Beispiel 3.2.1-7 und unter Verwendung der SPSS Daten-Datei *Mietspiegel.sav* soll auf einem Signifikanzniveau von α = 0,05 für die zufällig ausgewählten 187 Steglitzer Zwei-Zimmer-Mietwohnungen mit Hilfe des K-S-Anpassungstests in der LILLIEFORS-Modifikation die folgende unvollständig spezifizierte Verteilungshypothese geprüft werden: „Der Mietpreis (in €/m²) einer zufällig ausgewählten Steglitzer Zwei-Zimmer-Mietwohnung ist eine Realisation einer normalverteilten Zufallsgröße."

Ergebnisse. Die Tabelle 3.2.2-2 beinhaltet die Ergebnisse eines unvollständig spezifizierten K-S-Tests auf eine Normalverteilung der Mietpreise der 187 Steglitzer Zwei-Zimmer-Mietwohnungen, die im Zuge des Aktivierens der Option *Normalverteilungsdiagramm mit Tests* innerhalb der Abbildung 3.2.1-5 im SPSS Viewer bereitgestellt werden.

Tabelle 3.2.2-2: Testergebnisse

	Kolmogorov-Smirnov[a]		
	Statistik	df	Alpha*
Mietpreis (€/m²)	,044	187	,200*

*. Dies ist eine untere Grenze der echten Signifikanz.
a. Signifikanzkorrektur nach Lilliefors

Testentscheidung. Im Zuge des Vergleichs des vorab vereinbarten Signifikanzniveaus α mit dem (aus dem Stichprobenbefund ermittelten) empirischen Signifikanzniveau α* gibt es wegen α = 0,05 < α* ≥ 0,200 keinen Anlass, an der unvollständig spezifizierten Verteilungshypothese, wonach der Mietpreis eine normalverteilte Zufallsgröße ist, zu zweifeln.

Hinweis. Im konkreten Fall geht man (in Ermangelung verfügbarer Informationen über den Mietwohnungsmarkt) davon aus, dass die Mietpreise im besagten Mietwohnungsmarkt normalverteilt sind, wobei gemäß Tabelle 3.2.1-1 der durchschnittliche Marktpreis bei ca. 7 €/m² liegt und die Mietpreise im Durchschnitt um ca. 1,60 €/m² um den durchschnittlichen Marktpreis streuen. Dabei ist es ohne Belang, ob man die beiden Verteilungsparameter aus vergleichbaren Untersuchungen verwendet oder ob man sie (wie in diesem Fall) aus dem Stichprobenbefund schätzt. ♦

Marktsegmentierung. Aufgrund des Testergebnisses kann ceteris paribus der Mietpreis einer Zwei-Zimmer-Mietwohnung im Steglitzer Mietwohnungsmarkt hinreichend genau durch das theoretische Modell einer Normalverteilung beschrieben werden. Unterstellt man einmal, dass im besagten Marktsegment der Mietpreis X eine stetige und N(7 €/m²; 1,6 €/m²)-verteilte Zufallsgröße ist, dann kann man ohne weitere aufwändige statistische Erhebungen zum Beispiel unter Verwendung der Tabelle 3.2.2-3 (via Sequenz 2.3-4 und in Anlehnung an das Beispiel 3.1.2-2) eine Segmentierung des Mietwohnungsmarktes „vornehmen".

Tabelle 3.2.2-3: Marksegmentierung

Mietpreiskategorie	Mietpreisklasse	Anteil (in %)
untere	$X \leq 4$ €/m²	3,0
mittlere	4 €/m² $< X \leq 8$ €/m²	70,4
obere	$X > 8$ €/m²	26,6
insgesamt		100,0

Wahrscheinlichkeiten. Mit der SPSS Funktion CDF.NORMAL bestimmt man zum Beispiel wegen
$$P(X \leq 4) = \text{CDF.NOMRAL}(4, 7, 1.6) = 0{,}030$$
die Wahrscheinlichkeit dafür, dass eine zufällig ausgewählte Zwei-Zimmer-Mietwohnung in die untere Mietpreiskategorie einzuordnen ist. Analog können die restlichen Mietpreiskategorien „anteilmäßig abgeschätzt" werden, wobei
$$P(4 < X \leq 8) = \text{CDF.NORMAL}(8,7,1.6) - \text{CDF.NORMAL}(4,7,1.6) = 0{,}704$$
und schließlich und endlich
$$P(X > 8) = 1 - P(X \leq 8) = 1 - \text{CDF.NORMAL}(8,7,1.6) = 0{,}266 \text{ gilt.}$$

Quantilbestimmung. Ist man hingegen an der Bestimmung des Mietpreises interessiert, der einen interessierenden Mietwohnungsmarkt etwa derart „zweiteilt", dass 90 % aller Mietwohnungen unterhalb bzw. 10 % aller Mietwohnungen oberhalb eines bestimmten Mietpreises liegen, dann verwendet man die inverse Verteilungsfunktion IDF.NORMAL, mit deren Hilfe man im konkreten Fall ein Mietpreisquantil Q_p der Ordnung p = 0,9 von
$$Q_{0,9} = \text{IDF.NOMAL}(0.9,7,1.6) = 9{,}05 \text{ €/m²}$$
berechnet. Demnach besitzen ceteris paribus und unter der Annahme, dass die Mietpreise N(7 €/m²; 1,6 €/m²)-verteilt sind, ca. 90 % aller Mietwohnungen einen Mietpreis von höchstens 9 €/m². ♣

Beispiel 3.2.2-2: K-S-Test auf eine POISSON-Verteilung
Motivation. Unter Verwendung der SPSS Daten-Datei *Befragung.sav* soll auf einem vorab vereinbarten Signifikanzniveau von α = 0,05 mit Hilfe des K-S-Anpassungstests die folgende vollständig spezifizierte Verteilungshypothese geprüft werden: „Die Anzahl X der Prüfungswiederholungen je Student(in) ist für Hörer des Kurses Statistik II eine mit dem Verteilungsparameter λ = 0,93 Prüfungen je Student(in) poissonverteilte Zufallsgröße." Wegen H_0: X ~ Po(0,93) kennzeichnet man die zu prüfende Verteilungshypothese bezüglich des Verteilungsparameters λ = 0,93 (lies: *Klein-Lambda*) und damit zugleich auch den K-S-Test als vollständig spezifiziert.

Sequenz. Ein vollständig spezifizierter K-S-Anpassungstest auf eine POISSON-Verteilung kann via Sequenz 3.2.2-1 realisiert werden kann.

Sequenz 3.2.2-1: K-S-Test
Analysieren
  Nichtparametrische Tests
    K-S bei einer Stichprobe → Abbildung 3.2.2-1

Abbildung 3.2.2-1: Dialogfeld *K-S-Test bei einer ...*

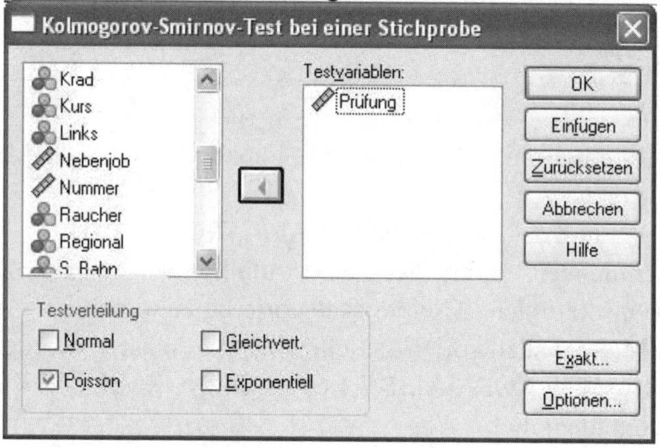

Testentscheidung. Die Tabelle 3.2.2-4 beinhaltet die Testergebnisse im Kontext eines vollständig spezifizierten K-S-Anpassungstests auf eine POISSON- Verteilung. Da im paarweisen Vergleich von vorgegebenem Signifikanzniveau α und empirischem Signifikanzniveau α* im konkreten Fall α = 0,05 < α* = 1,00 gilt, gibt es keinen Anlass, die eingangs formulierte und vollständig spezifizierte Verteilungshypothese H_0: X ~ Po(0,93) für die diskrete Zufallsgröße X: *Anzahl der Prüfungswiederholungen je Student(in)* zu verwerfen. Demnach gibt es keine widersprechenden Indizien, die Anzahl der Wiederholungsprüfungen je Student(in) mit Hilfe des theoretischen Modells einer POISSON-Verteilung mit dem Parameter 0,93 Prüfungen je Student(in) zu beschreiben.

Verteilungsanalyse

Tabelle 3.2.2-4: Vollständig spezifizierter K-S-Test

		Prüfungen
Stichprobenumfang		163
Parameter der Poisson-Verteilung[a,b]	Mittelwert	,93
Extremste Differenzen	Absolut	,01
Kolmogorov-Smirnov-Z		,12
Asymptotische Signifikanz (2-seitig)		1,00

a. Die zu testende Verteilung ist eine Poisson-Verteilung.
b. Aus den Daten berechnet.

Balkendiagramm. Das gruppierte Balkendiagramm innerhalb der Abbildung 3.2.2-2 verdeutlicht für die empirisch beobachteten relativen Häufigkeiten $p(X = k)$ und für die unter der vollständig spezifizierten Verteilungshypothese theoretisch erwarteten Wahrscheinlichkeiten $P(X = k)$ das Konzept einer diskreten und Po(0,93)-verteilten Zufallsgröße X für $k = 0,1,2,...,5$. Da offensichtlich die empirische Häufigkeitsverteilung und die theoretische Wahrscheinlichkeitsverteilung nahezu identisch sind, erfährt somit der Testbefund nicht nur eine bildhafte Untermauerung, sondern zugleich auch eine praktische und anwendungsbezogene Relevanz. Demnach kann ceteris paribus und ohne weitere aufwendige statistische Erhebungen die Anzahl der Prüfungswiederholungen je Student(in) hinreichend genau durch das Modell einer POISSON- Verteilung beschrieben werden.

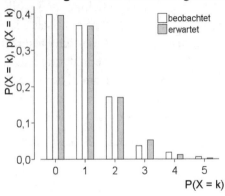

Abbildung 3.2.2-2: Balkendiagramm

Wahrscheinlichkeiten. Die POISSON-Wahrscheinlichkeiten $P(X = k)$ kann man für alle $k = 0,1,2,...,5$ in Anlehnung an das Beispiel 3.1.2-2 in Ermangelung eines Tafelwerkes ohne großen Aufwand mit Hilfe der SPSS Funktion PDF.POISSON berechnen, die für die englische Bezeichnung P(robability) D(ensity) F(unction), also für die Wahrscheinlichkeitsfunktion $P(X = k)$ einer poissonverteilten Zufallsgröße X steht und in der Funktionsgruppe PDF angeboten wird. ♦

Wahrscheinlichkeit. Im konkreten Fall erhält man etwa für $q = k = 1$ und λ = Mittel = 0.93 eine (theoretisch erwartete) Wahrscheinlichkeit von

$$P(X = 1) = PDF.POISSON(1, 0.93) = 0{,}3669,$$

der eine empirisch beobachtete relative Häufigkeit von $p(X = 1) = 60/163 \approx 0{,}368$ gegenübersteht. Analog können auch die übrigen Ereigniswahrscheinlichkeiten berechnet werden. ♣

Beispiel 3.2.2-3: K-S-Test auf eine Exponentialverteilung
Motivation. Unter Verwendung der SPSS Daten-Datei *Mobilfunk.sav*, die das Resultat einer systematischen Zufallsstichprobe $\Gamma_n = \{\gamma_i, i = 1,2,...,n\}$ vom Umfang n = 228 Mobilfunkgespräche γ_i ist, gilt es anhand des metrischen und stetigen Erhebungsmerkmals $X(\gamma_i)$ „Gesprächsdauer (Angaben in Sekunden)" mit Hilfe des KOLMOGOROV-SMIRNOV-Anpassungstests auf einem vorab vereinbarten Signifikanzniveau von $\alpha = 0{,}05$ statistisch zu überprüfen, ob das theoretische Modell einer Exponentialverteilung ein geeignetes Verteilungsmodell zur Beschreibung der Gesprächsdauer ist, die im konkreten Fall als eine stetige Zufallsgröße X gedeutet werden kann.

Hypothese. Da man keine Kenntnis über den „wahren, jedoch unbekannten Verteilungsparameter" besitzt, schätzt man ihn aus dem Stichprobenbefund, wobei gemäß Tabelle 3.2.2-5 der Einfachheit und Anschaulichkeit halber
$$E(X) = 1/\lambda = 56 \text{ sec und } \lambda = 0{,}018 \text{ sec}^{-1}$$
soll. Die daraus entlehnte und vollständig spezifizierte Verteilungshypothese H_0: X ~ Ex(0,018) ist semantisch wie folgt zu deuten: „Die Dauer $X(\gamma_i)$ eines zufällig ausgewählten Mobilfunkgesprächs γ_i ist eine mit dem Verteilungsparameter $\lambda = 0{,}018 \text{ sec}^{-1}$ exponentialverteilte Zufallsgröße."

K-S-Test. Der zu praktizierende Einstichproben-Anpassungstest kann analog zum Beispiel 3.2.2-2 via Sequenz 3.2.2-1 für die SPSS Variable *Dauer* angefordert und bewerkstelligt werden.

Tabelle 3.2.2-5: Testergebnisse

	Dauer (in sec)
Anzahl	228
Exponentielle[a] Mittelwert[b]	55,846
Kolmogorov-Smirnov-Z	1,220
Asymptotische Signifikanz (2-seitig)	,102

[a]. Die zu testende Verteilung ist exponentiell.
[b]. Aus den Daten berechnet.

Testentscheidung. Da im Vergleich von vorgegebenem Signifikanzniveau $\alpha = 0{,}05$ und empirischem Signifikanzniveau $\alpha^* = 0{,}102$ im konkreten Fall $\alpha = 0{,}05 < \alpha^* = 0{,}102$ gilt, gibt es keinen Anlass, die vollständig spezifizierte Verteilungshypothese H_0: X ~ Ex(0,018) für die stetige Zufallsgröße X „Dauer eines Mobilfunkgesprächs (Angaben in Sekunden)" zu verwerfen.

Interpretation. Demnach kann man im konkreten Fall davon ausgehen, dass in der statistischen Grundgesamtheit aller Mobilfunkgespräche die Gesprächsdauer mit Hilfe des theoretischen Modells einer Exponentialverteilung beschrieben werden kann. ♣

Aufgaben

Die mit * gekennzeichneten Aufgaben sind Klausuraufgaben.

Aufgabe 3-1*
Verwenden Sie zur Lösung der Aufgabenstellungen die SPSS Daten-Datei *Hotelgäste.sav*. Die Datei beruht auf einer Gästebefragung in Hotels der Romantik-Hotel-Gruppe im Mai 2005. Von Interesse sind alle befragten männlichen Hotelgäste, die aus privaten Gründen in einem der Hotels der Hotelgruppe logierten.
a) Geben Sie explizit die SPSS Auswahlbedingung an.
b) Wie viele Hotelgäste genügen der Auswahlbedingung?
c) Die Geschäftsführung der Hotelgruppe ist daran interessiert zu erfahren, welche Erwartungen die Hotelgäste an die Hotels der Hotelgruppe richten. Dazu wurde im Kontext der Frage 8 eines standardisierten Fragebogens ein Erwartungskatalog erstellt, aus dem die befragten Hotelgäste die für sie wichtigsten Erwartungen nennen sollten. i) Wie viele Erwartungen umfasst der Erwartungskatalog? ii) Charakterisieren Sie die Erwartungen des Erwartungskatalogs aus statistisch-methodischer Sicht und benennen Sie das applizierte SPSS Variablen- und Analysekonzept. iii) Wie viele der unter a) ausgewählten und befragten Hotelgäste nannten keine der aufgelisteten Erwartungen? iv) Wie viel Prozent der gemäß a) befragten Hotelgäste, die mindestens eine Erwartung nannten, hegten eine Erwartung hinsichtlich der Küchenkunst? v) Wie viel Prozent der Erwartungen, die von den gemäß a) befragten Hotelgästen, die mindestens eine Erwartung nannten, insgesamt vermerkt wurden, entfallen auf die Lage des Hotels? vi) Wie oft wurde von den gemäß a) befragten Hotelgästen, die mindestens eine Erwartung nannten, die Erwartung „Wellness" angegeben? vii) Wie viele Erwartungen des Erwartungskatalogs wurden im Durchschnitt von den unter a) ausgewählten Hotelgästen, die mindestens eine Erwartung nannten, im Fragebogen „angekreuzt"?

Aufgabe 3-2*
Verwenden Sie zur Lösung der Aufgabe die SPSS Daten-Datei *Schlusskurs.sav*. Die Datei beinhaltet die aktuellen prozentualen börsentäglichen Veränderungsraten des amtlichen Schlusskurses einer Stammaktie, die an der Frankfurter Börse notiert wurde.
a) Für wie viele Börsentage wurde die prozentuale Veränderungsrate erfasst?
b) Prüfen Sie mit Hilfe eines geeigneten und konkret zu benennenden Verfahrens auf einem Signifikanzniveau von 0,05 die folgende unvollständig spezifizierte Verteilungshypothese: „Die börsentäglichen prozentualen Veränderungsraten der Stammaktie sind Realisationen einer normalverteilten Zufallsvariable."
c) Gehen Sie von der Annahme aus, dass die unter b) formulierte Verteilungshypothese richtig ist. Schätzen Sie die Verteilungsparameter (auf zwei Dezimalstellen gerundet) und interpretieren Sie diese sachlogisch.
d) Gehen Sie von der Annahme aus, dass die unter b) formulierte Verteilungshypothese richtig ist und auch für die kommenden Börsentage gilt. Berechnen Sie unter Verwendung der Verteilungsparameter aus c) und unter der expliziten Angabe der benutzten SPSS Funktion i) die Wahrscheinlichkeit dafür, dass im Vergleich zum heutigen am morgigen Börsentag die prozentuale Veränderungsrate des Kurses der Stammaktie höchstens 2 % beträgt und ii) die Höhe der prozentualen Veränderungsrate des Aktienschlusskurses, die nur in einem Zehntel der kommenden Börsentage überschritten wird. Wie wird in der statistischen Methodenlehre diese Verteilungsmaßzahl genannt?

Aufgabe 3-3*
Zur Lösung der folgenden Aufgabenstellungen benötigen Sie die SPSS Daten-Datei *Discount.sav*. Von Interesse sind alle befragten Kunden, die weiblichen Geschlechts sind, ein mittleres Einkommen beziehen und ein Alter zwischen 30 und 60 Jahren besitzen. Fassen Sie diese Kundenmenge als eine einfache Zufallsstichprobe auf.

a) Geben Sie explizit die SPSS Auswahlbedingung und die regionenspezifischen Stichprobenumfänge an.

b) Prüfen Sie auf einem Signifikanzniveau von 0,05 mit Hilfe eines geeigneten und konkret zu benennenden Verfahrens die folgenden regionenspezifischen und unvollständig spezifizierten Verteilungshypothesen: „Ein Kundenzufriedenheitswert, der bezüglich des Warensortiments erfasst wurde, ist jeweils eine Realisation einer normalverteilten Zufallsvariable." (**Hinweis**: Ein Kundenzufriedenheitswert ist ein arithmetisches Mittel aus mehreren Kriterien, die alle auf einer Punkteskala mit den Randwerten 0 und 9 gemessen wurden.)

c) Bewerkstelligen Sie auf einem Konfidenzniveau von 0,99 eine Intervallschätzung für den (in der Grundgesamtheit aller Kunden in der Region Ost unbekannten) durchschnittlichen Preiszufriedenheitswert. Interpretieren Sie Ihr Ergebnis statistisch und sachlogisch.

d) Ein Kunde wird zufällig ausgewählt und befragt. Wie groß ist ceteris paribus und unter Verwendung der Stichprobenparameter i) die Wahrscheinlichkeit dafür, dass ein Preiszufriedenheitswert über 7 Punkte gemessen wird und ii) der Preiszufriedenheitswert mit einer Wahrscheinlichkeit von 0,8 nicht überschritten wird? Geben Sie jeweils die applizierte SPSS Funktion explizit an.

Aufgabe 3-4*
Zur Lösung der folgenden Aufgabenstellungen benötigen Sie die SPSS Daten-Datei *Befragung.sav*. Von Interesse sind die befragten Hörer der Statistik-Kurse I und II. Fassen Sie die verfügbaren Daten als eine realisierte einfache Zufallsstichprobe auf.

a) Bestimmen und interpretieren Sie für das Erhebungsmerkmal *Anzahl der Prüfungswiederholungen pro Student und Semester* das Stichprobenmittel, die Stichprobenvarianz und die Stichprobenstandardabweichung.

b) Prüfen Sie auf einem Signifikanzniveau von 0,05 mit Hilfe eines vollständig spezifizierten KOLMOGOROV-SMIRNOV-Tests die folgende Verteilungshypothese: „Die Anzahl von Prüfungswiederholungen ist poissonverteilt mit dem unter a) bestimmten Stichprobenparameter (Prüfungswiederholungen pro Student und Semester)".

c) Wie groß ist unter den Bedingungen, die gemäß a) und b) gegeben sind, die Wahrscheinlichkeit dafür, dass ein zufällig ausgewählter Student im Verlaufe eines Semesters i) genau drei, ii) höchstens drei und iii) mindestens drei Prüfungswiederholungen zu absolvieren hat?

Aufgabe 3-5*
Verwenden Sie zur Lösung der folgenden Problemstellungen die SPSS Daten-Datei *Mobilfunk.sav*, welche die Dauer von Mobilfunkgesprächen (Angaben in Sekunden) beinhaltet. Fassen Sie die Daten als eine realisierte einfache Zufallsstichprobe auf.

a) Prüfen Sie auf einem Signifikanzniveau von 0,05 mit Hilfe eines geeigneten und konkret zu benennenden Verfahrens die folgende Hypothese: „Die Dauer der Mobilfunkgespräche ist eine Ex(0,021)-verteilte Zufallsvariable."

b) Charakterisieren Sie die Hypothese aus a) und geben Sie unter der Annahme, dass die Hypothese richtig ist, die Wahrscheinlichkeit dafür an, dass ein Mobilfunkgespräch i) höchstens zwei und ii) mindestens zwei Minuten dauert. ♣

4

Mittelwertanalyse

Schlüsselwörter

Doppelter t-Test
Einfacher t-Test
Einfaktorielle Varianzanalyse
Entscheidungsbaum
GAMES-HOWELL-Test
KRUSKAL-WALLIS-Test
LEVENE-Test

MANN-WHITNEY-Test
Mittelwertvergleich
Post-Hoc-Test
t-Test für gepaarte Stichproben
WELCH-Test
WILCOXON-Test
Zweifaktorielle Varianzanalyse

Gegenstand. Dieses Kapitel hat einfache und anspruchsvolle explorative und induktive statistische Verfahren zur Analyse von Mittelwerten zum Gegenstand. Wenn in diesem Kapitel von Mittelwerten die Rede ist, dann sind stets nur ein arithmetisches Mittel und/oder ein Median gemeint.

Zielstellung. Das Ziel des Kapitels besteht darin, anhand praktischer Problemstellungen und realer Daten klassische und moderne Ein-Stichproben-Verfahren, Zwei-Stichproben-Verfahren und k-Stichproben-Verfahren sowie das analytische Konzept von Entscheidungsbäumen auf der Basis des so genannten CRT- Verfahrens paradigmatisch zu demonstrieren und deren Ergebnisse sachlogisch zu interpretieren.

Aufbau. Der konzeptionelle Aufbau des Kapitels orientiert sich dabei an der statistisch-methodischen Zielführung, den jeweiligen parametrischen Analyseverfahren (soweit es möglich ist) ein nichtparametrisches bzw. verteilungsfreies Pendant gegenüberzustellen. Bei der Darstellung der Verfahren steht nicht ihre theoretische Begründung, sondern ihre statistisch-methodisch exakte und sachlogisch plausible Applikation und Interpretation im Vordergrund. ♣

4.1 Verfahrensüberblick

Motivation. In der angewandten Statistik kommt bei der Beschreibung und beim Vergleich von statistischen Grundgesamtheiten bzw. Stichproben vor allem dem Analysekonzept eines statistischen Mittelwertvergleichs eine besondere praktische Bedeutung zu.

Mittelwertvergleich

Ein statistischer Mittelwertvergleich ist eine gegenseitig bewertende Betrachtung eines Mittelwertes eines gleichartigen metrischen Merkmals aus mindestens zwei sachlich, zeitlich oder örtlich unterschiedlich abgegrenzten statistischen Grundgesamtheiten bzw. Stichproben.

Hinweis. In SPSS kann unter Verwendung eines oder mehrerer kategorialer Gruppierungsmerkmale für ein zu analysierendes metrisches Erhebungsmerkmal via *Analysieren, Mittelwertvergleich, Mittelwerte* ein „mehrschichtiger" deskriptiver Mittelwertvergleich bewerkstelligt werden. Ein Mittelwertvergleich kann mit Hilfe einer Mittelwerttabelle, die in der Regel das arithmetische Mittel, die Standardabweichung und den Umfang der jeweiligen statistischen Gesamtheit bzw. Stichprobe enthält, und/oder in Gestalt eines statistischen Mittelwerttests bewerkstelligt werden. ♦

Tabelle 4.1-1: Verfahrensübersicht

Ein-Stichproben-Verfahren	
Einfacher t-Test	Beispiel 4.2.2-1
Zwei-Stichproben-Verfahren	
Doppelter t-Test	Beispiel 4.3.1-1
WELCH-Test	Beispiel 4.3.1-2
MANN-WHITNEY-U-Test	Beispiel 4.3.2-1
t-Test für zwei verbundene Stichproben	Beispiel 4.3.3-1
WILCOXON-Test	Beispiel 4.3.4-1
k-Stichproben-Verfahren	
Einfaktorielle Varianzanalyse	Beispiel 4.4.1-1, 4.4.1-2
Multiple Mittelwerttests	Beispiel 4.4.1-1, 4.4.1-2
KRUSKAL-WALLIS-Test	Beispiel 4.4.2-1
Mehrfaktorielle Varianzanalyse	Beispiel 4.4.3-1, 4.4.3-2
Entscheidungsbaum	
CRT-Verfahren	Beispiel 4.5-1

Verfahrensübersicht. In der Tabelle 4.1-1 sind der Übersichtlichkeit halber und zum Zwecke einer besseren Orientierung die in SPSS implementierten und im Kontext dieses Kapitels paradigmatisch skizzierten und demonstrierten Verfahren eines statistischen Mittelwertvergleichs zusammengefasst. ♣

4.2 Ein-Stichproben-Verfahren

Abgrenzung. Stellvertretend für die babylonische Vielzahl statistischer Ein-Stichproben-Verfahren werden in diesem Abschnitt lediglich das Konzept des Ziehens einer reinen oder einfachen Zufallsstichprobe sowie der einfache t-Test zum Prüfen einer Mittelwerthypothese paradigmatisch demonstriert. In diese Betrachtungen eingeschlossen ist ein Monte-Carlo-Experiment, das die Grundidee des Schätzens eines unbekannten Mittelwertes einer statistischen Grundgesamtheit mit Hilfe von realisierten Konfidenzintervallen zum Gegenstand hat. ♣

4.2.1 Ziehen einer Zufallsstichprobe

Motivation. Die Grundidee der Induktiven besteht darin, mit Hilfe von Zufallsstichproben unbekannte Parameter in statistischen Grundgesamtheiten zu schätzen bzw. Hypothesen über unbekannte Parameter zu prüfen. Da Stichprobenparameter ihrem Wesen nach Punktschätzwerte sind, die in den seltensten Fällen mit den unbekannten und daher zu schätzenden bzw. zu testenden Parametern übereinstimmen, kommt in der angewandten Statistik dem Verfahren einer Konfidenzschätzung (lat.: *confidentia* → Vertrauen) für einen unbekannten Parameter bzw. eines statistischen Tests für einen unbekannten Parameter eine besondere praktische Bedeutung zu. Aus diesem Grunde werden im Beispiel 4.2.1-1 die folgenden statistischen Analyseverfahren repetiert bzw. neu eingeführt: a) die explorative Datenanalyse, b) das Auswählen von Merkmalsträgern nach bestimmten Kriterien, c) das Ziehen von Zufallsstichproben aus einer endlichen statistischen Grundgesamtheit, d) das Zusammenfügen von SPSS Daten-Dateien, e) das Schätzen eines unbekannten Durchschnitts einer statistischen Grundgesamtheit mit Hilfe realisierter Konfidenzintervalle sowie deren grafische Darstellung mittels Fehlerbalken.

Beispiel 4.2.1-1: Zufallsstichproben, Konfidenzintervalle und Fehlerbalken
Motivation. Die eingangs aufgelisteten statistischen Analyseverfahren sollen anhand der SPSS Daten-Datei *Eier.sav* demonstriert bzw. appliziert werden.

Explorative Datenanalyse. Der erste Analyseschritt besteht darin, gemäß Abschnitt 3.2.1 die metrischen Merkmale *Gewicht*, *Breite* und *Höhe* der erfassten Hühnereier einer Explorativen Datenanalyse zu unterziehen mit dem Ziel, sich sowohl über die empirische Verteilung der erhobenen Merkmalswerte als auch über existierende Extremwerte einen Überblick zu verschaffen.

---

[9] Eine paradigmatische Einführung in die Induktive Statistik in ihrer traditionellen und klassischen Dreiteilung von Stichproben-, Schätz- und Testtheorie findet man u.a. bei: ECKSTEIN, Peter P.: Repetitorium Statistik, Deskriptive Statistik – Stochastik – Induktive Statistik, Mit Klausuraufgaben und Lösungen, 6., aktualisierte Auflage, GABLER Verlag Wiesbaden 2006.

Stengel-Blatt-Diagramm. Verwendet man analog zum Beispiel 3.2.1-4 zur Beschreibung der empirischen Häufigkeitsverteilung der drei metrischen Eiermerkmale einmal nur das jeweilige Stengel-Blatt-Diagramm, so zeigt sich, dass die Merkmale in einem bestimmten Wertebereich hinreichend genau symmetrisch verteilt und auch durch Extremwerte affiziert sind. Da Extremwerte das Ergebnis einer statistischen Analyse wesentlich verzerren können, erscheint es sinnvoll, nur diejenigen Hühnereier in das Analysekalkül einzubeziehen, die bezüglich der drei Erhebungsmerkmale durch keine Extremwerte affiziert sind.

Filter. Dies führt aus statistisch-methodischer Sicht zu einem zweiten Analyseschritt, der darin besteht, analog zum Beispiel 2.3-7 Merkmalsträger unter Berücksichtigung spezieller Bedingungen auszuwählen. In der Abbildung 4.2.1-1 ist die aus der Explorativen Datenanalyse abgeleitete und via Sequenz 2.3-6 zu vereinbarende Auswahlbedingung in der verbindlichen SPSS Syntax formuliert.

Abbildung 4.2.1-1: Unterdialogfeld *Fälle auswählen: Falls*

Die in der Abbildung 4.2.1-1 formulierte SPSS Auswahlbedingung ist semantisch wie folgt zu deuten: Wähle aus der Arbeitsdatei alle braunen Hühnereier aus, die ein Gewicht zwischen 48 g und 76 g, eine Breite zwischen 41 mm und 47 mm und eine Höhe zwischen 49 mm und 63 mm besitzen. Wird die Auswahlbedingung vollzogen, so zeigt sich, dass insgesamt 785 Hühnereier diese Farb-, Gewichts- und Größeneigenschaften besitzen. Im konzeptionellen Ablauf gilt es nunmehr, via Sequenz 2.3-6 alle Daten aus der originären SPSS Daten-Datei *Eier.sav*, die dieser Auswahlbedingung genügen, in ein *neues Daten-Set zu kopieren*, dieses gemäß Abschnitt 2.1.3 unter dem Namen *Hühnereier.sav* zu speichern und als extremwertbereinigte SPSS Arbeitsdatei zu verwenden.

Q-Q Plot. In einem dritten Analyseschritt kann man sich analog zum Beispiel 3.2.1-7 mit Hilfe von Q-Q-Diagrammen davon überzeugen, dass für die 785 Hühnereier die drei metrischen und extremwertbereinigten Erhebungsmerkmale als hinreichend genau normalverteilt angesehen werden können.

Zufallsstichprobe. In einem vierten Analyseschritt gilt es, das Ziehen einer einfachen Zufallsstichprobe aus einer endlichen statistischen Grundgesamtheit zu demonstrieren. Eine einfache Zufallsauswahl, die stets eine realisierte einfache Zufallsstichprobe zum Ergebnis hat, kann in SPSS (analog zur Sequenz 2.3-6) via Sequenz 4.2.1-1 realisiert werden.

> **Sequenz 4.2.1-1**: Zufallsstichprobe
> Daten
>   Fälle auswählen
>   Option Zufallsstichprobe
>   Schaltfläche **Stichprobe** → Abbildung 4.2.1-2

Abbildung 4.2.1-2: Unterdialogfeld *Fälle..*

Gemäß der Abbildung 4.2.1-2 wurden im konkreten Fall zufällig und unabhängig voneinander ein Dutzend, also 12 Hühnereier aus 785 Hühnereiern ausgewählt. Da in SPSS eine Zufallsstichprobe mit Hilfe gleichverteilter Zufallszahlen gezogen wird, kann davon ausgegangen werden, dass in der endlichen statistischen Grundgesamtheit der N = 785 Hühnereier jedes Hühnerei theoretisch eine gleiche Chance besitzt, in die Auswahl zu gelangen. Beim praktischen Nachvollziehen der skizzierten einfachen Zufallsauswahl ist zu beachten, dass das Ergebnis stets zufallsbedingt (und daher in der Regel verschieden) ist. Zudem gilt es, via Sequenz 2.3-6 die ausgewählten Merkmalsträger in ein „neues Daten-Set zu kopieren" und dieses Daten-Set für das Dutzend der n = 12 zufällig ausgewählten Hühnereier in einer SPSS Daten-Datei mit dem Namen *Stichprobe01.sav* zu speichern. Im Vorfeld des Speichervorgangs ist in die reduzierte Arbeitsdatei eine numerische SPSS Variable *Stichprobe* einzufügen, deren Werte mit der Nummer der gezogenen Zufallsstichprobe übereinstimmen, wobei für die erste Zufallsstichprobe die Werte nur Einsen sind (vgl. Abbildung 2.3-15). Nach dem Speichervorgang wird wiederum die SPSS Daten-Datei *Hühnereier.sav* aktiviert und das skizzierte Ziehen einer Zufallsstichprobe insgesamt 10-mal wiederholt. Schließlich sind gemäß Beispiel 2.3-1 die zehn SPSS Daten-Dateien *Stichprobe01.sav* bis *Stichprobe10.sav* zu einer SPSS Daten-Datei *Zehn Dutzend.sav* zusammenzufügen, die Merkmalsträger gemäß Beispiel 2.3-3 zu nummerieren und die so erzeugte SPSS Arbeitsdatei zu speichern. Die „finale" SPSS Daten-Datei

Zehn Dutzend.sav umfasst insgesamt 10·12 = 120 Merkmalsträger, die in 10 unabhängig voneinander gezogenen realisierten einfachen Zufallsstichproben mit einem konstanten Umfang von n = 12 Merkmalsträgern ausgewählt wurden. Jeder der 120 Merkmalsträger in Gestalt eines Hühnereies der Rasse Loheimer Braun wird letztlich durch die numerischen SPSS Variablen *Nr, ID, Breite, Gewicht, Höhe* und *Stichprobe* beschrieben.

Monte-Carlo-Experiment. Beachtenswert ist dabei, dass im konkreten Fall bei der Zufallsauswahl das Auswahlmodell mit Zurücklegen praktiziert wurde, zumal stets von der gleichen statistischen Grundgesamtheit der in der SPSS Daten-Datei *Hühnereier.sav* erfassten N = 786 Hühnereier ausgegangen wurde. Auf der Grundlage der SPSS Daten-Datei *Zehn Dutzend.sav*, die als das Resultat eines so genannten Monte-Carlo-Experiments aufgefasst werden kann, ist man nunmehr in der Lage, sich in einem fünften Analyseschritt elementare Konzepte der Stichprobentheorie, der Schätztheorie und der statistischen Testtheorie am praktischen Sachverhalt bildhaft zu verdeutlichen.

Stichprobenvariable. Betrachtet man einmal nur das Gewicht X eines zufällig ausgewählten Hühnereies, so überzeugt man sich via Sequenz 2.3-6 etwa mit Hilfe der Auswahlbedingung *Nr = 2 + 12 * (Stichprobe – 1)* leicht davon, dass das Gewicht der Hühnereier mit den Nummern 2, 14, 26,..., 110 der jeweils zweiten Ziehung innerhalb der m = 10 unabhängigen Zufallsstichproben als konkrete Realisationen einer Zufallsgröße X_2 aufgefasst werden können. Mit Hilfe eines Normal Q-Q Plot kann man sich leicht davon überzeugen, dass die m = 10 Stichprobengewichtswerte aus der jeweils zweiten Ziehung der 10 unabhängigen Zufallsstichproben wiederum selbst als eine realisierte Zufallsstichprobe mit einem Umfang von m = 10 Hühnereiern aus einer (zumindest näherungsweise) normalverteilten Grundgesamtheit aufgefasst werden können. Da die Zufallsgröße X_2 offensichtlich die gleichen Eigenschaften besitzt wie die Zufallsgröße X in der Grundgesamtheit aller N = 786 Hühnereier, kennzeichnet man die Zufallsgröße X_2 als eine Stichprobenvariable, deren Verteilungsgesetz gleichsam eine Normalverteilung ist. Diese Aussagen gelten im konkreten Fall für alle n = 12 Stichprobenvariablen X_i (i = 1,2,...,12). Die getroffenen und theoretisch erwarteten Verteilungsaussagen bezüglich der n = 12 Stichprobenvariablen X_i kann man sich wiederum im Zuge einer Explorativen Datenanalyse etwa mit Hilfe von m = 10 Box- oder Normalverteilungsplots mit Tests verdeutlichen.

Fehlerbalken. Die Abbildung 4.2.1-3 beinhaltet die via Sequenz 3.2.1-2 erzeugten stichprobenspezifischen Fehlerbalken, welche die jeweiligen realisierten Konfidenzintervalle für das Durchschnittsgewicht in der Grundgesamtheit auf einem vereinbarten Konfidenzniveau von 1 – α = 0,95 symbolisieren. Während die zentralen Punkte im jeweiligen symmetrischen Fehlerbalken die m = 10 Stichprobenmittelwerte kennzeichnen, die ja stets Punktschätzwerte und konkrete

Realisationen der mit df = n − 1 = 12 − 1 = 11 Freiheitsgraden STUDENT t-verteilten Stichprobenfunktion des arithmetischen Mittels sind, überdecken nicht alle m = 10 realisierten 95 % Konfidenzintervalle das als gestrichelte Linie markierte „unbekannte" Durchschnittsgewicht µ = 62,8 g in der endlichen Grundgesamtheit aller N = 785 Hühnereier. Offensichtlich können im konkreten Fall nicht alle m = 10 realisierten und stets zufallsbedingten Intervallschätzungen für das „wahre" Durchschnittsgewicht µ = 62,8 g zum vereinbarten Konfidenzniveau von 1 − α = 0,95 als „vertrauenswürdig" angesehen werden.

Datenaggregation. Dass die m = 10 Stichprobenmittelwerte selbst wieder nur als Realisationen einer normalverteilten Zufallsgröße erscheinen, kann man sich in einem sechsten Analyseschritt veranschaulichen, der darin besteht, die m = 10 realisierten Zufallsstichprobenbefunde aus der SPSS Daten-Datei *Zehn Dutzend.sav* derart zu aggregieren, dass lediglich die m = 10 Stichprobenmittelwerte in einer eigenen SPSS Daten-Datei zusammengefasst werden. Die Datenaggregation kann analog zum Beispiel 2.3-9 via Sequenz 2.3-8 bewerkstelligt werden.

Abbildung 4.2.1-3: Fehlerbalken und Q-Q-Diagramm

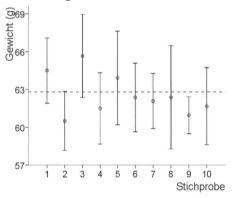
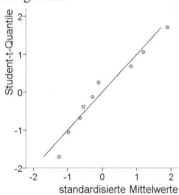

STUDENT t-Verteilung. Aktiviert man die im Zuge der Datenaggregation erzeugte SPSS Daten-Datei, welche die m = 10 Stichprobenmittelwerte beinhaltet, dann kann man analog zur Abbildung 3.2.1-10 etwa mit Hilfe eines explorativen Q-Q-Diagramms zeigen, dass die m = 10 Stichprobenmittel als Realisationen einer STUDENT t-verteilten Zufallsgröße T mit df = m − 1 = 10 − 1 = 9 Freiheitsgraden gedeutet werden können. Im Q-Q-Diagramm innerhalb der Abbildung 4.2.1-3 werden im konkreten Fall die empirischen Quantile der standardisierten Stichprobenmittelwerte den theoretischen Quantilen einer t-Verteilung mit df = 9 Freiheitsgraden gegenübergestellt. Da sich die Punktekette an der „idealen Verteilungsgeraden" entlang schlängelt, hat man mit diesem explorativen Befund bereits ein augenscheinliches Indiz dafür gefunden, dass Stichprobenmittelwerte aus normalverteilten Beobachtungsbefunden (hineichend genau) einer STUDENT t-Verteilung genügen. ♣

4.2.2 Einfacher t-Test

Motivation. Der einfache t-, der in der angewandten Statistik als ein robuster Mittelwerttest gilt und in praxi eine breite Anwendung erfährt, kann wie folgt charakterisiert werden:

Einfacher t-Test
Der einfache t-Test ist ein Ein-Stichproben-Test, mit dem man auf einem vorgegebenen Signifikanzniveau α prüft, ob der unbekannte Mittelwert μ eines metrischen und $N(\mu, \sigma)$-verteilten Merkmals einer statistischen Grundgesamtheit mit einem vorgegebenen Testwert μ_0 übereinstimmt. Die Standardabweichung $\sigma > 0$ in der statistischen Grundgesamtheit ist gleichsam unbekannt.

Hinweis. Aufgrund dessen, dass der einfache t-Test relativ robust ist gegenüber Verletzungen der Normalverteilungsannahme, kann er auch für einen nicht normalverteilten Stichprobenbefund appliziert werden, sobald der Stichprobenumfang größer als 50 ist. ♦

Beispiel 4.2.2-1: Einfacher t-Test, zweiseitige Fragestellung

Motivation. In der Physiologie wird eine erwachsene männliche Person mit einem Körper-Masse-Index von 23 kg/m² als idealgewichtig eingestuft. Der Körper-Masse-Index ist als Quotient aus dem Körpergewicht (gemessen in Kilogramm) und dem Quadrat der Körpergröße (gemessen in Metern) einer Person definiert. Unter Verwendung der SPSS Daten-Datei *Fragebogen.sav* soll mit Hilfe eines einfachen t-Tests auf einem vorab vereinbarten Signifikanzniveau von $\alpha = 0{,}05$ geprüft werden, ob zufällig ausgewählte männliche Personen im Durchschnitt als idealgewichtig eingestuft werden können oder nicht.

Hypothesen. Den interessierenden Sachverhalt formuliert in Form der folgenden zweiseitigen Hypothesen: $H_0: \mu = \mu_0 = 23$ kg/m² und $H_1: \mu \neq \mu_0 = 23$ kg/m². Die formulierte Nullhypothese H_0 besitzt dabei die folgende Semantik: Der unbekannte durchschnittliche Körper-Masse-Index μ in der statistischen Grundgesamtheit aller männlichen Personen ist in seinem Niveau gleich dem physiologischen Idealwert von $\mu_0 = 23$ kg/m². Diese Aussage ist äquivalent zur folgenden Formulierung: In der Grundgesamtheit aller männlichen Personen gibt es keinen Niveauunterschied zwischen dem unbekannten Durchschnittswert μ und dem Ideal- oder Normwert μ_0. Dies ist wohl ein Grund dafür, warum man die zweiseitigen Mittelwerthypothesen mitunter wie folgt formuliert: $H_0: \mu - \mu_0 = 0$ versus $H_1: \mu - \mu_0 \neq 0$. Aufgrund dessen, dass man über den „wahren" Durchschnitt μ in der Grundgesamtheit aller männlichen Personen (in der Regel) keinerlei Kenntnis

---

[10] Eine elementare Darstellung des einfachen t-Tests findet man u.a. bei: ECKSTEIN, Peter P.: Repetitorium Statistik, Deskriptive Statistik – Stochastik – Induktive Statistik, Mit Klausuraufgaben und Lösungen, 6., aktualisierte Auflage, GABLER Verlag Wiesbaden 2006.

besitzt, schätzt man ihn in Gestalt eines Stichprobenmittels auf der Grundlage eines Stichprobenbefundes und prüft auf einem vorab zu vereinbarenden Signifikanzniveau α, ob das Stichprobenmittel signifikant vom Idealwert abweicht bzw. ob die Differenz von Stichprobenmittel und Idealwert signifikant verschieden von null ist.

Vereinbarungen. Für die weiteren Betrachtungen sollen vor allem aus didaktisch-methodischen Gründen folgende Vereinbarungen gelten: Die Menge der männlichen Studierenden, die im Zuge der primärstatistischen Erhebung auf der Grundlage des standardisierten Fragebogens gemäß Abbildung 2.1.1-3 befragt und deren Angaben in der SPSS Daten-Datei *Fragebogen.sav* gespeichert wurden, bilden die endliche statistische Grundgesamtheit mit einem Umfang von N = 248 männlichen Personen. Aus dieser endlichen statistischen Grundgesamtheit werden im Zuge einer einfachen Zufallsauswahl n = 30 männliche Personen zufällig und unabhängig voneinander ausgewählt. Dies entspricht in konkreten Fall einem Auswahlsatz von A = (30/248)·100 % = 12,1 %.

Datei aufteilen. Um eine einfache Zufallsauswahl realisieren zu können, ist es im konkreten Fall vorteilhaft, via Sequenz 4.2.2-1 die SPSS Arbeitsdatei *Fragebogen.sav* geschlechtsspezifisch „aufzuteilen".

Sequenz 4.2.2-1: Datei aufteilen
Daten
  Datei aufteilen → Abbildung 4.2.2-1

Abbildung 4.2.2-1: Dialogfeld *Datei aufteilen*

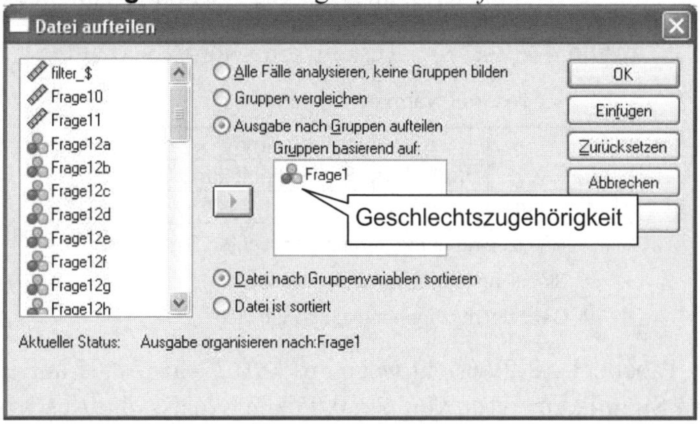

Hinweis. Aufgrund dessen, dass im Kontext der numerischen und 0-1-kodierten SPSS Variable *Frage1* die geschlechtsspezifische Ausprägung „männlich" mit null kodiert wurde, wird die Arbeitsdatei automatisch für Analysezwecke derart geordnet und aufgeteilt, dass in der SPSS Arbeitsdatei die männlichen Studierenden „separiert" zuerst aufgelistet werden. Beachtenswert ist in diesem Zusammenhang, dass der Aufspaltungsstatus in der Statuszeile rechts unten vermerkt ist. ♦

Zufallsstichprobe. Eine Zufallsauswahl, die stets eine realisierte Zufallsstichprobe zum Ergebnis hat, kann via Sequenz 4.2.1-1 realisiert werden, wobei im konkreten Fall n = 30 männliche Personen aus den ersten N = 248 Personen der geschlechtsspezifisch aufgeteilten bzw. geordneten Arbeitsdatei zufällig und unabhängig voneinander ausgewählt werden. Beim praktischen Nachvollziehen der skizzierten „reinen" Zufallsauswahl ist zu beachten, dass das Ergebnis stets zufallsbedingt (und daher in der Regel verschieden) ist.

Mittelwerttabelle. Die Tabelle 4.2.2-1 beinhaltet das SPSS Ergebnisprotokoll in Gestalt einer Mittelwerttabelle für den Körper-Masse-Index KMI (Angaben in kg/m²) von n = 30 zufällig ausgewählten männlichen Personen.

Tabelle 4.2.2-1: Mittelwerttabelle

Statistik bei einer Stichprobe[a]

	Umfang	Mittelwert	Standardabweichung	Standardfehler
KMI	30	24,348	2,615	,477

[a]. Geschlechtszugehörigkeit = männlich

Im konkreten Fall berechnet man aus den n = 30 Stichprobenwerten einen Stichprobenmittelwert von 24,35 kg/m² und eine Stichprobenstreuung von 2,62 kg/m².

Normalverteilungsannahme. Aufgrund dessen, dass der gewählte Stichprobenumfang kleiner als 50 ist, gilt es gemäß Abschnitt 3.2.2 im Vorfeld des einfachen t-Tests mit Hilfe des KOLMOGOROV-SMIRNOV-Anpassungstests auf eine Normalverteilung in der LILLIEFORS-Modifikation zum Beispiel auf einem Signifikanzniveau von α = 0,05 die Normalverteilungsannahme zu überprüfen.

Tabelle 4.2.2-2: K-S-Test auf eine Normalverteilung

Test auf Normalverteilung[b]

	Kolmogorov-Smirnov[a]		
	Statistik	df	Signifikanz
KMI (kg/m²)	,068	30	,200*

*. Dies ist eine untere Grenze der echten Signifikanz.

[a]. Signifikanzkorrektur nach Lilliefors

[b]. Geschlechtszugehörigkeit = männlich

Gemäß der Tabelle 4.2.2-2 besteht wegen α* ≥ 0,2 > α = 0,05 auf einem vorab vereinbarten Signifikanzniveau von α = 0,05 kein Anlass, die Ausgangshypothese, wonach der Körper-Masse-Index der zufällig ausgewählten männlichen Personen jeweils als eine Realisation einer normalverteilten Zufallsgröße gedeutet werden kann, zu verwerfen.

t-Test. Da es an der Normalverteilungsannahme des Stichprobenbefundes keine Zweifel zu hegen gilt, kann schließlich und endlich via Sequenz 4.2.2-2 der einfache t-Test praktiziert werden.

Sequenz 4.2.2-2: Einfacher t-Test
Analysieren
  Mittelwerte vergleichen
    T-Test bei einer Stichprobe... → Abbildung 4.2.2-2

Abbildung 4.2.2-2: Dialogfeld *T-Test bei einer ...*

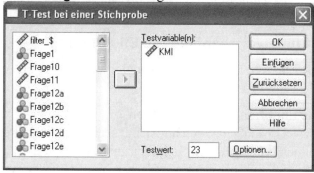

Testentscheidung. Die Tabelle 4.2.2-3 beinhaltet das SPSS Ergebnisprotokoll für den einfachen t-Test. Wegen $\alpha^* = 0{,}008 < \alpha = 0{,}05$ wird die eingangs formulierte zweiseitige Nullhypothese $H_0: \mu - \mu_0 = 0$ zugunsten der zweiseitigen Alternativhypothese $H_1: \mu - \mu_0 \neq 0$ verworfen und die beobachtete „mittlere Differenz" von 1,348 kg/m² zwischen dem Stichprobenmittel von 24,348 kg/m² und dem Idealwert von 23 kg/m² unter den gegebenen Bedingungen als signifikant verscheiden von null gedeutet.

Tabelle 4.2.2-3: SPSS Ergebnisprotokoll, einfacher t-Test

Test bei einer Sichprobe[a]

	Testwert = 23					
	T	df	Sig. (2-seitig)	Mittlere Differenz	95% Konfidenzintervall der Differenz	
					Untere	Obere
KMI (kg/m²)	2,825	29	,008	1,348	,372	2,325

[a]. Geschlechtszugehörigkeit = männlich

Konfidenzintervall. Das realisierte 95 % Konfidenzintervall für die „mittlere Differenz" $\mu - \mu_0$ zwischen dem wahren, jedoch unbekannten Durchschnitt μ in der Grundgesamtheit aller männlichen Personen und dem Idealwert μ_0 bestätigt die getroffene Testentscheidung in einem anschaulichen Sinne: Da das realisierte Konfidenzintervall [0,372 kg/m², 2,325 kg/m²] für die mittlere Differenz die Zahl Null nicht einschließt, deutet man die „beobachtete" Differenz von Stichprobenmittelwert und Idealwert in Höhe von 1,348 kg/m² im wahrscheinlichkeitstheoretischen Sinne als signifikant verschieden von null bzw. die Zahl Null als nicht mehr im Bereich des „Vertrauens" liegend. ♣

4.3 Zwei-Stichproben-Verfahren

Abgrenzung. Aus der babylonischen Vielfalt von Zwei-Stichproben-Verfahren, die in der statistischen Mittelwertanalyse appliziert werden, sollen in diesem Abschnitt lediglich ausgewählte Testverfahren paradigmatisch dargestellt werden, die vor allem in der empirischen Wirtschafts- und Sozialforschung eine breite Anwendung erfahren. ♣

4.3.1 t-Test für zwei unabhängige Stichproben

Charakteristik. Der t-Test für zwei unabhängige kann wie folgt charakterisiert werden:

---
t-Test für zwei unabhängige Stichproben

Der t-Test für zwei unabhängige Stichproben ist ein Zwei- Stichproben-Test, mit dem man auf einem vorgegebenen Signifikanzniveau α prüft, ob die unbekannten Mittelwerte μ_1 und μ_2 eines metrischen und $N(\mu_1, \sigma_1)$-verteilten bzw. $N(\mu_2, \sigma_2)$-verteilten Merkmals aus zwei disjunkten statistischen Grundgesamtheiten übereinstimmen. Die Standardabweichungen $\sigma_1, \sigma_2 > 0$ in beiden disjunkten Grundgesamtheiten sind unbekannt.

Hinweise. Für die Anwendung des t-Tests für zwei unabhängige Stichproben sind die folgenden Hinweise nützlich: i) **Normalverteilung**. Aufgrund dessen, dass der t-Test für zwei unabhängige Stichproben relativ robust ist gegenüber Verletzungen der Normalverteilungsannahme, kann er auch für nicht normalverteilte Stichprobenbefunde appliziert werden, sobald der Stichprobenumfang für jede der zwei unabhängigen Zufallsstichproben größer als 50 ist. ii) **Varianzhomogenität**. Zudem wird unterstellt, dass die unbekannten Varianzen gleich sind, also wegen $\sigma^2_1 = \sigma^2_2 = \sigma^2$ in beiden disjunkten Grundgesamtheiten Varianzhomogenität existiert. Im Falle von Varianzhomogenität wird der t-Test für zwei unabhängige Stichproben auch als doppelter t-Test bezeichnet. iii) **Varianzinhomogenität**. Existiert in beiden disjunkten Grundgesamtheiten keine Varianzhomogenität, gilt also $\sigma^2_1 \neq \sigma^2_2$, dann ist der modifizierte t-Test für zwei unabhängige Stichproben, der auch als WELCH-Test bezeichnet wird, zu applizieren. ♦

Beispiel 4.3.1-1: Doppelter t-Test
Motivation. Auf dem Berliner Mietwohnungsmarkt ist es ein allgemein bekanntes Faktum, dass (bedingt durch die Ortslage, den Ausstattungsgrad etc.) das durchschnittliche Mietpreisniveau (Angaben in €/m²) von vergleichbaren Mietwohnungen in den einzelnen Stadtteilen unterschiedlich ist. Die gruppierten Boxplots innerhalb der Abbildung 4.3.1-1, welche die empirischen Mietpreisver-

---

[11] Eine paradigmatische Darstellung des t-Tests für zwei unabhängige Stichproben bei Varianzhomogenität und bei Varianzinhomogenität findet man u.a. bei: ECKSTEIN, Peter P.: Repetitorium Statistik, Deskriptive Statistik – Stochastik – Induktive Statistik, Mit Klausuraufgaben und Lösungen, 6., aktualisierte Auflage, GABLER Verlag Wiesbaden 2006.

teilungen für Drei-Zimmer-Mietwohnungen für die sechs südlichen Berliner Stadtteile in ihrer West-Ost-Lage skizzieren, untermauern bildhaft diese Erfahrungstatsache. Mit Hilfe des t-Tests für zwei unabhängige Stichproben soll unter Verwendung der SPSS Datendatei *Mietspiegel.sav* auf einem Signifikanzniveau von α = 0,05 überprüft werden, ob die „wahren", jedoch unbekannten durchschnittlichen Mietpreise, also die marktüblichen Durchschnittspreise μ_j (j = 1, 2) für Drei-Zimmer-Mietwohnungen in den beiden Berliner „Randstadtteilen" Zehlendorf (j = 1) und Köpenick (j = 2) homogen oder inhomogen sind.

Abbildung 4.3.1-1: Gruppierte Boxplots

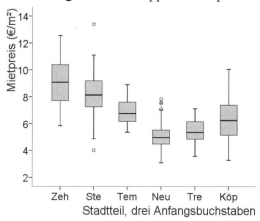

Hypothesen. Da man lediglich bestrebt ist, mit Hilfe des t-Tests für zwei unabhängige Stichproben den vermuteten Niveauunterschied in den marktüblichen durchschnittlichen Mietpreisen nachzuweisen, formuliert man genau das Gegenteil als Ausgangs- oder Nullhypothese H_0: $\mu_1 = \mu_2$ bzw. H_0: $\mu_1 - \mu_2 = 0$ und deutet diese sachlogisch wie folgt: Das „wahre", jedoch unbekannte durchschnittliche Mietpreisniveau μ_j (j = 1, 2) in den zwei disjunkten und hinsichtlich ihres Umfanges nicht näher bestimmten statistischen Grundgesamtheiten der angebotenen Zehlendorfer und Köpenicker Drei-Zimmer-Mietwohnungen ist gleich. Ist man aufgrund zweier voneinander unabhängiger Zufallsstichproben auf einem vorab vereinbarten und festgelegten Signifikanzniveau von α = 0,05 gezwungen, die Ausgangshypothese H_0: $\mu_1 = \mu_2$ zu verwerfen und somit die zweiseitige Alternativhypothese H_1: $\mu_1 \neq \mu_2$ zu akzeptieren, dann ist statistisch nachgewiesen, dass in den „südlichen Randstadtteilen" ein unterschiedliches durchschnittliches Mietpreisniveau für angebotene Drei-Zimmer-Mietwohnungen existiert.

Voraussetzungen. Um im Sinne der formulierten Problemstellung den t-Test für zwei unabhängige Stichproben praktizieren zu können, ist es allerdings erforderlich, die entsprechenden Mietwohnungen mit den jeweiligen Identifikationsmerkmalen via SPSS Auswahlbedingung

Zimmer = 3 & (Bezirk = "Zeh" | Bezirk = "Köp")

aus allen stichprobenartig erhobenen und in der SPSS Daten-Datei *Mietspiegel.sav* gespeicherten Daten „zu filtern" und in beiden Stadtteilen für das Erhebungsmerkmal „Mietpreis (Angaben in €/m²)" die Normalitäts- und Varianzhomogenitätsbedingung zu überprüfen.

Mittelwerttabelle. Die Tabelle 4.3.1-1 beinhaltet die vereinfachte Mittelwerttabelle, die im Zuge eines t-Tests für zwei unabhängige Stichproben unter der Überschrift „Gruppenstatistiken" ausgewiesen wird.

Tabelle 4.3.1-1: Mittelwerttabelle

	Stadtteil	Anzahl	Mittelwert	Standardabweichung
Mietpreis (€/m²)	Zeh	32	9,19	1,79
	Köp	77	6,32	1,55

Demnach ergibt sich etwa für den Stadtteil Köp(enick) das folgende Bild: Der durchschnittliche Mietpreis (Stichprobenmittel) der 77 zufällig ausgewählten Drei-Zimmer-Mietwohnungen beläuft sich auf 6,32 €/m². Die Mietpreise in dieser Zufallsstichprobe von 77 Mietwohnungen streuen im Durchschnitt um 1,55 €/m² (Stichprobenstreuung) um ihren Durchschnittspreis von 6,32 €/m². Analog sind die Stichprobenparameter für die 32 zufällig ausgewählten Zehlendorfer Mietwohnungen zu deuten.

Unabhängige Zufallsstichproben. Beachtenswert ist in diesem Zusammenhang, dass mit der praktizierten Mietwohnungsauswahl garantiert ist, dass die betrachteten Drei-Zimmer-Mietwohnungen aus den beiden „disjunkten" statistischen Grundgesamtheiten (Stadtteilen) als zwei unabhängige Zufallsstichproben vom Umfang 32 bzw. 77 Mietwohnungen aufgefasst werden können. Die Unabhängigkeitsforderung kann im konkreten Fall wie folgt sachlogisch begründet werden: Aufgrund dessen, dass die in Rede stehenden Mietwohnungen jeweils mittels einer systematischen Zufallsauswahl aus beiden disjunkten Mietwohnungsmärkten ermittelt wurden, leuchtet es intuitiv ein, dass die zufällige Auswahl einer annoncierten Köpenicker Mietwohnung nichts zu tun hat mit der zufälligen Auswahl einer annoncierten Zehlendorfer Mietwohnung und umgekehrt.

Normalverteilungsannahme. Obgleich im konkreten Fall für die Köpenicker Mietwohnungsstichprobe eine statistische Überprüfung der Normalverteilungsannahme im Hinblick auf das statistische Erhebungsmerkmal „Mietpreis" (etwa mit Hilfe des KOLMOGOROV-SMIRNOV-Anpassungstests) nicht zwingend erforderlich ist, da der Stichprobenumfang größer als 50 ist, soll vor allem aus didaktisch-methodischen Gründen auf einem Signifikanzniveau von $\alpha = 0{,}05$ der K-S-Test zur Überprüfung der beiden (j = 1, 2) unvollständig spezifizierten Verteilungshypothesen H_0: $X \sim N(\mu_j, \sigma_j)$ praktiziert werden. Die stichprobenspezifischen Ergebnisse des K-S-Tests sind in der Tabelle 4.3.1-2 zusammengefasst. Da im Vergleich von vorgegebenem Signifikanzniveau α = 0,05 und empirischem Signifikanzniveau α* ≥ 0,20 für jede der beiden stadtteilspezifischen Mietwohnungsstichproben α = 0,05 < α* ≥ 0,20 gilt, besteht jeweils kein Anlass, die Ausgangshypothese, wonach der Mietpreis einer Drei-Zimmer-Mietwohnung eine normalverteilte Zufallsgröße ist, zu zweifeln.

Tabelle 4.3.1-2: K-S-Test auf eine Normalverteilung

	Stadtteil, drei Anfangsbuchstaben	Kolmogorov-Smirnov[a]		
		Statistik	df	Signifikanz
Mietpreis (€/m²)	Köp	,085	77	,200*
	Zeh	,095	32	,200*

*. Dies ist eine untere Grenze der echten Signifikanz.

a. Signifikanzkorrektur nach Lilliefors

Die beiden stadtteilspezifischen Testergebnisse koinzidieren zum einen mit den explorativen und stadtteilspezifischen Boxplots der Mietpreise innerhalb der Abbildung 4.3.1-1, die augenscheinlich für die beiden Stadtteile Zehlendorf und Köpenick eine symmetrische Mietpreisverteilung indizieren, und zum anderen mit den stadtteilspezifischen Q-Q-Diagrammen innerhalb der Abbildung 4.3.1-2, in denen sich die so genannte „Quantilskette" jeweils an der so genannten „Normalverteilungsgeraden" entlang schlängelt.

Abbildung 4.3.1-2: Q-Q-Diagramme der Mietpreise

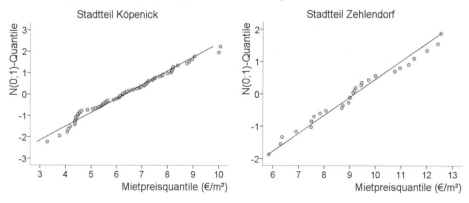

Varianzhomogenität. Nun ist der t-Test für zwei unabhängige Stichproben neben der Normalverteilungsannahme noch an die Varianzhomogenitätsannahme gebunden. Im logischen Testablauf ist es daher stets geboten, die Berechtigung der Homogenitätshypothese H_0: $\sigma_1^2 = \sigma_2^2$ für die unbekannte Mietpreisvarianz σ_1^2 im Zehlendorfer Mietwohnungsmarkt und für die unbekannte Mietpreisvarianz σ_2^2 im Köpenicker Mietwohnungsmarkt zu prüfen. In SPSS wird im Zuge des t-Tests für zwei unabhängige Stichproben der Varianzhomogenitätstest nach LEVENE angeboten und praktiziert. Die Tabelle 4.3.1-3 beinhaltet das SPSS Ergebnisprotokoll für den LEVENE-Varianzhomogenitätstest in der BROWN-FORSYTHE-Version, das in SPSS per Voreinstellung stets mit dem Ergebnisprotokoll eines t-Tests für zwei unabhängige Stichproben bereitgestellt wird.

Tabelle 4.3.1-3: Varianzhomogenitätstest

	Levene-Test der Varianzgleichheit	
	F	Signifikanz
Mietpreis (€/m²)	,355	,552

Da das empirische Signifikanzniveau $\alpha^* = 0{,}552$ größer ist als das vorgegebene Signifikanzniveau $\alpha = 0{,}05$, besteht kein Anlass, an der Varianzhomogenitätshypothese für die Mietpreise in den disjunkten statistischen Grundgesamtheiten der Zehlendorfer und Köpenicker Drei-Zimmer-Mietwohnungen zu zweifeln.

Doppelter t-Test. Aufgrund dessen, dass es im bisherigen Mietpreisvergleich keine „statistischen Einwände" gegen die Normalverteilungs- und Varianzhomogenitätsannahme gibt, kann schließlich und endlich via Sequenz 4.3.1-1 der t-Test für zwei unabhängige Stichproben bei gleichen Varianzen in Gestalt des so genannten doppelten t-Tests angefordert und praktiziert werden.

Sequenz 4.3.1-1: t-Test bei unabhängigen Stichproben
Analysieren
  Mittelwerte vergleichen
    T-Test bei unabhängigen Stichproben... → Abbildung 4.3.1-3

Abbildung 4.3.1-3: Dialogfeld *T-Test bei unabhäng..*

Hinweise. Im Zuge des „Ausfüllens" des Dialogfeldes *T-Test bei unabhängigen Stichproben* sind die folgenden Hinweise zu beachten: i) **Testvariable**. Da im konkreten Fall der t-Test für zwei unabhängige Stichproben auf einen stadtbezirksspezifischen Mittelwertvergleich für die Mietpreise abstellt, fungiert die numerische SPSS Variable *Preis* als so genannte Testvariable und die SPSS Stringvariable *Bezirk* als so genannte Gruppenvariable. ii) **Gruppenvariable**. Für die Gruppenvariable ist es stets erforderlich, zwei zulässige Ausprägungen via Schaltfläche *Gruppen def(inieren)* im Unterdialogfeld *Gruppen definieren* festzulegen. Bei der Festlegung der Ausprägungen ist zu beachten, dass diese stets mit dem vereinbarten Typ der jeweiligen Gruppenvariable koinzidieren müssen. Eingedenk der Tatsache, dass die Gruppenvariable *Bezirk* eine Stringvariable ist, wurden im konkreten Fall im Unterdialogfeld *Gruppen definieren* in der Rubrik Gruppe 1 der String „Zeh(lendorf)" und in der Rubrik Gruppe 2 der String „Köp(enick)" vereinbart. Nach dem Betätigen der Schaltfläche *Weiter* werden die getroffenen Vereinbarungen für die Gruppenvariable protokolliert. Im konkreten Fall lautet die verbindliche SPSS Syntax *Bezirk('Zeh''Köp')*. Die in Hochkommata gesetzten Zeichenketten kennzeichnen den zugrunde liegenden Variablentyp eines String. ♦

Testergebnisse. Die Tabelle 4.3.1-4 beinhaltet ein verkürztes SPSS Ergebnisprotokoll für den t-Test für zwei unabhängige Stichproben, das in seinen Komponenten wie folgt interpretiert werden kann:

Tabelle 4.3.1-4: t-Test für zwei unabhängige Stichproben

		T-Test für die Mittelwertgleichheit					
		T	df	Sig. (2-seitig)	Mittlere Differenz	95% Konfidenzintervall der Differenz	
						Untere	Obere
Mietpreis (€/m²)	Varianzen sind gleich	8,40	107	,000	2,86	2,19	3,54

Für die beobachtete Mittelwertdifferenz von 2,86 €/m² wurde unter Berücksichtigung der Streuungsverhältnisse und der Stichprobenumfänge in den beiden voneinander unabhängigen Zufallsstichproben ein empirisches Signifikanzniveau von $\alpha^* = 0{,}000$ errechnet. Da im Zuge des LEVENE-Tests kein Anlass bestand, die Varianzhomogenitätshypothese zu verwerfen, ist der doppelte t-Test zu praktizieren, dessen Ergebnisse in der Rubrik *Varianzen sind gleich* verzeichnet sind. Da gemäß dem p-value-Konzept offensichtlich $\alpha^* = 0{,}000 < \alpha = 0{,}05$ gilt, muss die eingangs formulierte zweiseitige Mittelwerthomogenitätshypothese
$$H_0: \mu_1 = \mu_2 \text{ bzw. } H_0: \mu_1 - \mu_2 = 0$$
zugunsten der zweiseitigen Alternativhypothese
$$H_1: \mu_1 \neq \mu_2 \text{ bzw. } H_1: \mu_1 - \mu_2 \neq 0$$
verworfen und der beobachtete Unterschied in den Stichprobenmittelwerten der Mietpreise von 2,86 €/m² als ein signifikant von null verschiedener Befund eingestuft werden. Demnach kann davon ausgegangen werden, dass sich die durchschnittlichen Mietpreise für Drei-Zimmer-Mietwohnungen in den Berliner Stadtteilen Zehlendorf und Köpenick voneinander unterscheiden. Dieses zweiseitige Testergebnis kann man sich auch anhand des angezeigten 95 %- Konfidenzintervalls [2,19 €/m², 3,54 €/m²] für die Mittelwertdifferenz verdeutlichen, welches die Zahl Null nicht überdeckt. Man deutet daher die empirisch beobachtete Stichprobenmittelwertdifferenz von 2,86 €/m² als nicht mehr vereinbar mit dem „freien Spiel des Zufalls" und somit als signifikant verschieden von null. ♣

Beispiel 4.3.1-2: WELCH-Test
Motivation. In der praktischen statistischen Arbeit wird man allerdings eher mit dem Umstand konfrontiert, dass im Zuge eines t-Tests für zwei unabhängige Stichproben sowohl die Normalverteilungs- als auch die Varianzhomogenitätsannahme als verletzt angesehen werden muss. Ist garantiert, dass die Stichprobenumfänge jeweils größer als 50 sind, dann kann aufgrund des zentralen Grenzwertsatzes die „strenge" Normalverteilungsannahme „aufgeweicht" und im Falle von Varianzinhomogenität der so genannte WELCH-Test, der seinem Wesen nach ein modifizierter t-Test bei Varianzinhomogenität ist, praktiziert werden. Der WELCH-Test soll in Anlehnung an das Beispiel 4.3.1-1 und unter Verwendung der SPSS Daten-Datei *Mietspiegel.sav* anhand des metrischen und stetigen Erhebungsmerkmals „Mietpreis (Angaben in €/m²)" für die zufällig und unabhängig voneinander ausgewählten Drei-Zimmer-Mietwohnungen in den „benachbarten" Berliner Stadtteilen Treptow und Köpenick demonstriert werden.

Mittelwerttabelle. Unter Beachtung und Anwendung der SPSS Auswahlbedingung *Zimmer = 3 & (Bezirk = "Tre" | Bezirk = "Köp")* erhält man die in der Tabelle 4.3.1-5 dargestellte die Mittelwerttabelle.

Tabelle 4.3.1-5: Mittelwerttabelle

	Stadtteil	Umfang	Mittelwert	Standardabweichung
Mietpreis (€/m²)	Tre	40	5,39	,91
	Köp	77	6,32	1,55

Normalverteilungsannahme. Die stichprobenspezifischen Ergebnisse des KOLMOGOROV-SMIRNOV-Tests in der LILLIEFORS-Modifikation auf eine unvollständig spezifizierte Normalverteilung für die stadtteilspezifischen Mietpreise sind in der Tabelle 4.3.1-2 zusammengefasst.

Tabelle 4.3.1-6: K-S-Test auf Normalverteilung

	Stadtteil, drei Anfangsbuchstaben	Kolmogorov-Smirnov[a]		
		Statistik	df	Signifikanz
Mietpreis (€/m²)	Köp	,086	77	,200*
	Tre	,072	40	,200*

*. Dies ist eine untere Grenze der echten Signifikanz.

a. Signifikanzkorrektur nach Lilliefors

Da im Vergleich von vorgegebenem Signifikanzniveau $\alpha = 0,05$ und empirischem Signifikanzniveau $\alpha^* \geq 0,20$ für jede der beiden stadtteilspezifischen Mietwohnungsstichproben $\alpha = 0,05 < \alpha^* \geq 0,20$ gilt, besteht kein Anlass, die Ausgangshypothese, wonach der Mietpreis einer Treptower bzw. einer Köpenicker Drei-Zimmer-Mietwohnung eine Realisation einer normalverteilten Zufallsgröße ist, zu zweifeln.

Mittelwertanalyse 119

LEVENE-Test. Die Tabelle 4.3.1-7 beinhaltet die Ergebnisse des LEVENE-Tests auf Varianzhomogenität, der auf einem Signifikanzniveau von $\alpha = 0{,}05$ entschieden werden soll. Da offensichtlich $\alpha^* = 0{,}000 < \alpha = 0{,}05$ gilt, muss die Homogenitätshypothese H_0: $\sigma_1^2 = \sigma_2^2$ bezüglich der unbekannten Mietpreisvarianzen σ_1^2 im Stadtteil Tre(ptow) und σ_2^2 im Stadtteil Köp(enick) verworfen werden. Demnach ist davon auszugehen, dass in beiden Mietwohnungsmärkten inhomogene Mietpreisstreuungsverhältnisse existieren.

WELCH-Test. Das Ergebnis des so genannten WELCH-Tests ist im reduzierten SPSS Ergebnisprotokoll innerhalb der Tabelle 4.3.1-7 unter der Rubrik *Varianzen sind nicht gleich* vermerkt. Beachtenswert ist dabei, dass sich die Modifikation des praktizierten t-Tests für zwei unabhängige Stichproben vor allem in einer korrigierten und „reellwertigen" Anzahl von df = 113,192 Freiheitsgraden und damit auch im „niedrigeren" empirischen Signifikanzniveau $\alpha^* = 0{,}000$ niederschlägt.

Tabelle 4.3.1-7: LEVENE-Test und WELCH-Test

		Levene-Test der Varianzgleichheit		T-Test für die Mittelwertgleichheit		
		F	Sig.	T	df	Sig. (2-seitig)
Mietpreis (€/m²)	Varianzen sind gleich	12,972	,000	-3,502	115	,001
	Varianzen sind nicht gleich			-4,096	113,192	,000

Testentscheidung. Da im Kontext des WELCH-Tests $\alpha^* = 0{,}000 < \alpha = 0{,}05$ gilt, verwirft man auf dem vorab vereinbarten Signifikanzniveau von $\alpha = 0{,}05$ die Mittelwerthomogenitätshypothese H_0: $\mu_1 = \mu_2$ und kennzeichnet trotz inhomogener Mietpreisvarianzen das durchschnittliche Mietpreisniveau für Drei-Zimmer-Mietwohnungen in den disjunkten statistischen Grundgesamtheiten der Berliner Stadtteile Treptow und Köpenick als voneinander verschieden.

Boxplots. Anhand der beiden stadtteilspezifischen Boxplots innerhalb der Abbildung 4.3.1-1, kann man sich das Konzept des stadtteilspezifischen Vergleichs der durchschnittlichen Mietpreise im Kontext des praktizierten WELCH-Tests nochmals bildhaft verdeutlichen. Die augenscheinlich unterschiedlich großen Boxplots beschreiben letztlich nichts anderes als zwei auf der Basis unabhängiger Zufallsstichproben empirisch beobachtete und nahezu symmetrische Mietpreisverteilungen, die nicht nur durch inhomogene Streuungsverhältnisse, sondern jeweils auch durch ein unterschiedliches mittleres „medianes" Mietpreisniveau gekennzeichnet sind, das bei (nahezu) symmetrischen Verteilungen stets mit dem jeweiligen durchschnittlichen Mietpreisniveau (von geringfügigen und vernachlässigbaren Abweichungen abgesehen) übereinstimmt. ♣

4.3.2 MANN-WHITNEY-U-Test

Motivation. In der statistischen Methodenlehre wird der MANN-WHITNEY- als verteilungsunabhängiges Pendant zu dem im Abschnitt 4.3.1 beschriebenen parametrischen t-Test für zwei unabhängige Stichproben dargestellt.

Mann-Whitney-U-Test
Der U-Test ist ein Zwei-Stichproben-Test, mit dem man auf einem vorgegebenen Signifikanzniveau α prüft, ob zwei beliebige stetige Verteilungen aus zwei disjunkten statistischen Grundgesamtheiten in ihrer mittleren Lage übereinstimmen.

Hinweis. Der MANN-WHITNEY-Test, der auch MANN-WHITNEY-U-Test oder kurz als U-Text bezeichnet wird, sollte immer dann angewandt werden, wenn zwei unabhängige Zufallsstichproben nicht sehr groß sind und/oder beide Stichproben aus nicht normalverteilten Grundgesamtheiten stammen. Für die Stichprobenumfänge n_1 und n_2 sollte $n_1, n_2 \geq 8$ gelten. ♦

Beispiel 4.3.2-1: MANN-WHITNEY-Test
Motivation. Der MANN-WHITNEY-Test soll unter Verwendung der SPSS Daten-Datei *Fragebogen.sav* exemplarisch demonstriert werden. Von Interesse sind alle befragten Studierenden, die angaben, im vergangenen Semester drei oder mehr Prüfungswiederholungen zu „gestemmt" zu haben. Diese Teilmenge von Studierenden, die man zum Beispiel mittels der SPSS Auswahlbedingung *Frage10 >= 3* selektieren kann, liefert bezüglich des dichotomen Erhebungsmerkmals „Berufsabschluss" die folgende empirische Verteilung: $n_1 = 8$ ohne Berufsabschluss und $n_2 = 19$ mit Berufsabschluss. Die zwei disjunkten Teilmengen sollen einzig aus didaktisch-methodischen Gründen als zwei unabhängige und „kleine" Zufallsstichproben aufgefasst werden, die es in Anlehnung an das Beispiel 4.2.2-1 hinsichtlich des stetigen Erhebungsmerkmals „Körper-Masse-Index" zu analysieren gilt. In der Abbildung 4.3.2-1 sind die berufsabschlussbedingten Boxplots dargestellt, die augenscheinlich zwei schiefe empirische Verteilungen erkennen lassen.

Abbildung 4.3.2-1: Boxplots

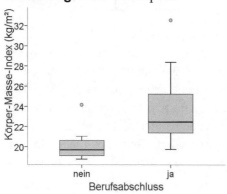

---

[12] Eine paradigmatische Darstellung des MANN-WHITNEY-Tests findet man u.a. bei: ECKSTEIN, Peter P.: Repetitorium Statistik, Deskriptive Statistik – Stochastik – Induktive Statistik, Mit Klausuraufgaben und Lösungen, 6., aktualisierte Auflage, GABLER Verlag Wiesbaden 2006.

Hypothese. Aufgrund dieses explorativen Befundes und der geringen Stichprobenumfänge ist es aus statistisch-methodischer Sicht geboten, via Sequenz 4.3.2-1 den MANN-WHITNEY-U-Test zu applizieren. Dabei ist auf einem Signifikanzniveau von 0,05 die folgende Hypothese zu prüfen: „Im Mittel sind die Körper-Masse-Indizes von Studierenden mit einem Berufsabschluss gleich denen, die keinen Berufsabschluss besitzen."

Sequenz 4.3.2-1: MANN-WHITNEY-Test
Analysieren
  Nichtparametrische Tests
    Zwei unabhängige Stichproben... → Abbildung 4.3.2-2

Abbildung 4.3.2-2: MANN-WHITNEY-(U)-Test

Hinweis. Bei den nichtparametrischen Zwei-Stichproben-Tests, die in der Rubrik *Welche Test durchführen?* aufgelistet sind, können Gruppen nur mit Hilfe einer numerischen Gruppenvariable definiert werden. Im konkreten Fall ist es die numerische SPSS Variable *Frage7*, welche die dichotomen Aussagen zum Berufsabschluss zum Inhalt hat. ♦

Tabelle 4.3.2-1: MANN-WHITNEY-U-Test

	Körper-Masse-Index (kg/m²)
Mann-Whitney-U	16,000
Z	-3,187
Asymptotische Signifikanz (2-seitig)	,001

Testentscheidung. Wegen $\alpha^* = 0{,}001 < \alpha = 0{,}05$ muss gemäß Tabelle 4.3.2-1 zum Signifikanzniveau von $\alpha = 0{,}05$ die Ausgangshypothese verworfen werden. Demnach kann davon ausgegangen werden, dass sich in den berufsabschlussbedingten und disjunkten Teilgesamtheiten von Studierenden die Körper-Masse-Index-Werte im Mittel wesentlich voneinander unterschieden. ♣

4.3.3 t-Test für zwei verbundene Stichproben

Motivation. Der t-Test für zwei verbundene bzw. für gepaarte, dem in der empirischen Wirtschafts- und Sozialforschung eine besondere praktische Bedeutung zukommt, kann wie folgt charakterisiert werden:

---
t-Test für gepaarte Stichproben

An n zufällig ausgewählten Merkmalsträgern werden jeweils zwei gleichartige Merkmalswerte, die aus sachlogischen Gründen zusammengehören, statistisch erhoben und die jeweilige Merkmalswertedifferenz d_i (i = 1,2,...,n) ermittelt. Können die Merkmalswertedifferenzen d_i als Realisationen einer normalverteilten Zufallsgröße D aufgefasst werden, wobei $D \sim N(\mu_D, \sigma_D)$ gilt, dann heißt das parametrische Verfahren zum Prüfen von Hypothesen über den unbekannten Erwartungswert $E(D) = \mu_D$ t-Test für zwei verbundene Stichproben.

Hinweis. In der angewandten Statistik spricht man von gepaarten, verbundenen oder abhängigen Stichproben, wenn zum Beispiel die folgenden Situationen gegeben sind: An n zufällig ausgewählten Merkmalsträgern wird jeweils a) an ein und denselben Merkmalsträgern oder b) an zwei möglichst gleichartigen Merkmalsträgern ein Merkmalswert vor einer bestimmten Behandlung und nach einer bestimmten Behandlung statistisch erhoben, etwa derart, dass in der Wirtschaftspsychologie die Selbst- und die Fremdeinschätzung, in der Marktforschung die Kaufbereitschaft von Kunden vor und nach einer Werbekampagne oder in der Meinungsforschung die Einschätzung eines tatsächlichen und eines Wunschzustandes analysiert werden. Da der t-Test relativ robust ist gegenüber Verletzungen der Normalverteilungsannahme, kann der t-Test für gepaarte Stichproben auch für nicht normalverteilte Differenzen d_i appliziert werden, sobald für den Stichprobenumfang n > 50 gilt. ♦

Beispiel 4.3.3-1: t-Test für zwei verbundene Stichproben
Motivation. Bekanntlich ist der Anteil der Studierenden, welche die Semesterabschlussklausur zur Statistik im ersten Anlauf nicht bestehen, recht hoch. Aus diesem Grunde wird (traditionell und ausschließlich) für diese Studierenden in Vorbereitung auf die Wiederholungsklausur ein fakultatives Klausurtraining angeboten. Im Sommersemester 2003 wurden im Rahmen des Klausurtrainings die Studierenden gebeten, den Schwierigkeitsgrad jeder besprochenen Klausuraufgabe vor und nach ihrer ausführlichen Lösung auf einer Punkteskala mit den Randwerten 0 für „superleicht" und 5 für „sauschwer" individuell zu bewerten. In der SPSS Daten-Datei *Klausurtraining.sav* sind die aggregierten aufgabenspezifischen Voten von Klausurtrainingsteilnehmern jeweils in Form eines arithmeti-

---

[13] Eine paradigmatische Darstellung des t-Tests für gepaarte bzw. für verbundene Stichproben findet man u.a. bei: ECKSTEIN, Peter P.: Repetitorium Statistik, Deskriptive Statistik – Stochastik – Induktive Statistik, Mit Klausuraufgaben und Lösungen, 6., aktualisierte Auflage, GABLER Verlag Wiesbaden 2006.

schen Mittels zusammengefasst. Aus der Menge der auswertbaren Fragebögen wurde der Einfachheit halber im Zuge einer systematischen Zufallsauswahl jeder zweite Fragebogen in die SPSS Daten-Datei *Klausurtraining.sav* aufgenommen und in der numerischen und dichotomen SPSS Variable *Stichprobe* abgebildet. Aufgrund dessen, dass für ein und dieselben Klausurtrainingsteilnehmer jeweils vor und nach dem Klausurtraining das durchschnittliche Schwierigkeitsvotum (in den SPSS Variablen *davor* bzw. *danach*) statistisch erfasst wurde, deutet man die vorliegenden Daten als gepaarte bzw. als zwei verbundene Zufallsstichproben.

Hypothese. Auf einem Signifikanzniveau von 0,05 gilt es via Sequenz 4.3.3-1 mit Hilfe des t-Tests für gepaarte Stichproben die folgende Hypothese zu prüfen: „Im Durchschnitt schätzen Klausurtrainingsteilnehmer den Schwierigkeitsgrad von Klausuraufgaben vor und nach einem Klausurtraining als gleich ein."

> **Sequenz 4.3.3-1**: t-Test für gepaarte Stichproben
> Analysieren
>   Mittelwerte vergleichen
>   T-Test bei gepaarten Stichproben... → Abbildung 4.3.3-1

Abbildung 4.3.3-1: Dialogfeld *T-Test bei gepaarten Stichproben*

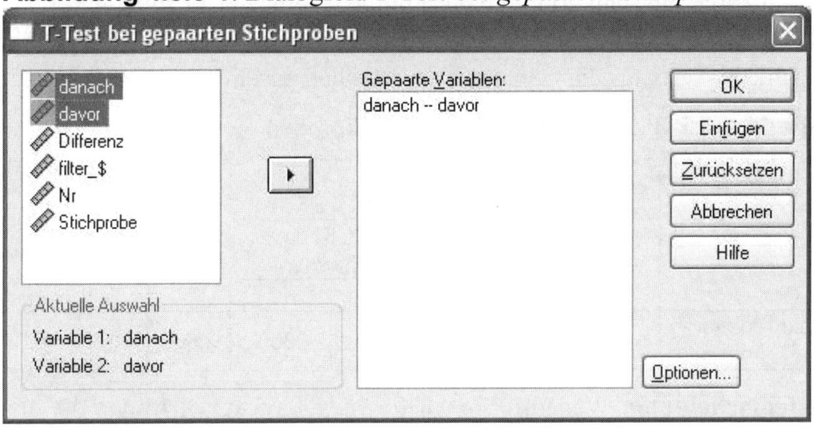

Mittelwerttabelle. Die Tabelle 4.3.3-1 beinhaltet die Verteilungsparameter für die gepaarten Stichproben vom Umfang n = 33 Studierende.

Tabelle 4.3.3-1: Mittelwerttabelle

		Mittelwert	Umfang	Standardabweichung
Paar	davor	3,445	33	,502
	danach	3,241	33	,723

Interpretation. Während die n = 33 zufällig ausgewählten und befragten Klausurtrainingsteilnehmer den Schwierigkeitsgrad der Klausuraufgaben vor dem Klausurtraining durchschnittlich mit 3,445 Punkten bewerteten, waren es nach dem Klausurtraining durchschnittlich 3,241 Punkte. Bemerkenswert ist dabei der folgende triviale, nicht immer sofort einleuchtende Sachverhalt: Die Differenz von 3,445 − 3,241 = 0,204 Punkten aus den Stichprobenmittelwerten „davor" und „danach" ist gleich dem arithmetischen Mittel aus den n = 33 beobachteten Punktedifferenzen, die in der SPSS Variablen *Differenz* eingefangen sind.

Normalverteilungsannahme. Da lediglich n = 33 < 50 Teilnehmer(voten) zufällig ausgewählt wurden, ist es geboten, etwa mit Hilfe des KOLMOGOROV-SMIRNOV-Anpassungstests (vgl. Abschnitt 3.2.2) auf einem Signifikanzniveau von α = 0,05 die Berechtigung der Normalverteilungsannahme zu überprüfen.

Tabelle 4.3.3-2: K-S-Test auf Normalverteilung

	Kolmogorov-Smirnov[a]		
	Statistik	df	Alpha*
differenz	,073	33	,200*

*. Dies ist eine untere Grenze der echten Signifikanz.

a. Signifikanzkorrektur nach Lilliefors

Offensichtlich gibt es gemäß Tabelle 4.3.3-2 wegen $\alpha^* \geq 0{,}2 > \alpha = 0{,}05$ keinen Anlass, an einer Normalverteilung der Punktedifferenzen zu zweifeln.

t-Test. Schließlich und endlich sind in der Tabelle 4.3.3-3 die Ergebnisse im Kontext des t-Tests für die gepaarten Stichproben zusammengefasst.

Tabelle 4.3.3-3: t-Test bei gepaarten Stichproben

	Gepaarte Differenzen				T	df	Alpha* (2-seitig)
	Mittelwert	Stdabw	95% KI der Differenz				
			Untere	Obere			
Paar davor − danach	,204	,441	,048	,360	2,663	32	,012

Testentscheidung. Wegen $\alpha^* = 0{,}012 < \alpha = 0{,}05$ verwirft man die eingangs formulierte Mittelwerthomogenitätshypothese und deutet den empirisch beobachteten durchschnittlichen Niveauunterschied in den abgegebenen Voten der Klausurtrainingsteilnehmer als signifikant verschieden von null.

Hinweis. Bei der sachlogischen Interpretation einer Testentscheidung ist auf die folgende sprachliche Unterscheidung zu achten: Während im konkreten Fall der durchschnittliche Niveauunterschied in den (auf einer Sechs-Punkte-Skala) abgegebenen Voten in der statistischen Grundgesamtheit der Klausurtrainingsteilnehmer als verschieden von null gedeutet wird, markiert man auf einem vorab vereinbarten Signifikanzniveau von α = 0,05 den beobachteten durchschnittlichen absoluten Niveauunterschied in der Stichprobe der studentischen Voten von 0,204 Punkten als *signifikant* verschieden von null. ♣

Mittelwertanalyse

4.3.4 WILCOXON-Test

Motivation. Der WILCOXON-Test wird in der statistischen Methodenlehre als verteilungsunabhängiges Pendant zum parametrischen t-Test für gepaarte Stichproben mit normalverteilten Paardifferenzen betrachtet (vgl. Abschnitt 4.3.3).

Wilcoxon-Test
Der WILCOXON-Test ist ein verteilungsunabhängiger Zwei-Stichproben- Rangsummen-Test mit dem man auf einem vorab vereinbarten Signifikanzniveau α prüft, ob zwei verbundenen Zufallsstichproben gleichen Umfangs für ein gleiches ordinales oder metrisches Merkmal eine gleiche Verteilung zugrunde liegt.

Hinweis. Der WILCOXON-Test für $k = 2$ verbundene Stichproben ist ein Spezialfall des (gleichsam in SPSS implementierten, jedoch in diesem Lehrbuch nicht demonstrierten) FRIEDMAN-Tests für $k \geq 2$ verbundene Stichproben. Beide Tests sollten vor allem dann Anwendung finden, wenn die verbundenen Stichproben aus nicht normalverteilten Grundgesamtheiten stammen. ♦

Beispiel 4.3.4-1: WILCOXON-Test
Motivation. Zur Erlangung eines Führerscheins ist jeweils eine bestandene Theorie- und eine bestandene Praxisprüfung erforderlich. In der SPSS Daten-Datei *Fahrschule.sav* sind für zufällig ausgewählte Berliner Fahrschüler unter anderem die Anzahl der absolvierten Theorie- und Praxiswiederholungsprüfungen statistisch erfasst worden. Da die Anzahl der Theorie- und die Anzahl der Praxiswiederholungsprüfungen als zwei wiederkehrende statistische Erhebungen an einer gleichen Person aufgefasst werden können, erscheinen die erfassten Daten der zufällig ausgewählten Fahrschüler als gepaarte bzw. zwei verbundene Stichproben.

Q-Q-Diagramm. In der Abbildung 4.3.4-1 ist das bereinigte Q-Q-Diagramm der beobachteten Differenzen der personenbezogenen Theorie- und Praxiswiederholungsprüfungsanzahlen dargestellt. Der systematische Punkteverlauf indiziert eine schiefe

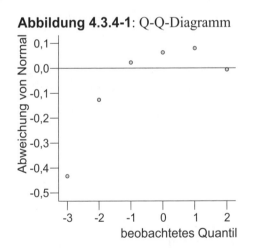

Abbildung 4.3.4-1: Q-Q-Diagramm

und damit eine nicht „normale" empirische Verteilung der beobachteten Differenzen der merkmalsträgerspezifischen Prüfungsanzahlen. Aufgrund dieses explorativen Befundes ist es geboten, nicht den „verteilungsabhängigen" t-Test für gepaarte Stichproben gemäß Abschnitt 4.3.3, sondern via Sequenz 4.3.4-1 sein verteilungsunabhängiges bzw. nichtparametrisches Pendant, den WILCO-

XON-Test zu applizieren. Im Vorfeld des angestrebten Tests ist zu beachten, dass die männlichen Fahrschüler zum Beispiel via SPSS Auswahlbedingung *Sex = 0* aus allen statistisch erfassten Fahrschülern „gefiltert" bzw. via Sequenz 4.2.2-1 geschlechtsspezifisch „aufgeteilt" werden müssen.

Sequenz 4.3.4-1: WILCOXON-Test
Analysieren
   Nichtparametrische Tests
      Zwei verbundene Stichproben... → Abbildung 4.3.4-2

Abbildung 4.3.4-2: Dialogfeld *Tests bei zwei verbundenen Stich...*

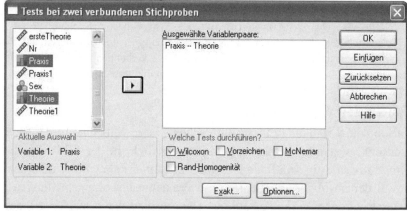

Testentscheidung. Die Tabelle 4.3.4-1 beinhaltet die Ergebnisse für den WILCOXON-Test. Da für den Vergleich von empirischem Signifikanzniveau α^* und vorgegebenem Signifikanzniveau α offensichtlich $\alpha^* = 0{,}007 < \alpha = 0{,}05$ gilt, wird die eingangs formulierte Homogenitätshypothese verworfen und die beiden Verteilungen in der Grundgesamtheit als inhomogen gekennzeichnet.

Tabelle 4.3.4-1: WILCOXON-Test

	Theorie - Praxis
Z	-2,678[a]
Asymptotisches Alpha* (2-seitig)	,007

a. Basiert auf positiven Rängen.

Interpretation. Demnach sind in der Grundgesamtheit der männlichen Berliner Fahrschüler die Verteilungen der Anzahlen von Praxis- und von Theorie-Prüfungswiederholungen insbesondere in ihrer mittleren Lage nicht identisch bzw. inhomogen. Die mittels eines gepaarten Zufallsstichprobenbefundes beobachtete mittlere Differenz der Praxis- und Theorie- Prüfungswiederholungsanzahlen weicht so markant von null ab, dass sie nicht mehr mit der Mittelwerthomogenitätshypothese vereinbar ist. ♣

4.4 k-Stichproben-Verfahren

Abgrenzung. In diesem Abschnitt werden aus der Menge der k-Stichproben-Verfahren im Kontext einer Mittelwertanalyse lediglich die einfaktorielle Varianzanalyse und deren nichtparametrisches Pendant, der KRUSKAL-WALLIS-Test, sowie die zweifaktorielle Varianzanalyse paradigmatisch dargestellt. ♣

4.4.1 Einfaktorielle Varianzanalyse

Motivation. Die einfaktorielle , die auch als einfache ANOVA (engl.: *ANalysis Of VAariance*) bezeichnet wird, kann als eine Verallgemeinerung des t-Tests für zwei unabhängige Stichproben (vgl. Abschnitt 4.2.2) aufgefasst werden. Sie findet in der empirischen Wirtschafts- und Sozialforschung vor allem dort eine breite Anwendung, wo es zu prüfen gilt, ob Mittelwerte aus zwei oder mehr unabhängigen Stichproben als homogen angesehen werden können.

Einfaktorielle Varianzanalyse

Eine statistische Grundgesamtheit wird durch die Festlegung eines kategorialen Gruppierungsmerkmals in k disjunkte Teilgesamtheiten aufgeteilt und hinsichtlich eines metrischen Merkmals X beschrieben. Ist X in den k Teilgesamtheiten normalverteilt mit einer homogenen Streuung σ, gilt also $X_j \sim N(\mu_j, \sigma_j)$, $\sigma_j = \sigma > 0$ ($j = 1,2,...,k$, $k \geq 2$), dann heißt das parametrische Verfahren zum Prüfen der Homogenitätshypothese $H_0: \mu_1 = \mu_2 = ... = \mu_k$ über die k unbekannten Mittelwerte μ_j auf der Grundlage von k unabhängigen Zufallsstichproben vom Umfang n_j einfaktorielle oder einfache Varianzanalyse.

Hinweise. Für die Durchführung einer Varianzanalyse erweisen sich die folgenden Hinweise als hilfreich: i) **Faktor.** Das kategoriale Merkmal, das ein nominales oder ein ordinales Merkmal sein kann, bezeichnet man auch als Faktor und seine k Merkmalsausprägungen als Faktorgruppen. ii) **Abhängiges Merkmal.** Das metrische Erhebungsmerkmal X wird dabei als ein Merkmal gedeutet, das von den k Faktorgruppen abhängig ist. iii) **Normalverteilung.** Die Erfüllung der Normalverteilungsbedingung für die k unabhängigen Zufallsstichproben kann gemäß Abschnitt 3.2.2 mit dem KOLMOGOROV-SMIRNOV-Anpassungstest überprüft werden. iv) **Varianzhomogenität.** Die Überprüfung der Varianzhomogenitätsbedingung erfolgt mit dem LEVENE-Test. v) **Mittelwerthomogenität.** Wird auf einem Signifikanzniveau α die Mittelwerthomogenitätshypothese $H_0: \mu_1 = \mu_2 = ... = \mu_k$ verworfen, so heißt das erst einmal nur, dass mindestens ein Mittelwertepaar aus den „k über 2" möglichen Paaren verschieden ist. Die Prüfung, welche Mittelwerte sich paarweise unterscheiden, ist eine Aufgabe von multiplen Mittelwerttests, auch Post-Hoc-Tests (lat.: *post hoc* → nach diesem) genannt. ♦

---

[14] Eine elementare und paradigmatische Einführung in das Grundprinzip einer einfachen bzw. einfaktoriellen Varianzanalyse findet man u.a. bei: ECKSTEIN, Peter P.: Repetitorium Statistik, Deskriptive Statistik – Stochastik – Induktive Statistik, Mit Klausuraufgaben und Lösungen, 6., aktualisierte Auflage, GABLER Verlag Wiesbaden 2006.

Beispiel 4.4.1-1: Einfache ANOVA bei varianzhomogenen Faktorgruppen
Motivation. Die SPSS Daten-Datei *LehrEvaluation.sav* beinhaltet lehrveranstaltungsbezogene Daten, die im Wintersemester 2002/03 im Rahmen einer Lehr-Evaluation am Fachbereich Wirtschaftswissenschaften I der HTW Berlin auf der Grundlage eines standardisierten Fragebogens statistisch erhoben und im Zuge einer geschichteten Zufallsauswahl aus der Menge aller evaluierten Lehrveranstaltungen zufällig und unabhängig voneinander ausgewählt wurden. Als Schichtungsmerkmal fungierte das nominale Erhebungsmerkmal *Studiengang*. Mit Hilfe der einfachen Varianzanalyse gilt es auf einem Signifikanzniveau von 0,05 für das Erhebungsmerkmal *Durchschnittsnote* die folgende Mittelwerthomogenitätshypothese zu prüfen: „Im Durchschnitt sind in den fünf Diplom-Studiengängen die lehrveranstaltungsbezogenen Semesterabschlussleistungen, die von den Studierenden erzielt wurden, gleich."

Explorative Datenanalyse. Im Vorfeld der Überprüfung der Mittelwerthomogenitätshypothese ist es geboten, die studiengangsspezifischen Stichprobenbefunde einer explorativen Datenanalyse zu unterziehen. Die Tabelle 4.4.1-1 beinhaltet in Gestalt einer Mittelwerttabelle die fünf Stichprobenmittel und die fünf Stichprobenstandardabweichungen.

Tabelle 4.4.1-1: Mittelwerttabelle

Durchschnittsnote

Studiengang	Umfang	Mittelwert	Standardabweichung
Wirtschaftsrecht	24	2,638	,484
Betriebswirtschaftslehre	30	2,517	,541
BWL/Immobilien	24	2,044	,470
BWL/Banken	20	1,902	,476
Public Management	18	2,500	,552
Insgesamt	116	2,335	,574

Es gilt nunmehr die Frage zu klären, ob die $k = 5$ unabhängigen Stichprobenbefunde jeweils als Realisationen von normalverteilten, varianz- und mittelwerthomogenen Zufallsgrößen aufgefasst werden können.

Normalverteilungstest. Die Tabelle 4.4.1-2 beinhaltet die studiengangsspezifischen Ergebnisse des KOLMOGOROV-SMIRNOV-Anpassungstests auf eine Normalverteilung, der via Sequenz 3.2.1-1 im Unterdialogfeld *Explorative Datenanalyse: Diagramme* (vgl. Abbildung 3.2.1-5) angefordert und jeweils auf einem vorab vereinbarten Signifikanzniveau von $\alpha = 0{,}05$ entschieden werden soll. Da offensichtlich für alle $k = 5$ unabhängigen Zufallsstichproben $\alpha^* > \alpha = 0{,}05$ gilt, besteht kein Anlass, an der studiengangsspezifischen Normalverteilungsannahme zu zweifeln. Demnach können die lehrveranstaltungsbezogenen durchschnittlichen Semesterabschlussleistungen in den fünf Studiengängen jeweils als Realisationen einer normalverteilten Zufallsgröße aufgefasst werden.

Tabelle 4.4.1-2: K-S-Test auf Normalverteilung und LEVENE-Test

	Studiengang	Kolmogorov-Smirnov[a]		
		Statistik	df	Alpha*
Durchschnittsnote	Wirtschaftsrecht	,150	24	,174
	Betriebswirtschaftslehre	,082	30	,200*
	BWL/Immobilien	,138	24	,200*
	BWL/Banken	,088	20	,200*
	Public Management	,155	18	,200*

*. Dies ist eine untere Grenze der echten Signifikanz.
a. Signifikanzkorrektur nach Lilliefors

Durchschnittsnote			
Levene-Statistik	df1	df2	Alpha*
,319	4	111	,865

Varianzhomogenitätstest. Gleichsam in der Tabelle 4.4.1-2 enthalten sind die Ergebnisse des Varianzhomogenitätstests nach LEVENE, der via Sequenz 4.4.1-1 im Unterdialogfeld *Einfaktorielle ANOVA: Optionen* optional angefordert werden kann. Im konkreten Fall gibt es wegen $\alpha^* = 0{,}865 > \alpha = 0{,}05$ keinen Anlass, an der Varianzhomogenitätshypothese zu zweifeln. Demnach kann davon ausgegangen werden, dass die k = 5 unabhängigen Stichproben Realisationen von varianzhomogenen Zufallsgrößen sind.

Einfaktorielle ANOVA. Schließlich und endlich gilt es via Sequenz 4.4.1-1 mit Hilfe der einfachen Varianzanalyse, die in SPSS unter der Bezeichnung einfaktorielle ANOVA firmiert, die eingangs formulierte multiple Mittelwerthomogenitätshypothese auf einem Signifikanzniveau von 0,05 zu prüfen.

Sequenz 4.4.1-1: Einfaktorielle ANOVA
Analysieren
   Mittelwerte vergleichen
      Einfaktorielle ANOVA ... → Abbildung 4.4.1-1

Abbildung 4.4.1-1: Dialogfelder *Einfaktorielle ANOVA*

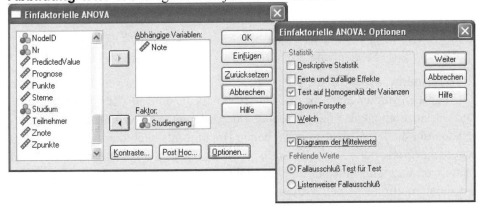

Hinweis. Bei der einfaktoriellen ANOVA muss die in der Rubrik *Faktor* verwendete (kategoriale) SPSS Variable numerischen Typs sein. Im konkreten Fall fungiert das nominale Erhebungsmerkmal in Gestalt der numerischen SPSS Variable *Studiengang* als „Faktor". ♦

Varianztabelle. In der **Tabelle 4.4.1-3** ist die „finale" Varianztabelle im Kontext der praktizierten einfaktoriellen Varianzanalyse dargestellt.

Tabelle 4.4.1-3: Varianztabelle

Durchschnittsnote

	Quadratsumme	df	Varianz	F	Alpha*
Zwischen den Gruppen	9,470	4	2,368	9,230	,000
Innerhalb der Gruppen	28,474	111	,257		
Gesamt	37,944	115			

Testentscheidung. Wegen α* = 0,000 < α = 0,05 verwirft man auf einem Signifikanzniveau von 0,05 die eingangs formulierte Mittelwerthypothese und deutet die k = 5 empirisch beobachteten studiengangsspezifischen Durchschnittsnoten „in Gänze" als signifikant voneinander verschieden. Das Ergebnis des zugrundeliegenden F-Tests wird gleichsam durch die Boxplots und durch das Mittelwertdiagramm innerhalb der Abbildung 4.4.1-2 bildhaft untermauert.

Abbildung 4.4.1-2: Boxplots und Mittelwertdiagramm

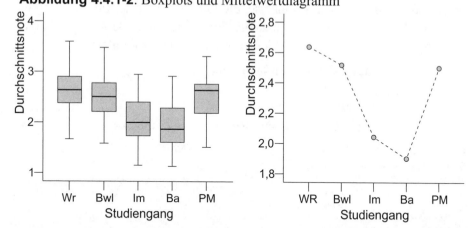

Diagramme. Während die mehr oder weniger symmetrischen und die nahezu gleichgroßen studiengangsspezifischen Boxplots als ein Indiz für normalverteilte und varianzhomogene Stichprobenbefunde gedeutet werden können, koinzidieren sowohl die k = 5 niveauverschobenen Boxplots als auch der inhomogene Polygonzug (grch.: *polys* → viel + *gonia* → Winkel) der Stichprobenmittelwerte im Mittelwertdiagramm mit der zum vereinbarten Signifikanzniveau von 0,05 verworfenen multiplen Mittelwerthomogenitätshypothese.

Post-Hoc-Tests. Welche der k = 5 Studiengänge sich im paarweisen Mittelwertvergleich wesentlich voneinander unterscheiden, ist allerdings mit dem praktizierten F-Test allein nicht zu beantworten. Dies ist eine Aufgabe von speziellen Mittelwerttests, die auch als multiple Mittelwerttests oder Post-Hoc-Tests (lat.: *post hoc* → nach diesem) bezeichnet werden und via Sequenz 4.4.1-1 über die Schaltfläche *Post Hoc ...* analog zur Abbildung 4.4.1-3 im Unterdialogfeld *Einfaktorielle ANOVA: Post-Hoc-Mehrfachvergleiche* anzufordern sind.

Abbildung 4.4.1-3: Dialogfeld *Post-Hoc-Mittelwerttests*

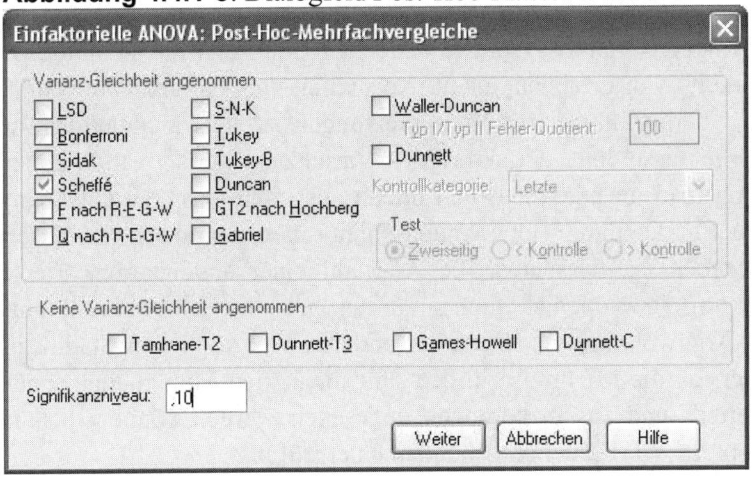

Im konkreten Fall wurde aus dem Ensemble der Post-Hoc-Tests der SCHEFFÉ-Test angefordert, der gleichermaßen für balancierte und unbalancierte Stichproben geeignet ist und dessen Ergebnis in der Tabelle 4.4.1-4 zusammengefasst ist.

Tabelle 4.4.1-4: Untergruppenklassifikation, Basis: SCHEFFÉ-Test

Scheffé-Prozedur[a,b]

Studiengang	Umfang	Untergruppe für Alpha = .10	
		1	2
BWL/Banken	20	1,902	
BWL/Immobilien	24	2,044	
Public Management	18		2,500
Betriebswirtschaftslehre	30		2,517
Wirtschaftsrecht	24		2,638
Signifikanz		,927	,933

a. Verwendet ein harmonisches Mittel für Stichprobengröße = 22,500.
b. Die Gruppengrößen sind nicht identisch. Es wird das harmonische Mittel der Gruppengrößen verwendet. Fehlerniveaus des Typs I sind nicht garantiert.

Auf einem vorab und optional vereinbarten multiplen Signifikanzniveau von $\alpha = 0{,}10$ können offensichtlich zwei sich signifikant voneinander unterscheidende Studiengangsgruppen identifiziert werden. ♣

Beispiel 4.4.1-2: Einfache ANOVA bei varianzinhomogenen Faktorgruppen
Motivation. Unter Verwendung der SPSS Daten-Datei *Mietspiegel.sav* soll auf einem Signifikanzniveau von $\alpha = 0{,}05$ mit Hilfe der einfaktoriellen Varianzanalyse geprüft werden, ob das durchschnittliche Mietpreisniveau von Vier-Zimmer-Mietwohnungen in den südlichen Stadtteilen Berlins als homogen angesehen werden kann.

Filter. Zur Problemlösung ist es erforderlich, via Sequenz 2.3-6 mit Hilfe der SPSS Auswahlbedingung *Zimmer = 4 & NordSüd < 3* alle interessierenden Mietwohnungen aus der Arbeitsdatei zu „filtern".

Explorative Datenanalyse. Die einfache Varianzanalyse ist an die „unheilige Dreifaltigkeit" von Unabhängigkeit, Normalität und Varianzhomogenität gebunden. Die Überprüfung dieser Voraussetzungen ist stets unabdingbar, wenn die Analyseergebnisse einer einfaktoriellen Varianzanalyse als valide gelten sollen. Wohl kann man im konkreten Fall davon ausgehen, dass die Unabhängigkeitsforderung für die fünf Mietwohnungsstichproben zumindest formal schon dadurch gegeben ist, dass etwa die Auswahl einer annoncierten Vier-Zimmer-Mietwohnung in Köpenick nichts zu tun hat mit der Auswahl einer Vier-Zimmer- Mietwohnung in einem der anderen vier südlichen Stadtbezirke. Die Frage aber, ob die Mietpreise in den fünf disjunkten Mietwohnungsmärkten als normalverteilt und varianzhomogen angesehen werden können, bedarf analog zum Beispiel 4.4.1-1 einer eingehenden Überprüfung.

Tabelle 4.4.1-5: K-S-Test auf eine Normalverteilung

	Stadtteil, drei Anfangsbuchstaben	Kolmogorov-Smirnov[a]		
		Statistik	df	Signifikanz
Mietpreis (€/m²)	Köp	,080	29	,200*
	Neu	,121	21	,200*
	Ste	,102	20	,200*
	Tem	,105	28	,200*
	Tre	,151	24	,166
	Zeh	,118	30	,200*

*. Dies ist eine untere Grenze der echten Signifikanz.
a. Signifikanzkorrektur nach Lilliefors

K-S-Test. In der Tabelle 4.4.1-5 sind die stadtteilspezifischen Ergebnisse des KOLMOGOROV-SMIRNOV-Anpassungstests auf eine unvollständig spezifizierte Normalverteilung zusammengefasst. Da im konkreten Fall für alle $k = 6$ unabhängigen stadtteilspezifischen Mietwohnungsstichproben das empirische Signifikanzniveau α^* größer ist als das vorgegebene Signifikanzniveau $\alpha = 0{,}05$, gibt es keinen Anlass daran zu zweifeln, dass die zugehörigen Mietpreise im jeweiligen stadtbezirksspezifischen Mietwohnungsmarkt als Realisationen einer normalverteilten Zufallsgröße angesehen werden können.

Boxplots. Die stadtteilspezifischen Ergebnisse des K-S-Tests auf eine Normalverteilung koinzidieren mit den sechs stadtteilspezifischen Boxplots der Mietpreise innerhalb der Abbildung 4.4.1-4, die mehr oder weniger symmetrische Mietpreisverteilungen erkennen lassen. Augenscheinlich ist zudem die unterschiedliche Ausdehnung und die niveauverschobene Lage der Boxplots, die gleichsam wie die stichprobenspezifischen Verteilungsparameter innerhalb der Mittelwerttabelle 4.4.1-6 ein Hinweis auf eine Inhomogenität der Varianzen und der Mittelwerte der stadtbezirksspezifischen Mietpreise sind.

Abbildung 4.4.1-4: Boxplots und Mittelwertdiagramm

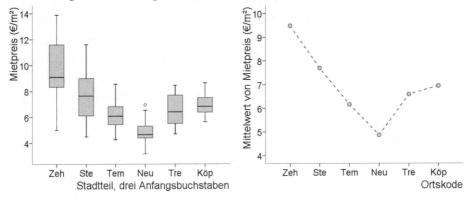

Tabelle 4.4.1-6: Mittelwerttabelle

Mietpreis (€/m²)

Stadtteil, drei Anfangsbuchstaben	Anzahl	Mittelwert	Standardabweichung	Varianz
Köp	29	6,937	,781	,609
Neu	21	4,858	,936	,876
Ste	20	7,689	2,066	4,267
Tem	28	6,162	1,083	1,172
Tre	24	6,585	1,172	1,374
Zeh	30	9,486	2,172	4,718
Insgesamt	152	7,053	2,043	4,175

Nun wird das freie Spiel des Zufalls immer Abweichungen in den Verteilungsparametern bescheren. Die Frage ist nur, ob diese stadtteilspezifischen Mietpreisunterschiede auch im wahrscheinlichkeitstheoretischen Sinne wesentlich sind.

LEVENE-Test. Die Vermutung einer Varianzinhomogenität der stadtteilspezifischen Mietpreise wird durch den LEVENE-TEST untermauert, dessen Ergebnis in der Tabelle 4.4.1-7 zusammengefasst ist. Wegen $\alpha^* = 0{,}000 < \alpha = 0{,}05$ wird auf einem Signifikanzniveau von 0,05 die Homogenitätshypothese bezüglich der stadtteilspezifischen Mietpreisvarianzen verworfen.

Modifikationen. Die in den Boxplots angezeigte und gleichsam durch den LEVENE-Varianzhomogenitätstest bestätigte Inhomogenität der stadtteilspezifischen Mietpreisstreuungen ist bei der „finalen" induktiven Überprüfung der Mittelwerthomogenität der stadtteilspezifischen Mietpreise zu berücksichtigen. Analog zum t-Test für zwei unabhängige Stichproben (vgl. Abschnitt 4.3.1) muss auch das Modell einer einfachen Varianzanalyse, das aus wahrscheinlichkeitstheoretischer Sicht an die Normalverteilungs- und die Varianzhomogenitätsbedingung gebunden ist, modifiziert werden. Zwei Modifikationen, die in SPSS implementiert sind und gemäß Abbildung 4.4.1-5 via Sequenz 4.4.1-1 über die Schaltfläche *Optionen*... im Unterdialogfeld *Einfaktorielle ANOVA: Optionen* wahlweise vereinbart und angefordert werden können, sind der WELCH-Test und der BROWN-FORSYTHE-Test. Beide modifizierten Testverfahren stellen einen Versuch dar, das so genannte BEHRENS-FISHER-Problem, also das Prüfen der Gleichheit von zwei oder mehreren Mittelwerten bei inhomogenen Varianzen einer Lösung zuzuführen. Die Modifikation wird vor allem in den ganzzahlig gerundeten und wesentlich geringeren Freiheitsgraden df augenscheinlich. Hinzu kommt noch, dass der jeweilige Testvariablenwert (und damit auch das empirische Signifikanzniveau α*) nur asymptotisch einer F(ISHER)-Verteilung genügt.

Tabelle 4.4.1-7: LEVENE-Test und WELCH-Test

Mietpreis (€/m²)

	Levene-Statistik	df1	df2	Signifikanz
	8,721	5	146	,000

Mietpreis (€/m²)

	Statistik[a]	df1	df2	Signifikanz
Welch-Test	26,846	5	64,075	,000

a. Asymptotisch F-verteilt

WELCH-Test. Die Tabelle 4.4.1-7 beinhaltet die Ergebnisse des WELCH-Tests, der als ein k-Stichproben-Test auf Mittelwerthomogenität bei Varianzinhomogenität fungiert. Wegen α* = 0,000 < α = 0,05 verwirft man auf einem Signifikanzniveau von α = 0,05 die eingangs formulierte Mittelwerthomogenitätshypothese und deutet das wahre, jedoch unbekannte durchschnittliche Mietpreisniveau in den disjunkten Grundgesamtheiten der sechs südlichen Berliner Stadtteile als „in Gänze" voneinander verschieden.

Post-Hoc-Test. Welche Stadtteile sich im konkreten Fall in ihrem durchschnittlichen Mietpreisniveau voneinander unterscheiden, kann zum Beispiel mit Hilfe des GAMES-HOWELL-Tests beantwortet werden, der in praxi als ein robuster Post-Hoc-Test bei Varianzinhomogenität eine breite Anwendung erfährt und gemäß Abbildung 4.4.1-3 in der Rubrik *Keine Varianzgleichheit angenommen* optional vereinbart werden kann. Vereinbart man zum Beispiel ein optional wählbares multiples Signifikanzniveau von 0,05, so kann man für die sechs südlichen Stadtteile Berlins letztlich drei Stadtteilgruppen identifizieren, die sich im durchschnittlichen Mietpreisniveau signifikant voneinander unterscheiden. ♣

4.4.2 KRUSKAL-WALLIS-Test

Motivation. In der statistischen Methodenlehre wird der KRUSKAL-WALLIS-Test, der auch als KRUSKAL-WALLIS-H-Test bezeichnet wird, als „verteilungsunabhängiges" Pendant zu dem im Abschnitt 4.4.1 beschriebenen „verteilungsabhängigen" F-Test im Kontext einer einfaktoriellen Varianzanalyse auf der Grundlage von zwei oder mehr unabhängigen Stichproben dargestellt.

Kruskal-Wallis-Test
Der KRUSKAL-WALLIS-Test ist ein k-Stichproben-Test, mit dem man auf einem vorgegebenen Signifikanzniveau α prüft, ob ein kategorialer Faktor mit $k \geq 2$ Faktorstufen einen Einfluss auf ein metrisches Merkmal besitzt, das hinsichtlich seiner Verteilung in den $k \geq 2$ Faktorstufen nicht näher spezifiziert ist.

Hinweise. Der KRUSKAL-WALLIS-Test ist analog zu dem im Abschnitt 4.3.2 skizzierten MANN-WHITNEY-Test ein Rangsummentest. Für $k = 2$ unabhängige Stichproben sind die Ergebnisse des KRUSKAL-WALLIS-Tests und des MANN-WHITNEY-Tests identisch. Da der KRUSKAL-WALLIS-Test unter der Homogenitätshypothese approximativ einer χ^2-Verteilung mit $df = k - 1$ Freiheitsgraden genügt, ist die Approximation ausreichend, sobald $k \geq 4$ unabhängige Zufallsstichproben mit je einem Stichprobenumfang von mindestens fünf Beobachtungen vorliegen. Im Falle von $k = 3$ Faktorstufen sind spezielle „Korrekturen" des empirischen Signifikanzniveaus α* erforderlich, auf die hier nicht näher eingegangen wird. ♦

Beispiel 4.4.2-1: KRUSKAL-WALLIS-Test
Motivation. Unter Verwendung der SPSS Datendatei *BerlinerZeitungen.sav* soll auf einem Signifikanzniveau von α = 0,05 mit Hilfe des KRUSKAL-WALLIS-Tests die folgende Mittelwerthomogenitätshypothese geprüft werden: „Für Leser von (lokalen) Berliner Tageszeitungen ist die durchschnittliche tägliche Lesedauer (Angaben in Minuten) im Mittel gleich lang."

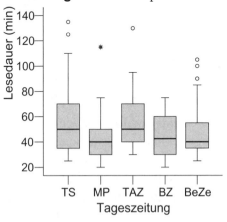

Abbildung 4.4.2-1: Boxplots

Boxplots. In der Abbildung 4.4.2-1 sind die Boxplots der tagesdurchschnittlichen Lesedauer (Angaben in Minuten) von zufällig ausgewählten und befragten Personen für die fünf typischen Berliner Tageszeitungen dargestellt. Bereits anhand dieses explorativen Analysebefundes ist zu erkennen, dass die empirischen zeitungsspezifischen Lesedauerverteilungen nicht nur schief, sondern zudem augenscheinlich auch durch Ausreißer- und Extremwerte gekennzeichnet sind, so dass das Prüfen der eingangs formulierten multiplen Mittelwerthomogenitätshypothese aus statistisch-methodischer Sicht nicht mit Hilfe einer einfachen Varianzanalyse, sondern via Sequenz 4.4.2-1 mittels des KRUSKAL-WALLIS-Tests sinnvoll und geboten erscheint.

Sequenz 4.4.2-1: KRUSKAL-WALLIS-Test
Analysieren
  Nichtparametrische Tests
    k unabhängige Stichproben... → Abbildung 4.4.2-2

Abbildung 4.4.2-2: Dialogfelder *Tests bei mehreren unabhängigen Stichproben*

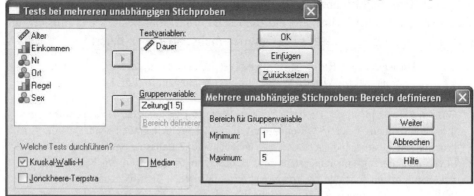

Testergebnisse. In der Tabelle 4.4.2-1 sind die Ergebnisse des KRUSKAL-WALLIS-H-Tests zusammengefasst.

Tabelle 4.4.2-1: Testergebnis

Statistik für Test[a,b]

	durchschnittliche tägliche Lesedauer (in min)
Chi-Quadrat	5,276
df	4
Asymptotisches Alpha*	,260

[a.] Kruskal-Wallis-Test

[b.] Gruppenvariable: favorisierte Tageszeitung

Testentscheidung. Wegen $\alpha^* = 0{,}260 > \alpha = 0{,}05$ besteht kein Anlass, die eingangs formulierte Mittelwerthomogenitätshypothese zum vereinbarten Signifikanzniveau von $\alpha = 0{,}05$ zu verwerfen. Demnach kann davon ausgegangen werden, dass die Leser der fünf typischen Berliner Tageszeitungen täglich im Mittel gleich lange „darin lesen". Die Unterschiede in den empirischen und zeitungsspezifischen Lesedauerverteilungen innerhalb der Abbildung 4.4.2-1 sind im statistischen Sinne nicht markant genug, um die Homogenitätshypothese über die Leserdauerverteilungen bzw. der Lesedauermediane zu verwerfen. ♣

4.4.3 Zweifaktorielle Varianzanalyse

Motivation. Gleichsam wie das Modell einer einfaktoriellen Varianzanalyse erfährt auch das Modell einer zweifaktoriellen Varianzanalyse in der empirischen Wirtschafts- und Sozialforschung eine breite Anwendung. Im Kontext einer zweifaktoriellen Varianzanalyse gelten die gleichen mathematisch-statistischen Voraussetzungen (in Gestalt von unabhängigen, normalverteilten und varianzhomogenen Zufallsstichproben) wie bei einer einfaktoriellen Varianzanalyse, die im Abschnitt 4.4.1 eine paradigmatische Einführung erfahren hat. Das Charakteristikum einer zweifaktoriellen Varianzanalyse besteht in der statistischen Analyse der faktoriellen Wirkung zweier kategorialer Merkmale auf das durchschnittliche Niveau eines metrischen Erhebungsmerkmals, worin die Betrachtung der Interaktion der beiden kategorialen Faktoren eingeschlossen ist. Aus statistisch-methodischer Sicht ist das Modell einer zweifaktoriellen Varianzanalyse ein spezielles Konzept eines G(eneral)L(inear)M(odel), in das neben kategorialen Einflussfaktoren auch metrische Einflussfaktoren (gleichsam in Anlehnung an ein multiples Regressionsmodell), die auch als Kovariaten bezeichnet werden, Eingang finden können. Eine paradigmatische Vermittlung der Grundidee einer zweifaktoriellen Varianzanalyse auf der Basis zweier kategorialer Faktoren ist der Gegenstand des folgenden realdatenbasierten Sachverhalts.

Beispiel 4.4.3-1: Zweifaktorielle Varianzanalyse
Motivation. Die Grundidee einer zweifaktoriellen Varianzanalyse soll anhand der SPSS Daten-Datei *LehrEvaluation.sav* motiviert und exemplarisch demonstriert werden. Die Datei basiert auf insgesamt 120 zufällig ausgewählten und evaluierten Lehrveranstaltungen, die im Wintersemester 2002/03 am Fachbereich Wirtschaftswissenschaften I der Hochschule für Technik und Wirtschaft Berlin ministriert wurden. Von Interesse ist das stetige metrische Erhebungsmerkmal *Durchschnittsnote*, das in Abhängigkeit von den kategorialen Erhebungsmerkmalen *Studiengang* mit den fünf nominalen Ausprägungen *Banken, Betriebswirtschaftslehre, Immobilien, Public Management* und *Wirtschaftsrecht* und *Studium* in der nominalen Dichotomie von *Grund- und Hauptstudium* analysiert werden soll. Mit Hilfe des Modells einer zweifaktoriellen Varianzanalyse soll in diesem Zusammenhang auf einem Signifikanzniveau von $\alpha = 0{,}05$ untersucht werden, ob und inwieweit für die $2 \cdot 5 = 10$ disjunkten studiengangs- und studiumsstufenspezifischen Teilgesamtheiten von evaluierte Lehrveranstaltungen, die sich aus den insgesamt zehn voneinander verschiedenen Ausprägungspaaren der beiden kategorialen Merkmale *Studiengang* und *Studium* ergeben, jeweils ein gleiches durchschnittliches Niveau des metrischen und stetigen Erhebungsmerkmals *Semesterabschlussbewertung (Durchschnittsnote)* angenommen werden kann.

Boxplots. In einem ersten Analyseschritt gilt es im Sinne einer Explorativen Datenanalyse die verfügbaren Daten hinsichtlich ihrer inneren Konsistenzen zu „erforschen". In der Abbildung 4.4.3-1 sind die k = 10 studiengangs- und studiumsspezifischen explorativen Boxplots und Balkendiagramme für das metrische Erhebungsmerkmal „Durchschnittsnote" dargestellt. Die so genannten gruppierten Boxplots und gruppierten Balkendiagramme können via Sequenz 3.2.1-2 angefordert und im SPSS Diagramm-Editor bearbeitet werden.

Abbildung 4.4.3-1: Gruppierte Boxplots und gruppierte Balkendiagramme

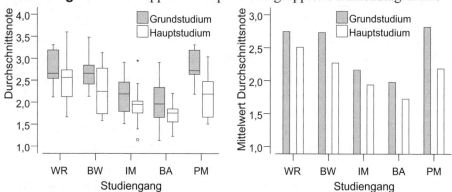

Voraussetzungen. Aufgrund dessen, dass die k = 10 Boxplots im linken Diagramm innerhalb der Abbildung 4.4.3-1 mehr oder weniger symmetrische „Stichprobenverteilungen" indizieren, soll für alle weiteren Betrachtungen davon ausgegangen werden, dass die zugrundeliegenden Daten der metrischen SPSS Variable *Note* aus k = 10 unabhängigen Zufallsstichproben stammen und jeweils als Realisationen von normalverteilten und varianzhomogenen Zufallsgrößen gedeutet werden können. Bereits aus den k = 10 studiengangs- und studiumsspezifischen Boxplots wird ersichtlich, dass die zugrundeliegenden empirischen „Stichprobenverteilungen" sich in ihrem mittleren Niveau unterscheiden. Die Frage, die es im Kontext der angestrebten zweifaktoriellen Varianzanalyse zu klären gilt, ist, ob diese Unterschiede zufälliger oder signifikanter Natur sind.

Mittelwerttabelle und **Balkendiagramm**. Aus den studiengangs- und studiumsstufenspezifischen Balkendiagrammen innerhalb der Abbildung 4.4.3-1 sowie aus der Mittelwerttabelle 4.4.3-1 ist ersichtlich, dass sowohl in den fünf Studiengängen als jeweils auch in den zwei Studiumsstufen augenscheinlich unterschiedliche Niveaus in den Durchschnittsnoten zu beobachten sind. Während man zum Beispiel im Grundstudium des Studiengangs Public Management (PM) die „höchste" und somit die „schlechteste" Durchschnittsnote mit 2,82 ermittelt, konstatiert man für den Studiengang BWL-Banken (BA) im Hauptstudium die „niedrigste" und damit „beste" Durchschnittsnote von 1,73. Die Frage, die mittels einer zweifaktoriellen Varianzanalyse zu klären gilt, besteht darin, ob die

Mittelwertanalyse   139

beiden kategorialen Faktoren *Studiengang* und *Studiumsstufe* bei Annahme eines Signifikanzniveaus von $\alpha = 0{,}05$ im statistischen Sinne als wesentliche Faktoren zur Erklärung der empirisch beobachteten Niveauunterschiede in den Durchschnittsnoten aufgedeckt werden können.

Tabelle 4.4.3-1: Mittelwerttabelle

Abhängige Variable: Note

Studiengang	Studium	Mittelwert	Standardabweichung	Anzahl
Wirtschaftsrecht	Grundstudium	2,75	,40	13
	Hauptstudium	2,51	,56	11
	Gesamt	2,64	,48	24
Betriebswirtschafts-lehre	Grundstudium	2,73	,42	16
	Hauptstudium	2,27	,57	14
	Gesamt	2,52	,54	30
BWL/Immobilien	Grundstudium	2,17	,47	11
	Hauptstudium	1,94	,46	13
	Gesamt	2,04	,47	24
BWL/Banken	Grundstudium	1,98	,52	14
	Hauptstudium	1,73	,32	6
	Gesamt	1,90	,48	20
Public Management	Grundstudium	2,82	,36	9
	Hauptstudium	2,18	,54	9
	Gesamt	2,50	,55	18
Gesamt	Grundstudium	2,48	,55	63
	Hauptstudium	2,16	,56	53
	Gesamt	2,34	,57	116

Ergebnisse. Diese aus den $k = 10$ unabhängigen Lehrveranstaltungsstichproben entlehnten explorativen Analysebefunde findet man im Kontext einer zweifaktoriellen Varianzanalyse durch die jeweiligen Tests der so genannten Zwischensubjekteffekte bestätigt, deren Ergebnisse via Sequenz 4.4.3-1 angefordert werden können und in der Tabelle 4.4.3-2 zusammengefasst sind.

Tabelle 4.4.3-2: Ergebnisse der zweifaktoriellen ANOVA (Varianztabelle)

Abhängige Variable: Note

Quelle (Modelltyp III)	Quadratsumme	df	Varianz	F	Alpha*
Korrigiertes Modell	13,768[a]	9	1,530	6,707	,000
Konstanter Term	572,247	1	572,247	2509,003	,000
Studiengang	9,180	4	2,295	10,062	,000
Studium	3,528	1	3,528	15,470	,000
Studiengang * Studium	,650	4	,163	,712	,585
Fehler	24,176	106	,228		
Gesamt	670,599	116			
Korrigierte Gesamtvariation	37,944	115			

a. R-Quadrat = ,363 (korrigiertes R-Quadrat = ,309)

Sequenz 4.4.3-1: Zweifaktorielle ANOVA
Analysieren
Allgemeines lineares Modell
Univariat → Abbildung 4.4.3-2

Abbildung 4.4.3-2: Dialogfelder *Univariat* und *Univariat: Profilplots*

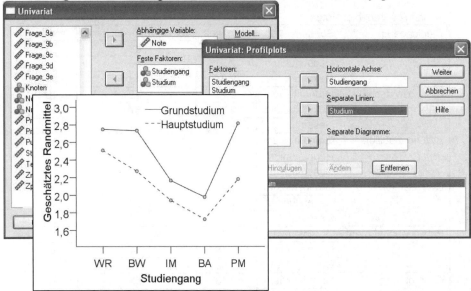

Varianztabelle. Die Varianztabelle, die in der Tabelle 4.4.3-2 zusammengefasst ist und die Ergebnisse der zweifaktoriellen Varianzanalyse beinhaltet, kann analog zur Varianztabelle im Kontext einer einfaktoriellen Varianzanalyse interpretiert werden. Der grundlegende Unterschied besteht allerdings darin, dass nunmehr auf einem vorab vereinbarten Signifikanzniveau von $\alpha = 0{,}05$ nicht nur eine Mittelwerthomogenitätshypothese, sondern weitere drei Hypothesen getestet werden können: Erstens eine Mittelwerthomogenitätshypothese über den studiengangsspezifischen Faktor, zweitens eine Mittelwerthomogenitätshypothese über den studiumsstufenspezifischen Faktor und drittens eine Mittelwerthomogenitätshypothese über den Studiengang-Studiumsstufe-Interaktionseffekt.

Fehlervarianz. Den Ausgangspunkt für das Verständnis der inneren Konsistenzen der Varianztabelle 4.4.3-2 bildet die so genannte Fehlervarianz von
$$24{,}1767(116 - 10) = 24{,}176/106 = 0{,}228,$$
die das Ausmaß der Varianz der erfassten Durchschnittsnoten in allen $k = 10$ studiengangs- und studiumsstufenspezifischen Gruppen reflektiert. Im Kontext einer einfaktoriellen Varianzanalyse wäre diese Varianz mit der „Varianz innerhalb der Gruppen" vergleichbar. Beachtenswert ist dabei, dass diese „Fehlervarianz" als eine Schätzung für die in der statistischen Grundgesamtheit aller evaluierten

Lehrveranstaltungen „wahre, jedoch unbekannte" Varianz der Durchschnittsnoten verwendet wird, ohne dabei an die Gültigkeit der Mittelwerthomogenitätshypothese gebunden zu sein.

Studiengangsvarianz. Die Varianz von $9,180/(5 - 1) = 9,180/4 = 2,295$, die für den Faktor *Studiengang* ausgewiesen wird, beschreibt das Ausmaß der mittleren quadratischen Abweichung der gemessenen Durchschnittsnoten zwischen den fünf Studiengängen. Unter der Annahme, dass in den fünf Studiengängen im Durchschnitt ein gleiches Durchschnittsnotenniveau gemessen wird, kann man zeigen, dass die Varianz zwischen den fünf Studiengängen nahezu gleich ist der Fehlervarianz, also der Varianz innerhalb aller $k = 10$ studiengangs- und studienstufenspezifischen Gruppen und damit in logischer Konsequenz der Varianzquotient aus der Varianz „zwischen den Gruppen" und der Varianz „innerhalb der Gruppen" zufallsbedingt um den Wert Eins schwankt. Da im konkreten Fall jedoch (von Rundungsfehler einmal abgesehen) $F = 2,295/0,228 \simeq 10,062$ gilt, leuchtet es intuitiv ein, dass die Notenvarianz zwischen den fünf Studiengängen ca. 10 mal größer ist als Varianz innerhalb aller $k = 10$ studiengangs- und studiumsstufenspezifischen Gruppen. Dieser vergleichsweise „große" F-Wert, der im Kontext des zugrundeliegenden F(ISHER)-Tests als Testvariablenwert fungiert, koinzidiert mit einem vergleichsweise „kleinen" empirischen Signifikanzniveau von $\alpha^* = 0,000$. Wegen $\alpha^* = 0,000 < \alpha = 0,05$ verwirft man daher die studiengangsspezifische Mittelwerthomogenitätshypothese über die gemessenen Durchschnittsnoten und deutet das kategoriale Merkmal *Studiengang* als einen signifikanten Einflussfaktor zur Beschreibung der metrischen Erhebungsmerkmals *Durchschnittsnote*.

Studiumsstufenvarianz. Die Varianz von $3,528/(2 - 1) = 3,528/1 = 3,528$, die für den Faktor *Studium(sstufe)* ausgewiesen wird, beschreibt das Ausmaß der mittleren quadratischen Abweichung der gemessenen Durchschnittsnoten zwischen den zwei Studiumsstufen. Unter der Annahme, dass in den beiden Studiumsstufen im Durchschnitt ein gleiches (durchschnittliches) Notenniveau gemessen wird, kann man wiederum zeigen, dass die Varianz zwischen den zwei Studiumsstufen „Grund- und Hauptstudium" nahezu gleich ist der Fehlervarianz, also der Varianz innerhalb aller studiengangs- und studienstufenspezifischen Gruppen und damit in logischer Konsequenz der Varianzquotient aus der Varianz „zwischen den Gruppen" und der Varianz „innerhalb der Gruppen" zufallsbedingt um eins schwankt. Da im konkreten Fall jedoch $F = 3,528/0,228 \simeq 15,470$ gilt, leuchtet es auch in diesem Falle intuitiv ein, dass die Notenvarianz zwischen den beiden Studiumsstufen nahezu 15,5 mal größer ist als Varianz innerhalb aller studiengangs- und studiumsstufenspezifischen Gruppen. Dieser „markante" Varianzquotient, der im Kontext des zugrundeliegenden F-Tests als Testvariablenwert fungiert, koinzidiert mit einem „verschwindend kleinen" empirischen Signifikanzniveau von $\alpha^* = 0{,}000$. Wegen $\alpha^* = 0{,}000 < \alpha = 0{,}05$ verwirft man daher auch die studiumsstufenspezifische Mittelwerthomogenitätshypothese über die gemessenen Durchschnittsnoten und deutet das kategoriale Merkmal *Studiumsstufe* als einen signifikanten Einflussfaktor zur Beschreibung der metrischen Erhebungsmerkmals *Durchschnittsnote* für die zufällig ausgewählten und evaluierten Lehrveranstaltungen.

Interaktionsvarianz. Die in der Varianztabelle in der Rubrik *Studiengang * Studium(sstufe)* vermerkte Varianz von $0{,}650/((5-1)\cdot(2-1)) = 0{,}650/4 = 0{,}163$ kennzeichnet die so genannte Interaktionsvarianz, die letztlich ein Maß für die mittlere quadratische Abweichung „zwischen allen $k = 10$ studiengangs- und studiumsstufenspezifischen Mittelwerten" darstellt. Da im konkreten Fall im Kontext des Vergleichs des empirischen mit dem vorab vereinbarten Signifikanzniveau $\alpha^* = 0{,}585 > \alpha = 0{,}05$ gilt, besteht kein Anlass, die Nullhypothese, wonach zwischen den beiden „festen Faktoren" *Studiengang* und *Studiumsstufe* keine Interaktion, also keine Wechselwirkung besteht, zu verwerfen.

Hinweise. Bei der Betrachtung der so genannten Interaktionsvarianz sind die folgenden Hinweise nützlich: Muss im Kontext einer zweifaktoriellen Varianzanalyse die Interaktionsvarianz als „signifikant größer als eins" identifiziert werden, dann erschwert dieses Testergebnis eine „eindeutige statistische Identifizierung" von wesentlich beeinflussenden Faktoren. Aus diesem Grunde ist es im Kontext einer zweifaktoriellen Varianzanalyse empfehlenswert, als erstes stets den „Interaktionseffekt" auf Signifikanz zu prüfen. Erweist sich der Interaktionseffekt als nicht signifikant, dann kann man diesen „freiheitsgraderaubenden" Interaktionsfaktor aus dem Modell einer zweifaktoriellen Varianzanalyse „verbannen" und in einem zweiten bzw. dritten Analyseschritt die „Haupteffekte" auf Signifikanz prüfen und diese im Falle ihrer Signifikanz jeweils als einen wesentlichen Faktor bei der statistischen Beschreibung der Studienaktivitäten kennzeichnen. Das Nichtberücksichtigen eines Interaktionseffektes im Kontext einer zweifaktoriellen Varianzanalyse bewerkstelligt man via Sequenz 4.4.3-2 im Unterdialogfeld *Univariat: Modell*, indem man die Option *Gesättigtes Modell* deaktiviert und die Option *Anpassen* aktiviert. ♦

Profildiagramm. Beim Aufdecken von Interaktionseffekten erweist sich ein Profildiagramm als ein anschauliches und nützliches diagnostisches Instrument. Anhand des Profildiagramms innerhalb der Abbildung 4.4.3-2 ist zu erkennen, dass die beiden studiumsstufenspezifischen Polygonzüge (grch. *polys* → viel + *gonia* → Winkel) einen nahezu parallelen Verlauf zeigen und sich auf keinem der fünf studiengangsspezifischen durchschnittlichen Notenniveaus „kreuzen". Sich kreuzende Polygonzüge in einem Profildiagramm können stets als ein Indiz für einen Interaktionseffekt gedeutet werden. Zeigen hingegen die Polygonzüge einen nahezu parallelen Verlauf, dann ist dies stets als ein Indiz für einen „nicht signifikanten" und daher zu vernachlässigenden Interaktionseffekt zwischen den „festen Faktoren" zu deuten. ♣

4.5 CRT-basierter Klassifizierungsbaum

Motivation. In Fortsetzung der Betrachtungen zur zweifaktoriellen Varianzanalyse im Kontext des Abschnittes 4.4.3 soll in diesem Abschnitt die SPSS Prozedur eines Klassifizierungsbaumes auf der Grundlage des so genannten CRT-Verfahrens paradigmatisch skizziert und erläutert werden. Die Abbreviatur CRT basiert auf dem englischen Begriff *Classification and Regression Tree(s)* und bezeichnet die automatische Klassifikation von Merkmalsträgern im Hinblick auf eine beliebig skalierte Zielgröße (abhängige Variable) derart, dass für eine Menge von vermuteten und beliebig skalierten Prädiktoren (lat.: *prae* → vor + *dictio* → das Sagen) a) die klassifizierten und disjunkten (lat.: *disiunctio* → Trennung) Merkmalsträgergruppen so homogen wie möglich sind und b) die Prädiktoren zur Vorhersage der Zielgröße benutzt werden. Handelt es sich bei der Zielgröße um ein stetiges metrisches Erhebungsmerkmal, dann fungiert das so genannte LSD-Kriterium (engl.: *L(east) S(quared) D(eviation)* → kleinste quadratische Abweichung) als Homogenitätsmaß. Die Grundidee des LSD-Kriteriums lässt sich wie folgt skizzieren: Eine Aufteilung der Merkmalsträger eines Knotens (in Gestalt einer Merkmalsträger(teil)menge) in stets dichotome (grch.: *dicha* → zweifach + *tome* → Teil) Unterknoten erfolgt derart, dass die Dichotomisierung zur größten Verringerung der Varianz innerhalb der betreffenden dichotomen Gruppen führt. Ist eine Gruppierung von Merkmalsträgern möglich, dann ist das Resultat einer CRT-basierten Klassifikation stets ein dichotomer Klassifizierungsbaum mit mindestens zwei Endknoten in Gestalt mindestens zweier disjunkter Merkmalsträgergruppen.

Beispiel 4.5-1: CRT-basierter Klassifizierungsbaum
Motivation. In Anlehnung an das Beispiel 4.4.3-1 und unter Verwendung der SPSS Daten-Datei *LehrEvaluation.sav* gilt es im konkreten Fall zu analysieren, inwieweit für evaluierte Lehrveranstaltungen die durchschnittliche Semesterabschlussnote, welche jeweils die eingeschriebenen Teilnehmer insgesamt erzielten und die in der stetigen metrischen SPSS Variable *Note* abgebildet ist, von bestimmten Faktoren beeinflusst wird und wie diese aufgedeckten statistischen Prädiktoren es ermöglichen, nicht nur eine Klassifikation der Lehrveranstaltungen, sondern zugleich auch noch eine Vorhersage der Zielgröße *Durchschnittsnote* für die Lehrveranstaltungen zu bewerkstelligen. Als vorerst vermutete Prädiktoren sollen die nominalen Erhebungsmerkmale *Studium(sstufe)* mit seinen dichotomen Ausprägungen *Grund- und Hauptstudium* und *Studiengang* mit den fünf Ausprägungen *BWL, Banken, Immobilien, Wirtschaftsrecht, Public Management* sowie das metrische Erhebungsmerkmal *Teilnehmeranzahl* fungieren.
Sequenz. Der angestrebte und CRT-basierte Klassifizierungsbaum kann via Sequenz 4.5-1 angefordert werden.

Sequenz 4.5-1: Klassifizierungsbaum
Analysieren
Klassifizieren
Baum ... → Abbildung 4.5-1

Abbildung 4.5-1: Dialogfelder *Klassifizierungsbaum* und ... *Kriterien*

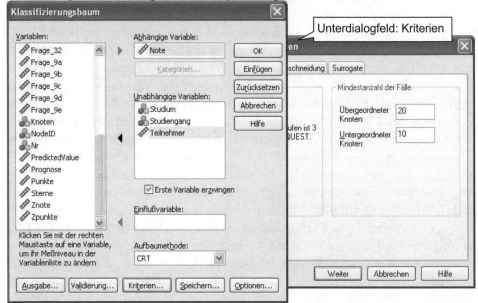

Hinweise. Für die Nutzung der SPSS Klassifizierungsbaum-Prozedur sind die folgenden Hinweise nützlich: i) **Skalierung**. Die Skalierung der interessierenden SPSS Variablen muss analog zum Abschnitt 2.1.2 im Zuge der Variablendefinition adäquat vereinbart und in der Rubrik „Meßniveau" vermerkt sein. ii) **Zielgröße**. Im konkreten Fall fungiert die metrische und stetige SPSS Variable *Note* als Zielgröße bzw. abhängige Variable. iii) **Prädiktoren**. Als vermutete Prädiktoren bzw. unabhängige Variablen fungieren die beiden kategorialen SPSS Variablen *Studium* und *Studiengang* sowie die diskrete und metrische SPSS Variable *Teilnehmer*(anzahl), die im Zuge der Klassifizierungsbaumanalyse automatisch klassiert wird. iv) **Aufbaumethode**. Im konkreten Fall wurde (etwa im Unterschied zum Beispiel 5.1.3-1) die CRT-Prozedur als Aufbaumethode für den Klassifizierungsbaum vereinbart. v) **Einstellungen**. Die SPSS Prozedur zur Erstellung eines Klassifizierungsbaumes ermöglicht eine babylonische Vielfalt von Steuerungsmöglichkeiten, die über die Schaltflächen *Ausgabe...*, *Validierung...*, *Kriterien...*, *Speichern...* und *Optionen...* optional vereinbart und angefordert werden können. Im Blickwinkel einer paradigmatischen Einführung in die Prozedur werden aus Gründen der Einfachheit und Übersichtlichkeit bis auf zwei Ausnahmen die SPSS Standardeinstellungen beibehalten. Die erste Ausnahme bezieht sich auf die Option *Erste Variable erzwingen*, mit der optional vereinbart wird, dass das (erstplatzierte) nominale Erhebungsmerkmal *Studium(sstufe)* als „primäre" unabhängige Variable „zwingend" festgelegt wird und darauf aufbauend der Einfluss der restlichen zwei Variablen in die statistische Klassifikation der Merkmalsträger Eingang finden. Ein Deaktivieren der Option *Erste Variable erzwingen* hat zur Folge, dass im prozeduralen Ablauf automatisch diejenige Variable die höchste Priorität eingeräumt bekommt, welche das höchste Homogenitätsmaß für die Zielvariable liefert. Dabei ist zu beachten, dass man je nach Vorgehensweise in der Regel unterschiedliche Analyseergebnisse erhält. Die zweite Ausnahme bezieht sich gemäß Abbildung 4.5-1 auf die Festlegung der Mindestanzahl der Fälle in den über- und den untergeordneten Knoten, die im konkreten Fall im Unterdialogfeld *Klassierungsbaum: Kriterien* wegen des vergleichsweise geringen Umfangs von 116 Lehrveranstaltungen auf 20 bzw. 10 Merkmalsträger festgelegt wurden. ♦

Analyseergebnisse. Die Ergebnisse der CRT-basierten Merkmalsträgerklassifikation, die in der Tabelle 4.5-1 und in der Abbildung 4.5-2 zusammengefasst sind, können wie folgt interpretiert werden:

Tabelle 4.5-1: Modell- und Ergebniszusammenfassung

Spezifikationen	Aufbaumethode	CRT
	Abhängige Variable	Note
	Unabhängige Variablen	Studiengang, Teilnehmer, Studium
	Validierung	Keine
	Maximale Baumtiefe	5
	Mindestfallanzahl übergeordneter Knoten	20
	Mindestfallanzahl untergeordneter Knoten	10
Ergebnisse	Aufgenommene unabhängige Variablen	Studium, Teilnehmer, Studiengang
	Anzahl der Knoten	11
	Anzahl der Endknoten	6
	Tiefe	3

Prädiktoren. Zur statistischen und modellhaften Beschreibung der lehrveranstaltungsbezogenen Durchschnittsnoten sind alle drei statistisch erfassten Prädiktoren von Bedeutung. Dies verwundert nicht, zumal bereits im Kontext der zweifaktoriellen Varianzanalyse, die im Abschnitt 4.4.3 paradigmatisch skizziert wurde, die beiden nominalen Erhebungsmerkmale *Studium(sstufe)* und *Studiengang* als wesentliche Einflussfaktoren zur statistischen Erklärung der Niveauunterschied in den lehrveranstaltungsbezognen Durchschnittsnoten aufgedeckt wurden. Hinzu kommt jetzt noch, dass auch die Anzahl der Teilnehmer, die sich in eine Lehrveranstaltung eingeschrieben haben, als ein wesentlicher Prädiktor für die erzielten Durchschnittsnoten angesehen werden kann.

Knoten. Der Klassifizierungsbaum innerhalb der Abbildung 4.5-2 beruht insgesamt auf 11 Knoten, die sich als Mengen bzw. als Teilmengen von Merkmalsträgern wie folgt charakterisieren lassen: fünf dichotome Knoten (Knoten der Ordnung 0, 1, 2, 4 und 6) und sechs Endknoten (Knoten der Ordnung 3, 5, 7, 8, 9 und 10). Während der Knoten 0 die realisierte Lehrveranstaltungsstichprobe mit einem Umfang von 116 Lehrveranstaltungen repräsentiert, markieren (gleichsam wie bei einem Verkehrsknotenpunkt zweier sich kreuzender Verkehrswege) die fünf dichotomen Knoten eine weitere „Dichotomisierung" der Merkmalsträger in

Gestalt der evaluierten Lehrveranstaltungen. Schließlich und endlich kennzeichnen die sechs Endknoten die „finale" Aufteilung der Gesamtheit der 116 Lehrveranstaltung hinsichtlich der Zielgröße „Durchschnittsnote".

Abbildung 4.5-2: CRT-basierter Klassifizierungsbaum

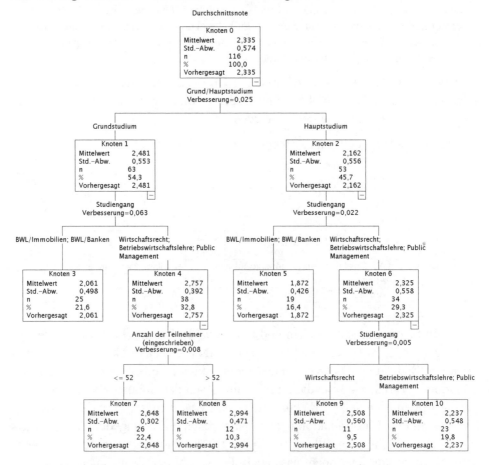

LSD-Kriterium. Aufgrund dessen, dass vereinbarungsgemäß die erstgenannte Prädiktorvariable *Studium(sstufe)* als „erste Variable zwingend festgelegt" wurde, werden in einem ersten Analyseschritt die 116 Lehrveranstaltungen in die zwei disjunkten studiumsstufenspezifischen Gruppen „Grund- bzw. Hauptstudium" mit einem Umfang von 63 bzw. 53 Lehrveranstaltungen gegliedert. Die durch diese Dichotomisierung angezeigte Verbesserung der Varianz der Zielgröße „Durchschnittsnote" von 0,025 lässt sich anhand der Daten im Klassifizierungsbaum und mittels des so genannten Varianzzerlegungssatzes sachlogisch wie folgt erklären: Für die statistische Gesamtheit der n = 116 Lehrveranstaltungen im Konten 0 berechnet man eine Gesamtvarianz der lehrveranstaltungsbezogenen Durchschnittsnoten von

$$(115/116) \cdot 0{,}574^2 \cong 0{,}327$$

und für die dichotomen und disjunkten Teilgesamtheiten der Grund- und Hauptstudienlehrveranstaltungen eine Innergruppenvarianz der lehrveranstaltungsbezogenen Durchschnittsnoten von

$$((63-1) \cdot 0{,}553^2 + (53-1) \cdot 0{,}556^2)/(63+53) \cong 0{,}302,$$

die ihrem Wesen nach ein gewogenes arithmetisches Mittel aus den beiden gruppenspezifischen Notenvarianzen ist. Offensichtlich hat man mit dieser Dichotomisierung die Gesamtvarianz im Knoten 0 um

$$0{,}327 - 0{,}302 = 0{,}025$$

verringert und im Sinne der angestrebten Homogenisierung der Gruppen „verbessert". Der Verbesserungsbetrag von 0,025 ist seinem Wesen nach nichts anders als die Durchschnittsnotenvarianz zwischen dem Grund- und dem Hauptstudium, die sich wegen

$$(63 \cdot (2{,}481 - 2{,}335)^2 + 53 \cdot (2{,}162 - 2{,}335)^2)/(63+53) \cong 0{,}025$$

als ein gewogenes quadratisches Mittel aus den gruppenspezifischen Durchschnittsnoten von 2,481 bzw. 2,162 für die 63 Grundstudien- bzw. für die 53 Hauptstudienlehrveranstaltungen und der Gesamtdurchschnittsnote von 2,335 für alle 116 Lehrveranstaltungen darstellen lässt. Analog sind alle anderen „Verbesserungen" einschließlich der angezeigten Verteilungsparameter statistisch und sachlogisch zu deuten.

Eta-Quadrat. Unmittelbar mit der Betrachtung der fünf Zwischengruppenvarianzen, die im Klassifizierungsbaum mit der Kennung „Verbesserung" versehen sind, ist die Maßzahl η^2 (lies: *Eta-Quadrat*) verbunden, die als ein Gütemaß für einen CRT-basierten Klassifizierungsbaum gedeutet werden kann und sich wie folgt berechnet: Summiert man alle „Verbesserungswerte" und dividiert diese Summe, die identisch ist mit der Durchschnittsnotenvarianz zwischen den sechs Endknoten, durch die Gesamtvarianz der lehrveranstaltungsbezogenen Durchschnittsnoten, so erhält man im konkreten Fall für Eta-Quadrat einen Wert von

$$\eta^2 = (0{,}025 + 0{,}063 + 0{,}022 + 0{,}008 + 0{,}005)/0{,}327 \cong 0{,}376,$$

der wie folgt interpretiert werden kann: Mit den sechs studiumsstufen-, studiengangs- und teilnehmeranzahlspezifischen Endknoten ist man bereits in der Lage, zu 37,6 % die Gesamtvarianz der lehrveranstaltungsbezogenen Durchschnittsnoten statistisch zu erklären. Gleichwohl die gemessene Erklärungsgüte nicht sehr hoch ist, soll der Vollständigkeit halber noch das so genannte Prognosekonzept auf der Basis eines CRT-basierten Klassifizierungsbaumes kurz beleuchtet und skizziert werden.

Prognosekonzept. Das Prognosekonzept, das neben der Klassifizierung von Merkmalsträgern zur eigentlichen Zweckbestimmung eines CRT-basierten Klassifizierungsbaumes zählt, kann wie folgt skizziert werden: In der Abbildung 4.5-3 ist ein Ausschnitt aus dem SPSS Daten-Editor dargestellt, der für ausgewählte Lehrveranstaltungen die Prognosewerte für die Knotenzugehörigkeit und für die Durchschnittsnote beinhaltet. Die Prognosewerte können im Unterdialogfeld *Klassifizierungsbaum: Speichern* optional vereinbart werden. Demnach würde man zum Beispiel im Studiengang BWL die Grundstudienlehrveranstaltung der Ordnung 9145 mit ihren 39 eingeschriebenen Teilnehmern dem Knoten 7 zuordnen und mittels des Entscheidungsbaumes eine Durchschnittsnote von 2,648 vorhersagen. Analog ordnet man die Hauptstudienlehrveranstaltung mit der Identifikationsnummer 9237 mit ihren 17 eingeschriebenen Teilnehmern und dem Knoten 10 zu und prognostiziert mittels des Entscheidungsbaumes eine Durchschnittsnote von 2,237.

Abbildung 4.5-3: SPSS Daten-Editor (Ausschnitt) mit Prognosewerten

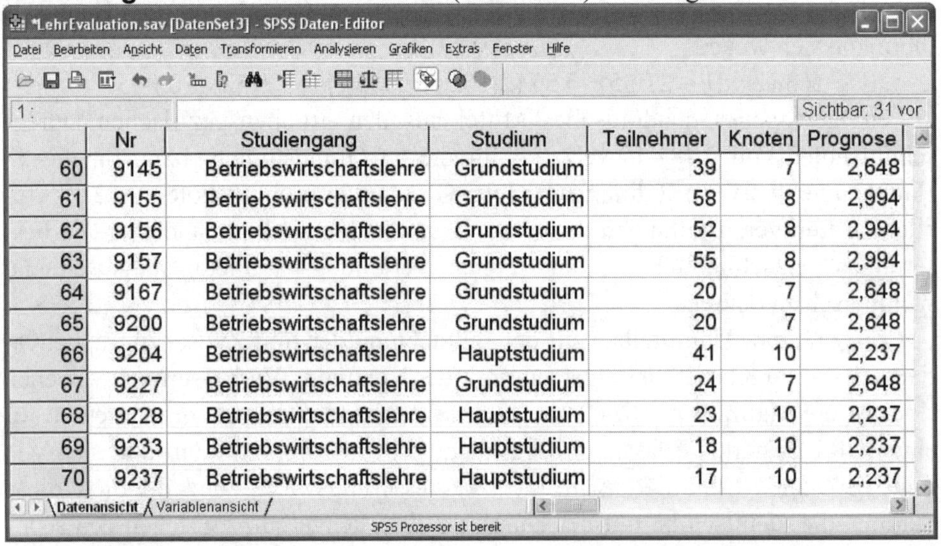

	Nr	Studiengang	Studium	Teilnehmer	Knoten	Prognose
60	9145	Betriebswirtschaftslehre	Grundstudium	39	7	2,648
61	9155	Betriebswirtschaftslehre	Grundstudium	58	8	2,994
62	9156	Betriebswirtschaftslehre	Grundstudium	52	8	2,994
63	9157	Betriebswirtschaftslehre	Grundstudium	55	8	2,994
64	9167	Betriebswirtschaftslehre	Grundstudium	20	7	2,648
65	9200	Betriebswirtschaftslehre	Grundstudium	20	7	2,648
66	9204	Betriebswirtschaftslehre	Hauptstudium	41	10	2,237
67	9227	Betriebswirtschaftslehre	Grundstudium	24	7	2,648
68	9228	Betriebswirtschaftslehre	Hauptstudium	23	10	2,237
69	9233	Betriebswirtschaftslehre	Hauptstudium	18	10	2,237
70	9237	Betriebswirtschaftslehre	Hauptstudium	17	10	2,237

Kernaussage. Bemerkenswert erscheint schließlich und endlich die scheinbar triviale studienorganisatorische Kernaussage, die im konkreten Fall aus dem konstruierten CRT-basierten Klassifizierungsbaum entlehnt werden kann und bei Kenntnis der Gegebenheiten der realen Hochschulwelt nicht überrascht: Während im Grundstudium neben dem Studiengang vor allem auch die Teilnehmeranzahl an den Lehrveranstaltungen bei der Erklärung des Leistungsniveaus der Studierenden, das durch die Durchschnittsnote beschrieben wird, als ein wesentlicher Einflussfaktor aufgedeckt werden kann, sind die Unterschiede in den lehrveranstaltungsbezognen Durchschnittsnoten im Hauptstudium einzig und allein aus der Zuordnung der evaluierten Lehrveranstaltungen zu den jeweiligen Studiengängen mit Hilfe der drei benutzten Prädiktoren statistisch zu erklären. ♣

Aufgaben

Die mit * gekennzeichneten Aufgaben sind Klausuraufgaben.

Aufgabe 4-1*
Verwenden Sie die SPSS Daten-Datei *Gebrauchtwagen.sav* und fassen Sie die erhobenen Daten als das Ergebnis einer einfachen Zufallsauswahl auf.

a) Fügen Sie in die Datei eine Variable ein, die für jeden Merkmalsträger die durchschnittliche Fahrleistung pro Altersjahr angibt. Geben Sie für die Gebrauchtwagen vom Typ Ford Fiesta das zugehörige Stichprobenmittel und die zugehörige Stichprobenstandardabweichung an.
b) Bestimmen Sie ein realisiertes Konfidenzintervall für die mittlere jahresdurchschnittliche Fahrleistung eines Ford Fiesta auf einem Konfidenzniveau von 0,9.
c) Prüfen Sie mit Hilfe eines geeigneten und konkret zu benennenden Verfahrens auf einem Signifikanzniveau von 0,01 die folgende Hypothese: „Die jahresdurchschnittliche Fahrleistung von gebrauchten Ford Fiesta ist eine normalverteilte Zufallsgröße."
d) Gehen Sie davon aus, dass die jahresdurchschnittliche Fahrleistung eine normalverteilte Zufallsgröße ist. Geben Sie unter Verwendung der betreffenden Stichprobenparameter die Wahrscheinlichkeit dafür an, dass ein zufällig ausgewählter Gebrauchtwagen vom Typ Ford Fiesta im Jahresdurchschnitt mehr als 15000 km gefahren wird.
e) Testen Sie mit Hilfe eines geeigneten und konkret zu benennenden Verfahrens auf einem Signifikanzniveau von 0,05 die folgende Hypothese: „Die mittlere jahresdurchschnittliche Fahrleistung von gebrauchten Ford Fiesta ist gleich der von gebrauchten Ford Escort."

Aufgabe 4-2*
Verwenden Sie zur Lösung der Aufgabe die SPSS Daten-Datei *Automarxx.sav*. Die Datei basiert auf dem Automarkenindex AUTOMARXX, der vom ADAC für den Monat Dezember 2005 herausgegeben wurde. Von Interesse sind alle erfassten Automarken.

a) Fügen Sie in die Arbeitsdatei eine Variable ein, die eine Gesamtbewertung für jede Automarke ermöglicht. Verwenden Sie dazu das ADAC-Wägungsschema: Markenimage 25 %, Marktstärke 10 %, Kundenzufriedenheit 15 %, Fahrzeugqualität 30 %, Techniktrends 10 % und Markentrends 10 %. Geben Sie explizit die von Ihnen benutzte Berechnungsvorschrift an und fassen Sie für alle weiteren Betrachtungen die berechneten Gesamtbewertungen in ihrer kontinentalen Gliederung jeweils als normalverteilte Zufallsstichprobenbefunde auf.
b) Geben Sie die kontinentalspezifischen Stichprobenumfänge, Stichprobenmittelwerte und Stichprobenstandardabweichungen an.
c) Prüfen Sie auf einem Signifikanzniveau von 0,05 mit Hilfe eines geeigneten und konkret zu benennenden Verfahrens die folgenden Hypothesen: i) „Bei Automarken sind die kontinentalspezifischen Varianzen der Gesamtbewertungen gleich." und ii) „Bei Automarken sind die durchschnittlichen kontinentalspezifischen Gesamtbewertungen gleich."
d) Welche Automarken sind in ihrer kontinentalen Zuordnung durch ein homogenes Durchschnittsniveau in den Gesamtbewertungen gekennzeichnet? Treffen Sie Ihre Aussage auf einem Signifikanzniveau von 0,2. Benennen Sie das genutzte Verfahren.

Aufgabe 4-3*
Verwenden Sie die SPSS Daten-Datei *LehrEvaluation.sav* und fassen Sie die evaluierten Lehrveranstaltungen als das Resultat einer einfachen Zufallsauswahl auf. Von Interesse sind alle zufällig ausgewählten und evaluierten Lehrveranstaltungen.

a) Prüfen Sie mit Hilfe eines geeigneten und konkret zu benennenden Verfahrens auf einem Signifikanzniveau von 0,05 die folgenden unvollständig spezifizierten studiengangsspezifischen Verteilungshypothesen: „Die Durchschnittsnoten in den Lehrveranstaltungen sind jeweils Realisationen einer normalverteilten Zufallsgröße."
b) Prüfen Sie auf einem Signifikanzniveau von 0,05 mit Hilfe eines geeigneten und konkret zu benennenden Verfahrens die folgende Homogenitätshypothese: „In den jeweiligen Studiengängen sind die Varianzen der Durchschnittsnoten gleich."
c) Prüfen Sie auf einem Signifikanzniveau von 0,01 mit Hilfe eines geeigneten und konkret zu benennenden Verfahrens die folgende Homogenitätshypothese: „In den jeweiligen Studiengängen sind die Durchschnittsnoten im Mittel gleich."
d) Ergänzen und interpretieren Sie auf einem Signifikanzniveau von 0,10 den studiengangsspezifischen Mittelwertvergleich durch ein geeignetes und konkret zu benennendes Post-Hoc-Verfahren.

Aufgabe 4-4*
Verwenden Sie die SPSS-Datendatei *Logo.sav*. Die Datei beinhaltet die statusgruppenspezifischen Bewertungen (Voten) zufällig und unabhängig voneinander befragter Statusgruppenmitglieder für den künstlerischen Entwurf eines neuen Hochschullogos. Der Entwurf konnte auf einer Punkteskala mit den Randpunktewerten 0 und 9 bewertet werden.
a) Prüfen Sie mit Hilfe eines geeigneten und konkret zu benennenden Verfahrens auf einem Signifikanzniveau von 0,05 die folgenden unvollständig spezifizierten und statusgruppenbezogenen Verteilungshypothesen: „Die individuellen Bewertungen sind jeweils Realisationen einer normalverteilten Zufallsgröße."
b) Prüfen Sie auf einem Signifikanzniveau von 0,05 mit Hilfe eines geeigneten und konkret zu benennenden Verfahrens die folgende Hypothese: „Die Varianzen der individuellen Bewertungen sind in allen Statusgruppen gleich."
c) Prüfen Sie auf einem Signifikanzniveau von 0,02 mit Hilfe eines geeigneten und konkret zu benennenden Verfahrens die folgende Hypothese: „In allen Statusgruppen ist die durchschnittliche Bewertung des Hochschullogos gleich."
d) Ergänzen Sie auf einem Signifikanzniveau von 0,05 den multiplen Mittelwertvergleich durch einen geeigneten Post-Hoc-Test.

Aufgabe 4-5
Aus physiologischer Sicht liegt die Vermutung nahe, dass der Körper-Masse-Index einer Person durch solche Prädiktoren wie Geschlechtszugehörigkeit und/oder Konfektionsgröße bereits hinreichend genau bestimmt werden kann. Analysieren Sie diesen Sachverhalt mittels eines CRT-basierten Klassifizierungsbaumes unter Beachtung der folgenden Prämissen: i) Datenbasis: SPSS Daten-Datei *Befragung.sav*, ii) Mindestanzahl von Merkmalsträgern im über- bzw. untergeordneten Knoten: 50 bzw. 30, iii) Beibehaltung der SPSS Standardeinstellungen.
a) Aus wie vielen Knoten, dichotomen Knoten und Endknoten besteht der Klassifizierungsbaum? Welche Knoten bilden die Gruppe der Endknoten?
b) Welche Verbesserung der Gesamtvarianz wird durch die Dichotomisierung des Knotens der Ordnung null erzielt?
c) Zu wie viel Prozent ist man mit den Endknoten in der Lage, die Gesamtvarianz der erfassten Körper-Masse-Indizes statistisch zu erklären? Wie wird diese Maßzahl genannt?
d) Welche Knotenzugehörigkeit und welchen Körper-Masse-Index prognostiziert man jeweils für den Merkmalsträger mit der Ordnungsnummer 1001 und 1002? ♣

5

Zusammenhangsanalyse

Schlüsselwörter

χ^2-Unabhängigkeitstest
Einfache Maßkorrelation
Klassifizierungsbaum
Kontingenzmaße

Kontingenztabelle
Partielle Maßkorrelation
Rangkorrelation
Streudiagramm

Gegenstand. Dieses Kapitel hat klassische Verfahren der statistischen Zusammenhangsanalyse zum Gegenstand. In der statistischen Zusammenhangsanalyse, die stets sachlogisch zu begründen ist und keine Kausalitätsanalyse (lat.: *causalis* → ursächlich) ersetzt, steht das Messen der Intensität und/oder der Richtung von Zusammenhängen zwischen zwei oder mehreren Merkmalen mit Hilfe geeigneter Maßzahlen im Vordergrund.

Analysekonzepte. In Abhängigkeit davon, ob die Merkmalsausprägungen auf einer nominalen, ordinalen oder metrischen Skala statistisch erhoben wurden, unterscheidet man in der statistischen Methodenlehre zwischen der Kontingenzanalyse (lat.: *contingentia* → Zufälligkeit), der Rangkorrelationsanalyse und der Maßkorrelationsanalyse (lat.: *con...* → zusammen mit + *relatio* → Beziehung).

Zielstellung. Das Ziel dieses Kapitels besteht darin, anhand praktischer Problemstellungen paradigmatisch zu zeigen, wie man unter Verwendung grafischer und numerischer Verfahren eine statistische Zusammenhangsanalyse a) für nominale und/oder ordinale Merkmale mit wenigen sich voneinander unterscheidenden Ausprägungen auf der Basis einer Kontingenztabelle bewerkstelligt, b) für ordinale Merkmale mit vielen sich voneinander unterscheidenden Ausprägungen bzw. für nicht normalverteilte metrische Daten eine Rangkorrelationsanalyse realisiert sowie c) für (normalverteilte) metrische Daten eine bivariate (lat.: *bis* → zweifach + *varia* → Allerlei) und eine partielle (lat.: *partialis* → anteilig) Maßkorrelationsanalyse durchgeführt. ♣

5.1 Kontingenzanalyse

Motivation. In der statistischen Methodenlehre wird die Zusammenhangsanalyse auf der Basis von Kontingenztabellen als   bezeichnet. In diesem Abschnitt werden ausschließlich Verfahren der bivariaten Kontingenzanalyse dargestellt. Aus der Vielzahl der Verfahren zur Kontingenzanalyse, die in SPSS implementiert sind, werden nur diejenigen exemplarisch am praktischen Sachverhalt demonstriert, die vor allem in der empirischen Wirtschafts- und Sozialforschung eine breite praktische Anwendung erfahren. ♦

5.1.1 Kontingenztabelle

Motivation. Die Grundlage einer statistischen Kontingenzanalyse bildet eine Kontingenztabelle, auch Kreuztabelle genannt, die in der angewandten Statistik in der Regel nur für kategoriale, d.h. für nominale und/oder ordinale bzw. auf eine Nominalskala und/oder eine Ordinalskala transformierte metrische Erhebungsmerkmale mit wenigen sich voneinander unterscheidenden Merkmalsausprägungen erstellt wird.

Kontingenztabelle

Eine $(r \times c)$-Kontingenz- oder Kreuztabelle für zwei kategoriale Merkmale mit r bzw. c voneinander verschiedenen Merkmalsausprägungen ist ein Zahlenschema, das aus r Zeilen (engl.: *rows*) und aus c Spalten (engl.: *columns*) besteht und der Beschreibung der gemeinsamen (zweidimensionalen absoluten bzw. relativen) Häufigkeitsverteilung der $(r \times c)$-Ausprägungspaare der beiden kategorialen Erhebungsmerkmale dient.

Unabhängigkeit. Unmittelbar mit dem Begriff einer Kontingenztabelle ist in der Kontingenzanalyse der statistische Unabhängigkeitsbegriff verbunden, der inhaltlich und aus statistisch-methodischer Sicht unterschiedlich dargestellt werden kann. Eine für die praktische statistische Arbeit leicht nachvollziehbare inhaltliche Bestimmung ergibt das folgende Bild: Stimmen in einer $(r \times c)$-Kontingenztabelle für zwei kategoriale Erhebungsmerkmale alle r bzw. alle c Konditionalverteilungen überein, dann heißen beiden Erhebungsmerkmale statistisch unabhängig, ansonsten statistisch abhängig.

Kontingenzmaße. Auf diesen elementaren Überlegungen basieren auch die in SPSS implementierten und in der empirischen Wirtschafts- und Sozialforschung häufig angewandten Kontingenzmaße. Dabei kommt den so genannten χ^2-baierten Kontingenzmaßen eine besondere Bedeutung zu.

---

[15] Eine paradigmatische Einführung in die Kontingenzanalyse findet man u.a. bei: ECKSTEIN, Peter P.: Repetitorium Statistik, Deskriptive Statistik – Stochastik – Induktive Statistik, Mit Klausuraufgaben und Lösungen, 6., aktualisierte Auflage, GABLER Verlag Wiesbaden 2006.

Zusammenhangsanalyse 153

Beispiel 5.1.1-1: Kontingenztabelle
Motivation. Unter Verwendung der SPSS Daten-Datei *FKK.sav* soll der statistische Zusammenhang zwischen der Einstellung zur F(rei)K(örper)K(ultur) und der religiösen Bindung von zufällig ausgewählten und befragten Berliner Studenten analysiert werden. Da sowohl die zwei Ausprägungen *kein Fan, Fan* des Merkmals *FKK* als auch die drei Ausprägungen *Atheist, Christ, Moslem* des Merkmals *Religion* auf einer Nominalskala definiert sind, bewerkstelligt man die angestrebte Zusammenhangsanalyse mittels einer Kontingenztabelle.
Sequenz. Eine Kontingenz- oder Kreuztabelle kann in SPSS via Sequenz 5.1.1-1 erstellt werden.

> **Sequenz 5.1.1-1**: Kreuztabelle
> Analysieren
>   Deskriptive Statistiken
>   Kreuztabellen... → Abbildung 5.1.1-1

Abbildung 5.1.1-1: Dialogfelder *Kreuztabellen* und ... *Zellen anzeigen*

Hinweise. Für die Erstellung und Interpretation einer Kontingenztabelle erweisen sich die folgenden Hinweise als hilfreich: i) **Zuordnung**. Bei der Erstellung einer Kreuztabelle ist es streng genommen ohne Belang, welches kategoriale Merkmal mit seinen r bzw. c Ausprägungen in den Zeilen und welches in den Spalten erscheint, da eine Kontingenzanalyse lediglich darauf abstellt, eine Aussage über die Stärke eines statistischen Zusammenhangs zwischen zwei nominalen und/oder ordinalen Merkmalen zu treffen. ii) **Häufigkeiten**. Gemäß Abbildung 5.1.1-1 können im Unterdialogfeld *Kreuztabellen: Zellen anzeigen* verschiedene absolute und/oder prozentuale relative sowie residuale (lat.: *residuum* → Rest) Häufigkeiten angefordert werden, die sich im Kontext einer Kontingenzanalyse in vielerlei Hinsicht als nützlich erweisen. ♦

Kontingenztabelle. Die Tabelle 5.1.1-1 beinhaltet die angeforderte rechteckige Kontingenztabelle vom Typ (2 × 3) auf der Basis der beobachteten absoluten Häufigkeiten für die 2·3 = 6 nominalen Ausprägungspaare.

Tabelle 5.1.1-1: (2 × 3)-Kontingenztabelle

Anzahl

		Religion			Gesamt
		Atheist	Christ	Moslem	
FKK	kein Fan	93	88	21	202
	Fan	148	67	8	223
Gesamt		241	155	29	425

Interpretation. Die Kontingenztabelle kann in ihren Bestandteilen wie folgt interpretiert werden:

Typ. Aufgrund dessen, dass das in den Zeilen vermerkte nominale Erhebungsmerkmal *FKK* r = 2 und das in den Spalten vermerkte nominale Erhebungsmerkmal *Religion* c = 3 Ausprägungen besitzt, bezeichnet man wegen r·c = 2·3 = 6 die Kontingenztabelle auch als eine rechteckige Sechsfeldertafel vom Typ (2 × 3).

Häufigkeiten. Jedes der sechs „inneren Zellen" der Kontingenztabelle beinhaltet die gemeinsam bezüglich des jeweiligen Ausprägungspaares beobachtete absolute Häufigkeit. Demnach gaben zum Beispiel von den insgesamt 425 befragten Studierenden 148 Studierende an, sowohl FKK-Fan als auch Atheist zu sein. Analog sind die restlichen absoluten Häufigkeiten zu deuten.

Marginalverteilung. Die Marginalverteilung (lat.: *marginalis* → den Rand betreffend) des nominalen Erhebungsmerkmals *Einstellung zur FKK* kennzeichnet die univariate empirische Verteilung der befragten Studenten auf die zwei nominalen Ausprägungen *kein Fan* und *Fan*: Während sich 223 Studenten als FKK-Fans bezeichneten, gaben 202 Studenten an, keine FKK-Fans zu sein. Die Marginalverteilung des nominalen Erhebungsmerkmals *Religion* kennzeichnet die univariate empirische Verteilung der befragten Studenten auf die drei zugehörigen nominalen Ausprägungen *Atheist*, *Christ* und *Moslem*. Demnach verteilen sich die 425 befragten Studierenden auf die drei festgelegten und empirisch erfassten religionsspezifischen Ausprägungen wie folgt: 241 Atheisten, 155 Christen und 29 Muslime.

Grafik. In der Abbildung 5.1.1-3 ist die in der (2 × 3)-Kontingenztabelle eingefangene zweidimensionale absolute Häufigkeitsverteilung mit Hilfe eines dreidimensionalen Balkendiagramms bildhaft dargestellt, das zum Beispiel via *Grafiken*, *Interaktiv*, *Balken* im SPSS Dialogfeld *Balkendiagramm erstellen* über die Option *3D-Koordiante* angefordert und im SPSS Diagramm-Editor je nach Erfordernis und Wunsch bearbeitet werden kann. Aus dem 3D-Balkendiagramm innerhalb der Abbildung 5.1.1-3 wird bereits ersichtlich, dass sich ungeachtet des

Zusammenhangsanalyse 155

unterschiedlichen absoluten Niveaus etwa die Einstellung zur FKK bei den atheistisch orientierten Studierenden in einem anderen Verhältnis darstellt als bei den religiös gebundenen Studierenden. Diese bereits erkennbaren „andersartigen" einstellungsspezifischen bzw. religionsspezifischen Häufigkeitsverteilungen führen unmittelbar zur Betrachtung der zur „empirisch beobachteten" Kontingenztabelle gehörenden Konditionalverteilungen.

Abbildung 5.1.1-2: Dialogfeld *Balkendiagramm erstellen* mit 3D-Diagramm

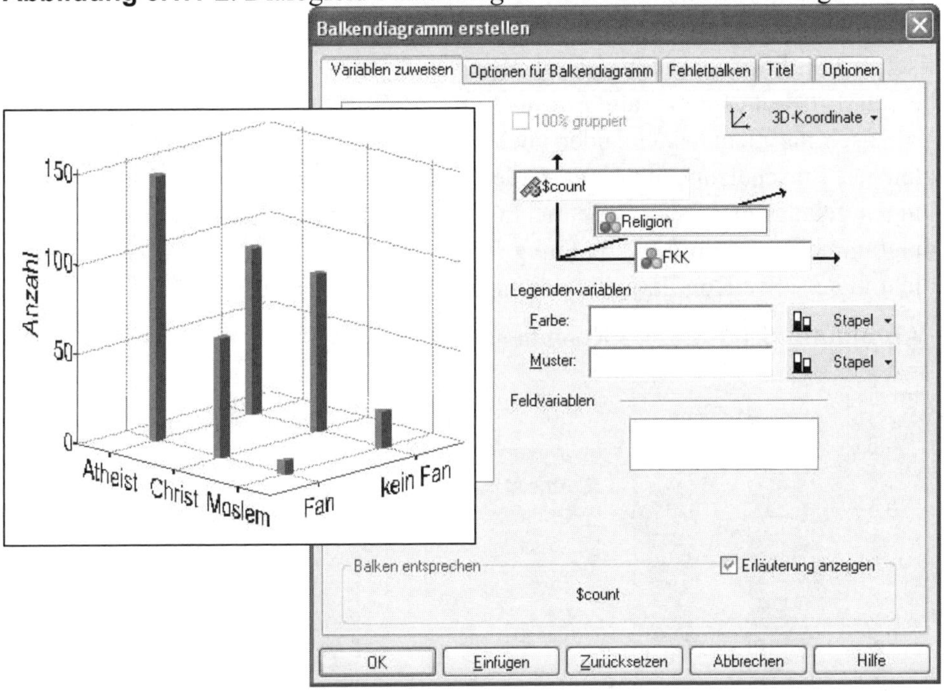

Konditionalverteilungen. Aus der rechteckigen (2 × 3)-FKK-Religion- Kontingenztabelle können insgesamt 2 + 3 = 5 Konditionalverteilungen entlehnt werden, die der Vollständigkeit halber in den Tabellen 5.1.1-2 und 5.1.1-3 aufgelistet und gemäß Abbildung 5.1.1-1 im Unterdialogfeld *Kreuztabellen: Zellen anzeigen* in der Rubrik *Prozentwerte* über die Optionen *Zeilenweise* bzw. *Spaltenweise* angefordert werden können.

Tabelle 5.1.1-2: FKK-spezifische Konditionalverteilungen

% von Einstellung zur FreiKörperKultur

		Religion			Gesamt
		Atheist	Christ	Moslem	
Einstellung zur FreiKörperKultur	kein Fan	46,0%	43,6%	10,4%	100,0%
	Fan	66,4%	30,0%	3,6%	100,0%

Tabelle 5.1.1-3: religionsspezifische Konditionalverteilungen

% von Religion

		Religion		
		Atheist	Christ	Moslem
Einstellung zur FreiKörperKultur	kein Fan	38,6%	56,8%	72,4%
	Fan	61,4%	43,2%	27,6%
Gesamt		100,0%	100,0%	100,0%

Da offensichtlich weder die zwei FKK-spezifischen noch die drei religionsspezifischen Konditionalverteilungen identisch sind, ist bereits hier angezeigt, dass die beiden Erhebungsmerkmale *Einstellung zur FKK* und *Religionszugehörigkeit* statistisch als nicht voneinander unabhängig gedeutet werden können. Zu einer gleichen Einschätzung im Kontext des Vergleichs der 2 + 3 Konditionalverteilungen gelangt man bei der Betrachtung der gestapelten und normierten Balkendiagramme innerhalb der Abbildung 5.1.1-3, welche die nicht kongruenten bzw. nicht identischen Konditionalverteilungen „bildhaft" darstellen.

Abbildung 5.1.1-3: 2 + 3 Konditionalverteilungen

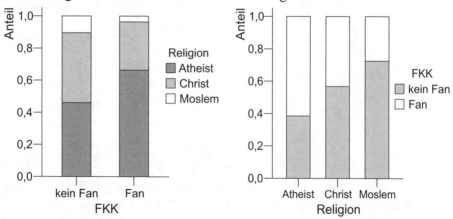

Hinweis. Die in der Abbildung 5.1.1-3 „bildhaft" dargestellten zwei bzw. drei Konditionalverteilungen können in SPSS 15.0 auf verschiedene Art und Weise erstellt werden. Im konkreten Fall wurden gemäß Abbildung 5.1.1-2 im Dialogfeld *Balkendiagramm erstellen* die Optionen *2D-Koordinate* und die *100 % gruppiert* aktiviert und als Stapelvariable die Variable *FKK* bzw. die Variable *Religion* verwendet. ♦

Diese Form der (grafischen) Konditionalverteilungsanalyse erweist sich in praxi vor allem dann von Vorteil, wenn man (bar aller ermüdenden Tabellen) lediglich die Gleich- oder die Verschiedenartigkeit der Konditionalverteilungen sichtbar machen möchte. So ist es augenscheinlich, dass die Einstellung zur Freikörperkultur etwa bei den atheistisch und bei den muslimisch geprägten Studierenden entgegengesetzt ausgeprägt ist. ♣

5.1.2 Chi-Quadrat-Unabhängigkeitstest

Motivation. In der empirischen Wirtschaftsforschung wird man oft mit der Problemstellung konfrontiert, für zwei (oder mehrere) kategoriale Erhebungsmerkmale mit wenigen sich wohl voneinander unterscheidenden Ausprägungen statistisch zu überprüfen, ob die Erhebungsmerkmale voneinander als unabhängig bzw. abhängig anzusehen sind. Ein statistisches Prüfverfahren, das diese statistische Überprüfung ermöglicht und in der statistischen Kontingenzanalyse eine breite Anwendung erfährt, ist der Chi-Quadrat- _ .

Chi-Quadrat-Unabhängigkeitstest

Der χ^2-Unabhängigkeitstest (lies: *Chi-Quadrat*-Unabhängigkeitstest) ist ein Ein-Stichproben-Test, mit dem man auf einem vorab vereinbarten Signifikanzniveau α prüft, ob zwei kategoriale Erhebungsmerkmale mit weinigen voneinander verschiedenen Ausprägungen über einer statistischen Grundgesamtheit, die mittels einer Zufallsstichprobe in einer (r × c)-Kontingenztabelle abgebildet wurden, statistisch voneinander unabhängig sind.

Hinweis. Für (r × c)-Kreuztabellen (r, c ≥ 2) wird in SPSS die Anzahl der „inneren" Kreuztabellenfelder explizit angegeben, für welche die (unter der Unabhängigkeitshypothese theoretisch) erwarteten absoluten Häufigkeiten kleiner als fünf sind. Für den Fall, dass nicht mehr als ein Fünftel aller r·c erwarteten absoluten Häufigkeiten kleiner als fünf ist und alle r·c erwarteten absoluten Häufigkeiten größer als eins sind, kann der χ^2-Unabhängigkeitstest praktiziert werden. ♦

Beispiel 5.1.2-1: Chi-Quadrat-Unabhängigkeitstest

Motivation. In Weiterführung der Kontingenzanalyse im Kontext des Beispiels 5.1.1-1 soll unter Verwendung der SPSS Daten-Datei *FKK.sav* auf einem vorab vereinbarten Signifikanzniveau von $\alpha = 0{,}05$ für die 425 zufällig und unabhängig voneinander ausgewählten und befragten Berliner Studenten mit Hilfe des Chi-Quadrat-Unabhängigkeitstests die folgende Hypothese geprüft werden: „In der statistischen Grundgesamtheit der Studenten, die an Berliner Hochschulen eingeschrieben sind, ist die Einstellung zur F(rei)K(örper)K(ultur) statistisch unabhängig von der Religionszugehörigkeit."

Sequenz. Der angestrebte Chi-Quadrat-Unabhängigkeitstest kann via Sequenz 5.1.1-1 praktiziert werden. Dabei ist gemäß Abbildung 5.1.1-1 bzw. Abbildung 5.1.2-1 im Dialogfeld *Kreuztabellen* die Schaltfläche *Statistik* zu betätigen und analog zur Abbildung 5.1.2-1 im Unterdialogfeld *Kreuztabellen: Statistik* die Option *Chi-Quadrat* zu aktivieren.

---

[16] Eine paradigmatische Einführung in χ^2-Unabhängigkeitstest findet man u.a. bei: ECKSTEIN, Peter P.: Repetitorium Statistik, Deskriptive Statistik – Stochastik – Induktive Statistik, Mit Klausuraufgaben und Lösungen, 6., aktualisierte Auflage, GABLER Verlag Wiesbaden 2006.

Abbildung 5.1.2-1: Dialogfelder *Kreuztabellen* und *Kreuztabellen: Statistik*

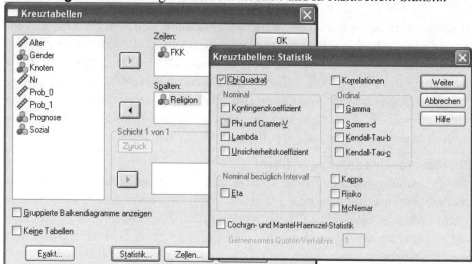

Testentscheidung. Die Tabelle 5.1.2-1 beinhaltet das SPSS Ergebnisprotokoll für den praktizierten χ^2-Unabhängigkeitstest. Wegen $\alpha^* = 0{,}000 < \alpha = 0{,}05$ verwirft man auf dem vorab vereinbarten Signifikanzniveau von 0,05 die eingangs formulierte Unabhängigkeitshypothese. Demnach kann man mit einer Irrtumswahrscheinlichkeit von 0,05 davon ausgehen, dass in der Grundgesamtheit aller Berliner Studenten zwischen der Einstellung zur FKK und der Religionszugehörigkeit eine statistische Kontingenz besteht und dass die beiden nominalen Erhebungsmerkmale statistisch nicht voneinander unabhängig sind.

Tabelle 5.1.2-1: χ^2-Unabhängigkeitstest

	Wert	df	Asymptotisches Alpha*
Chi-Quadrat nach Pearson	20,236[a]	2	,000
Anzahl der gültigen Fälle	425		

a. 0 Zellen (,0%) haben eine erwartete Häufigkeit kleiner 5. Die minimale erwartete Häufigkeit ist 13,78.

Hinweis. Wie stark allerdings die angezeigte statistische Kontingenz ausgeprägt ist, kann mit Hilfe des χ^2-Unabhängigkeitstests nicht beantwortet werden. Dies ist eine Aufgabe spezieller Kontingenzmaße, die ein Gegenstand des Abschnitts 5.1.4 sind. Dabei kommt den so genannten χ^2-basierten Kontingenzmaßen eine besondere praktische Relevanz zu, in deren Vorfeld es aus didaktisch-methodischer Sicht vorteilhaft ist, die inneren Konsistenzen der folgenden und in der Tabelle 5.1.2-2 ausgewiesenen Größen zu beleuchten: die unter der Unabhängigkeitshypothese theoretisch *erwarteten* absoluten Häufigkeiten, die *Residuen* und die *standardisierten* Residuen, die sämtlich gemäß Abbildung 5.1.1-1 im Unterdialogfeld *Kreuztabellen: Zellen anzeigen* in den jeweiligen Rubriken optional vereinbart und angefordert werden können. ♦

Interpretationen. Unter der Annahme, dass die eingangs formulierte Unabhängigkeitshypothese gilt, hätten von den 425 zufällig und unabhängig voneinander ausgewählten und befragten Studenten erwartungsgemäß zum Beispiel nur
$$241 \cdot 202/425 = 126{,}45$$
Studenten sowohl FKK-Fan als auch Atheist sein dürfen (und nicht wie beobachtet 148 Studenten). Die sich daraus ergebende residuale (lat.: *residuum* → Rest) absolute Häufigkeit beträgt
$$148 - 126{,}45 = 21{,}55.$$
Es sind somit rund 22 Studenten mehr beobachtet worden als unter der Unabhängigkeitshypothese erwartet, die sowohl FKK Fans als auch Atheisten sind. Für das zugehörige standardisierte Residuum errechnet man einen Wert von
$$21{,}55/\sqrt{126{,}45} = 1{,}92.$$
Analog sind die übrigen „Zellenwerte" innerhalb der Tabelle 5.1.2-2 zu interpretieren. Die Summe der Quadrate der standardisierten Residuen
$$\chi^2 = (-2{,}01)^2 + (1{,}67)^2 + (1{,}94)^2 + (1{,}92)^2 + (-1{,}59)^2 + (-1{,}85)^2 \cong 20{,}24$$
ergibt den Testvariablenwert χ^2 (lies: *Chi-Quadrat*), der in der Tabelle 5.1.2-1 als χ^2-Wert nach PEARSON gekennzeichnet wird und definitionsgemäß stets nur Werte gleich oder größer als null annehmen kann.

Tabelle 5.1.2-2: Erweiterte Kontingenztabelle

			Religion			Gesamt
			Atheist	Christ	Moslem	
FKK	kein Fan	beobachtet	93	88	21	202
		erwartet	114,55	73,67	13,78	202,00
		residual	-21,55	14,33	7,22	
		standardisiert	-2,01	1,67	1,94	
	Fan	beobachtet	148	67	8	223
		erwartet	126,45	81,33	15,22	223,00
		residual	21,55	-14,33	-7,22	
		standardisiert	1,92	-1,59	-1,85	
Gesamt		beobachtet	241	155	29	425
		erwartet	241,00	155,00	29,00	425,00

PEARSONs Chi-Quadrat. Bleibt in diesem Zusammenhang noch zu vermerken, dass eine bloße Verwendung von PEARSONs χ^2 als Maßzahl für die Stärke einer beobachteten bzw. empirisch gemessenen statistischen Kontingenz wenig sinnvoll ist, da man für einen berechneten χ^2-Wert keine Norm kennt. Eine praktikable Lösung dieses Problems stellen die im Abschnitt 5.1.4 skizzierten χ^2-basierten Kontingenzmaße dar, worunter vor allem das normierte und χ^2-basierte Kontingenzmaß V nach CRAMÉR zu nennen ist, das gemäß Abbildung 5.1.2-1 im Unterdialogfeld *Kreuztabellen: Statistiken* in der Rubrik *Nominal*(e Kontingenzmaße) angefordert werden kann. ♣

5.1.3 CHAID-basierter Klassifizierungsbaum

Motivation. In Erweiterung der kontingenzanalytischen Betrachtungen im Kontext der Abschnitte 5.1.1 und 5.1.2 soll in diesem Abschnitt (analog zu den Betrachtungen im Abschnitt 4.5) die SPSS Prozedur eines Klassifizierungsbaumes auf der Grundlage des so genannten CHAID-Konzeptes paradigmatisch skizziert und erläutert werden. Die Abbreviatur CHAID basiert auf dem englischen Begriff *Chi-square Automatic Interaction Dedectors* und bezeichnet das automatische Aufdecken von statistischen Abhängigkeiten auf der Basis unterschiedlicher Baumaufbauverfahren, die sämtlich auf statistischen Tests beruhen. Ist die abhängige Zielgröße nominal skaliert, dann beruht das Baumaufbauverfahren auf dem Chi-Quadrat-Unabhängigkeitstest, der in seiner Anwendung im Abschnitt 5.1.2 skizziert wurde. Im Falle einer metrischen und stetigen Zielgröße basiert die Baumkonstruktion analog zur Varianzanalyse auf dem F-Test. Die (in praxi in der Regel vermuteten) Prädiktoren (lat.: *prae* → vor + *dictio* → das Sagen) zur Klassifizierung und Vorhersage einer Zielgröße können beliebig skaliert sein.

Beispiel 5.1.3-1: CHAID-basierter Klassifizierungsbaum
Motivation. In Anlehnung an das Beispiel 5.1.2-1 und unter Verwendung der SPSS Daten-Datei *FKK.sav* gilt es zu analysieren, inwieweit für die zufällig ausgewählten und befragten Studierenden die Einstellung zur Frei-Körper-Kultur, die in der nominalen und dichotomen SPSS Variable *FKK* abgebildet ist, von bestimmten und vermuteten Prädiktoren beeinflusst wird und wie diese aufgedeckten statistischen Abhängigkeiten es ermöglichen, sowohl eine Klassifikation als auch eine Vorhersage der Studierenden hinsichtlich ihrer Einstellung zur Frei-Körper-Kultur zu bewerkstelligen. Als Prädiktoren werden die nominalen Erhebungsmerkmale *Geschlechtszugehörigkeit, Sozialisation* und *Religionszugehörigkeit* sowie das metrische Erhebungsmerkmal *Alter* vermutet, deren Ausprägungen gleichsam in der SPSS Daten-Datei *FKK.sav* gespeichert sind.

Sequenz. Die angestrebte und CHAID-basierte Klassifizierungsbaum-Analyse kann via Sequenz 5.1.3-1 realisiert werden.

Analyseergebnisse. Die Ergebnisse der CHAID-basierten Merkmalsträger-Klassifikation, die in der Tabelle 5.1.3-1 und in der Abbildung 5.1.3-2 zusammengefasst sind, können wie folgt interpretiert werden:

Prädiktoren. Zur statistischen und modellhaften Beschreibung der Einstellung von Studierenden zur Frei-Körper-Kultur sind gemäß Tabelle 5.1.3-1 von den eingangs vier statistisch erfassten und vermuteten Prädiktoren nur die drei Prädiktoren *Religion*(szugehörigkeit), *Sozial*(isation) und *Alter* von Bedeutung. Die Geschlechtszugehörigkeit einer befragten Person kann nicht als ein wesentlicher Prädiktor zur statistischen Beschreibung, Modellierung und Vorhersage der persönlichen Einstellung zur Frei-Körper-Kultur aufgedeckt werden.

Sequenz 5.1.3-1: Klassifizierungsbaum
Analysieren
   Klassifizieren
      Baum ... → Abbildung 5.1.3-1

Abbildung 5.1.3-1: Dialogfeld *Klassifizierungsbaum*

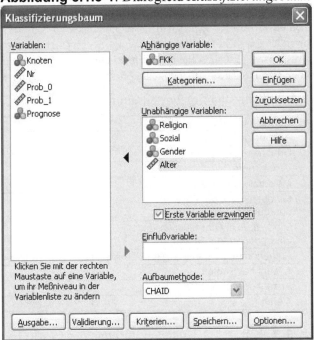

Hinweise. Für die Nutzung der SPSS Klassifizierungsbaum-Prozedur sind die folgenden Hinweise nützlich: i) **Skalierung**. Die Skalierung der interessierenden SPSS Variablen muss analog zum Abschnitt 2.1.2 im Zuge der Variablendefinition adäquat vereinbart und in der Rubrik „Messniveau" vermerkt sein. ii) **Zielgröße**. Im konkreten Fall fungiert die nominale SPSS Variable *FKK* als Zielgröße bzw. abhängige Variable. iii) **Prädiktoren**. Als vermutete Prädiktoren bzw. unabhängige Variablen fungieren die drei nominalen SPSS Variablen *Religion, Sozial, Gender* sowie die metrische stetige SPSS Variable *Alter*, die im Zuge der Analyse per Voreinstellung automatisch in 10 Merkmalswerteklassen „ordinalisiert" wird. iv) **Aufbaumethode**. Im konkreten Fall wurde (etwa im Unterschied zum Beispiel 4.5-1) die CHAID-Prozedur als Aufbaumethode für den Klassifizierungsbaum vereinbart. v) **Einstellungen**. Die SPSS Prozedur zur Erstellung eines Klassifizierungsbaumes ermöglicht eine babylonische Vielfalt von Steuerungsmöglichkeiten, die über die Schaltflächen *Ausgabe..., Validierung..., Kriterien..., Speichern...* und *Optionen...* optional vereinbart und angefordert werden können. Im Blickwinkel einer paradigmatischen Einführung in die Prozedur werden der Einfachheit und Übersichtlichkeit halber bis auf eine Ausnahme die SPSS Standardeinstellungen beibehalten. Die Ausnahme bezieht sich auf die Option *Erste Variable erzwingen*, mit der im konkreten Fall vereinbart wird, dass das erstplatzierte nominale Variable *Religion* als "primäre" unabhängige Variable „zwingend" festgelegt wird und darauf aufbauend der Einfluss der restlichen Prädiktoren in die statistische Klassifikation der Merkmalsträger Eingang finden. Ein Deaktivieren der Option *Erste Variable erzwingen* hat zur Folge, dass im prozeduralen Ablauf automatisch derjenige Prädiktor die höchste Priorität eingeräumt bekommt, der die höchste Erklärungsfähigkeit der Zielgröße *FKK* ermöglicht. Dabei ist zu beachten, dass man je nach Vorgehensweise in der Regel unterschiedliche Analyseergebnisse erhält. vi) **Testvoraussetzungen**. Aus statistisch-methodischer Sicht besteht ein Nachteil des CHAID-Konzeptes darin, dass im konkreten Fall die Voraussetzungen für die Anwendung des Chi-Quadrat-Unabhängigkeitstests nicht „automatisch" überprüft werden. Aus diesem Grunde sollte man in praxi diese Analyseform nur für Zufallsstichproben mit einem hinreichend großen Stichprobenumfang applizieren. ♦

Tabelle 5.1.3-1: Modell- und Ergebniszusammenfassung

Spezifikationen	Aufbaumethode	CHAID
	Abhängige Variable	FKK
	Unabhängige Variablen	Sozial, Gender, Alter, Religion
	Validierung	Keine
	Maximale Baumtiefe	3
	Mindestanzahl der Fälle im übergeordneten Knoten	100
	Mindestanzahl der Fälle im untergeordneten Knoten	50
Ergebnisse	Aufgenommene unabhängige Variablen	Religion, Alter, Sozial
	Anzahl der Knoten	7
	Anzahl der Endknoten	4
	Tiefe	2

Knoten. Gemäß Tabelle 5.1.3-1 wurden im Zuge der CHAID-basierten Klassifizierung insgesamt sieben Knoten (engl.: *node*) identifiziert, worin im konkreten Fall auch der Knoten der Ordnung „null" eingeschlossen ist, der seinem Wesen nach die „Basismenge" der 425 zufällig ausgewählten und befragten Studierenden darstellt. Die zahlenmäßigen Informationen, die gemäß Abbildung 5.1.3-2 den Knoten 0 charakterisieren, sind offensichtlich identisch mit der Marginalverteilung bzw. der univariaten Verteilung des nominalen und dichotomen Erhebungsmerkmals „Einstellung zur Frei-Körper-Kultur" innerhalb der Kontingenztabelle 5.1.1-1. Demnach gaben von den insgesamt 425 zufällig ausgewählten und befragten Studierenden 202 Studierende bzw.

$$(202/425) \cdot 100\ \% \cong 47{,}5\ \%$$

der befragten Studierenden an, kein FKK-Fan zu sein. 223 Studierende bzw.

$$(223/425) \cdot 100\ \% \cong 52{,}5\ \%$$

aller befragten Studierenden gaben (in logischer Konsequenz) an, ein FKK-Fan zu sein. Die übrigen sechs Knoten, worin wiederum die vier so genannten Endknoten eingeschlossen sind, beschreiben im konkreten Fall nichts andres, als sechs disjunkte Teilmengen von Studierenden.

Zusammenhangsanalyse 163

Klassifikation. Aufgrund dessen, dass gemäß Abbildung 5.1.3-1 vereinbarungsgemäß der Prädiktor *Religion*(szugehörigkeit) als „erste Variable zwingend festgelegt" wurde, wird im konkreten Fall in der ersten „Tiefe" des Klassifizierungsbaumes die Menge der 425 Studierenden in zwei disjunkte religionsspezifische Gruppen mit einem Umfang von 241 bzw. 184 Studierenden aufgeteilt, die sich hinsichtlich ihrer Einstellung zur FKK wegen $\alpha^* = 0{,}000 < \alpha = 0{,}05$ auf einem Signifikanzniveau von $\alpha = 0{,}05$ „signifikant voneinander unterscheiden" und im Klassifizierungsbaum dem „merkmalsträgerfremden" Knoten der Ordnung eins und zwei zugeordnet werden.

Abbildung 5.1.3-2: CHAID-basierter Klassifizierungsbaum

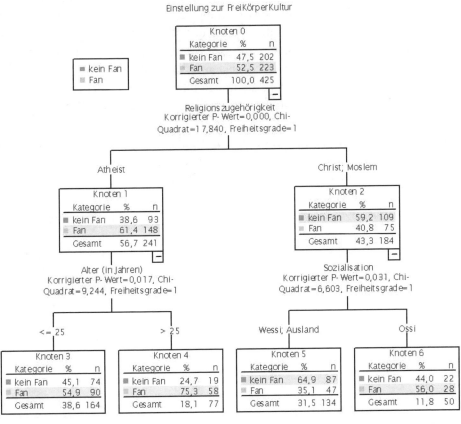

Während der Knoten 1 die 241 Studierenden umfasst, die hinsichtlich des nominalen Erhebungsmerkmals „Religionszugehörigkeit" angaben, Atheist zu sein, sind im Knoten 2 die 184 Studierenden zusammengefasst, die angaben, entweder Christ oder Moslem zu sein. Beachtenswert ist dabei, dass im Knoten 1 die so genannte FKK-Fan-Quote bei $(148/241) \cdot 100\% = 61{,}4\%$ liegt, während sie im Konten 2 nur bei $(75/184) \cdot 100\% = 40{,}8\%$ liegt. In der zweiten „Tiefe" des Klassifizierungsbaumes erhält man die Knoten 3 bis 6, die im konkreten Fall als Endknoten bezeichnet werden und die eine finale, viergliedrige, paarweise dichotome und disjunkte Klassifikation der Studierenden hinsichtlich ihrer Einstellung zur Frei-Körper-Kultur ermöglichen. Diese finale Klassifikation bildet die Grundlage für eine „Vorhersage" der FKK-Einstellung von Studierenden.

Wahrscheinlichkeiten. Deutet man gemäß dem schwachen Gesetz großer Zahlen eine relative Häufigkeit als eine „Wahrscheinlichkeit in Konvergenz", dann beträgt die Wahrscheinlichkeit dafür, dass zum Beispiel gemäß der Angaben im Knoten 0 eine zufällig ausgewählte und befragte Person angibt, ein FKK-Fan zu sein, 0,525. Beachtenswert ist dabei, dass im jeweiligen Knoten die dichotome Ausprägung mit der höchsten prozentualen relativen Häufigkeit (in ihrer Deutung als größte Ereigniswahrscheinlichkeit) grau unterlegt ist. Während zum Beispiel im Knoten 4, der die Menge der atheistisch geprägten Studierenden, die älter 25 Jahre sind, beschreibt, die Wahrscheinlichkeit für das zufällige Ereignis „FKK-Fan" mit 0,753 am höchsten ist, wird im Knoten 5, also bei den religiös gebundenen Studierenden, die in den alten Bundesländern bzw. im Ausland „sozialisiert" wurden, dem zufälligen Ereignis „kein FKK-Fan" mit 0,649 die höchste Wahrscheinlichkeit zugewiesen.

Prognose. Die Abbildung 5.1.3-3 beinhaltet einen Auszug aus den merkmalsträgerbezogenen Prognoseergebnissen, die im Unterdialogfeld *Klassifizierungsbaum: Speichern* optional vereinbart und angefordert werden können.

Abbildung 5.1.3-3: SPSS Daten-Editor mit Prognoseergebnissen

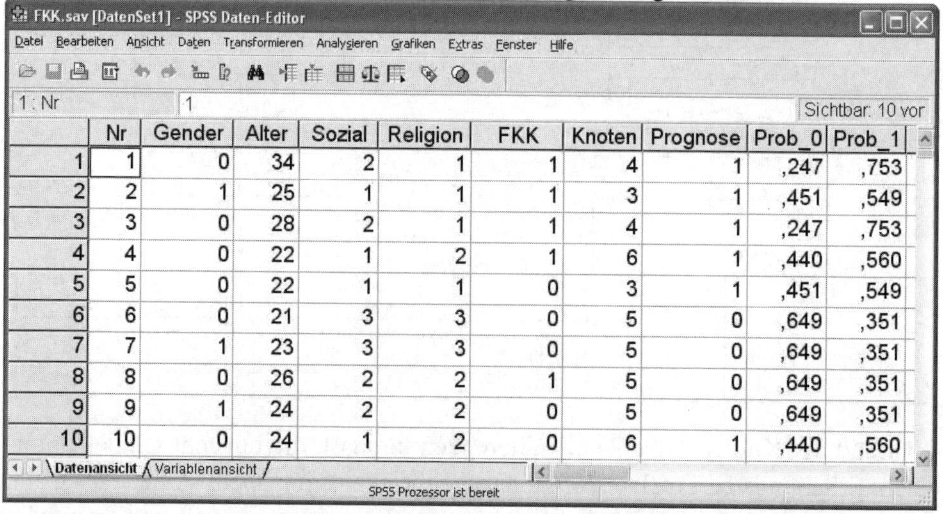

	Nr	Gender	Alter	Sozial	Religion	FKK	Knoten	Prognose	Prob_0	Prob_1
1	1	0	34	2	1	1	4	1	,247	,753
2	2	1	25	1	1	1	3	1	,451	,549
3	3	0	28	2	1	1	4	1	,247	,753
4	4	0	22	1	2	1	6	1	,440	,560
5	5	0	22	1	1	0	3	1	,451	,549
6	6	0	21	3	3	0	5	0	,649	,351
7	7	1	23	3	3	0	5	0	,649	,351
8	8	0	26	2	2	1	5	0	,649	,351
9	9	1	24	2	2	0	5	0	,649	,351
10	10	0	24	1	2	0	6	1	,440	,560

Demnach wurde zum Beispiel der Student der Ordnung Nr = 3 prognostisch dem Knoten 4 zugeordnet und bezüglich seiner Einstellung zur FKK mit der Prognose „Fan" mit einer Wahrscheinlichkeit von 0,753 (Prob_1) „richtig" klassifiziert.

Zusammenhangsanalyse 165

Gewinntabelle. Liegt das Augenmerk einer merkmalsträgerbezogenen Prognose auf der nominalen Kategorie „FKK-Fan", so erweist sich die so genannte Gewinntabelle 5.1.3-2 als nützlich, die man via Schaltfläche *Kategorien...* durch Festlegung auf die Ausprägung „Fan" erhält und die in ihren Bestandteilen wie folgt interpretiert werden kann:

Tabelle 5.1.3-2: „Gewinntabelle" für die Endknoten

Knoten	Knoten		Gewinn		Treffer	Index
	Anzahl	Prozent	Anzahl	Prozent		
4	77	18,1%	58	26,0%	75,3%	143,6%
6	50	11,8%	28	12,6%	56,0%	106,7%
3	164	38,6%	90	40,4%	54,9%	104,6%
5	134	31,5%	47	21,1%	35,1%	66,8%

Aufbaumethode: CHAID
Abhängige Variable: FKK

Von den 77 atheistisch geprägten Studierenden, die älter als 25 Jahre waren (dies sind $(77/425) \cdot 100\,\% = 18,1\,\%$ aller 425 zufällig ausgewählten und befragten Studierenden), gaben im Sinne einer „Erfolgsprognose" oder einer „Gewinnmeldung" 58 Studierende an, FKK-Fan zu sein. Dies sind
$$(58/223) \cdot 100\,\% = 26,0\,\%$$
aller $58 + 28 + 90 + 47 = 223$ FKK-Fans. Die Trefferquote von
$$(58/77) \cdot 100\,\% = 75,3\,\%$$
für die Kategorie „FKK-Fan" indiziert einen überproportionalen FKK-Fan-Anteil von $(26,0\,\%/18,1\,\%) \cdot 100\,\% = 143,6\,\%$ im Knoten 4. Analog sind die anderen Ergebnisse zu deuten.

Fehlklassifikation. Der Vollständigkeit halber soll letztlich noch die Fehlklassifikationsmatrix innerhalb der Tabelle 5.1.3-3 kommentiert werden.

Tabelle 5.1.3-3: Fehlklassifikationsmatrix

Beobachtet	Vorhergesagt		
	kein Fan	Fan	Prozent korrekt
kein Fan	87	115	43,1%
Fan	47	176	78,9%
Gesamtprozentsatz	31,5%	68,5%	61,9%

Aufbaumethode: CHAID, Abhängige Variable: FKK

Demnach ist man mittels der drei Prädiktoren *Religion*(szugehörigkeit), *Sozial*(isation) und *Alter* in der Lage, wegen
$$(87 + 176)/425 = 0,619$$
ca. 62 % der 425 Studierenden hinsichtlich ihrer Einstellung zur Frei-Körper-Kultur „richtig" zu klassifizieren. Das Risiko einer Fehlklassifikation ist wegen
$$(47 + 115)/425 = 0,381$$
mit ca. 38 % zu hoch und für prognostische Zwecke inakzeptabel. ♣

5.1.4 Kontingenzmaße

Motivation. Im Unterschied zu einem χ^2-Unabhängigkeitstest, der paradigmatisch im Abschnitt 5.1.2 dargestellt wurde, und im Unterschied zu einem Klassifizierungsbaum, der mit dem CHAID-Verfahren erstellt wurde und gleichsam paradigmatisch im Abschnitt 5.1.3 skizziert wurde, liegt die praktische Bedeutung von Kontingenzmaßen vor allem darin begründet, dass man mit ihrer Hilfe nicht nur in der Lage ist, eine statistische Kontingenz zwischen zwei (in der Regel kategorialen) Merkmalen aufzuzeigen, sondern auch und vor allem eine deskriptive Aussage über deren Stärke und deren Richtung treffen kann. Dabei ist zu beachten, dass eine richtungsbezogene Interpretation von Kontingenzmaßen wohl bei ordinalen, nicht aber bei nominalen Erhebungsmerkmalen sinnvoll ist, da für die Ausprägungen nominaler Erhebungsmerkmale keine Ordnungsrelationen definiert sind, die letztlich eine richtungsbezogene Interpretation eines Kontingenzmaßes ermöglichen.

Katalog. Aus dem Katalog der in SPSS implementierten Kontingenzmaße sollen lediglich die in der Tabelle 5.1.4-1 nach Aufgabenklassen zusammengefassten Kontingenzmaße jeweils an einem praktischen Sachverhalt appliziert werden, die je nach analytischem Erfordernis via Sequenz 5.1.1-1 und gemäß Abbildung 5.1.2-1 im Unterdialogfeld *Kreuztabellen: Statistik* optional vereinbart und angefordert werden können.

Tabelle 5.1.4-1: Kontingenzmaße gegliedert nach Aufgabenklassen

Maßzahl	Aufgabenklasse	Beispiel
CRAMÉR's	Messung der Kontingenzstärke für zwei nominale bzw. für ein nominales und ein ordinales Merkmal	5.1.4-1
KENDALL's Tau-c	Messung der Stärke und der Richtung der Kontingenz zwischen zwei ordinalen Merkmalen	5.1.4-2
Kappa	Messung des Übereinstimmungsgrades für gepaarte Stichproben aus einer dichotomen Grundgesamtheit	5.1.4-3
MCNEMAR	Test auf Anteilsgleichheit in gepaarten Stichproben	8.2.1-2
Eta	Messung der Stärke einer punktbiserialen Korrelation	8.2.2-2

Bei der paradigmatischen Betrachtung der ausgewählten Kontingenzmaße steht nicht ihre Herleitung und Begründung, sondern deren praktische Anwendung und sachlogisch plausible Interpretation im Vordergrund.

---

[17] Eine paradigmatische Darstellung des Kontingenzmaßes V nach CRAMÉR, das gleichermaßen für quadratische und rechteckige Kontingenztabellen appliziert werden und als normiertes Kontingenzmaß nur Werte zwischen 0 und 1 annehmen kann, findet man u.a. bei: ECKSTEIN, Peter P.: Repetitorium Statistik, Deskriptive Statistik – Stochastik – Induktive Statistik, Mit Klausuraufgaben und Lösungen, 6., aktualisierte Auflage, GABLER Verlag Wiesbaden 2006.

Zusammenhangsanalyse

Beispiel 5.1.4-1: Nominales Kontingenzmaß V nach CRAMÉR
Motivation. In Erweiterung der Beispiele 5.1.1-1 und 5.1.2-1 soll anhand der SPSS Daten-Datei *FKK.sav* die Stärke der statistischen Kontingenz zwischen den zwei nominalen Erhebungsmerkmalen *Einstellung zur FKK* und *Religionszugehörigkeit* der 425 zufällig ausgewählten und befragten Studierenden mit Hilfe des Kontingenzmaßes V nach CRAMÉR gemessen werden. Dazu braucht man gemäß Abbildung 5.1.2-1 im Unterdialogfeld *Kreuztabellen: Statistik* lediglich die Option *Phi und CRAMÉR's V* zu aktivieren, um die angestrebte Kontingenzmessung bewerkstelligen zu können.

> **Hinweis.** Die folgenden drei Intensitätsstufen, die lediglich als eine Faustregel aufzufassen sind, erleichtern eine sachlogische Interpretation des Kontingenzmaßes V nach CRAMÉR: i) $0 < V < 0{,}2$ schwache Kontingenz, ii) $0{,}2 \leq V < 0{,}5$ ausgeprägte Kontingenz, iii) $0{,}5 \leq V < 1$ starke Kontingenz. ♦

Interpretation. Im konkreten Fall wird im SPSS Ergebnisprotokoll für die beiden nominalen Erhebungsmerkmale *Einstellung zur FKK* und *Religionszugehörigkeit* ein nominales und χ^2-basiertes Kontingenzmaß nach CRAMÉR in Höhe von $V = 0{,}218$ ausgewiesen, das wie folgt interpretiert werden kann: Wegen $V = 0{,}218$ deutet man die statistische Kontingenz zwischen der Einstellung zur Frei-Körper-Kultur und der Religionszugehörigkeit der 425 zufällig ausgewählten und befragten Berliner Studenten als empirisch nachweisbar, wenngleich die statistische Kontingenz in ihrer Intensität auch nicht allzu stark ausgeprägt ist. ♣

Beispiel 5.1.4-2: Ordinales Kontingenzmaß τ_c nach KENDALL
Motivation. Unter Verwendung der SPSS Daten-Datei *Hotelgäste.sav* soll für die begrifflich gefassten und jeweils auf einer ordinalen Skala definierten Erhebungsmerkmale *monatliches Einkommen* und *höchster Bildungsabschluss* von zufällig ausgewählten und befragten Hotelgästen der Romantik-Hotel-Gruppe im Zuge einer reisegrundspezifischen Kontingenzanalyse überprüft werden, ob und in welcher Stärke und Richtung zwischen den beiden Erhebungsmerkmalen ein statistischer Zusammenhang besteht.
Kontingenztabelle. In der Tabelle 5.1.4-2 sind die beiden (rechtseckigen) reisegrundspezifischen Kontingenztabellen vom Typ (3×4) zusammengefasst.

> **Hinweis.** Beachtenswert ist in diesem Zusammenhang, dass das dichotome Erhebungsmerkmal *Reisegrund* als so genannte Schichtungsvariable fungiert, die gemäß Abbildung 5.1.1-1 in der gleichnamigen Rubrik zu platzieren ist, wenn man eine geschichtete (im konkreten Fall eine reisegrundspezifische) Kontingenzanalyse zu bewerkstelligen wünscht. Analoge Festlegungen gelten für die Erstellung des reisegrundspezifischen dreidimensionalen Balkendiagramms in der Abbildung 5.1.4-1, wobei gemäß Abbildung 5.1.1-2 im konkreten Fall die SPSS Variable (Reise)*Grund* als so genannte *Legendenvariable* fungiert, die in der Rubrik *Farbe* platziert wurde und für die zudem die Option *Stapel* vereinbart wurde. ♦

Tabelle 5.1.4-2: Reisegrundspezifische (3 × 4)-Kontingenztabellen

Anzahl

Reisegrund			Abschluss				Gesamt
			Volk	Real	Gym	Hoch	
Privat	Einkommen	niedrig	28	84	30	75	217
		mittel	9	53	25	69	156
		hoch	11	17	19	93	140
	Gesamt		48	154	74	237	513
Geschäftlich	Einkommen	niedrig	4	23	6	38	71
		mittel	6	16	3	28	53
		hoch	2	7	5	40	54
	Gesamt		12	46	14	106	178

χ^2**-Unabhängigkeitstest**. Sowohl aus den reisegrundspezifischen Kontingenztabellen innerhalb der Tabelle 5.1.4-2 als auch aus der „schiefen" zweidimensionalen empirischen Häufigkeitsverteilung innerhalb der Abbildung 5.1.4-1, die mittels eines dreidimensionalen Säulendiagramms dargestellt wurde, ist zu erkennen, dass in der Schichtung „geschäftlich" einzelne Felder (im konkreten Fall genau fünf von zwölf Feldern bzw. (5/12)·100 % = 41,7 % aller zwölf Felder) der Kontingenztabelle „unzureichend" sowohl mit beobachteten als auch mit theoretisch erwarteten absoluten Häufigkeiten „besetzt" sind. Dieser in der empirischen Wirtschaftsforschung aufgrund eines „zu geringen Stichprobenumfanges" mitunter auftretende „embryonale Häufigkeitsbesatz" lässt im konkreten Fall vor allem aus statistisch-methodischer Sicht eine valide Anwendung des Chi-Quadrat-Unabhängigkeitstests, der im Abschnitt 5.1.2 skizziert wurde, mehr als fraglich erscheinen.

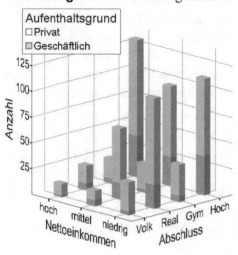

Abbildung 5.1.4-1: 3-D Diagramm

Kontingenzmaße. Sinnvoll hingegen erscheint im konkreten Fall eine „rein deskriptive" Messung der Intensität und der Richtung der statistischen Kontingenz zwischen den beiden ordinalen Erhebungsmerkmalen in Gestalt der SPSS Variablen *Income* (engl.: *Einkommen*) und *Abschluss* mit Hilfe eines geeigneten ordinalen Kontingenzmaßes. Da beide geschlechtsspezifischen Kontingenztabellen innerhalb der Tabelle 5.1.4-2 vom Typ (3 × 4) rechteckig und damit nicht quadratisch sind, sollte man im konkreten Fall lediglich das normierte ordinale Kontingenzmaß τ_c (lies: *Tau c*) nach KENDALL zur Kontingenzmessung heranziehen, das gleichermaßen wie das ordinale Kontingenzmaß τ_b im Intervall $-1 \leq \tau_b, \tau_c \leq 1$ definiert ist. Im Unterschied zum ordinalen Kontingenzmaß KENDALLS τ_b, das nur für quadratische Kontingenztabellen geeignet ist, kann das ordinale Kontingenzmaß KENDALLS τ_c die normierten Grenzen −1 bzw. 1 näherungsweise auch bei rechteckigen Kontingenztabellen erreichen. Die Spezifik beider ordinaler Kontingenzmaße besteht im paarweisen Vergleich aller Merkmalsträger infolge dessen die ordinalen Ausprägungen in konkordante (lat.: *concordare* → übereinstimmen, gleichläufig), diskordante (lat.: *discordare* → nicht übereinstimmen, gegenläufig) und gebundene Ausprägungspaare klassifiziert werden. Im Unterschied zum τ_c-Kontingenzmaß berücksichtigt das τ_b-Kontingenzmaß sowohl die Bindungen auf der abhängigen als auch auf der unabhängigen Variablen. Nicht berücksichtigt werden bei beiden Maßen die gemeinsamen Bindungen auf beiden Variablen.

Tabelle 5.1.4-3: KENDALL´s Tau-c

Reisegrund			Wert
Privat	Ordinal- bzgl. Ordinalmaß	Kendall-Tau-c	,232
	Anzahl der gültigen Fälle		513
Geschäftlich	Ordinal- bzgl. Ordinalmaß	Kendall-Tau-c	,133
	Anzahl der gültigen Fälle		178

Interpretation. Sowohl bei den 513 Hotelgästen, die aus privaten Gründen ($\tau_c = 0{,}232$) als auch bei den 178 Hotelgästen, die aus geschäftlichen Gründen ($\tau_c = 0{,}133$) in einem Hotel der Romantik-Hotel-Gruppe logierten, kann gemäß Tabelle 5.1.4-3 zwischen dem monatlichen Einkommen und dem höchsten Bildungsabschluss eine statistische Kontingenz nachgewiesen werden, die bei den privaten Hotelgästen geringfügig stärker ausgeprägt ist als bei den Geschäftsreisenden. Demnach beziehen (ungeachtet des Reisegrundes) Hotelgäste mit einem höheren Bildungsabschluss in der Regel auch ein höheres Einkommen und umgekehrt. Allein aus den jeweiligen positiven Maßzahlen ist zu entnehmen, dass im reisegrundspezifischen Hotelgästevergleich die konkordanten Merkmalsausprägungen gegenüber den diskordanten Merkmalsausprägungen überwiegen. ♣

Beispiel 5.1.4-3: Kontingenzmaß Kappa nach COHEN
Motivation. Unter Verwendung der SPSS Daten-Datei *Fahrschule.sav* soll für die 200 zufällig ausgewählten Berliner Fahrschüler untersucht werden, ob und inwieweit eine Übereinstimmung zwischen dem jeweils dichotomen Ergebnis (bestanden bzw. nicht bestanden) der ersten Praxisprüfung und der ersten Theorieprüfung besteht. Die interessierenden ersten Prüfungsergebnisse sind in den dichotomen und 0-1-kodierten SPSS Variablen *erstePraxis* und *ersteTheorie* abgebildet. Da offensichtlich an ein und derselben Person zwei „Befunde" statistisch erhoben wurden, handelt es sich im konkreten Fall um zwei verbundene

Stichproben, die es hinsichtlich zweier nominaler und dichotomer Merkmale zu analysieren gilt.

Hinweis. Als einem speziellen Kontingenzmaß für verbundene Stichproben kommt in der empirischen Wirtschafts- und Sozialforschung dem Kontingenzmaß κ (lies: *Kappa*) nach COHEN vor allem dann eine besondere praktische Bedeutung zu, wenn es um die Überprüfung der Zuverlässigkeit, Gültigkeit und/oder Übereinstimmung von statistischen Erhebungen an ein und denselben Merkmalsträgern bzw. Sachverhalten geht. Das Kontingenzmaß κ, das synonym auch als Konkordanzindex oder Übereinstimmungsmaß bezeichnet bzw. gedeutet wird, sollte nur für gepaarte nominale Datenbefunde berechnet und interpretiert werden. Für höherwertig skalierte Daten sollten die in den Abschnitten 5.2 und 5.3 skizzierten Zusammenhangsmaße angewandt werden. Zudem sollte in praxi das Kontingenzmaß κ nach COHEN (gleichsam wie die vorhergehend exemplarisch demonstrierten Kontingenzmaße) in erster Linie als ein deskriptives Kontingenzmaß appliziert und interpretiert werden. ♦

Ergebnisse. Während die Tabelle 5.1.4-4 die (2×2)-Kontingenztabelle beinhaltet, die sich aus den zwei verbundenen Stichproben ergibt, wird in der Tabelle 5.1.4-5 das normierte Übereinstimmungsmaß κ (lies: *Kappa*) nach COHEN angezeigt, das im Bereich $-1 \leq \kappa \leq 1$ definiert ist. Ein κ nahe 1 signalisiert eine Übereinstimmung, nahe 0 keine Übereinstimmung und nahe -1 eine ausgeprägte Diskrepanz in den Bewertungen bzw. Aussagen bzw. Ergebnissen.

Tabelle 5.1.4-4: Kontingenztabelle

Anzahl

		erste Theorieprüfung		Gesamt
		bestanden	nicht bestanden	
erste Praxisprüfung	bestanden	61	34	95
	nicht bestanden	73	32	105
Gesamt		134	66	200

Tabelle 5.1.4-5: COHEN's Kappa

	Wert
Maß der Übereinstimmung Kappa	-,052
Anzahl der gültigen Fälle	200

Interpretation. Da offensichtlich κ = −0,052 gilt, kann für die zufällig ausgewählten Berliner Fahrschüler keine Übereinstimmung bezüglich des jeweils ersten Praxis- und Theorieprüfungsergebnisses nachgewiesen werden. Mehr noch: Das negative Vorzeichen deutet sogar darauf hin, dass die Prüfungsergebnisse eher ein konträres (wenn auch sehr schwach ausgeprägtes) Verhalten erkennen lassen. Dies leuchtet im konkreten Fall ein, da den 61 + 32 = 93 konkordanten Prüfungsergebnissen geringfügig mehr, nämlich 73 + 34 = 107 diskordante Prüfungsergebnisse gegenüberstehen. ♣

Zusammenhangsanalyse 171

5.2 Rangkorrelationsanalyse

Motivation. Unter dem Begriff der   subsumiert man in der statistischen Methodenlehre die sachlogisch begründete Analyse eines statistischen Zusammenhanges zwischen zwei ordinalen bzw. mit Hilfe von Rangwerten ordinalisierten metrischen Merkmalen mit vielen sich voneinander unterscheidenden Merkmalsausprägungen. Das in der empirischen Wirtschafts- und Sozialforschung wohl am häufigsten applizierte Zusammenhangsmaß im Kontext einer Rangkorrelationsanalyse ist der Rangkorrelationskoeffizient r_S nach SPEARMAN, der seinem Wesen nach ein normiertes Zusammenhangsmaß ist, für das stets $-1 \leq r_S \leq 1$ gilt. Liegt r_S nahe 1, dann ist ein positiver oder gleichläufiger statistischer Zusammenhang angezeigt. Analog kennzeichnet ein r_S nahe -1 einen negativen oder gegenläufigen statistischen Zusammenhang. Ein r_S um 0 ist ein Indiz dafür, dass zwischen zwei ordinalen bzw. ordinalisierten Merkmalen mit vielen sich voneinander unterscheidenden Ausprägungen kein (monotoner) statistischer Zusammenhang nachweisbar ist. In praxi erweisen sich der Rangkorrelationskoeffizient nach SPEARMAN und der daraus entlehnte Unabhängigkeitstest, der auf der HOTELLING-PAPST-Statistik beruht, vor allem dann von Vorteil, wenn es zu prüfen gilt, ob zwischen zwei ordinalen bzw. zwischen zwei metrischen Merkmalen, die nicht normalverteilt sind und/oder durch Ausreißer- bzw. Extremwerte affiziert sind, ein signifikanter statistischer Zusammenhang besteht.

Hinweis. Die Berechnung des Korrelationskoeffizienten nach SPEARMAN ist streng genommen an die Bedingung gebunden, dass keine Rangbindungen in einem oder in beiden Rangmerkmalen auftreten, also gleichsam die ordinalen Ausprägungspaare voneinander verschieden sind. Da in praktischen Anwendungen Rangbindungen häufig vorkommen, sollten in jeder der beiden Rangreihen höchstens ein Fünftel der Rangzahlen als Bindungen auftreten, wenn der SPEARMANsche Rangkorrelationskoeffizient aussagefähig sein soll. Ordinale Zusammenhangsmaße, die Rangbindungen berücksichtigen, sind zum Beispiel die in SPSS implementierten KENDALLschen Kontingenzmaße (vgl. Beispiel 5.1.4-2). ♦

Beispiel 5.2-1: Rangkorrelationskoeffizient nach SPEARMAN

Motivation. Unter Verwendung der SPSS Daten-Datei *Mietspiegel.sav* soll für die metrischen Erhebungsmerkmale *monatliche Kaltmiete* und *Wohnfläche* von annoncierten Berliner 1-Zimmer-Mietwohnungen, die im Stadtbezirk Mitte liegen, die einseitige Ausgangshypothese $H_0: \rho_S \leq 0$ gegen die einseitige Alternativhypothese $H_1: \rho_S > 0$ auf einem Signifikanzniveau von $\alpha = 0{,}05$ geprüft wer-

---

[18] Eine elementare und paradigmatische Einführung in die Rangkorrelationsanalyse, worin der Rangzahlenbegriff und der darauf beruhende Rangkorrelationskoeffizient nach SPEARMAN eingeschlossen ist, findet man u.a. bei: ECKSTEIN, Peter P.: Repetitorium Statistik, Deskriptive Statistik – Stochastik – Induktive Statistik, Mit Klausuraufgaben und Lösungen, 6., aktualisierte Auflage, GABLER Verlag Wiesbaden 2006.

den. Die einseitige Fragestellung lässt sich sachlogisch wie folgt motivieren: Da man aus sachlogischen Gründen im Marktsegment von Ein-Zimmer- Mietwohnungen einen positiven bzw. gleichläufigen Zusammenhang zwischen der monatlichen Kaltmiete (Angaben in €) und der Wohnfläche (Angaben in m²) erwartet, formuliert man als Ausgangs- oder Nullhypothese genau das Gegenteil der sachlogischen Erwartung, nämlich, dass in der statistischen Grundgesamtheit der annoncierten Ein-Zimmer-Mietwohnungen im Stadtbezirk Mitte zwischen den beiden metrischen Erhebungsmerkmalen kein bzw. ein umgekehrter Zusammenhang besteht. Gelingt es aufgrund eines Stichprobenbefundes, die einseitige Nullhypothese zu verwerfen, kann zum vereinbarten Signifikanzniveau davon ausgegangen werden, dass im besagten Marktsegment von Ein-Zimmer-Mietwohnungen ein positiver Zusammenhang zwischen der Wohnfläche und der Kaltmiete besteht.

Abbildung 5.2-1: Boxplots der monatlichen Kaltmieten und Wohnflächen

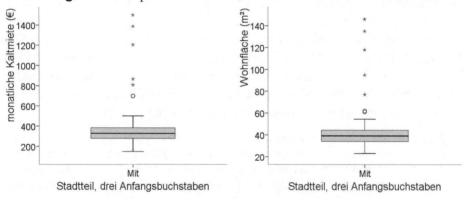

Boxplots. Unterzieht man im Vorfeld der angestrebten statistischen Zusammenhangsanalyse die beiden metrischen Erhebungsmerkmale *monatliche Kaltmiete* und *Wohnfläche* der Zufallsstichprobe mit einem Umfang von 49 zufällig und unabhängig voneinander ausgewählter Ein-Zimmer-Mietwohnungen einer Explorativen Datenanalyse, so lassen bereits die Boxplots innerhalb der Abbildung 5.2-1 erkennen, dass die realisierten Stichprobenwerte sowohl durch Ausreißerwerte (die durch das Symbol o markiert sind) als auch durch Extremwerte (die durch das Symbol * kenntlich gemacht werden) affiziert und augenscheinlich in einem hohen Maße schief und offensichtlich nicht normalverteilt sind. Diesen explorativen Befund findet man auch die zugehörigen Q-Q-Diagramme und den jeweiligen KOLMOGOROV-SMIRNOV-Anpassungstest auf eine Normalverteilung bestätigt.

Rangkorrelationsanalyse. Da man aufgrund einer Explorativen Datenanalyse für die 49 im Stadtbezirk Mitte zufällig ausgewählten Ein-Zimmer- Mietwohnungen offensichtlich davon ausgehen muss, dass ihre metrischen Merkmale

Wohnfläche und *Kaltmiete* nicht als normalverteilt angesehen werden können, ist es angezeigt, via Sequenz 5.2-1 eine Rangkorrelationsanalyse durchzuführen.

Sequenz 5.2-1: Rangkorrelationsanalyse
Analysieren
   Korrelation
      Bivariat ... → Abbildung 5.2-2

Abbildung 5.2-2: Dialogfeld *Bivariate Korrelationen*

Ergebnisse. Die Tabelle 5.2-1 beinhaltet das Ergebnis der Rangkorrelationsanalyse, wobei im konkreten Fall gemäß Abbildung 5.2-2 für die beiden Variablen *Fläche* und *Miete* „bewusst" der Rangkorrelationskoeffizient nach SPEARMAN und der darauf beruhende einseitige Test angefordert wurden.

Tabelle 5.2-1: Rangkorrelationskoeffizient nach SPEARMAN

			Wohnfläche (m²)
Spearman-Rho	monatliche Kaltmiete (€)	Korrelationskoeffizient	,632
		Sig. (1-seitig)	,000
		Anzahl	49

Testentscheidung. Da offensichtlich α* = 0,000 < α = 0,05 gilt, verwirft man die einseitige Nullhypothese H_0: $\rho_s \leq 0$ zugunsten der einseitigen Alternativhypothese H_1: $\rho_s > 0$ und deutet den empirischen Rangkorrelationskoeffizienten r_S = 0,632 auf einem Signifikanzniveau von α = 0,05 als signifikant größer als null. Demnach kann im Marktsegment der annoncierten Berliner Ein-Zimmer-Mietwohnungen davon ausgegangen werden, dass zwischen Wohnfläche und monatlicher Kaltmiete ein gleichläufiger (bzw. direkter oder positiver) monotoner linearer statistischer Zusammenhang besteht. ♣

5.3 Maßkorrelationsanalyse

Motivation. Unter dem Begriff der Maßkorrelationsanalyse[19] fasst man in der statistischen Methodenlehre die sachlogisch begründete Analyse von statistischen Zusammenhängen zwischen zwei oder mehreren metrischen Erhebungsmerkmalen zusammen. Dabei erweist es sich stets als vorteilhaft, einer Maßkorrelationsanalyse sowohl eine explorative als auch eine grafische Datenanalyse vorzulagern. Bei der grafischen Datenanalyse kommt dem Streudiagramm eine besondere praktische Bedeutung zu. Das in der empirischen Wirtschaftsforschung wohl am häufigsten applizierte Zusammenhangsmaß im Kontext einer bivariaten (lat.: *bis* → zweifach + *varia* → Allerlei) Maßkorrelationsanalyse ist für zwei metrische Erhebungsmerkmale X und Y der Korrelationskoeffizient r_{XY} bzw. r_{YX} nach BRAVAIS und PEARSON, der seinem Wesen nach ein normiertes und symmetrisches Zusammenhangsmaß ist, für das stets $-1 \leq r_{XY} = r_{YX} \leq 1$ gilt. Liegt r_{XY} bzw. r_{YX} nahe 1, dann ist ein positiver oder gleichläufiger linearer statistischer Zusammenhang zwischen zwei metrischen Merkmalen X und Y angezeigt. Analog kennzeichnet ein r_{XY} bzw. r_{YX} nahe -1 einen negativen oder gegenläufigen linearen statistischen Zusammenhang zwischen zwei metrischen Merkmalen X und Y. Ein r_{XY} bzw. r_{YX} um 0 ist ein Indiz dafür, dass zwischen zwei metrischen bzw. kardinalen Merkmalen X und Y kein linearer statistischer Zusammenhang nachweisbar ist. In praxi erweisen sich Maßkorrelationskoeffizient und der daraus entlehnte Unabhängigkeitstest vor allem dann von Vorteil, wenn es zu prüfen gilt, ob zwischen zwei metrischen Merkmalen, die normalverteilt sind, ein signifikanter linearer statistischer Zusammenhang besteht.

Derivat. Untrennbar mit dem Begriff eines bivariaten Maßkorrelationskoeffizienten r_{YX} ist der Begriff eines partiellen (lat.: *partialis* → anteilig) linearen Maßkorrelationskoeffizienten verbunden. Sind X, Y und Z drei metrische Erhebungsmerkmale, dann verwendet man zum Beispiel den partiellen Maßkorrelationskoeffizienten $r_{YX.Z}$, um die Stärke und die Richtung des linearen statistischen Zusammenhanges zwischen Y und X unter der „Kontrolle" von Z zu analysieren und zu messen.

> **Hinweis.** Im Kontext der statistischen und der sachlogischen Interpretation eines bivariaten bzw. eines partiellen Maßkorrelationskoeffizienten ist stets zu beachten, dass man mit Hilfe dieser Korrelationskoeffizienten immer nur die Stärke und die Richtung eines linearen statistischen Zusammenhanges zu messen vermag. ♦

---

[19] Eine elementare und paradigmatische Einführung in die Maßkorrelationsanalyse, worin Bau und Interpretation eines Streudiagramms und eines bivariaten Maßkorrelationskoeffizienten eingeschlossen sind, findet man u.a. bei: ECKSTEIN, Peter P.: Repetitorium Statistik, Deskriptive Statistik – Stochastik – Induktive Statistik, Mit Klausuraufgaben und Lösungen, 6., aktualisierte Auflage, GABLER Verlag Wiesbaden 2006.

Beispiel 5.3-1: Bivariate Maßkorrelationsanalyse
Motivation. Unter Verwendung der SPSS Daten-Datei *Hühnereier.sav* soll analysiert werden, ob und in welcher Intensität und Richtung zwischen den metrischen, extremwertbereinigten und hinreichend genau normalverteilten Erhebungsmerkmalen *Gewicht* (Angaben in g) und *Breite* (Angaben in mm) von 785 Hühnereiern ein statistischer Zusammenhang besteht.

Streudiagramm. Im Vorfeld einer Maßkorrelationsanalyse erweist es sich stets als vorteilhaft, mit Hilfe eines Streudiagramms zu prüfen, ob die Annahme eines statistischen Zusammenhangs zwischen zwei metrischen Merkmalen berechtigt erscheint. Ein Streudiagramm kann via Sequenz 5.3-1 erstellt werden.

> **Sequenz 5.3-1**: Streudiagramm
> Grafiken
>   Interaktiv
>   Streudiagramm... → Abbildung 5.3-1

Abbildung 5.3-1: Dialogfeld *Streudiagramm erstellen*

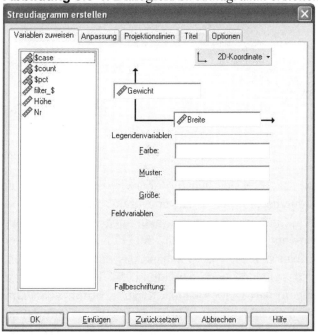

Interpretation. Die Abbildung 5.3-2 zeigt das im SPSS Diagramm-Editor bearbeitete und durch Mittelwertlinien ergänzte einfache Streudiagramm für die 785 Hühnereier bezüglich der extremwertbereinigten Merkmale *Gewicht* und *Breite*, das zudem durch ein dreidimensionales Histogramm ergänzt wird. Das Streudiagramm liefert die folgenden Erkenntnisse: Die gestreckte Punktewolke besitzt einen linearen Verlauf, der trotz einer augenscheinlichen und zufallsbedingten Streuung erkennen lässt, dass breitere Eier in der Regel ein größeres Gewicht besitzen als weniger breite Eier und umgekehrt. Aus sachlogischer Sicht deutet diese noch recht unscharfe Gewichts- und Breitenkonkordanz (lat.: *concordare* → übereinstimmen) auf einen positiven linearen statistischen Zusammenhang hin. Die gestrichelten Mittelwertlinien, welche die Streufläche in vier Quadranten teilen, ermöglichen eine anschauliche Darstellung der Grundidee der PEARSONschen Maßkorrelation: Das Studium der Gleich- oder der Gegenläufigkeit der Merkmalswerte zweier metrischer Merkmale um ihre Mittelwerte. Zeigt sich anhand eines Streudiagramms, dass die überwiegende Mehrheit der Merkmalsträger bezüglich zweier Merkmale im ersten und im dritten Quadranten angesiedelt ist, dann ist dies ein Indiz für eine positive statistische Maßkorrelation. Streuen hingegen die Punkte der Punktewolke vorwiegend im zweiten und im vierten Quadranten, so ist dies ein Indiz für eine negative Maßkorrelation.

Abbildung 5.3-2: Einfaches Streudiagramm und 3D-Histogramm

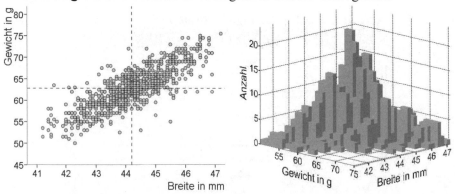

Kovariation. Da offensichtlich die überwiegende Mehrheit der Hühnereier entweder unterdurchschnittlich leicht und breit (bzw. schmal) oder überdurchschnittlich schwer und breit ist, spricht man auch von einer ausgeprägten positiven Kovariation von Gewicht und Breite der Hühnereier. Diese konkordante Kovariation kann man sich gleichsam anhand des dreidimensionalen Histogramms verdeutlichen, das analog zur Abbildung 5.1.1-2 via *Grafiken*, *Interaktiv*, *Histogramm* angefordert werden kann. „Kippt" man im SPSS Diagramm-Editor das „empirisch beobachtete Gewicht-Breite-Gebirge" mittels der interaktiven „Drehknöpfe" derart „nach vorne", dass man gleichsam „senkrecht von oben auf das Gebirge schauen kann", dann hält man ein „zweidimensionales Bild", das dem einfachen Streudiagramm ähnlich ist. Zudem hat man anhand des „empirisch beobachteten Gewicht-Breite-Gebirges" noch eine bildhafte Vorstellung von einer gemeinsamen bzw. bivariaten empirischen Häufigkeitsverteilung der beiden metrischen Merkmale *Gewicht* und *Breite* gewonnen, die augenscheinliche Ähnlichkeiten mit einer bivariaten Normalverteilung besitzt.

Maßkorrelation. Das einfache Streudiagramm und das dreidimensionale Histogramm innerhalb der Abbildung 5.3-2 liefern im konkreten Fall zwar eindeutige Informationen über die Richtung, nicht aber über die Stärke des linearen statistischen Zusammenhangs zwischen Gewicht und Breite der betrachteten Hühnereier. Beides vermag der bivariate Maßkorrelationskoeffizient nach BRAVAIS und PEARSON, den man via Sequenz 5.2-1 anfordern kann, indem man gemäß Abbildung 5.2-2 im Dialogfeld *Bivariate Korrelationen* innerhalb der Rubrik *Korrelationskoeffizienten* die Option *Pearson* markiert. Die Tabelle 5.3-1 beinhaltet das SPSS Ergebnisprotokoll für die praktizierte bivariate Maßkorrelationsanalyse in Gestalt einer (2 × 2)-Korrelationsmatrix.

Tabelle 5.3-1: Bivariate Maßkorrelationskoeffizienten

		Gewicht in g	Breite in mm
Gewicht in g	Korrelation nach Pearson	1.	,821
	Signifikanz (2-seitig)		,000
	Anzahl	785	785
Breite in mm	Korrelation nach Pearson	,821	1
	Signifikanz (2-seitig)	,000	
	Anzahl	785	785

Interpretation. Der empirisch ermittelte bivariate PEARSONsche Korrelationskoeffizient kann wie folgt interpretiert werden: Wegen $r_{GB} = r_{BG} = 0{,}821$ besteht zwischen dem G(ewicht) und der B(reite) von 785 (zufällig und unabhängig voneinander ausgewählten) Hühnereiern ein starker gleichläufiger bzw. positiver linearer statistischer Zusammenhang. Demnach sind in der Regel überdurchschnittlich breite Hühnereier überdurchschnittlich schwer und unterdurchschnittlich breite Eier in der Regel unterdurchschnittlich schwer bzw. überdurchschnittlich schwere Hühnereier überdurchschnittlich breit und unterdurchschnittliche schwere Hühnereier unterdurchschnittlich breit. Aus der angebotenen sachlogischen Interpretation wird deutlich, dass der bivariate lineare Maßkorrelationskoeffizient seinem Wesen nach ein symmetrisches Zusammenhangsmaß ist. Dies ist auch der Grund dafür, warum in SPSS eine quadratische und symmetrische (2 × 2)-Korrelationsmatrix als Ergebnisausdruck bereitgestellt wird.

Unabhängigkeitstest. Wegen $\alpha^* = 0{,}000 < \alpha = 0{,}05$ verwirft man auf einem (stets vorab zu vereinbarenden) Signifikanzniveau von $\alpha = 0{,}05$ die Unabhängigkeitshypothese $H_0: \rho_{GB} = \rho_{BG} = 0$ und deutet den wahren, jedoch unbekannten Maßkorrelationskoeffizienten $\rho_{GB} = \rho_{BG}$ (lies: *Rho*) in der statistischen Grundgesamtheit aller Hühnereier der Rasse „Loheimer Braun" als verschieden von null. Demnach kann davon ausgegangen werden, dass zwischen Gewicht und Breite von Hühnereiern ein linearer statistischer Zusammenhang besteht bzw. dass beide Merkmale eines Hühnereies nicht voneinander unabhängig sind. ♣

Beispiel 5.3-2: Unabhängigkeitstest für einen bivariaten Zufallsvektor
Motivation. In der empirischen Wirtschafts- und Sozialforschung besitzt man oft keinerlei Kenntnis darüber, ob zwischen zwei Phänomenen eine Wechselwirkung besteht. Aus diesem Grunde ist man bestrebt, anhand eines Stichprobenbefundes statistisch zu überprüfen, ob im konkreten Fall von einem signifikanten statistischen Zusammenhang ausgegangen werden kann oder nicht. Dieses klassische Problem der angewandten Statistik soll exemplarisch anhand der SPSS Daten-Datei *LehrEvaluation.sav* demonstriert werden, indem es auf einem vorab vereinbarten Signifikanzniveau von $\alpha = 0{,}05$ die folgende Unabhängigkeitshypothese statistisch zu überprüfen gilt: „Für die Lehrveranstaltungen im Diplomstudiengang Betriebswirtschaftslehre besteht kein Zusammenhang zwischen dem Evaluationsergebnis (in Gestalt der mittleren Punktezahl, die auf einer Intervallskala mit den Randwerten 0 und 5 basiert und von den Studierenden für eine Lehrveranstaltung im Durchschnitt vergeben wurde) und der Semesterabschlussnote (gemessen auf einer Intervallskala mit den Randwerten 1 und 5), welche die eingeschriebenen Teilnehmer einer Lehrveranstaltung im Durchschnitt erzielten."

Explorative Datenanalyse. In der Abbildung 5.3-3 sind die Boxplots der standardisierten mittleren Punktewerte (z-Punkte) und der standardisierten Durchschnittsnoten (z-Note) sowie das Punkte-Durchschnittsnoten- Streudiagramm auf der Basis der originären Daten dargestellt. Die symmetrischen Boxplots indizieren jeweils normalverteilte Punktewerte und Durchschnittsnoten für die $n = 30$ zufällig ausgewählten und evaluierten Lehrveranstaltungen. Diesen explorativen Befund findet man zudem durch das jeweilige Normal Q-Q Plot und den jeweiligen KOLMOGOROV-SMIRNOV-Anpassungstest auf eine Normalverteilung bestätigt.

Abbildung 5.3-3: Standardisierte Boxplots und originäres Streudiagramm

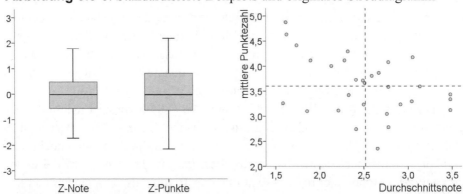

Maßkorrelationsanalyse. Da es sich bei beiden Merkmalen um metrische und normalverteilte Erhebungsmerkmale einer evaluierten Lehrveranstaltung handelt, ist die Maßkorrelationsanalyse in Verbindung mit dem darauf aufbauenden Unabhängigkeitstest für einen bivariaten Zufallsvektor ein geeignetes Analyseinstrument.[20] Die Ergebnisse der bivariaten Maßkorrelationsanalyse sind in der verkürzten Tabelle 5.3-2 zusammengefasst.

Tabelle 5.3-2: (2×2)-Korrelationsmatrix

		Durchschnittsnote	mittlere Punktezahl
Durchschnittsnote	Korrelation nach Pearson	1	-,410*
	Signifikanz (2-seitig)		,025
	Anzahl	30	30
mittlere Punktezahl	Korrelation nach Pearson	-,410*	1
	Signifikanz (2-seitig)	,025	
	Anzahl	30	30

*. Die Korrelation ist auf dem Niveau von 0,05 (2-seitig) signifikant.

Testentscheidung. Wegen $\alpha^* = 0{,}025 < \alpha = 0{,}05$ verwirft man die eingangs formulierte Unabhängigkeitshypothese und deutet (im Sinne eines zweiseitigen Tests) den bivariaten linearen Maßkorrelationskoeffizienten von $-0{,}410$ als signifikant verschieden von null. Der signifikante negative Maßkorrelationskoeffizient koinzidiert mit dem originären Streudiagramm, das in der Abbildung 5.3-2 dargestellt ist. Die Punktewolke lässt (etwa im Unterschied zur Punktewolke innerhalb der Abbildung 5.3-1) einen schwach ausgeprägten negativen bzw. umgekehrten linearen statistischen Zusammenhang zwischen dem Evaluationsergebnis in Gestalt der mittleren Punktezahl und der Durchschnittsnote zum Semesterabschluss für die 30 zufällig ausgewählten Lehrveranstaltungen erkennen.

> **Hinweise**. Für eine sachlogische Interpretation des Analyseergebnisses sind die folgenden Hinweise nützlich: i) **Paradoxon**. Die scheinbar paradoxe negative Korrelation wird durch die traditionelle Notengebung „erzeugt", indem für eine sehr gute Leistung keine „hohe", sondern eine „niedrige" Note vergeben wird und umgekehrt. Demnach erfahren in der Regel die Lehrveranstaltungen mit den „besseren und zugleich niedrigeren" durchschnittlichen Semesterabschlussnoten in der Regel durch die Studentenschaft auch eine „höhere" mittlere Punktebewertung und umgekehrt. ii) **Induktion**. Gleichwohl im deskriptiven Sinne dieser negative lineare statistische Zusammenhang schwach ausgeprägt ist, muss er unter den gegebenen Bedingungen im induktiven Sinne als signifikant oder wesentlich (verschieden von null bzw. kleiner als null) gedeutet werden. Diese semantische Deutung eines Testergebnisses gilt allgemein für alle statistischen Signifikanztests: Mit Hilfe eines statistischen Tests kann man lediglich erkennen, ob ein Ergebnis im statistischen Sinne bedeutungsvoll ist oder nicht. Ein signifikanter statistischer Befund muss jedoch nicht mit Notwendigkeit auch sachlogisch bedeutungsvoll sein und umgekehrt. ♦

---

[20] Eine elementare und paradigmenorientierte Einführung in den Unabhängigkeitstest für einen bivariaten Zufallsvektor, worin auch das Konzept einer bivariaten Normalverteilung eingeschlossen ist, findet man u.a. bei: ECKSTEIN, Peter P.: Repetitorium Statistik, Deskriptive Statistik – Stochastik – Induktive Statistik, Mit Klausuraufgaben und Lösungen, 6., aktualisierte Auflage, GABLER Verlag Wiesbaden 2006.

Beispiel 5.3-3: Partielle Maßkorrelationsanalyse
Motivation. Die Grundidee einer partiellen statistischen Maßkorrelation soll in Anlehnung an das Beispiel 5.3-1 und unter Verwendung der SPSS Daten-Datei *Hühnereier.sav* für die 785 Hühnereier, an denen die drei metrischen und normalverteilten Erhebungsmerkmale X: Breite (mm), Y: Gewicht (g) und Z: Höhe (mm) statistisch erhoben wurden, motiviert und erläutert werden.

Korrelationsmatrix. In der Tabelle 5.3-3 ist die symmetrische und quadratische (3×3)-Matrix der bivariaten linearen Maßkorrelationskoeffizienten dargestellt, die für die drei metrischen Erhebungsmerkmale gemäß Abbildung 5.2-2 im Dialogfeld *Bivariate Korrelationen* angefordert werden kann.

Tabelle 5.3-3: (3×3)-Korrelationsmatrix

	Breite in mm	Gewicht in g	Höhe in mm
Breite in mm	1	,821	,427
Gewicht in g	,821	1	,734
Höhe in mm	,427	,734	1

Die (3×3)-Korrelationsmatrix findet ihre bildhafte Darstellung in der (3×3)-Streudiagramm-Matrix innerhalb der Abbildung 5.3-4, die man zum Beispiel via *Grafiken, Diagrammerstellung, Streudiagramm-Matrix* erstellen kann.

Abbildung 5.3-4: (3×3)-Streudiagramm-Matrix

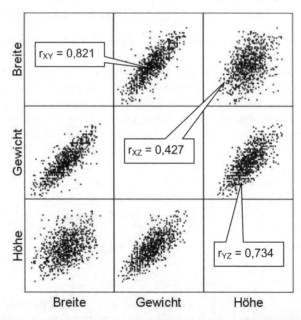

Bemerkenswert ist dabei, dass in der statistischen Gesamtheit der 785 Hühnereier der lineare statistische Zusammenhang zwischen Breite X und Höhe Z wegen

$r_{XZ} = r_{ZX} = 0{,}427$ nicht allzu stark ausgeprägt ist. Hinzu kommt noch, dass im Ensemble der drei statistisch erhobenen Merkmale Breite X, Gewicht Y und Höhe Z dieser Teilzusammenhang nicht plausibel zu begründen ist, wenn er für eine Menge mehr oder weniger gleichgewichtiger Hühnereier betrachtet wird. In diesem Falle würde man erwarten, dass sich Breite X und Höhe Z eher umgekehrt proportional zueinander verhalten, etwa derart, dass breitere Eier in der Höhe eher kleiner ausfallen, als weniger breite Eier und umgekehrt.

Partielle Korrelation. In der Tat findet man diese Überlegungen auch statistisch anhand der Ergebnisse der partiellen Maßkorrelationsanalyse bestätigt, die man via Sequenz 5.3-2 anfordern kann und deren Ergebnis in der Tabelle 5.3-4 zusammengefasst ist.

Sequenz 5.3-2: Partielle Maßkorrelation
Analysieren
Korrelation
Partiell... → Abbildung 5.3-5

Abbildung 5.3-5: Dialogfeld *Partielle Korrelationen*

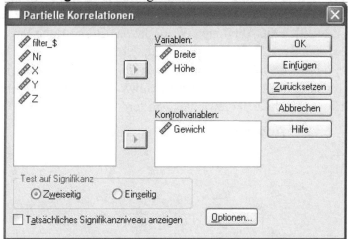

Hinweis. Im konkreten Fall ist zu beachten, dass der partielle lineare statistische Zusammenhang zwischen der Breite X und der Höhe Z unter Ausschaltung des Einflusses des Gewichts Y analysiert werden soll. Das Erhebungsmerkmal Y eines Hühnereies fungiert dabei als die so genannte Kontrollvariable, welche die Betrachtung des partiellen statistischen Zusammenhangs zwischen Breite X und Höhe Y erster Ordnung im Ensemble der drei Eiermerkmale X, Y und Z erst ermöglicht. ♦

Tabelle 5.3-4: Partieller Korrelationskoeffizient

Kontrollvariable(n)			Breite in mm	Höhe in mm
Gewicht in g	Breite in mm	Korrelation	1,000	-,453
	Höhe in mm	Korrelation	-,453	1,000

Interpretation. Wegen $r_{XZ.Y} = r_{ZX.Y} = -0{,}453$ besteht in der statistischen Gesamtheit der 785 Hühnereier zwischen der Breite X und der Höhe Z ein umgekehrter bzw. negativer linearer statistischer Zusammenhang mittlerer Stärke, wenn der Einfluss des Gewichts Y ausgeschaltet bzw. kontrolliert bzw. als konstant angenommen wird.

Berechnung. Verwendet man die bivariaten Maßkorrelationskoeffizienten aus der (3 × 3)-Korrelationsmatrix innerhalb der Tabelle 5.3-3, so erhält man wegen

$$r_{XZ.Y} = \frac{r_{XZ} - r_{XY} \cdot r_{YZ}}{\sqrt{(1-r_{XY}^2) \cdot (1-r_{YZ}^2)}} = \frac{0{,}427 - 0{,}821 \cdot 0{,}734}{\sqrt{(1-(0{,}821)^2) \cdot (1-(0{,}734)^2)}} \cong -0{,}453$$

ein gleiches Ergebnis. Beachtenswert ist dabei, dass man im konkreten Fall insgesamt drei wohl zu unterscheidende partielle Maßkorrelationskoeffizienten berechnen kann. Die beiden verbleibenden partiellen linearen Maßkorrelationskoeffizienten $r_{YZ.X} = 0{,}743$ und $r_{XY.Z} = 0{,}826$ belegen zahlenmäßig und augenscheinlich, dass die jeweilige Kontrollvariable den zugrundeliegenden bivariaten statistischen Zusammenhang nicht „verzerrend überlagert".

Maßkorrelation. Eine sehr anschauliche Darstellung der Grundidee einer Maßkorrelation im Allgemeinen und einer partiellen Maßkorrelation im Speziellen vermittelt letztlich die Abbildung 5.3-6, die das Breite-Höhe-Streudiagramm für die Teilmenge von 37 Hühnereiern beinhaltet, die durch ein „konstantes" Gewicht von 64 g gekennzeichnet sind und in der SPSS Daten-Datei *Hühnereier.sav* mittels des SPSS Auswahlbedingung *Gewicht = 64* aus der Menge der 785 empirisch erfassten Hühnereiergewichte „gefiltert" werden kann.

Abbildung 5.3-6: Streudiagramm

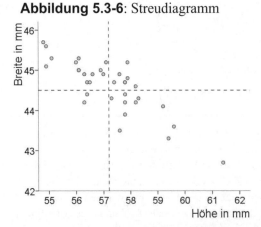

Die Punktwolke im Streudiagramm innerhalb der Abbildung 5.3-6 indiziert mit ihrem fallenden Verlauf eine stark ausgeprägte negative lineare statistische Korrelation zwischen Breite und Höhe, für die man im konkreten Fall einen bivariaten Maßkorrelationskoeffizienten von -0,817 berechnet. ♣

Aufgaben

Die mit * gekennzeichneten Aufgaben sind Klausuraufgaben

Aufgabe 5-1*

Verwenden Sie zur Lösung der Aufgabenstellungen die SPSS Daten-Datei *Hotelgäste.sav*. Die SPSS Daten-Datei basiert auf einer Gästebefragung in Romantik-Hotels im vierten Quartal 2005. Von Interesse sind alle zufällig ausgewählten und befragten Hotelgäste, die angaben, aus privaten Gründen im Hotel zu logieren.

a) Von Interesse sind die SPSS Variablen *Abschluss* und *Einkommen*. Wie sind die Merkmale skaliert?

b) Unterziehen Sie die in Rede stehenden Erhebungsmerkmale einer Kontingenzanalyse. Messen und interpretieren Sie für die interessierenden Hotelgäste mit Hilfe einer geeigneten, konkret zu benennenden und χ^2-basierten Maßzahl die Stärke und die Richtung der statistischen Kontingenz zwischen den Erhebungsmerkmalen.

c) Ergänzen Sie die Kontingenzanalyse durch einen Vergleich der Konditionalverteilungen, die durch das Erhebungsmerkmal „höchster Bildungsabschluss" bedingt sind. Wie viele Konditionalverteilungen bilden die Basis für den Vergleich? Zu welcher Aussage gelangen Sie allein aus einer vergleichenden Betrachtung der Konditionalverteilungen?

d) Prüfen Sie auf einem Signifikanzniveau von 0,01 mit Hilfe eines konkret zu benennenden und χ^2-basierten Verfahrens die folgende Hypothese: „Für Gäste, die aus privaten Gründen logieren in einem Romantik-Hotel logieren, sind das monatliche Nettoeinkommen und der höchste Bildungsabschluss voneinander unabhängige Merkmale."

e) Einmal angenommen, dass die Hypothese aus der Problemstellung c) nicht verworfen werden muss. Welchen Wert hätte die Testvariable höchstens annehmen dürfen, damit dies der Fall ist? Wie wird dieser Wert in der Statistik bezeichnet?

Aufgabe 5-2*

Verwenden Sie zur Lösung der folgenden Problemstellung die SPSS Daten-Datei *LehrEvaluation.sav*. Von Interesse sind alle zufällig ausgewählten und evaluierten Lehrveranstaltungen.

a) Erstellen Sie für die Lehrveranstaltungseigenschaften *3-Sterne-Klassifikation* und *Studiumsstufe* eine Kontingenztabelle. Welchen Typs ist die Kontingenztabelle?

b) Geben Sie die durch das Merkmal *Studiumsstufe* bedingten Verteilungen an. Wie viele Verteilungen sind dies im konkreten Fall? Zu welcher Aussage gelangen Sie allein aus einer vergleichenden Betrachtung der bedingten Verteilungen?

c) Messen und interpretieren Sie die Stärke der statistischen Kontingenz zwischen der *3-Sterne-Klassifikation* und der *Studiumsstufe* mit Hilfe einer geeigneten und konkret zu benennenden Maßzahl.

d) Prüfen Sie mit Hilfe eines geeigneten und konkret zu benennenden Verfahrens auf einem Signifikanzniveau von 0,05 die folgende Hypothese: „Die 3-Sterne-Klassifikation und die Studiumsstufe sind voneinander unabhängige Eigenschaften einer Lehrveranstaltung."

e) Welchen Wert müsste ceteris paribus die Prüfgröße des unter d) applizierten Verfahrens mindestens annehmen, wenn auf einem Signifikanzniveau von 0,02 die Unabhängigkeitshypothese zu verwerfen wäre? Geben Sie die SPSS Funktion mit den zugehörigen Parameterwerten explizit an, die zur Lösung des Problems geeignet ist.

f) Wie viele der evaluierten Grundstudien-Lehrveranstaltungen würden bei Gültigkeit der Unabhängigkeitshypothese mit drei Sternen bewertet werden?

Aufgabe 5-3

Aus physiologischer Sicht ist zu vermuten, dass die Geschlechtszugehörigkeit einer Person durch solche Prädiktoren wie Körpergewicht, Körpergröße und/oder Körper-Masse-Index bereits hinreichend genau bestimmt werden kann. Analysieren Sie diesen Sachverhalt mittels eines CHAID-basierten Klassifizierungsbaumes unter Beachtung der folgenden Prämissen: i) Datenbasis: alle Merkmalsträger in der SPSS Daten-Datei *Befragung.sav*, ii) Mindestanzahl von Merkmalsträgern im über- bzw. untergeordneten Knoten: 50 bzw. 30, iii) Zielkategorie: weiblich, iv) ansonsten Beibehaltung der SPSS Standardeinstellungen.

a) Aus wie vielen Knoten insgesamt und Endknoten besteht der Klassifizierungsbaum? Welche Knoten bilden die Gruppe der Endknoten?
b) Charakterisieren Sie jeweils den Personenkreis mit der größten und mit der kleinsten Trefferquote?
c) Zu wie viel Prozent ist man mit den drei vermuteten Prädiktoren in der Lage, i) alle erfassten weiblichen Personen, ii) alle erfassten männlichen Personen und ii) alle erfassten Personen geschlechtsspezifisch exakt zu identifizieren?
d) Wie hoch ist das Risiko einer geschlechtsspezifischen Fehlklassifikation?

Aufgabe 5-4

Unter Verwendung der SPSS Daten-Datei *LehrEvaluation.sav* analysiere und interpretiere man für die Lehrveranstaltungen im Diplomstudiengang Wirtschaftsrecht jeweils den folgenden statistischen Zusammenhang und prüfe diesen auf einem Niveau von 0,05 auf Signifikanz:

a) zwischen dem Evaluationsergebnis (mittlere Punktezahl) und dem Semesterabschlussergebnis (Durchschnittsnote).
b) zwischen der Durchfallerquote und dem Semesterabschlussergebnis (Durchschnittsnote).

Aufgabe 5-5*

Verwenden Sie zur Lösung der folgenden Problemstellungen die SPSS Daten-Datei *Gebrauchtwagen.sav*. Von Interesse sind alle Gebrauchtwagen vom Typ Opel Vectra.

a) Benennen Sie konkret den Merkmalsträger sowie die Skalierung der erhobenen Merkmale.
b) Fügen Sie für die interessierenden Gebrauchtwagen in die Arbeitsdatei eine Variable ein, welche die jahresdurchschnittliche Fahrleistung beschreibt. Geben Sie explizit die Berechnungsvorschrift an.
c) Prüfen Sie für die Merkmale *Alter, Fahrleistung, Zeitwert* und *jahresdurchschnittliche Fahrleistung* mit Hilfe eines geeigneten und konkret zu benennenden Verfahrens auf einem Signifikanzniveau von 0,05 die folgenden vollständig spezifizierten Verteilungshypothesen: „Das jeweilige Merkmal ist eine normalverteilte Zufallsvariable."
d) Messen und interpretieren Sie jeweils den bivariaten statistischen Zusammenhang zwischen den unter c) genannten Erhebungsmerkmalen. Können auf einem Signifikanzniveau von 0,05 die gemessenen Zusammenhänge als signifikant verschieden von null gedeutet werden?
e) Berechnen, interpretieren und testen Sie den statistischen Zusammenhang zwischen Zeitwert und jahresdurchschnittlicher Fahrleistung unter Konstanthaltung des Alterseinflusses. Wie wird diese Form der statistischen Zusammenhangsanalyse bezeichnet?
f) Führen Sie für das Merkmal *Zeitwert* eine logarithmische Transformation durch und erstellen Sie für die originären und transformierten Zeitwertangaben sowie für die Altersangaben eine Streudiagramm-Matrix. Zu welcher Aussage gelangen Sie? Messen Sie zudem die Stärke und die Richtung der jeweiligen bivariaten Korrelationen. Woraus erklären sich die unterschiedlichen Ergebnisse? ♣

6

Regressionsanalyse

Schlüsselwörter

Einfache lineare Regression
Einfache nichtlineare Regression
Elastizitätsfunktion
Grenzfunktion

Kollinearität
Logistische Regression
Lokale lineare Regression
Multiple Regression

Gegenstand. Dieses Kapitel hat die statistische Regressionsanalyse (lat.: *regressio* → das Zurückführen, Rückgang (auf ein mittleres Niveau)) zum Gegenstand. Im Kontext einer Regressionsanalyse, die ein Teilgebiet der multivariaten (lat.: *multus* → vielfach + *varia* → Allerlei) Statistik ist, steht das Messen einseitig gerichteter statistischer Abhängigkeiten zwischen zwei oder mehreren Erhebungsmerkmalen mit Hilfe geeigneter Modelle und Maßzahlen im Vordergrund.

Kausalität. Analog zur statistischen Zusammenhangsanalyse gelten auch für eine statistische Regressionsanalyse die folgenden Prämissen: Eine statistische Regressionsanalyse ist stets sachlogisch zu begründen und ersetzt keine Kausalitätsanalyse (lat.: *causalis* → ursächlich). Mit Hilfe der Zusammenhangs- und Regressionsanalyse ist man stets nur in der Lage, Kausalitäten aufdecken und/oder bestätigen zu helfen.

Zielstellung. Das Ziel dieses Kapitels besteht darin, anhand praktischer Problemstellungen paradigmenorientiert zu zeigen, wie unter Verwendung grafischer und numerischer Verfahren eine Regressionsanalyse mit Hilfe des linearen, des lokalen linearen, des nichtlinearen und des logistischen Regressionsmodells bewerkstelligt werden kann. Dabei stehen Bau und Interpretation der Modelle im Vordergrund. ♣

6.1 Bivariate lineare Regression

Motivation. Dieser Abschnitt hat die bivariate lineare Regressionsanalyse[21] auf der Basis zweier metrischer Erhebungsmerkmale zum Gegenstand. Dabei stehen Bau und Interpretation eines einfachen oder bivariaten linearen Kleinst-Quadrate- Regressionsmodells im Vordergrund. Das statistische Modell einer einfachen linearen Regression, das in der empirischen Wirtschafts- und Sozialforschung wegen seiner Einfachheit eine breite Anwendung erfährt, kann wie folgt charakterisiert werden:

Bivariates lineares Regressionsmodell
Sind Y und X zwei metrische Erhebungsmerkmale einer statistischen Grundgesamtheit, dann heißt das Modell $Y = \text{ß}_0 + \text{ß}_1 \cdot X + U$ zur funktionalen Beschreibung der linearen statistischen Abhängigkeit des Merkmals Y vom Merkmal X anhand eines vorliegenden Stichprobenbefundes einfache lineare oder bivariate lineare Regression von Y auf X.

Hinweise. Für die Konstruktion und Interpretation einer bivariaten linearen Regression erweisen sich die folgenden Hinweise als hilfreich: i) **Regressor**. Das erklärende Merkmal X, auch Regressor genannt, wird im Sinne eines kontrollierten Experiments als eine Instrument- oder Kontrollvariable gedeutet, die in der Regel nur fest vorgegebene Werte annimmt. ii) **Restvariable**. U bezeichnet eine nicht direkt beobachtbare und zufallsbedingte Residualvariable (lat.: *residuum* → Rest), die sich sachlogisch wie folgt motivieren lässt: Da in der ökonomischen Realität in der Regel keine eindeutige funktionale Abhängigkeit zwischen einem Merkmal Y und einem Merkmal X existiert, geht man davon aus, dass sie zumindest statistisch „im Mittel" besteht, wobei diese mittlere statistische Abhängigkeit durch eine nicht unmittelbar beobachtbare, zufällige Rest- oder Störvariable additiv überlagert wird. iii) **Regressand**. Das abhängige Merkmal Y, das auch als Regressand bezeichnet wird, ist seinem Wesen nach eine Zufallsgröße. iv) **Parameter**. ß_0 und ß_1 bezeichnen die wahren, jedoch unbekannten Regressionsparameter in der statistischen Grundgesamtheit, wobei der Parameter ß_0 als Regressionskonstante und der Parameter ß_1 als Regressionskoeffizient bezeichnet wird. Im Sinne der Induktiven Statistik besteht das zu lösende statistische Problem darin, aufgrund eines Stichprobenbefundes die unbekannten Regressionsparameter ß_0 und ß_1 zu schätzen und über sie Hypothesen zu prüfen. Das Schätzverfahren, das in der angewandten Statistik zweifelsfrei am häufigsten appliziert wird, ist die Methode der kleinsten Quadratesumme, die auf den berühmten deutschen Mathematiker Carl Friedrich GAUSS (1777-1855) zurückgeht. ♦

---

[21] Eine elementare und paradigmatische Einführung in die einfache bzw. bivariate lineare Regressionsanalyse, worin die Darstellung der Methode der kleinsten Quadratesumme sowie die Betrachtung der zu einer einfachen linearen Kleinst-Quadrate-Regression zugehörigen Grenz- und Elastizitätsfunktion eingeschlossen sind, findet man u.a. bei ECKSTEIN, Peter P.: Repetitorium Statistik, Deskriptive Statistik – Stochastik – Induktive Statistik, Mit Klausuraufgaben und Lösungen, 6., aktualisierte Auflage, GABLER Verlag Wiesbaden 2006.

Beispiel 6.1-1: Bivariate lineare Regression der Miete über der Fläche
Motivation. Unter Verwendung der SPSS Daten-Datei *Mietspiegel.sav* soll mit Hilfe der Regressionsanalyse die Abhängigkeit der monatlichen Kaltmiete Y von der Wohnfläche X im Marktsegment der Pankower Vier-Zimmer- Mietwohnungen statistisch analysiert werden. Den Ausgangspunkt der statistischen Abhängigkeitsanalyse bilden die folgenden sachlogischen Überlegungen: Da für größere (bzw. kleinere) vergleichbare Mietwohnungen im besagten Wohnungsmarkt offensichtlich höhere (bzw. niedrigere) Kaltmieten zu zahlen sind, kann sachlogisch davon ausgegangen werden, dass zwischen den beiden Phänomenen Kaltmiete und Wohnfläche eine kausale Beziehung besteht, die wohl am einfachsten mit Hilfe des linearen ökonomischen Modells $M = ß_0 + ß_1·F$ beschrieben werden kann. Es leuchtet intuitiv ein, dass im besagten Marktsegment keine eindeutige funktionale Abhängigkeit zwischen der (Kalt)Miete M und der (Wohn)Fläche F existiert, wohl aber, dass die Abhängigkeit zumindest statistisch gesehen „im Mittel" besteht, wobei die monatliche Kaltmiete M von Vier-Zimmer- Mietwohnungen für eine bestimmte Wohnfläche F vom wohnflächenbedingten Mittel gleichermaßen nach oben und nach unten abweicht. Dieses Abweichen der monatlichen Kaltmiete M vom wohnflächenbedingten Mittel lässt sich sachlogisch aus dem Einfluss weiterer Mietfaktoren (etwa die Wohnlage, die Wohnungsausstattung etc.) erklären, die der Einfachheit halber in Gestalt einer Restvariable U Eingang in das Mietmodell $M = ß_0 + ß_1·F + U$ finden sollen.

Grenzfunktion. Unterstellt man weiterhin, dass die lineare statistische Abhängigkeit der Kaltmiete M von der Wohnfläche F mit Hilfe einer stetigen Funktion dargestellt werden kann, so kann die Ableitung $dM/dF = ß_1$ erster Ordnung der linearen Mietfunktion $M = ß_0 + ß_1·F + U$ nach der Wohnfläche F als Grenzfunktion und somit als marginale Neigung der monatlichen Kaltmiete bezüglich hinreichend kleiner absoluter Wohnflächenveränderungen interpretiert werden. Demnach würde die monatliche Kaltmiete M im Durchschnitt um $ß_1$ Einheiten steigen (fallen), wenn die Wohnfläche F um eine Einheit steigt (fällt).

Hypothesen. Da die marginale Mietneigung $dM/dF = ß_1$ für die interessierenden Berliner Mietwohnungen im besagten Marktsegment unbekannt ist, soll sie anhand eines Stichprobenbefundes geschätzt und die Nullhypothese $H_0: ß_1 \leq 0$ gegen die Alternativhypothese $H_1: ß_1 > 0$ auf einem Signifikanzniveau von $\alpha = 0,05$ getestet werden. Die Nullhypothese H_0, die besagt, dass zwischen monatlicher Kaltmiete M und Wohnfläche F keine Abhängigkeit bzw. eine negative Abhängigkeit besteht, lässt sich wie folgt begründen: Da ein Signifikanztest stets auf die Ablehnung einer Nullhypothese abstellt und im konkreten Fall aus Plausibilitätsgründen eine marginale Mietneigung größer als null erwartet wird, sollte das Gegenteil der Erwartung als Nullhypothese formuliert werden. Gelingt es im konkreten Fall, anhand eines Stichprobenbefundes die Nullhypothese zu verwerfen, kann zum vereinbarten Signifikanzniveau davon ausgegangen werden, dass in der statistischen Grundgesamtheit der Pankower Vier-Zimmer-Mietwohnungen die unbekannte marginale Mietneigung d M/d F = ß$_1$ größer als null ist und somit die Wohnfläche F als ein „wesentlicher" Faktor zur Bestimmung der monatlichen Kaltmiete M aufgedeckt werden kann.

Stichprobe. Die statistische Schätzung der marginalen Mietneigung in Gestalt des Regressionskoeffizienten ß$_1$ soll für die 99 Pankower Vier-Zimmer- Mietwohnungen, die in der in der SPSS Daten-Datei *Mietspiegel.sav* erfasst sind, erfolgen. Die Auswahl der interessierenden Mietwohnungen mit den nunmehr als Identifikationsmerkmale fungierenden Erhebungsmerkmalen *Stadtbezirk* und *Zimmeranzahl* kann gemäß Beispiel 2.3-7 mit Hilfe der SPSS Auswahlbedingung *Bezirk = "Pan" & Zimmer = 4* bewerkstelligt werden.

Streudiagramm. Die Abbildung 6.1-1 beinhaltet das via Sequenz 5.3-1 erstellte Streudiagramm und den Graphen der einfachen linearen Kleinst-Quadrate-Regression der monatlichen Kaltmiete M über der Wohnfläche F. Anhand des Streudiagramms lassen sich die folgenden Sachverhalte bildhaft verdeutlichen: Die Punktewolke für die 99 zufällig ausgewählten Pankower Vier-Zimmer-Mietwohnungen lässt eine lineare statistische Abhängigkeit zwischen der monatlichen Kaltmiete (Angaben in €) und der Wohnfläche (Angaben in m²) erkennen.

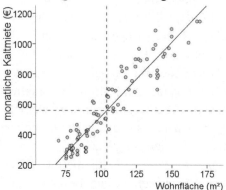

Abbildung 6.1-1: Streudiagramm

Unter Zuhilfenahme der gestrichelten Mittelwertlinien auf einem Niveau von 559,41 € bzw. 104 m² wird ersichtlich, dass für Mietwohnungen mit über- bzw. unterdurchschnittlich großen Wohnflächen in der Regel auch über- bzw. unterdurchschnittlich hohe Kaltmieten zu zahlen sind.

Regression. Die eingezeichnete lineare Regressionsfunktion kennzeichnet die Kleinst-Quadrate-Regression der monatlichen Kaltmieten über den Wohnflächen für die 99 Pankower Vier-Zimmer-Mietwohnungen. Anhand der Regressionsgeraden kann man sich recht anschaulich die Grundidee einer statistischen Regression verdeutlichen: Das Zurückführen (lat.: *regressio* → Rückführung) aller 99 Punkte in der Punktewolke auf eine Gerade, die ein durchschnittliches Kaltmietenniveau in Abhängigkeit von den Wohnflächen der jeweiligen Mietwohnungen kennzeichnet. Von allen Geraden, die man in diese Punktewolke „hineinlegen" würde, erzeugt die eingezeichnete Gerade die kleinste Summe der quadratischen Abweichungen zwischen der beobachteten Kaltmiete M und der geschätzten monatlichen Kaltmiete M*(F) der 99 Mietwohnungen. Aus der Punktewolke ist zudem ersichtlich, dass gleichgroße Mietwohnungen (etwa mit einer Wohnfläche von 90 m²) durch unterschiedliche Kaltmieten gekennzeichnet sind, die um die wohnflächenbedingte durchschnittliche Kaltmiete bzw. um den Regresswert M*(F) streuen. Dabei wird aus theoretischer Sicht unterstellt, dass für eine bestimmte Wohnfläche F_0 das zugehörige Kaltmiete-Residuum $U_0 = M_0 - M_0^*(F_0)$ eine Realisation einer normalverteilten Zufallsgröße mit einem Erwartungswert null und einer unveränderlichen (homoskedastischen) Varianz ist.

Schätzung. Die im Streudiagramm bildhaft dargestellte einfache lineare Kleinst-Quadrate-Regression M*(F) = –461,38 + 9,82·F kann am einfachsten via Sequenz 6.1-1 ermittelt werden. Beachtenswert ist dabei, dass im Kontext einer linearen Regressionsanalyse eine babylonische Vielzahl verschiedener Statistiken und/oder Diagramme optional vereinbart und angefordert werden kann.

Sequenz 6.1-1: Lineare Regression
Analysieren
  Regression
    Linear... → Abbildung 6.1-2

Abbildung 6.1-2: Dialogfeld *Lineare Regression*

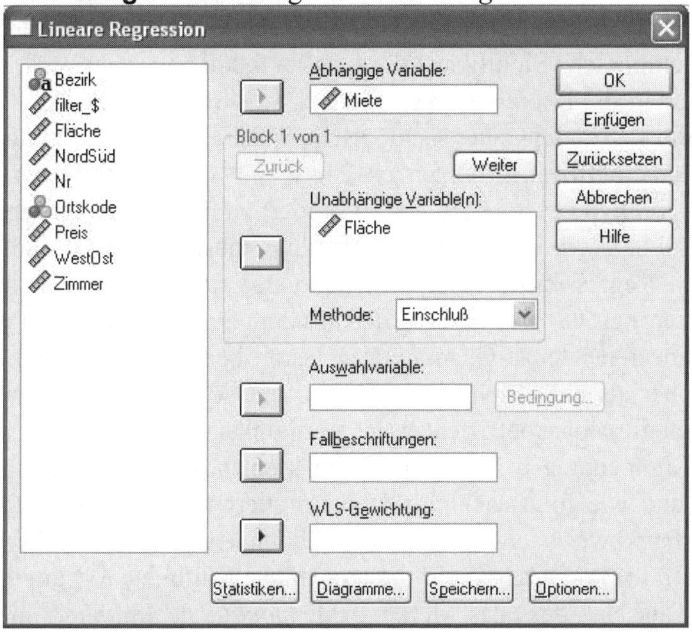

Ergebnisse. Die Tabelle 6.1-1 enthält das SPSS Ergebnisprotokoll für die einfache lineare Kleinst-Quadrate-Regression M*(F) = –461,38 + 9,82·F der monatlichen Kaltmiete M (in €) über der Wohnfläche F (in m²), die in ihren Komponenten wie folgt interpretiert werden kann:

Tabelle 6.1-1: Kleinst-Quadrate-Regressionskoeffizienten

Modell		Koeffizienten		T	Signifikanz
		B	Standardfehler		
linear	(Konstante)	-461,377	37,085	-12,441	,000
	Wohnfläche (m²)	9,815	,347	28,319	,000

Regressionskonstante. Die aus dem Stichprobenbefund geschätzte Regressionskonstante $b_0 = -461,38$ € ist eine bezeichnete Zahl. Sie besitzt die Dimension des Regressanden *monatliche Kaltmiete M*, dessen Werte in € angegeben sind. Im Sinne der Funktionalanalysis markiert die Regressionskonstante b_0 an der Stelle F = 0 den Schnittpunkt der linearen Regressionsfunktion mit der Ordinate. Da im konkreten Fall auf der Ordinate das abhängige Merkmal *Kaltmiete M* abgetragen ist, würde man wegen $M^*(0) = -461,38 + 9,82 \cdot 0 = -461,38 = b_0$ die Regressionskonstante aus theoretischer Sicht als eine geschätzte durchschnittliche wohnflächenautonome monatliche Kaltmiete für die betrachteten Vier-Zimmer- Mietwohnungen deuten. Beachtenswert ist in diesem Zusammenhang, dass eine sachlogische Interpretation einer Regressionskonstante nicht immer möglich und sinnvoll ist. Dies ist auch ein Grund dafür, warum man in der angewandten Statistik über eine Regressionskonstante b_0 in der Regel keine Hypothesen formuliert und testet, gleichwohl in der Tabelle 6.1-1 das für einen Test erforderliche empirische Signifikanzniveau $\alpha^* = 0,000$ angezeigt wird. Im konkreten Fall fungiert die Regressionskonstante $b_0 = -461,38$ als „bloße" Ausgleichskonstante, die sich zudem einer sachlogisch plausiblen Interpretation verschließt.

Regressionskoeffizient. Wegen $\alpha^*/2 = 0,000 < \alpha = 0,05$ verwirft man die formulierte Nullhypothese $H_0: \beta_1 \leq 0$, akzeptiert zum vereinbarten Signifikanzniveau von $\alpha = 0,05$ die einseitige Alternativhypothese $H_1: \beta_1 > 0$ und deutet den unbekannten Regressionskoeffizienten β_1 in der statistischen Grundgesamtheit (Marktsegment) größer als null bzw. den aus dem Stichprobenbefund geschätzten einfachen linearen Kleinst-Quadrate-Regressionskoeffizienten $b_1 = 9,82$ als signifikant größer als null. Mehr noch: Wegen $dM^*/dF = b_1 = 9,82$ €/m² kann der geschätzte Regressionskoeffizient b_1 als ein Punktschätzwert für die unbekannte marginale Mietneigung β_1 bei hinreichend kleinen Wohnflächenveränderungen angesehen und wie folgt sachlogisch interpretiert werden: Steigt (fällt) ceteris paribus für Pankower Vier-Zimmer-Mietwohnungen die Wohnfläche F um 1 m², dann steigt (fällt) im Durchschnitt die monatliche Kaltmiete M* um 9,82 €. Aufgrund der Tatsache, dass das Merkmal M: *monatliche Kaltmiete* in € und das Merkmal F: *Wohnfläche* in m² „gemessen" wurden, ist auch der Regressionskoeffizient b_1 eine dimensionsgeladene Maßzahl, die im konkreten Fall als ein durchschnittlicher, wohnflächenbedingter Mietpreis (Angaben in €/m²) für Pankower Vier-Zimmer-Mietwohnungen interpretiert werden kann.

Elastizität. Ist man für ein bestimmtes Wohnflächenniveau an der relativen Nachgiebigkeit der monatlichen Kaltmiete bei (hinreichend kleinen) Wohnflächenveränderungen interessiert, dann berechnet man unter Verwendung der auf der linearen Regressionsfunktion M*(F) = −461,38 + 9,82·F der monatlichen Kaltmiete M über der Wohnfläche F beruhenden Elastizitätsfunktion

$$\varepsilon(F) = \frac{9{,}82 \cdot F}{-461{,}38 + 9{,}82 \cdot F}$$

die entsprechende Punkt-Elastizität. So ermittelt man für ein Wohnflächenniveau von $F_0 = 100$ m² eine Punkt-Elastizität der monatlichen Kaltmiete von

$$\varepsilon(100 \text{ m}^2) = \frac{9{,}82 \text{ €/m}^2 \cdot 100 \text{ m}^2}{-461{,}38 \text{ €} + 9{,}82 \text{ €/m}^2 \cdot 100 \text{ m}^2} \approx 1{,}9$$

und interpretiert sie wie folgt: Auf einem Wohnflächenniveau von 100 m² sind die relativen Veränderungen in der monatlichen Kaltmiete von Pankower Vier-Zimmer-Mietwohnungen überproportional elastisch bezüglich relativer Wohnflächenveränderungen. Demnach steht auf einem Wohnflächenniveau von 100 m² einer einprozentigen Veränderung der Wohnfläche eine durchschnittliche Veränderung der monatlichen Kaltmiete von 1,9 % gegenüber.

Bestimmtheitsmaß. Mit Hilfe der bivariaten linearen Kleinst-Quadrate-Regressionsfunktion der monatlichen Kaltmiete M über der Wohnfläche F ist man gemäß Tabelle 6.1-2 wegen $R^2 = 0{,}892$ bereits in der Lage, zu 89,2 % die Varianz der monatlichen Kaltmieten M allein aus der Varianz der Wohnflächen F statistisch zu erklären. Da für den Vergleich von empirischem und vorgegebenem Signifikanzniveau innerhalb der Varianztabelle 6.1-3 $\alpha^* = 0{,}000 < \alpha = 0{,}05$ gilt, deutet man das Bestimmtheitsmaß $R^2 = 0{,}892$ als signifikant größer als null bzw. die durch die Regression erklärte Varianz der Kaltmieten als größer als die durch die Regression nicht erklärte (Residual)Varianz der Kaltmieten.

Tabelle 6.1-2: Gütemaße

Modellzusammenfassung

Modell	R	R-Quadrat	Korrigiertes R-Quadrat	Residualstandardfehler
linear	,945[a]	,892	,891	86,70

a. Einflußvariablen : (Konstante), Wohnfläche (m²)

Tabelle 6.1-3: Varianztabelle

ANOVA[b]

Modell		Quadratsumme	df	Varianz	F	Signifikanz
linear	Regression	6027682,603	1	6027682,603	801,951	,000[a]
	Residuen	729078,550	97	7516,274		
	Gesamt	6756761,152	98			

a. Einflußvariablen : (Konstante), Wohnfläche (m²)
b. Abhängige Variable: monatliche Kaltmiete (€)

Residualstandardfehler. Der Residualstandardfehler der einfachen linearen Regressionsfunktion M*(F) = −461,38 + 9,82·F der monatlichen Kaltmiete M über der Wohnfläche F beläuft sich im konkreten Fall auf 86,70 €. Demnach streuen im Durchschnitt die beobachteten Kaltmieten M zu beiden Seiten um ca. 87 € um die lineare Kleinst-Quadrate-Regression M*(F) = −461,38 + 9,82·F, wobei in der als Toleranzintervall [M* − 86,70, M* + 86,70] bezeichneten „Bandbreite" (wie man leicht nachprüfen kann) mindestens 50 % aller erfassten 99 Pankower Vier-Zimmer-Mietwohnungen bezüglich ihrer Kaltmiete M liegen.

Multipler Korrelationskoeffizient. Gleichwohl in der Maßkorrelationsanalyse dem multiplen Korrelationskoeffizienten R = 0,945 eine gewisse Bedeutung zukommt, ist seine Aussagefähigkeit in der linearen Regressionsanalyse eingeschränkt, da er wegen R = $\sqrt{R^2}$ = $\sqrt{0,892}$ ≅ 0,945 nicht mehr Informationen liefert als das Bestimmtheitsmaß R^2 = 0,892 selbst. Mehr noch: Selbst wenn der multiple Maßkorrelationskoeffizient R für eine einfache lineare Regression stets seinem Betrage nach identisch ist mit dem (symmetrischen) Maßkorrelationskoeffizienten r_{MF} = r_{FM}, so ist aus seiner alleinigen Kenntnis nicht die Richtung einer einfachen linearen Maßkorrelation zwischen der Kaltmiete M und der Fläche F zu erkennen. Streng genommen ist für eine einfache lineare Korrelations- und Regressionsanalyse nur die folgende Beziehung sinnvoll: Das Quadrat eines einfachen linearen Maßkorrelationskoeffizienten nach Bravais und Pearson liefert das Bestimmtheitsmaß der entsprechenden einfachen linearen Regressionsfunktion, wobei im konkreten Fall r_{MF}^2 = r_{FM}^2 = $(0,945)^2$ = 0,892 = R^2 gilt.

Kaltmietschätzung. Ist man schließlich und endlich daran interessiert, im Marktsegment der Pankower 4-Zimmer-Mietwohnungen die marktübliche monatliche Kaltmiete z.B. für eine 100 m² große Mietwohnung zu bestimmen, dann kann man ceteris paribus und unter Verwendung der mittels der Methode der kleinsten Quadratesumme aus dem Stichprobenbefund geschätzten bivariaten linearen Mietfunktion wegen

$$M_0^*(100 \text{ m}^2) = -461,38 + 9,82 \cdot 100 \text{ m}^2 = 520,62 \text{ €}$$

mit einer monatlichen Kaltmiete von ca. 521 € rechnen.

> **Hinweise.** Bei der Verwendung einer geschätzten Regressionsfunktion für Prognosezwecke sollte man beachten, dass die Regressionsfunktion möglichst hoch bestimmt ist, also zumindest R^2 > 0,8 gilt und eine erstellte Prognose ihrem Wesen nach eine Punktprognose darstellt. Aus diesem Grunde sollte man (wenn möglich) eine Punktprognose stets noch durch eine Intervallprognose ergänzen und beachten, dass beide stets an die ceteris-paribus-Bedingung (lat.: *ceteris paribus* → wenn das übrige gleich ist) gebunden sind. Eine zweifelsfrei einfache und für praktische Zwecke oft ausreichende Intervallprognose ist eine auf der Basis des Residualstandardfehlers konstruierte so genannte Ein-Sigma-Prognose, für die im konkreten Fall für eine 100 m² große Mietwohnung unter Verwendung gerundeter Zahlen [521 € ± 87 €] = [434 €, 608 €] gilt. ♦

6.2 Bivariate nichtlineare Regression

Motivation. In der angewandten Ökonometrie und in der empirischen Wirtschaftsforschung erweist sich das im Abschnitt 6.1 skizzierte Konzept einer einfachen linearen Regression mitunter als nicht geeignet, einseitig gerichtete statistische Abhängigkeiten zwischen zwei ökonomischen Phänomen zu beschreiben. Dies gilt vor allem dann, wenn zwischen zwei ökonomischen Phänomenen eine nichtlineare statistische Abhängigkeit besteht, die in einem Streudiagramm durch eine gekrümmte Punktewolke indiziert wird. In einem solchen Fall erreicht man unter Verwendung spezieller nichtlinearer Funktionen, die sich durch geeignete Transformationen auf linearisierte Funktionen zurückführen lassen, für praktische Belange bereits befriedigende Ergebnisse. Charakteristisch für diese Familie von nichtlinearen Funktionen ist, dass sie nichtlinear in ihren Variablen, jedoch linear in ihren Parametern sind, so dass die Methode der kleinsten Quadratesumme zur Schätzung der Funktionsparameter ohne Einschränkungen anwendbar ist und beste unverzerrte Schätzergebnisse liefert.

Funktionen. In der Tabelle 6.2-1 sind sowohl der Funktionstyp als auch die funktionale Form der in SPSS implementierten nichtlinearen Funktionen zusammengefasst, wobei für die beiden metrischen Variablen X und Y stets Y > 0 und X > 0 gelten soll. Im Kontext einer Regressionsanalyse können die Funktionstypen via Sequenz 6.2-1 optional vereinbart und angefordert werden.

Tabelle 6.2-1: Nichtlineare Funktionstypen

Funktionstyp	funktionale Form
Logarithmisch	$Y = \beta_0 + \beta_1 \cdot (\ln X)$
Invers	$Y = \beta_0 + \beta_1 \cdot X^{-1}$
Quadratisch	$Y = \beta_0 + \beta_1 \cdot X + \beta_2 \cdot X^2$
Kubisch	$Y = \beta_0 + \beta_1 \cdot X + \beta_2 \cdot X^2 + \beta_3 \cdot X^3$
Exponent bzw. Potenz	$Y = \beta_0 \cdot X^{\beta_1}$
Zusammengesetzt	$Y = \beta_0 \cdot \beta_1^X$
S (förmig)	$Y = \exp(\beta_0 + \beta_1 \cdot X^{-1})$
Logistisch	$Y = (1/c + \beta_0 \cdot \beta_1^X)^{-1}$
Aufbau bzw. Wachstum	$Y = \exp(\beta_0 + \beta_1 \cdot X)$
Exponentiell	$Y = \beta_0 \cdot \exp(\beta_1 \cdot X)$

Hinweis. Die vereinfachende Schreibweise $\exp(...) = e^{(...)}$ ist der Syntax von Programmiersprachen entlehnt und kennzeichnet einen EXPonenten zur Basis e = 2,71828, die zu Ehren des Schweizer Mathematiker Leonhard EULER (1707 – 1783) auch als EULERsche Konstante bezeichnet wird. Das Symbol ln(...) bezeichnet den *logarithmus naturalis*, also den Logarithmus zur Basis e, der in seiner funktionalen Darstellung y = ln(x) nichts anderes ist, als die zur einfachen Exponentialfunktion y = exp(x) gehörende Umkehrfunktion. ♦

Beispiel 6.2-1: Bivariate nichtlineare Regression des Zeitwertes über dem Alter
Motivation. Unter Verwendung der SPSS Daten-Datei *VW Golf Benziner.sav* soll für alle 229 zufällig ausgewählten Gebrauchtwagen vom Typ VW Golf Benziner mit einem 1,6 Liter Triebwerk, die im Sommer 2003 auf dem Berliner Gebrauchtwagenmarkt angeboten wurden, die statistische Abhängigkeit des Zeitwertes vom Alter mit Hilfe einer geeigneten Regressionsfunktion beschrieben werden.

Abbildung 6.2-1: Streudiagramm

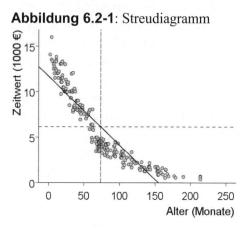

Streudiagramm. In der Abbildung 6.2-1 ist das Streudiagramm für die 229 gebrauchten VW Golf dargestellt, das aus didaktisch-methodischen Gründen zudem noch durch die (gestrichelten) Mittelwertlinien und durch den Graph der bivariaten linearen Regressionsfunktion des Zeitwertes Z (Angaben in 1000 €) über dem Alter A (Angaben in Monaten) ergänzt wurde. Die Kleinst-Quadrate-Parameter der bivariaten linearen Regressionsfunktion $Z^*(A) = 11{,}706 - 0{,}076 \cdot A$ des Zeitwertes Z über dem Alter A können via Sequenz 6.1-1 angefordert und der Tabelle 6.2-2 entnommen werden.

Tabelle 6.2-2: Kleinst-Quadrate-Regressionsparameter

Modell		Koeffizienten		T	Alpha*
		B	Standardfehler		
linear	(Konstante)	11,706	,197	59,436	,000
	Alter (Monate)	-,076	,002	-33,822	,000

Parameterinterpretation. Demnach liegt wegen A = 0 und $Z^*(0) = 11{,}706$ der geschätzte Neuwert eines VW Golf bei $b_0 \approx 11{,}7 \cdot (1000\ €) = 11700\ €$ und wegen $dZ^*/dA = b_1 = -0{,}076 \cdot (1000\ €/Monat) = -76\ €/Monat$ der durchschnittliche monatliche Zeitwertverfall bei ca. 76 €.

Parametertest. Gleichwohl wegen $\alpha^* = 0{,}000 < \alpha = 0{,}05$ im besagten Marktsegment die geschätzten Regressionsparameter b_0 und b_1 sowohl auf einem Signifikanzniveau von $\alpha = 0{,}05$ als signifikant verschieden von null als auch ökonomisch plausibel gedeutet werden können, versagt die geschätzte einfache lineare Zeitwertfunktion allerdings spätestens dann ihren Dienst, wenn sie die Grundlage einer ökonomisch plausiblen Zeitwertprognose bilden soll. Offensichtlich liefert die regressionsanalytisch ermittelte Zeitwertfunktion $Z^*(A) = 11{,}706 - 0{,}076 \cdot A$ für alle Altersangaben $A > 11706/76 \approx 154$ Monate negative Zeitwerte, die sich einer ökonomisch plausiblen Interpretation verschließen.

Punktewolke. Im Unterschied zum Streudiagramm innerhalb der Abbildung 6.1-1 wird aus dem Streudiagramm in der Abbildung 6.2-1 ersichtlich, dass die Punktewolke einen nichtlinearen Verlauf besitzt, bei dem der Zeitwert eines Gebrauchtwagens mit zunehmendem Alter gegen null tendiert. Demnach wird man bestrebt sein, ein geeignetes nichtlineares Modell zu schätzen, das die augenscheinlich nichtlineare statistische Abhängigkeit des Zeitwertes Z vom Alter A für praktische Zwecke hinreichend genau beschreibt.

Modellwahl. Aus der Vielzahl der nichtlinearen Funktionstypen, die in SPSS unter Bezeichnung „Modelle" angeboten werden, gilt es denjenigen herauszufinden, der sich im statistischen Sinne bezüglich der Erklärungsfähigkeit des Zeitwertes in Abhängigkeit vom Alter als der „Beste" erweist. In der angewandten Ökonometrie hat es sich als vorteilhaft erwiesen, als Auswahlkriterium das Bestimmtheitsmaß R^2 zu verwenden. Die angestrebte heuristische (grch.: *heuriskein* → finden) Funktionswahl kann via Sequenz 6.2-1 realisiert werden.

Sequenz 6.2-1: Nichtlineare Regression
Analysieren
  Regression
    Kurvenanpassung → Abbildung 6.2-2

Abbildung 6.2-2: Dialogfeld *Kurvenanpassung*

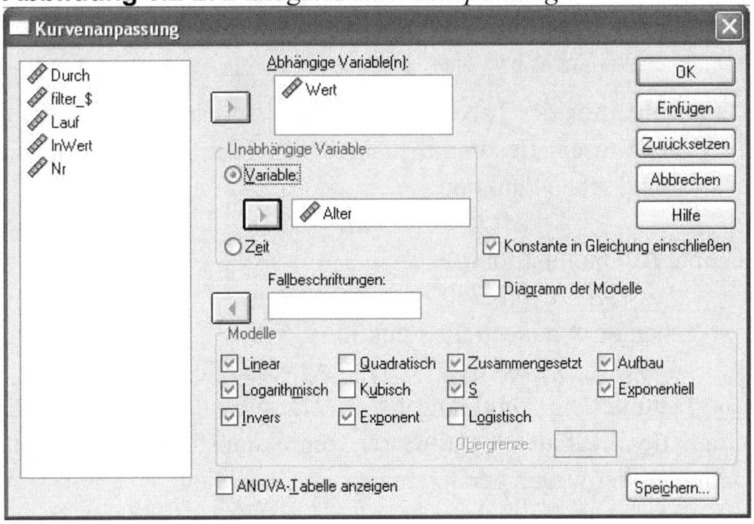

Hinweis. Gemäß Abbildung 6.2-2 braucht man im Dialogfeld *Kurvenanpassung* nur die jeweiligen einfachen nichtlinearen Modelle, deren funktionale Ansätze in der Tabelle 6.2-1 zusammengestellt sind, auszuwählen, um die heuristische Modellwahl realisieren zu können. Im konkreten Fall sollen sowohl die beiden logistischen Modellansätze als auch die Polynome zweiten und dritten Grades außer Acht bleiben, zumal zum Beispiel die beiden letztgenannten Ansätze als Spezialfälle einer multiplen Regressionsfunktion angesehen werden können. Beachtenswert ist zudem, dass für alle ausgewählten Modelle eine Schätzung der Regressionskonstanten $ß_0$ vereinbart wurde. In der Statistik bezeichnet man ein Regressionsmodell, das keine Regressionskonstante $ß_0$ beinhaltet, als homogen und ein Modell, das eine Konstante $ß_0$ beinhaltet, als inhomogen. Je nachdem, ob man ein homogenes oder ein inhomogenes Modell schätzen möchte, muss man im Dialogfeld *Kurvenanpassung* die Option *Konstante in Gleichung einschließen* deaktiviert bzw. aktiviert werden. ♦

Schätzergebnisse. Die Tabelle 6.2-3 beinhaltet das vereinfachte SPSS Ergebnisprotokoll aller in der Abbildung 6.2-2 unter der Rubrik *Modelle* markierten einfachen nichtlinearen Regressionen einschließlich der eingangs dargestellten einfachen linearen Regression des Wertes Z über dem Alter A.

Tabelle 6.2-3: Einfache inhomogene nichtlineare Regressionen

Abhängige Variable: Wert

	Gütemaß	Parameterschätzer	
Gleichung	Bestimmtheitsmaß R^2	b0	b1
Linear	,834	11,706	-,076
Logarithmisch	,905	23,664	-4,380
Invers	,402	4,528	54,111
Zusammengesetzt	,956	15,647	,984
Potenzfunktion	,776	127,044	-,827
Aufbaufunktion	,956	2,750	-,017
Exponentiell	,956	15,647	-,017

Die unabhängige Variable ist Alter.

Modellauswahl. Aus der Tabelle 6.2-3 ist ersichtlich, dass drei Regressionsfunktionen gleichsam ein Bestimmtheitsmaß von $R^2 = 0,956$ liefern: die so genannte zusammengesetzte Funktion

$$Z^*(A) = 15{,}6467 \cdot 0{,}9836^A,$$

die so genannte Aufbaufunktion

$$Z^*(A) = \exp(2{,}7503 - 0{,}0166 \cdot A) = e^{2{,}7503 - 0{,}0166 \cdot A}$$

sowie die so genannte exponentielle Funktion

$$Z^*(A) = 15{,}6467 \cdot \exp(-0{,}0166 \cdot A) = 15{,}6467 \cdot e^{-0{,}0166 \cdot A}.$$

Streudiagramme. Die Abbildung 6.2-3 zeigt zum einen das Streudiagramm und den Graph der bivariaten nichtlinearen Regressionsfunktion des Zeitwertes Z über dem Alter A, der wegen der algebraischen Gleichheit

$$Z^*(A) = e^{2{,}7503 - 0{,}0166 \cdot A} = 15{,}6467 \cdot e^{-0{,}0166 \cdot A} = 15{,}6467 \cdot 0{,}9836^A$$

für die drei nichtlinearen Regressionen identisch ist und zum anderen das Streudiagramm mit der linearisierten Regressionsfunktion

$$\ln Z^* = 2{,}7503 - 0{,}0166 \cdot A,$$

die sich wie folgt motivieren lässt: Überführt man den einfachen nichtlinearen Funktionsansatz $Y = \exp(ß_0 + ß_1 \cdot X)$, der in SPSS unter der (unglücklichen) Bezeichnung *Aufbau* firmiert, durch beidseitiges Logarithmieren in einen einfachen quasilinearen Funktionsansatz ln $Y = \beta_0 + \beta_1 \cdot X$, so ist es ohne Einschränkungen möglich, die unbekannten Parameter β_0 und β_1 mit Hilfe der Methode der kleinsten Quadratesumme zu schätzen, indem man lediglich die beobachteten Zeitwerte logarithmiert und über den originären Altersangaben regressiert. Dabei ist zu beachten, dass das Kleinst-Quadrate-Kriterium nur für die linearisierte Regressionsfunktion gilt und nicht für die angestrebte nichtlineare Regressionsfunktion.

Abbildung 6.2-3: Streudiagramme mit Regressionsfunktion

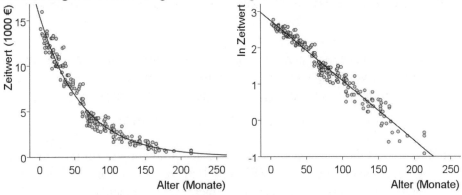

Das Resultat der Linearisierung kann man sich anhand der Abbildung 6.2-3 verdeutlichen. Die Punktewolke für die logarithmierten Zeitwerte und die originären Altersangaben lässt einen linear fallenden Verlauf erkennen, der durch die einfache quasilineare Kleinst-Quadrate-Regression ln $Z^* = 2{,}7503 - 0{,}0166 \cdot A$ untermauert wird. In der Tabelle 6.2-4 sind zugehörigen Kleinst-Quadrate-Parameter und das Bestimmtheitsmaß R^2 nochmals zusammengefasst.

Tabelle 6.2-4: Parameter der bivariaten quasilinearen Regression

Abhängige Variable: lnWert

Gleichung	Modellzusammenfassung				Parameter	
	R^2	F	df1	df2	Alpha*	b0	b1
Linear	,956	4949,5	1	227	,000	2,7503	-,0166

Die unabhängige Variable ist Alter.

Bestimmtheitsmaß. Mit Hilfe der bivariaten quasilinearen Regressionsfunktion ln $Z^* = 2{,}7503 - 0{,}0166 \cdot A$ können wegen $R^2 = 0{,}956$ bereits 95,6 % der Varianz der logarithmierten Zeitwerte ln(Z) aus der Varianz des originären Alters A statistisch erklärt werden.

Signifikanztest. Wegen $\alpha^* = 0{,}000 < \alpha = 0{,}05$ deutet man das Bestimmtheitsmaß $R^2 = 0{,}956$ der quasilinearen Regressionsfunktion als signifikant größer als null. Dies ist gleichbedeutend mit der Aussage, dass das Alter als ein signifikanter (und von null verschiedener) Einflussfaktor aufgedeckt werden kann, mit dem man in der Lage ist, unter Verwendung einer linearen Regressionsfunktion die Varianz der logarithmierten Zeitwerte allein aus der Varianz der Altersangaben statistisch zu erklären. Gleichwohl die quasilineare Zeitwertregression ln Z*(A) = 2,7503 − 0,0166·A hoch bestimmt ist und die geschätzten Regressionsparameter den induktiven Schluss zulassen, dass die unbekannten Parameter ß$_0$ und ß$_1$ in der statistischen Grundgesamtheit vergleichbarer Gebrauchtwagen verschieden von null sind, lassen sie sich wegen der Nichtlinearität des Regressanden Z(eitwert) allerdings nur bedingt ökonomisch plausibel interpretieren.

Parameterinterpretation. Der Regressionskoeffizient b$_1$ = −0,0166 kann mit Hilfe der zur quasilinearen Regression gehörenden Grenzfunktion

$$dZ^*/dA\,(A) = -0{,}0166 \cdot e^{2{,}7503 - 0{,}0166 \cdot A}$$

wie folgt einer sachbezogenen Interpretation zugeführt werden: Ist man etwa am Zeitwertverlust von vergleichbaren Einjahreswagen interessiert, dann bestimmt man den Wert der Grenzfunktion an der Stelle A$_0$ = 12 Monate,

$$\frac{dZ^*}{dA}(12) = -0{,}0166 \cdot e^{2{,}7503 - 0{,}0166 \cdot 12} \approx -0{,}213\,(1000\,\text{€/Monat}),$$

und interpretiert die berechnete marginale Zeitwertneigung wie folgt: Für einjährige Gebrauchtwagen vom Typ VW Golf Benziner mit einem 1,6-Liter-Motor hätte man ceteris paribus im Verlaufe eines Monats einen durchschnittlichen Zeitwertverfall von 0,213·(1000 €) bzw. von 213 € zu verzeichnen. Dem gegenüber läge ceteris paribus der durchschnittliche monatliche Zeitwertverfall für zehn Jahre bzw. A$_0$ = 120 Monate alte Gebrauchtwagen gleichen Typs wegen

$$\frac{dZ^*}{dA}(120) = -0{,}0166 \cdot e^{2{,}7503 - 0{,}0166 \cdot 120} \approx -0{,}035\,(1000\,\text{€/Monat})$$

nur noch bei 35 €. Dies leuchtet ein, denn bei Unterstellung einer nichtlinear fallenden Zeitwertfunktion fällt eine absolute Zeitwertveränderung um so geringer aus, je älter ein Gebrauchtwagen ist.

Elastizität. Ist man für den in Rede stehenden Gebrauchtwagentyp lediglich an der relativen altersbedingten Nachgiebigkeit des Zeitwertes interessiert, dann bestimmt man auf der Grundlage der zur einfachen nichtlinearen Regressionsfunktion zugehörigen Elastizitätsfunktion ε(A) = −0,0166·A die jeweilige Punkt-Elastizität und interpretiert sie wie folgt: Während für Einjahreswagen wegen |ε(12)| = 0,0166·12 ≈ 0,2 < 1 bei einer 1 %-igen Alterszunahme ein unterproportionaler durchschnittlicher relativer Zeitwertverfall von 0,2 % zu verzeichnen ist, gibt es für 120 Monate bzw. zehn Jahre alte Gebrauchtwagen gleichen Typs wegen |ε(120)| = 0,0166·120 ≈ 2 > 1 einen überproportionalen durchschnittlichen relativen Zeitwertverfall zu konstatieren.

Hinweis. Zur Erleichterung von Parameterinterpretationen sind im Anhang C für ausgewählte einfache nichtlineare Funktionen, die in SPSS implementiert und in der Tabelle 6.2-1 aufgelistet sind, jeweils die zugehörige Grenzfunktion und die zugehörige Elastizitätsfunktion angegeben. ♦

Regressionsanalyse

Beispiel 6.2-2: Nichtlineare Regression der Fahrleistung über dem Alter
Motivation. Unter Verwendung der SPSS Daten-Datei *Gebrauchtwagen.sav* soll für die 100 zufällig ausgewählten und auf dem Berliner Gebrauchtwagenmarkt angebotenen PKW vom Typ Audi A4 die statistische Abhängigkeit der bisherigen Fahrleistung F (Angaben in 1000 km) vom Alter A (Angaben in Monaten) analysiert werden. In der Abbildung 6.2-4 sind die Streudiagramme sowohl auf der Basis der originären Fahrleistungs- und Alterangaben als auch auf der Basis der jeweils logarithmierten Fahrleistungs- und Altersangaben dargestellt.

Abbildung 6.2-4: Streudiagramme mit Regressionsfunktion(en)

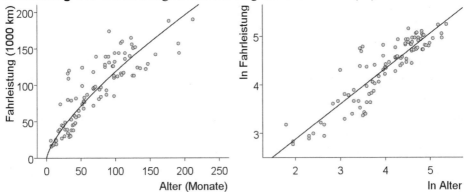

Potenzfunktion. Via Sequenz 6.2-1 wurde zudem das Streudiagramm auf der Basis der originären Daten noch durch den Graphen der bivariaten nichtlinearen Regressionsfunktion $F^*(A) = 4{,}1387 \cdot A^{0{,}7279}$ in Gestalt einer Potenzfunktion ergänzt. Linearisiert man die Potenzfunktion mit Hilfe der logarithmischen Transformation, so erhält man wegen $\ln(F^*(A)) = \ln(4{,}1387 \cdot A^{0{,}7279})$ letztlich die einfache quasilineare Regressionsfunktion $\ln(F^*(A)) = 1{,}4204 + 0{,}7279 \cdot (\ln A)$ der logarithmierten Fahrleistung (ln F) über dem logarithmierten Alter (ln A), deren Graph gemäß Abbildung 6.2-4 eine Gerade ist.

> **Hinweis**. Aus diesen elementaren Überlegungen lässt sich die folgende allgemeingültige und in praxi nützliche Faustregel bei der Modellierung von nichtlinearen statistischen Abhängigkeiten entlehnen: Lässt die Punktewolke auf der Basis originärer Daten in einem Streudiagramm einen nichtlinearen Verlauf erkennen und zeigt die Punktewolke auf der Basis der logarithmierten Daten einen linearen Verlauf, dann ist eine Potenzfunktion zur Beschreibung der statistischen Abhängigkeit auf der Basis der originären Daten geeignet. Diese Faustregel kann man sich anhand der verfügbaren Daten recht einfach und anschaulich verdeutlichen, indem man in Anlehnung an das Beispiel 2.3-5 für die Gebrauchtwagen vom Typ Audi A4 mittels der Auswahlbedingung *Typ = 2* in die Arbeitsdatei zwei Variablen einfügt, die jeweils die Logarithmen der Fahrleistungs- und der Altersangaben beinhalten. Fordert man für die logarithmierten Einzelwerte via Sequenz 6.1-1 die einfache lineare Regressionsfunktion der logarithmierten Fahrleistung über dem logarithmierten Alter an, dann erhält man die in der Tabelle 6.2-5 ausgewiese-

nen Kleinst-Quadrate-Regressionsparameter und das zugehörige Bestimmtheitsmaß von $R^2 = 0,818$, das auf den transformierten bzw. linearisierten Werten basiert und als Gütemaß für die quasilineare Regression fungiert. ♦

Tabelle 6.2-5: Parameter der bivariaten quasilinearen Regression

Abhängige Variable: lnFahr

Gleichung	Modellzusammenfassung					Parameter	
	R²	F	df1	df2	Alpha*	b0	b1
Linear	,818	440,7	1	98	,000	1,4204	,7279

Die unabhängige Variable ist lnAlter.

Ergebnisinterpretationen. Mit Hilfe der einfachen bzw. bivariaten linear(isiert)en Regressionsfunktion

$$(\ln F^*(A)) = 1,4204 + 0,7279 \cdot (\ln A)$$

der logarithmierten Fahrleistung (ln F) über dem logarithmierten Alter (ln A) ist man wegen $R^2 = 0,818$ bereits in der Lage, zu 81,8 % die Varianz der logarithmierten Fahrleistungswerte der 100 Gebrauchtwagen vom Typ Audi A4 allein aus der Varianz der logarithmierten Altersangaben statistisch zu erklären. Wegen $\alpha^* = 0,000 < \alpha = 0,05$ deutet man das Bestimmtheitsmaß $R^2 = 0,818$ als signifikant größer als null und damit auch den Regressionskoeffizienten $b_1 = 0,7279$ als signifikant größer als null. Demnach kann das Alter A der in Rede stehenden Gebrauchtwagen als ein wesentlicher Faktor zur Bestimmung ihrer bisherigen Fahrleistung F aufgedeckt werden. Da man in der Regel bestrebt ist, mit den „originären" Daten zu arbeiten, bestimmt man die zugehörige Umkehrfunktion

$$\exp(\ln F^*) = \exp(1,4204 + 0,7279 \cdot (\ln A)),$$

die letztlich die eingangs betrachtete Potenzfunktion

$$F^*(A) = 4,1387 \, A^{0,7279}$$

liefert, die wiederum die „elegantere" Grundlage für altersbedingte Fahrleistungsabschätzungen bildet.

Grenzneigung und **Elastizität**. Wegen $F^*(120) = 4,1387 \cdot 120^{0,7279} \approx 135$ müsste man ceteris paribus zum Beispiel für einen $A_0 = 120$ Monate bzw. $120/12 = 10$ Jahre alten Audi A4 mit einer bisherigen Fahrleistung von ca. 135 (1000 km) bzw. 135000 km rechnen. Unter Verwendung der zur Potenzfunktion gehörenden Grenzfunktion berechnet man zum Beispiel für einen $A_0 = 120$ Monate alten Audi A4 eine marginale Fahrleistungsneigung von

$$\frac{dF^*}{dA}(120) = \frac{4,1387 \cdot 0,7279 \cdot 120^{0,7279}}{120} \approx 0,819 \, (1000 \text{ km/Monat})$$

bzw. von 819 km pro Monat und eine konstante und zugleich altersunabhängige Punkt-Elastizität von $\varepsilon = b_1 = \approx 0,73$, wonach (für welches Altersniveau auch immer) einer einprozentigen Alterszunahme stets eine unterproportionale Fahrleistungszunahme von durchschnittlich 0,73 % gegenübersteht. ♣

6.3 Multiple Regression

Motivation. Eine multiple (lat.: *multi* → vielfache) Regressionsfunktion kann dahingehend als eine Verallgemeinerung einer in den Abschnitten 6.1 und 6.2 dargestellten bivariaten linearen bzw. bivariaten nichtlinearen Regressionsfunktion angesehen werden, dass nunmehr zur Schätzung einer Regressionsfunktion nicht nur ein Regressor, sondern zwei oder mehr Regressoren in das Analysekalkül einbezogen werden. Dies ist auch ein Grund dafür, warum aus statistisch-methodischer Sicht die multiple Regressionsanalyse als ein Teilgebiet der multivariaten (lat: *multi* → viel + *varia* → Allerlei) Statistik aufgefasst wird. Dem Konzept einer multiplen Regressionsanalyse kommt vor allem in der empirischen Wirtschafts- und Sozialforschung sowie in der Ökonometrie bei der Beschreibung und Modellierung einer einseitig gerichteten statistischen Abhängigkeit eines in der Regel metrischen Erhebungsmerkmals von zwei oder mehreren metrischen Erhebungsmerkmalen eine besondere praktische Bedeutung zu.

Kollinearität. Neben einer Reihe von theoretischen Modellannahmen wird dabei unter anderem unterstellt, dass die zwei oder mehr Regressoren untereinander nicht korreliert sind. In praxi wird man im Kontext einer multiplen Regressionsanalyse mehr oder weniger immer mit dem so genannten Multikollinearitätsproblem (lat.: *multi* → viel + *collinear* → in gerader Linie richten) konfrontiert, das (stark vereinfacht) darin besteht, dass die Regressoren untereinander hochgradig korreliert sind. Die Frage, die es vor allem in der empirischen Wirtschaftsforschung beim Bau multipler Regressionsfunktionen zu beantworten gilt, ist, ob die stochastische Kollinearität „unter den Regressoren" extrem, also nahezu vollständig ist, oder ob sie aus stochastischer Sicht so geringfügig ist, dass sie nicht weiter beachtet zu werden braucht. Eine Folge extremer Multikollinearität sind zum Beispiel überhöhte Schätzwerte für die Standardfehler der Regressionskoeffizienten kollinearer Regressoren, die wiederum dazu führen, dass die entsprechenden Regressionskoeffizienten aus induktiver Sicht als nicht signifikant bzw. die entsprechenden Regressoren fälschlicherweise als nicht erklärungsfähig gekennzeichnet werden müssen.

Kollinearitätsdiagnostik. In der angewandten Ökonometrie appliziert man eine Reihe von Verfahren, Techniken und Maßzahlen zur Aufdeckung multikollinearer Beziehungen zwischen zwei oder mehr Regressoren. Allerdings stellen diese nur mehr oder weniger befriedigende Lösungen des Kollinearitätsproblems dar. Stellvertretend für die in SPSS implementierten Diagnoseverfahren werden hier nur die so genannten *Variance-Inflation-Factors*, kurz VIF genannt, zur Multikollinearitätsdiagnose herangezogen. Dabei gilt die folgende einfache und nützliche Faustregel: VIF-Werte größer als fünf sind ein Hinweis auf eine ausgeprägte Kollinearität zwischen den jeweiligen Regressoren. ♣

Beispiel 6.3-1: Multiple Regressionsfunktion mit zwei Regressoren
Motivation. Innerhalb des Beispiels 6.2-1 wurde mit Hilfe der Methode der kleinsten Quadratesumme eine einfache nichtlineare Zeitwertfunktion für gebrauchte PKW vom Typ VW Golf geschätzt. Da allerdings bei Gebrauchtwagen nicht nur das Alter, sondern auch solche Faktoren wie bisherige Laufleistung, Hubraum, Ausstattung etc. zeitwertbestimmend sind, interessiert die Frage, ob das für einen gebrauchten VW Golf Benziner mit einem 1,6-Liter-Triebwerk zusätzlich erfasste und in der SPSS Daten-Datei *VW Golf Benziner.sav* gespeicherte Erhebungsmerkmal *Laufleistung* (Angaben in 1000 km) auch im statistischen Sinne als ein wesentlicher Zeitwertfaktor aufgedeckt werden kann.

Hypothesen. Aus ökonomischer Sicht lassen sich folgende (sachlogisch plausible und intuitiv nochvollziehbare) Hypothesen über die Zeitwertfaktoren formulieren: Sowohl das Alter als auch die bisherige Laufleistung sind zwei partiell zeitwertmindernd wirkende Faktoren. In der angewandten Ökonometrie ist man bestrebt, anhand eines Stichprobenbefundes und geeigneter Signifikanztests diese ökonomischen Erwartungen statistisch zu bestätigen. In der Regel formuliert man bei Signifikanztests das Gegenteil der Erwartung als Ausgangshypothese und die Erwartung selbst als Alternativhypothese. Gelingt es anhand eines Stichprobenbefundes auf einem vorab vereinbarten Signifikanzniveau die Ausgangshypothese zu verwerfen und die Alternativhypothese anzunehmen, kann davon ausgegangen werden, dass die vermuteten ökonomischen Abhängigkeiten in der statistischen Grundgesamtheit existieren. Für die angestrebte multiple Regressionsanalyse sollen daher die folgenden Festlegungen gelten: Während das metrische Erhebungsmerkmal *Zeitwert* Z (Angaben in 1000 €) eines Gebrauchtwagens als Regressand fungiert, bilden die metrischen Erhebungsmerkmale *Alter* A (Angaben in Monaten) und *Laufleistung* L (Angaben in 1000 km) die beiden zeitwerterklärenden Regressoren. Darauf aufbauend sind auf einem vorab vereinbarten Signifikanzniveau von $\alpha = 0,05$ die folgenden einseitigen Hypothesen über die unbekannten Regressionskoeffizienten $ß_1$ und $ß_2$ des multiplen linearen Regressionsmodells $Z(A, L) = ß_0 + ß_1 \cdot A + ß_2 \cdot L + U$, die als Zeitwertfaktoren gedeutet werden können, zu prüfen: i) Zeitwertfaktor Alter: $H_0: ß_1 \geq 0$ versus $H_1: ß_1 < 0$ und ii) Zeitwertfaktor Laufleistung: $H_0: ß_2 \geq 0$ versus $H_1: ß_2 < 0$.

Vorgehen. In der angewandten Ökonometrie geht man bei der Schätzung einer multiplen linearen bzw. quasilinearen Regressionsfunktion in der Regel so vor, dass man eine Regressionsfunktion schrittweise um jeweils einen Regressor erweitert und prüft, ob dieser zusätzlich in das Ensemble der Regressoren aufgenommene Regressor wesentlich zur Erklärung des Regressanden beiträgt. Da im Beispiel 6.2-1 die einfache quasilineare Regression des Zeitwertes Z über dem Alter A bereits geschätzt wurde, kann in einem weiteren Schritt der Regressor *Laufleistung* L in das Analysekalkül einbezogen werden.

3D-Streudiagramm. Das nunmehr auf den Dreiklang *Zeitwert, Alter, Laufleistung* erweiterte Analysekonzept wird durch die Abbildung 6.3-1 verdeutlicht, in der die empirisch beobachteten „originären" Gebrauchtwagendaten jeweils in einem dreidimensionalen Streudiagramm dargestellt sind. Die beiden 3-D Streudiagramme können analog zur Abbildung 5.1.1-2 via *Grafiken, Interaktiv, Streudiagramm, 3D-Koordinate* angefordert werden.

Abbildung 6.3-1: 3D-Streudiagramm ohne und mit Regressionsfunktion

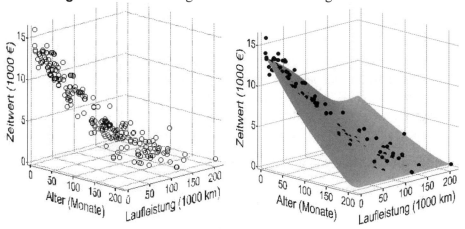

Die grau unterlegte „gekrümmte" Fläche, die im rechten Streudiagramm „mittig" in die Punktewolke projiziert wurde, vermittelt eine bildhafte Vorstellung von der zugehörigen multiplen nichtlinearen Regressionsfunktion des Zeitwertes über dem Alter und der Laufleistung.

Tabelle 6.3-1: Kleinst-Quadrate-Regressionsparameter

Koeffizienten[a]

Modell		Koeffizienten B_j	T	Alpha*	Kollinearität Toleranz	VIF
linear	(Konstante)	2,7924	130,24	,000		
	Alter	-,0149	-37,35	,000	,314	3,180
	Lauf	-,0021	-4,95	,000	,314	3,180

a. Abhängige Variable: lnWert

Regression. Für den Zeitwert-Alter-Laufleistungsansatz erhält man via Sequenz 6.1-1 die in der Tabelle 6.3-1 zusammengefassten Kleinst-Quadrate- Parameter der multiplen quasilinearen Regressionsfunktion

$$(\ln Z^*(A, L)) = 2{,}7924 - 0{,}0149 \cdot A - 0{,}0021 \cdot L$$

des logarithmierten Zeitwertes Z in Abhängigkeit vom Alter A und von der Laufleistung L. Beachtenswert ist in diesem Zusammenhang, dass die mittels der Methode der kleinsten Quadrate geschätzten Regressionskoeffizienten $b_1 = -0{,}0149$

und $b_2 = -0{,}0021$ in ihren Vorzeichen mit den eingangs formulierten einseitigen Alternativhypothesen koinzidieren. Wegen $\alpha^*/2 = 0{,}000 < \alpha = 0{,}05$ verwirft man für beide Regressoren die Ausgangshypothese und deutet den jeweiligen Regressionskoeffizienten als signifikant kleiner als null. Demnach kann davon ausgegangen werden, dass im besagten Gebrauchtwagenmarkt das Alter und die Laufleistung als wesentliche Zeitwertfaktoren aufgedeckt werden können, die partiell zeitwertmindernd wirken.

Kollinearität. Hinzu kommt noch, dass die beiden signifikanten Koeffizienten $b_1 = -0{,}0149$ und $b_2 = -0{,}0021$ der Regressoren *Alter* und *Lauf(leistung)* aufgrund des zugehörigen V(ariance)I(nflation)F(actor)s von $3{,}18 < 5$ als untereinander nicht hochgradig kollinear eingestuft werden können (vgl. Beispiel 6.3-3).

Modellspezifikation. Dass die multiple quasilineare Regressionsfunktion
$$(\ln Z^*(A, L)) = 2{,}7924 - 0{,}0149 \cdot A - 0{,}0021 \cdot L$$
des (logarithmierten) Zeitwertes Z über dem Alter A und der Laufleistung L in ihrer funktionalen Form als geeignet spezifiziert angesehen werden kann, ist unter anderem auch daran zu erkennen, dass die für alle Gebrauchtwagen der Ordnung $i = 1, 2, ..., 229$ geschätzten Kleinst-Quadrate-Residuen $U_i = \ln Z_i - \ln Z_i^*$ der logarithmierten Zeitwertangaben gemäß der im Abschnitt 6.1 formulierten Forderung als Realisationen einer normalverteilten Residualvariable U mit einem Erwartungswert $\mu = 0$ und einer konstanten Varianz $\sigma^2 > 0$ aufgefasst werden können. Das normierte Histogramm der geschätzten Kleinst-Quadrate-Residuen U_i innerhalb der Abbildung 6.3-2, das durch die Dichtefunktion der zugehörigen Normalverteilung ergänzt wurde, verdeutlicht bildhaft diesen theoretisch und praktisch bedeutsamen Sachverhalt. Beachtenswert ist dabei, dass das normierte Histogramm der standardisierten Residuen für eine Regressionsfunktion via Sequenz 6.1-1 gemäß Abbildung 6.1-2 im Dialogfeld *Lineare Regression* über die Schaltfläche *Diagramme* im Unterdialogfeld *Lineare Regression: Diagramme* angefordert werden kann.

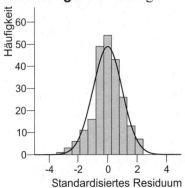

Abbildung 6.3-2: Histogramm

Transformation. Über die Exponentialtransformation erhält man die multiple nichtlineare Regression
$$Z^*(A, L) = \exp(2{,}7924 - 0{,}0149 \cdot A - 0{,}0021 \cdot L)$$
des Zeitwertes Z über dem Alter A und der Laufleistung L der in Rede stehenden Gebrauchtwagen, auf deren Grundlage man Zeitwertabschätzungen und Zeitwertveränderungsstudien betreiben kann.

Parameterinterpretation. Aufgrund dessen, dass die multiple quasilineare Regressionsfunktion
$$(\ln Z^*(A, L)) = 2{,}7924 - 0{,}0149 \cdot A - 0{,}0021 \cdot L$$
und damit gleichsam auch die zugehörige „transformierte" multiple nichtlineare Regressionsfunktion
$$Z^*(A, L) = \exp(2{,}7924 - 0{,}0149 \cdot A - 0{,}0021 \cdot L)$$
als geeignet spezifiziert angesehen werden kann, ist es auch sinnvoll, ihre Parameter einer sachlogischen Interpretation zu unterziehen, die wegen der Nichtlinearität nur bedingt möglich ist. Unter Verwendung der partiellen Ableitungen
$$\frac{\partial Z^*}{\partial A}(A, L) = -0{,}0149 \cdot e^{2{,}7924 - 0{,}0149 \cdot A - 0{,}0021 \cdot L}$$
und
$$\frac{\partial Z^*}{\partial L}(A, L) = -0{,}0021 \cdot e^{2{,}7924 - 0{,}0149 \cdot A - 0{,}0021 \cdot L}$$
erster Ordnung der Regressionsfunktion
$$Z^*(A, L) = \exp(2{,}7924 - 0{,}0149 \cdot A - 0{,}0021 \cdot L)$$
ergeben sich die folgenden Parameterinterpretationen, wenn zusätzlich vereinbart wird, dass ein fünf Jahre alter Gebrauchtwagen vom Typ VW Golf mit einer bisherigen Laufleistung von 60000 km von Interesse ist.

Marginale Zeitwertneigungen. Demnach muss man ceteris paribus für fünf Jahre alte Gebrauchtwagen mit einer bisherigen Laufleistung von 60000 km wegen $A_0 = 5 \cdot 12 = 60$ Monate, $L_0 = 60$ (1000 km) und
$$\frac{\partial Z^*}{\partial A}(60, 60) = -0{,}0149 \cdot e^{2{,}7924 - 0{,}0149 \cdot 60 - 0{,}0021 \cdot 60} \approx -0{,}088 \,(1000 \text{ €/Monat})$$
im Verlaufe eines Monats (und theoretisch bei unveränderter Laufleistung) erwartungsgemäß und im Durchschnitt mit einem Zeitwertverlust von 88 € rechnen. Analog muss man ceteris paribus für fünf Jahre alte Gebrauchtwagen mit einer bisherigen Laufleistung von 60000 km wegen $A_0 = 5 \cdot 12 = 60$ Monate und $L_0 = 60$ (1000 km) sowie
$$\frac{\partial Z^*}{\partial L}(60, 60) = -0{,}0021 \cdot e^{2{,}7924 - 0{,}0149 \cdot 60 - 0{,}0021 \cdot 60} \approx -0{,}012 \,(1000 \text{ €}/1000 \text{ km})$$
bei weiteren 1000 km Laufleistung (und theoretisch bei gleichbleibendem Alter) erwartungsgemäß und im Durchschnitt mit einem Zeitwertverlust von 12 € rechnen. Da marginale Neigungen streng genommen an Infinitesimalbetrachtungen gebunden sind, ist es im letzteren Fall auch sinnvoll, etwa den tausendsten Teil einer empirisch beobachteten Laufleistungseinheit, also einen Kilometer, zu betrachten. Demzufolge kennzeichnet die partielle laufleistungsspezifische marginale Zeitwertneigung einen durchschnittlichen partiellen Zeitwertverfall von 1,2 Cent je zusätzlich gefahrenem Kilometer.

Gütemaße. Die in der Tabelle 6.3-2 ausgewiesenen Gütemaße können wie folgt interpretiert werden:

Multiple Korrelation. Aufgrund dessen, dass der multiple Maßkorrelationskoeffizient von $r_{Z.AL} = R = 0{,}980$ nahezu eins ist, deutet man diesen Wert dahingehend, dass die Regressoren *Alter* und *Laufleistung* insgesamt sehr stark mit dem Regressanden *Zeitwert* eines Gebrauchtwagens korrelieren. Diese Aussage koinzidiert mit dem Bestimmtheitsmaß von $R^2 = 0{,}960$, das nichts anders ist, als das Quadrat des multiplen Maßkorrelationskoeffizienten $R = 0{,}980$.

Tabelle 6.3-2: Gütemaße

Modell	multiple Korrelation	Bestimmtheitsmaß	Residualstandardfehler
linear	,980[a]	,960	,164

a. Einflußvariablen : (Konstante), Laufleistung (1000 km), Alter (Monate)

Bestimmtheitsmaß. Mit Hilfe der multiplen quasilinearen Zeitwertregression
$$(\ln Z^*(A, L)) = 2{,}7924 - 0{,}0149 \cdot A - 0{,}0021 \cdot L$$
ist man wegen $R^2 = 0{,}960$ bereits in der Lage, zu 96 % die Varianz der logarithmierten Zeitwerte der betrachteten Gebrauchtwagen allein aus der Varianz des Alters und der Varianz der Laufleistung statistisch zu erklären. Aufgrund der angemessenen Erklärungsfähigkeit der multiplen Zeitwertfunktion ist es jetzt auch möglich und sinnvoll, diese für Zeitwertprognosen zu verwenden.

Residualstandardfehler. Unter Verwendung der multiplen quasilinearen Regressionsfunktion in Gestalt einer Zeitwertfunktion
$$(\ln Z^*(A, L)) = 2{,}7924 - 0{,}0149 \cdot A - 0{,}0021 \cdot L$$
hat man mit einem mittleren Schätzfehler von 0,164 zu rechnen. Dies ist äquivalent zur Aussage, dass man unter Verwendung der multiplen nichtlinearen Regressions- bzw. Zeitwertfunktion
$$Z^*(A, L) = \exp(2{,}7924 - 0{,}0149 \cdot A - 0{,}0021 \cdot L)$$
mit einem Schätzfehler von $\exp(0{,}164) \approx 1{,}18$ (1000 €) konfrontiert wird.

Prognosen. Ist man daran interessiert, anhand der regressionsanalytisch ermittelten multiplen Zeitwertfunktion den Neuwert eines VW Golf Benziner mit einem 1,6-Liter-Triebwerk zu schätzen, kann man wegen $A_0 = 0$, $L_0 = 0$ und
$$Z_0^*(0, 0) = \exp(2{,}7924 - 0{,}0149 \cdot 0 - 0{,}0021 \cdot 0) \approx 16{,}32 \ (1000 \ €)$$
von einem Neuwert in Höhe von 16320 € ausgehen. Einmal unterstellt, dass im besagten Marktsegment die gleichen Bedingungen existieren wie im Zeitraum der Datenerfassung (Sommersemester 2003), dann hätte man für einen 5 Jahre alten VW Golf Benziner mit einem 1,6-Liter-Triebwerk und einer bisherigen Fahrleistung von 60000 km wegen
$$Z_0^*(60, 60) = \exp(2{,}7924 - 0{,}0149 \cdot 60 - 0{,}0021 \cdot 60) \approx 5{,}885 \ (1000 \ €)$$
einen marktüblichen Zeitwert von 5885 € zu erwarten. ♣

Regressionsanalyse 207

Beispiel 6.3-2: Multiple Regressionsfunktion mit drei Regressoren
Motivation. In der Abbildung 6.3-3 ist die Streudiagramm-Matrix für die (alphabetisch geordneten) metrischen Erhebungsmerkmale *Alter* (in Monaten), *Fahrleistung* (in 1000 km), *Hubraum* (in 100 cm³) und *Zeitwert* (in 1000 €) von 100 zufällig ausgewählten Gebrauchtwagen vom Typ BMW dargestellt. Die zugehörigen Daten sind in der SPSS Daten-Datei *Gebrauchtwagen.sav* gespeichert.

Abbildung 6.3-3: Streudiagramm-Matrix

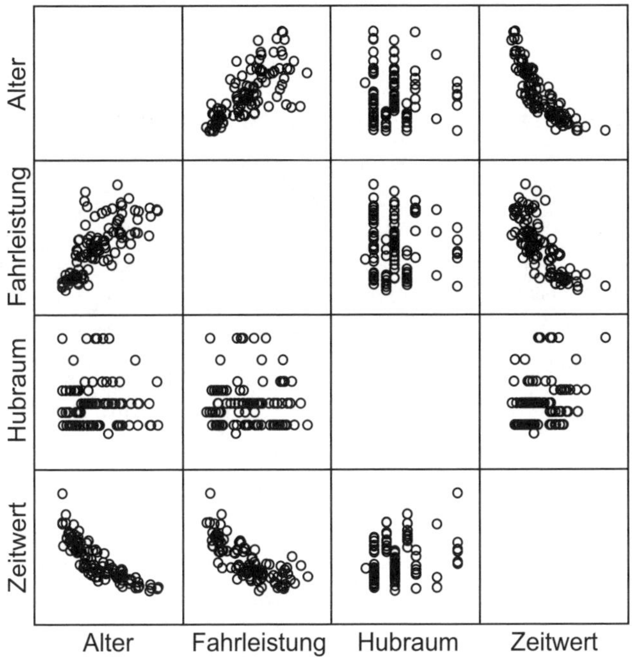

Aus der vierten Zeile der Streudiagramm-Matrix ist zu erkennen, dass zwischen Zeitwert und Alter bzw. Fahrleistung ein umgekehrter nichtlinearer Zusammenhang und zwischen Zeitwert und Hubraum aufgrund der stark streuenden Punktewolke ein schwach ausgeprägter positiver Zusammenhang zu vermuten ist. Gleichsam aufgrund der breit streuenden Punktewolken in den Streudiagrammen innerhalb der dritten Zeile wird offensichtlich zwischen dem Hubraum und dem Alter bzw. der Fahrleistung kein statistischer Zusammenhang nachweisbar sein.

Tabelle 6.3-3: (4 × 4)-Korrelationsmatrix

	Alter	Fahrleistung	Hubraum	Zeitwert
Alter	1,000	0,720	-0,015	-0,847
Fahrleistung	0,720	1,000	-0,013	-0,767
Hubraum	-0,015	-0,013	1,000	0,263
Zeitwert	-0,847	-0,767	0,263	1,000

Korrelationsmatrix. In der Tat werden diese grafischen und explorativen Befunde durch die (4 × 4)-Korrelationsmatrix aus der Tabelle 6.3-3 zahlenmäßig untermauert. Verwendet man in Erweiterung des vorhergehenden Beispiels 6.3-1 nunmehr die drei Erhebungsmerkmale *Alter*, *Fahrleistung* und *Hubraum* als Regressoren zur statistischen Beschreibung des Regressanden *Zeitwert*, so wird bereits aus der originären (4 × 4)- Korrelationsmatrix innerhalb der Tabelle 6.3-3 bzw. aus der (3 × 3)-Korrelationsmatrix der drei Regressoren innerhalb der Tabelle 6.3-4 ersichtlich, dass im konkreten Fall das so genannte Multikollinearitätsproblem, also das Ausmaß der linearen Korrelation unter den drei Regressoren existent ist.

Tabelle 6.3-4: (3 × 3)-Korrelationsmatrix der Regressoren

Korrelationsmatrix

	Alter (Monate)	Fahrleistung (1000 km)	Hubraum (100 cm³)
Alter (Monate)	1,000	,720	-,015
Fahrleistung (1000 km)	,720	1,000	-,013
Hubraum (100 cm³)	-,015	-,013	1,000

Inverse Korrelationsmatrix. Vor allem aus statistisch-methodischer Sicht sind die folgenden Betrachtungen für das Verständnis des Problems der Multikollinearität im Kontext einer multiplen Regressionsanalyse sehr hilfreich. In der Tabelle 6.3-5 ist die zur (3 × 3)-Korrelationsmatrix der Regressoren gehörende inverse Korrelationsmatrix dargestellt, die gemäß Kapitel 9 im Kontext einer Faktorenanalyse via Sequenz 9.2-1 und analog zur Abbildung 9.2-2 im Unterdialogfeld *Faktorenanalyse: Deskriptive Statistiken* in der Rubrik *Korrelationsmatrix* optional vereinbart und angefordert werden kann.

Tabelle 6.3-5: Inverse der (3 × 3)-Korrelationsmatrix

Inverse Korrelationsmatrix

	Alter (Monate)	Fahrleistung (1000 km)	Hubraum (100 cm³)
Alter (Monate)	2,079	-1,497	,011
Fahrleistung (1000 km)	-1,497	2,079	,005
Hubraum (100 cm³)	,011	,005	1,000

Dass im konkreten Fall die so genannten *V(ariance)I(nflation)F(actors)* innerhalb der Tabelle 6.3-6 in einem unmittelbaren Zusammenhang stehen mit den drei bivariaten Maßkorrelationskoeffizienten, die gemäß Tabelle 6.3-4 in der (3 × 3)- Korrelationsmatrix der Regressoren zusammengefasst sind, wird letztlich auch dadurch augenscheinlich, dass die Werte der Hauptdiagonalen der inversen Korrelationsmatrix innerhalb der Tabelle 6.3-5 identisch sind mit den so genannten VIF-Werten in der Rubrik *kollinear* innerhalb der Tabelle 6.3-6.

VIF-Werte. Da man für VIF-Werte keine Norm kennt, verwendet man in der angewandten Ökonometrie die eingangs genannte und aus der empirischen Erfahrung entlehnte Faustregel, wonach VIF-Werte, die größer als 5 sind, ein Indiz dafür sind, dass der jeweilige Regressor durch extreme Multikollinearität affiziert ist. Aufgrund dessen, dass im konkreten Fall alle drei VIF-Werte kleiner als 5 sind, können die kollinearen Beziehungen unter den drei Regressoren vernachlässigt und die mit Hilfe der Methode der kleinsten Quadratesumme geschätzten Regressionskoeffizienten als unverzerrt angesehen werden. Somit ist es sinnvoll, Hypothesen über die Regressionsparameter zu prüfen und sie einer sachlogischen Interpretation zuzuführen.

Tabelle 6.3-6: Regressionsparameter

Koeffizienten[a]

Modell		Parameter B	T	Alpha*	kollinear VIF
linear	(Konstante)	3,1281	34,899	,000	
	Alter (Monate)	-,0135	-15,203	,000	2,079
	Fahrleistung (1000 km)	-,0023	-4,500	,000	2,079
	Hubraum (100 cm³)	,0207	6,353	,000	1,000

a. Abhängige Variable: ln Wert

Regression. Da auf einem vorab vereinbarten Signifikanzniveau von $\alpha = 0{,}05$ wegen $\alpha^* = 0{,}000 < \alpha = 0{,}05$ die drei Regressoren *Alter*, *Fahrleistung* und *Hubraum* jeweils signifikant verschieden von null sind, können alle drei Regressoren als wesentliche Zeitwertfaktoren aufgedeckt werden. Während das Alter und die Fahrleistung partiell zeitwertmindernd wirken, kann der Hubraum als ein partiell zeitwerterhöhend wirkender Faktor identifiziert werden. Mit Hilfe der multiplen Regressionsfunktion

$$(\ln Z^*(A, F, H)) = 3{,}1281 - 0{,}0135 \cdot A - 0{,}0023 \cdot L + 0{,}0207 \cdot H$$

ist man aufgrund eines Bestimmtheitsmaßes von $R^2 = 0{,}890$ bereits in der Lage, zu 89 % die Varianz der logarithmierten Zeitwerte aus der Varianz des Alters, der Fahrleistung und des Hubraumes statistisch zu erklären. Via Exponentialtransformation erhält man die zur geschätzten Regression gehörende nichtlineare Zeitwertfunktion

$$Z^*(A, F, H) = \exp(3{,}1281 - 0{,}0135 \cdot A - 0{,}0023 \cdot L + 0{,}0207 \cdot H),$$

die man analog zum Beispiel 6.3-1 gleichsam für Zeitwertabschätzungen und/oder Zeitwert-Sensitivitätsanalysen verwenden kann.

Prognose. So hätte man ceteris paribus etwa für einen $A_0 = 22$ Monate alten BMW mit einer Fahrleistung von $F_0 = 33$ (1000 km) und einem Hubraum von $H_0 = 20$ (100 cm³) letztlich einen Zeitwert von 23,788 (1000 €) zu erwarten. ♣

6.4 Logistische Regression

Motivation. In der angewandten Ökonometrie kommt den so genannten diskreten Entscheidungsmodellen (engl.: *Discrete Choice Model*, *discrete* → getrennt, ganzzahlig, *choice* → Wahl), die auf der Theorie des ökonomischen Nutzens basieren, eine besondere praktische Bedeutung zu. Ein spezielles diskretes Entscheidungsmodell ist das in seinen Parametern nichtlineare binäre logistische Regressionsmodell, das verkürzt auch als binäres Logit-Modell bezeichnet wird. Bei einem binären Logit-Modell wird der Regressand (also das zu erklärende Merkmal) als eine zweipunktverteilte Zufallsvariable aufgefasst und die auf der Verteilungsfunktion einer logistischen Verteilung basierende (einfache bzw. multiple) Regressionsfunktion als ein Wahrscheinlichkeitsmodell interpretiert.

Beispiel 6.4-1: Einfache logistische Regression
Motivation. Das Konzept einer einfachen logistischen Regression soll anhand der SPSS Daten-Datei *Fahrzeit.sav* motiviert und demonstriert werden. Die verfügbaren Daten sind das Ergebnis einer Befragung unter der Professoren- und der Mitarbeiterschaft des Fachbereichs Wirtschaftswissenschaften I der Hochschule für Technik und Wirtschaft Berlin im Wintersemester 2003/04. Den sachlogischen Hintergrund der Befragung bildet die statistische Erfassung der im Mittel erforderlichen Zeit (Angaben in Minuten), die eine befragte Person auf ihrem „individuellen" Weg zur Hochschule benötigt, wenn sie alternativ den privaten PKW oder die öffentlichen Verkehrsmittel nutzt. Stellt man einmal die individuelle Alternativentscheidung „Auto oder öffentliche Verkehrsmittel" in den Mittelpunkt der Betrachtung, so leuchtet es bereits anhand dieser „entweder-oder-Situation" intuitiv ein, dass es durchaus sachlogisch und sinnvoll ist, das diskrete und dichotome Entscheidungsproblem in Abhängigkeit vom individuellen und verkehrsmittelspezifischen Zeitaufwand zu analysieren und zu modellieren.
Ökonomisches Modell. Das angestrebte Analysekonzept lässt sich aus nutzenstheoretischer Sicht wie folgt motivieren: Das dichotome und 0-1-kodierte Merkmal *Verkehrsmittel* wird als eine diskrete und zweipunktverteilte Zufallsvariable aufgefasst, deren beobachtete Realisationen für alle $i = 1,2,...,36$ befragten Personen die individuellen Entscheidungsalternativen

$$V_i = \begin{cases} 1 & \text{Person i nutzt die öffentlichen Verkehrsmittel} \\ 0 & \text{Person i nutzt das Verkehrsmittel "Auto"} \end{cases}$$

repräsentieren. Nutzt die befragte Person der Ordnung i die öffentlichen Verkehrsmittel, gilt also $V_i = 1$, dann wird unterstellt, dass sie daraus einen bestimmten ökonomischen Nutzen ableitet. Der ökonomische Nutzen soll darin bestehen, dass die benötigte Fahrzeit bei Nutzung des privaten PKW länger ist als bei Nutzung der öffentlichen Verkehrsmittel. Aufgrund dessen, dass für jede befragte

Person sowohl die mittlere Fahrzeit zur Hochschule bei Nutzung des privaten PKW als auch bei Nutzung der öffentlichen Verkehrsmittel erfasst wurde, leuchtet es intuitiv ein, zur modellhaften Beschreibung des ökonomischen Nutzens die Differenz aus beiden verkehrsmittelspezifischen Fahrzeiten zu verwenden, die in der Arbeitsdatei in der numerischen SPSS Variable *Zeitdifferenz* (Angaben in Minuten) gespeichert ist. Bezeichnet Z_i die empirisch beobachtete Zeitdifferenz für eine befragte Person der Ordnung i, so ist im nutzenstheoretischen Sinne gemäß dem Prinzip „time is money" zu erwarten, dass sich diese Person im Falle $Z_i \geq 0$ (kein bzw. ein Zeitgewinn) für die Verkehrsmittelalternative $V_i = 1$ (öffentliche Verkehrsmittel) entscheidet. Im Gegensatz dazu wird sich eine Person wegen $Z_i < 0$ (Zeitverlust) in einem weitaus geringeren Maße veranlasst sehen, die öffentlichen Verkehrsmittel zu nutzen und eher die Verkehrsmittelalternative $V_i = 0$, d.h. die Nutzung des Autos, präferieren. Nun hängt im konkreten Fall eine individuelle Nutzungsentscheidung nicht nur vom Zeitgewinn bzw. vom Zeitverlust ab, sondern wird zudem durch einen mehr oder weniger umfangreichen Katalog von Einflussfaktoren (etwa das Einkommen) bestimmt. Vor allem aus didaktisch-methodischen Gründen wird einzig und allein der Zeitfaktor dem folgenden Modellbildungskonzept zugrundegelegt.

Lineares Wahrscheinlichkeitsmodell. In der angewandten Ökonometrie ist man bestrebt, eine individuelle Alternativentscheidung nicht nur plausibel zu erklären, sondern mit Hilfe empirischer Daten und eines geeigneten Modells nachzubilden und gegebenenfalls vorherzusagen. Die Abbildung 6.4-1 beinhaltet das Streudiagramm und die lineare Regression $V^*(Z) = 0{,}495 + 0{,}016 \cdot Z$ der dichotomen, 0-1-kodierten Verkehrsmittelalternative V über der Zeitdifferenz Z, mit der man wegen $R^2 = 0{,}578$ bereits zu 57,8 % in der Lage ist, die empirisch beobachteten individuellen alternativen Verkehrsmittelentscheidungen allein aus der Varianz der zugehörigen Zeitdifferenzen statistisch zu erklären. Allerdings erweist sich die Nutzung der geschätzten linearen Kleinst-Quadrate-Regression als ein Wahrscheinlichkeitsmodell zur statistischen Erklärung und Vorhersage von Entscheidungswahrscheinlichkeiten so nicht praktikabel und nicht plausibel. Anhand der Abbildung 6.4-1 ist wegen $0 = 0{,}495 + 0{,}016 \cdot Z$ und $Z = -0{,}495/0{,}016 \approx -31$ bzw. $1 = 0{,}495 + 0{,}016 \cdot Z$ und $Z = (1 - 0{,}495)/0{,}016 \approx 32$ leicht zu erkennen, dass das lineare Regressionsmo-

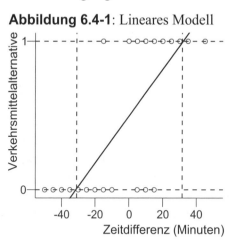

Abbildung 6.4-1: Lineares Modell

dell für einen Zeitverlust von mehr als 31 Minuten bzw. für einen Zeitgewinn von mehr 32 Minuten jeweils einen Schätzwert liefert, der kleiner als null bzw. größer als eins ist und sich somit (gemäß der KOLMOGOROVschen Wahrscheinlichkeitsaxiome) einer plausiblen Wahrscheinlichkeitsinterpretation entzieht. Wollte man sich dennoch auf die Nutzung der geschätzten linearen Regressionsfunktion als ein Wahrscheinlichkeitsmodell verlegen, dann wäre dies im konkreten Fall nur sinnvoll, wenn man sich für eine gegebene Zeitdifferenz Z mit

$$V^*(Z) = \begin{cases} 1 & \text{falls} & Z > 31{,}6 \text{ min} \\ 0{,}495 + 0{,}016 \cdot Z & \text{falls} & -30{,}9 \text{ min} \leq Z \leq 31{,}6 \text{ min} \\ 0 & \text{falls} & Z < -30{,}9 \text{ min} \end{cases}$$

gleichzeitig dreier einfacher linearer Modelle mit begrenzten Werte- und Definitionsbereichen bedienen würde. Diese Strategie ist nicht nur umständlich, sondern vor allem auch aus theoretischer Sicht fragwürdig, zumal die mit Hilfe der Methode der kleinsten Quadratesumme geschätzten Regressionsparameter $b_0 = 0{,}495$ und $b_1 = 0{,}016$ im schätztheoretischen Sinne keine besten unverzerrten Schätzwerte für die „wahren, jedoch unbekannten" Parameter β_0 und β_1 sind.

Logistisches Wahrscheinlichkeitsmodell. Eine Funktion, die im geschlossenen Intervall [0; 1] durch eine „einzige" nichtlineare Funktion mit einem monoton wachsenden und s-förmigen Verlauf nachgebildet wird, ist zum Beispiel die Verteilungsfunktion

$$F(t) = \frac{1}{1 + e^{-t}} \quad \text{mit} \quad -\infty < t < +\infty$$

einer logistischen Verteilung, deren Graph und der Graph ihrer Dichtefunktion

$$f(t) = \frac{e^{-t}}{(1 + e^{-t})^2} \quad \text{mit} \quad -\infty < t < +\infty$$

in der Abbildung 6.4-2 skizziert sind. Gleichwohl das logistische Wahrscheinlichkeitsmodell aus mathematischer Sicht weitaus „eleganter" ist zur Beschreibung der individuellen Alternativentscheidungen von Personen hinsichtlich des benutzten Verkehrsmittels, hat diese „Eleganz" auch ihren Preis: Aus schätztheoretischer Sicht versagt die klassische Methode der kleinsten Quadratesumme bei der Parameterschätzung einer hochgradig nichtlinearen Funktion ihren Dienst. Rechenaufwendige iterative Schätzverfahren, die auf dem Maximum-Likelihood-Prinzip (engl.: *maximum likelihood* → größte Mutmaßlichkeit) basieren, ermöglichen eine praktikable Lösung. Hinzu kommt noch, dass die zugehörigen Parametertests nur asymptotisch (grch. *asymptotos* → nicht zusammentreffen) gelten.

Nutzensindex. Aus statistisch-methodischer Sicht erweist sich im Zuge der inhaltlichen Darstellung einer logistischen Regressionsfunktion und ihrer Interpretation als logistisches Wahrscheinlichkeitsmodell die Betrachtung eines so genannten Nutzensindexes (engl.: *utility index*) als vorteilhaft. In Anlehnung an das eingangs skizzierte lineare Wahrscheinlichkeitsmodell definiert man für eine befragte Person der Ordnung i einen Nutzensindex $I_i = ß_0 + ß_1 \cdot Z_i$, der theoretisch in seinen Werten zwischen $-\infty$ und $+\infty$ variieren kann und im Sinne der Nutzenstheorie eine plausible Interpretation etwa wie folgt erlaubt: Je größer der Wert I_i ist, um so größer ist auch der individuelle und/oder der ökonomische Nutzen für den Entscheidungsträger der Ordnung i, wenn er sich im konkreten Fall für die Option $V_i = 1$, also für die öffentlichen Verkehrsmittel entscheidet.

Abbildung 6.4-2: Dichte und Verteilungsfunktion einer logistischen Verteilung

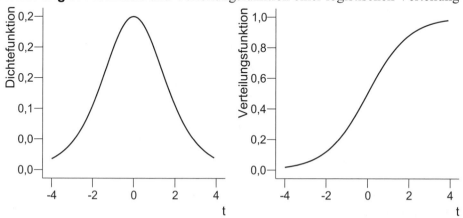

Eine Funktion, die das Zusammenspiel von Nutzensindex $I_i = ß_0 + ß_1 \cdot Z_i$ und individueller Entscheidungswahrscheinlichkeit P_i derart beschreibt, dass P_i definitionsgemäß nur zwischen null und eins und I_i zwischen $-\infty$ und $+\infty$ variieren kann, ist die Verteilungsfunktion $F(I_i) = 1/(1 + \exp(-I_i))$ einer logistischen Verteilung, die unmittelbar zum logistischen Wahrscheinlichkeitsmodell in Gestalt der einfachen logistischen Regressionsfunktion $P_i^*(Z_i) = 1/(1 + \exp(-(ß_0 + ß_1 \cdot Z_i)))$ führt. Für die einfache logistische Regression erwartet man, dass die Zeitdifferenz Z einen signifikanten Einfluss auf die individuelle Alternativentscheidung bezüglich des benutzten Verkehrsmittels ausübt. Aus diesem Grunde formuliert man im Vorfeld der ökonometrischen Analyse über den unbekannten Parameter $ß_1$ in der Grundgesamtheit (etwa aller Professoren und Mitarbeiter an den Berliner Hochschulen) genau das Gegenteil der sachlogischen Erwartung als Nullhypothese $H_0: ß_1 = 0$. Gelingt es, auf einem vorab vereinbarten Signifikanzniveau von $\alpha = 0{,}05$ mit Hilfe eines Stichprobenbefundes die Nullhypothese zu verwerfen, so kann der unbekannte Modellkoeffizient $ß_1$ in der statistischen Grundgesamtheit als verschieden von null und die Zeitdifferenz Z als ein wesentlicher Faktor für eine individuelle Alternativentscheidung aufgefasst werden.

Sequenz. Die logistische Regression zur Beschreibung und Modellierung der individuellen Alternativentscheidung kann via Sequenz 6.4-1 ermittelt werden.

Sequenz 6.4-1: Logistische Regression
Analysieren
Regression
Binär logistisch... → Abbildung 6.4-3

Abbildung 6.4-3: Dialogfeld *Logistische Regression*

Ergebnisse. Die Tabelle 6.4-1 beinhaltet das vereinfachte SPSS Ergebnisprotokoll für die logistische Regressionsfunktion der individuellen Alternativentscheidungen über der Zeitdifferenz.

Tabelle 6.4-1: Parameter der logistischen Regressionsfunktion

	Koeffizient B	Standardfehler	Wald	df	Alpha*	Exp(B)
Zeitdifferenz	,134	,042	10,439	1	,001	1,144
Konstante	-,256	,575	,198	1	,656	,774

Modellparameter. Die mit Hilfe der Maximum-Likelihood-Methode geschätzten Modellparameter $b_0 = -0{,}256$ und $b_1 = 0{,}134$ der logistischen Regression liefern einen geschätzten Nutzensindex von $I^*(Z) = -0{,}256 + 0{,}134 \cdot Z$, der wiederum die Grundlage für die einfache logistische Regression

$$P^*(Z) = F(Z) = \frac{1}{1+\exp(-I^*(Z))} = \frac{1}{1+\exp(-(-0{,}256+0{,}134 \cdot Z))}$$

bildet. Wegen $\alpha^* = 0{,}001 < \alpha = 0{,}05$ wird sowohl unter Verwendung der so genannten WALD-Statistik als auch des approximativen t-Wertes die Nullhypothese $H_0: \beta_1 = 0$ verworfen und der unbekannte Modellkoeffizient β_1 in der statistischen Grundgesamtheit vergleichbarer Personen als verschieden von null gedeutet. Demnach trägt die Zeitdifferenz Z wesentlich zur statistischen Erklärung der individuellen Entscheidung für oder gegen die Nutzung der öffentlichen Verkehrsmittel bei.

Parameterinterpretation. Der geschätzte Modellkoeffizient $b_1 = 0{,}134$ erlaubt nur bedingt eine ökonomisch plausible Interpretation, die stets abhängig ist vom jeweiligen Niveau des Regressor- bzw. Kovariatenwertes Z_0. Für den Fall, dass es keinen Fahrzeitunterschied gibt, also die Zeitdifferenz $Z_0 = 0$ Minuten beträgt, berechnet man im konkreten Fall für den Nutzensindex einen Schätzwert von $I_0^*(0) = -0{,}256 + 0{,}134 \cdot 0 = -0{,}256$, der (unabhängig vom Niveau der Zeitdifferenz) wegen $d\,I^*/d\,Z = b_1 = 0{,}134$ durchschnittlich um 0,134 Einheiten steigt (fällt), wenn die Zeitdifferenz (zwischen der Fahrzeit mit dem Auto und der Fahrzeit mit öffentlichen Verkehrsmitteln) um eine Einheit, also um eine Minute steigt (fällt). Unter Verwendung der logistischen Regression errechnet man auf einem Nutzensindexniveau von $I_0^*(Z_0 = 0) = -0{,}256$ bzw. einem Zeitdifferenzniveau von $Z_0 = 0$ Minuten eine marginale Wahrscheinlichkeitsneigung von

$$\frac{d\,P^*}{d\,Z}(0) = \frac{0{,}134 \cdot \exp(-(-0{,}256 + 0{,}134 \cdot 0))}{(1 + \exp(-(-0{,}256 + 0{,}134 \cdot 0)))^2} = \frac{0{,}134 \cdot e^{0{,}256}}{(1 + e^{0{,}256})^2} \approx 0{,}033.$$

Demnach steigt ceteris paribus, besonders auf einem Zeitdifferenzniveau von 0 Minuten, die Wahrscheinlichkeit dafür, dass sich eine Person auf dem Weg zur Hochschule für die öffentlichen Verkehrsmittel entscheidet, um durchschnittlich 0,033, wenn die Zeitdifferenz um eine Minute steigt (es letztlich also einen Zeitgewinn von einer Minute zu verzeichnen gilt). Analog berechnet man für eine Zeitdifferenz von $Z_0 = 15$ Minuten, also für einen Zeitgewinn von einer viertel Stunde, einen Nutzensindex von $I_0^*(15) = -0{,}256 + 0{,}134 \cdot 15 = 1{,}754$ und darauf aufbauend eine marginale Wahrscheinlichkeitsneigung von

$$\frac{d\,P^*}{d\,Z}(15) = \frac{0{,}134 \cdot \exp(-(-0{,}256 + 0{,}134 \cdot 15))}{(1 + \exp(-(0{,}256 + 0{,}134 \cdot 15)))^2} = \frac{0{,}134 \cdot e^{-1{,}754}}{(1 + e^{-1{,}754})^2} \approx 0{,}017.$$

Demnach steigt ceteris paribus, besonders auf einem Zeitdifferenzniveau von 15 Minuten, die Wahrscheinlichkeit dafür, dass sich eine Person für die Alternative $V_0 = 1$, also für die öffentlichen Verkehrsmittel entscheidet, um durchschnittlich 0,017, wenn die Zeitdifferenz (bzw. der Zeitgewinn) um eine Minute steigt.

Logistische Verteilung. Anhand der Abbildung 6.4-4 ist zu erkennen, dass die Reagibilität (lat.: *re* → zurück + *agere* → wirken) der Wahrscheinlichkeit dann am stärksten ist, wenn für die Zeitdifferenz ca. $-10 < Z < 10$ Minuten gilt. Dies verwundert nicht, denn für dieses Zeitintervall nimmt die Dichtefunktion

$$f(Z) = \frac{\exp(-(-0{,}256 + 0{,}134 \cdot Z))}{(1 + \exp(-(-0{,}256 + 0{,}134 \cdot Z)))^2}$$

der zugehörigen logistischen Verteilung ihre größten Funktionswerte an bzw. besitzt der Graph der Verteilungsfunktion $F(Z)$

$$P^*(Z) = F(Z) = \frac{1}{1 + \exp(-(-0{,}256 + 0{,}134 \cdot Z))}$$

in Gestalt der logistischen Regressionsfunktion seinen größten Anstieg.

Abbildung 6.4-4: Dichte- und Verteilungsfunktion des Logit-Modells

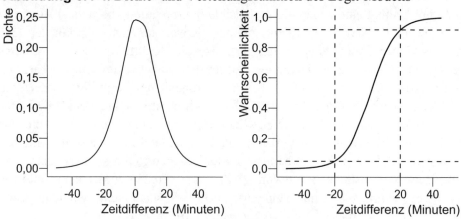

Prognosen. Ist man hingegen daran interessiert, mit Hilfe der logistischen Regressionsfunktion zum Beispiel für eine Zeitdifferenz von $Z_0 = 0$ Minuten die Wahrscheinlichkeit dafür zu prognostizieren, dass eine Person an Stelle des Autos die öffentlichen Verkehrsmittel auf dem Weg zur Hochschule nutzt, dann bestimmt man für den Regressor- bzw. Kovariatenwert $Z_0 = 0$ Minuten den zugehörigen Wert der logistischen Regressionsfunktion

$$P_0^* = \frac{1}{1 + \exp(-(-0{,}256 + 0{,}134 \cdot 0))} \approx 0{,}4363.$$

Demnach ist unter sonst gleichen Bedingungen und bei Annahme der Gültigkeit des Logit-Modells die Wahrscheinlichkeit dafür, dass eine Person die öffentlichen Verkehrsmittel benutzt, sich also für die Nutzungsoption $V = 1$ entscheidet, nicht sehr hoch. Mehr noch: Unter Berücksichtigung der elementaren Entscheidungs- bzw. Zuordnungsregeln innerhalb der Tabelle 6.4-2 würde man wegen $P_0^* = P(V = 1) = 1 - P(V = 0)$ und $P(V = 0) = 1 - P_0^* = 0{,}5637 > 0{,}5$ formal die Alternativentscheidung $V = 0$ (Nutzung des Verkehrsmittels Auto) zuordnen.

Tabelle 6.4-2: Entscheidungswahrscheinlichkeiten

Verkehrsmittel	V	Wahrscheinlichkeit	Entscheidung
öffentliche	1	$P(V = 1) = P^*$	$P^* \geq 0{,}5$
Auto	0	$P(V = 0) = 1 - P^*$	$P^* < 0{,}5$ bzw. $1 - P^* \geq 0{,}5$

Entsprechende Wahrscheinlichkeitsprognosen kann man bereits in ausreichender Näherung aus dem Verlauf der logistischen Regressionsfunktion innerhalb der Abbildung 6.4-4 ablesen, ohne „aufwändige" Berechnungen anstellen zu müssen. Demnach ist bei einer Zeitdifferenz von $Z_0 = 20$ Minuten, also bei einem Zeitgewinn von 20 Minuten, die Wahrscheinlichkeit mit $P_0^* \approx 0{,}9$ recht hoch, dass sich eine Person für die Nutzungsalternative $V = 1$ (öffentliche Verkehrsmittel) entscheidet. Demgegenüber ist die Entscheidungswahrscheinlichkeit für die Nutzungsoption „öffentliche Verkehrsmittel" bei einem Zeitverlust von 20 Minuten, also für eine Zeitdifferenz von $Z_0 = -20$ Minuten, mit $P_0^* \approx 0{,}05$ sehr gering. Beachtenswert ist dabei, dass der Graph der geschätzten logistischen Regressionsfunktion $P^*(Z)$ identisch ist mit dem Graph der Verteilungsfunktion $F(Z)$ der zugehörigen logistischen Verteilung.

Odds-Ratio. Im Kontext der Betrachtung von Prognoseszenarien gilt es schließlich noch, die inneren Konsistenzen eines so genannten Odds-Ratios (engl.: *odd(s)* → Chance(n) + *ratio* → Verhältnis(zahl)) zu skizzieren, der gleichfalls eine plausible und interessante Interpretation der Modellkoeffizienten einer logistischen Regressionsfunktion ermöglicht. Unter den im ersten Prognoseszenario $Z_0 = 0$ Minuten angenommenen Bedingungen errechnet man einen Nutzensindex von $I_0^*(0) = -0{,}256 + 0{,}134 \cdot 0 = -0{,}256$ und darauf aufbauend eine Wahrscheinlichkeit von $P_0^* = 1/(1 + \exp(0{,}256)) \approx 0{,}4363$ dafür, dass eine Person die öffentlichen Verkehrsmittel benutzt und in logischer Konsequenz eine (komplementäre) Wahrscheinlichkeit $1 - 0{,}4363 = 0{,}5637$ dafür, dass eine Person nicht die öffentlichen Verkehrsmittel, sondern das Auto benutzt. Das Verhältnis

$$\text{Odd}_1 = \frac{P_0^*}{1 - P_0^*} = \frac{P(V=1)}{1 - P(V=1)} = \frac{0{,}4363}{0{,}5637} \approx 0{,}7740,$$

aus den komplementären Ereigniswahrscheinlichkeiten bezeichnet man als einen „Odd" und interpretiert ihn wie folgt: Würde man darauf wetten, dass eine Person unter den gegebenen Bedingungen die öffentlichen Verkehrsmittel ($V = 1$) benutzt, würden die Chancen für das Ereignis „Nutzung der öffentlichen Verkehrmittel" im Vergleich zum Ereignis „Nutzung des privaten PKW" ca. 77 : 100 stehen. Betrachtet man im Vergleich dazu die Konstellation $Z_0 = 1$ Minute, also einen Zeitgewinn von einer Minute, dann errechnet man einen Nutzensindex von $I_0^*(1) = -0{,}256 + 0{,}134 \cdot 1 = -0{,}122$ und für das Ereignis $V = 1$ (öffentliche Verkehrmittel) eine Wahrscheinlichkeit von $P_0^* = 1/(1 + \exp(0{,}122)) \approx 0{,}4695$ und in logischer Konsequenz für den sog. Odd bzw. für die Chance einen Wert von

$$\text{Odd}_2 = \frac{P_0^*}{1 - P_0^*} = \frac{P(V=1)}{1 - P(V=1)} = \frac{0{,}4695}{0{,}5305} \approx 0{,}8850.$$

In diesem Falle würden die Chancen zugunsten des Ereignisses „Nutzung der öffentlichen Verkehrmittel" auf ca. 89 : 100 steigen.

Logit. Bleibt der Vollständigkeit halber noch zu vermerken, dass man den *logarithmus naturalis* $\ln(P_0^*/(1 - P_0^*))$ eines Odds bzw. einer Chance $P_0^*/(1 - P_0^*)$ einen *Logit* nennt, der (wie man leicht nachprüfen kann) zum Beispiel im Falle des letzten Prognoseszenarios $Z_0 = 1$ Minute wegen $\ln(0{,}8850) \cong -0{,}122$ nichts anders ist, als der geschätzte Nutzensindex $I_0^*(1) = -0{,}256 + 0{,}134 \cdot 1 = -0{,}122$. Aufgrund der Tatsache, dass die Zeitdifferenz um eine Einheit, also um eine Minute, erhöht wurde, haben sich allein aus dieser Veränderung die Chancen für das

Ereignis „Nutzung der öffentlichen Verkehrsmittel" wegen $89 : 100/77 : 100 \approx 1{,}15$ nahezu auf das 1,15-Fache erhöht. Das Verhältnis

$$\frac{\text{Odd}_2}{\text{Odd}_1} = \frac{0{,}885}{0{,}774} \cong 1{,}144 \cong e^{0{,}134} = \exp(0{,}134)$$

aus den beiden *Odds* nennt man einen *Odds-Ratio*, der wiederum identisch ist mit dem in der Tabelle 6.4-1 unter der Rubrik *Exp(B)* ausgewiesenen Wert von 1,144 für die Variable *Zeitdifferenz*. Der Odds-Ratio von 1,144 ist im konkreten Fall gerade das Vielfache der Chancen zugunsten des Ereignisses V = 1, also der individuellen Entscheidung, „mit den öffentlichen Verkehrsmitteln zu fahren", wenn die Kovariate um eine Einheit erhöht wird. Der natürliche Logarithmus $\ln(1{,}144) = 0{,}134 = b_1$ aus dem Odds-Ratio, also aus dem Chancenverhältnis, ist wiederum identisch mit dem Wert des Maximum-Likelihood-Schätzers b_1.

Klassifikationstabelle. Aus der Klassifikations- bzw. Klassifizierungstabelle 6.4-3 für die Entscheidungsvariable *Verkehrsmittel* ist ersichtlich, dass mit Hilfe des einfachen Logit-Modells 86,1 % aller beobachteten Ausprägungen des dichotomen und 0-1-kodierten Merkmals (in der Regel auf dem Weg zur Hochschule benutztes) *Verkehrsmittel* richtig zugeordnet bzw. vorhergesagt werden können. Dabei ist zu beachten, dass dieser Tabellenwert nur ein sehr grobes Gütemaß für das Logit-Modell darstellt, zumal hier nicht die Residuen $V_i - P_i^*(Z_i)$ die Grundlage der Bewertung bilden, sondern nur eine dichotome Zuordnungsvorschrift, die berücksichtigt, ob eine mit Hilfe des Logit-Modells geschätzte Wahrscheinlichkeit $P_i^*(Z_i)$ größer oder kleiner als der „Trennwert" von 0,5 ist.

Tabelle 6.4-3: Klassifikationstabelle

Klassifizierungstabelle[a]

Beobachtet		Vorhergesagt		
		Verkehrsmittel		Prozent
		Auto	öffentliche	
Verkehrsmittel	Auto	17	3	85,0
	öffentliche	2	14	87,5
Gesamtprozentsatz				86,1

a. Der Trennwert lautet ,500

Gütemaß. Verwendet man das so genannte NAGELKERKE-R^2 als ein Gütemaß für die statistische Erklärungsfähigkeit des geschätzten Logit-Modells, dann ist man wegen $R^2 = 0{,}732$ bereits zu 73,2 % in der Lage, mit Hilfe des einfachen Logit-Modells die individuellen Alternativentscheidungen allein aus den jeweiligen Zeitdifferenzen statistisch zu erklären. Ist man bestrebt, die Erklärungsfähigkeit des Logit-Modells zu erhöhen, muss man versuchen, weitere ökonomisch plausible und statistisch wesentlich erklärende Merkmale in das Analysekalkül einzubeziehen. ♣

Beispiel 6.4-2: Multiple logistische Regression
Motivation. Das Konzept einer multiplen logistischen Regression soll anhand der SPSS Daten-Datei *Nebenjob.sav* verdeutlicht werden, wobei im konkreten Fall mittels eines Logit-Modells die „diskrete und zweipunktverteilte" individuelle Entscheidung

$$N_i = \begin{cases} 1 & \text{Student i geht einem Nebenjob nach} \\ 0 & \text{Student i geht keinem Nebenjob nach} \end{cases}$$

eines Studenten, ob er einem N(ebenjob) nach geht oder nicht, in Abhängigkeit von zwei metrischen Kovariaten betrachtet wird, nämlich i) von seinen monatlichen *(Lebenshaltungs)Kosten* (Angaben in €) und ii) von seinen verfügbaren *Geld(mitteln)* (Angaben in €), die nicht aus einer Nebenjobtätigkeit stammen. Die Auswahl der beiden Kovariaten lässt sich wie folgt begründen: Erstens besteht damit die Möglichkeit, das Analysekonzept eines multiplen Logit-Modells zu skizzieren und zweitens lässt sich im konkreten Fall zeigen, dass die beiden erklärenden Merkmale *K(osten)* und *G(eld)* untereinander nicht hochgradig kollinear sind (vgl. Beispiel 6.3-3).

Logit-Modell. Die Tabelle 6.4-4 beinhaltet das verkürzte SPSS Ergebnisprotokoll für die Maximum-Likelihood-Parameter des multiplen Logit-Modells.

Tabelle 6.4-4: Modellparameter

	Koeffizient B	Standardfehler	Wald	df	Alpha*	Exp(B)
Kosten	,039	,005	59,585	1	,000	1,040
Geld	-,031	,005	45,784	1	,000	,970
Konstante	-2,390	1,368	3,052	1	,081	,092

Anhand des geschätzten Nutzensindexes I* = −2,390 + 0,039·K − 0,031·G, der seinem Wesen nach eine lineare Funktion ist und die Basis für die multiple logistische Regressionsfunktion

$$P^*(K, G) = \frac{1}{1 + \exp(-(-2{,}390 + 0{,}039 \cdot K - 0{,}031 \cdot G))}$$

bildet, ist bereits zu erkennen, dass auf den geschätzten Nutzensindex I* i) die monatlichen Lebenshaltungskosten K wegen $\partial I^*/\partial K = 0{,}039$ partiell erhöhend und ii) die (unabhängig von einem Nebenjob) monatlich verfügbaren Geldmittel G wegen $\partial I^*/\partial G = -0{,}031$ partiell mindernd wirken. Diese partiellen Wirkungen der beiden Kovariaten *K(osten)* und *G(eld)* auf den Nutzensindex I erscheinen im konkreten Fall sachlogisch und plausibel. Demnach steigt (fällt) bei gleichen verfügbaren Geldmitteln G für einen Studenten der ökonomische Nutzen I aus einer Nebenjobtätigkeit, wenn die monatlichen Lebenshaltungskosten K steigen (fallen). Analog fällt (steigt) bei gleichen monatlichen Lebenshaltungskosten K für einen Studenten der ökonomische Nutzen I aus einer Nebenjobtätigkeit, wenn die verfügbaren Geldmittel steigen (fallen). Diese elementaren sachlogischen Überlegungen anhand des Nutzensindexes I* koinzidieren mit den Testergebnissen für die unbekannten Parameter der anhand eines Stichprobenbefundes zu schätzenden logistischen Regressionsfunktion

$$P^*(K, G) = \frac{1}{1 + \exp(-(\beta_0 + \beta_1 \cdot K + \beta_2 \cdot G))}.$$

Da sowohl auf der Basis der Werte der WALD-Statistik als auch auf der Basis der approximativen t-Werte wegen $\alpha^* = 0{,}000 < \alpha = 0{,}05$ die jeweilige Nullhypothese $H_0: \beta_1 = 0$ bzw. $H_0: \beta_2 = 0$ verworfen werden muss, deutet man die beiden (auf der Grundlage des Stichprobenbefundes) geschätzten Modellparameter b_1 und b_2 als signifikant verschieden von null und die beiden Kovariaten (Lebenshaltungs)*Kosten* und *Geld*(mittel) als wesentliche, eine studentische *Nebenjob*entscheidung beeinflussende Faktoren.

Parameterinterpretation. Die Maximum-Likelihood-Koeffizienten b_1 und b_2 erlauben die folgenden bedingten Interpretationen, wenn man zum Beispiel von einem „fiktiven" Studenten mit monatlichen Lebenshaltungskosten und verfügbaren Geldmitteln von jeweils $K_0 = G_0 = 400$ € ausgeht. Dieser Student kann durch einen Nutzensindex von $I_0^* = -2{,}390 + 0{,}039 \cdot 400 - 0{,}031 \cdot 400 = 0{,}810$ charakterisiert werden. Demnach steigt (fällt) ceteris paribus, besonders bei gleichbleibenden Geldmitteln G_0, die Wahrscheinlichkeit dafür, dass ein Student einem Nebenjob nachgeht, um

$$\frac{\partial P^*}{\partial K}(400, 400) = \frac{b_1 \cdot \exp(-I_0^*)}{(1 + \exp(-I_0^*))^2} = \frac{0{,}039 \cdot e^{-0{,}810}}{(1 + e^{-0{,}810})^2} \approx 0{,}088,$$

wenn die monatlichen Lebenshaltungskosten auf einem Niveau von 400 € um 1 € steigen (fallen). Hingegen sinkt (steigt) ceteris paribus, besonders bei gleichen monatlichen Lebenshaltungskosten K_0, wegen

$$\frac{\partial P^*}{\partial G}(400, 400) = \frac{b_2 \cdot \exp(-I_0^*)}{(1 + \exp(-I_0^*))^2} = \frac{-0{,}031 \cdot e^{-0{,}810}}{(1 + e^{-0{,}810})^2} \approx -0{,}070$$

die Wahrscheinlichkeit für die Aufnahme eines Nebenjobs um 0,070, wenn auf einem Niveau von 400 € die monatlich (außerhalb eines Nebenjobs) verfügbaren Geldmittel um 1 € steigen (fallen).

Szenarien. Die Interpretationen der Koeffizienten b_1 und b_2 für die erklärenden Variablen *K(osten)* und *G(eld)* können auch als Szenarien aufgefasst werden, die man anhand des multiplen Logit-Modells simulieren kann. In der Abbildung 6.4-5 sind insgesamt vier Logit-Modell-Szenarien skizziert. Ohne große Berechnungen anstellen zu müssen, können für die beiden Szenarien „variable Lebenshaltungskosten K bei konstanten Geldmitteln G = 400 € (gestrichelte Linie) bzw. G = 450 € (volle Linie)" anhand der linken Abbildung die entsprechenden Wahrscheinlichkeiten abgelesen werden. Beträgt zum Beispiel für das Szenario K = 400 € und G = 400 € die Wahrscheinlichkeit dafür, dass ein Student einem

Nebenjob nachgeht, etwa P* = P(N = 1) = 0,69, so ermittelt man im Kontext des Szenarios K = 400 € und G = 450 € entweder auf rechnerischem oder auf grafischem Wege eine Wahrscheinlichkeit von ca. P* = P(N = 1) = 0,32.

Abbildung 6.4-5: Logit-Modell basierte Szenarien

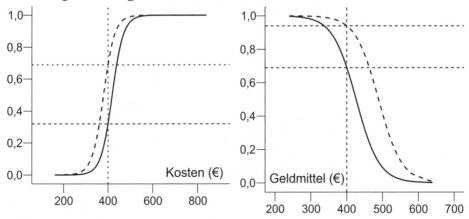

Demnach fällt ceteris paribus, besonders bei gleichen monatlichen Lebenshaltungskosten in Höhe von 400 €, die Wahrscheinlichkeit dafür, dass ein Student einem Nebenjob nachgeht, ca. um 0,69 – 0,32 = 0,37, wenn die (unabhängig vom Nebenjob) monatlich verfügbaren Geldmittel von 400 € auf 450 €, also um 50 € erhöht werden. Dies leuchtet ein, zumal der simulierte Geldmittelzuwachs den Zwang und damit die Wahrscheinlichkeit für das Ereignis „Nebenjob" verringert. Analoge Interpretationen erlauben interessierende Szenarien, die man gleichsam anhand der beiden monoton fallenden Funktionen innerhalb der Abbildung 6.4-5 (rechtes Bild) betrachten kann. Hier kann anhand der zwei skizzierten Graphen der multiplen logistischen Regression die Wahrscheinlichkeit für einen Nebenjob bei konstanten monatlichen Lebenshaltungskosten in Höhe von K = 400 € (volle Linie) bzw. K = 450 € (gestrichelte Linie) und bei variablen Geldmitteln G einfach (und für praktische Zwecke völlig ausreichend) abgelesen werden, ohne aufwändige Berechnungen anstellen zu müssen. Beträgt ceteris paribus im Szenario K = 400 € und G = 400 € die Wahrscheinlichkeit für einen Nebenjob

P* = P(N = 1) = 0,69,

so ergibt sich für das Szenario K = 450 € und G = 400 € eine Wahrscheinlichkeit für einen Nebenjob von ca.

P* = P(N = 1) = 0,94.

Demnach würden ceteris paribus in 100 vergleichbaren Fällen im ersten Szenario erwartungsgemäß 69 von 100 Studenten und im zweiten Szenario bereits 94 von 100 Studenten einem Nebenjob nachgehen. Offensichtlich würde bei gleichen monatlich verfügbaren Geldmitteln in Höhe von G = 400 € die Wahrscheinlichkeit für das Ereignis „Nebenjob" durchschnittlich um 0,94 – 0,69 = 0,25 steigen, wenn die monatlichen Lebenshaltungskosten K eines Studenten um 50 € von 400 € auf 450 € steigen.

Klassifikationstabelle. Gemäß Tabelle 6.4-5 kann man mit Hilfe des geschätzten multiplen Logit-Modells insgesamt 92,7 % aller befragten Studenten bezüglich ihrer Nebenjobtätigkeit „richtig einordnen".

Tabelle 6.4-5: Klassifizierungstabelle

Klassifizierungstabelle[a]

Beobachtet		Vorhergesagt		
		Nebenjob		Richtige (%)
		nein	ja	
Nebenjob	nein	79	10	88,8
	ja	13	213	94,2
Gesamt				92,7

a. Der Trennwert lautet ,500

Während nur 88,8 % aller befragten Studierenden, die angaben, keinem Nebenjob (N = 0) nachzugehen, mit Hilfe des multiplen Logit-Modells „richtig vorhergesagt" wurden, waren es bei den Studierenden, die angaben, einem Nebenjob (N = 1) nachzugehen, 94,2 %. Beachtenswert ist dabei, dass die Wahrscheinlichkeit P* = 0,5 als Trennwert für die folgende merkmalsträgerbasierte Klassifizierungsvorschrift fungiert: N = 1 für $0,5 \leq P^* \leq 1$ und N = 0 für $0 \leq P^* < 0,5$.

Gütemaß. Verwendet man das NAGELKERKE-R^2 als ein Maß für die Modellgüte, so ist man wegen $R^2 = 0,761$ mit Hilfe des multiplen Logit-Modells bereits in der Lage, die beobachteten alternativen studentischen Jobentscheidungen zu 76,1 % allein aus der Varianz der monatlichen Lebenshaltungskosten K und der monatlich zusätzlich verfügbaren Geldmittel G statistisch zu erklären.

Hinweise. Je nach Wunsch und Erfordernis können für eine geschätzte logistische Regression via Sequenz 6.4-1 und gemäß Abbildung 6.4-3 im Dialogfeld *Logistische Regression* über die Schaltfläche *Speichern* im Unterdialogfeld *Logistische Regression: Neue Variablen speichern* unter anderem noch die jeweiligen Modellwerte in Gestalt von Wahrscheinlichkeiten, Gruppenzugehörigkeitswerten und/oder Logits angefordert werden. Analog können im Dialogfeld *Logistische Regression* über die Schaltfläche *Optionen* im Unterdialogfeld *Logistische Regression: Optionen* speziell gewünschte Statistiken und/oder Diagramme vereinbart werden. Darin eingeschlossen ist die Option *Konstante in Modell einschließen*. Bleibt schließlich und endlich noch zu vermerken, dass in SPSS 15.0 via Sequenz 6.4-1 weitere „diskrete Entscheidungsmodelle" geschätzt werden können, worunter vor allem das für praktische Fragestellungen nützliche Modell einer multinomialen logistischen Regression und einer ordinalen Regression zu nennen ist. Ein gleichsam in praxi häufig appliziertes Entscheidungsmodell ist das so genannte Probit-Modell, das als ein spezielles Wahrscheinlichkeitsmodell auf dem Modell einer Normalverteilung basiert. ♦

6.5 Lokale lineare Regression

Motivation. Das Konzept einer lokalen linearen Regression basiert auf dem Konstrukt eines Kerndichteschätzers (engl.: *kernel density estimator*), das mit der Verfügbarkeit moderner Rechentechnik auch in der angewandten Ökonometrie und in der empirischen Wirtschaftsforschung eine breite Anwendung erfährt.

Kernschätzer. Eine Kernfunktion (auch Kern- oder Dichteschätzer genannt) besitzt vergleichbare Eigenschaften etwa wie die Dichtefunktion einer standardnormalverteilten Zufallsgröße: sie ist symmetrisch um null, sie kann nur Werte größer oder gleich null annehmen und die Fläche unterhalb einer Kernfunktion ist eins. Auf Grund dieser Eigenschaften kann man einen Kernschätzer K für n Merkmalswerte x_i (i = 1,2,...,n) eines metrischen Merkmals X auch als ein „Einheitsfenster" mit der Fläche eins auffassen und per analogiam den Term

$$\frac{1}{h} \cdot K \cdot \left(\frac{x - x_i}{h} \right)$$

als ein „zentriertes Einheitsfenster" mit der Fläche eins und der Breite 2·h interpretieren, das für alle Werte $x_i - h \leq x \leq x_i + h$ die Höhe h·K besitzt. Durch die Summation werden zu jedem x-Wert genau so viele Kernwerte addiert, wie Merkmalswerte x_i im Intervall [x – h, x + h] liegen. Die Division durch die Anzahl n der im Intervall beobachteten Merkmalswerte x_i liefert den entsprechenden stetigen Kernschätzer K*(x), der stets garantiert, dass die Fläche unter K*(x) eins ist. In SPSS 15.0 sind verschiedene Arten von Kernschätzern implementiert (etwa der Gleichverteilungs- oder der Normalverteilungskern). Beachtenswert ist dabei, dass im Unterschied zum Gleichverteilungskern beim Normalverteilungskern alle Merkmalswerte x_i, die näher an einem Wert x liegen, auch eine stärkere Gewichtung erfahren als die Merkmalswerte, die weiter von einem Wert x entfernt sind. Offensichtlich wird die Form eines Kernschätzers durch seine Bandbreite h beeinflusst. Große Bandbreitenwerte h symbolisieren ein „breites Fenster", kleine Werte von h ein „schmales Fenster". Während ein „breites Fenster" mit einer „starken Glättung" von beobachteten Werten x_i einhergeht, hat ein „schmales Fenster" eine „geringe Glättung" von beobachteten Werten zur Folge.

Lokale lineare Regression. Eine spezielle Anwendungsform von Kernschätzern auf multivariate Datenbefunde stellt das Konzept der so genannten lokalen linearen Regression dar, die in SPSS unter der Abbreviatur *LLR* firmiert und dem englischen Begriff *Local Linear Regression* entlehnt ist. Die Grundidee einer lokalen linearen Regression kann stark vereinfacht wie folgt charakterisiert werden: Eine Punktewolke in einem zwei- bzw. dreidimensionalen Streudiagramm wird mittels eines Kerndichteschätzers derart auf ein mittleres Niveau zusammengedrückt und geglättet, letztlich also „regressiert", dass die Punktewolke durch eine charakteristische Kurve bzw. Fläche dargestellt werden kann. ♣

Beispiel 6.5-1: Lokale lineare Regression im 2D-Streudiagramm
Motivation. In Anlehnung an das Beispiel 6.2-1 zeigt die Abbildung 6.5-3 ein einfaches 2D-Streudiagramm mit einer lokalen linearen Regressionsschätzung des Zeitwertes (Angaben in 1000 €) in Abhängigkeit vom Alter (Angaben in Monaten) für 229 zufällig ausgewählte Gebrauchtwagen vom Typ VW Golf Benziner mit einem 1,6-Liter-Triebwerk. Die zugehörigen Daten sind in der SPSS Daten-Datei *VW Golf Benziner.sav* zusammengefasst und gespeichert. Im konkreten Fall wurde die lokale lineare Regression via Sequenz 6.5-1 realisiert.

> **Sequenz 6.5-1**: Lokale lineare Regression
> Grafiken
>   Interaktiv
>   Streudiagramm... → Abbildung 6.5-1
>   Option **Variablen zuweisen** → Abbildung 6.5-1
>   Option **Anpassung** → Abbildung 6.5-2

Abbildung 6.5-1: Dialogfeld *Streudiagramm erstellen*

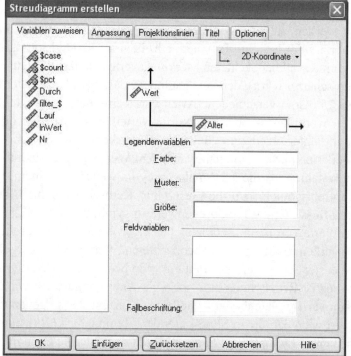

Hinweis. Zu einem gleichen Ergebnis gelangt man, wenn man via Sequenz 5.3-1 ein einfaches Streudiagramm erstellt, das Streudiagramm in den SPSS Diagramm-Editor projiziert und im SPSS Dialogfeld *Eigenschaften* die Option *Glättung* aktiviert und die gewünschten Parameter für eine Kernschätzung vereinbart. ♦

Abbildung 6.5-2: Dialogfeld *Streudiagramm erstellen*

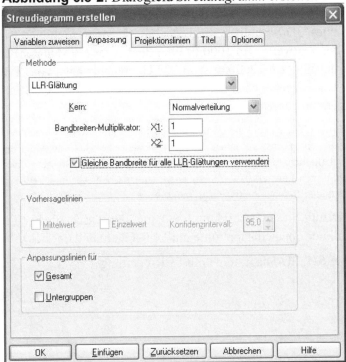

Lokale lineare Regression. Im konkreten Fall wurde für die LLR-Glättung der Normalverteilungskern mit der Bandbreite h = 1 für beide Merkmale zugrundegelegt. Bemerkenswert ist dabei, dass die darauf beruhende lokale lineare Regression für alle 229 gebrauchten VW Golf einen nichtlinearen Verlauf erkennen lässt, der im Kontext des Beispiels 6.2-1 mit Hilfe einer Exponentialregression modelliert wurde. Anhand des Graphen der lokalen linearen Regression ist zu erkennen, dass der Zeitwert von Gebrauchtwagen mit einem Alter von höchstens 72 Monaten bereits hinreichend genau durch eine einfache lineare Regressionsfunktion des Zeitwertes Z (Angaben in 1000 €) über

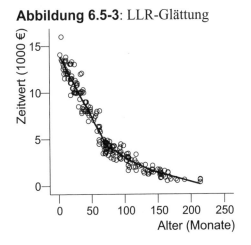

Abbildung 6.5-3: LLR-Glättung

dem Alter A (Angaben in Monaten) beschrieben werden kann. Bei der Erstellung einer lokalen linearen Regression ist zu beachten, dass diese stets nur in Gestalt eines Graphen bereitgestellt wird. ♣

Beispiel 6.5-2: Lokale lineare Regression im 3D-Diagramm
Motivation. Im Kontext des Beispiels 6.3-1 wurde in der Abbildung 6.3-1 auf Grundlage eines 3D-Streudiagramms der Graph einer multiplen nichtlinearen Regression des Zeitwertes (in 1000 €) über dem Alter (in Monaten) und der bisherigen Fahrleistung (in 1000 km) von 229 Gebrauchtwagen vom Typ VW Golf in Gestalt einer „gebogenen Fläche" im dreidimensionalen Zeitwert-Alter-Fahrleistungsraum dargestellt.

> **Hinweis**. Gleichwohl die skizzierten lokalen linearen Regressionen nicht in einer funktionalen Form geronnen sind, erweisen sie sich in der empirischen Wirtschaftsforschung vor allem bei der Analyse und Modellierung von einfachen und/oder multiplen linearen bzw. nichtlinearen statistischen Abhängigkeiten als ein anschauliches und hilfreiches Analyseinstrument. ♦

LLR-Glättung. In der Abbildung 6.5-4 sind der Anschaulichkeit halber zwei weitere dreidimensionale Diagramme mit LLR-Glättung dargestellt.

Abbildung 6.5-4: 3D-Diagramme mit LLR-Glättung

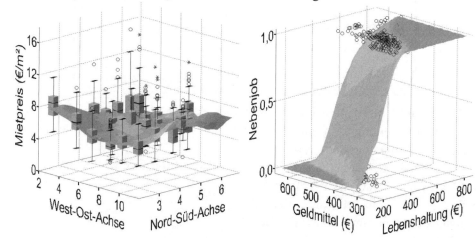

In Anlehnung an das Beispiel 3.2.1-6 wurden die 3D-Boxplots der stadtbezirksspezifischen Mietpreise für Berliner 2-Zimmer-Mietwohnungen durch eine LLR-Glättung ergänzt, die sich gleichsam auf der Katasterfläche Berlins wie ein „Mietpreisgebirge" mit seinen sachlogisch erklärbaren „hohen Rändern" und „lokalen Niederungen" erhebt. Während die 3D-Boxplots via *Grafiken, Interaktiv, Boxplots, 3D-Koordinate* erstellt wurden, ermöglicht in Anlehnung an das Beispiel 6.4-2 das via Sequenz 6.5-1 erstellte 3D-Streudiagramm mit LLR-Glättung eine bildhafte Vorstellung vom Graphen einer multiplen logistischen Regressionsfunktion, der in Gestalt seines s-förmig geschwungenen Verlaufs einem „Wasserfall" gleicht und anschaulich die Idee der binären logistischen Regressionsfunktion auf der Basis zweier erklärender Variablen ermöglicht. ♣

Aufgaben

Die mit * gekennzeichneten Aufgaben sind Klausuraufgaben.

Aufgabe 6-1
Man verwende die SPSS Daten-Datei *Baby.sav* und
a) erstelle ein einfaches Streudiagramm für das Körpergewicht und die Körpergröße von lebendgeborenen Mädchen und ergänze dieses durch den Graphen einer einfachen linearen Regression des Körpergewichts über der Körpergröße.
b) gebe unter Verwendung geeigneter Symbole und auf ganzzahlige Werte gerundet die einfache lineare Regressionsfunktion explizit an und interpretiere die Parameter.
c) interpretiere das Bestimmtheitsmaß.
d) schätze anhand der unter b) bestimmten Regressionsfunktion das Körpergewicht eines lebendgeborenen Mädchens mit einer Körpergröße von 50 cm.

Aufgabe 6-2*
Verwenden Sie zur Lösung der folgenden Problemstellungen die SPSS Daten-Datei *VW Polo.sav*, die Daten von zufällig ausgewählten Gebrauchtwagen vom Typ VW Polo beinhaltet, die im zweiten Quartal 2003 auf dem Berliner Gebrauchtwagenmarkt angeboten wurden.
a) Benennen Sie den Merkmalsträger und die statistische Grundgesamtheit
b) Wie sind die SPSS Variablen Wert und Alter skaliert?
c) Schätzen Sie eine einfache nichtlineare Regressionsfunktion (mit nur zwei Parametern), welche die statistische Abhängigkeit des Zeitwertes vom Alter beschreibt. Benennen und interpretieren Sie das Maß, das Sie zur Funktionswahl herangezogen haben. Geben Sie unter Verwendung geeigneter Symbole die geschätzte einfache nichtlineare Funktion explizit an.
d) Prüfen Sie anhand der bisherigen Analyseergebnisse auf einem Signifikanzniveau von 0,01 die folgende Hypothese: „Für Gebrauchtwagen vom Typ VW Polo ist das Alter kein wesentlicher Zeitwertfaktor."
e) Geben Sie für die unter c) geschätzte Regressionsfunktion die zugehörige Grenz- und Elastizitätsfunktion an und interpretieren Sie jeweils deren Wert an der Stelle 120.
f) Welchen (ganzzahlig gerundeten) Zeitwert (Angaben in €) besäße ceteris paribus und unter Verwendung der geschätzten Regressionsfunktion ein Einjahreswagen?

Aufgabe 6-3*
Analysieren Sie unter Verwendung der SPSS Daten-Datei *PKW.sav* die Abhängigkeit des Zeitwertes eines Gebrauchtwagens vom Typ Ford von seinem Alter, seiner Fahr- und seiner Motorleistung. Unterstellen Sie für die zu schätzende Zeitwertfunktion einen Exponentialansatz.
a) Geben Sie unter Verwendung geeigneter Symbole die geschätzte Zeitwertfunktion an.
b) Können bei Annahme einer Irrtumswahrscheinlichkeit von 0,05 die in Rede stehenden Zeitwertfaktoren als signifikant von null verschieden angesehen werden?
c) Interpretieren Sie das zugehörige Bestimmtheitsmaß.
d) Welchen Zeitwert besäße ceteris paribus ein gebrauchter PKW Ford mit den folgenden Eigenschaften: 5 Jahre alt, 90-PS-Motor, bereits 100000 km gefahren?
e) Geben Sie die zum geschätzten Zeitwertmodell gehörenden partiellen Grenzfunktionen an.
f) Bestimmen und interpretieren Sie die jeweiligen marginalen Zeitwertneigungen auf der Basis der unter d) genannten Eigenschaften. Interpretieren Sie Ihre Ergebnisse sachlogisch.
g) Treffen Sie eine Kollinearitätsaussage über die Zeitwertfaktoren.

Aufgabe 6-4*

Verwenden Sie zur Lösung der folgenden Problemstellungen die SPSS Daten-Datei *Raststätte.sav*, skizzieren Sie Ihre Lösungen und interpretieren Sie Ihre Ergebnisse sowohl aus statistischer als auch aus sachlogischer Sicht.

a) Benennen Sie den Merkmalsträger, die Erhebungsmerkmale und ihre Skalierung.
b) Wie viele Kunden wurden in der Autobahnraststätte „Am Berg" befragt?
c) Konstruieren und schätzen Sie ein geeignetes Wahrscheinlichkeitsmodell, das eine Zuordnung von Kunden in der Autobahnraststätte „Am Berg" zur Dichotomie „Privat- oder Geschäftsreisende" in Abhängigkeit von den Pro-Kopf-Ausgaben für Speisen und Getränke und von der Verweildauer ermöglicht. Benennen Sie das Wahrscheinlichkeitsmodell und stellen Sie es mit seinen geschätzten Parametern explizit dar.
d) Prüfen Sie auf einem Signifikanzniveau von 0,05 die folgenden Hypothesen: „Die Pro-Kopf-Ausgaben für Speisen und Getränke und die Verweildauer sind keine wesentlichen Faktoren zur Unterscheidung von Privat- und Geschäftsreisenden in der Raststätte *Am Berg*."
e) Ermöglichen die unter c) geschätzten Modellparameter hinsichtlich ihrer Vorzeichen eine statistisch und sachlogisch plausible Interpretation? Begründen Sie kurz Ihre Entscheidung.
f) Welche Aussage ermöglicht das Gütemaß R^2 nach NAGELKERKE?
g) Wie viel Prozent der zufällig ausgewählten und befragten Kunden können mit dem konstruierten Wahrscheinlichkeitsmodell der Dichotomie von Privat- oder Geschäftsreisenden richtig zugeordnet werden? Welches Analyseinstrument legen Sie dieser Aussage zugrunde?
h) Ein zufällig ausgewählter Kunde A verweilte eine halbe Stunde in der Autobahnraststätte „Am Berg" und gab für Speisen und Getränke 25 € aus. Ein zufällig ausgewählter Kunde B verweilte eine dreiviertel Stunde in der Autobahnraststätte „Am Berg" und gab für Speisen und Getränke 20 € aus. Welche Entscheidung treffen Sie unter Verwendung des konstruierten Wahrscheinlichkeitsmodells hinsichtlich der Zuordnung der Kunden A und B zur Dichotomie von Privat- oder Geschäftsreisenden?

Aufgabe 6-5*

Verwenden Sie zur Lösung der Problemstellungen die SPSS Daten-Datei *Bonität.sav*.

a) Bestimmen Sie die binäre logistische Regressionsfunktion der Bonität über den erhobenen Bilanzkennziffern. Stellen Sie die geschätzte Regressionsfunktion nur für die Bilanzkennzahlen explizit dar, die durch Modellparameter gekennzeichnet sind, die auf einem Signifikanzniveau von 0,08 als statistisch gesichert angesehen werden können.
b) Wie viel Prozent der beobachteten solventen bzw. insolventen Unternehmen können mit Hilfe des geschätzten Logit-Modells „richtig zugeordnet" werden?
c) Zwei hinsichtlich ihrer Kreditwürdigkeit zu bewertende Unternehmen vergleichbaren Typs weisen die folgenden Kennzahlen aus:

Kennzahl	Unternehmen A	Unternehmen B
Eigenkapital	8	−3
Anlagedeckung	2	−2
Rentabilität	0	−4
Finanzkraft	1	−1
Fremdkapital	4	5

Welche Bonitätsentscheidung würden Sie ceteris paribus unter Verwendung des geschätzten Logit-Modells treffen? Begründen Sie kurz Ihre Entscheidung. ♣

7

Zeitreihenanalyse

Schlüsselwörter

AR(p)-Modell
ARIMA(p,d,q)-Modell
ARMA(p,q)-Modell
Box-Jenkins-Verfahren
Expert Modeler

Gleitende Durchschnitte
MA(q)-Modell
Sequenzdiagramm
Trend-Saison-Modell
Zeitreihe

Gegenstand. Die Zeitreihenanalyse hat die statistische Beschreibung und die kurzfristige statistische Vorhersage von zeitlich geordneten Merkmalswerten eines oder mehrerer metrischer Merkmale mit Hilfe mathematisch-statistischer Verfahren und Modelle zum Gegenstand. Im Unterschied zur Regressionsanalyse, die auf die Analyse der statistischen Abhängigkeit eines zu erklärenden Merkmals von einem oder mehreren erklärenden Merkmalen abstellt, steht in der Zeitreihenanalyse die Analyse der statistischen Abhängigkeit eines zeitlich geordneten metrischen Merkmals von der Zeit und/oder von seinen vorhergehenden Werten im Vordergrund.

Konzepte. In diesem Kapitel werden lediglich Verfahren zur Analyse, Modellierung und Prognose von univariaten (lat.: *unos* → eins + *varia* → Allerlei) Zeitreihen dargestellt. Darin eingeschlossen sind deskriptive Verfahren wie gleitende Durchschnitte, Trendfunktionen und Trend-Saison-Modelle einerseits sowie stochastische Zeitreihenmodelle auf der Basis des ARIMA-Konzeptes andererseits.

Zielstellung. Das Ziel dieses Kapitels besteht darin, anhand praktischer Problemstellungen paradigmatisch zu zeigen, wie in SPSS unter Verwendung grafischer und numerischer Verfahren die statistische Analyse von univariaten Zeitreihen bewerkstelligt werden kann. Dabei stehen sowohl Bau und Interpretation von Zeitreihenmodellen als auch ihre Verwendung für kurzfristige statistische Vorausberechnungen im Vordergrund. ♣

7.1 Zeitreihen

Motivation. Eine Zeitreihe ist eine zeitlich geordnete Folge von Merkmalsausprägungen eines statistischen Merkmals. Das statistische Merkmal, bei dem es sich stets um ein gleiches sachliches und/oder örtliches Merkmal eines Merkmalsträgers oder einer statistischen Gesamtheit handelt, kann hinsichtlich seiner Ausprägungen zu bestimmten Zeitpunkten oder in bestimmten Zeitintervallen beobachtet werden. Aus diesem Grunde unterscheidet man zwischen Zeitintervall- und Zeitpunktreihen. Aus statistisch-methodischer Sicht ist es nur sinnvoll, kardinale bzw. metrische Merkmale einer Zeitreihenanalyse[22] zu unterziehen.

Zeitvariable. Um eine Zeitreihe $\{y_t, t = 1,2,...,n\}$, die formal als eine Menge von Merkmalswerten y_t eines metrischen Merkmals Y dargestellt wird, einer mathematisch-statistischen Analyse zugänglich machen zu können, ist die Vereinbarung einer geeigneten Zeitvariable erforderlich, welche die Chronologie (grch.: *chronos* $\to$ Zeit + *logos* $\to$ Lehre), also die zeitlich logische Abfolge eines zu analysierenden Zustandes oder Prozesses widerspiegelt. In der Zeitreihenanalyse hat sich (in Anlehnung an den lateinischen Terminus *tempus* $\to$ Zeit) die Bezeichnung t_i (i = 1,2,...,n) für eine Zeitvariable durchgesetzt. Da in den folgenden Abschnitten ausschließlich Zeitreihen betrachtet werden, die auf einer äquidistanten (lat. *aequus* $\to$ gleich + *distantia* $\to$ Abstand) Zeitvariablen beruhen, genügt es, die Zeitvariable t nur auf den natürlichen Zahlen variieren zu lassen, so dass t = 1,2,...,n gilt. Dies hat den Vorteil, dass die Zeitvariable t gleichzeitig als Zeiger für die zeitlich geordneten Werte y_t einer Zeitreihe $\{y_t, t = 1,2,...,n\}$ und als äquidistante Zeitvariable t fungieren kann.

Indexmengen. In der Zeitreihenanalyse bedient man sich zur Beschreibung des Zeithorizonts einer Zeitreihe bestimmter Indexmengen, die ihren Beobachtungszeitraum, ihren Prognosezeitraum und ihren Relevanzzeitraum kennzeichnen. Während die Indexmenge $T_B = \{t \mid t = 1,2,...,n\}$ den Beobachtungszeitraum von der Länge n, die Indexmenge $T_P = \{t \mid t = n + 1, n + 2,..., n + h\}$ den Prognosezeitraum von der Länge h kennzeichnet, bezeichnet man die Vereinigungsmenge $T_R = T_B \cup T_P$ aus den beiden disjunkten (lat.: *disiunctio* $\to$ Trennung) Zeiträumen T_B und T_P als den Relevanzzeitraum von der Länge n + h.

Sequenzdiagramm. Der zeitliche Verlauf eines in einer Zeitreihe erfassten Zustandes oder Prozesses wird mit Hilfe eines Sequenzdiagramms (lat: *sequentia* $\to$ Aufeinanderfolge) grafisch dargestellt. ♣

---

[22] Eine paradigmatische Einführung in die Zeitreihenanalyse, worin die Erklärung zeitreihenanalytischer Grundbegriffe, die Schätzung von Trendfunktionen sowie Bau und Interpretation von Trend-Saison-Modellen eingeschlossen sind, findet man u.a. bei: ECKSTEIN, Peter P.: Repetitorium Statistik, Deskriptive Statistik – Stochastik – Induktive Statistik, Mit Klausuraufgaben und Lösungen, 6., aktualisierte Auflage, GABLER Verlag Wiesbaden 2006.

Beispiel 7.1-1: Zeitintervallreihe
Motivation. Die SPSS Daten-Datei *Fluggäste.sav* beinhaltet eine Zeitreihe, welche die Anzahl Y der Fluggäste (Angaben in 1000 Personen) beschreibt, die jeweils im Verlaufe eines Monats auf den Berliner Flughäfen statistisch erfasst wurden. Die empirische Zeitreihe $\{y_t, t = 1,2,...,n\}$ ist ihrem Wesen nach eine Zeitintervallreihe. Dies erklärt sich sachlogisch daraus, dass die Fluggästeanzahl Y aus statistisch-methodischer Sicht ein ökonomischer Prozess ist, der nicht zu einem bestimmten Zeitpunkt t, sondern nur in einem bestimmten Zeitraum t statistisch erfasst werden kann. Da im konkreten Fall die Anzahl Y der Fluggäste auf den Berliner Flughäfen im Zeitraum von Januar 2002 bis Oktober 2007 chronologisch erfasst wurde, hat man wegen a = 5 „vollständigen" Wirtschaftsjahren (lat.: *anus* → Jahr) mit jeweils m = 12 Monaten (lat.: *mensis* → Monat) sowie der zehn Monate des „unvollständigen" Wirtschaftsjahres 2007 eine äquidistante und zugleich unterjährige Zeitintervallreihe $\{y_t, t = 1,2,...,n\}$ mit $n = 5 \cdot 12 + 10 = 70$ Zeitreihenwerten y_t verfügbar.

Zeitvariable. Für eine statistische Analyse, Modellierung und Prognose der monatlichen Fluggästeanzahlen erweist es sich als erforderlich, eine geeignete Zeitvariable t zu vereinbaren. Da es sich bei den Fluggästeanzahlen (Angaben in 1000 Personen) um eine äquidistante Zeitintervallreihe handelt, kann man sich gemäß Beispiel 2.3-3 etwa mit Hilfe der SPSS Funktion $CASENUM eine äquidistante Zeitvariable t erzeugen, die für den ersten Zeitreihenwert $y_1 = 708$ (1000 Fluggäste) den Wert t = 1 und in logischer Konsequenz für den letzten Zeitreihenwert $y_{70} = 1951$ (1000 Fluggäste) den Wert t = 70 annimmt. Gleichwohl diese Form der Zeitvariablenvereinbarung leicht nachvollziehbar ist, erweist sie sich vor allem bei der statistischen Analyse und Modellierung von unterjährigen Zeitreihendaten als nicht ausreichend.

Sequenz 7.1-1: Datum definieren
Daten
    Datum definieren → Abbildung 7.1-1

Abbildung 7.1-1: Dialogfeld *Datum definieren*

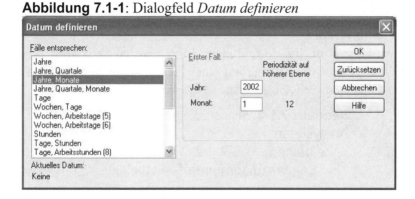

Datum definieren. Sehr hilfreich und nützlich hingegen sind Zeitvariablen, die man via Sequenz 7.1-1 aus einer breiten Palette von Zeitvariablenkonstrukten erzeugen kann. Aufgrund der Vereinbarungen, die gemäß Abbildung 7.1-1 im Dialogfeld *Datum definieren* getroffen wurden, sind gemäß Abbildung 7.1-2 in die SPSS Arbeitsdatei automatisch die SPSS Zeitvariablen *YEAR_*, *MONTH_* und *DATE_* zur Beschreibung der unterjährigen Zeitintervallreihe (in Gestalt einer äquidistanten Monatszeitintervallreihe) der Fluggästezahlen eingefügt worden. Beachtenswert ist dabei, dass die automatisch eingefügten Zeitvariablen zu Beschreibung der jeweiligen Beobachtungsjahre und Beobachtungsmonate durch einen „Unterstrich" gekennzeichnet sind und zur Vermeidung von Perturbationen ihre „SPSS interne" Kennzeichnung nicht verändert werden sollte.

Abbildung 7.1-2: SPSS Daten-Editor mit Arbeitsdateiauszug

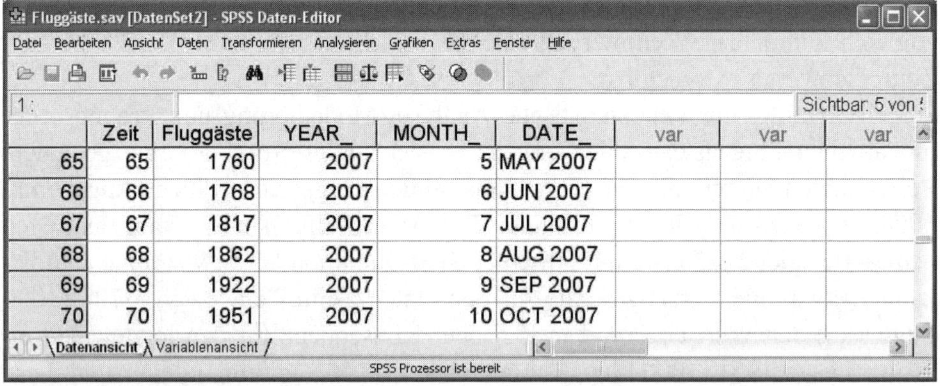

	Zeit	Fluggäste	YEAR_	MONTH_	DATE_
65	65	1760	2007	5	MAY 2007
66	66	1768	2007	6	JUN 2007
67	67	1817	2007	7	JUL 2007
68	68	1862	2007	8	AUG 2007
69	69	1922	2007	9	SEP 2007
70	70	1951	2007	10	OCT 2007

Beobachtungszeitraum. Auf der Grundlage der vereinbarten äquidistanten Zeitvariable t ist man nunmehr in der Lage, den Beobachtungszeitraum T_B der Fluggästeanzahlen von der Länge n = 70 Monate mit Hilfe der folgenden Indexmengen zu beschreiben:

$$T_B = \{t \mid t = 1,2,...,70\} = \{t^* \mid t^* = \text{Jan 2002, Feb 2002,..., Okt 2007}\}.$$

Dabei wurden der Einfachheit halber die SPSS Variablen *Zeit* und *DATE_* durch die Bezeichnungen t bzw. t* ersetzt. Hat man die jeweiligen Zeitvariablen im Dialogfeld 7.1-1 vereinbart, dann steht einer statistischen Zeitreihenanalyse formal nichts mehr im Wege.

Sequenzdiagramm. Im Vorfeld einer Zeitreihenanalyse erweist es sich stets als vorteilhaft, den zeitlichen Verlauf eines zu analysierenden Prozesses via Sequenz 7.1-2 in einem Sequenzdiagramm grafisch darzustellen.

> **Sequenz 7.1-2**: Sequenzdiagramm
> Analysieren
>   Zeitreihen
>   Sequenzdiagramme... → Abbildung 7.1-3

Abbildung 7.1-3: Dialogfeld *Sequenzdiagramme*

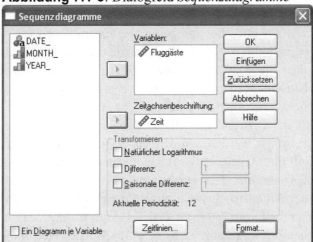

Die Abbildung 7.1-3 beinhaltet das Sequenzdiagramm der monatlichen Fluggästeanzahlen im Beobachtungszeitraum T_B.

Abbildung 7.1-4: Sequenzdiagramme als Polygonzug und als Trajektorie

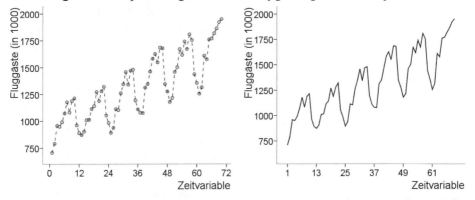

Aus den inhaltsgleichen Sequenzdiagrammen wird ersichtlich, dass die äquidistante Zeitintervallreihe $\{y_t, t = 1,2,...,70\}$ der Fluggästezahlen y_t im Beobachtungszeitraum T_B zum einen durch eine steigende Tendenz und zum anderen durch ausgeprägte und periodisch wiederkehrende Schwankungen mit nahezu gleichen Amplituden gekennzeichnet ist, die es im Zuge einer Zeitreihenanalyse modellhaft zu beschreiben gilt. Dabei ist zu beachten, dass die Zeitreihenwerte y_t nur für die Zeitvariablenwerte t statistisch beobachtet wurden. Zwischenwerte sind nicht definiert bzw. existieren nicht. Sowohl der „gestrichelte" Polygonzug als auch die „interpolierte" Trajektorie (lat.: *traicere* → hinübertragen) zwischen den Punkten $\{(t, y_t), t = 1,2,...,70\}$ dienen lediglich einer besseren Sichtbarmachung des zeitlichen Verlaufs der beobachteten Fluggästezahlen $y_t \in T_B$. ♣

Beispiel 7.1-2: Zeitpunktreihe
Motivation. In der Abbildung 7.1-6 ist das Sequenzdiagramm der in der SPSS Daten-Datei *Bayer.sav* erfassten und gespeicherten amtlichen Schlusskurse y_t der Frankfurter Wertpapierbörse für die Stammaktie der Bayer AG dargestellt. Aufgrund dessen, dass die erfassten Wertpapierkurse y_t (Angaben in €) jeweils am Schluss eines Börsentages t notiert wurden, charakterisiert man aus statistisch-methodischer Sicht die vorliegende Zeitreihe $\{y_t, t = 1,2,...,n\}$ als eine Zeitpunktreihe. Eingedenk der Tatsache, dass die Schlusskurse jeweils nur an fünf Börsentagen statistisch erfasst werden, wurden via Sequenz 7.1-1 auf der Basis einer Arbeitswoche mit fünf Arbeits- bzw. Börsentagen automatisch generiert.

Beobachtungszeitraum. Der Beobachtungszeitraum der zugrundeliegenden und im Sinne der Arbeitswochen-Chronologie äquidistanten Zeitpunktreihe, der sich im konkreten Fall vom 2. Januar 2002 bis zum 6. Juni 2003 über insgesamt 72 Arbeitswochen mit insgesamt 72·5 − 2 = 358 Börsentagen erstreckt, wird der Einfachheit halber für die weiteren Betrachtungen durch die folgende äquidistante Indexmenge beschrieben: $T_B = \{t \mid t = 1,2,...,358\}$.

Sequenzdiagramm. Anhand des Sequenzdiagramms innerhalb der Abbildung 7.1-5 wird ersichtlich, dass der amtliche Schlusskurs der Bayer-AG-Stammaktie im Beobachtungszeitraum T_B eine fallende Tendenz aufweist und durch einen volatilen (lat.: *volare* → beweglich) Verlauf kennzeichnet ist. Einen solchen (über den augenscheinlichen Trend hinaus sichtbaren) „unsystematischen" und volatilen Verlauf subsumiert man in der Zeitreihenanalyse unter dem Begriff eines stochastischen (grch.: *stochastikos* → im Erraten geschickt) Prozesses. Die Beschreibung und Modellierung eines stochastischen Prozesses mit Hilfe eines geeigneten Zeitreihenmodells bedarf der Wahrscheinlichkeitsimplikation und der Verfügbarkeit eines einschlägigen Softwarepakets. Eine spezielle Klasse von stochastischen Zeitreihenmodellen sind die so genannten ARIMA-Modelle, deren Bau und Interpretation ein Gegenstand des Abschnittes 7.3 ist. Die Abbreviatur Arima steht für den englischen Begriff *A(uto) R(egressive) I(ntegrated) M(oving) A(verage)*. Für das Sequenzdiagramm innerhalb der Abbildung 7.1-5, das in der technischen Wertpapieranalyse auch als Chart (engl.: *chart* → Zeichnung) bezeichnet wird, gelten die gleichen „restriktiven" Gestaltungshinweise wie bei der Zeitintervallreihe innerhalb des Beispiels 7.1-1. ♣

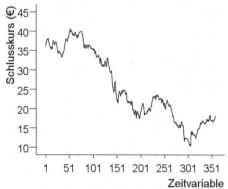

Abbildung 7.1-5: Sequenzdiagramm

7.2 Deskriptive Zeitreihenmodelle

Motivation. Unter dem Begriff der deskriptiven Zeitreihenmodelle[23] subsumiert man in der Zeitreihenanalyse Verfahren und Modelle zur Beschreibung und/oder Vorhersage von Zeitreihen im Sinne der Deskriptiven (lat.: *descriptio* → Beschreibung) Statistik. Im Unterschied zu den im Abschnitt 7.3 skizzierten stochastischen (grch.: *stochastikos* → im Erraten geschickt) Zeitreihenmodellen, die wahrscheinlichkeitstheoretisch begründet sind, ist bei den deskriptiven Zeitreihenmodellen die Wahrscheinlichkeitsimplikation ohne Belang.

Modellkonzepte. Aus der Vielzahl der in der Zeitreihenanalyse bekannten und applizierten deskriptiven Verfahren und Modelle werden in diesem Abschnitt lediglich die Methode der gleitenden Durchschnitte, ausgewählte Trendfunktionen und darauf aufbauende Trend-Saison-Modelle exemplarisch dargestellt. Gleichwohl diese Zeitreihenmodelle aus statistisch-methodischer Sicht elementar sind, erfahren sie in praxi gerade wegen ihrer Einfachheit und Praktikabilität eine breite Anwendung, die in SPSS 15.0 mit der Prozedur *Zeitreihenmodellierung* gleichsam automatisiert und wesentlich erleichtert wird. Die in Rede stehenden deskriptiven Zeitreihenmodelle basieren auf der Prämisse, dass eine Zeitreihe das Resultat des Zusammenwirkens einer so genannten glatten oder Trendkomponente, einer so genannten Saisonkomponente (frz.: *Saison* → Jahreszeit) und einer so genannten Residualkomponente (lat.: *residuum* → Rest) ist.

Trendkomponente. Unter dem Begriff einer glatten Zeitreihenkomponente subsumiert man sowohl eine Trend- als auch eine Konjunkturkomponente, die allerdings nicht immer klar voneinander zu trennen sind. Die statistische Beschreibung der glatten Komponente einer Zeitreihe stellt auf die Analyse und Modellierung der Entwicklungsrichtung eines Prozesses oder Zustandes ab.

Saisonkomponente. Die statistische Beschreibung der Saisonkomponente hat die Analyse und Modellierung periodisch wiederkehrender Schwankungen im zeitlichen Verlauf eines Zustandes oder Prozesses zum Gegenstand. Ist eine Zeitreihe sowohl durch eine glatte Komponente als auch durch eine Saisonkomponente gekennzeichnet, dann versucht man, die Zeitreihe mit Hilfe sogenannter Trend-Saison-Modelle zu beschreiben.

Residualkomponente. Die Residualkomponente beinhaltet alle nicht durch die glatte und Saisonkomponente zu beschreibenden Einflüsse auf die zeitliche Entwicklung eines in einer Zeitreihe erfassten Prozesses bzw. Zustandes. Sie bildet die Grundlage für die Einschätzung der Güte von Zeitreihenmodellen. ♣

---

[23] Eine paradigmatische Darstellung deskriptiver Zeitreihenmodelle in Gestalt von gleitenden Durchschnitten, Trendfunktionen und Trend-Saison-Modellen findet man u.a. bei: ECKSTEIN, Peter P.: Repetitorium Statistik, Deskriptive Statistik – Stochastik – Induktive Statistik, Mit Klausuraufgaben und Lösungen, 6., aktualisierte Auflage, GABLER Verlag Wiesbaden 2006.

7.2.1 Gleitende Durchschnitte

Motivation. Gleitende Durchschnitte[24] gehören zu den einfachen und in praxi häufig applizierten Verfahren der Zeitreihenanalyse. Ihre Zweckbestimmung besteht in der Sichtbarmachung der Grundrichtung einer Zeitreihe, die mehr oder weniger starken Schwankungen unterliegt. In SPSS besteht die Möglichkeit, eine Zeitreihe mit Hilfe so genannter zentrierter gleitender Durchschnitte (engl.: *moving averages*) und/oder so genannter zurückgreifender gleitender Durchschnitte (engl.: *prior moving averages*) unter Vorgabe einer Zeitspanne, auch Stützbereich genannt, zu glätten. Wählt man den Stützbereich so, dass er der Länge der via Sequenz 7.1-1 vereinbarten bzw. chronologisch definierten Periodizität entspricht, dann werden durch die gleitenden Durchschnitte die periodischen bzw. die saisonalen Schwankungen innerhalb einer Zeitreihe eliminiert. Hinsichtlich der Wahl eines Stützbereiches gilt die folgende Faustregel: Je kleiner (größer) der Stützbereich ist, um so geringer (stärker) ist die Glättung einer Zeitreihe. ♣

Beispiel 7.2.1-1: Zentrierte gleitende Durchschnitte für Fluggästezahlen
Motivation. In Weiterführung des Beispiels 7.1-1 und unter Verwendung der SPSS Daten-Datei *Fluggäste.sav* gilt es mit Hilfe von zentrierten gleitenden Durchschnitten die Zeitintervallreihe $\{y_t, t = 1,2,...,70\}$ der monatlichen Fluggästezahlen y_t für die Berliner Flughäfen derart zu glätten, dass die Entwicklungsrichtung der Fluggästezahlen im Beobachtungszeitraum

$$T_B = \{t \mid t = 1,2,...,70\} = \{t^* \mid t^* = \text{Jan 2002, Feb 2002,..., Okt 2007}\}$$

augenscheinlicher wird. Da es sich bei den Fluggästezahlen y_t um Monatsdaten mit jährlich wiederkehrenden Schwankungen handelt, soll die Glättung der „unterjährigen" Zeitintervallreihe $\{y_t, t = 1,2,...,70\}$ auf zentrierten gleitenden Durchschnitten mit einem Stützbereich von $r = 7$ und $r = 12$ Monaten beruhen.

Sequenz. Eine Zeitreihenglättung mit Hilfe von gleitenden Durchschnitten kann via Sequenz 7.2.1-1 bewerkstelligt werden. Im Zuge der im Dialogfeld *Zeitreihen erstellen* innerhalb der Abbildung 7.2.1-1 getroffenen Vereinbarungen wird in die Arbeitsdatei automatisch eine Variable *M(oving)A(verage)7* eingefügt, die im konkreten Fall wegen

$$r = 2 \cdot k + 1 = 7 \text{ und } k = (7 - 1)/2 = 3 \text{ sowie } n - 2 \cdot k = 70 - 2 \cdot 3 = 64$$

zentrierte gleitende Durchschnitte auf der Basis eines Stützbereiches von $r = 7$ Monaten beinhaltet. Analog wird durch die SPSS Zeitreihenfunktion zur Generierung von gleitenden Durchschnitten in die Arbeitsdatei automatisch eine numerische SPSS Variable *MA12* eingefügt, die im konkreten Fall

---

[24] Eine Einführung in die Methode der gleitenden Durchschnitte findet man u.a. bei: ECKSTEIN, Peter P.: Repetitorium Statistik, Deskriptive Statistik – Stochastik – Induktive Statistik, Mit Klausuraufgaben und Lösungen, 6., aktualisierte Auflage, GABLER Verlag Wiesbaden 2006.

r = 2·k = 12 und k = 12/2 = 6 sowie n – 2·k = 70 – 2·6 = 58 zentrierte gleitende Durchschnitte zum Stützbereich r = 12 Monate beinhaltet.

Sequenz 7.2.1-1: Gleitende Durchschnitte
Transformieren
  Zeitreihen erstellen... → Abbildung 7.2.1-1

Abbildung 7.2.1-1: Dialogfeld *Zeitreihen erstellen*

Sequenzdiagramm. Die Abbildung 7.2.1-2 beinhaltet die Sequenzdiagramme der beobachteten monatlichen Fluggästezahlen y_t mit den jeweils daraus entlehnten zentrierten gleitenden Durchschnitten *MA* auf der Basis einer Spanne bzw. eines Stützbereiches von r = 7 Monaten bzw. von r = 12 Monaten, die jeweils durch einen fett gezeichneten Polygonzug kenntlich gemacht sind.

Abbildung 7.2.1-2: Sequenzdiagramme mit gleitenden Durchschnitten

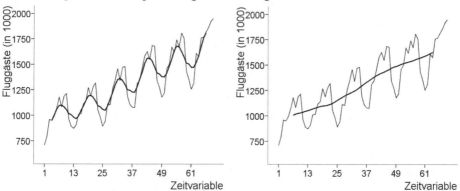

Mit der Hilfe der gleitenden Durchschnitte werden die statistisch beobachteten monatlichen Schwankungen der Fluggästezahlen in einem augenscheinlichen Maße „gedämpft" und „geglättet". Mehr noch: Während die Zeitreihe *MA7* der

zentrierten gleitenden Durchschnitte zum Stützbereich von r = 7 Monaten einen ansteigenden und sinusförmigen Verlauf indiziert, werden in der Zeitreihe *MA12* der zentrierten gleitenden Durchschnitte zum Stützbereich von r = 12 Monaten, der mit der Periodizität der Fluggästezahlen von m = 12 Monaten identisch ist, die saisonalen Schwankungen eliminiert, so dass die Entwicklungsrichtung noch augenscheinlicher wird. Bemerkenswert ist im konkreten Fall, dass die Fluggästezahlen im Beobachtungszeitraum T_B durch eine steigende Tendenz gekennzeichnet sind, die hinreichend durch eine lineare Funktion beschrieben werden kann, die in der Zeitreihenanalyse als Trend bezeichnet wird. ♣

Beispiel 7.2.1-2: Gleitende Durchschnitte für Aktienkurse
Motivation. Die Abbildung 7.2.1-3 beinhaltet die in der SPSS Daten-Datei *Bayer.sav* erfassten amtlichen Schlusskurse der Stammaktie der Bayer AG, die via Sequenz 7.2.1-1 mit Hilfe von zentrierten (MA) bzw. zurückgreifenden (PMA) gleitenden Durchschnitten zur „Spanne von 100 Börsentagen" geglättet wurden.

Abbildung 7.2.1-3: Sequenzdiagramme mit gleitenden Durchschnitten

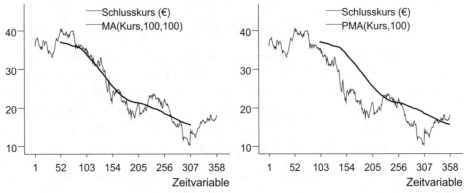

Sequenzdiagramm. Die geglättete Zeitpunktreihe der Bayer-Stammaktie ist im Beobachtungszeitraum durch einen fallenden und „leicht geschwungenen" Verlauf gekennzeichnet. Im technischen Wertpapiermanagement wird diese einfache Form der deskriptiven Zeitreihenanalyse als Chartanalyse (engl.: *chart* → Zeichnung, Diagramm) bezeichnet. Ihre eigentliche Zweckbestimmung besteht in der Aufdeckung und in der Sichtbarmachung der glatten bzw. der Trendkomponente einer Wertpapierentwicklung. Der Unterschied zwischen einem zentrierten und einem zurückgreifenden gleitenden Durchschnitt besteht in seiner zeitlichen Projektion bzw. Zuordnung in einem Sequenzdiagramm. Während ein zentrierter gleitender Durchschnitt in die „zeitliche Mitte" einer Spanne projiziert wird, erfährt ein zurückgreifender gleitender Durchschnitt seine „zeitliche Projektion" stets nach dem jeweiligen „aktuellen" Wert. ♣

7.2.2 Trendfunktionen

Motivation. Die Bestimmung einer mathematischen Trendfunktion, die synonym auch als Trend, Trendmodell oder glatte Zeitreihenkomponente bezeichnet wird, ist für eine Zeitreihe $\{y_t, t = 1,2,...,n\}$ aus statistisch-methodischer Sicht äquivalent zur Bestimmung einer Regressionsfunktion $y^* = f(t)$ der empirisch beobachteten Zeitreihenwerte y_t über den (äquidistanten) Zeitvariablenwerten t. In der Zeitreihenanalyse werden die Parameter einer mathematischen Trendfunktion mit Hilfe der Methode der kleinsten Quadratesumme numerisch bestimmt.

Abgrenzung. Obgleich sich die Zeitreihenanalyse in ihrer inhaltlichen Zweckbestimmung von der (im Kapitel 6 skizzierten) Regressionsanalyse unterscheidet, kann sie aus statistisch-methodischer Sicht als ein Spezialfall letzterer aufgefasst werden. Der methodische Vorteil dieser Betrachtungsweise liegt darin, dass vor allem die im Abschnitt 6.2 getroffenen Aussagen und die via Sequenz 6.2-1 im Dialogfeld Kurvenanpassung optional wählbaren Funktionsansätze zur Bestimmung von Regressionsfunktionen analog auch für die Bestimmung von Trendfunktionen gelten. Dabei fungiert das Zeitreihenmerkmal Y als Regressand bzw. abhängige Variable und die Zeitvariable t als Regressor bzw. unabhängige Variable. ♣

Beispiel 7.2.2-1: Einfache Trendfunktion

Motivation. Unter Verwendung der SPSS Daten-Datei *Fluggäste.sav* und in Weiterführung der Beispiele 7.1-1 und 7.2.1-1 soll die Grundrichtung der monatlich erfassten Fluggästezahlen y_t für die Berliner Flughäfen mit Hilfe einer geeigneten mathematischen Trendfunktion beschrieben und modelliert werden. Da man in der Zeitreihenanalyse stets bestrebt ist, den zeitlichen Verlauf eines empirisch beobachteten (ökonomischen) Zustandes bzw. Prozesses mit Hilfe eines Trendmodells sowohl sachlogisch plausibel als auch statistisch „akzeptabel" zu beschreiben und nachzubilden, gilt es daher die Frage zu beantworten, welches der Modelle, die gemäß Abbildung 6.2-1 im Dialogfeld *Kurvenanpassung* optional ausgewählt werden können, die beste Anpassung an den empirisch beobachteten zeitlichen Verlauf der Fluggästezahlen y_t garantiert.

Modellwahl. Eine einfache und in praxi häufig applizierte Problemlösung ist die heuristische (grch.: *heuriskein* → finden) Modell- bzw. Trendfunktionswahl, die im konkreten Fall wie folgt charakterisiert werden kann: Aus der Menge der im SPSS Dialogfeld *Kurvenanpassung*, das via Sequenz 6.2-1 aufgerufen werden kann, angebotenen Modelle wird dasjenige mathematische Trendmodell auswählt, welches das größte Bestimmtheitsmaß R^2 und damit die beste statistische „Erklärungsfähigkeit" besitzt. Die Tabelle 7.2.2-1 beinhaltet das verkürzte SPSS Ergebnisprotokoll für die relevanten Modellansätze, deren Parameter jeweils mit Hilfe der Methode der kleinsten Quadratesumme nach GAUß aus der Zeitintervallreihe $\{y_t, t = 1,2,...,n\}$ der $n = 70$ statistisch beobachteten Fluggästeanzahlen y_t (Angaben in 1000 Personen) in Abhängigkeit von der Zeit t geschätzt wurden.

Tabelle 7.2.2-1: Bestimmtheitsmaß für relevante Trendfunktionen

Abhängige Variable: Fluggäste (1000 Personen)

Gleichung	R^2	Parameterschätzer			
		Konstante	b1	b2	b3
Linear	,690	874,754	12,433		
Logarithmisch	,563	489,202	251,189		
Invers	,236	1390,682	-1080,056		
Quadratisch	,694	916,122	8,985	,049	
Kubisch	,696	870,487	16,435	-,212	,002
Zusammengesetzt	,685	911,368	1,010		
Potenzfunktion	,614	656,237	,203		
Aufbaufunktion	,685	6,815	,010		
Exponentiell	,685	911,368	,010		

Wegen des „größten" Bestimmtheitsmaßes von $R^2 = 0,696$ würde man sich im Kontext der heuristischen Modellwahl formal für die kubische Trendfunktion

$$y^*(t) = 870,487 + 16,435 \cdot t - 0,212 \cdot t^2 + 0,002 \cdot t^3 \text{ mit } t \in T_B$$

entscheiden, deren Graph in Gestalt eines Zeitvariablen-Polynoms dritten Grades in der Abbildung 7.2.2-1 der Anschaulichkeit halber gemeinsam mit der Trajektorie der beobachteten Fluggästezahlen y_t dargestellt ist.

Abbildung 7.2.2-1: kubische und lineare Trendfunktion

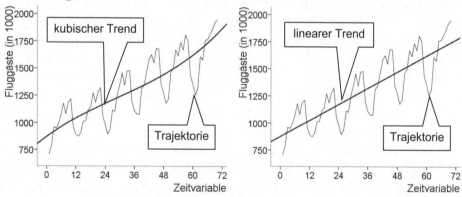

Allerdings ist man im Beobachtungszeitraum $T_B = \{t \mid t = 1,2,...,70\}$ mit der vergleichsweise einfachen linearen Trendfunktion

$$y^*(t) = 874,754 + 12,433 \cdot t \text{ mit } t \in T_B$$

gleichsam in der Lage, zu 69 % die Varianz der empirisch beobachteten Fluggästeanzahlen y_t allein aus der Varianz der Zeitvariable t statistisch zu erklären, eine statistische Erklärungsfähigkeit, die mit 0,6 Prozentpunkten vernachlässigbar geringer ausfällt als bei der kubischen Trendfunktion.

Trendschere. Dass im konkreten Fall die kubische Trendfunktion
$$y^*(t) = 870{,}487 + 16{,}435 \cdot t - 0{,}212 \cdot t^2 + 0{,}002 \cdot t^3 \text{ mit } t \in T_B$$
im Ensemble der ausgewählten Funktionen die beste Anpassung an die beobachteten Fluggästezahlen liefert, verwundert nicht, zumal man mit einem Polynom höheren Grades immer eine bessere Anpassung erzielen kann, als mit einem Polynom niedrigeren Grades. Diese Aussage gilt in der Regel auch für die gewählten nichtlinearen Trendfunktionen. Eingedenk dieser mathematisch „trivialen" Tatsache darf daraus nicht „automatisch" der Schluss gezogen werden, dass mit einer kubischen Trendfunktion die Grundrichtung der Fluggästezahlen auch für die „nahe" Zukunft sachlogisch plausibel und adäquat beschrieben werden kann.

Abbildung 7.2.2-2: Trendschere

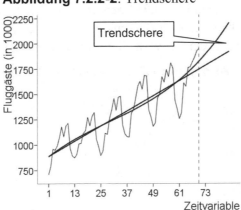

In der Abbildung 7.2.2-2 ist diese „Prognosecrux" bildhaft dargestellt, indem sich schon allein bei einer fiktiven Trendextrapolation von „nur" 12 Monaten eine so genannte „Trendschere" öffnet, die durch einen „beschleunigten Anstieg" eine realistisch anmutende Prognose der Fluggästezahlen für die Berliner Flughäfen in Frage stellt.

Saisonkomponente. Hinzu kommt noch, dass ungeachtet dessen, ob man im konkreten Fall eine kubische oder eine lineare Trendfunktion präferiert, allein weder die eine noch die andere Trendfunktion aufgrund der augenscheinlichen und jahreszeitlich bzw. saisonal bedingten Schwankungen der Fluggästezahlen für brauchbare Prognosen der Fluggästezahlen geeignet ist. Eine plausible und brauchbare Prognose der Fluggästezahlen bedarf nicht nur eines geeigneten mathematischen Trendmodells, sondern gleichsam auch einer operationalen Berücksichtigung der periodisch wiederkehrenden Schwankungen in den Fluggästezahlen. Dies ist eine Aufgabe von so genannten Trend-Saison-Modellen, die ein spezieller Gegenstand des Abschnittes 7.2.3 sind. ♣

Beispiel 7.2.2-2: Trendpolynom
Motivation. Im Beispiel 7.2.1-2 wurde anhand der amtlichen Schlusskursdaten aus der SPSS Daten-Datei *Bayer.sav* die mit Hilfe gleitender Durchschnitte „aufgedeckte und sichtbar gemachte" glatte Komponente der Bayer-Stammaktie im Beobachtungszeitraum $T_B = \{t \mid t = 1,2,...,358\}$ durch einen wellenförmig fallenden Verlauf charakterisiert ist, der bereits hinreichend genau durch die kubische Trendfunktion
$$y^*(t) = 37{,}1220 + 0{,}0444 \cdot t - 0{,}0010 \cdot t^2 + 2{,}6 \cdot 10^{-6} \cdot t^3 \text{ mit } t \in T_B$$
statistisch beschrieben werden kann.

Sequenzdiagramm. Die Abbildung 7.2.2-3 zeigt den Verlauf der via Sequenz 6.2-1 und mit Hilfe der Methode der kleinsten Quadratesumme bestimmten kubischen Trendfunktion
$$y^*(t) = 37{,}1220 + 0{,}0444 \cdot t - 0{,}0010 \cdot t^2 + 2{,}6 \cdot 10^{-6} \cdot t^3 \text{ mit } t \in T_B,$$
mit deren Hilfe man wegen $R^2 = 0{,}912$ bereits zu 91,2 % in der Lage ist, die Varianz der statistisch beobachteten Stammkurswerte y_t im Beobachtungszeitraum T_B allein aus der Varianz der Zeitvariable t statistisch zu erklären.

Abbildung 7.2.2-3: Kubischer Trend

Im Unterschied zum Beispiel 7.2.2-1 wird im konkreten Fall die glatte Zeitreihenkomponente in Gestalt des kubischen Trends nicht mit periodisch wiederkehrenden Schwankungen überlagert, sondern mit Schwankungen, die augenscheinlich volatil (lat.: *volare* → beweglich) bzw. scheinbar willkürlich sind und eher dem als „weißes Rauschen" erscheinenden Oszillogramm eines „gestörten" Oszillographen (lat.: *oscillare* → schwingen + grch.: *graphein* → schreiben) gleichen. Dass diese volatilen und scheinbar willkürlichen Schwankungen um den „fallenden" kubischen Trend mitunter durch verborgene Bewegungsgesetze getragen werden, erstaunt immer wieder. Die Beschreibung solcher „verborgenen" Bewegungsgesetze ist eine spezielle Aufgabe von stochastischen Zeitreihenmodellen, deren Bau und Interpretation ein Gegenstand des Abschnitts 7.3 sind. ♣

7.2.3 Trend-Saison-Modelle

Motivation. Trend-Saison-Modelle[25] stellen auf die statistische Beschreibung und Modellierung der Trendkomponente y*(t) und/oder der Saisonkomponente s_t einer Zeitreihe $\{y_t, t = 1,2,...,n\}$ ab. In praxi häufig konstruierte und applizierte Trend-Saison-Modelle sind das additive und das multiplikative Trend-Saison-Modell. Beide Modelle finden vor allem wegen ihrer Einfachheit, Praktikabilität und Leistungsfähigkeit bei der kurzfristigen statistischen Vorausberechnung von saisonal bedingten Sachverhalten und Prozessen eine breite Anwendung.

Additives Modell. Beim additiven Modell

$$y_t = y^{**}(t) + u_t = y^*(t) + s_t + u_t$$

wird unterstellt, dass die Zeitreihenwerte y_t durch drei Komponenten, die sich in ihrer Wirkung additiv überlagern, beschrieben werden können: i) durch eine Trendkomponente in Gestalt einer Trendfunktion y*(t), ii) durch eine Saisonkomponente s_t und iii) durch eine Residualkomponente u_t. In diese Betrachtung sind wegen

$$y_t = y^*(t) + u_t \text{ bzw. } y_t = s_t + u_t$$

die Spezialfälle eines Trend- bzw. eines Saisonmodells eingeschlossen. Charakteristisch für die Saisonkomponente s_t in einem additiven Trend-Saison-Modell ist die Existenz periodisch wiederkehrender und in ihrem Ausmaß mehr oder weniger gleichbleibender Schwankungen der beobachteten Zeitreihenwerte y_t um eine Trendfunktion y*(t).

Multiplikatives Modell. In der Zeitreihenanalyse werden vielfältige Modifikationen des multiplikativen Modells

$$y_t = y^{**}(t) + u_t = y^*(t) \cdot s_t + u_t$$

appliziert. Für die weiteren Betrachtungen wird die multiplikative Verknüpfung y*(t)·s_t einer glatten Komponente in Gestalt einer Trendfunktion y*(t) mit einer Saisonkomponente s_t und deren additive Überlagerung durch eine Residualkomponente u_t angenommen. Charakteristisch für die Saisonkomponente s_t in einem multiplikativen Trend-Saison-Modell ist die Existenz periodisch wiederkehrender und sich in ihrem Ausmaß mehr oder weniger proportional zum Verlauf der Trendfunktion y*(t) verhaltender Schwankungen s_t in den empirisch beobachteten Zeitreihenwerten y_t einer Zeitreihe $\{y_t, t = 1,2,...,n\}$, die zu äquidistanten Zeitpunkten t bzw. für äquidistante Zeitintervalle t erfasst wurden. ♣

---

[25] Eine elementare und paradigmatische Darstellung eines additiven und eines multiplikativen Trend-Saison-Modells auf der Basis einer linearen und einer nichtlinearen Trendfunktion findet man u.a. bei: ECKSTEIN, Peter P.: Repetitorium Statistik, Deskriptive Statistik – Stochastik – Induktive Statistik, Mit Klausuraufgaben und Lösungen, 6., aktualisierte Auflage, GABLER Verlag Wiesbaden 2006.

Beispiel 7.2.3-1: Additives Trend-Saison-Modell
Motivation. Die äquidistante monatliche Zeitintervallreihe der Fluggästezahlen (Angaben in 1000 Personen) aus der SPSS Daten-Datei *Fluggäste.sav* soll unter Verwendung der Analyseergebnisse im Kontext der Beispiele 7.1-1, 7.2.1-1 und 7.2.2-2 mit Hilfe eines geeigneten Trend-Saison-Modells beschrieben werden mit dem Ziel, das Trend-Saison-Modell für eine statistische Prognose der Fluggästezahlen zu verwenden.

Trendkomponente. Im Rahmen des Beispiels 7.2.2-2 wurde die Trendkomponente in der Zeitintervallreihe der Fluggästezahlen mit Hilfe der (bivariaten oder einfachen) linearen Kleinst-Quadrate-Trendfunktion

$$y^*(t) = 874{,}754 + 12{,}433 \cdot t \text{ mit } t \in T_B$$

beschrieben. Um auf dieser Grundlage ein einfaches und praktikables Zeitreihen- und Prognosemodell konstruieren zu können, braucht man im konkreten Fall für die monatlich erfassten Fluggästezahlen y_t nur noch die Saisonkomponente s_t geeignet zu modellieren.

Saisonkomponente. Bei der Modellierung einer Saisonkomponente s_t für unterjährige Daten geht man davon aus, dass der Beobachtungszeitraum T_B a Jahre und jedes Jahr m Unterzeiträume (etwa Tage, Wochen, Monate, Quartale, Tertiale, Halbjahre) umfasst, wobei insgesamt $n = a \cdot m$ Zeiträume betrachtet werden, in denen der zu analysierende ökonomische Prozess bzw. Zustand statistisch beobachtet wurde. Im Falle der äquidistanten und unterjährigen Zeitintervallreihe $\{y_t, t = 1,2,\ldots,n\}$ der Fluggästezahlen y_t umfasst der Beobachtungszeitraum

$$T_B = \{t \mid t = 1,2,\ldots,70\} = \{t^* \mid t^* = \text{Jan 2002, Feb 2002},\ldots, \text{Okt 2007}\}$$

die „vollen" Jahre 2002 bis 2006, also $a = 5$ Jahre (lat.: *anus* → Jahr) sowie die ersten zehn Monate des Jahres 2007. Aufgrund dessen, dass die Fluggästezahlen y_t monatlich erfasst wurden, beläuft sich die Anzahl m der Unterzeiträume bzw. Perioden eines Jahres auf $m = 12$ Monate (lat.: *mensis* → Monat), so dass der Beobachtungszeitraum T_B letztlich $n = a \cdot m = 5 \cdot 12 + 10 = 70$ Monate und in logischer Konsequenz die äquidistante Zeitreihe $\{y_t, t = 1,2,\ldots,n\}$ $n = 70$ zeitlich geordnete Flugpassagierdaten y_t umfasst.

Symbolik. Für die Konstruktion eines additiven Trend-Saison-Modells ist es vorteilhaft, die in der Tabelle 7.2.3-1 vereinbarte Symbolik zu verwenden.

Tabelle 7.2.3-1: Trend-Saison-Modell-Symbole und ihre Semantik

Symbol	Semantik
y_{jk}	Zeitreihenwert in Periode $k = 1,2,\ldots,m$ des Jahres $j = 1,2,\ldots,a$
y_{jk}^*	Trendwert in der Periode k des Jahres j
$s_{jk} = y_{jk} - y_{jk}^*$	Saisonwert in der Periode k des Jahres j (Trendresiduum)
s_{jk}^*	Durchschnittlicher Saisonwert in der Periode k des Jahres j
$y_{jk}^{**} = y_{jk}^* + s_{jk}^*$	Modellschätzwert in der Periode k des Jahres j

Trendresiduen. Offensichtlich benötigt man zur Modellierung der Saisonkomponente

$$s_t = y_t - y^*(t) = s_{jk} = y_{jk} - y_{jk}^* \text{ mit } t = k + m \cdot (j-1) \in T_B$$

die jeweilige Abweichung der beobachteten Fluggästezahl $y_t = y_{jk}$ vom jeweiligen Trendwert $y^*(t) = y^*_{jk}$. Da es sich im konkreten Fall bei der zugrundeliegenden Trendfunktion $y^*(t)$ aus statistisch-methodischer Sicht um eine bivariate lineare Regressionsfunktion handelt, die mit Hilfe der Methode der kleinsten Quadratesumme aus den Zeitreihendaten geschätzt wurde, kann man für alle

$$t = k + m \cdot (j-1) \in T_B = \{t \mid t = 1, 2, \ldots, n\}$$

die gewünschten Saisonkomponentenwerte s_t, die im konkreten Fall als Residuen (lat.: *residuum* → Rest) der bivariaten linearen Trend- bzw. Regressionsfunktion erscheinen, am einfachsten via Sequenz 9.2-1 berechnen, indem man analog zur Abbildung 9.2-1 im Dialogfeld *Kurvenanpassung* die SPSS Variable *Fluggäste* in Abhängigkeit von der *Zeit* vereinbart und via Schaltfläche *Speichern* gemäß Abbildung 7.2.3-1 im Unterdialogfeld *Kurvenanpassung: Speichern* die angezeigten optionalen Festlegungen trifft.

Abbildung 7.2.3-1: Unterdialogfeld ... *Speichern*

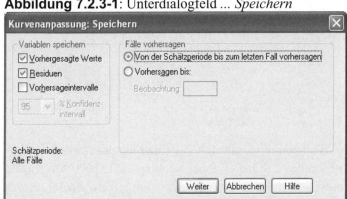

Hinweis. Im Zuge der optional vereinbarten Anforderungen werden automatisch in die SPSS Arbeitsdatei die Variablen *Pre(dicted)_1* und *Res(idual)_1* eingefügt, die zum einen die mittels der linearen Trendfunktion geschätzten Trendwerte und zum anderen die geschätzten Trendresiduen beinhalten. In der SPSS Daten-Datei *Fluggäste.sav* wurden der Anschaulichkeit halber die beiden automatisch berechneten SPSS Variablen auf die Namen *Trend* bzw. *Trendres(iduen)* umbenannt. ♦

Berechnung. Im konkreten Fall berechnet man unter Verwendung der linearen Kleinst-Quadrate-Trendfunktion

$$y^*(t) = 874{,}754 + 12{,}433 \cdot t \text{ mit } t \in T_B$$

und unter Vernachlässigung von Rundungsfehlern zum Beispiel für den Oktober 2007, also für das Jahr der Ordnung $j = 6$ und für den Monat der Ordnung $k = 10$ wegen $t = k + m \cdot (j-1) = 10 + 12 \cdot (6-1) = 70$ einen Trendfunktionswert von

$$y^*(70) = 874{,}754 + 12{,}433 \cdot 70 \cong 1745{,}06 \text{ (1000 Fluggäste)}$$
und ein Trendresiduum, in Höhe von
$$s_{70} = 1951 - 1745{,}06 = 205{,}94 \text{ (1000 Fluggäste)}.$$
Demnach lag zum Zeitpunkt $t = 70$, also im Oktober 2007, die empirisch beobachtete Fluggästeanzahl von $y_{70} = 1951$ (1000 Fluggäste) um $s_{70} = 205{,}94$ (1000 Fluggäste) über dem Trendwert von $y^*(70) = 1745{,}06$ (1000 Fluggäste). Analog sind für alle $t \in T_B$ die restlichen Trendresiduen s_t zu berechnen und (unter Berücksichtigung von vernachlässigbaren Rundungsfehlern) zu interpretieren.

Trendresiduen. Die Abbildung 7.2.3-2 beinhaltet das Sequenzdiagramm der Trendresiduen $s_t \in T_B$ für die Zeitintervallreihe der Fluggästezahlen y_t, die auf der Grundlage der linearen Trendfunktion $y^*(t)$ berechnet und in der SPSS Daten-Datei *Fluggäste.sav* unter dem Namen *Trendres*(siduen) gespeichert wurden.

Abbildung 7.2.3-2: Trendresiduen und Saisonkomponente

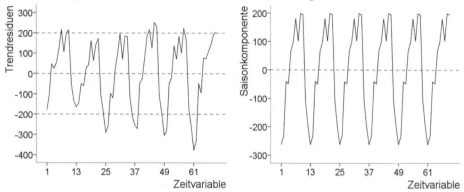

Während im Beobachtungszeitraum T_B die Fluggästezahlen y_t jeweils in den Hauptsaison-Monaten Juli bis Oktober mit etwa 200 (1000 Fluggästen) über dem Trend liegen, ist vor allem in den Monaten zum jeweiligen Jahresende bzw. Jahresanfang ein unterdurchschnittliches Fluggästeaufkommen zu beobachten, welches das Niveau von -200 (1000 Fluggästen) teilweise noch unterschreitet. Dieser augenscheinliche empirische Tatbestand legt es nahe, in einem ersten und statistisch-methodisch einfachen Analyseschritt die Saisonkomponente im Beobachtungszeitraum T_B mit Hilfe einer jahresdurchschnittlichen und monatsspezifischen Abweichung zu modellieren. Diese durchschnittliche monatliche Schwankung in Gestalt der so genannten Saisonkomponente s_t^*, die der Anschaulichkeit halber und zu Vergleichszwecken gleichsam in der Abbildung 7.2.3-2 in einem Sequenzdiagramm grafisch dargestellt ist, kann man am einfachsten via Sequenz 7.2.3-1 berechnen, wobei im konkreten Fall als abhängige Variable die SPSS Variable *TrendRes*(iduum) und als unabhängige Variable die SPSS Variable MONTH_ (engl.: *month* → Monat) fungieren.

Sequenz 7.2.3-1: Saisonkomponente
Analysieren
  Mittelwerte vergleichen
    Mittelwerte → Abbildung 7.2.3-3

Abbildung 7.2.3-3: Dialogfeld *Mittelwerte* mit Mittelwerttabelle

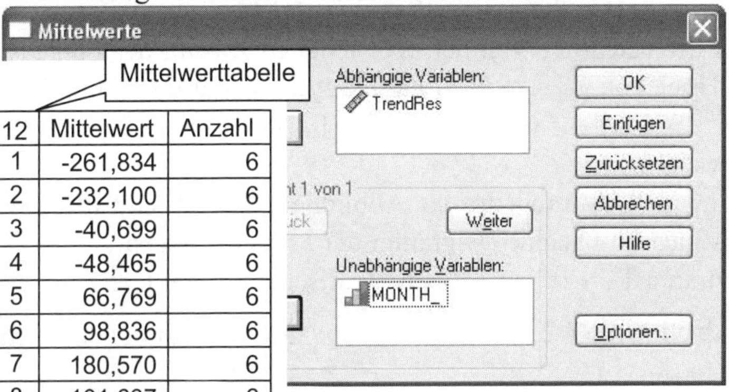

Trendresiduen

MONTH, period 12	Mittelwert	Anzahl
1	-261,834	6
2	-232,100	6
3	-40,699	6
4	-48,465	6
5	66,769	6
6	98,836	6
7	180,570	6
8	101,637	6
9	199,038	6
10	194,439	6
11	-110,898	5
12	-198,931	5
Insgesamt	,000	70

Saisonkomponente. Die Mittelwerttabelle innerhalb der Abbildung 7.2.3-3 beinhaltet die jahresdurchschnittlichen monatlichen Schwankungen s_t^* der Fluggästezahlen um die lineare Trendfunktion $y^*(t) = 830{,}038 + 3{,}030 \cdot t$, die letztlich für alle $t \in T_B$ als Saisonkomponente s_t^* im zu konstruierenden Trend-Saison-Modell fungieren und sich im konkreten Fall wegen der Kleinste-Quadrate-Schätzung stets zu null addieren. Um allerdings die in der Mittelwerttabelle aufgelisteten Werte der Saisonkomponente s_t^* in Gestalt der monatsspezifischen durchschnittlichen Trendresiduen in das Modellkalkül einbeziehen zu können, ist es erforderlich, die „Mittelwerte" vom SPSS Viewer in die Arbeitsdatei zu kopieren. In der SPSS Daten-Datei *Fluggäste.sav* wurden die kopierten monatsspezifischen Mittelwerte in der SPSS Variable *Saison* gespeichert.

Trend-Saison-Modell. Unter Verwendung der Symbolik, die eingangs in der Tabelle 7.2.3-1 vereinbart wurde, beläuft sich zum Beispiel für $t = k + m \cdot (j - 1)$ die jahresdurchschnittliche Abweichung der Fluggästezahlen y_t vom linearen Trend $y^*(t)$ im Monat der Ordnung $k = 10$, also jeweils im Monat Oktober eines der $a = 6$ Beobachtungsjahre $j = 1,2,\ldots,a$ auf $s_{j10}^* = 194{,}439$ (1000 Fluggäste), die nunmehr im additiven Trend-Saison-Modell $y_t^{**} = y^*(t) + s_t^*$ für $m = 12$, $j = 1,2,\ldots,a$ und $k = 1,2,\ldots,m$ als die jahresdurchschnittliche Saisonkomponente für den Monat der Ordnung k des Jahres der Ordnung j fungiert. Analoge Aussagen gelten für die restlichen jahresdurchschnittlichen Monatsschwankungen der Fluggästezahlen s_t^* um die lineare Trendfunktion $y^*(t)$. So bestimmt man unter Verwendung des konstruierten additiven Trend-Saison-Modells zum Beispiel für den Oktober 2007 wegen m = 12, j = 6, k = 10, t = 10 + 12·(6 − 1) = 70 und $s_{70}^* = 194{,}439$ (1000 Fluggäste) schließlich und endlich eine Fluggästezahl von

$y_{70}^{**} = 874{,}754 + 12{,}433 \cdot 70 + 194{,}439 \cong 1939{,}5$ (1000 Fluggäste),

die offensichtlich von der beobachteten Anzahl der Fluggäste im Oktober 2007 in Höhe von $y_{70} = 1951$ (1000 Fluggäste) „nur noch" um das Modellresiduum

$u_{70} = y_{70} - y_{70}^{**} = 1951 - 1939{,}5 = 11{,}5$ (1000 Fluggäste)

abweicht.

Modellresiduen. In der Abbildung 7.2.3-4 sind das Sequenzdiagramm und das Quantil-Quantil-Diagramm der Modellresiduen u_t, $t \in T_B$, im Beobachtungszeitraum $T_B = \{t \mid t = 1,2,\dots,n\}$ grafisch dargestellt.

Abbildung 7.2.3-4: Sequenz- und Q-Q-Diagramm der Modellresiduen

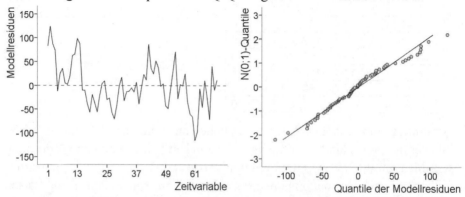

Mit dem augenscheinlich „unsystematischen" und volatilen Verlauf der Trajektorie der Modellresiduen u_t hat man letztlich auch eine bildhafte Vorstellung davon gewonnen, was in der Zeitreihenanalyse unter dem Begriff eines stochastischen Prozesses subsumiert wird. Aufgrund dessen, dass sich die „Quantil-Quantil-Kette" der Modellresiduen u_t an der so genannten Normalverteilungsgeraden „entlang schlängelt", deutet man im explorativen Sinne die Modellresiduen u_t als Realisationen einer normalverteilten Zufallsgröße U und das konstruierte additive Trend-Saison-Modell als „geeignet" spezifiziert.

Residualstandardfehler. Auf der Basis aller n = 70 Modellresiduen u_t, $t \in T_B$, die in der SPSS Daten-Datei *Fluggäste.sav* unter dem Variablennamen *ModellRes*(siduen) gespeichert sind, berechnet man via Sequenz 5.2-1 einen Residualstandardfehler von $s_u = 47{,}6$ (1000 Fluggäste). Demnach hat man ceteris paribus und unter Verwendung des konstruierten additiven Trend-Saison-Modells bei einer Prognose der monatlichen Fluggästezahlen y_t für die Berliner Flughäfen mit einem mittleren Modellfehler von 47600 Fluggästen zu rechnen.

Prognose. Die finale Zweckbestimmung eines Trend-Saison-Modells besteht in seiner Verwendung als Prognosemodell zur Erstellung kurzfristiger statistischer Vorausberechnungen eines analysierten und modellierten Prozesses bzw. Zustandes. Ist man zum Beispiel daran interessiert, auf der Basis des additiven Trend-Saison-Modells die monatlichen Fluggästezahlen auf den Berliner Flughäfen für die restlichen zwei Monate des Jahres 2007 und für die m = 12 Monate des Wirtschaftsjahres 2008 zu prognostizieren, so ergeben sich die beiden Sequenzdiagramme, die in der Abbildung 7.2.3-5 dargestellt sind. Während das linke Sequenzdiagramm den Relevanzzeitraum $T_R = T_B \cup T_P$ des Trend-Saison-Modells umspannt, wurde das rechte Sequenzdiagramm der Übersichtlichkeit halber (einem vergrößerten Ausschnitt gleich) nur für die Monate des letzten Beobachtungsjahres 2007 und des Prognosejahres 2008 erstellt.

Abbildung 7.2.3-5: Sequenzdiagramme mit Modell-Prognose

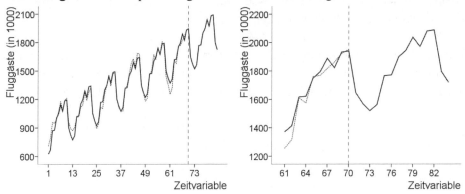

Das praktizierte Prognose-Szenario lässt sich wie folgt skizzieren: Der Prognosezeitraum $T_P = \{t \mid t = 71,72,...,84\} = \{t^* \mid t^* = $ Nov 2007,Dez 2007,...,Dez 2008$\}$ erstreckt sich über h = 14 Monate. So prognostiziert man ceteris paribus, besonders bei Annahme gleicher wirtschaftlicher Rahmenbedingungen zum Beispiel wegen j = 6, k = 11, m = 12 und t = k + m·(j − 1) = 11 + 12·(6 − 1) = 71 für den Monat November 2007 eine Fluggästeanzahl von

$y_{71}^{**} = 874{,}754 + 12{,}433 \cdot 71 - 110{,}898 \cong 1646{,}6$ (1000 Fluggäste)

und analog für den Monat Dezember des Jahres 2008 wegen j = 7, k = 12, m = 12 und t = k + m·(j − 1) = 12 + 12·(7 − 1) = 84 schließlich und endlich für die Berliner Flughäfen eine Fluggästeanzahl von

$y_{84}^{**} = 874{,}754 + 12{,}433 \cdot 84 - 198{,}931 \cong 1720{,}2$ (1000 Fluggäste).

Analog lassen sich die Fluggästezahlen für die restlichen Monate des Prognosezeitraumes T_P berechnen bzw. prognostizieren. Die Prognosewerte, die man mittels der Berechnungsvorschrift *Modell = Trend + Saison* bestimmen kann, sind in der originären SPSS Daten-Datei *Fluggäste.sav* in der SPSS Variable *Modell* gespeichert. ♣

7.2.4 SPSS Expert Modeler

Motivation. In der Version SPSS 15.0 wird im Ensemble der implementierten zeitreihenanalytischen Verfahren eine so genannte Expert-Modeler-Prozedur bereitgestellt, die es (gemäß dem englischen Begriff *expert modeler* einem Experten gleich) ermöglicht, eine Zeitreihe „ohne großen Aufwand" auf automatisiertem und heuristischem Wege zu analysieren und zu modellieren. Das Spektrum der zeitreihenanalytischen Verfahren, die mit der Expert-Modeler-Prozedur realisiert werden können, ist breit und reicht von den deskriptiven Modellen der exponentiellen Glättung bis hin zur Klasse der ARIMA-Modelle, die in die Familie der stochastischen Zeitreihenmodelle einzuordnen sind und speziell im Kontext des Abschnittes 7.3 eine paradigmenorientierte Einführung erfahren.

Exponentielle Glättung. Die Grundidee der Methode der exponentiellen Glättung einer äquidistanten Zeitreihe $\{y_t, t = 1,2,...,n\}$ lässt kurz wie folgt skizzieren: Das einfache Prognosemodell

$$y_t^* = \alpha \cdot y_t + (1 - \alpha) \cdot y_{t-1}^* \text{ mit } 0 < \alpha < 1$$

kennzeichnet das Grundmodell der exponentiellen Glättung, das sich für Ein-Schritt-Prognosen von Zeitreihen, die keine Trend- und keine Saisonkomponente besitzen, eignet. Dabei wird der Modellwert y_t^* als ein Schätzwert für den zu prognostizierenden Wert y_{t+1} aufgefasst, der stets erst mit einer zeitlichen Verzögerung auf Tendenzänderungen in den vorangegangenen Zeitreihenwerten y_t und y_{t-1}^* reagiert. Der Parameter α ist eine Konstante, die vorgegeben oder heuristisch (grch.: *heuriskein* → finden) bestimmt werden muss. Zudem müssen die Startwerte y_1 und y_0^* bekannt sein. Als Kriterium für die heuristische Parameterwahl verwendet man die Fehlerquadratsumme

$$SSE: = \sum (y_t - y_{t-1}^*)^2, t = 2,3,...,n$$

(engl.: *Sum of Squared Errors*). Dabei wird derjenige Parameter α gewählt, der aus einer Menge vorgegebener Werte die kleinste Fehlerquadratsumme liefert. Anhand der rekursiven Darstellung des Grundmodells

$$y_t^* = \alpha \cdot y_t + \alpha \cdot (1 - \alpha) \cdot y_{t-1} + \alpha \cdot (1 - \alpha)^2 \cdot y_{t-2} ... = g_0 \cdot y_t + g_1 \cdot y_{t-1} + ...$$

wird ersichtlich, dass das Grundprinzip der exponentiellen Glättung darin besteht, die beobachteten Zeitreihenwerte y_t entsprechend ihrer Bedeutung zu gewichten. Die Gewichte g_i, für die bei obiger Konstruktion $0 < g_i < 1$ gilt, stellen für $0 < \alpha < 1$ eine geometrische Folge $g_i = \alpha \cdot (1 - \alpha)^i$ dar. Aus den exponentiell abnehmenden Gewichten g_i leitet sich der Name des Verfahrens ab. Aktuelleren Beobachtungen wird dabei ein größeres Gewicht beigemessen als weniger aktuellen Beobachtungen. Die „Aktualität" der Werte wird um so stärker berücksichtigt, je größer der Parameter α ist. Je größer (kleiner) der Parameter α ist, um so geringer (stärker) ist die Glättung einer Zeitreihe. Die in SPSS 15.0 implementierten Modelle der exponentiellen Glättung, die gemäß Abbildung 7.2.4-2 optional vereinbart werden können, stellen Erweiterungen des Grundmodells dar, worin auch das so genannte WINTERS-Modell als ein spezielles multiplikatives Trend-Saison-Modell eingeschlossen ist. ♣

Beispiel 7.2.4-1: Multiplikatives Trend-Saison-Modell
Motivation. Unter Verwendung der SPSS Daten-Datei *Fluggäste.sav*, welche die äquidistante Zeitintervallreihe der Fluggästezahlen auf den Berliner Flughäfen für den Beobachtungszeitraum von Januar 2002 bis Oktober 2007 zum Inhalt hat, soll der SPSS Expert Modeler, der via Sequenz 7.2.4-1 aufgerufen werden kann, paradigmatisch demonstriert werden.

Sequenz 7.2.4-1: Expert Modeler
   Analysieren
      Zeitreihen
         Modelle erstellen → Abbildung 7.2.4-1

Abbildung 7.2.4-1: Dialogfeld *Zeitreihenmodellierung*

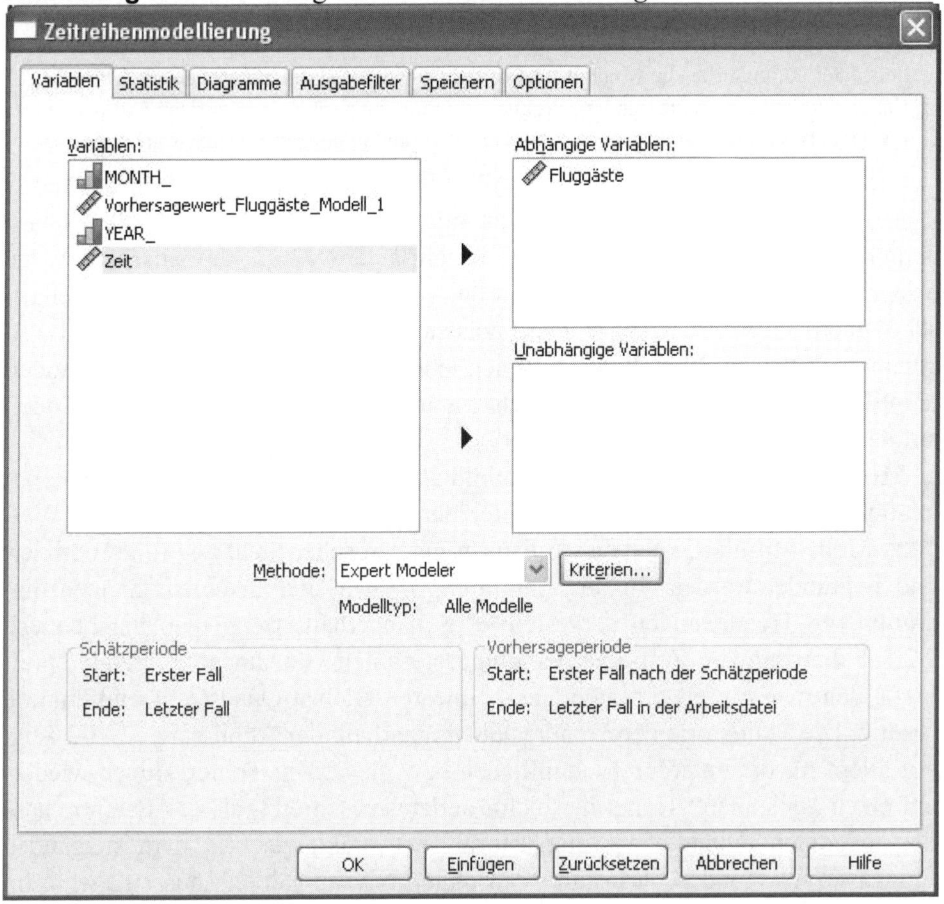

Hinweise. Für Arbeit mit dem SPSS Expert Modeler erweisen sich die folgenden Hinweise als hilfreich: i) **Methode**. Als Modellierungsmethode wurde im konkreten Fall die Methode *Expert Modeler* vereinbart. ii) **Kriterien**. Via Schaltfläche *Kriterien...* können in Abhängigkeit von der gewählten Methode im Unterdialogfeld *Zeitreihenmodellierung: Kriterien für Expert Modeler* eine Modellauswahl näher spezifiziert werden. Im konkreten Fall wurde in der Rubrik *Modelltyp* die Option *Nur Modelle mit exponentiellem Glätten* ausgewählt, mit deren Hilfe man zudem noch in der Lage ist, saisonale Effekte zu analysieren und zu modellieren. iii) **Statistik**. Im Unterdialogfeld *Zeitreihenmodellierung: Statistik* kann eine breite Palette von Gütemaßen angefordert werden, wobei im deskriptiven Sinne vor allem dem Bestimmtheitsmaß R^2 eine besondere praktische Bedeutung zukommt. Dabei ist zu beachten, dass im Expert Modeler das Bestimmtheitsmaß hinsichtlich seiner möglichen Werte wie folgt definiert ist: $-\infty < R^2 \leq 1$. Nimmt das Bestimmtheitsmaß negative Werte an, dann ist die Modellerklärungsgüte schlechter als das einfache Mittelwertmodell, das die Grundlage der Expert-Modeler-basierten Zeitreihenmodellierung bildet. iv) **Diagramme**. Im Unterdialogfeld *Zeitreihenmodellierung: Diagramme* kann optional vereinbart werden, welche finalen Ergebnisse bildhaft dargestellt werden sollen. Im konkreten Fall wurde vereinbart, sowohl die beobachteten Zeitreihenwerte als auch die Prognosewerte in einem Sequenzdiagramm gemeinsam grafisch darzustellen. Zudem werden mit dieser Ausgabeoption in die SPSS Arbeitsdatei automatisch die Modellwerte sowohl für den Beobachtungs- als auch für den (bereits vorher zu vereinbarenden) Prognosezeitraum eingefügt. In konkreten Fall wurden die Modellwerte bis zum Dezember 2008 ermittelt und in der SPSS Daten-Datei *Fluggäste.sav* in der SPSS Variable *Vorhersage* gespeichert. ♦

Modellierungsergebnisse. Hat man alle gewünschten Optionen vereinbart, dann werden nach dem betätigen der Schaltfläche *OK* auf heuristischem Wege das „beste" Zeitreihenmodell ermittelt und im SPSS Viewer in Gestalt tabellarischer und/oder grafischer Ergebnisse präsentiert. Im konkreten Fall wurde das so genannte WINTERS-Modell der exponentiellen Glättung als das „beste" Modell identifiziert, das seinem Wesen nach ein multiplikatives Trend-Saison-Modell auf der Basis eines linearen Trends ist.

Multiplikatives Modell. Das multiplikative Trend-Saison-Modell der exponentiellen Glättung, das in SPSS unter der Bezeichnung multiplikatives WINTERS-Modell firmiert, kann aus statistisch-methodischer Sicht wie folgt motiviert und begründet werden: In der Abbildung 7.2.4-2 sind in einem Sequenzdiagramm die Trendresiduen dargestellt, die man erhält, wenn man via Sequenz 7.2.3-1 die originäre Zeitreihe der Fluggästezahlen vom linearen Trend „bereinigt", den man mittels einer einfachen linearen Kleinst-Quadrate-Trendfunktion schätzt. Die Trajektorie der Trendresiduen innerhalb der Abbildung 7.2.4-2 zeigt vor allem für die unterdurchschnittlichen bzw. negativen Trendresiduen wiederum einen „fallenden" Trend, der nichts anderes beschreibt, als das Faktum, dass die jeweiligen monatlichen Fluggästezahl-Schwankungen mit dem steigenden Fluggästezahl-Trend auch in ihrem absoluten Niveau stärker „ausschlagen". Im Falle eines solchen empirischen Befundes ist es angebracht, ein multiplikatives

Trend-Saison-Modell zu applizieren, das im konkreten Fall und in logischer Konsequenz auch durch den SPSS Expert Modeler diagnostiziert wurde.

Prognose. Während in der Abbildung 7.2.4-2 die Modellwerte für den Relevanzzeitraum grafisch dargestellt sind, beinhaltet die Abbildung 7.2.4-3 einen Auszug aus der SPSS Daten-Datei *Fluggäste.sav*, wobei in der SPSS Variable *Vorhersage* die Fluggästezahlen, die mittels des WINTERS-Modells der exponentiellen Glättung vorhergesagt wurden, aufgelistet sind.

Abbildung 7.2.4-2: Sequenzdiagramm(e) für Trendresiduen und Modellwerte

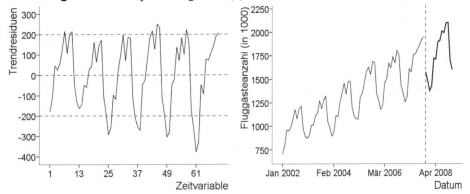

Abbildung 7.2.4-3: Modellprognosewerte

Fluggäste Expert Modeler.sav - SPSS Daten-Editor

	Zeit	Fluggäste	YEAR_	MONTH_	DATE_	Vorhersage	var	var
68	68	1862	2007	8	AUG 2007	1785,2		
69	69	1922	2007	9	SEP 2007	1959,6		
70	70	1951	2007	10	OCT 2007	1926,1		
71	71	.	2007	11	NOV 2007	1575,0		
72	72	.	2007	12	DEC 2007	1481,4		
73	73	.	2008	1	JAN 2008	1376,5		
74	74	.	2008	2	FEB 2008	1427,3		
75	75	.	2008	3	MAR 2008	1722,4		
76	76	.	2008	4	APR 2008	1712,1		
77	77	.	2008	5	MAY 2008	1897,1		

Während man mit Hilfe des multiplikativen Trend-Saison-Modells nach WINTERS zum Beispiel für den Oktober 2007 ca. 1926 (1000 Fluggäste) schätzt und damit recht nahe an die empirisch beobachtete Fluggästezahl von 1951 (1000 Fluggäste) gelangt, prognostiziert man zum Beispiel für den Mai 2008 eine Fluggästezahl von nahezu 1,9 Millionen Fluggästen. ♣

7.3 Stochastische Zeitreihenmodelle

Motivation. Im Unterschied zu den im Abschnitt 7.2 dargestellten deskriptiven Zeitreihenmodellen, die „bar jeglicher Wahrscheinlichkeitsimplikation" auf die „bloße" statistische Beschreibung und Modellierung einer empirischen Zeitreihe $\{y_t, t = 1,2,...,n\}$ zum Zwecke ihrer kurzfristigen statistischen Vorausberechnung abstellen, wird bei stochastischen Zeitreihenmodellen von der Prämisse ausgegangen, dass eine empirische Zeitreihe $\{y_t, t \in T\}$ eine (mögliche) Realisierung eines stochastischen Prozesses $\{Y_t, t \in T\}$ ist. Ein stochastischer Prozess wird dabei als eine Folge von Zufallsgrößen[26] Y_t aufgefasst, die über einem (endlichen) Zeitbereich T definiert sind. In Anlehnung an die ökonomische Realität wird für alle weiteren Betrachtungen unterstellt, dass ein stochastischer Prozess $\{Y_t, t \in T\}$ gleichsam in Vergangenheit, Gegenwart und Zukunft existiert und nur zeitdiskret zu bestimmten äquidistanten Zeitpunkten t bzw. in bestimmten äquidistanten Zeitintervallen t statistisch beobachtet wird, wobei der diskrete Zeitbereich $T = \{t \mid t = 0, \pm 1, \pm 2,...\}$ jetzt im Bereich der ganzen Zahlen variiert.

Stationarität. In der Zeitreihenanalyse kommt der Familie der schwach stationären stochastischen Prozesse eine besondere praktische Bedeutung zu. Ein stochastischer Prozess $\{Y_t, t \in T\}$ heißt schwach stationär oder stationär im weiteren Sinne, wenn für alle $t \in T$ der Erwartungswert $E(Y_t) = \mu_t = \mu$ und die Varianz $V(Y_t) = \sigma^2_t = \sigma^2 > 0$ konstant bzw. zeitinvariant sind sowie für beliebige $s, t \in T$, $s < t$, die Kovarianz $C(Y_t, Y_s)$ von Y_t und Y_s nur von der Differenz $k = t - s$, dem sogenannten Time-Lag (engl.: *timelag* → Zeitverschiebung) abhängt. Der in den natürlichen Zahlen variierende Time-Lag $k = 1,2,...$ wird auch als Lag der Ordnung k bezeichnet. Schwach stationäre stochastische Prozesse ermöglichen eine sinnvolle und wahrscheinlichkeitstheoretisch begründete Zeitmittelbetrachtung bei der Konstruktion von geeigneten stochastischen Zeitreihenmodellen und ihrer Verwendung für kurzfristige statistische Vorausberechnungen eines zugrundeliegenden ökonomischen Prozesses.

ARIMA-Modelle. Aus der Vielzahl der in der univariaten Zeitreihenanalyse applizierten stochastischen Modelle kommt der Familie der so genannten ARIMA-Modelle, worin als Spezialfälle die sogenannten AR-Modelle, die MA-Modelle und die ARMA-Modelle eingeschlossen sind, wegen ihrer Verfügbarkeit in modernen und einschlägigen Software-Paketen eine besondere praktische Bedeutung zu. Das Akronym ARIMA basiert auf dem englischen Terminus *Auto-Regressive Integrated Moving Average (Model)*. ♣

---

[26] Eine elementare Einführung in das theoretische Konstrukt einer Zufallsgröße, ihrer Charakteristika und ihrer Verteilung findet man u.a. bei: ECKSTEIN, Peter P.: Repetitorium Statistik, Deskriptive Statistik – Stochastik – Induktive Statistik, Mit Klausuraufgaben und Lösungen, 6., aktualisierte Auflage, GABLER Verlag Wiesbaden 2006.

7.3.1 AR(p)-Modelle

Motivation. Ein autoregressives oder AR(p)-Modell als einfachste Form eines stochastischen Zeitreihenmodells kann wie folgt charakterisiert werden:

AR(p)-Modell
Ist $\{Y_t, t \in T\}$ ein stochastischer Prozess, dann heißt das stochastische Modell
$$Y_t - \mu = \theta_1 \cdot (Y_{t-1} - \mu) + \theta_2 \cdot (Y_{t-2} - \mu) + \ldots + \theta_p \cdot (Y_{t-p} - \mu) + U_t$$
autoregressives Modell der Ordnung p, kurz AR(p)-Modell.

Hinweise. Für das Verständnis eines AR(p)-Modells erweisen sich die folgenden Hinweise als hilfreich: i) **Charakteristikum**. Ein wesentliches Charakteristikum eines stochastischen Modells besteht darin, dass ein beobachteter Wert y_t in der Periode t als statistisch abhängig vom Niveau seiner Werte $y_{t-1}, y_{t-2},\ldots$ in den vorangegangenen Perioden $t-1, t-2,\ldots$ und von einer zufälligen Störung u_t angesehen wird. Dabei muss der zugrundeliegende stochastische Prozess $\{Y_t, t \in T\}$ nicht mit Notwendigkeit stationär sein. U_t bezeichnet eine Störgröße, die als eine Zufallsvariable mit einem Erwartungswert $E(U_t) = 0$ und einer konstanten und zeitinvarianten (homoskedastischen) Varianz $V(U_t) = \sigma^2$ aufgefasst wird. Zudem wird unterstellt, dass für alle $t \in T$ die Störterme U_t stochastisch voneinander unabhängig sind und folglich auch nicht korrelieren. Die Modellparameter μ (lies: *My*) und θ_i (lies: *Theta*), $i = 1,2,\ldots,p$, $p < n$, sind die unbekannten, den autoregressiven Prozess charakterisierenden Kennzahlen. Die unbekannten Modellparameter können analog zu den unbekannten Parametern eines Regressionsmodells (vgl. Kapitel 6) unter Verwendung einer empirisch beobachteten Zeitreihe $\{y_t, t = 1,2,\ldots,n\}$ geschätzt werden. AR(p)-Modelle finden vor allem eine breite praktische Anwendung bei der Modellierung und kurzfristigen Vorhersage von Volatilitäten (lat.: *volare* → beweglich), worunter man in der angewandten Ökonometrie vor allem in Zeitreihen erfasste Wertpapierkurse subsumiert. ii) **Diagnose-Instrumente**. Da man in der Zeitreihenanalyse bestrebt ist, einen stochastischen Prozess anhand einer empirisch beobachteten Zeitreihe zu identifizieren, benötigt man geeignete Instrumente zur Prozessdiagnostik und Entscheidungsregeln zur Modellidentifikation. Als zwei sehr nützliche Werkzeuge erweisen sich dabei die empirische Autokorrelationsfunktion ACF und die empirische partielle Autokorrelationsfunktion PACF. Die Abbreviaturen ACF und PACF sind den englischen Bezeichnungen *A*uto-*C*orrelation-*F*unction und *P*artial-*A*uto-*C*orrelation-*F*unction entlehnt. Der Begriff der Autokorrelation steht in einem logischen Zusammenhang mit dem Lag-Begriff. Da im konkreten Fall die einfache lineare Maßkorrelation zwischen den beobachteten Werten y_t und den zeitverschobenen Werten y_{t-k} ($k < t \in T$) eines stochastischen Prozesses $\{Y_t, t \in T\}$ betrachtet wird, spricht man von einer Autokorrelation (grch.: *autos* → selbst + lat.: *con* → zusammen mit + *relatio* → Beziehung). Eine Autokorrelationsfunktion ACF ist dabei als eine Folge von Autokorrelationskoeffizienten $\rho_k = C(Y_t, Y_{t-k})/(\sqrt{V(Y_t)} \cdot \sqrt{V(Y_{t-k})})$ (lies: *Rho*) definiert, die aus einer Trajektorie (lat.: *traicere* → hinüberbringen) in Gestalt einer empirisch beobachteten Zeitreihe $\{y_t, t = 1,2,\ldots,n\}$ berechnet bzw. geschätzt werden. In entsprechender Weise können die Koeffizienten $PACF(k) = \theta_{kk}$ (lies: *Theta*) einer partiellen Autokorrelationsfunktion PACF berechnet bzw. geschätzt werden, die aus statistisch-methodischer Sicht in einem unmittelbaren Zusammenhang mit der partiellen linearen Maßkorrelation (vgl. Abschnitt

5.3) und mit der multiplen linearen Regression (vgl. Kapitel 6) stehen. iii) **Prozess-Diagnostik**. Für die Diagnose eines AR(p)-Prozesses auf der Basis einer empirischen Autokorrelationsfunktion ACF und einer empirischen partiellen Autokorrelationsfunktion PACF gelten die folgenden Aussagen: a) **Stationarität**. Sterben für eine beobachtete Zeitreihe bzw. Trajektorie $\{y_t, t = 1,2,...,n\}$ die empirischen Autokorrelationskoeffizienten ACF(k), für die stets $-1 \leq ACF(k) \leq 1$ gilt, mit zunehmendem Lag k rasch aus, d.h. nähern sich die Koeffizienten ACF(k) mit zunehmenden Lag k dem Wert Null, dann kennzeichnet man den zugrundeliegenden stochastischen Prozess $\{Y_t, t \in T\}$ als stationär, ansonsten als nicht stationär. b) **Ordnung**. Die Ordnung p eines AR-Modells wird anhand eines einfachen GAUSS-Tests so gewählt, dass in einer Folge die jeweiligen partiellen Autokorrelationskoeffizienten PACF(k) signifikant verschieden von null sind für $k \leq p$ und gleich null für $k > p$. Demnach prüft man schrittweise für $k = 1,2,...$ die partiellen Koeffizienten PACF(k) auf Signifikanz und legt für ein AR(p)-Modell die Ordnung p entsprechend dem letzten signifikant von null verschiedenen Koeffizienten PACF(k) fest. Der praktizierte GAUSS-Test ist äquivalent zur Konstruktion eines realisierten Konfidenzintervalls über einen empirischen partiellen Autokorrelationskoeffizienten PACF(k). Dabei wird ein partieller Autokorrelationskoeffizient PACF(k) als signifikant verschieden von null gedeutet, wenn er zum Beispiel auf einem Konfidenzniveau von $1 - \alpha = 0,95$ nicht durch das zugehörige realisierte Konfidenzintervall eingeschlossen wird.[27] iv) **Autokorrelationsdiagramme**. Zur leichteren Handhabung der formulierten Diagnose- und Identifikationskriterien eines AR(p)-Prozesses werden Autokorrelationsdiagramme erstellt, bei denen in der Regel auf die Abszisse die Lag-Variable k und auf die Ordinate die empirischen Autokorrelationskoeffizienten ACF(k) bzw. PACF(k) projiziert werden. Zudem werden die Diagramme auf einem Konfidenzniveau von $1 - \alpha = 0,95$ noch durch Konfidenzlinien $\pm 1,96 \cdot \sqrt{n}$ ergänzt, die auch als Signifikanzlinien im Kontext eines GAUSS-Tests interpretiert werden können. Dabei gilt die folgende Regel: Die Anzahl p der über den diskreten Lag-Werten k platzierten Balken, die in einer Folge die Konfidenzlinien überschreiten, kennzeichnet den Grad p eines anhand von Zeitreihendaten zu schätzenden AR(p)-Modells. ♦

Beispiel 7.3.1-1: Konstruktion und Identifikation eines AR(1)-Prozesses
Motivation. In der Abbildung 7.3.1-1 ist mit Hilfe eines Sequenzdiagramms die Trajektorie (lat.: *traicere* → hinüberbringen) eines autoregressiven Prozesses erster Ordnung bzw. der Ordnung $p = 1$ dargestellt. Der stochastische Prozess, der im Beobachtungszeitraum $T_B = \{t \mid t = 1,2,...,100\}$ mit Hilfe eines autoregressiven Modells erster Ordnung vom Typ
$$Y_t = 0,8 \cdot Y_{t-1} + U_t$$
„künstlich" generiert und in einer äquidistanten „empirischen" Zeitreihe $\{y_t, t \in T_B\}$ erfasst wurde, soll in erster Linie der Verdeutlichung elementarer Schritte bei der Diagnose eines stochastischen Prozesses und bei der Konstrukti-

---

[27] Eine elementare Einführung in einen einfachen GAUSS-Test und in die Konstruktion von realisierten Konfidenzintervallen findet man u.a. bei: ECKSTEIN, Peter P.: Repetitorium Statistik, Deskriptive Statistik – Stochastik – Induktive Statistik, Mit Klausuraufgaben und Lösungen, 6., aktualisierte Auflage, GABLER Verlag Wiesbaden 2006.

on eines AR(p)-Modells dienen. Das Konstruktionsprinzip der simulierten (lat.: *simulare* → ähnlich machen, vorgeben) Zeitreihe besteht darin, dass sich der Zeitreihenwert y_t mit einem Faktor von 0,8 proportional zum vorangegangenen Zeitreihenwert y_{t-1} verhält und diese Abhängigkeit additiv von einem Störwert u_t überlagert wird, der als Realisation einer normalverteilten Zufallsvariable U_t erscheint. In der SPSS Daten-Datei *ARIMA.sav* ist die simulierte Zeitreihe
$$\{y_t, t = 1, 2, ..., 100\}$$
in der SPSS Variable *AR1* und die zugehörige zeitverzögerte Zeitreihe
$$\{y_{t-1}, t = 2, 3, ..., 100\},$$
die im konkreten Fall als eine Lag-Zeitreihe zum Time-Lag der Ordnung $k = 1$ erscheint, in der Variable *LagAR1* gespeichert.

Abbildung 7.3.1-1: Trajektorie

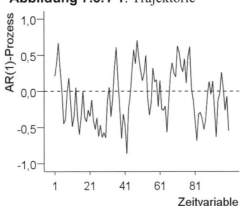

Gleichwohl das Bewegungsgesetz des generierten stochastischen Prozesses bekannt ist, soll aus didaktisch-methodischen Gründen von der Prämisse ausgegangen werden, dass die zugrundeliegende und in der Abbildung 7.3.1-1 bildhaft dargestellte äquidistante Zeitreihe $\{y_t, t \in T_B\}$ einen im Beobachtungszeitraum T_B statistisch erfassten ökonomischen Prozess widerspiegelt, der mit Hilfe eines geeigneten stochastischen Zeitreihenmodells beschrieben werden soll. Aufgrund dessen, dass die Trajektorie der simulierten Zeitreihe um null schwankt und augenscheinlich weder eine Trend- noch eine Saisonkomponente besitzt, kann davon ausgegangen werden, dass der zugrundeliegende stochastische Prozess zumindest im Beobachtungszeitraum schwach stationär ist.

Diagnostik. Um zu ergründen, ob im scheinbar zufälligen „volatilen" Auf und Ab ein Bewegungsgesetz verborgen liegt, bedarf es geeigneter Verfahren und Methoden. Als sehr nützliche diagnostische Instrumente erweisen sich in diesem Zusammenhang die empirischen Autokorrelationskoeffizienten ACF(k) und die empirischen partiellen Autokorrelationskoeffizienten PACF(k), die man für interessierende Zeitreihen via Sequenz 7.3.1-1 anfordern kann.

Sequenz 7.3.1-1: Autokorrelationen
Grafiken
Zeitreihen
Autokorrelationen... → Abbildung 7.3.1-2

Abbildung 7.3.1-2: Dialogfeld *Autokorrelationen*

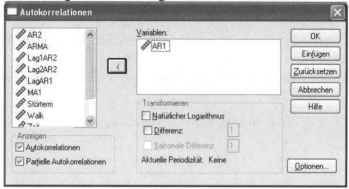

Autokorrelationsdiagramm. Im konkreten Fall wurde gemäß Abbildung 7.3.1-2 im Dialogfeld *Autorkorrelationen* für die SPSS Variable *AR1* das Autokorrelationsdiagramm auf der Basis der empirischen Autokorrelationskoeffizienten ACF(k) und auf der Grundlage der empirischen partiellen Autokorrelationskoeffizienten PACF(k) angefordert. Die Autokorrelationsdiagramme sind in der Abbildung 7.3.1-3 dargestellt und können wie folgt interpretiert werden:

Abbildung 7.3.1-3: Autokorrelationsdiagramme

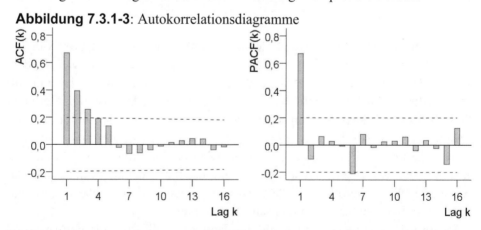

Da sowohl die Autokorrelationsfunktion ACF als auch die partielle Autokorrelationsfunktion PACF durch eine Folge von Koeffizienten gekennzeichnet ist, die (gemäß SPSS Standardeinstellung) für alle Lags der Ordnung k = 1,2,...,16 berechnet wurden, erscheinen in jedem Autokorrelationsdiagramm 16 Balken, deren Höhe den Wert des zugehörigen empirischen Autokorrelationskoeffizienten kennzeichnet. Während augenscheinlich die empirischen Autokorrelationskoeffizienten ACF(k) mit zunehmender Lag-Ordnung k exponentiell abnehmen und gegen null streben, also gleichsam „rasch aussterben", brechen die partiellen Autokorrelationskoeffizienten PACF(k) bereits nach dem Lag der Ordnung k = 1 abrupt ab. Der empirische partielle Autokorrelationskoeffizient PACF(1) der Lag-Ordnung k = 1 ist im konkreten Fall der erste und gleichzeitig auch der in einer Folge letzte Koeffizient, der die (gestrichelten) Konfidenzlinien überschreitet. Der zugrundeliegende einfache Gauss-Test basiert auf dem Faktum, dass für Time-Lags k, die größer als die Ordnung p eines AR(p)-Prozesses sind, die partiellen Autokorrelationskoeffizienten PACF(k) approximativ $N(0; 1/\sqrt{n})$-verteilt sind. Auf einem Konfidenzniveau von $1 - \alpha = 0{,}95$ bzw. auf einem Signifikanzniveau von $\alpha = 0{,}05$ wird für ein AR(p)-Modell ein unbekannter Modellparameter θ_k bzw. ein unbekannter partieller Autokorrelationskoeffizient PACF(k) = θ_{kk} als signifikant verschieden von null gedeutet, sobald die zugehörige Testvariable $T_k = \theta_{kk} \cdot \sqrt{n}$ Werte annimmt, die größer als 1,96, also rund größer als 2 sind.

AR(1)-Prozess. Exponentiell bzw. rasch aussterbende Autokorrelationskoeffizienten ACF(k) einerseits und eine bereits nach dem Lag k = 1 abrupt abbrechende Folge der partiellen Autokorrelationskoeffizienten PACF(k) andererseits werden in der Prozessdiagnostik als Indizien dafür angesehen, dass es sich beim zugrundeliegenden stochastischen Prozess um einen autoregressiven Prozess der Ordnung p = 1, also um einen AR(1)-Prozess handelt. In der Tat bestätigen die Diagnoseergebnisse das eingangs skizzierte Bewegungsgesetz des „künstlich" generierten stochastischen Prozesses. Da der generierte stochastische Prozess als ein AR(1)-Prozess aufgedeckt wurde, gilt es nunmehr, unter Verwendung des eingangs skizzierten AR(p)-Modells wegen p = 1 und $Y_t - \mu = \theta_1 \cdot (Y_{t-1} - \mu) + U_t$ anhand der vorliegenden Zeitreihendaten $\{y_t, t = 1,2,...,100\}$ die wahren, jedoch unbekannten und den stochastischen Prozess charakterisierenden Parameter μ und θ_1 mit Hilfe eines geeigneten Verfahrens zu schätzen. Dabei erweist sich die folgende äquivalente Darstellung als nützlich, anhand derer man leichter erkennen kann, dass ein AR(1)-Modell seinem Wesen nach nichts anderes ist, als eine einfache lineare Regression von Y_t auf Y_{t-1}, wobei im konkreten Fall $Y_t = \delta + \theta_1 \cdot Y_{t-1} + U_t$ mit $\delta = \mu \cdot (1 - \theta_1)$ gilt.

Lag-Zeitreihe. Um via Sequenz 6.1-1 zum Beispiel mit Hilfe der Methode der kleinsten Quadratsumme eine Modellschätzung bewerkstelligen zu können, ist es erforderlich, aus einer originären Zeitreihe $\{y_t, t \in T_B\}$ die zugehörige Lag-Zeitreihe $\{y_{t-1}, t \in T_B\}$ zu erzeugen. Für eine gegebene Zeitreihe kann man sich via Sequenz 7.2.1-1 Lag-Zeitreihen einer beliebigen Ordnung k erzeugen, indem man gemäß Abbildung 7.2.1-1 im Dialogfeld Zeitreihen erstellen in der Rubrik Funktion die jeweilige Ordnung k eines Time-Lag vereinbart. Im Kontext der SPSS Daten-Datei *ARIMA.sav* wurde aus der originären AR(1)-Prozess AR1 die Lag-Zeitreihe LagAR1 mit dem Label LAG(AR1,1) automatisch erzeugt.

Ergebnisse. In der Abbildung 7.3.1-4 sind zugleich das „reduzierte" SPSS Ergebnisprotokoll der Parameterschätzung und das Streudiagramm mit dem Graph der bivariaten linearen Kleinst-Quadrate-Autoregressionsfunktion

$$y_t^* = -0,029 + 0,682 \cdot y_{t-1}, t \in T_B,$$

dargestellt, welche die Idee bzw. die Basis eines AR(1)-Modells vermitteln.

Abbildung 7.3.1-4: Modellparameter und Streudiagramm

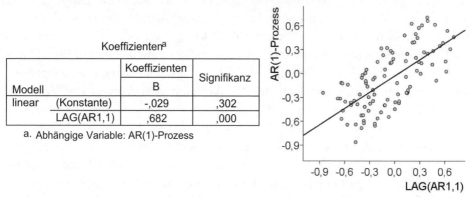

Parametertests. Wegen $\alpha^* = 0,000 < \alpha = 0,05$ verwirft man auf einem vorab vereinbarten Signifikanzniveau von $\alpha = 0,05$ die Nullhypothese $H_0: \theta_1 = 0$ über den wahren, jedoch unbekannten autoregressiven Parameter θ_1 und deutet den empirisch geschätzten Parameter $b_1 = 0,682$ als signifikant verschieden von null. Mit dieser Testentscheidung hat man den autoregressiven Parameter θ_1 erster Ordnung als einen wesentlichen Faktor im „originären" Bewegungsgesetz

$$Y_t = \delta + \theta_1 \cdot Y_{t-1} + U_t \text{ mit } \delta = \mu \cdot (1 - \theta_1) = 0 \text{ und } \theta_1 = 0,8$$

des zugrundeliegenden stochastischen Prozesses $\{Y_t, t = 0, \pm 1, \pm 2,...\}$ aufgedeckt. Beachtenswert ist in diesem Zusammenhang, dass der Kleinst-Quadrate-Regressionskoeffizient von $b_1 = 0,682$ recht nahe am „wahren" und als unbekannt angenommenen autoregressiven Parameter $\theta_1 = 0,8$ liegt, der zur Generierung des stochastischen Prozesses verwendet wurde. In logischer Konsequenz besteht wegen $\alpha^* = 0,302 > \alpha = 0,05$ auf einem Signifikanzniveau von $\alpha = 0,05$ kein Anlass, die Nullhypothese $H_0: \delta = 0$ über den wahren, jedoch unbekannten autoregressiven Parameter δ in Gestalt der Modellkonstanten zu verwerfen. Die Testentscheidung koinzidiert mit dem Generierungsprozess, bei dem die Modellkonstante $\delta = \mu \cdot (1 - \theta_1) = 0$ der Einfachheit halber den Wert Null zugewiesen bekam. ♣

Beispiel 7.3.1-2: Identifikation eines AR(2)-Prozesses
Motivation. Die Abbildung 7.3.1-5 zeigt mit Hilfe eines Sequenzdiagramms die Trajektorie eines stochastischen Prozesses, der für n = 100 äquidistante Zeitpunkte t = 1,2,...,n simuliert wurde und den es mittels der Autokorrelationsfunk-

tionen ACF und PACF mit dem Ziel zu analysieren gilt, das Bildungsgesetz, das ihm „innewohnt", in einem stochastischen Zeitreihenmodell nachzubilden.

Abbildung 7.3.1-5: Trajektorie

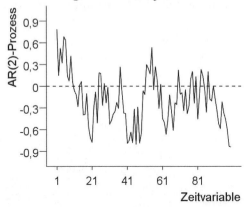

Autokorrelationsdiagramme. Die in der Abbildung 7.3.1-6 dargestellten Autokorrelationsdiagramme liefern die folgenden Analyseergebnisse:

Abbildung 7.3.1-6: Autokorrelationsdiagramme

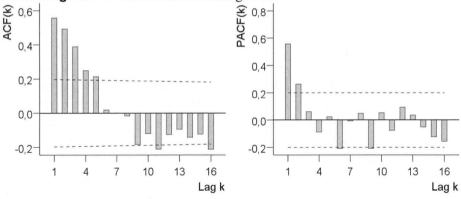

Die augenscheinliche Tatsache, dass die empirischen Autokorrelationskoeffizienten ACF(k) mit zunehmendem Lag k rasch aussterben, ist ein Indiz dafür, dass der zu analysierende stochastische Prozess im Beobachtungszeitraum T_B zumindest schwach stationär ist. Aufgrund dessen, dass die empirischen partiellen Autokorrelationskoeffizienten PACF(k) der Lag-Ordnung $k = 1$ und $k = 2$ gleichsam in einer Folge die gestrichelte obere Konfidenzgrenze überschreiten, jedoch für Lags der (höheren) Ordnung $k = 3, 4, ...$ augenscheinlich „wegbrechen" und keine Koeffizienten erkennen lassen, die in einer „geschlossenen" Koeffizientenfolge die gestrichelten Konfidenzgrenzen überschreiten, identifiziert man den eingangs in der Trajektorie abgebildeten stochastischen Prozess als einen AR(2)-Prozess oder als einen autoregressiven Prozess der Ordnung $p = 2$.

Modell. Der als AR(2)-Prozess identifizierte stochastische Prozess kann in Anlehnung an den Abschnitt 6.3 zum Beispiel mit Hilfe einer multiplen linearen Regressionsfunktion geschätzt und nachgebildet werden. Die Tabelle 7.3.1-2 beinhaltet das SPSS Ergebnisprotokoll für die multiple lineare Regressionsfunktion
$$y_t^* = -0{,}068 + 0{,}425 \cdot y_{t-1} + 0{,}291 \cdot y_{t-2},\ t \in T_B,$$
die eine Schätzung des modifizierten autoregressiven Modells
$$Y_t = \delta + \theta_1 \cdot Y_{t-1} + \theta_2\, Y_{t-2} + U_t$$
der Ordnung p = 2 mit $\delta = \mu \cdot (1 - \theta_1 - \theta_2)$ darstellt.

Tabelle 7.3.1-2: Multiple lineare (Auto)Regression

Koeffizienten[a]

Modell		KQ-Koeffizienten		T	Alpha*
		B	Standardfehler		
linear	(Konstante)	-,068	,032	-2,129	,036
	LAG(AR2,1)	,425	,098	4,327	,000
	LAG(AR2,2)	,291	,096	3,027	,003

a. Abhängige Variable: AR(2)-Prozess

Parametertests. Wegen $\alpha^* = 0{,}000 < \alpha = 0{,}05$ bzw. $\alpha^* = 0{,}003 < \alpha = 0{,}05$ werden jeweils auf einem Signifikanzniveau von $\alpha = 0{,}05$ die Nullhypothesen $H_0: \theta_k = 0$ (k = 1,2) verworfen und die unbekannten autoregressiven Parameter θ_k als verschieden von null gedeutet. Diese Interpretation ist sachlogisch äquivalent mit der Aussage, dass der Wert des simulierten ökonomischen Prozesses $\{Y_t, t = 0, \pm 1, \pm 2,...\}$ in der Periode t wesentlich beeinflußt wird durch das Niveau des Prozesses in den beiden vorangegangenen Perioden t – 1 und t – 2. Da die geschätzten Koeffizienten jeweils positiv sind, ist erwartungsgemäß davon auszugehen, dass der simulierte ökonomische Prozess in der Periode t hinsichtlich der beiden vorangegangenen Perioden t – 1 und t – 2 ein gleichläufiges Verhalten zeigt. Analog zum simulierten stochastischen Prozess, der im Kontext des Beispiels 7.3.1-1 analysiert und modelliert wurde, ist auch hier zu vermerken, dass die via Sequenz 6.1-1 mittels der Methode der kleinsten Quadratsumme geschätzten Parameter $b_1 = 0{,}425$ und $b_2 = 0{,}291$ erstaunlich nahe an den „wahren" und als unbekannt angenommenen Parametern $\mu = 0$, $\theta_1 = 0{,}5$ und $\theta_2 = 0{,}3$ des generierenden autoregressiven Modellansatzes $Y_t = 0{,}5 \cdot Y_{t-1} + 0{,}3 \cdot Y_{t-2} + U_t$ liegen, auf dessen Grundlage mittels einer normalverteilten Störgröße U_t der in der Abbildung 7.3.1-5 dargestellte stochastische Prozess simuliert wurde.

Hinweis. Beachtenswert ist im konkreten Fall, dass im Vorfeld der Regressionsschätzung via Sequenz 7.2.1-1 aus der originären Zeitreihe AR2 die zugehörigen zeitverzögerten Reihen der Lag-Ordnung k = 1 bzw. k = 2 zu erstellen sind. Die zugehörigen Lag-Zeitreihen sind in der SPSS Daten-Datei *ARIMA.sav* in den SPSS Variablen *Lag1AR2* und *Lag2AR2* gespeichert. ♦

7.3.2 MA(q)-Modelle

Motivation. Ein MA(q)-Modell, das sich aus statistisch-methodischer Sicht weitaus komplizierter darstellt als ein AR(p)-Modell (vgl. Abschnitt 7.3.1), kann wie folgt charakterisiert werden:

MA(q)-Modell
Ist $\{Y_t, t \in T\}$ ein stochastischer Prozess, dann heißt das stochastische Modell
$$Y_t - \mu = U_t - \phi_1 \cdot U_{t-1} - \phi_2 \cdot U_{t-2} - ... - \phi_q \cdot U_{t-q}$$
Gleitmittelmodell der Ordnung q, kurz MA(q)-Modell.

Hinweise. Für die Konstruktion und Interpretation eines MA(q)-Modells (engl.: *Moving Average Model*) erweisen sich die folgenden Hinweise als hilfreich und nützlich: i) **Parameter.** Im MA(q)-Modell bezeichnen μ (lies: *My*) und ϕ_i (lies: *Phi*) für i = 1,2,...,q die unbekannten, den MA-Prozess charakterisierenden Parameter. Die im Sinne der Induktiven Statistik wahren, jedoch unbekannten Modellparameter ϕ_i können analog zu den Parametern eines AR(p)-Modells mit der Methode der kleinsten Quadratesumme geschätzt werden. Allerdings sind die zu schätzenden Parameter in Abhängigkeit von der Ordnung q eines MA-Prozesses hochgradig nichtlineare Funktionen, die nur mit Hilfe komplizierter nichtlinearer Optimierungsverfahren computergestützt gelöst werden können. ii) **Charakteristikum.** Das entscheidende Charakteristikum eines stochastischen Prozesses $\{Y_t, t \in T\}$, der mit Hilfe eines MA(q)-Modells beschrieben wird, besteht darin, dass sein Beobachtungswert y_t in der Periode t einzig und allein statistisch abhängig ist von einem Störwert u_t und den Störwerten $u_{t-1}, u_{t-2},...$ in den vorangegangen Perioden $t-1, t-2,...$ Die Störwerte werden dabei als Realisationen von unabhängigen und identisch verteilten Zufallsgrößen U_t mit einem Erwartungswert $E(U_t) = 0$ und einer zeitkonstanten bzw. homoskedastischen Varianz $V(U_t) = \sigma^2$ aufgefasst. Die zufällige Störkomponente U_t steht sachlogisch für unerwartete Ereignisse, die auch als Schocks (frz.: *choquer* $\rightarrow$ anstoßen) bezeichnet werden. Dabei wird unterstellt, dass die Wirkung eines Schocks, der in einer Periode t beobachtet wurde, in dieser Periode t selbst nicht vollständig absorbiert wird und in den Folgeperioden $t+1, t+2,...$ „Nachwirkungen" zeigt. Bezieht man die allgemeinen Betrachtungen der Anschaulichkeit halber einmal auf die Preisveränderungen $Y_t = P_t - P_{t-1} = U_t$ (t = 1,2,...,n) eines an einer Börse gehandelten Wertpapiers, dann leuchtet es ein, dass ein an einem Tag t unerwartet eingetretenes Ereignis durch den betreffenden Wertpapiermarkt innerhalb des gleichen Tages t nicht vollständig absorbiert werden kann und auf den nächsten Börsentag Auswirkungen zeigt, etwa derart, dass $Y_{t+1} = U_{t+1} + \phi \cdot U_t$ gilt. Dabei symbolisiert Y_{t+1} die Preisveränderung am Tag $t+1$, U_{t+1} die aktuellen und zufälligen Wirkungsbedingungen im besagten Wertpapiermarkt am Tag $t+1$ und $\phi \cdot U_t$ die Nachwirkungen vom Vortag t. Das statistische Modell $Y_{t+1} = U_{t+1} + \phi \cdot U_t$ kennzeichnet im konkreten Fall einen MA(1)-Prozess mit einer Fortwirkungsdauer von q = 1 Tag. iii) **Benennung.** Die Bezeichnung MA-Prozess resultiert daraus, dass der beobachtete Wert y_{t+1} des ökonomischen Prozesses in der Periode $t+1$ als ein gewichteter und gleitender Durchschnitt aus einer aktuellen zufälligen Störung u_{t+1} und aus einer vergangenen zufälligen Störung u_t aufgefasst werden kann. ♦

Beispiel 7.3.2-1: Konstruktion und Diagnose eines MA(1)-Prozesses
Motivation. In der Abbildung 7.3.2-1 ist die Trajektorie der in der SPSS Daten-Datei *ARIMA.sav* gespeicherten Zeitreihe MA1 dargestellt, die einen MA(1)-Prozess simuliert, der auf dem Bildungsgesetz $Y_t = U_t + 0{,}8 \cdot U_{t-1}$ beruht.

Abbildung 7.3.2-1: Trajektorie

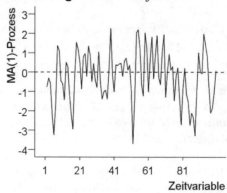

Aufgrund der Trajektorie des simulierten stochastischen Prozesses liegt die Vermutung nahe, dass es sich um einen schwach stationären stochastischen Prozess handeln könnte, da er im Beobachtungszeitraum $T_B = \{t \mid t = 1, 2, \ldots, 100\}$ in seinem mittleren Niveau und in seinen scheinbar zufälligen Schwankungen mehr oder weniger konstant um null schwankt.

Diagnostik. Analog zur AR(p)-Diagnostik verwendet man auch in der MA(q)-Diagnostik die empirische Autokorrelationsfunktion ACF und die empirische partielle Autokorrelationsfunktion PACF, deren Koeffizienten ACF(k) und PACF(k) gemäß Standardeinstellung jeweils für eine maximale Anzahl von k = 16 Lags in der Abbildung 7.3.2-2 dargestellt sind.

Abbildung 7.3.2-2: Autokorrelationsdiagramme

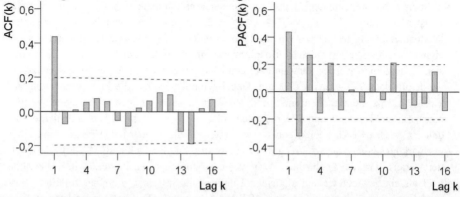

Aus den beiden Autokorrelationsdiagrammen können anhand des simulierten MA(1)-Prozesses die folgenden allgemeingültigen Aussagen entlehnt werden:

Wenn eine empirische Autokorrelationsfunktion ACF nach dem letzten signifikanten Autokorrelationskoeffizienten ACF(k), also nach dem Lag k = q, mehr oder weniger abrupt abbricht und die partiellen Autokorrelationskoeffizienten PACF(k) mit zunehmendem Lag k = 1,2,... „rasch aussterben", dann identifiziert man bei einem stationären stochastischen Prozess einen MA(q)-Prozess und beschreibt ihn mit Hilfe eines MA(q)-Modells. Da im konkreten Fall die partiellen Autokorrelationskoeffizienten PACF(k) mit wachsendem Lag der Ordnung k = 1,2,... „rasch aussterben" und lediglich der geschätzte Autokorrelationskoeffizient ACF(k) der Ordnung k = 1 die obere (gestrichelte) Konfidenzgrenze überschreitet, findet man den simulierten MA(1)-Prozess auch anhand der beiden empirischen Autokorrelationsfunktionen retrospektiv „richtig" diagnostiziert.

Schätzergebnisse. Die Tabelle 7.3.2-1 beinhaltet einen Auszug aus dem SPSS Ergebnisprotokoll, das via Sequenz 7.3.3-1 für die abhängige Variable MA1 mit den Modelloptionen p = 0, d = 0 und q = 1 angefordert werden kann und im konkreten Fall für den simulierten MA(1)-Prozess die Schätzergebnisse für die wahren, jedoch unbekannten Parameter μ und ϕ_1 des zugrundeliegenden stochastischen Prozesses bzw. MA(1)-Modells $Y_t - \mu = U_t - \phi_1 \cdot U_{t-1}$ beinhaltet.

Tabelle 7.3.2-1: Geschätzte MA(1)-Parameter

	Schätzer	Standardfehler	t	Alpha*
Nicht-saisonale Lags MA1	-,905	,047	-19,061	,000
Konstante	-,239	,195	-1,223	,224

Für die Schätzung wurde der Melard-Algorithmus verwendet.

Parametertest. Wegen $\alpha^* = 0{,}000 < \alpha = 0{,}05$ wird auf einem Signifikanzniveau von $\alpha = 0{,}05$ die Nullhypothese H_0: $\phi_1 = 0$ verworfen. Es kann davon ausgegangen werden, dass der unbekannte MA-Modellkoeffizient ϕ_1 verschieden von null ist und zur Nachbildung des stochastischen Prozesses geeignet ist.

Hinweise. Die geschätzten MA-Parameter $b_0 = -0{,}239$ und $b_1 = -0{,}905$ liegen ihrem Betrage nach recht nahe an den „wahren" Parametern $\mu = 0$ und $\phi_1 = 0{,}8$ des applizierten Generierungsmodells $Y_t = U_t + 0{,}8 \cdot U_{t-1}$ für den simulierten MA(1)-Prozess. Dass im konkreten Fall die Schätzung $b_1 = -0{,}905$ für den als unbekannt angenommenen Modellkoeffizienten ϕ_1 negativ ist, erklärt sich daraus, dass in SPSS zur Modellierung eines stochastischen Prozesses das vereinfachte MA(q)-Modell $Y_t = U_t - \phi_1 \cdot U_{t-1}$ zugrundegelegt wird, das offensichtlich wegen $Y_t = U_t - (-0{,}905) \cdot U_{t-1} = U_t + 0{,}905 \cdot U_{t-1}$ dem applizierten Generierungsprozess $Y_t = U_t + 0{,}8 \cdot U_{t-1}$, auf dessen Grundlage die Trajektorie für den simulierten MA(1)-Prozess innerhalb der Abbildung 7.3.2-1 bestimmt wurde, recht nahe kommt. Zudem muss auch im diesem Zusammenhang darauf hingewiesen werden, dass man in praxi bei der Analyse, Diagnose und Modellierung von autoregressiven und/oder Gleitmittel-Prozessen nicht immer mit „so eindeutigen" Diagnosebefunden konfrontiert wird. So banal das auch klingen mag: Beim Bau stochastischer Zeitreihenmodelle kommt man ohne „ein gerütteltes Maß an praktischen Erfahrungen" nicht aus. ♦

7.3.3 ARMA(p, q)-Modelle

Motivation. Autoregressive Gleitmittelmodelle, die auch unter der Kurzbezeichnung ARMA-Modelle firmieren, sind ein Konglomerat aus AR(p)- und MA(q)-Modellen, die bezüglich ihrer Wesenheiten in den Abschnitten 7.3.1 und 7.3.2 skizziert wurden.

ARMA(p, q)-Modell

Ist $\{Y_t, t \in T\}$ ein stochastischer Prozess, dann kennzeichnet

$$Y_t - \mu = \theta_1 \cdot (Y_{t-1} - \mu) + ... + \theta_p \cdot (Y_{t-p} - \mu) + U_t + \phi_1 \cdot U_{t-1} + ... + \phi_q \cdot U_{t-q}$$

ein autoregressives Gleitmittelmodell der Ordnung p und q, kurz ARMA(p, q)-Modell (engl.: *auto-regressive moving average model*).

Hinweis. Zur Diagnose eines stochastischen Prozesses und seiner Nachbildung in einem ARMA(p, q)-Modell werden unter Verwendung der folgenden diagnostischen Regel die empirischen Autokorrelationsfunktionen ACF und PACF eingesetzt: Sterben für einen schwach stationären stochastischen Prozess $\{Y_t, t \in T\}$ mit wachsendem Time-Lag der Ordnung k = 1,2,... sowohl die empirischen Autokorrelationskoeffizienten ACF(k) als auch die empirischen partiellen Autokorrelationskoeffizienten PACF(k) rasch aus, dann ist ein ARMA-Modell zur Nachbildung des stochastischen Prozesses geeignet. Für die Festlegung der Ordnungsparameter p und q werden die Anzahlen der in Folge als signifikant von null verschiedenen Modellkoeffizienten θ_k und ϕ_k (k = 1,2,...) verwandt. Für die Schätzung der unbekannten Modellparameter eines ARMA(p, q)-Modells gelten die gleichen Aussagen, wie für ein MA(q)-Modell. ♦

Beispiel 7.3.3-1: Diagnose eines ARMA(1, 1)-Prozesses

Motivation. In der Abbildung 7.3.3-1 ist die Trajektorie der in der SPSS Daten-Datei *ARIMA.sav* unter dem SPSS Variablennamen ARMA gespeicherten Zeitreihe $\{y_t, t = 1,2,...,100\}$ dargestellt, die einen simulierten stochastischen Prozess beschreibt, der mit Hilfe des ARMA(1, 1)-Modells

$$Y_t = 0{,}5 \cdot Y_{t-1} + U_t + 0{,}5 \cdot U_{t-1}$$

generiert wurde. Da der Verlauf des simulierten stochastischen Prozesses in Gestalt der äquidistanten Zeitreihe $\{y_t, t \in T_B\}$ im Beobachtungszeitraum $T_B = \{t \mid t = 1,2,...,100\}$ augenscheinlich weder durch eine Trend- noch durch eine Saisonkomponente gekennzeichnet zu sein scheint, kann aufgrund der Trajektorie im Sequenzdiagramm davon ausgegangen werden, dass der zugrundeliegende und simulierte stochastische Prozess zumindest schwach stationär ist.

Abbildung 7.3.3-1: Trajektorie

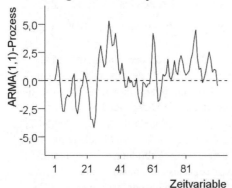

Autokorrelationsdiagramme. Ist man bestrebt, den simulierten und zumindest schwach stationären stochastischen Prozess mit Hilfe eines geeigneten stochastischen Modells zu beschreiben und nachzubilden, wobei davon ausgegangen werden soll, das man keine weiteren Kenntnisse über den Prozess besitzt, als die beobachtete Zeitreihe $\{y_t, t = 1,2,...,100\}$ selbst, dann ist es nützlich, via Sequenz 7.3.1-1 die Autokorrelationsdiagramme für die ACF(k)- bzw. PACF(k)-Koeffizienten anzufordern und für die Prozessdiagnose zu verwenden. Die aus dem simulierten stochastischen Prozess geschätzten empirischen Autokorrelationskoeffizienten ACF(k) und PACF(k) sind in der Abbildung 7.3.3-2 dargestellt.

Abbildung 7.3.3-2: Autokorrelationsdiagramme

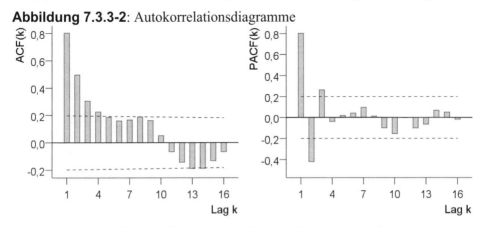

Diagnose. Da offensichtlich sowohl die Koeffizienten ACF(k) der empirischen Autokorrelationsfunktion ACF als auch die Koeffizienten PACF(k) der empirischen partiellen Autokorrelationsfunktion PACF mit zunehmendem Lag k rasch aussterben, entscheidet man sich dafür, den zugrundeliegenden schwach stationären stochastischen Prozess im Beobachtungszeitraum T_B durch ein ARMA(p, q)-Modell statistisch zu beschreiben und nachzubilden. Man braucht also nur noch die jeweiligen Ordnungsgrade p und q zu bestimmen, um das angestrebte ARMA(p, q)-Modell konstruieren zu können. Hinsichtlich der Bestimmung der jeweiligen Ordnungsgrade p und q geht man am einfachsten wie folgt vor: In einem ersten Schritt wird für p = 1 und q = 1 via Sequenz 7.3.3-1 ein ARMA(p, q)-Modell geschätzt und im Weiteren ein ARMA(p + 1, 1)-Modell, ein ARMA(p + 1, q + 1)-Modell etc. Die Ordnungsgrade p und q können gemäß Abbildung 7.3.3-3 für positive und ganzzahlige Werte in der Rubrik *Modell* innerhalb des Dialogfeldes *ARIMA* optional vereinbart werden. Sind zum Beispiel in einem Modell der Ordnung p + 1 und q + 1 im Vergleich zum vorhergehenden ARMA(p, q)-Modell die Schätzungen der zusätzlich aufgenommenen Modellkoeffizienten θ_{p+1} und/oder ϕ_{q+1} nicht signifikant von null verschieden, dann wird der stationäre stochastische Prozess letztlich mit Hilfe eines ARMA(p, q)-Modells beschrieben.

Sequenz 7.3.3-1: ARMA(p, q)-Modell
Analysieren
Zeitreihen
ARIMA ... → Abbildung 7.3.3-3

Abbildung 7.3.3-3: Dialogfeld *ARIMA*

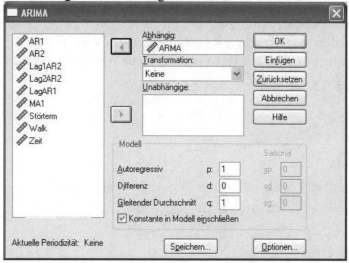

Ergebnisse. In der Tabelle 7.3.3-1 sind die Ergebnisse der Parameterschätzung für das ARMA(1, 1)-Modell zusammengefasst. Wegen $\alpha^* = 0{,}000 < \alpha = 0{,}05$ verwirft man auf einem vorab vereinbarten Signifikanzniveau von $\alpha = 0{,}05$ für beide Modellparameter die jeweilige Nullhypothese H_0: $\theta_1 = 0$ und H_0: $\phi_1 = 0$ und deutet ihre geschätzten Parameterwerte als signifikant verschieden von null. Demnach wird im Beobachtungszeitraum T_B der Zeitreihenwert y_t, $t \in T_B$, wesentlich durch seinen vorhergehenden Wert y_{t-1} und einen noch aus der vergangenen Periode $t - 1$ wirkenden Schock u_{t-1} beeinflusst.

Tabelle 7.3.3-1: Parameterschätzungen für das ARMA(1, 1)-Modell

	Schätzer	Standardfehler	t	Alpha*
AR1	,651	,085	7,664	,085
MA1	-,588	,092	-6,386	,000
Konstante	,422	,437	,966	,337

Für die Schätzung wurde der Melard-Algorithmus verwendet.

Hinweis. Die geschätzten Parameter $b_{AR1} = 0{,}651$ und $-b_{MA1} = 0{,}588$ entsprechen in etwa den „wahren" Parametern $\theta_1 = \phi_1 = 0{,}5$ des Generierungsmodells $Y_t = 0{,}5 \cdot Y_{t-1} + U_t + 0{,}5 \cdot U_{t-1}$ für den simulierten und retrospektiv analysierten stochastischen Prozess. Als eine Bestätigung der Prozessdiagnose und Modellspezifikation kann zudem das Faktum gewertet werden, dass Modellerweiterungen keine signifikanten Ergebnisse liefern. ♦

7.3.4 ARIMA(p, d, q)-Modelle

Motivation. Die Diskussion von AR(p)-, MA(q)- und ARMA(p, q)-Modellen in den drei vorhergehenden Abschnitten basierte auf der Annahme, dass eine zu modellierende Zeitreihe $\{y_t, t \in T_B\}$ das in einem „begrenzten" Zeitfenster empirisch beobachtete Abbild eines stationären stochastischen Prozesses ist. In der angewandten Ökonometrie und empirischen Wirtschaftsforschung wird man im Zuge zeitreihenanalytischer Untersuchungen in den seltensten Fällen mit stationären Zeitreihen konfrontiert. Dies gilt für eine Vielzahl von ökonomischen Prozessen, unabhängig davon, ob sie in Jahres- oder in unterjährigen Zeitreihen, also Tages-, Wochen-, Monats- oder Quartalszeitreihen statistisch erfasst wurden. Als typische nicht stationäre stochastische Prozesse können sowohl die Zeitintervallreihe der monatlichen Fluggästezahlen innerhalb Abbildung 7.1-3 als auch die Zeitpunktreihe der börsentäglich erfassten Schlusskurse der Stammaktie der Bayer AG innerhalb der Abbildung 7.1-5 angesehen werden.

Integration. Nicht stationäre Zeitreihen, deren entscheidendes Charakteristikum vor allem darin besteht, dass sie durch eine Trendkomponente gekennzeichnet sind, werden auch als integrierte stochastische Prozesse gedeutet.

Integrierter stochastischer Prozess
Ein stochastischer Prozess in Gestalt einer äquidistanten Zeitreihe $\{y_t, t = 1,2,...,n\}$ heißt integriert zum Grade $d \in \mathbf{N}$, wenn die Differenzenfolge $\{\Delta^d y_t, t = d + 1, d + 2,...\}$ der Ordnung d stationär ist.

Hinweise. Für das Verständnis des Begriff eines stationären stochastischen Prozesse erweisen sich die folgenden Hinweise als hilfreich: i) **Integration.** Das Adjektiv integriert ist dem Begriff der Integration entlehnt, das wiederum das stetige Analogon zur Summation ist. ii) **Differenzen-Operator.** Demgegenüber ist die Differentiation das stetige Analogon zur Differenzenbildung. Der griechische Großbuchstabe Δ (lies: *Delta*) fungiert als Differenzen-Operator, der für eine äquidistante Zeitreihe $\{y_t, t = 1,2,...,n\}$ wie folgt definiert ist: $\Delta y_t = y_t - y_{t-1}$. Da die Differenzen Δy_t aus einer originären Zeitreihe $\{y_t, t = 1,2,...,n\}$ eine lineare Trendkomponente „filtern", deren Graph durch den Anfangswert y_1 und den Endwert y_n verläuft, interpretiert man den Differenzen-Operator Δ wegen d = 1 sowie $\Delta^1 y_t = \Delta y_t = y_t - y_{t-1}$ auch als einen Trend- bzw. Differenzen-Filter erster Ordnung. iii) **Integrationsgrad.** Für Integrationsgrade d > 1 sind die Differenzen-Filter der Ordnung d rekursiv definiert durch

$$\Delta^d y_t = \Delta(\Delta^{d-1} y_t) = \Delta^{d-1} y_t - \Delta^{d-1} y_{t-1} \ (t = d + 1, d + 2,...).$$

In diesem Kontext bezeichnet man eine originäre Zeitreihe $\{y_t, t = 1,2,...,n\}$, die durch eine nichtlineare und quadratische Trendkomponente gekennzeichnet ist, als integriert zum Grade d = 2, da man sie mit Hilfe eines linearen Differenzen-Filters Δ^2 zweiter Ordnung in eine stationäre Zeitreihe $x_t = \Delta^2 y_t$ transformieren kann. Gleichsam als ein Spezialfall einer integrierten Zeitreihe kann eine stationäre Zeitreihe aufgefasst werden, wenn man sie als eine integrierte Zeitreihe zum Grade d = 0 deutet. Dies ist auch der Grund dafür, warum in SPSS der Integrationsgrad d = 0 stets für einen stationären stochastischen Prozess fungiert. iv) **Applikation**. Ist man bestrebt, einen nicht stationären und zum Grade d integrierten stochastischen Prozess etwa mit Hilfe eines AR(p)-, MA(q)- oder ARMA(p, q)-Modells statistisch zu beschreiben, dann kann man ihn mit Hilfe von linearen Differenzen-Filtern der Ordnung d auf einen stationären stochastischen Prozess transformieren und die transformierte stationäre Zeitreihe modellieren. Die durch die Differenzenbildung eliminierte glatte oder Trendkomponente kann durch die Umkehroperation der „Integration" wieder in das Modellkalkül einbezogen werden. In praktischen Anwendungen erreicht man meist schon mit einem Differenzenfilter der Ordnung d = 1 zufriedenstellende Ergebnisse. ♦

ARIMA-Modelle. Stochastische Zeitreihenmodelle, die im Modellkalkül eine glatte bzw. Trendkomponente berücksichtigen, subsumiert man unter dem Begriff eines autoregressiven integrierten Gleitmittelprozesses der Ordnung p, d und q, kurz ARIMA(p, d, q)-Modell (engl.: *auto-regressive integrated moving average model*). Ein ARIMA(p, d, q)-Modell stellt somit ein Analysekonzept dar, auf dessen Grundlage eine ganze Familie von stochastischen Prozessen bzw. Zeitreihen modelliert werden kann. Die Familie der „klassischen" ARIMA-Modelle kann noch um ARIMA-Modelle mit saisonalen Parametern erweitert werden, die man verkürzt wie folgt notiert: ARIMA(p, d, q)(s_p, s_d, s_q). Die saisonalen Modellparameter s_p, s_d und s_q können via Sequenz 7.3.3-1 und gemäß Abbildung 7.3.3-3 im Dialogfeld *ARIMA* innerhalb der Rubrik *Saisonal* jeweils optional für einen autoregressiven, integrierten bzw. Gleitmittelansatz vereinbart werden (vgl. Beispiel 7.3.5-2). ♣

Beispiel 7.3.4-1: ARIMA(p, d, q)-Modelle
Motivation. Im Kontext des Beispiels 7.3.1-1 wurde der simulierte stochastische Prozess mit Hilfe eines AR(1)-Modells beschrieben. Das AR(1)-Modell kann via Sequenz 7.3.3-1 ohne großen Aufwand mit Hilfe eines ARIMA(1, 0, 0)-Modells aus der originären Zeitreihe geschätzt werden. Dazu braucht man im konkreten Fall gemäß Abbildung 7.3.3-3 im Dialogfeld *ARIMA* in der Rubrik *Modell* nur die Ordnungsparameter p = 1, d = 0 und q = 0 zu vereinbaren. Die geschätzten Parameter für das AR(1)-Modell innerhalb der Tabelle 7.3.4-1 sind nahezu identisch mit den Ergebnissen aus der Tabelle 7.3.1-1.

Tabelle 7.3.4-1: Geschätzte Parameter für das ARIMA(1, 0, 0)-Modell

	Schätzer	Standardfehler	t	Alpha*
Nicht-saisonale Lags AR1	,798	,060	13,365	,000
Konstante	,413	,534	,775	,440

Für die Schätzung wurde der Melard-Algorithmus verwendet.

ARIMA-Modell. Spätestens hier leuchtet es ein, warum im Beispiel 7.3.2-1 der MA(1)-Prozess mit Hilfe eines ARIMA(0,0,1)-Modells und der ARMA(1,1)-Prozess aus dem Beispiel 7.3.3-1 mit Hilfe eines ARIMA(1,0,1)-Modells beschrieben wurde. ♣

Beispiel 7.3.4-2: Random Walk
Motivation. Ein theoretisches Konzept, dass sich in der Zeitreihenanalyse vor allem wegen seiner Einfachheit und Anschaulichkeit zur Darstellung und Erläuterung eines integrierten stochastischen Prozesses eignet, ist ein „Random Walk" (engl.: *random* → Zufall + *walk* → Spaziergang), der in der einschlägigen Literatur auch als „Irrfahrt" bezeichnet und als einfacher Random Walk oder als ein „Random Walk with Drift" (engl.: *drift* → Tendenz, Strömung) dargestellt wird. Die wohl einfachste Form eines Random Walk ist ein stochastischer Prozess, der mit einem AR(1)-Modell $Y_t - \mu = \theta_1 \cdot (Y_{t-1} - \mu) + U_t$ mit den Parametern $\mu = 0$ und $\theta_1 = 1$ beschrieben wird, so dass nunmehr $Y_t = Y_{t-1} + U_t$ gilt.

Lag-Operator. Für die weiteren Betrachtungen erweist sich die Verwendung des so genannten Lag-Operators L als nützlich, der in der Zeitreihenanalyse zur vereinfachenden Notation von ARIMA-Modellen herangezogen wird. Wendet man den Lag-Operator L etwa auf das allgemeine AR(1)-Modell an, dann kann man für $\mu = 0$ zeigen, dass
$$Y_t - \theta_1 \cdot Y_{t-1} = Y_t - \theta_1 \cdot LY_t = (1 - \theta_1 \cdot L) \cdot Y_t = U_t$$
gilt. Anhand dieser vereinfachten Notation ist zu erkennen, dass die ersten Differenzen eines einfachen Random Walk einen reinen Zufallsprozess bilden, der algebraisch gleich ist mit dem Störterm U_t, der wiederum als eine Zufallsvariable mit einem Erwartungswert $E(U_t) = 0$ und einer zeitkonstanten Varianz $V(U_t) = \sigma^2 > 0$ aufgefasst wird. Unterstellt man der Einfachheit halber einmal einen $N(0, 1)$-verteilten Störterm U_t, dann kann man sich unter Verwendung des Lag-Operators L und des Differenzen-Operators Δ wegen
$$Y_t - Y_{t-1} = \Delta Y_t = Y_t - LY_t = (1 - L) \cdot Y_t = U_t$$
anschaulich verdeutlichen, dass der so konstruierte einfache Random Walk einen zum Grade $d = 1$ integrierten stochastischen Prozess darstellt, zumal die erste Differenz ΔY_t in der Periode t nichts anderes ist, als der Störterm U_t selbst, der im konkreten Fall einen Erwartungswert $E(U_t) = 0$, eine Varianz $V(U_t) = 1$ und eine Kovarianz $C(U_t, U_{t-s}) = 0$ für alle $s < t$ besitzt und somit als ein schwach stationärer stochastischer Prozess definiert ist.

Simulation. Diese recht komplizierten theoretischen Sachverhalte kann man sich bildhaft am einfachsten anhand eines simulierten stochastischen Prozesses verdeutlichen, indem man zum Beispiel in die SPSS Daten-Datei *ARIMA.sav* via Sequenz 2.3-4 und gemäß Abbildung 7.3.4-1 mit Hilfe der SPSS Funktion
    RV.NORMAL(mittel, stdAbw),
für alle $t \in T_B$ normalverteilte Zufallszahlen generiert. Im konkreten Fall wurde in Arbeitsdatei eine SPSS Variable mit dem Namen *Störterm* einfügt, deren Berechnungsvorschrift durch die Gleichung
    Störterm = RV.NORMAL(0,1)
gegeben ist und im konkreten Fall für alle Zeitvariablenwerte $t = 1,2,...,100$ je-

weils eine konkrete Realisation einer N(0, 1)-verteilten Zufallsgröße (engl.: *random variable*) erzeugt. Die Trajektorie der „künstlich" erzeugten äquidistanten Zeitreihe mit dem Namen „Störterm" ist gleichsam in der Abbildung 7.3.4-1 dargestellt. In diesem Zusammenhang ist darauf zu achten, dass die erzielten Ergebnisse stets zufallsbedingt und daher bezüglich der Einzelwerte voneinander verschieden sind.

Abbildung 7.3.4-1: Dialogfeld *Variable berechnen* und Störterm-Trajektorie

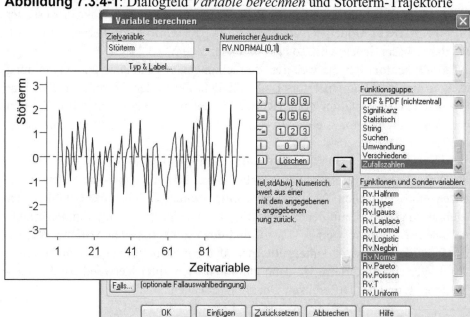

Kumulation. Kumuliert man die in der SPSS Variable *Störterm* gespeicherten Werte in Gestalt von Realisationen einer standardnormalverteilten Zufallsgröße U, d.h. summiert man schrittweise die für alle Zeitvariablenwerte t „beobachteten" Zeitreihenwerte $\{u_t, t = 1,2,...,100\}$, dann erhält man den eingangs algebraisch skizzierten, in der SPSS Variable *Walk* gespeicherten Random Walk, dessen Trajektorie in der Abbildung 7.3.4-2 dargestellt ist. Die Kumulation kann selbst man via Sequenz 7.2.1-1 bewerkstelligen, indem man gemäß der Abbildung 7.3.4-2 im Dialogfeld *Zeitreihen erstellen* die SPSS Funktion *Kumulierte Summe* appliziert.

Hinweis. Beachtenswert ist in diesem Zusammenhang, dass der mit Hilfe eines einfachen „Random Walk" simulierte stochastische Prozess Assoziationen mit der in der Abbildung 7.1-4 dargestellten Kursentwicklung der Bayer-Stamm-Aktie weckt. Gleichsam wie die Trajektorie der Bayer-Stammaktie ist die Trajektorie des simulierten Random Walk augenscheinlich durch einen trendbehafteten und volatilen Verlauf gekennzeichnet, der bereits in diesem Zusammenhang als ein Indiz dafür gedeutet werden kann, dass der zugrundeliegende stochastische Prozess nicht stationär ist, also zu einem bestimmten Grade d integriert ist. Überhaupt lassen viele ökonomische Prozesse, vor allem Wertpapierkurse, einen zeitlichen Verlauf erkennen, der dem eines „Random Walk" gleicht. ♦

Abbildung 7.3.4-2: Dialogfeld *Zeitreihen erstellen* und Trajektorie

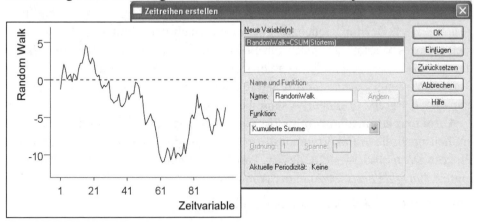

Diagnostik. Gleichsam wie in den vorhergehenden Betrachtungen kommt in der Diagnostik eines stochastischen Prozesses den Autokorrelationsdiagrammen innerhalb der Abbildung 7.3.4-3 eine besondere Bedeutung zu.

Abbildung 7.3.4-3: Autokorrelationsdiagramme

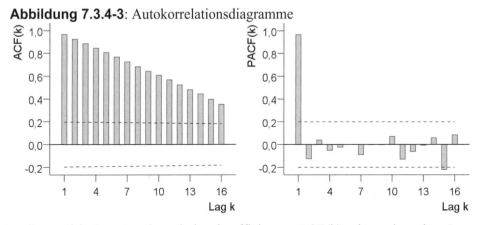

Da die empirischen Autokorrelationskoeffizienten ACF(k) mit wachsendem Lag k kein rasches, sondern eher ein „langsames Aussterben" indizieren, hat man mit diesem grafischen Befund eine bildhafte Deutung für einen nicht stationären, also für einen integrierten stochastischen Prozess gefunden. Aufgrund dessen, dass die partielle Autokorrelationsfunktion PACF nur für den Lag der Ordnung k = 1 einen so genannten Spike (engl.: *spike* → Nagel) mit einem (Höhen)Wert von nahezu eins anzeigt, diagnostiziert man einen stochastischen Prozess „mit solchen Eigenschaften" als einen einfachen Random Walk.

Stationarität. Transformiert man den in der SPSS Variable *Walk* gespeicherten einfachen Random Walk via Sequenz 7.2.1-1 im Dialogfeld *Zeitreihen erstellen* mit Hilfe der SPSS Funktion *Differenz zur Ordnung 1*, so erhält man den mittels eines linearen Filters „trendbereinigten" Random Walk, der in logischer Konsequenz in seinen Werten mit der SPSS Variablen *Störterm* übereinstimmt und dessen Trajektorie einen zumindest schwach stationären stochastischen Prozess indiziert. Der im Sequenzdiagramm innerhalb der Abbildung 7.3.4-1 skizzierte Prozessverlauf ist typisch für einen stationären stochastischen Prozess, zu dessen bildhafter Beschreibung man sich auch des Gleichnisses vom „weißen Rauschen" (engl.: *white noise*) auf einem Oszillographen (lat.: *oscillare* → schwingen + grch.: *graphein* → schreiben) bedient.

Autokorrelationsdiagramme. In der Abbildung 7.3.4-4 sind schließlich und endlich noch die Autokorrelationsdiagramme für den stationären stochastischen Prozess *Störterm* dargestellt, dessen Trajektorie (gemeinsam mit dem SPSS Dialogfeld *Variable berechnen*) in der Abbildung 7.3.4-1 dargestellt ist.

Abbildung 7.3.4-4: Autokorrelationsdiagramme

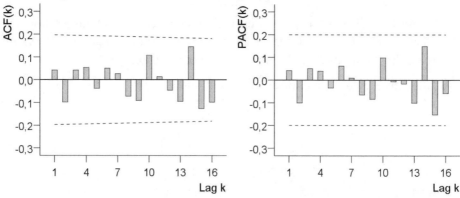

Da weder die empirischen Koeffizienten der Autokorrelationsfunktion ACF(k) der Ordnung k noch die empirischen Koeffizienten der partiellen Autokorrelationsfunktion PACF(k) der Ordnung k mit einer maximalen Time-Lag-Länge von k = 16 in einer Folge (wenigstens) eine der beiden (gestrichelten) Konfidenzgrenzen überschreiten, hat man letztlich auch auf diesem Wege eine bildhafte Vorstellung von den charakteristischen Eigenschaften eines stationären stochastischen Prozesses gefunden. Die offensichtlich einzige „systematische" Komponente im skizzierten Random Walk innerhalb der Abbildung 7.3.4-2 ist die so genannte glatte oder Trendkomponente, die durch eine stark volatile und zufallsbedingte Komponente überlagert wird. Eliminiert man zum Beispiel mittels des Differenzfilters erster Ordnung die glatte Komponente des integrierten stochastischen Prozesses „Random Walk", so bleibt im konkreten Fall gemäß Abbildung 7.3.4-1 nur „weißes Rauschen" übrig. ♣

7.3.5 BOX-JENKINS-Verfahren

Motivation. Das BOX-JENKINS-Verfahren[28], das in der einschlägigen Literatur auch als BOX-JENKINS-Approach (engl.: *approach* → Herangehensweise, Verfahren) firmiert, ist eine Methode zur Aufdeckung des Bewegungsgesetzes eines beobachteten stochastischen Prozesses und seiner Nachbildung in einem geeigneten Zeitreihenmodell. Gleichwohl das BOX-JENKINS-Verfahren, das gewöhnlich durch den Dreiklang „Modellidentifikation, Modellschätzung, Modellverifikation" charakterisiert wird, für praktische Zwecke durchaus nützliche Regeln zur Diagnose und Modellierung eines stochastischen Prozesses bereitstellt, sei in diesem Zusammenhang darauf hingewiesen, dass dies insgesamt ein recht weites Feld ist, dessen Bearbeitung neben soliden theoretischen Kenntnissen stets auch ein gerütteltes Maß an praktischen Erfahrungen erforderlich macht.

Modellidentifikation

In der Identifikationsphase wird versucht, mit Hilfe der empirischen Autokorrelationsfunktionen ACF und PACF ein geeignetes stochastisches Modell für eine empirische Zeitreihe zu finden. In Anlehnung an die vier vorangegangenen Abschnitte können die folgenden Identifikationsregeln formuliert werden:

Identifikationsregeln

1. Regel: Sterben die Koeffizienten ACF(k) der empirischen Autokorrelationsfunktion mit zunehmendem Lag k nicht bzw. nur langsam aus, dann ist ein nicht stationärer stochastischer Prozess angezeigt, der durch einen geeigneten Differenzen-Filter der Ordnung d in einen zumindest schwach stationären stochastischen Prozess zu transformieren ist. Für den stationären stochastischen Prozess ist ein geeignetes ARMA(p, q)-Modell zu finden.

2. Regel: Sind die Koeffizienten ACF(k) der empirischen Autokorrelationsfunktion ab einem bestimmten Lag k > q nicht signifikant verschieden von null und sterben die Koeffizienten PACF(k) der empirischen partiellen Autokorrelationsfunktion mit zunehmendem Lag k rasch aus, dann ist ein MA(q)- Modell zur Nachbildung des schwach stationären stochastischen Prozesses geeignet.

3. Regel: Sind die Koeffizienten PACF(k) der empirischen partiellen Autokorrelationsfunktion ab einem bestimmten Lag k > p nicht signifikant verschieden von null und sterben die Koeffizienten ACF(k) der empirischen Autokorrelationsfunktion mit zunehmendem Lag k rasch aus, dann ist ein AR(p)-Modell zur Nachbildung des schwach stationären stochastischen Prozesses geeignet.

---

[28] Das Verfahren ist nach den beiden amerikanischen Statistikern G. E. P. BOX und G. M. JENKINS benannt, die in den 70-er Jahren des 20. Jahrhunderts mit ihrem unterdessen in mehreren Auflagen bei HOLDEN-DAY, San Francisco, erschienen Buch *Time Series Analysis: Forecasting and Control* die theoretischen Grundlagen für dieses Verfahren bereitstellten.

> **4. Regel**: Sterben sowohl die Koeffizienten ACF(k) der empirischen Autokorrelationsfunktion als auch die Koeffizienten PACF(k) der empirischen partiellen Autokorrelationsfunktion mit zunehmendem Lag k rasch aus, dann ist ein ARMA(p, q)-Modell zur Nachbildung des schwach stationären stochastischen Prozesses geeignet. Die Ordnungsparameter p und q sind aus den empirischen Autokorrelationsfunktionen zu bestimmen.

Modellschätzung

Hat man im Zuge der Modellspezifikation ein geeignetes Modell zur Nachbildung eines stochastischen Prozesses gefunden, gilt es, die Modellparameter aufgrund der beobachteten Zeitreihendaten zu schätzen. Wurde für eine stationäre Zeitreihe ein AR(p)- und/oder ein MA(q)-Prozess identifiziert, dann kann man die Parameter für das identifizierte Modell am einfachsten via Sequenz 7.3.3-1 als ein spezielles ARIMA(p, d, q)-Modell bzw. ARIMA(p, d, q)(s_p, s_d, s_q)-Modell schätzen. Sind die Parameter eines identifizierten Modells geschätzt und statistisch auf Signifikanz getestet, ist das spezifizierte Modell hinsichtlich seiner Adäquatheit bezüglich des beobachteten und nachgebildeten stochastischen Prozesses zu überprüfen.

Modellverifikation

Die Phase der Modellverifikation (lat.: *verum* → Wahrheit + *facere* → machen), die in der einschlägigen Literatur auch als *diagnostic checking* bezeichnet wird und gleichsam als die Überprüfungsphase eines diagnostizierten und konstruierten stochastischen Zeitreihenmodells angesehen werden kann, stellt zum einen auf eine Residualanalyse und zum anderen auf eine Überspezifikationsanalyse eines stochastischen Zeitreihenmodells ab.

Residualanalyse. Die Grundidee einer Residualanalyse besteht darin, zu überprüfen, ob die Trajektorie der Modellresiduen $e_t = y_t - y_t^*$, $t \in T_B$, also die Abweichungen der beobachteten Zeitreihenwerte y_t von den geschätzten Modellwerten y_t^*, einer Zeitreihe $\{y_t, t \in T_B\}$ „weißes Rauschen" anzeigt. Können die Modellresiduen als Realisationen einer normalverteilten Zufallsgröße aufgefasst werden, dann ist ihre Trajektorie stets durch „weißes Rauschen" gekennzeichnet.

Überspezifikationsanalyse. Das Konzept der Überspezifikationsanalyse lässt sich wie folgt skizzieren: Wurde etwa ein AR(p)-Modell identifiziert und geschätzt, dann versucht man, ein erweitertes AR(p + 1)-Modell zu schätzen. Erweist sich der Parameter der zusätzlich in das Modell aufgenommenen Modellkomponente auf einem vorab vereinbarten Signifikanzniveau als nicht signifikant verschieden von null, sagt man auch, dass das AR(p + 1)-Modell überspezifiziert ist hinsichtlich der zusätzlich aufgenommenen Modellkomponente.

Prognose. Hat man ein Modell identifiziert, geschätzt, verifiziert und für adäquat befunden, kann es für eine kurzfristige Prognose eingesetzt werden. ♣

Zeitreihenanalyse

Beispiel 7.3.5-1: ARIMA-Modell ohne saisonale Parameter
Motivation. Für die Zeitreihe der Schlusskurse der Bayer-AG-Aktie, die in der SPSS Daten-Datei *Bayer.sav* enthalten und deren Sequenzdiagramm in der Abbildung 7.1-5 dargestellt ist, soll mit Hilfe des BOX-JENKINS-Verfahrens ein geeignetes Zeitreihenmodell diagnostiziert und konstruiert werden.

Autokorrelationsdiagramme. In der Abbildung 7.3.5-1 sind die Autokorrelationsdiagramme für die originäre Zeitreihe dargestellt. Da augenscheinlich die empirischen Autokorrelationskoeffizienten ACF(k) nur langsam aussterben, identifiziert man den zugrundeliegenden stochastischen Prozess als nicht stationär.

Abbildung 7.3.5-1: Autokorrelationsdiagramme

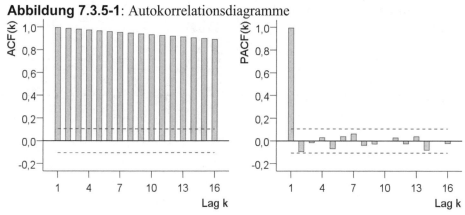

Die Prozess-Diagnose koinzidiert mit den Betrachtungen innerhalb der Beispiele 7.2.1-2 und 7.2.2-3, die letztlich darin kulminieren, dass im Beobachtungszeitraum T_B die beobachtete Zeitreihe hochgradig trendbehaftet bzw. integriert ist. Mehr noch: Wenn der geschätzte Koeffizient PACF(k) der Ordnung k = 1 der partiellen Autokorrelationsfunktion PACF für eine nicht stationäre Zeitreihe nahezu eins ist, liegt die Vermutung nahe, dass der stochastische Prozess, welcher der beobachteten Zeitreihe zugrunde liegt, seinem Wesen nach ein Random Walk ist.

Abbildung 7.3.5-2: Trajektorie

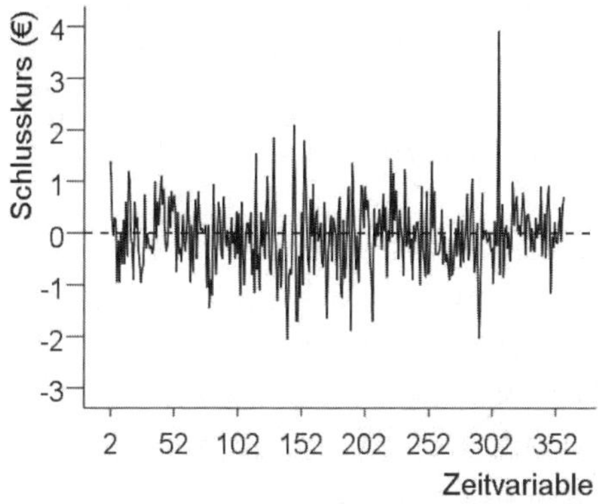

Differenzenfolge. Die Abbildung 7.3.5-2 beinhaltet das Sequenzdiagramm für die mit Hilfe des Differenzen-Filters erster Ordnung transformierte Zeitreihe, deren Werte sachlogisch nichts anderes darstellen, als die beobachteten absoluten Kursveränderungen der Bayer-Stammaktie. Das Sequenzdiagramm der trendbereinigten Kursentwicklung kann man sich am einfachsten via Sequenz 7.1-2 erstellen, indem man gemäß Abbildung 7.1-2 im Dialogfeld *Sequenzdiagramm* lediglich in der Rubrik *Transformieren* die Differenz der Ordnung 1 vereinbart. Offensichtlich kann aufgrund der um null schwankenden Trajektorie davon ausgegangen werden, dass die Zeitreihe der absoluten Kursveränderungen zumindest schwach stationär ist.

Autokorrelationsdiagramme. Die schwach stationäre Zeitreihe der Kursveränderungen gilt es im konzeptionellen Ablauf wiederum mit Hilfe der empirischen Autokorrelationsfunktionen ACF und PACF zu analysieren. Die zugehörigen Autokorrelationsdiagramme sind in der Abbildung 7.3.5-3 wiedergegeben.

Abbildung 7.3.5-3: Autokorrelationsdiagramme

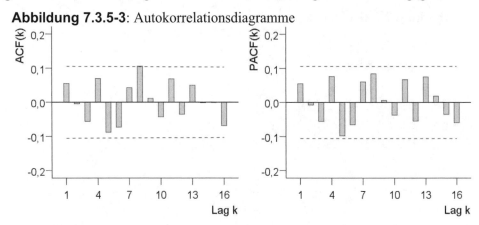

Random Walk. Da weder die empirische Autokorrelationsfunktion ACF noch die empirische partielle Autokorrelationsfunktion PACF Koeffizienten ACF(k) bzw. PACF(k) in sich tragen, die in einer Folge die (gestrichelten) Konfidenzgrenzen überschreiten, identifiziert man den beobachteten stochastischen Prozess als einen Random Walk, dessen Trajektorie als „weißes Rauschen" gedeutet und in Anlehnung an das Beispiel 7.3.4-1 wegen

$$Y_t - \mu = \theta_1 \cdot (Y_{t-1} - \mu) + U_t \text{ und } \mu = 0 \text{ sowie } \theta_1 = 1$$

als ein Zeitreihenmodell analytisch auch wie folgt dargestellt werden kann:

$$Y_t = Y_{t-1} + U_t \text{ bzw. } (1 - L) \cdot Y_t = U_t.$$

Bemerkenswert ist in diesem Zusammenhang, dass für einen Random Walk, der seinem Wesen nach ein spezielles AR(1)-Modell ist, die unbekannten Modellparameter $\mu = 0$ und $\theta_1 = 1$ a priori (lat.: *a priori* → von vornherein, vom Früheren her) bekannt sind und daher nicht mehr geschätzt zu werden brauchen. Hinzu kommt noch, dass man mit der Identifikation eines Random Walk gleichzeitig „drei Fliegen mit einer Klappe schlägt", zumal man mit der Modellidentifikation gleichzeitig auch die Modellschätzung und die Modellverifikation realisiert hat. Dies erklärt sich aus der Tatsache, dass ein durch „weißes Rauschen" charakterisierter stochastischer Prozess stets durch empirische Autokorrelationsfunktionen gekennzeichnet ist, deren Koeffizienten nicht signifikant verschieden von null sind. Da dies für die beobachteten Kursveränderungen, also für die ersten Differenzen der amtlichen Schlusskurse der Bayer-AG-Stammaktie zutrifft, hat man mit diesem analytischen Befund gleichzeitig auch die erforderliche Modellverifikation herbeigeführt.

Prognose. Gleichwohl im konkreten Fall eine kurzfristige statistische Kursprognose aufgrund des diagnostizierten „weißen Rauschens" wenig sinnvoll ist, soll sie dennoch aus didaktisch-methodischen Gründen und der Vollständigkeit halber für h = 5 Börsentage skizziert werden. Da ein einfacher Random Walk formal durch ein ARIMA(0, 1, 0)-Modell beschrieben werden kann, ergibt sich für den Prognosezeitraum $T_P = \{t \mid t = 359, 360, ...,363\}$ die in der Abbildung 7.3.5-4 anzeigte Kursprognose für die BAYER-AG-Stammaktie, für die im konkreten Fall letztlich nur der beobachtete und „leicht" fallende Trend fortgeschrieben wird, mehr nicht.

Abbildung 7.3.5-4: Unterdialogfeld *ARIMA: Speichern* und Modellvorhersage

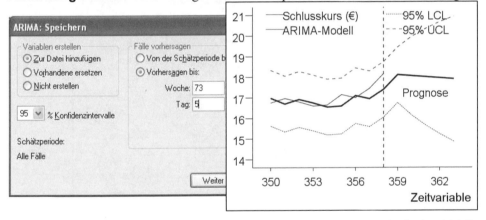

Die Abkürzungen LCL und UCL, die im Sequenzdiagramm innerhalb der Abbildung 7.3.5-4 benutzt werden, stehen für die englischen Begriffe „Lower Confidence Level" und „Upper Confidence Level" und bezeichnen im konkreten Fall die obere und die untere Konfidenzgrenze der Modellschätzung auf einem Konfidenzniveau von 0,95 bzw. 95 %, das wiederum gemäß Abbildung 7.3.5-4 im SPSS Unterdialogfeld *ARIMA: Speichern* im Voraus vereinbart wurde. Bleibt noch zu vermerken, dass für ein identifiziertes ARIMA-Modell eine Prognose des modellierten stochastischen Prozesses via Sequenz 7.3.3-1 und gemäß Abbildung 7.3.5-4 im Unterdialogfeld *ARIMA: Speichern* optional vereinbart werden kann. Im konkreten Fall wurden die Modellschätzwerte für den Relevanzzeitraum $T_R = T_B \cup T_P$ als Vereinigungsmenge aus dem Beobachtungszeitraum T_B und dem Prognosezeitraum T_P angefordert, worin auch die Modellprognosewerte für die fünf Börsentage der 73. Arbeitswoche eingeschlossen sind. ♣

Beispiel 7.3.5-2: ARIMA-Modell mit saisonalen Parametern
Motivation. Die Schätzung eines ARIMA-Modells mit saisonalen Parametern soll analog zum Beispiel 7.2.4-1 exemplarisch anhand der Zeitintervallreihe Fluggäste, die in der SPSS Daten-Datei *Passagiere.sav* gespeichert ist, demonstriert werden. Die Zeitreihe beinhaltet die monatlich erfassten Fluggästezahlen auf den Berliner Flughäfen für den Zeitraum von Januar 2002 bis Mai 2006.
Saisonale Parameter. Die Familie der bisher skizzierten und demonstrierten „klassischen" ARIMA-Modelle kann noch um ARIMA-Modelle mit saisonalen Parametern erweitert werden, die man im Allgemeinen verkürzt wie folgt notiert: ARIMA(p, d, q)(s_p, s_d, s_q). Die saisonalen Modellparameter s_p, s_d und s_q können via Sequenz 7.3.3-1 und gemäß Abbildung 7.3.5-5 im SPSS Dialogfeld *ARIMA* innerhalb der Rubrik *Modell* jeweils optional für einen autoregressiven, einen integrierten und/oder einen Gleitmittelansatz vereinbart werden.

Abbildung 7.3.5-5: Dialogfeld *ARIMA*

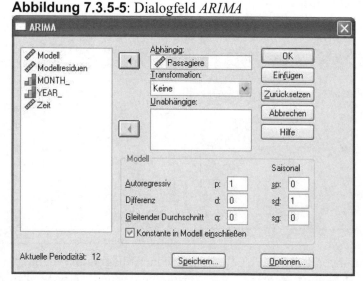

Dabei ist allerdings zu beachten, dass im Vorfeld der angestrebten Zeitreihenanalyse via Sequenz 7.1-1 und gemäß Abbildung 7.1-1 im Dialogfeld *Datum* vereinbaren die entsprechenden (in der Regel unterjährigen) saisonalen Zeitvariablen zu definieren sind. Im konkreten Fall wurden für die unterjährige Zeitreihe der Fluggästezahlen die SPSS Zeitvariablen *YEAR_* und *MONTH_* in die Arbeitsdatei eingefügt und in der SPSS Daten-Datei *Passagiere.sav* gespeichert.

Saisonale Differenz. Die Grundidee einer saisonalen Differenz kann man sich anhand der originären Zeitreihe $\{y_t, t = 1,2,...,53\}$ der Fluggästezahlen zum Beispiel in Gestalt des saisonalen Differenz s_d wie folgt verdeutlichen: Bezeichnet
$$\Delta^1 y_t = y_t - y_{t-1}$$
die Differenz der Ordnung d = 1, also die Veränderung in den Fluggästezahlen

im Monat t im Vergleich zum Vormonat t − 1, so kennzeichnet
$$\Delta^{1(s)}y_t = y_t - y_{t-s}$$
in logischer Konsequenz die Differenz der Ordnung d = 1, also die Veränderung der Fluggästezahlen im Monat t im Vergleich zu einem vorhergehenden Monat der Ordnung t − s. Da augenscheinlich bereits aus dem Sequenzdiagramm innerhalb der Abbildung 7.3.5-6 ersichtlich ist, dass jeweils für die Länge von s = 12 Monaten die Fluggästezahlen durch einen mehr oder minder gleichen und saisonal bedingten Verlauf gekennzeichnet sind, misst im konkreten Fall
$$\Delta^{1(12)}y_t = y_t - y_{t-12}$$
die absolute Veränderung der Fluggästezahlen im Monat t im Vergleich zum vorhergehenden Monat der Ordnung t − 12, also im Vergleich zum gleichen Vorjahresmonat. Man überzeugt sich anhand der SPSS Arbeitsdatei leicht von der Tatsache, dass man im Falle der originären Zeitintervallreihe $\{y_t, t = 1,2,...,53\}$ der Fluggästezahlen insgesamt nur 52 − 12 = 41 saisonale Differenzenwerte $\Delta^{1(12)}y_t$ berechnen kann, die wiederum wegen $\{\Delta^{1(12)}y_t, t = 13,14,...,53\}$ die saisonbereinigte Zeitreihe der Fluggästezahlen darstellen. Zum Zwecke eines visuellen Vergleichs sind die Trajektorien der originären und der saisonbereinigten Zeitreihe gemeinsam in der Abbildung 7.3.5-6 dargestellt.

Abbildung 7.3.5-6: Trajektorie, originär und saisonbereinigt

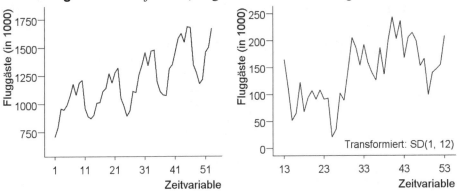

Autokorrelationsdiagramme. Aufgrund dessen, dass die empirischen Autokorrelationskoeffizienten ACF(k) mit wachsendem k „aussterben" und die empirischen partiellen Autokorrelationsfunktion PACF(k), die in einer Folge die (gestrichelten) Konfidenzgrenzen überschreiten, abrupt nach dem Lag der Ordnung k = 1 „verschwinden", diagnostiziert man für den (schwach stationären) stochastischen Prozess, der mittels der saisonalen Differenz erster Ordnung aus der originären Zeitreihe der Fluggästezahlen „erzeugt" wurde, ein AR(1)-Modell. Im Hinblick auf die originäre und saisonale Zeitreihe der Fluggästezahlen diagnostiziert man letztlich ein ARIMA(1, 0, 0)(0, 1, 0)-Modell.

Abbildung 7.3.5-7: Autokorrelationsdiagramme

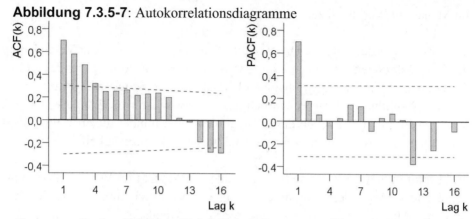

Prognose. In der Abbildung 7.3.5-8 sind die prognostizierten Fluggästezahlen auf den Berliner Flughäfen für den Prognosezeitraum

$$T_P = \{t \mid t = 54, 55, ..., 60\} = \{t^* \mid t^* = \text{Juni 2006}, ..., \text{Dezember 2006}\}$$

von der Länge h = 7 Monate auf der Basis des ARIMA(1, 0, 0)(0, 1, 0)-Modells zusammengefasst.

Abbildung 7.3.5-8: Prognosewerte für das ARIMA(1, 0, 0)(0, 1, 0)-Modell

Passagiere.sav - SPSS Daten-Editor

Datei Bearbeiten Ansicht Daten Transformieren Analysieren Grafiken Extras Fenster Hilfe

1 : Zeit 1 Sichtbar: 7 von

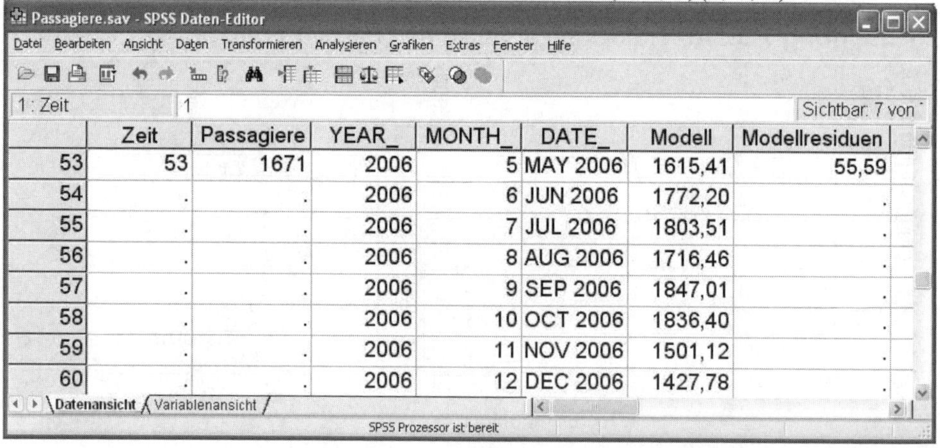

	Zeit	Passagiere	YEAR_	MONTH_	DATE_	Modell	Modellresiduen
53	53	1671	2006	5	MAY 2006	1615,41	55,59
54	.	.	2006	6	JUN 2006	1772,20	.
55	.	.	2006	7	JUL 2006	1803,51	.
56	.	.	2006	8	AUG 2006	1716,46	.
57	.	.	2006	9	SEP 2006	1847,01	.
58	.	.	2006	10	OCT 2006	1836,40	.
59	.	.	2006	11	NOV 2006	1501,12	.
60	.	.	2006	12	DEC 2006	1427,78	.

Datenansicht / Variablenansicht

SPSS Prozessor ist bereit

Die Prognosewerte für das konstruierte und zugrundeliegende ARIMA(1, 0, 0)(0, 1, 0)-Modell, die in der SPSS Daten-Datei *Passagiere.sav* in der SPSS Variable *Modell* gespeichert sind, können gemäß Abbildung 7.3.5-4 im Unterdialogfeld *ARIMA: Speichern* vereinbart und angefordert werden. Im Unterschied zum diagnostizierten ARIMA(0, 1, 0)-Modell, das im Kontext des Beispiels 7.3.5-1 für die Schlusskurse einer BAYER-Stammaktie konstruiert wurde, ist es im Falle der Zeitintervallreihe der Fluggästezahlen sinnvoll, eine kurzfristige statistische Prognose der Fluggästezahlen für die restlichen sieben Monate des Wirtschaftsjahres 2006 zu bewerkstelligen. ♣

Aufgaben

Die mit * gekennzeichneten Aufgaben sind Klausuraufgaben.

Aufgabe 7-1*

Verwenden Sie zur Lösung der folgenden Aufgabenstellungen die SPSS Daten-Datei *Umsatz.sav*. In der Datei sind aus dem ersten Halbjahr 2002 Tagesumsätze (Angaben in 100 €) eines Reise-Shops auf einem Berliner Bahnhof zusammengestellt.

a) Wie bezeichnet man die Menge der statistisch erfassten Tagesumsatzwerte?

b) Beschreiben Sie jeweils den Beobachtungszeitraum, den Prognosezeitraum und den Relevanzzeitraum der Tagesumsätze mit Hilfe einer geeigneten Indexmenge.

c) Die SPSS Variable „Trend" beinhaltet die Werte einer linearen Trendfunktion, die auf der Basis der Tagesumsätze des Beobachtungszeitraumes mit Hilfe der Methode der kleinsten Quadratesumme geschätzt wurde. Geben Sie die lineare Trendfunktion explizit an. Vereinbaren Sie zur Funktionsdarstellung geeignete Symbole und runden Sie die Parameterwerte auf drei Dezimalstellen. Interpretieren Sie die geschätzten Trendparameterwerte sachlogisch und statistisch.

d) Welche Tagesumsätze (Angaben in €) hätte man für die 12. Woche (Sonntag bis Samstag) prognostiziert, wenn man für die Umsatzprognose ein additives Trend-Saison-Modell auf der Basis der linearen Trendfunktion aus c) und der tagesdurchschnittlichen Trendresiduen verwandt hätte?

e) Bestimmen und interpretieren Sie den Residualstandardfehler des Trend-Saison-Modells.

Aufgabe 7-2

In einem Seminar zur Produktionswirtschaft werden Sie aufgefordert, für die verbleibenden Monate des Wirtschaftsjahres 2006 eine Prognose der PKW-Neuzulassungen in Deutschland zu bewerkstelligen. Zur Lösung des Problems verwenden Sie die SPSS Daten-Datei *Neuzulassungen.sav*, welche die Zeitreihe der PKW-Neuzulassungen in Deutschland zum Inhalt hat.

a) Charakterisieren Sie die Zeitreihe der PKW-Neuzulassungen und beschreiben Sie den Beobachtungszeitraum mit Hilfe geeigneter Indexmengen.

b) Zu welchem Prognoseergebnis gelangen Sie, wenn Sie sich der Einfachheit halber der SPSS Prozedur „Expert Modeler" bedienen und eine heuristische Modellwahl nur für „Modelle mit exponentiellem Glätten" optional vereinbaren?

c) Welches Analyseergebnis erhalten Sie, wenn Sie mit Hilfe der Autokorrelationsfunktionen ACF und PACF die originäre Zeitreihe jeweils mittels eines Differenzen-Filters erster Ordnung in eine trend- und saisonbereinigte Zeitreihe transformieren?

d) Charakterisieren Sie das stochastische Zeitreihenmodell ARIMA(2, 1, 0)(0, 1, 0). Schätzen Sie auf der Basis der originären Zeitreihe die Modellparameter und prüfen Sie diese auf einem Signifikanzniveau von 0,05.

e) Prognostizieren Sie mit Hilfe eines ARIMA(2, 1, 0)(0, 1, 0)-Modells die Anzahl der PKW-Neuzulassungen für die restlichen Monate des Wirtschaftsjahres 2006. Woraus erklären sich die Unterschiede zum Prognoseergebnis gemäß Aufgabenstellung b)?

Aufgabe 7-3*

In Berlin wurde im ersten Halbjahr 2001 die viel beachtete Ausstellung „Körperwelten" gezeigt. Die SPSS Daten-Datei *Körperwelten.sav* beinhaltet die Zeitreihe der Besuchszahlen für die ersten zehn Ausstellungswochen.

a) Charakterisieren Sie die Zeitreihe der Besuchszahlen und beschreiben Sie den Beobachtungszeitraum der Zeitreihe mit Hilfe geeigneter Indexmengen.
b) Stellen Sie die originäre Zeitreihe gemeinsam mit zentrierten und mit zurückgreifenden gleitenden Durchschnitten grafisch dar und kommentieren Sie Ihre Analyseergebnisse.
c) Einmal angenommen, dass Sie für die Dauer der Ausstellung als Assistent der Ausstellungsleitung famulierten und für die Prognosen der Besuchszahlen zuständig waren. Mit welchen (ganzzahlig gerundeten) Besuchszahlen hätte ceteris paribus die Ausstellungsleitung in der elften Ausstellungswoche rechnen können, wenn Sie für die Prognose der Besuchszahlen i) ein additives Trend-Saison-Modell auf der Basis einer linearen Trendfunktion, ii) ein Holt-Winters-Modell der exponentiellen Glättung mit linearem Trend und additiver Saisonkomponente, iii) ein ARIMA(1,0,0)(0,1,0)-Modell zugrunde gelegt hätten?
d) In der elften Ausstellungswoche wurden die folgenden Besuchszahlen statistisch erfasst: Samstag: 7657, Sonntag: 6062, Montag: 4669, Dienstag: 5717, Mittwoch: 6320, Donnerstag: 5906, Freitag: 5849. Geben Sie jeweils für die drei modellspezifischen Besuchszahl-Prognosen den ex-post (lat.: von hinten her) Prognosefehler an, der als Standardabweichung der originären von den prognostizierten Besuchszahlen definiert ist.

Aufgabe 7-4

Man lege eine SPSS Daten-Datei an, die eine Zeitvariable für 150 äquidistante Zeitvariablenwerte beinhaltet. In diese Datei füge man die folgenden Variablen ein, stelle sie jeweils grafisch dar und analysiere jeweils ihre Trajektorie mit Hilfe des Box-Jenkins-Verfahrens:
a) Eine Variable v_1, die Realisationen einer N(0, 1)-verteilten Zufallsvariablen beinhaltet.
b) Eine Variable v_2, welche die kumulierten Summen von v_1 beinhaltet.
c) Eine Variable v_3, die wie folgt definiert ist: $v_3 = 1 - 2 \cdot v_1$.
d) Eine Variable v_4, welche die kumulierten Summen von v_3 beinhaltet.

Aufgabe 7-5*

Analysieren Sie mit Hilfe des BOX-JENKINS-Verfahrens die Zeitreihe des amtlichen Schlusskurses der Lufthansa-Stammaktie, die in der SPSS Daten-Datei *Lufthansa.sav* gespeichert ist. Fassen Sie Ihre Ergebnisse in einem kurzen Analysebericht zusammen.

Aufgabe 7-6

Verwenden Sie zur Lösung der folgenden Problemstellungen die SPSS Daten-Datei *Speichelprobe.sav*. Die Datei beinhaltet Gewichtsangaben (in mg) von Speichelproben eines Patienten, die in äquidistanten Zeitabständen von einer Minute im Kontext eines ernährungsmedizinischen Experiments statistisch erfasst und kumuliert wurden.
a) Stellen Sie die empirisch erfasste und originäre Zeitreihe mit Hilfe eines Sequenzdiagramms grafisch dar. Zu welcher Aussage gelangen Sie aus der alleinigen Betrachtung des Diagramms?
b) Bereinigen Sie die originäre Zeitreihe von ihrem Trend sowohl mit Hilfe eines Differenzenfilters erster als auch zweiter Ordnung und charakterisieren Sie jeweils „kurz und verbal" die „gefilterte" Trajektorie.
c) Diagnostizieren Sie mit Hilfe der Autokorrelations- und der partiellen Autokorrelationsfunktion die Zeitreihe, die mittels eines Differenzenfilters zweiter Ordnung in eine schwach stationäre Zeitreihe transformiert wurde. Zu welchem Diagnoseergebnis gelangen Sie?
d) Schätzen und testen Sie die Parameter des Zeitreihenmodells, das Sie gemäß Problemstellung c) diagnostiziert haben, auf einem Signifikanzniveau von 0,05. ♣

8

Reliabilitätsanalyse

Schlüsselwörter

CRONBACH´s Alpha
Eta-Koeffizient
Itemkatalog
MCNEMAR-Test
Objektivität

Phi-Koeffizient
Punktbiseriale Korrelation
Reliabilität
Test
Validität

Gegenstand. Der Gegenstand dieses Kapitels ist eine elementare und paradigmenorientierte Einführung in die statistische Reliabilitätsanalyse (engl.: *reliability* → Zuverlässigkeit), die ursprünglich in der Psychologie (grch.: *psyche* → Seele + *logos* → Lehre) zur Überprüfung der Zuverlässigkeit von (psychologischen) Tests entwickelt wurde und heute vor allem auch in der empirischen Wirtschafts- und Sozialforschung bei der Überprüfung der Aussagekonsistenz (lat.: *consistere* → standhalten) von Fragebögen eine breite Anwendung erfährt.

Zielstellung. Das Ziel dieses Kapitels besteht darin, Verfahren der Reliabilitätsanalyse im Kontext der Aussagekonsistenzprüfung von Testaufgaben oder Fragebogenitems (lat., engl.: *item* → ebenso, Fragepunkt), die in der empirischen Wirtschafts- und Sozialforschung häufig appliziert werden, am praktischen Sachverhalt exemplarisch zu demonstrieren. In die elementaren Betrachtungen zur Reliabilitätsanalyse eingeschlossen ist eine kurze Erläuterung von Grundbegriffen einerseits und eine kurze Darstellung klassischer Reliabilitätsmaße andererseits, die vor allem auf den Testverfahren bzw. Korrelationsmaßen beruhen, die in den Kapiteln 4 und 5 skizziert wurden. ♣

8.1 Grundbegriffe

Motivation. In der empirischen Wirtschafts- und Sozialforschung, in der Psychologie, in der Pädagogik etc. wird man bei der Beschreibung und bei der empirischen Analyse von theoretischen Konstrukten in Gestalt von so genannten latenten (lat.: *latere* → verborgen sein) Variablen stets mit dem Problem ihrer Messbarkeit konfrontiert, etwa derart, dass man die Intelligenz von Personen, die Zufriedenheit von Kunden oder die Aktivitäten von Studierenden zu beschreiben, zu messen und zu analysieren wünscht. Aus statistisch-methodischer Sicht ist eine Messung, für die synonym und semantisch übergreifend der Begriff Test (lat.: *testis* → Zeuge, Mitwisser, engl.: *test* → Probe, Wertbestimmung, Eignungsprüfung) gebraucht wird, untrennbar mit dem Skalenbegriff[29] verbunden.

Test. Ein Test ist ein wissenschaftliches Routineverfahren zur Beschreibung eines oder mehrerer Merkmale, die an Merkmalsträgern empirisch erhoben wurden mit dem Ziel, möglichst eine quantitative Aussage über den „relativen Grad" der individuellen Merkmalsausprägungen zu erhalten. Der vor allem in der Psychologie bzw. in der empirischen Wirtschafts- und Sozialforschung übliche und synonyme Gebrauch des Begriffs Test (etwa im Sinne eines Intelligenztests) für eine Messung ist inhaltlich wohl zu unterscheiden vom Begriff eines statistischen Tests, der ein wahrscheinlichkeitstheoretisch begründetes Verfahren zur Überprüfung von Hypothesen aufgrund von Stichproben ist.

Kriterien. Die Bedeutung des Begriffs eines psychologischen oder empirischen Tests ist inhaltlich stets an folgende Charakteristika gebunden: Ein Test muss i) wissenschaftlich begründet sein, ii) routinemäßig durchführbar sein, iii) eine relative Positionsbestimmung eines untersuchten Merkmalsträgers in einer Menge von Merkmalsträgern ermöglichen und iv) bestimmte empirisch abgrenzbare Eigenschaften, Bereitschaften, Fähigkeiten, Fertigkeiten oder Merkmale prüfen. Ein Test im Sinne der Messung eines Konstrukts oder einer komplexen Eigenschaft erhebt keinen Anspruch auf Allgemeingültigkeit, sondern dient lediglich einer operationalen Beschreibung eines theoretischen Konstrukts, Tatbestands oder einer Eigenschaft. Ein Test sollte grundsätzlich die folgenden Gütekriterien erfüllen, die in einem logischen und untrennbaren Zusammenhang stehen, real eigentlich nicht existieren, jedoch einen methodischen Zugang zum Messen von theoretischen Konstrukten ermöglichen: die so genannte Objektivität (dt.: Allgemeingültigkeit, Sachlichkeit, Vorurteilslosigkeit), die so genannte Reliabilität (engl.: *reliability* → Zuverlässigkeit) und die so genannte Validität (lat.: *valere* → stark sein, gültig sein).

---

[29] Eine elementare Darstellung des statistischen Skalenbegriffs findet man u.a. bei: ECKSTEIN, Peter P.: Repetitorium Statistik, Deskriptive Statistik – Stochastik – Induktive Statistik, Mit Klausuraufgaben und Lösungen, 6., aktualisierte Auflage, GABLER Verlag Wiesbaden 2006.

Objektivität. Unter dem Begriff der Objektivität eines Tests subsumiert man den Unabhängigkeits- und den Allgemeingültigkeitsgrad, mit dem für eine Menge von Merkmalsträgern unter Verwendung eines gleichen Messinstruments für ein zu messendes Merkmal Messergebnisse erzielt werden. Der Objektivitätsgrad eines Tests oder einer Messung ist dann am größten (also sprichwörtlich absolut), wenn zum Beispiel bei einem Probanten bzw. Befragten durch verschiedene und voneinander unabhängig untersuchende bzw. interviewende Personen identische Messergebnisse erzielt werden.

Reliabilität. Unter dem Begriff der Reliabilität eines Tests subsumiert man den Verlässlichkeitsgrad, mit dem für eine Menge von Merkmalsträgern unter Verwendung eines gleichen Messinstruments für ein zu messendes Merkmal Messergebnisse erzielt werden. Der Reliabilitätsgrad eines Tests oder einer Messung wird mit Hilfe so genannter Reliabilitätsmaße (vgl. Abschnitt 8.2) gemessen. Ein Reliabilitätsmaß gibt an, in bzw. mit welchem Grad unter gleichen Bedingungen gewonnene Messergebnisse verlässlich sind, gleichgültig, ob der applizierte Test das Merkmal auch zu messen beansprucht (was letztlich ein Validitätskriterium ist). Der operationale Zugang zur Reliabilität ist nur möglich und sinnvoll mit Hilfe geeigneter Methoden und Modelle zur Messung bzw. Schätzung ihres Grades. In SPSS sind diverse Methoden bzw. Modelle implementiert, wobei in praxi vor allem das so genannte Reliabilitätsmaß Alpha nach CRONBACH häufig appliziert wird. CRONBACH's Alpha, auch als Homogenitätsindex bezeichnet, basiert auf dem Modell der internen Konsistenz, das wie folgt skizziert werden kann: Für eine hinreichend große Menge gleich dimensionierter Indikatoren wird der Grad der internen Konsistenz (lat.: *consistere* → standhalten) mittels des Reliabilitätsmaßes Alpha gemessen, das wiederum auf der „durchschnittlichen Korrelation" zwischen den Indikatoren beruht.

Validität. Unter dem Begriff der Validität eines Tests subsumiert man den Gültigkeits- bzw. den Glaubwürdigkeitsgrad, mit dem für eine Menge von Merkmalsträgern unter Verwendung eines gleichen Messinstruments für ein zu messendes Merkmal auch die Messergebnisse erzielt werden, die der Test zu messen beansprucht. Der Validitätsgrad eines Tests gibt an, wie gut der Test in der Lage ist, genau das zu messen, was er messen soll bzw. zu messen vorgibt. Hinsichtlich der Validität eines Tests unterscheidet man verschiedene Arten, wobei vor allem der so genannten Konstrukt-Validität eine besondere praktische Bedeutung zukommt. Ein Test gilt in diesem Zusammenhang als valide, wenn er ein theoretisches Konstrukt (etwa die Einstellung der Studenten zum Studium) zu messen in der Lage ist. In diesem Zusammenhang ist zu beachten, dass der Validitätsgrad eines empirischen Tests oder eines Fragebogens semantisch nicht verwechselt werden darf mit dem in SPSS verwendeten und im Kapitel 2 erläuterten Begriff der gültigen Fälle (engl.: *valid cases*). ♣

8.2 Maßzahlen und Verfahren

Abgrenzung. Aus der Vielzahl der in der empirischen Wirtschafts- und Sozialforschung häufig applizierten Maßzahlen und Verfahren zur Bewertung von Tests, Aufgaben oder Fragen werden im Folgenden der MCNEMAR-Test, der Phi-Koeffizient, die punktbiseriale Korrelation sowie CRONBACH's Alpha exemplarisch demonstriert und sachlogisch interpretiert. ♣

8.2.1 MCNEMAR-Test

Motivation. Der MCNEMAR-Test ist seinem Wesen nach ein Test auf Gleichheit zweier Anteile aus gepaarten bzw. aus zwei verbundenen Stichproben, der auf einer (2×2)-Kontingenztabelle zweier dichotomer Merkmale basiert. In praxi findet er vor allem dort Anwendung, wo es zu prüfen gilt, ob für ein und denselben Merkmalsträger ein dichotomer bzw. ein dichotomisierter Schwierigkeitsgrad für zwei Aufgabenstellungen oder ein Zustimmungsgrad für zwei Fragestellungen gleich ist. Als vorteilhaft erweist es sich dabei, die dichotomen Schwierigkeits- oder Zustimmungsgrade als numerische und 0-1-kodierte Variablen zu definieren.

Beispiel 8.2.1-1: McNemar-Test
Motivation. Das geflügelte Wort von einer „schwierigen Klausur" gehört zweifelsfrei zur studentischen Begriffswelt. Unter Verwendung der SPSS Daten-Datei *Klausurergebnisse.sav* soll mit dem MCNEMAR-Test geprüft werden, ob im paarweisen Vergleich bestimmte Klausuraufgaben durch einen gleichen oder einen unterschiedlichen Schwierigkeitsgrad gekennzeichnet sind.

Gepaarte Stichprobe. Das Konzept einer gepaarten Stichprobe kann im konkreten Fall wie folgt motiviert werden: An ein und denselben Klausurteilnehmern werden im Zuge zeitlich versetzt zu lösender Aufgaben „wiederholte Messungen" der „statistischen Kenntnisse" durchgeführt, in deren Ergebnis ein Klausurteilnehmer den dichotomen Merkmalsausprägungen „ja, Aufgabe gelöst" bzw. „nein, Aufgabe nicht gelöst" zugeordnet wird. Die Tabelle 8.2.1-1 beinhaltet die (2×2)-Kontingenztabelle für die gepaarte Stichprobe, die via Sequenz 5.1.1-1 angefordert werden kann.

MCNEMAR-Test. In der Tabelle 8.2.1-2 ist das Ergebnis des MCNEMAR-Tests auf der Basis des Schwierigkeitsgrades für die erste und die dritte Klausuraufgabe zusammengefasst. Das Testergebnis kann wie folgt interpretiert werden: Unter der Annahme, dass die Klausurteilnehmer als Elemente einer einfachen Zufallsstichprobe aufgefasst werden können, verwirft man auf einem vorab vereinbarten Signifikanzniveau von $\alpha = 0{,}05$ wegen $\alpha^* = 0{,}000 < \alpha = 0{,}05$ die Homogenitätshypothese bezüglich des Schwierigkeitsgrades der ersten und der dritten Klausuraufgabe und deutet gemäß Tabelle 8.2.1-2 die prozentualen Schwierigkeitsgrade von 88,6 % für L(ösung)1 und 69 % für L(ösung)3, die in der Kontingenztabelle 8.2.1-1 als prozentuale Randverteilungswerte für die Ausprägung „ja" ausgewiesen werden, als signifikant voneinander verschieden. Mehr noch: Da bei einem Signifikanztest das Verwerfen einer zweiseitigen Nullhypothese stets auch zur Ablehnung einer (entsprechend formulierten) einseitigen Nullhypothese führt, kann man im konkreten Fall davon ausgehen, dass der Schwierigkeitsgrad der ersten Klausuraufgabe signifikant größer ist als der Schwierigkeitsgrad der dritten Klausuraufgabe.

Tabelle 8.2.1-1: (2 × 2)-Kontingenztabelle

			L3		Gesamt
			nein	ja	
L1	nein	Anzahl	11	7	18
		% der Gesamtzahl	7,0%	4,4%	11,4%
	ja	Anzahl	38	102	140
		% der Gesamtzahl	24,1%	64,6%	88,6%
Gesamt		Anzahl	49	109	158
		% der Gesamtzahl	31,0%	69,0%	100,0%

Tabelle 8.2.1-2: MCNEMAR-Test

	Wert	Alpha* (2-seitig)
McNemar-Test		,000[a]
Anzahl der gültigen Fälle	158	

a. Verwendete Binomialverteilung

Hinweis. Im konkreten Fall ist der Schwierigkeitsgrad zur Lösung einer Aufgabenstellung definiert als der Anteil der Klausurteilnehmer, welche eine gestellte Aufgabe gelöst haben. Aufgrund dessen, dass die interessierenden Variablen jeweils numerisch und 0-1-kodiert sind, wobei die nominale Ausprägung „ja" mit eins kodiert wurde, ist der jeweilige Anteilswert identisch mit dem arithmetischen Mittel aus den jeweiligen 0-1-kodierten Werten. ♦

8.2.2 Phi-Koeffizient

Motivation. Der ϕ-Koeffizient (lies: *Phi-Koeffizient*) ist seinem Wesen nach nichts anderes ist als der Maßkorrelationskoeffizient nach BRAVAIS und PEARSON (vgl. Abschnitt 5.3) in Anwendung auf zwei dichotome Merkmale, die aus einer Stichprobe stammen und in einer (2 × 2)-Kontingenztabelle zusammengefasst wurden. Der ϕ-Koeffizient, der in praxi gleichermaßen für dichotome bzw. dichotomisierte nominale und/oder ordinale Rohwerte appliziert wird, kann via Sequenz 5.1.1-1 im Unterdialogfeld *Kreuztabellen: Statistiken*, das in der Abbildung 5.1.2-1 plakatiert ist, angefordert werden.

Beispiel 8.2.2-1: Phi-Koeffizient
Motivation. Das analytische Konzept eines Phi-Koeffizienten, der in der empirischen Wirtschafts- und Sozialforschung auch als Trennschärfe-Index bezeichnet und interpretiert wird, soll gleichsam anhand der in der SPSS Daten-Datei *Klausurergebnisse.sav* demonstriert werden. In der Tabelle 8.2.2-1 ist die (2 × 2)-Kontingenztabelle für das dichotome Erhebungsmerkmal *Geschlecht* und das dichotomisierte Erhebungsmerkmal *Klausurergebnis* dargestellt, die im Kontext einer Trennschärfe-Analyse wie folgt gedeutet werden kann: Eine Menge von 158 Klausurteilnehmern wurde aufgrund des dichotomen Gruppierungsmerkmals *Geschlecht* in zwei disjunkte Teilmengen mit einem Umfang von 76 männlichen und 82 weiblichen Klausurteilnehmern aufgeteilt. Für jeden Klausurteilnehmer wurde als „Rohwert" das dichotomisierte Klausurergebnis „bestanden" bzw. „nicht bestanden" erfasst. Demnach wurde zum Beispiel bei den 76 männlichen Klausurteilnehmern jeweils in einem gleichen Umfang (38 mal) der Rohwert eins (bestanden) bzw. null (nicht bestanden) statistisch beobachtet.

Tabelle 8.2.2-1: (2 × 2)-Kontingenztabelle

Anzahl

		Klausurergebnis		Gesamt
		nicht bestanden	bestanden	
Geschlecht	männlich	38	38	76
	weiblich	32	50	82
Gesamt		70	88	158

Phi-Koeffizient. Der Trennschärfe-Index ϕ (lies: *Phi*) für die geschlechtsspezifisch gemessenen „Rohwerte", der seinem Wesen nach ein normiertes und symmetrisches Zusammenhangsmaß ist, ist der Tabelle 8.2.2-2 angezeigt.

Tabelle 8.2.2-2: Phi-Koeffizient

		Wert	Alpha*
Nominal- bzgl. Nominalmaß	Phi-Koeffizient	,110	,165
Anzahl der gültigen Fälle		158	

Wegen $\alpha^* = 0{,}165 > \alpha = 0{,}05$ besteht kein Anlass, auf einem Signifikanzniveau von $\alpha = 0{,}05$ die Nullhypothese H_0: $\phi = 0$ zu verwerfen. Demnach ist der empirische Trennschärfe-Index $\phi_n = 0{,}110$, für dessen Absolutwert stets die Norm $0 \leq \phi_n \leq 1$ gilt, im statistischen Sinne nicht „markant" genug, um das Erhebungsmerkmal *Geschlecht*(szugehörigkeit) als ein „trennscharfes" Merkmal für das dichotomisierte Erhebungsmerkmal *Klausurergebnis* aufzudecken. ♣

8.2.3 Punktbiseriale Korrelation

Motivation. Der punktbiseriale Korrelationskoeffizient ist seinem Wesen nach der Maßkorrelationskoeffizient nach BRAVAIS und PEARSON (vgl. Abschnitt 5.3) in Anwendung auf ein „natürliches" dichotomes, 0-1-kodiertes Erhebungsmerkmal und ein mindestens intervallskaliertes Erhebungsmerkmal, dessen Ausprägungen in der empirischen Forschung auch als Rohwerte bezeichnet und in der Regel als Punktezahlen erfasst werden. In SPSS kann ein punktbiserialer Korrelationskoeffizient zum Beispiel wie folgt berechnet werden: i) via Sequenz 5.2-1, wobei im SPSS Dialogfeld *Bivariate Korrelationen* der Korrelationskoeffizient nach PEARSON anzufordern ist oder ii) via Sequenz 5.1.1-1, wobei gemäß Abbildung 5.1.2-1 im Unterdialogfeld *Kreuztabellen: Statistik* in der Rubrik *Nominal bezüglich Intervall* der Eta-Koeffizient anzufordern ist. Im SPSS Ergebnisprotokoll ist der punktbiseriale Korrelationskoeffizient der Wert, der angezeigt wird, wenn das intervallskalierte Merkmal als abhängige Variable aufgefasst wird.

Beispiel 8.2.3-1: Punktbiserialer Korrelationskoeffizient
Motivation. In Anlehnung an die Beispiele 8.2.1-1 und 8.2.2-1 soll auf der Grundlage der SPSS Daten-Datei *Klausurergebnisse.sav* statistisch analysiert werden, inwieweit die von den 158 Klausurteilnehmern erreichten Punktezahlen für jede der drei Klausuraufgaben (sie sind in den SPSS Variablen *A1*, *A2* und *A3* erfasst) mit denen in der SPSS Variable *Klausur* abgebildeten und dichotomisierten Klausurergebnisse „bestanden" bzw. „nicht bestanden" korrelieren und damit gleichsam als Indikatoren zur statistischen „Messung" des dichotomisierten Leistungskonstrukts „Klausurergebnis" zu dienen.

Biseriale Korrelation. Aus statistisch-methodischer Sicht führt dies unmittelbar zur Betrachtung der biserialen (lat.: *bis* → zweifach + *serere* → reihen, knüpfen) Korrelation, die den Grad des statistischen Zusammenhangs zwischen einem dichotomen statistischen Erhebungsmerkmal Y (Klausurergebnis) und einem (mindestens) intervallskalierten Erhebungsmerkmal X (erreichte Punkte bzw. Rohwerte für eine Klausuraufgabe) misst. Der Anschaulichkeit halber soll anhand der Mittelwerttabelle 8.2.2-1 der punktbiseriale Korrelationskoeffizient

$$r_{pb} = \frac{\bar{x}_1 - \bar{x}_0}{s_X} \cdot \sqrt{\frac{n_1 \cdot n_0}{n^2}} = \frac{13{,}909 - 2{,}357}{8{,}136} \cdot \sqrt{\frac{88 \cdot 70}{158^2}} \approx 0{,}708$$

zur Messung der Stärke der statistischen Korrelation zwischen dem (als real existierend angenommenen) dichotomen Merkmal Y (Klausurergebnis) und der erreichten Punktezahl X für die zweite Klausuraufgabe berechnet und interpretiert werden. Demnach besteht zwischen dem dichotomisierten Klausurergebnis und der bei der Lösung der zweiten Klausuraufgabe erreichten Punktezahl ein ausgeprägter positiver linearer biserialer statistischer Zusammenhang.

Tabelle 8.2.3-1: Mittelwerttabelle

Punkte für Aufgabe 2

Klausurergebnis	Mittelwert	n	Std.abw.
nicht bestanden	2,357	70	3,221
bestanden	13,909	88	7,171
Insgesamt	8,791	158	8,136

Unabhängigkeitstest. Wegen

$$|t_n| = \frac{r_{pb}}{\sqrt{(1-r_{pb}^2)/(n-2)}} = \frac{0,708}{\sqrt{(1-0,708^2)/(158-2)}} \approx 12,5 > t_{0,975;156} \approx 1,96$$

verwirft man im Kontext eines „klassischen" t-Tests auf einem Signifikanzniveau von $\alpha = 0,05$ die Unabhängigkeitshypothese H_0: $\rho_{pb} = 0$ (lies: *Rho*) und deutet den empirischen punktbiserialen Korrelationskoeffizienten $r_{pb} = 0,708$ als signifikant verschieden von null und somit als ein „trennscharfes" Ergebnis das darin besteht, dass die Klausurteilnehmer, welche die Klausur bestanden bzw. nicht bestanden haben, hinsichtlich der zweiten Klausuraufgabe signifikant voneinander verschiedene durchschnittliche Punktezahlen erzielten.

Hinweis. Das Ergebnis des Unabhängigkeitstests auf der Basis des empirischen punktbiserialen Korrelationskoeffizienten $r_{pb} = 0,708$ ist identisch ist mit dem Ergebnis eines t-Tests für zwei unabhängige Stichproben, das man via Sequenz 4.3.1-1 erhält, wobei gemäß Abbildung 4.3.1-2 das dichotomisierte Erhebungsmerkmal *Klausur* als so genannte Gruppenvariable und das Erhebungsmerkmal *A2* (also die bei der Lösung der Aufgabe 2 erreichten Punkte) als so genannte Testvariable fungieren. ♦

Eta-Koeffizient. Den punktbiserialen Korrelationskoeffizienten zur Messung des Trennschärfegrades zwischen dem Klausurergebnis und den in der zweiten Klausuraufgabe erreichten Punktezahlen kann man via Sequenz 5.1.1-1 und gemäß Abbildung 5.1.2-1 im Unterdialogfeld *Kreuztabellen: Statistik* in der Rubrik *Nominal bezüglich Intervall* in Gestalt des Eta-Koeffizienten anfordern.

Tabelle 8.2.3-2: Eta-Koeffizient

		Wert
Nominal- bzgl. Intervallmaß Eta	Punkte für Aufgabe 2 abhängig	,708

Da gemäß Tabelle 8.3.2-2 der Eta-Koeffizient mit 0,708 recht hoch ausfällt, ist auf empirischem Wege eine ausgeprägte punktbiseriale statistische Korrelation, auch Zweireihenkorrelation genannt, zwischen dem dichotom(isiert)en Klausurergebnis und der erreichten Punkteanzahl bei Lösung der zweiten Klausuraufgabe nachweisbar. Im induktiven Sinne ist dieser punktbiseriale Korrelationskoeffizient Eta auf einem Signifikanzniveau von 0,05 wesentlich bzw. signifikant verschieden von null. ♣

8.2.4 CRONBACH's Alpha

Motivation. CRONBACH's Alpha, der auch als Homogenitätsindex Alpha nach CRONBACH oder als Konsistenzmaß Alpha oder als Reliabilitätskoeffizient Alpha bezeichnet wird, ist zweifelsfrei das Reliabilitätsmaß, das in der empirischen Wirtschafts- und Sozialforschung bei der Messung der inneren Konsistenz eines theoretischen Konstrukts am häufigsten appliziert wird.

> **Homogenitätsindex nach CRONBACH**
> Wird zur Messung eines theoretischen Konstrukts einer Menge von n Personen ein Itemkatalog vorgelegt, wobei die Items auf einer gleichartigen bzw. gleichdimensionierten Skala gemessen werden, dann heißt das Maß, dass den mittleren Reliabilitätsgrad der Items bezüglich des theoretischen Konstrukts misst, Homogenitätsindex Alpha nach CRONBACH.

Hinweise. Für das Verständnis und für die Applkation des CRONBACHschen Reliabilitätsmaßes Alpha erweisen sich die folgenden Hinweise als nützlich und hilfreich: i) **Konzept.** CRONBACH's Alpha beruht auf dem Konzept der „internen Konsistenz" von Aufgaben bzw. Items (engl.: *item* → Fragepunkt) eines Tests bzw. eines Fragebogens und ist seinem Wesen nach ein Maß der „mittleren statistischen Korrelation" der auf einer gleichen Skala gemessenen Items eines Itemkatalogs, die alle ein gleiches theoretisches Konstrukt messen sollen. Dabei können die Items auch als Dichotomien gemessen worden sein. Für Items, die mindestens intervallskaliert sind, ist CRONBACH's Alpha eine Modifikation eines multiplen linearen Maßkorrelationskoeffizienten. ii) **Konstruktion.** Die Konstruktion von CRONBACH's Alpha basiert auf der Annahme, dass die auf einer gleichdimensionierten Skala gemessenen Items untereinander positiv korrelieren, zumal sie in einem gewissen Maße ein gemeinsames Konstrukt messen sollen. Sind die Items untereinander negativ korreliert, dann sollte die Fragestellung so „umformuliert" werden, dass diese einer positiven Korrelation zwischen den Items Rechnung tragen kann. Gelingt diese Modifizierung nicht, dann sind die betroffenen Items aus dem Itemkatalog zur Messung des theoretischen Konstrukts zu verbannen. Unter der Voraussetzung, dass alle Items untereinander positiv korrelieren, kann der CRONBACHsche Homogenitätsindex nur Werte zwischen null und eins annehmen. Die stark vereinfache Formel für CRONBACH's Alpha lautet

$$\alpha = \frac{a}{a-1} \cdot \left[1 - \frac{a}{a + 2 \cdot b}\right],$$

wobei a die Anzahl der Items bzw. Fragen und b die Summe der (positiven) Korrelationskoeffizienten der Items bzw. Fragen untereinander bezeichnen. Aus der vereinfachten Formel ist bereits zu erkennen, dass Alpha selbst dann vergleichsweise hohe Werte annimmt, wenn die Summe b aller (positiven) Korrelationskoeffizienten klein und die Itemanzahl a hinreichend groß ist. iii) **Historie.** Das skizzierte Reliabilitätsmaß Alpha geht auf den amerikanischen Psychologen L. J. CRONBACH zurück, der das Maß 1951 erstmals publizierte. Ihm zu Ehren firmiert in der einschlägigen Literatur und in SPSS der Homogenitätsindex Alpha unter der Bezeichnung CRONBACH's Alpha. ♦

Beispiel 8.2.4-1: CRONBACH's Alpha
Motivation. In Anlehnung an den Fragebogen, der in der Abbildung 2.1.1-3 dargestellt ist und die Grundlage für eine Studierendenbefragung in den wirtschaftswissenschaftlichen Studiengängen im Sommersemester 2007 an der Berliner Hochschule für Technik und Wirtschaft bildete, soll im Kontext einer Reliabilitätsanalyse im Allgemeinen und einer Konsistenzanalyse im Besonderen mit Hilfe des Homogenitätsindexes Alpha nach CRONBACH der Grad der internen Konsistenz der sechs Fragebogenitems Vorlesungs-, Übungs-, Bibliotheksbesuch, Selbststudium, Studiengruppenarbeit und Nebenjobtätigkeit im Rahmen der Frage 9 gemessen werden. Gelingt es auf empirischem Wege zu zeigen, dass diese gleichartigen und jeweils auf einer 100 %-Skala gemessenen Items (möglichst hochgradig) positiv korrelieren, dann ist es sinnvoll, sie als reliable bzw. zuverlässige Indikatoren zur Messung des theoretischen Konstrukts „Studienaktivitäten" zu verwenden. Die Lösung des skizzierten Sachverhalts ist eine Aufgabe der Reliabilitätsanalyse im engeren Sinne. Die Items, repräsentiert durch die Fragen 9a bis 9f, wurden von den befragten Studierenden unabhängig voneinander auf der Basis einer gleichdimensionierten metrischen Skala mit den Randwerten 0 und 100 bewertet. Die Daten sind in der SPSS Daten-Datei *Fragebogen.sav* gespeichert. Von Interesse sind alle Studierenden, die im Kurs *Statistik 3* befragt wurden, also der SPSS Auswahlbedingung *Kurs = 3* genügen.
Reliabilitätsanalyse. Die angestrebte Reliabilitätsanalyse kann via Sequenz 8.2.4-1 bewerkstelligt werden.

> **Sequenz 8.2.4-1**: Reliabilitätsanalyse
> Analysieren
>   Skalieren
>   Reliabilitätsanalyse → Abbildung 8.2.4-1
>   Schaltfläche **Statistik** → Abbildung 8.2.4-2

Abbildung 8.2.4-1: Dialogfeld *Reliabilitätsanalyse*

Abbildung 8.2.4-2: Unterdialogfeld ... *Statistik*

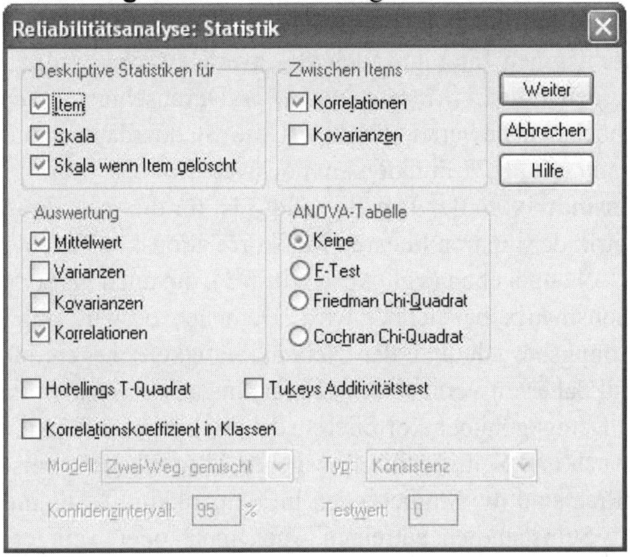

Ergebnisse. Die Ergebnisse der Reliabilitätsanalyse sind in den Tabellen 8.2.4-1 bis 8.2.4-7 zusammengefasst und können wie folgt interpretiert werden:

Fallverarbeitung. Gemäß Tabelle 8.2.4-1 wurden insgesamt 156 Studierende befragt, von denen insgesamt 149 Studierende bzw. (149/156)·100 % = 95,5 % aller befragten Studierenden hinsichtlich der sechs Fragebogenitems eine gültige und damit eine auswertbare Antwort gaben.

Tabelle 8.2.4-1: Fallverarbeitung

		Anzahl	%
Fälle	Gültig	149	95,5
	Ausgeschlossen[a]	7	4,5
	Insgesamt	156	100,0

a. Listenweise Löschung auf der Grundlage aller Variablen in der Prozedur.

Mittelwerttabelle. Die Tabelle 8.2.4-2 beinhaltet die Mittelwerttabelle für die sechs Fragebogen-Items, die im SPSS Ausgabeprotokoll unter der Bezeichnung *Itemstatistiken* firmiert.

Tabelle 8.2.4-2: Mittelwerttabelle

	Mittelwert	Standardabweichung	Anzahl
Vorlesungsbesuch	87,77	11,50	149
Übungsbesuch	87,01	20,25	149
Bibliotheksbesuch	36,65	23,64	149
Selbststudium	62,44	22,24	149
Studiengruppenarbeit	36,58	26,21	149
Nebenjobtätigkeit	52,77	38,77	149

Während von den befragten Studierenden, die eine gültige Antwort gaben, der Vorlesungsbesuch mit einer durchschnittlichen Punktezahl von 87,77 Punkten, die in der einschlägigen Literatur auch als „average scores" oder „mean scores" bezeichnet werden (engl.: *average, mean* → Durchschnitt + *score* → Punkt, Treffer), am höchsten bewertet wurde, ist die Standardabweichung beim Item *Nebenjobtätigkeit* mit 38,77 Punkten am höchsten.

Korrelationsmatrix. In der Tabelle 8.2.4-3 ist für die sechs Fragebogen-Items die (6 × 6)-Matrix der binären linearen Maßkorrelationskoeffizienten nach BRAVAIS und PEARSON angegeben (vgl. Abschnitt 5.3), die auch als so genannte Inter-Item-Korrelationsmatrix bezeichnet wird. Demnach besteht zum Beispiel zwischen dem Übungsbesuch und der Nebenjobtätigkeit wegen −0,072 ein sehr schwacher (und daher zu vernachlässigender) negativer linearer statistischer Zusammenhang. Demgegenüber korrelieren die vergebenen Punkte für die Items Bibliotheksbesuch und Selbststudium wegen 0,429 vergleichsweise stärker positiv. Offensichtlich sind die Studierenden im Statistikkurs 3, die mehr oder weniger regelmäßig Selbststudien betreiben, auch mehr oder weniger häufig in der Bibliothek anzutreffen und umgekehrt.

Tabelle 8.2.4-3: Inter-Item-Korrelationsmatrix

	Vorlesung	Übung	Bibliothek	Selbst	Gruppe	Nebenjob
Vorlesung	1,000	,424	,139	,004	,108	-,157
Übung	,424	1,000	,227	,264	,144	-,072
Bibliothek	,139	,227	1,000	,429	,273	-,039
Selbststudium	,004	,264	,429	1,000	,402	,052
Studiengruppen	,108	,144	,273	,402	1,000	,166
Nebenjob	-,157	-,072	-,039	,052	,166	1,000

Gesamtpunkte. Die Tabelle 8.2.4-4 beinhaltet die Mittelwerttabelle für die Gesamtpunkte, die jeweils eine befragte Person für alle sechs Items im Mittel vergeben hat. Diese durchschnittlichen Gesamtpunkte bezeichnet man in der empirischen Forschung auch als Roh- oder Skalenwerte (engl.: *total scores*).

Tabelle 8.2.4-4: Mittelwerttabelle für Skalenstatistik

	Mittelwert	Minimum	Maximum	Varianz	Anzahl der Items
Item-Mittelwerte	60,54	36,58	87,77	530,07	6

Demnach hat gemäß Abbildung 2.1.1-3 ein befragter Student bzw. eine befragte Studentin für die sechs Teilfragen im Kontext der Frage 9, welche die „Intensitäten ihrer bisherigen studentischen Aktivitäten" zum Gegenstand haben, im Durchschnitt 60,54 Punkte vergeben. Während im Ensemble der sechs Items die geringste Durchschnittsbewertung bei 36,58 Punkten liegt (Studiengruppenarbeit), wird liegt die höchste Bewertung bei 87,77 Punkten (Vorlesungsbesuch).

Reliabilitätsanalyse. Die Tabellen 8.2.4-5 und 8.2.4-6 beinhalten die Ergebnisse der Reliabilitätsanalyse auf der Basis des Reliabilitätsmaßes nach CRONBACH und der so genannten Gesamt-Item-Statistik.

Tabelle 8.2.4-5: Reliabilitätsmaße

Reliabilitätsstatistiken

Cronbachs Alpha	Cronbachs Alpha für standardisierte Items	Anzahl der Items
,455	,529	6

Für die sechs Fragebogen-Items berechnet man auf der Basis aller auswertbaren Fragebögen ein Reliabilitätsmaß Alpha nach CRONBACH von 0,455. In der empirischen Wirtschafts- und Sozialforschung geht man davon aus, dass ein reliabler Test bzw. ein reliables Konstrukt zumindest durch einen Reliabilitätskoeffizienten Alpha gekennzeichnet sein sollte, der seinem Werte nach größer als 0,6 ist. Im Blickwinkel dieser in praxi üblichen „minimalen" Reliabilitätsforderung würde man im konkreten Fall die sechs Items in ihrer Gesamtheit nicht als „reliabel" deuten und somit zur Messung und Beschreibung des theoretischen Konstrukts „Aktivitäten im studentischen Dasein" nicht verwenden. Würde man alle für ein Fragebogen-Item vergebenen Punkte standardisieren, so dass alle durch einen Mittelwert von null und eine Varianz von eins gekennzeichnet wären, dann hätte man einen standardisierten Reliabilitätsgrad von 0,529 gemessen. Die Ergebnisse des originären und des standardisierten Alpha-Koeffizienten stimmen dann weitgehend überein, wenn die Item-Varianzen nahezu identisch sind.

Tabelle 8.2.4-6: Gesamt-Item-Statistik

	Skalenmittelwert, wenn Item weggelassen	Korrigierte Item-Skala-Korrelation	Quadrierte multiple Korrelation	Cronbachs Alpha, wenn Item weggelassen
Intensität Vorlesungsbesuch, Basis: 100 %-Skala	275,45	,115	,226	,458
Intensität Übungsbesuch, Basis: 100 %-Skala	276,21	,242	,253	,405
Intensität Bibliotheksbesuch, Basis: 100 %-Skala	326,56	,318	,219	,359
Intensität Selbststudium, Basis: 100 %-Skala	300,77	,426	,316	,304
Intensität Studiengruppenarbeit, Basis: 100 %-Skala	326,63	,408	,211	,293
Intensität Nebenjobtätigkeit, Basis: 100 %-Skala	310,45	,020	,063	,614

Reliables Konstrukt. Zur Identifikation eines reliablen Item-Konstrukts erweist sich die letzte, mit CRONBACH-*Alpha, wenn Item gelöscht* überschriebene Tabellenspalte innerhalb der Tabelle 8.2.4-6 als sehr nützlich. Die praktische Bedeutung der letzten Tabellenspalte lässt sich wie folgt begründen: Da man nur an denjenigen Items eines Itemkatalogs interessiert ist, die untereinander möglichst hochgradig korrelieren und damit nahezu „gleichwertig" ein latentes Konstrukt zu messen vermögen, eliminiert man schrittweise ein Item aus dem Itemkatalog und prüft, ob mit seiner Eliminierung das CRONBACH'sche Reliabilitätsmaß Alpha erhöht werden kann.

Regel. Auf diesen Überlegungen basiert die folgende elementare und in praxi applizierte Entscheidungsregel: Aus einem Itemkatalog wird schrittweise immer das Item verbannt, dessen Eliminierung eine Erhöhung des CRONBACH'schen Reliabilitätsmaßes Alpha bewirkt.

Elimination. Würde man zum Beispiel das Item *Nebenjobtätigkeit* aus dem Itemkatalog „verbannen", dann hätte man für die restlichen fünf Items einen Reliabilitätskoeffizienten Alpha nach CRONBACH von 0,614 zu verzeichnen, der augenscheinlich größer ist als der originäre Reliabilitätskoeffizient von 0,455 aus der Tabelle 8.2.4-5 und den in praxi üblichen Reliabilitätsanforderungen schon eher nahe kommt. Verbannte man demgegenüber etwa das Item *Studiengruppenarbeit* aus dem Itemkatalog, erhielte man für die restlichen fünf Items einen Reliabilitätskoeffizienten Alpha von „nur noch" 0,293, der im Vergleich zum originären, auf den sechs Items basierenden Reliabilitätskoeffizienten von 0,455 eine „Verschlechterung" des Reliabilitätsmaßes Alpha nach CRONBACH für die restlichen vier Items anzeigen würde.

Arbeitsschritte. Eliminiert man aus dem Itemkatalog schrittweise die Items „Nebenjobtätigkeit", „Vorlesungsbesuch" und „Übungsbesuch", dann erhält man im konkreten Fall schließlich und endlich das „größtmögliche" Reliabilitätsmaß Alpha in Höhe von 0,635, das allerdings nur geringfügig höher ist als der Wert von CRONBACHS Alpha innerhalb der Tabelle 8.2.4-6 in Höhe von 0,614. In diesem Fall würden von den eingangs sechs Items zur Beschreibung des latenten Konstrukts „Aktivitäten im studentischen Dasein" nur die drei Items „Bibliotheksbesuch", „Selbststudium" und „Studiengruppenarbeit" verbleiben, die man aufgrund dessen, dass sie durch ein Reliabilitätsmaß Alpha nach CRONBACH von 0,635 charakterisiert werden, als homogene und reliable Items bezüglich der Messung und Beschreibung des theoretischen und latenten Konstrukts „Aktivitäten im studentischen Dasein" identifizieren würde.

Hinweise. In der praktischen statistischen Arbeit und in der einschlägigen Literatur werden im Zuge der Prüfung der inneren Konsistenz eines Itemkatalogs mit Hilfe des Reliabilitätsmaßes Alpha nach CRONBACH unterschiedliche Richt- bzw. Normwerte für einen reliablen Itemkatalog genannt und appliziert, die von einem

Normwert von mindestens 0,6 bis zu einem Normwert von mindestens 0,8 reichen. Je nach praktischem und/oder theoretischem Erfordernis sollte ein Itemkatalog, der stets aus mindestens zwei auf einer gleichen metrischen Skala (bzw. mindestens auf einer gleichartigen Intervallskala) gemessenen Items bestehen sollte, allerdings erst dann als konsistent, zuverlässig oder reliabel bezeichnet werden, wenn das Reliabilitätsmaß nach CRONBACH mindestens einen Wert von 0,6 annimmt. ♦

Fazit. Fasst man die Ergebnisse der paradigmatisch skizzierten Reliabilitätsanalyse für die sechs empirisch erfassten Fragebogenitems zusammen, so zeigt sich, dass von den ursprünglich sechs erfassten Items augenscheinlich nur das Item *Nebenjobtätigkeit* nicht geeignet ist, um das latente Konstrukt „Studienaktivitäten" reliabel und konsistent messen zu können. Wohl ist eine Nebenjobtätigkeit eine typische studentische Aktivität, sie ist sowohl „rein statistisch" als auch sachlogisch keine „reliable Studienaktivität". Diese statistisch-methodische und sachlogische Einschränkung ist letztlich auch für die faktoranalytischen Betrachtungen im Kontext des Kapitels 9 von Bedeutung.

Multiple Korrelation. Aus statistisch-methodischer Sicht beachtenswert erscheint im Kontext einer Reliabilitätsanalyse die vorletzte Spalte innerhalb der Tabelle 8.2.4-6, die mit „Quadrierte multiple Korrelation" überschrieben ist und einen unmittelbaren Bezug zu den Betrachtungen im Kontext des Abschnitts 6.3, welche die multiple lineare Regression zum Gegenstand haben, ermöglicht und besitzt. Anhand der verfügbaren Daten aus der Studierendenbefragung, die in der SPSS Daten-Datei *Fragebogen.sav* gespeichert sind, kann man via Sequenz 6.1-1 und gemäß Tabelle 8.2.4-7 zumindest rechnerisch leicht nachvollziehen, dass zum Beispiel das multiple Bestimmtheitsmaß R^2 der multiplen linearen Regression der abhängigen Variable *Fage9f* über den unabhängigen Variablen *Frage9a* bis *Frage9e* einen Wert von $R^2 = 0,063$ besitzt, der mit dem in der Tabelle 8.2.4-6 angezeigten Wert in der Zeile Nebenjob und der Spalte Quadrierte multiple Korrelation übereinstimmt.

Tabelle 8.2.4-7: Bestimmtheitsmaß

Modell	R	R-Quadrat
linear	,252	,063

Auf diesem rein numerischen Wege hat man zumindest rechnerisch ein weiteres Indiz dafür gefunden, dass eine Reliabilitätsanalyse aus statistisch-methodischer Sicht in letzter Instanz nichts anderes ist als eine spezielle Applikation und eine Erweiterung der Theorie der linearen statistischen Maßkorrelationsanalyse, deren wesentliche Bausteine im Abschnitt 5.3 paradigmenorientiert dargestellt wurden und deren Applikation stets an die Bedingung gebunden ist, dass die zu analysierenden Merkmale bzw. Items bezüglich ihrer Ausprägungen mindestens auf einer Intervallskala definiert und statistisch erhoben sein sollten. ♣

Aufgaben

Die mit * gekennzeichneten Aufgaben sind Klausuraufgaben.

Aufgabe 8-1*

Verwenden Sie die SPSS Daten-Datei *Fahrschule.sav*.

a) Fügen Sie in die Arbeitsdatei zur Beschreibung der folgenden Sachverhalte die folgenden numerischen Variablen ein: i) Praxis1: Alle Fahrschüler, die bereits im ersten Anlauf die Praxisprüfung bestanden haben, erhalten einen Bewertungspunkt, alle anderen Fahrschülern erhalten keinen Bewertungspunkt. ii) Theorie1: Alle Fahrschüler, die bereits im ersten Anlauf die Theorieprüfung bestanden haben, erhalten einen Bewertungspunkt, alle anderen Fahrschülern erhalten keinen Bewertungspunkt.
b) Bestimmen und interpretieren Sie den Schwierigkeitsgrad für die erste Praxisprüfung und für die erste Theorieprüfung.
c) Prüfen Sie auf einem Signifikanzniveau von 0,05 mit Hilfe eines geeigneten und konkret zu benennenden Verfahrens die folgende Hypothese: Die Schwierigkeitsindizes für die erste Praxisprüfung und für die erste Theorieprüfung sind gleich.
d) Bestimmen Sie für die Merkmale Geschlecht und Fahrübungsbedarf den punktbiserialen Korrelationskoeffizienten und prüfen Sie den Koeffizienten auf einem Signifikanzniveau von 0,05 auf Signifikanz.

Aufgabe 8-2*

Zur Lösung der folgenden Aufgabenstellungen benötigen Sie die SPSS Daten-Datei *Evaluation.sav*. Die Datei beinhaltet Informationen, die im Zuge der Lehr-Evaluation am Fachbereich Wirtschaftswissenschaften I der HTW Berlin im Wintersemester 2002/03 im Rahmen einer Totalerhebung statistisch erfasst wurden. Die verfügbaren Daten beschreiben für die einzelnen Studiengänge die evaluierten Lehrveranstaltungen, die von Studierenden auf der Grundlage eines standardisierten Fragebogens bewertet wurden. Von Interesse sind alle evaluierten Lehrveranstaltungen des Studiengangs „Betriebswirtschaftlehre mit dem Schwerpunkt Banken".

a) Benennen Sie den Merkmalsträger und die statistische Gesamtheit. Wie ist die statistische Gesamtheit inhaltlich abgegrenzt? Wie groß ist ihr Umfang?

> **Anmerkung**: Für zukünftige Lehr-Evaluationen ist von praktischem und inhaltlichem Interesse, ob die Fragen 20 bis 32 des zugrundeliegenden standardisierten Fragebogens, die sämtlich auf einer Punkteskala mit den Randwerten 0 und 5 „bewertet" wurden und zur Bewertung und Messung des Konstrukts „didaktische Fertigkeiten eines Dozenten" dienen sollen, als „zuverlässig" bzw. „aussagekonsistent" angesehen werden können.

b) Benennen Sie konkret ein statistisches Analysekonzept, das eine Lösung der in der Anmerkungsrubrik genannten Problemstellung ermöglicht.
c) Prüfen Sie mit Hilfe einer geeigneten und konkret zu benennenden Maßzahl die in Rede stehenden Fragebogen-Items auf ihre „innere Aussagekonsistenz". Geben Sie den Wert der Maßzahl an und interpretieren Sie diesen.
d) Welche der in Rede stehenden Fragen würden Sie aus dem Fragenkatalog „verbannen", wenn Sie als Maß für die innere Aussagekonsistenz bzw. Aussagehomogenität einen sog. Homogenitätsindex von 0,95 festlegen würden? Begründen Sie kurz Ihre Herangehensweise und bewerten Sie Ihr Analyseergebnis aus sachlogischer Sicht. ♣

9

Faktorenanalyse

Schlüsselwörter

Faktor
Faktoren-Extraktion
Faktoren-Rotation
Faktorladung

Faktorwert
Kommunalität
Ladungsdiagramm
Scree-Plot

Gegenstand. Dieses Kapitel hat eine elementare Einführung in die Faktorenanalyse zum Gegenstand, die aus statistisch-methodischer Sicht in die Familie der multivariaten (lat.: *multus* → vielfach + *varia* → Allerlei) statistischen Analyseverfahren eingeordnet wird. Die Faktorenanalyse, die ursprünglich in der Psychologie (grch.: *psyche* → Seele + *logos* → Lehre) aus dem Bemühen erwuchs, ein besseres Verständnis des latenten (lat.: *latens* → verborgen) Begriffs „Intelligenz" zu gewinnen, findet vor allem in der empirischen Wirtschafts-, Sozial- und pädagogischen Forschung eine breite Anwendung.

Grundidee. Die Grundidee einer Faktorenanalyse besteht darin, aus einer bestimmten und meist größeren Anzahl beobachteter und „gleichberechtigter" metrischer Merkmale aufgrund ihrer korrelativen Beziehungen eine kleinere Anzahl „neuer" und voneinander unabhängiger Variablenkonstrukte in Gestalt von „Faktoren" zu „extrahieren". Ermöglichen diese extrahierten Faktoren eine sachlogisch plausibel zu benennende Klassifikation der empirisch beobachteten Variablen, dann können sie die Basis für weitere statistische Analysen bilden.

Zielstellung. Das Ziel dieses Kapitels besteht darin, die Grundidee der methodisch anspruchsvollen Faktorenanalyse am praktischen Sachverhalt verständlich und nachvollziehbar zu demonstrieren. In die elementaren und paradigmatischen Betrachtungen eingeschlossen ist eine kurze Erläuterung des analytischen Grundprinzips einerseits und eine kurze begriffliche und inhaltliche Darstellung der in praxi am häufigsten applizierten Analysetechniken andererseits. ♣

9.1 Grundprinzip

Motivation. In der empirischen Wirtschafts- und Sozialforschung wird man aus Praktikabilitäts- und Plausibilitätsgründen oft mit der Forderung konfrontiert, im Sinne einer „Dimensionsreduktion" eine größere Anzahl „gleichartiger" metrischer Erhebungsmerkmale durch eine kleinere Anzahl (möglichst voneinander unabhängiger) Faktoren so genau und so einfach wie möglich statistisch zu erklären. Ein statistisches Verfahren, mit dessen Hilfe man unter bestimmten Bedingungen in der Lage ist, das praxisrelevante Problem einer „Variablenreduktion" einer befriedigenden Lösung zuzuführen, ist die Faktorenanalyse, deren analytisches Grundprinzip wie folgt skizziert werden kann:

Grundprinzip

Für die n Merkmalsträger γ_i einer wohldefinierten statistischen Gesamtheit $\Gamma_n = \{\gamma_i, i = 1,2,...,n\}$ werden m gleichartige metrische Merkmale X_j (j = 1,2,...,m) empirisch erhoben und die erhobenen Merkmalswerte $X_j(\gamma_i) = x_{ij}$ in einer (n × m)-Datenmatrix $\mathbf{X} = [x_{ij}]$ zusammengefasst. Aus methodischen Gründen wird mittels der z-Transformation die (n × m)-Datenmatrix $\mathbf{X} = [x_{ij}]$ in eine standardisierte (n × m)-Datenmatrix $\mathbf{Z} = [z_{ij}]$ transformiert und auf deren Grundlage eine (m × m)-Korrelationsmatrix $\mathbf{R} = [r_{ij}] = (n-1)^{-1} \cdot \mathbf{Z'Z}$ berechnet, welche mit Hilfe von bivariaten Maßkorrelationskoeffizienten r_{ij} die korrelativen Beziehungen zwischen den m standardisierten Merkmalen Z_j beschreibt. Aufgrund ihrer korrelativen Beziehungen werden mittels eines Extraktionsverfahrens aus m standardisierten Merkmalen Z_j insgesamt p < m gemeinsame Faktoren F_k (k = 1,2,...,p) „extrahiert". Werden die p Faktoren F_k mittels der Hauptkomponentenmethode extrahiert, dann bilden sie die Konstruktionsbasis für ein lineares faktoranalytisches Modell $Z_j = l_{j1} \cdot F_1 + l_{j2} \cdot F_2 + ... + l_{jp} \cdot F_p + U_j$, das zum einen der statistischen Beschreibung der standardisierten Erhebungsmerkmale Z_j dient und zum anderen die Grundidee einer Faktorenanalyse kennzeichnet.

Hinweise. Für das Verständnis der faktoranalytischen Grundprinzips erweisen sich die folgenden Hinweise als hilfreich: i) **Modell**. Auf der Grundlage der m standardisierten Messvariablen Z_j konstruiert man vor allem aus Gründen der Einfachheit das lineare faktoranalytische Modell $Z_j = l_{j1} \cdot F_1 + l_{j2} \cdot F_2 + ... + l_{jp} \cdot F_p + U_j$, das als eine Linearkombination von p gemeinsamen und voneinander unabhängigen Faktoren F_k und den zugehörigen Faktorladungen l_{jk} gedeutet werden kann, die zudem noch von einem Einzelrestfaktor U_j additiv überlagert wird. ii) **Unterschied**. Der methodische Unterschied eines faktoranalytischen Modells $Z_j = l_{j1} \cdot F_1 + l_{j2} \cdot F_2 + ... + l_{jp} \cdot F_p + U_j$ im Vergleich zu einem multiplen Regressionsmodell $Y = \beta_0 + \beta_1 \cdot X_1 + \beta_2 \cdot X_2 + ... + \beta_p \cdot X_p + U$ (vgl. Abschnitt 9.3) besteht darin, dass bei einem Regressionsmodell sowohl der Regressand Y als auch die p Regressoren X_k (k = 1,2,...,p) empirisch erhoben wurden, während bei einem Faktorenmodell die Faktoren F_k ihrem Wesen nach latente (lat.: latere → verborgen sein) Variablenkonstrukte sind, die es aus m empirisch beobachteten und standardisierten Erhebungsmerkmalen Z_j gleichsam „herauszulösen" bzw. zu extrahieren gilt. In diesem Sinne kann eine Faktorenanalyse stets als ein „variablenreduzierendes" multivariates statistisches Verfahren interpretiert werden. iii) **Extraktionsverfahren**. Ein Extraktionsverfahren, das in praxi zur Konstruktion des linearen faktoranalytischen Modells $Z_j = l_{j1} \cdot F_1 + l_{j2} \cdot F_2 + ... + l_{jp} \cdot F_p + U_j$ appliziert wird, ist die so genannte Hauptkomponentenmethode. iv) **Faktorladung**. Der Koeffizient l_{jk}, der im Kontext einer Faktorenanalyse als eine Faktorladung gedeutet wird, misst den Einfluss oder die „Ladung" des Faktors F_k der Ordnung k im Hinblick auf das standardisierte Erhebungsmerkmal Z_j der Ordnung j. iv) **Faktortaufe**. Neben der Schätzung der Faktorladungen l_{jk}, die im konkreten Fall als Maßkorrelationskoeffizienten zwischen einem standardisierten Erhebungsmerkmal Z_j und einem Faktor F_k gedeutet werden und per Definition nur Werte zwischen –1 und +1 annehmen können, kommt in praxi vor allem einer sachlogischen und plausiblen „Faktortaufe" bzw. einer „Faktornamensgebung" eine besondere praktische Bedeutung zu. Bei einer Faktortaufe lässt man sich vor allem von den Faktoren F_k leiten und anregen, die mit einer „hohen Ladung" versehen sind, also gleichsam durch eine hochgradige Maßkorrelation zwischen einem standardisiertem Erhebungsmerkmal Z_j und einem Faktor F_k gekennzeichnet sind. Da es für eine Faktortaufe keine Patentrezepte gibt, kommt man ohne Sachkenntnis, Erfahrung und Inspiration nicht aus. ♦

Analyseschritte. Die in Kontext dieses Kapitels dargestellte paradigmatische Einführung in die statistische Faktorenanalyse beruht auf den folgenden drei Arbeitsschritten: Erstens auf der so genannten Faktoren-Extraktion, zweitens auf der so genannten Faktoren-Rotation, worin die Taufe der extrahierten Faktoren eingeschlossen ist, und drittens auf der Berechnung und sachlogischen Interpretation der so genannten Faktorwerte. ♣

9.2 Faktoren-Extraktion

Motivation. Unter dem Begriff der Faktoren-Extraktion subsumiert man im Kontext einer Faktorenanalyse das „Herausrechnen" von latenten Variablenkonstrukten F_k (k = 1,2,...,p ≤ m) aus einem Variablenkatalog, der aus m ≥ 2 „gleichberechtigten", mindestens intervallskalierten Variablen X_j (j = 1,2,...,m) besteht, die für eine Menge wohldefinierter Merkmalsträger $\Gamma_n = \{\gamma_i, i = 1,2,...,n\}$ statistisch erhoben bzw. gemessen wurden. Die Extraktion von latenten Variablenkonstrukten, die synonym auch als Komponenten oder Faktoren bezeichnet werden, ist „SPSS intern" mit Analyseschritten verbunden, die der Einfachheit halber und des Überblickcharakters wegen im Folgenden nur verbal skizziert werden. Hinter den „bloßen" Begriffen verbergen sich anspruchsvolle mathematische Prozeduren, für deren explizite Darstellung es vorteilhaft und geboten ist, sich des Matrizenkalküls zu bedienen.

Standardisierung. In einem ersten Analyseschritt werden die „originären" metrischen Erhebungsmerkmale X_j via z-Transformation $Z_j = (X_j - \mu_j)/\sigma_j$ in standardisierte Variablen Z_j überführt. Gemäß der Betrachtungen im Kontext des Abschnittes 5.5 besitzen standardisierte Variablen die folgenden nützlichen Eigenschaften: Sie sind stets dimensionslos, ihr Mittelwert ist stets null und ihre Standardabweichung ist stets eins.

Korrelationsmatrix. Die m standardisierten Erhebungsmerkmale Z_j werden analog zum Abschnitt 5.3 einer Maßkorrelationsanalyse unterzogen und die berechneten bivariaten Maßkorrelationskoeffizienten zwischen den einzelnen Variablen Z_j in einer stets quadratischen und symmetrischen (m × m)-Korrelationsmatrix $\mathbf{R} = [r_{ij}] = (n-1)^{-1} \cdot \mathbf{Z'Z}$ zusammengefasst.

Eigenwerte. Für die so genannte (m × m)-Korrelationsmatrix $\mathbf{R}$ werden im konzeptionellen Ablauf mittels der so genannten Hauptkomponentenmethode die zugehörigen Eigenwerte und Eigenvektoren bestimmt. In der linearen Algebra werden die Lösungen der zu einer quadratischen (m × m)-Matrix gehörenden charakteristischen Gleichung in Gestalt eines Polynoms m-ten Grades als charakteristische Wurzeln oder Eigenwerte einer quadratischen Matrix m-ter Ordnung bezeichnet. Demnach besitzt eine quadratische Matrix der Ordnung m ≥ 2 genau m ≥ 2 Eigenwerte und eine symmetrische Matrix m-ter Ordnung genau m ≥ 2 reelle Eigenwerte. Die Eigenwerte, die automatisch in absteigender Folge sortiert werden, bilden die Basis für die Faktoren-Extraktion. Der Eigenwert λ_k (lies: *Klein-Lambda*) eines extrahierten Faktors F_k, der im konkreten Fall als eine varianzerklärende Maßzahl gedeutet werden kann, gibt an, wie viel von der Gesamtvarianz aller m standardisierten Erhebungsmerkmale Z_j (j = 1,2,...,m) durch den extrahierten Faktor F_k der Ordnung k erfasst bzw. statistisch erklärt werden kann.

Extraktionsregel. Aus erklärungsstatistischer Sicht kann die folgende Extraktionsregel formuliert werden: Aus m standardisierten Erhebungsmerkmalen Z_j werden so viele Faktoren p ≤ m extrahiert, wie Eigenwerte mit einem Wert größer als eins vorliegen. Die zu diesen Eigenwerten λ_k gehörenden Eigenvektoren bilden die extrahierten Faktoren F_k. Die Elemente der Eigenvektoren kennzeichnen die Faktorladungen l_{jk}. Eine Faktorladung l_{jk} ist ihrem Wesen nach ein Korrelationskoeffizient zwischen einem standardisierten Erhebungsmerkmal Z_j und einem extrahierten Faktor F_k. Im Zuge einer sachlogischen Interpretation und statistischen Wertung einer Faktorladung l_{jk}, die per Definition Werte zwischen -1 und +1 annehmen kann, ist nur deren absoluter Betrag von Interesse.

Verfahren. Zur Lösung des „Extraktionsproblems" sind in SPSS verschiedene Verfahren implementiert, die gemäß Abbildung 9.2-2 im Unterdialogfeld *Faktorenanalyse: Extraktion* optional vereinbart werden können, worunter auch die in praxi häufig applizierte Hauptkomponentenmethode (engl.: *principal components analysis*) zählt. Das Charakteristikum der Hauptkomponentenmethode besteht darin, dass sich mit dem Faktorenmodell $Z_j = l_{j1} \cdot F_1 + l_{j2} \cdot F_2 + ... + l_{jp} \cdot F_p + U_j$ die Gesamtvarianz aller m standardisierten Erhebungsmerkmale Z_j bis auf einen zufallsbedingten Rest U_j auf die p gemeinsamen und voneinander unabhängigen Faktoren F_k zurückführen lässt. ♣

Faktorenanalyse

Beispiel 9.2-1: Faktoren-Extraktion
Motivation. Im Vorfeld der angestrebten faktoranalytischen Betrachtungen wurden unter Verwendung der SPSS Daten-Datei *Fragebogen.sav* die sechs Items im Kontext der Frage 9 des standardisierten Fragebogens aus der Abbildung 2.1.1-3 zur Beschreibung „studentischer Aktivitäten" einer statistischen Reliabilitätsanalyse (engl.: *reliability* → Zuverlässigkeit), die ein spezieller Gegenstand des Kapitels 8 ist, unterzogen.

Reliabilitätsanalyse. Das Ergebnis der Reliabilitätsanalyse auf der Grundlage des Reliabilitätsmaßes nach CRONBACH wurde im Kontext des Beispiels 8.2.4-1 erläutert. Es lässt sich im konkreten Fall wie folgt zusammenfassen: Das Item *Nebenjobtätigkeit*, dessen empirisch gemessenen Werte in der SPSS Variable *Frage9f* abgebildet sind, erweist sich im Ensemble der sechs Fragebogen-Items als eine nicht reliable Messgröße zur Beschreibung des latenten Konstrukts „Studienaktivitäten" und ist daher aus statistisch-methodischer Sicht für die weiteren Betrachtungen ohne Belang.

Faktorenanalyse. Da die verbleibenden fünf metrischen und reliablen Fragebogen-Items *Vorlesungsbesuch, Übungsbesuch, Bibliotheksbesuch, Selbststudium* und *Studiengruppenarbeit* zur Beschreibung des latenten Konstrukts „Studienaktivitäten" jeweils auf einer 100 %-Skala „gemessen" wurden und als „gleichberechtigte" Merkmale eines Studierenden gedeutet werden können, ist es sinnvoll, sie via Sequenz 9.2-1 einer Faktorenanalyse zu unterziehen.

Sequenz 9.2-1: Faktorenanalyse
Analysieren
Dimensionsreduktion
Faktorenanalyse... → Abbildung 9.2-1

Abbildung 9.2-1: Dialogfelder *Faktorenanalyse*

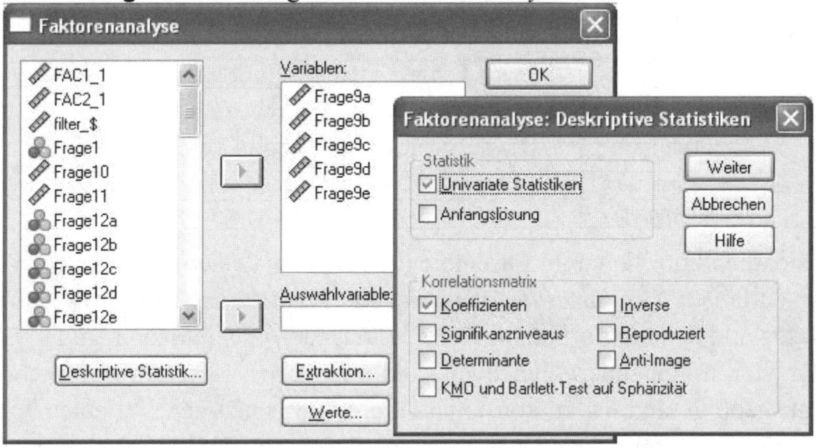

Deskription. Gemeinsam mit dem Dialogfeld *Faktorenanalyse* ist in der Abbildung 9.2-1 das Unterdialogfeld *Faktorenanalyse: Deskriptive Statistiken* dargestellt, das man im Dialogfeld *Faktorenanalyse* via Schaltfläche *Deskriptive Statistik...* aktivieren kann. Im konkreten Fall wurden die *Univariaten Statistiken* und die *Korrelationsmatrix* angefordert, die in den Tabellen 9.2-1 und 9.2-2 aufgelistet sind.

Tabelle 9.2-1: Univariate Statistiken

	Mittelwert	Standardabweichung	Anzahl
Vorlesungsbesuch	90,01	11,37	519
Übungsbesuch	87,52	20,22	519
Bibliotheksbesuch	34,34	24,94	519
Selbststudium	58,71	22,15	519
Studiengruppenarbeit	34,40	26,73	519

Von den 519 befragten Studierenden, die im Hinblick auf den fünfgliedrigen Itemkatalog gültige und damit auswertbare Antworten gaben, wurde für die studentische Aktivität „Vorlesungsbesuch" mit durchschnittlich 90 % der höchste und im Hinblick auf die studentische Aktivität „Bibliotheksbesuch" mit durchschnittlich 34,3 % der niedrigste Intensitätsgrad gemessen.

Korrelationsmatrix. Aufgrund dessen, dass für jeden Studenten γ insgesamt $m = 5$ studentische Aktivitäten X_j ($j = 1,2,...,m$) gemessen wurden, ist es evident, dass die zugehörige (5×5)-Korrelationsmatrix **R** innerhalb der Tabelle 9.2-2 nicht nur quadratisch, sondern stets auch symmetrisch ist. Hinzu kommt noch die scheinbar triviale Aussage, dass zum einen die Diagonalelemente dem Werte nach eins sind, da man die jeweilig gemessene studentische Aktivität mit sich selbst korreliert und zum anderen sich die bivariaten Maßkorrelationskoeffizienten redundant an der Diagonalen spiegeln.

Tabelle 9.2-2: (5×5)-Korrelationsmatrix

		Vorlesung	Übung	Bibliothek	Selbststudium	Studiengruppe
Korrelation	Vorlesung	1,000	,445	,049	-,019	,048
	Übung	,445	1,000	,123	,129	,140
	Bibliothek	,049	,123	1,000	,354	,199
	Selbststudium	-,019	,129	,354	1,000	,321
	Studiengruppe	,048	,140	,199	,321	1,000

Offensichtlich korrelieren im Ensemble der $m = 5$ analysierten Fragebogen-Items X_j die Variablen X_1: *Vorlesung(sbesuch)* und X_2: *Übung(sbesuch)* wegen eines bivariaten und symmetrischen Maßkorrelationskoeffizienten von $r_{12} = r_{21} = 0,445$ am stärksten miteinander. Gleichwohl die paarweisen Korrelationen nicht allzu stark ausgeprägt sind, ist zu konstatieren, dass zwischen den Variablen X_3: *Bibliothek(sbesuch)* und X_4: *Selbststudium* wegen $r_{34} = r_{43} = 0,354$ die zweitstärkste Maßkorrelation besteht.

Abbildung 9.2-2: Unterdialogfeld ... *Extraktion*

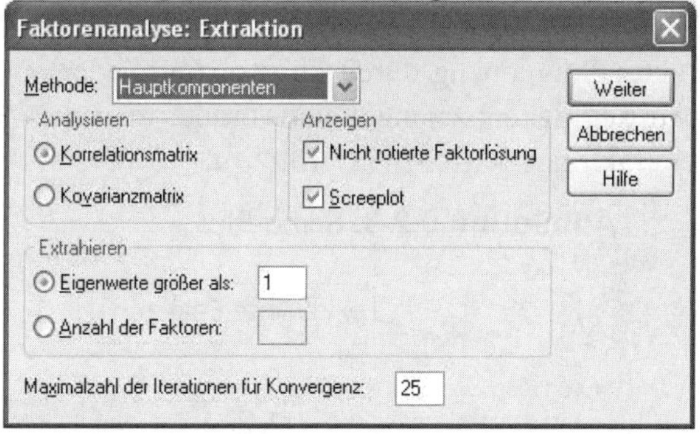

Faktoren-Extraktion. In der Tabelle 9.2-3 ist das Ergebnis der anfänglichen, „nicht rotierten" Faktoren-Extraktion angezeigt, die gemäß Abbildung 9.2-2 im Unterdialogfeld *Faktorenanalyse: Extraktion* optional vereinbart wurde. Aufgrund dessen, dass es im konkreten Fall zwei Eigenwerte $\lambda_1 = 1{,}728$ und $\lambda_2 = 1{,}325$ gibt, die hinsichtlich ihrer Werte größer als eins sind, wurden aus dem Ensemble der m = 5 Variablen p = 2 Faktorvariablen F_k extrahiert, mit deren Hilfe man bereits in der Lage ist, ca. 61,1 % der Gesamtvarianz der m = 5 standardisierten Fragebogen-Items Z_j statistisch zu erklären.

Tabelle 9.2-3: Faktoren-Extraktion

Komponente	Anfängliche Eigenwerte		
	Gesamt	% der Varianz	Kumulierte %
1	1,728	34,560	34,560
2	1,325	26,506	61,066
3	,802	16,043	77,109
4	,616	12,330	89,439
5	,528	10,561	100,000

Extraktionsmethode: Hauptkomponentenanalyse.

Scree-Plot. Im Kontext der Faktoren-Extraktion erweist sich das so genannte Scree-Plot (engl.: *scree* → Geröll + *plot* → Zeichnung) innerhalb der Abbildung 9.2-3 vor allem dann als sehr nützlich und hilfreich, wenn man eine größere Anzahl (etwa m > 10) von standardisierten Variablen Z_j einer Faktorenanalyse unterzieht und abweichend von der eingangs formulierten Extraktionsregel „selbstbestimmend" die extrahierten Faktoren gemäß dem so genannten Aschenputtel-Prinzip in „bedeutsame" und „unbedeutende" Faktoren aufzuteilen gedenkt. In einem Scree-Plot, das gemäß Abbildung 9.2-2 im Unterdialogfeld *Faktorenanalyse: Extraktion* angefordert werden kann, klassifiziert man alle diejenigen Faktoren im statistischen Sinne als „bedeutsam", die numerisch durch vergleichsweise große Eigenwerte und grafisch durch einen Polygonzug mit einem vergleichsweise starken (negativen) Anstieg gekennzeichnet sind. Die restlichen Faktoren, die gemäß der Allegorie von einem „Geröllhang" im degressiv fallenden Eigenwert-Faktor-Polygonzug durch Polygonzugglieder mit einem geringeren (negativen) Anstieg gekennzeichnet sind, ordnet man den „unbedeutenden" Faktoren bzw. dem faktoranalytischen „Geröll" zu.

Abbildung 9.2-3: Scree-Plot

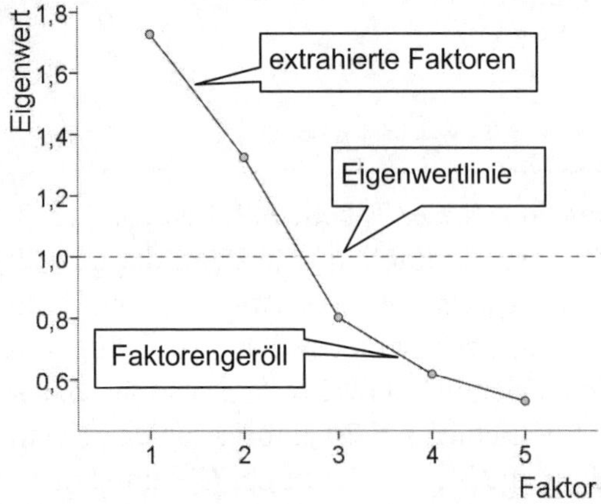

Ungeachtet der eingangs formulierten Extraktionsregel würde man im Scree-Plot innerhalb der Abbildung 9.2-3 zum Beispiel die extrahierten Faktoren 1 und 2, die durch den Polygonzug oberhalb der gestichelten Eigenwert-Linie „auf dem Niveau eins" als „faktoranalytisch bedeutsam" und die extrahierten Faktoren 3, 4 und 5 unterhalb der gestrichelten Niveaulinie als „unbedeutendes faktoranalytisches Geröll" klassifizieren.

Faktorladungen. In der Tabelle 9.2-4 ist die im Zuge der Hauptkomponentenanalyse anfallende (5 × 2)-Komponentenmatrix dargestellt, deren Elemente die Faktorladungen l_{jk} für die p = 2 extrahierten Faktoren F_1 und F_2 aus den m = 5 standardisierten Erhebungsmerkmalen $Z_1,...,Z_5$ beinhalten.

Tabelle 9.2-4: Faktorladungen

	Komponente	
	1	2
Vorlesungsbesuch	,430	,752
Übungsbesuch	,600	,598
Bibliotheksbesuch	,617	-,335
Selbststudium	,661	-,456
Studiengruppenarbeit	,604	-,288

Extraktionsmethode: Hauptkomponentenanalyse.

Die Faktorladung $l_{12} = 0{,}752$, die ihrem Wesen nach ein bivariater Maßkorrelationskoeffizient ist, kann wie folgt interpretiert werden: Zwischen dem standardisierten Erhebungsmerkmal Z_1: *Vorlesungsbesuch* und der im Zuge der Hauptkomponentenanalyse extrahierten Komponente (Faktor) der Ordnung k = 2 besteht eine ausgeprägte positive lineare statistische Korrelation. Demnach kann man wegen l_{12} = 0,752 eine „hohe Ladung" der Variable Z_1: *Vorlesungsbesuch* auf dem extrahierten Faktor der Ordnung k = 2 feststellen. Im Vergleich dazu besteht wegen l_{42} = −0,456 eine nachweisbare, allerdings nicht sehr stark ausgeprägte negative lineare statistische Korrelation zwischen dem standardisierten Erhebungsmerkmal Z_4: *Selbststudium* und dem extrahierten Faktor der Ordnung k = 2. Dieses Ergebnis deutet man dahingehend, dass die standardisierte Variable Z_4: *Selbststudium* auf dem extrahierten Faktor F_k der Ordnung k = 2 wegen |−0,456| = 0,456 auf absolutem Niveau vergleichsweise „gering geladen" ist. Im Vergleich dazu ist wegen l_{41} = 0,661 die Variable Z_4: *Selbststudium* auf dem extrahierten Faktor F_k der Ordnung k = 1 augenscheinlich höher geladen. Analog sind die restlichen Faktorladungen l_{jk} in der Tabelle 9.2-4 in ihren Absolutwerten zu deuten.

Ladungsdiagramm. In einem unmittelbaren Zusammenhang mit der Matrix der Faktorladungen innerhalb der Tabelle 9.2-4 steht das sogenannte Ladungs- bzw. Komponenten-Diagramm, das in der Abbildung 9.3-2 dargestellt ist und dessen Konstruktion und Interpretation im Kontext des Beispiels 9.3-1 am konkreten Sachverhalt näher erläutert werden.

Kommunalitäten. Für ein elementares Verständnis der inneren Konsistenzen einer hauptkomponentenbasierten Faktorenanalyse ist in diesem Zusammenhang noch beachtenswert, dass die p = 2 Faktorladungen l_{jk} für die m = 5 standardisierten Erhebungsmerkmale Z_j, die einem Streudiagramm gleich im Ladungsdiagramm innerhalb der Abbildung 9.3-2 grafisch dargestellt sind, unmittelbar zum Begriff der Kommunalitäten führen. In der Tabelle 9.2-5 sind die Kommunalitäten (lat.: *communis* → gemeinsam) aufgelistet, die im Zuge der Faktoren-Extraktion ermittelt wurden.

Tabelle 9.2-5: Kommunalitäten

	Extraktion
Vorlesungsbesuch	,750
Übungsbesuch	,717
Bibliotheksbesuch	,493
Selbststudium	,646
Studiengruppenarbeit	,448

Extraktionsmethode: Hauptkomponentenanalyse.

Zwischen den Faktorladungen innerhalb der Tabelle 9.2-4 und den Kommunalitäten innerhalb der Tabelle 9.2-5 bestehen die folgenden elementaren Beziehungen: Bildet man für jedes der m = 5 standardisierten Erhebungsmerkmale Z_j das

Quadrat der zugehörigen Faktorladung l_{jk} und summiert die quadrierten Faktorladungen $(l_{jk})^2$ über alle $k = 1,2,...,p$ Faktoren F_k, dann erhält man jeweils wegen

$$0 \le h_j^2 = \sum_{k=1}^{p} l_{jk}^2 \le 1$$

die merkmalsspezifische Kommunalität h^2_j, die stets nur Werte zwischen null und eins annehmen kann. Im Falle des standardisierten Erhebungsmerkmals Z_5: *Studiengruppenarbeit* berechnet man wegen

$$h^2{}_5 = (l_{51})^2 + (l_{52})^2 = (0{,}604)^2 + (-0{,}288)^2 \cong 0{,}448$$

eine studiengruppenarbeitsbezogene Kommunalität, die in ihrem Wert mit der Kommunalität in der Spalte *Extraktion* innerhalb der Tabelle 9.2-5 übereinstimmt und wie folgt interpretiert werden kann: Aus dem gemeinsamen bzw. „kommunalen" Zusammenspiel der beiden extrahierten Faktoren F_1 und F_2 ist man „lediglich" in der Lage, zu 44,8 % die Varianz des standardisierten Erhebungsmerkmals Z_5: *Studiengruppenarbeit* statistisch zu erfassen bzw. zu erklären. Analog sind die restlichen merkmalsbezogenen Kommunalitäten zu interpretieren. Offensichtlich ist die „kommunale" statistische Erklärungsfähigkeit der $p = 2$ extrahierten Faktoren F_k im Hinblick auf das standardisierte Erhebungsmerkmal Z_1: *Vorlesungsbesuch* wegen $h^2{}_1 = 0{,}750$ am stärksten ausgeprägt.

Eigenwerte. Aufgrund dessen, dass eine Korrelationsmatrix stets quadratisch und zugleich symmetrisch ist, existieren im konkreten Fall für die (5×5)- Korrelationsmatrix der $m = 5$ standardisierten Erhebungsmerkmale Z_j $(j = 1,2,...,m)$ innerhalb der Tabelle 9.2-2 genau die $m = 5$ in der Tabelle 9.2-3 aufgelisteten reellen Eigenwerte $\lambda_1 = 1{,}728$, $\lambda_2 = 1{,}325$, $\lambda_3 = 0{,}802$, $\lambda_4 = 0{,}616$ und $\lambda_5 = 0{,}528$. Summiert man die quadrierten Faktorladungen $(l_{jk})^2$ innerhalb eines extrahierten Faktors der Ordnung k über alle $m = 5$ standardisierten Erhebungsmerkmale Z_j, dann erhält man mit

$$\lambda_k = \sum_{j=1}^{m} l_{jk}^2 = l_{1k}^2 + l_{2k}^2 + ... + l_{mk}^2$$

den zum Faktor der Ordnung $k = 1,2,...,p$ gehörenden Eigenwert λ_k. Im konkreten Fall berechnet man gemäß Tabelle 9.2-3 etwa für den extrahierten Faktor F_1 einen Eigenwert von

$$\lambda_1 = 0{,}430^2 + 0{,}600^2 + 0{,}617^2 + 0{,}661^2 + 0{,}604^2 \cong 1{,}728$$

und interpretiert ihn wie folgt: Für die $m = 5$ standardisierten Erhebungsmerkmale Z_j errechnet man wegen $V(Z_j) = 1$ eine Gesamtvarianz von

$$1 + 1 + 1 + 1 + 1 = 5.$$

Mit Hilfe des extrahierten Faktors F_1 ist man bereits in der Lage, zu

$$(1{,}728/5) \cdot 100 \, \% \cong 34{,}56 \, \%$$

die gesamte Varianz aller $m = 5$ empirischen Variablen Z_j allein durch den extrahierten Faktor F_1 statistisch zu erfassen bzw. zu erklären. Analog berechnet und interpretiert man den Eigenwert

$$\lambda_2 = 0{,}752^2 + 0{,}598^2 + (-0{,}335)^2 + (-0{,}456)^2 + (-0{,}288)^2 \cong 1{,}325$$
für den extrahierten Faktor F_k der Ordnung k = 2, mit dessen Hilfe man
$$(1{,}325/5) \cdot 100\ \% \cong 26{,}51\ \%$$
der Gesamtvarianz aller m = 5 standardisierten Erhebungsmerkmale Z_j statistisch erklären kann. Gemäß Tabelle 9.2-3 ermöglichen im konkreten Fall die p = 2 extrahierten Faktoren F_k eine statistische Erklärung der Gesamtvarianz aller m = 5 standardisierten Erhebungsmerkmale von 34,56 % + 26,51 % $\cong$ 61,07 %.

Interpretation. Die eingangs formulierte Extraktionsregel kann im konkreten Fall anhand der Tabelle 9.2-3 wie folgt motiviert werden: Ein Eigenwert λ_k gleich oder kleiner als eins ist gleichbedeutend mit einem Erklärungsbeitrag für die Gesamtvarianz aller m standardisierten Erhebungsmerkmale Z_j, der nicht besser ist, als die Teilvarianz eines standardisierten Erhebungsmerkmals Z_j der Ordnung j = 1,2,...,m, die stets ihrem Wert nach eins ist. Aus diesem Grunde deutet man extrahierte Faktoren F_k, deren Eigenwerte λ_k gleich oder kleiner als eins sind, als erklärungsstatistisch unbedeutend und im Sinne eines Scree-Plot als erklärungsstatistisches bzw. faktoranalytisch unbedeutendes „Geröll". Da im konkreten Fall die extrahierten Komponenten bzw. Faktoren der Ordnung k = 3, 4, 5 durch die zugehörigen Eigenwerte
$$\lambda_3 = 0{,}802 < 1,\ \lambda_4 = 0{,}616 < 1\ \text{und}\ \lambda_5 = 0{,}528 < 1$$
bzw. durch die prozentualen Erklärungsbeiträge von
$$(0{,}802/5) \cdot 100\ \% \cong 16{,}04\ \% < (1/5) \cdot 100\ \% = 20\ \%$$
$$(0{,}616/5) \cdot 100\ \% \cong 12{,}33\ \% < (1/5) \cdot 100\ \% = 20\ \%$$
$$(0{,}528/5) \cdot 100\ \% \cong 10{,}56\ \% < (1/5) \cdot 100\ \% = 20\ \%$$
gekennzeichnet sind, werden sie als unbedeutende Faktoren identifiziert. ♣

9.3 Faktoren-Rotation

Motivation. Motiv und Ziel einer Faktoren-Rotation bestehen darin, für extrahierte Faktoren, die gemäß Abschnitt 9.2 im Zuge einer Faktorenanalyse als „bedeutsam" aufgedeckt wurden, für eine angestrebte „Faktorentaufe" eine möglichst einfache und sachlogisch plausibel interpretierbare Struktur zu finden. Von einer „Einfachstruktur" extrahierter Faktoren spricht man dann, wenn jeweils ein extrahierter Faktor F_k einige standardisierte Erhebungsmerkmale Z_j möglichst hoch und andere möglichst niedrig lädt. Werden also extrahierte Faktoren im Bestreben, für sie eine Einfachstruktur zu finden, rotiert, dann hat dies zur Folge, dass sowohl die Faktorladungen l_{jk} als auch die Eigenwerte λ_k der „rotierten" Faktoren F_k verändert und zugleich die Varianz der Faktorladungen eines rotierten Faktors „vergrößert" wird. Beachtenswert ist dabei, dass von einer Faktoren-Rotation die Gesamtvarianz der extrahierten Faktoren unberührt bleibt. Im Zuge einer Faktoren-Rotation wird lediglich die Struktur der Gesamtvarianz in ihrer Verteilung auf die extrahierten Faktoren verändert.

Rotationsverfahren. In der Tabelle 9.3-1 sind analog zur Abbildung 9.3-1 die in SPSS implementierten Rotationsverfahren zusammengefasst, die gemäß ihrer Charakteristik in orthogonale (grch.: *orthos* → richtig, recht + *gonia* → Winkel) bzw. rechtwinklige oder oblique (frz.: *oblique* → schräg, schief) bzw. schiefwinklige Rotationsverfahren klassifiziert wurden.

Tabelle 9.3-1. Rotationsverfahren

Verfahren	Charakteristik
Quartimax	orthogonal
Varimax	orthogonal, in praxi häufig appliziert
Equamax	orthogonal, Kompromiss aus Vari- und Quartimax
Oblimin, direkt	oblique
Promax	Kombination aus orthogonaler und obliquer Rotation

Varimax-Verfahren. Das Varimax-Verfahren nach KAISER wird in praxi häufig appliziert. Dies erklärt sich daraus, dass dieses orthogonale Rotationsverfahren darauf zielt, die VARIanz der Faktorladungen zu MAXImieren (woraus sich der Name des Verfahrens ableitet) und die Anzahl p extrahierter Faktoren F_k (k = 1,2,...,p) zu minimieren. Dabei leuchtet es ein, dass sich die sachlogische Interpretation bzw. „Taufe" einer kleineren Anzahl extrahierter Faktoren leichter bewerkstelligen lässt als umgekehrt. Hinzu kommt noch, dass orthogonale Rotationsverfahren die Extraktion von Faktoren ermöglichen, die im paarweisen Vergleich selbst wieder orthogonal und damit unkorreliert sind. Im Gegensatz dazu sind Faktoren, die mit Hilfe eines obliquen bzw. „gemixten" Rotationsverfahrens extrahiert wurden, nicht mehr paarweise untereinander unkorreliert. ♣

Beispiel 9.3-1. Faktoren-Rotation
Motivation. In Weiterführung des Beispiels 9.2-1 soll gemäß der Abbildung 9.3-1 mit Hilfe des Varimax-Rotationsverfahrens die Faktorenanalyse der m = 5 standardisierten Erhebungsmerkmale Z_j zur Beschreibung der „Studienaktivitäten" erweitert und ergänzt werden.

Faktorladungen. Während in der Abbildung 9.3-1 die rotierte Komponentenmatrix dargestellt ist, beinhaltet die Tabelle 9.3-2 das Extraktionsergebnis im Zuge der durchgeführten orthogonalen Faktoren-Rotation.

Tabelle 9.3-2: Extraktionsergebnis nach Rotation

Komponente	Rotierte Summe der quadrierten Ladungen		
	Gesamt	% der Varianz	Kumulierte %
1	1,606	32,129	32,129
2	1,447	28,937	61,066

Extraktionsmethode: Hauptkomponentenanalyse.

Faktorenanalyse

Abbildung 9.3-1: Unterdialogfeld *Rotation* und rotierte Komponentenmatrix

Rotierte Komponentenmatrix[a]

	Komponente	
	1	2
Vorlesungsbesuch	-,054	,865
Übungsbesuch	,173	,829
Bibliotheksbesuch	,699	,059
Selbststudium	,803	-,018
Studiengruppenarbeit	,663	,092

Extraktionsmethode: Hauptkomponentenanalyse.
Rotationsmethode: Varimax mit Kaiser-Normalisierung.
a. Die Rotation ist in 3 Iterationen konvergiert.

Ein Vergleich der rotierten Komponentenmatrix innerhalb der Abbildung 9.3-1 mit der Komponentenmatrix aus der Tabelle 9.2-4 zeigt, dass im Ergebnis der Rotation eine augenscheinliche „Polarisierung" der Faktorladungen l_{jk} in beiden Faktoren F_1 und F_2 zu erkennen ist. Während zum Beispiel auf dem Faktor F_k der Ordnung k = 2 die standardisierten Erhebungsmerkmale Z_1: *Vorlesungsbesuch* und Z_2: *Übungsbesuch* durch die Rotation eine höhere Ladung erfahren, verschwinden für die standardisierten Erhebungsmerkmale Z_3: *Bibliotheksbesuch*, Z_4: *Selbststudium* und Z_5: *Studiengruppenarbeit* die Faktorladungen l_{jk} nahezu. Für den extrahierten Faktor F_k der Ordnung k = 1 gilt diese Aussage analog, nur eben in einem umgekehrten Sinne.

Ladungsdiagramm. Eine anschauliche Darstellung des Rotationsergebnisses liefert das so genannte Ladungsdiagramm innerhalb der Abbildung 9.3-2.

Abbildung 9.3-2: Rotiertes Ladungsdiagramm

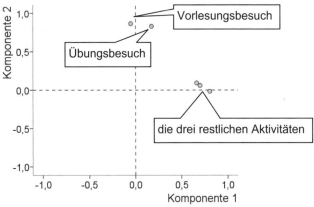

Anhand des Ladungsdiagramms wird augenscheinlich, dass nicht nur alle m = 5 standardisierten Erhebungsmerkmale Z_j in Gestalt der empirisch erhobenen Studienaktivitäten bildhaft vom Nullpunkt weit entfernt, sondern auch noch recht nahe an einer der beiden orthogonalen Komponentenachsen zu liegen kommen. Während im konkreten Fall das Variablenpaar *Vorlesungsbesuch* und *Übungsbesuch* auf dem Faktor 2 bzw. der Komponente 2 „hoch" und auf dem Faktor 1 bzw. der Komponente 1 „niedrig" geladen ist, konstatiert man für das Variablentripel *Bibliotheksbesuch*, *Selbststudium* und *Studiengruppenarbeit* jeweils eine hohe Ladung auf dem Faktor 1 und eine niedrige Ladung auf dem Faktor 2.

Faktorentaufe. Gelingt es jetzt noch, die beiden extrahierten Faktoren einer sachlogisch plausiblen „Faktorentaufe" zu unterziehen, dann kann die Faktorenanalyse als „erfolgreich" angesehen werden. Offensichtlich beschreibt der extrahierte Faktor F_k der Ordnung $k = 1$ in Gestalt des Variablentripels *Bibliotheksbesuch*, *Selbststudium* und *Studiengruppenarbeit* die Studienaktivitäten eines klassischen Selbststudiums oder extracurricularen Studiums und der extrahierte Faktor F_k der Ordnung $k = 2$ in Gestalt des Variablenpaares *Vorlesungsbesuch* und *Übungsbesuch* die Studienaktivitäten eines klassischen lehrveranstaltungsbezogenen oder curricularen Studiums.

Hinweise. Im Rahmen einer Faktorenrotation und einer Faktorentaufe erweisen sich die folgenden Hinweise als nützlich und hilfreich: i) **Absolutwerte**. Im Ergebnis einer Faktorenrotation sind stets nur die Absolutbeträge der Ladungskoeffizienten einer rotierten Komponentenmatrix von Interesse. ii) **Faustregel**. Ein empirisch beobachtetes Merkmal bzw. eine Variable gilt auf einem Faktor als „hoch geladen", wenn der Absolutbetrag des zugehörigen Ladungskoeffizienten größer als 0,5 ist. Beachtenswert ist dabei, dass eine Variable durchaus auf zwei oder mehreren Faktoren „hoch geladen" sein kann und daher bei jedem Faktor zur „Faktorentaufe" heranzuziehen ist. iii) **Faktorentaufe**. Ist eine plausible Faktorentaufe nicht möglich, dann gilt eine Faktorenanalyse als gescheitert. ♦

Extraktionsergebnis. Schließlich und endlich gilt es noch das „finale" Extraktionsergebnis, also das Extraktionsresultat „nach der Rotation" zu kommentieren, das in der Tabelle 9.3-2 zusammengefasst ist. Beachtenswert ist in diesem Zusammenhang, dass im Vergleich zur Tabelle 9.2-2 die $p = 2$ Eigenwerte $\lambda_1 = 1{,}606$ und $\lambda_2 = 1{,}447$ für die $p = 2$ extrahierten Komponenten bzw. Faktoren F_k der Ordnung $k = 1,2,...,p$ und die daraus resultierenden komponenten- bzw. faktorenspezifischen prozentualen Varianzerklärungen von

$$(1{,}606/5) \cdot 100\ \% \cong 32{,}13\ \% > (1/5) \cdot 100\ \% = 20\ \%$$
$$(1{,}447/5) \cdot 100\ \% \cong 28{,}94\ \% > (1/5) \cdot 100\ \% = 20\ \%$$

verschieden sind, jedoch in ihrer Summe $32{,}13\ \% + 28{,}94 \cong 61{,}07\ \%$ und im Vergleich zur originären Extraktionstabelle 9.2-3 ein gleiches Resultat liefern, das darin kulminiert, dass die $p = 2$ extrahierten, rotierten und „getauften" Faktoren F_k insgesamt 61,07 % der gesamten Varianz der $m = 5$ empirisch erhobenen und standardisierten Studienaktivitäten Z_j zu erfassen vermögen. ♣

9.4 Faktorwerte

Motivation. Im Beispiel 9.3-1 wurden im Rahmen einer hauptkomponentenbasierten Faktorenanalyse aus den m = 5 standardisierten Erhebungsmerkmalen Z_j (j = 1,2,...,m) in Gestalt des *Vorlesungs-*, *Übungs-* und *Bibliotheksbesuchs* sowie des *Selbststudiums* und der *Studiengruppenarbeit*, die zur Beschreibung des latenten Konstrukts „Studienaktivitäten" empirisch gemessen und statistisch erfasst wurden, insgesamt p = 2 Faktoren F_k extrahiert, welche die lehrveranstaltungsbezogenen oder „curricularen" Studienaktivitäten eines Studierenden einerseits und die „extracurricularen" oder Selbststudien-Aktivitäten eines Studierenden γ andererseits beschreiben. Im Unterschied zu den m = 5 empirisch beobachteten und standardisierten Variablen Z_j sind diese p = 2 extrahierten Faktoren F_k der Ordnung k = 1,2,...,p ihrem Wesen nach hypothetische bzw. latente Variablenkonstrukte. Was die p = 2 extrahierten Faktoren F_k mit den empirisch beobachteten und standardisierten Variablen Z_j gemeinsam haben, ist die Möglichkeit der „individuellen" Zuordnung der beobachteten Variablenwerte z_{ij} bzw. der berechneten Faktorwerte f_{ik} zu den Merkmalsträgern $γ_i$, welche die statistische Gesamtheit $Γ_n = \{γ_i, i = 1,2,...,n\}$ vom Umfang n befragte Studierende γ bilden.

Faktorwert. Ein berechneter Faktorwert f_{ik} für einen Merkmalsträger $γ_i$ der Ordnung i (i = 1,2,...,n) beschreibt gewissermaßen dessen Position auf dem Faktor F_k der Ordnung k (k = 1,2,...,p). Ein Faktorwert F_{ik} gibt letztlich darüber Auskunft, wie stark die in einem Faktor F_k zusammengefassten und empirisch beobachteten Variablen Z_j beim Merkmalsträger $γ_i$ der Ordnung i ausgeprägt sind. Gemäß Abbildung 9.4-1 werden in SPSS drei Verfahren zur Berechnung von Faktorwerten angeboten, deren Bezeichnung und Kurzcharakteristik in der Tabelle 9.4-1 zusammengefasst sind.

Tabelle 9.4-1. Berechnung der Faktorwerte

Verfahren	Charakteristik der Faktorwerte
Regression	Mittelwert von null, Faktorwerte können korreliert sein
BARTLETT	Mittelwert von null, minimierte Varianz
ANDERSON-RUBIN	standardisierte und unkorrelierte Faktorwerte

Wurden Faktoren gemäß Tabelle 9.3-1 etwa mit Hilfe eines orthogonalen Rotationsverfahrens extrahiert, dann besitzen zweifelsfrei die Faktorwerte, die mit Hilfe des ANDERSON-RUBIN-Verfahrens berechnet werden, nützliche statistische Eigenschaften, welche den orthogonalen und unkorrelierten Faktoren F_k entsprechen: Die jeweiligen n merkmalsträgerbezogenen Faktorwerte f_{ik} eines Faktors F_k der Ordnung k sind standardisierte und somit dimensionslose Werte, deren Mittelwert stets null und deren Varianz bzw. deren Standardabweichung dem Werte nach stets eins ist.

Zweckbestimmung. Die berechneten und merkmalsträgerbezogenen Faktorwerte f_{ik} extrahierter Faktoren F_k können in vielfältiger Art und Weise wiederum zum Bau und zur Konstruktion statistischer Modelle herangezogen werden etwa derart, dass analog zum Abschnitt 9.3 die Faktorwerte als Regressorwerte in einer zu schätzenden multiplen Regressionsfunktion fungieren, die nicht durch hochgradig kollineare Regressoren affiziert ist. ♣

Beispiel 9.4-1: Faktorwerte, Berechnung und Interpretation

Motivation. In Anlehnung an die Beispiele 9.2-1 und 9.3-1 soll die Berechnung der Faktorwerte für die p = 2 extrahierten Faktoren F_k (k = 1, 2) skizziert werden, wobei im konkreten Fall für die Berechnung der Faktorwerte das Verfahren nach ANDERSON und RUBIN appliziert wird, das via Sequenz 9.2-1 und gemäß Abbildung 9.4-1 im Unterdialogfeld *Faktorenanalyse: Faktorwerte* optional vereinbart werden kann.

Abbildung 9.4-1: Dialogfeld *Faktorenanalyse*: *Faktorwerte*

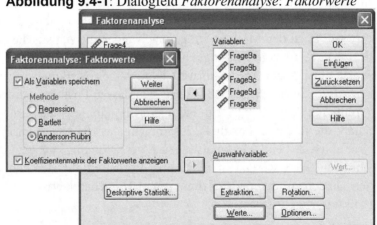

Um die Berechnung der Faktorwerte f_{ik} exemplarisch verdeutlichen zu können, wurde aus didaktisch-methodischen Gründen zudem noch die Koeffizientenmatrix der Faktorwerte angefordert, die in der Tabelle 9.4-2 dargestellt ist.

Tabelle 9.4-2: Koeffizientenmatrix der Faktorwerte

	Komponente	
	1	2
Vorlesungsbesuch	-,104	,611
Übungsbesuch	,042	,568
Bibliotheksbesuch	,437	-,015
Selbststudium	,509	-,077
Studiengruppenarbeit	,411	,011

Extraktionsmethode: Hauptkomponentenanalyse.
Rotationsmethode: Varimax mit Kaiser-Normalisierung. Komponentenwerte

Faktorenanalyse

Faktorwerte. In der Abbildung 9.4-2 ist der SPSS Daten-Editor mit einem Auszug aus der Arbeitsdatei dargestellt, wobei die im Unterdialogfeld *Faktorwerte* via Option *Als Variablen speichern* angeforderten Faktorwerte mit *Faktor1* und *Faktor2* bezeichnet und gespeichert wurden. Die mit dem Präfix Z versehenen SPSS Variablen bezeichnen die standardisierten Fragebogen-Items im Kontext der Frage 9 des Fragebogens in der Abbildung 2.1.1-3. Die z-transformierten Fragebogen-Items *ZFrage9a* bis *ZFrage9e* können via Sequenz 5.5-1 im Dialogfeld *Deskriptive Statistik* optional vereinbart und für die empirisch beobachteten und gleichnamigen Erhebungsmerkmale angefordert werden.

Abbildung 9.4-2: Daten-Editor mit standardisierten Daten und Faktorwerten

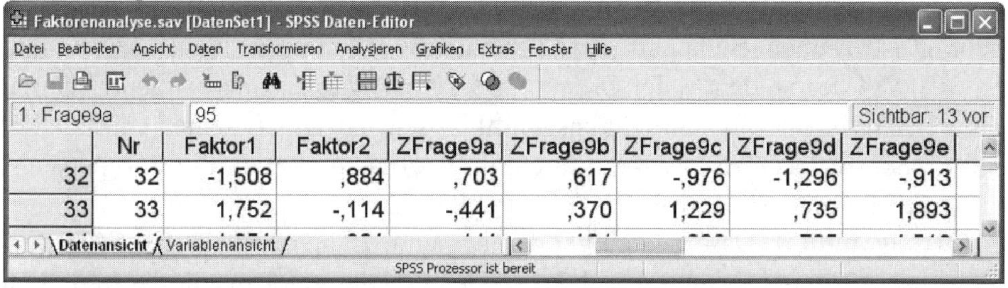

Nr	Faktor1	Faktor2	ZFrage9a	ZFrage9b	ZFrage9c	ZFrage9d	ZFrage9e
32	-1,508	,884	,703	,617	-,976	-1,296	-,913
33	1,752	-,114	-,441	,370	1,229	,735	1,893

Berechnung. Für den befragten Studenten γ_i der Ordnung i = 33 wurde zum Beispiel für den Faktor F_k der Ordnung k = 1, der im Kontext des Abschnittes 9.3 auf den Namen „extracurriculares Studium" getauft wurde, ein Faktorwert $f_{33,1} = 1{,}752$ und für den extrahierten und auf den Namen „curriculares Studium" getauften Faktor F_k der Ordnung k = 2 ein Faktorwert $f_{33,2} = -0{,}114$ berechnet. Fasst man gemäß Abbildung 9.4-2 der Einfachheit halber einmal die empirisch gemessenen und standardisierten Studienaktivitätswerte für den Studenten γ_i der Ordnung i = 33 in einem (1 × 5) Zeilenvektor

$$\mathbf{z}' = [-0{,}441 \quad 0{,}370 \quad 1{,}229 \quad 0{,}735 \quad 1{,}893]$$

zusammen, so überzeugt man sich leicht von der Tatsache, dass das Produkt $\mathbf{z}'\mathbf{K}$ aus dem (1 × 5) Zeilenvektor $\mathbf{z}'$ der standardisierten Messwerte und der (5 × 2)-Koeffizientenmatrix $\mathbf{K}$ innerhalb der Tabelle 9.4-1 wegen

$$[-0{,}441 \quad 0{,}370 \quad 1{,}229 \quad 0{,}735 \quad 1{,}893] \cdot \begin{bmatrix} -0{,}104 & 0{,}611 \\ 0{,}042 & 0{,}568 \\ 0{,}437 & -0{,}015 \\ 0{,}509 & -0{,}077 \\ 0{,}411 & 0{,}011 \end{bmatrix} \cong [1{,}752 \quad -0{,}114]$$

einen (1 × 2) Zeilenvektor [1,752 −0,114] liefert, dessen Komponenten (von Rundungsfehlern abgesehen) ihrem Wesen nach nichts anderes sind, als die zum Studenten γ_i der Ordnung i = 33 gehörenden Faktorwerte

$$f_{33,1} = 1{,}752 \text{ und } f_{33,2} = -0{,}114.$$

Analog können im konkreten Fall für alle n = 519 Studierenden γ_i der Ordnung i = 1,2,...,n, für die „valide" standardisierte Messgrößen empirisch erhoben wurden, die zugehörigen Faktorwerte f_{ik} berechnet werden.

Interpretation. Aufgrund dessen, dass für den befragten Studenten γ_i der Ordnung i = 33 der Faktorwert $f_{33,1}$ = 1,752 des k = 1 sten Faktors F_k größer als null ist, ist damit angezeigt, dass der Student hinsichtlich seiner extracurricularen Studienaktivitäten nicht nur überdurchschnittlich aktiv, sondern eher schon hyperaktiv ist. Hinsichtlich seiner curricularen Studienaktivitäten, die durch den extrahierten Faktor F_k der Ordnung k = 2 beschrieben werden, ist er aufgrund eines negativen Faktorwertes von $f_{33,2}$ = –0,114 als unterdurchschnittlich aktiv zu charakterisieren, auch wenn diese unterdurchschnittliche Aktivität nur schwach ausgeprägt ist. Demgegenüber ist gemäß Abbildung 9.4-2 wegen $f_{32,1}$ = –1,508 und $f_{32,2}$ = 0,884 der Student γ_i der Ordnung i = 32 bezüglich seiner extracurricularen Studienaktivitäten weit unterdurchschnittlich und bezüglich seiner curricularen Studienaktivitäten überdurchschnittlich aktiv. Analog können die übrigen Faktorwerte interpretiert werden.

Orthogonalität. Dass es sich bei den beiden extrahierten Faktoren F_k um orthogonale, also gleichsam um nichtkorrelierende Faktoren handelt, die bezüglich ihrer merkmalsträgerbezogenen Faktorwerte f_{ik} standardisiert sind, kann man sich recht einfach wie folgt verdeutlichen: Fordert man für beide Faktoren via Sequenz 3.2.1-1 eine Mittelwerttabelle an, dann erhält man jeweils ein arithmetisches Mittel von null und eine Standardabweichung von eins. Fordert man für beide Faktoren etwa via Sequenz 5.2-1 die zugehörige (2 × 2)-Korrelationsmatrix an, dann überzeugt man sich gemäß der Tabelle 9.4-3 leicht davon, dass die Korrelationsmatrix der orthogonalen Faktoren eine Einheitsmatrix ist.

Tabelle 9.4-3: Einheitsmatrix

		Faktor 1	Faktor 2
Faktor 1	Korrelation nach Pearson	1	,000
	Anzahl	519	519
Faktor 2	Korrelation nach Pearson	,000	1
	Anzahl	519	519

Fordert man hingegen für beide Faktoren und für die fünf empirisch beobachteten und studienaktivitätsbeschreibenden Variablen *Vorlesungs-*, *Übungs-* und *Bibliotheksbesuch* sowie *Selbststudium und Studiengruppenarbeit* gleichsam via Sequenz 5.2-1 die zugehörige (7 × 7)-Korrelationsmatrix an, so überzeugt man sich leicht von der Tatsache, dass die bivariaten linearen Korrelationskoeffizienten zwischen den p = 2 Faktoren F_k und den m = 5 standardisierten Erhebungsmerkmalen Z_j mit den rotierten Faktorladungen l_{jk} aus der Abbildung 9.3-1 übereinstimmen. ♣

Aufgaben

Die mit * gekennzeichneten Aufgaben sind Klausuraufgaben.

Aufgabe 9-1*

Verwenden Sie zur Lösung der Problemstellungen die SPSS Daten-Datei *Stadtbezirke.sav*.

a) Benennen Sie den Merkmalsträger und die metrischen Erhebungsmerkmale sowie ein statistisches Analysekonzept, das eine Reduktion der Erhebungsmerkmale ermöglicht.

b) Wie viele orthogonale Faktoren können mit der Hauptkomponenten- und der Varimax- Methode aus den metrischen Erhebungsmerkmalen extrahiert werden? Wie groß ist ihr Erklärungsanteil an der Gesamtvarianz? Wie sind die Faktoren inhaltlich bestimmt?

c) Ergänzen Sie die unter b) bewerkstelligte Faktoren-Extraktion durch ein Scree-Plot und durch ein Ladungsdiagramm. Zu welcher Aussage gelangen Sie jeweils aus der Betrachtung des Diagramms?

d) Bilden Sie jeweils auf der Grundlage der Faktorwerte eines extrahierten Faktors eine Rangordnung für die Merkmalsträger und vergleichen Sie Ihre faktorbasierten Rangordnungen mit den beiden ordinalen Variablen *Sozial* und *Status*.

Aufgabe 9-2*

Führen Sie unter Verwendung der SPSS Daten-Datei *Bundesländer.sav* für alle erfassten und mindestens intervallskalierten Erhebungsmerkmale eine Faktorenanalyse durch und beantworten Sie die folgenden Fragen:

a) Welche der Erhebungsmerkmale korrelieren paarweise am stärksten in positiver bzw. in negativer Richtung miteinander?

b) Wie viele orthogonale Faktoren können mit der Hauptkomponenten- und der Varimax- Methode aus den Erhebungsmerkmalen extrahiert werden? Wie groß ist ihr Erklärungsanteil an der Gesamtvarianz? Wie sind im konkreten Fall die Faktoren inhaltlich bestimmt?

Aufgabe 9-3*

Verwenden Sie zur Beantwortung der folgenden Fragestellungen die SPSS Daten-Datei *Lehrveranstaltung.sav*. Von Interesse sind alle Lehrveranstaltungen in den wirtschaftswissenschaftlichen Fachbereichen (FB3 und FB4), die auf der Grundlage von mindestens 20 auswertbaren Fragebögen evaluiert wurden.

a) Um wie viele Lehrveranstaltungen handelt es sich? Geben Sie den SPSS Filter explizit an.

b) Benennen Sie die mindestens intervallskalierten Erhebungsmerkmale für eine Lehrveranstaltung. Um wie viele Merkmale handelt es sich?

c) Benennen Sie konkret ein statistisches Analysekonzept, das auf die Reduktion der empirisch erhobenen und intervallskalierten Erhebungsmerkmale abstellt.

d) Führen Sie eine orthogonale und varianzmaximierende Faktoren-Rotation durch und stellen Sie das Rotationsergebnis in einem geeigneten und konkret zu benennendem Diagramm grafisch dar. i) Worin besteht die Kernaussage des Diagramms? ii) Unterziehen Sie die extrahierten Faktoren einer sachlogisch plausiblen „Faktorentaufe". iii) Benennen Sie jeweils das Erhebungsmerkmal, das auf dem jeweiligen extrahierten Faktor am höchsten geladen ist und interpretieren Sie jeweils den Wert der Faktorladung.

e) Geben Sie unter Anwendung des ANDERSON-RUBIN-Verfahrens die Faktorwerte für die Lehrveranstaltungen mit der Kennung 6200 und 8884 an und interpretieren Sie die jeweiligen lehrveranstaltungsspezifischen Faktorwerte.

Aufgabe 9-4*

Verwenden Sie zur Lösung der folgenden Problemstellungen die SPSS Datendatei *Parkhausnutzer.sav*. Von Interesse sind die Nutzer von Berliner Parkhäusern der Kategorie „alt".

a) Benennen Sie ein Analysekonzept, das es ermöglicht, aus den Zufriedenheitskriterien mit dem Parkhausinneren, die jeweils auf einer Punkteskala mit den Randwerten null (für unzufrieden) und neun (für zufrieden) statistisch gemessen wurden und in den SPSS Variablen *F07a* bis *F07j* abgebildet sind, eine geringere Anzahl von Komponenten zu extrahieren.

b) Als Extraktionsverfahren verwenden Sie die Hauptkomponentenmethode, wobei nur extrahierte Komponenten mit einem Eigenwert größer als eins von Interesse sind. Wie viele Komponenten extrahieren Sie?

c) Wie groß ist der Anteil an der Gesamtvarianz der Erhebungsmerkmale, der durch die Varianz der extrahierten Komponenten insgesamt erklärt werden kann?

d) Zur Identifikation einer möglichst einfachen und sachlogisch plausiblen Struktur der extrahierten Komponenten nutzen Sie ein orthogonales Rotationsverfahren, das darauf zielt, die Varianz der Komponentenladungen zu maximieren und die Anzahl der extrahierten Komponenten zu minimieren. Wie wird das Verfahren genannt?

e) Benennen Sie für jede rotierte Komponente das Erhebungsmerkmal, das am höchsten „geladen" ist. Geben Sie zudem die jeweilige Komponentenladung an.

f) „Taufen" Sie die extrahierten Komponenten sachlogisch.

g) Bestimmen Sie die Faktorwerte für die befragten Parkhausnutzer. Benennen und verwenden Sie dazu ein Verfahren, das standardisierte und unkorrelierte Faktorwerte „erzeugt".

h) Bestimmen Sie den jeweiligen durchschnittlichen Faktorwert für alle befragten weiblichen Nutzer von Berliner Parkhäusern der Kategorie „alt". Interpretieren Sie die durchschnittlichen Faktorwerte sachlogisch.

Aufgabe 9-5*

Verwenden Sie zur Lösung der folgenden Problemstellungen die SPSS Daten-Datei *Bachelor.sav*. Die Datei basiert auf einer Studierendenbefragung am Fachbereich Wirtschaftswissenschaften I der FHTW Berlin im Sommersemester 2007. Von Interesse sind alle Befragten.

a) Benennen Sie ein statistisches Analysekonzept, das es ermöglicht, aus den Studienaktivitäten, die jeweils auf einer 100 %-Skala gemessen wurden und in den SPSS Variablen *Frage9a* bis *Frage9e* abgebildet sind, eine geringere Anzahl von Komponenten zu extrahieren.

b) Als Extraktionsverfahren verwenden Sie die Hauptkomponentenmethode, wobei nur extrahierte Komponenten mit einem Eigenwert größer als eins von Interesse sind. Wie viele Komponenten extrahieren Sie?

c) Verwenden Sie zur Identifikation der extrahierten Komponenten ein orthogonales Rotationsverfahren, das darauf zielt, die Varianz der Komponentenladungen zu maximieren und die Anzahl der extrahierten Komponenten zu minimieren. Wie wird das Verfahren genannt?

d) Benennen Sie für jede rotierte Komponente das Erhebungsmerkmal, das am höchsten „geladen" ist. Geben Sie zudem die jeweilige Komponentenladung an.

e) „Taufen" Sie die extrahierten Komponenten sachlogisch.

f) Bestimmen Sie die Faktorwerte für die Befragten. Verwenden Sie dazu ein Verfahren, das standardisierte und unkorrelierte Faktorwerte „erzeugt". Benennen Sie das Verfahren.

g) Ermitteln und interpretieren Sie jeweils die geschlechtsspezifischen durchschnittlichen Faktorwerte für die Befragten. ♣

10

Clusteranalyse

Schlüsselwörter

Cluster
Dendrogramm
Distanzmaß
Fusionstabelle

Geometrische Klassifikation
Hierarchische Klassifikation
Partition
Partitionierende Klassifikation

Gegenstand. Dieses Kapitel hat eine elementare und paradigmatische Einführung in die Clusteranalyse (engl.: *cluster* → Klumpen, Gruppe, Bündel) zum Gegenstand. Die Clusteranalyse wird aus statistisch-methodischer Sicht in die Familie der multivariaten (lat.: *multus* → vielfach + *varia* → Allerlei) Verfahren eingeordnet und erfährt vor allem in der empirischen Wirtschafts-, Sozial- und pädagogischen Forschung eine breite Anwendung.

Grundidee. Die Grundidee einer Clusteranalyse besteht darin, eine wohldefinierte Menge von Objekten bzw. Merkmalsträgern, an denen jeweils eine wohldefinierte Menge von nominalen, ordinalen oder metrischen Merkmalen, die auch als Cluster- oder Gruppierungsmerkmale bezeichnet werden, statistisch erhoben wurden, so zu gruppieren, zu bündeln bzw. zu klassifizieren, dass die Objekte innerhalb einer Gruppe möglichst homogen bezüglich der Menge der Clustermerkmale und die Objekte unterschiedlicher Gruppen möglichst heterogen bezüglich der Menge der Clustermerkmale sind.

Zielstellung. Das Ziel des Kapitels besteht darin, die Grundidee der methodisch anspruchsvollen und weitgefächerten clusteranalytischen Verfahren und Methoden einmal nur für ausgewählte Verfahren und für metrische Clustermerkmale an einem praktischen Sachverhalt exemplarisch, verständlich und nachvollziehbar zu demonstrieren. ♣

10.1 Grundprinzip und Verfahrensüberblick

Motivation. In der empirischen Wirtschafts- und Sozialforschung wird man oft mit der Forderung konfrontiert, Merkmalsträger einer wohldefinierten statistischen Gesamtheit, die durch gleichartige und problemadäquate Erhebungsmerkmale beschrieben wurden, derart zu klassifizieren, dass diejenigen Merkmalsträger, die sich hinsichtlich der Ausprägungen der erfassten Erhebungsmerkmale am ähnlichsten sind, in Cluster (engl.: *cluster* → Klumpen, Gruppe, Bündel) zusammengefasst werden. Ein statistisches Verfahren, dass diese Form einer Merkmalsträgerklassifikation ermöglicht, ist die Clusteranalyse, die gemäß Abbildung 10.1-1 selbst wiederum auf einer breiten Palette von Klassifikationsverfahren beruht. Aus dieser breiten Palette der Klassifikationsverfahren soll in den folgenden Betrachtungen die numerische und deterministische Klassifikation näher beleuchtet werden, deren Grundprinzip wie folgt skizziert werden kann:

Grundprinzip

Werden die n Merkmalsträger γ_i einer wohldefinierten statistischen Gesamtheit $\Gamma_n = \{\gamma_i, i = 1,2,...,n\}$ durch m problemadäquate metrische Erhebungsmerkmale X_j ($j = 1,2,...,m$) beschrieben und die Merkmalswerte $X_j(\gamma_i) = x_{ij}$ in einer (n × m)-Datenmatrix $\mathbf{X} = [x_{ij}]$ zusammengefasst, dann können die n Merkmalsträger γ_i geometrisch als Punkte in einem m-dimensionalen euklidischen Raum gedeutet werden. Das Grundprinzip einer numerischen Clusterbildung besteht dabei in der Messung bzw. Berechnung der Distanz zwischen den n Merkmalsträgern γ_i. Die berechneten Distanzen werden in einer (n × n)-Distanz- oder Unähnlichkeitsmatrix $\mathbf{D} = [d_{ik}]$ ($i = 1,2,...,n$ und $k = 1,2,...,n$) zusammengefasst. Dabei deutet man Merkmalsträger γ_i und γ_k hinsichtlich der metrischen Erhebungsmerkmale X_j ($j = 1,2,...,m$) als ähnlich oder homogen, wenn ihre Distanz d_{ik} zueinander vergleichsweise gering ist. Ansonsten bezeichnet man sie als heterogen oder unähnlich. Merkmalsträger γ_i, die hinsichtlich der Erhebungsmerkmale X_j als homogen klassifiziert werden, bilden jeweils ein Cluster. In diesem Sinne ist die Clusteranalyse eine Form der statistischen Klassifikation von Merkmalsträgern γ_i derart, dass innerhalb der Cluster eine Homogenität der Merkmalsträger und zwischen den Clustern eine Heterogenität der Merkmalsträger angestrebt wird.

Hinweise. Für ein elementares Verständnis der methodisch anspruchsvollen Clusteranalyse erweisen sich die folgenden Hinweise als hilfreich und nützlich, worin die Erläuterung von Grundbegriffen und ein Verfahrensüberblick eingeschlossen sind: i) **Verfahrensüberblick.** Die Abbildung 10.1-1 vermittelt einen Überblick über eine breite Palette unterschiedlicher Klassifikationsverfahren, die in der Clusteranalyse appliziert werden. Neben geometrischen Clusterverfahren (vgl. Abschnitt 10.2) erfahren in praxi vor allem die deterministischen Clusterverfahren der hierarchischen Klassifikation (vgl. Abschnitt 10.3) und der partitionierenden Klassifikation (vgl.

Abschnitt 10.4) eine breite Anwendung. Während geometrische Verfahren vor allem auf die bildhafte Ähnlichkeit von Merkmalsträgern bezüglich der zugrundeliegenden Clustermerkmale abstellen, basieren die deterministischen Verfahren vor allem auf einer Quantifizierung der durch die Erhebungsmerkmale bedingten Abstände bzw. Distanzen zwischen den Merkmalsträgern. In den folgenden Abschnitten werden der Einfachheit und Übersichtlichkeit halber die probabilistischen (engl.: *probability* → Wahrscheinlichkeit) und die hierarchisch divisiven Verfahren nicht näher beleuchtet.

Abbildung 10.1-1: Verfahrensüberblick

```
                    Clusterverfahren
                    /            \
            geometrisch        numerisch
                              /          \
                    deterministisch   probabilistisch
                    /            \
            partitionierend   hierarchisch
                              /          \
                        agglomerativ   divisiv
```

ii) **Proximitätsmaße**. In der Clusteranalyse bezeichnet man Maße zur Quantifizierung der Ähnlichkeit bzw. der Unähnlichkeit von Merkmalsträgern als Ähnlichkeitsmaße (engl.: *similarity measures*) bzw. als Unähnlichkeits- oder Distanzmaße (engl.: *dissimilarity measures*) und fasst diese unter dem Oberbegriff der Proximitätsmaße (lat.: *proximus* → der Nächste) zusammen. Aus der babylonischen Vielfalt der Unähnlichkeits- oder Distanzmaße, die in der Clusteranalyse appliziert und in SPSS implementiert sind, kommt vor allem dem Euklidischen Distanzmaß und dem quadrierten Euklidischen Distanzmaß eine besondere praktische Bedeutung zu (vgl. Beispiel 10.1-1). iii) **Partition**. Die Zusammenfassung oder Fusion von n Objekten γ_i einer statistischen Gesamtheit $\Gamma_n = \{\gamma_i, i = 1,2,...,n\}$, die durch m gleichartige und problemadäquate Clustermerkmale X_j beschrieben wurden, in eine Folge von c disjunkten (lat.: *disiunctio* → Trennung) Cluster $P_c = \{C_k, k = 1,2,...,c\}$ wird auch als Partition P_c der Länge c bezeichnet. Je länger bzw. kürzer eine Partition P_c ist, um so feiner bzw. gröber ist diese Partition. Die feinste bzw. gröbste Partition P_c von n Merkmalsträgern γ_i besteht demnach aus c = n Clustern $C_{k=i} = \{\gamma_i\}$ bzw. c = 1 Cluster $C_{k=1} = \{\gamma_i, i = 1,2,...,n\}$, in dem alle n Merkmalsträger γ_i der statistischen Gesamtheit Γ_n „fusioniert" sind. ♦

Beispiel 10.1-1: Euklidische Distanzmaße
Motivation. So fest wie in der griechischen Mythologie „Prometheus an den Felsen geschmiedet" war, so fest ist die Clusteranalyse an die Betrachtung von Distanzmaßen gebunden. Dabei kommt den Euklidischen Distanzmaßen eine besondere praktische Bedeutung zu. Die Euklidischen Distanzmaße, die nach dem griechischen Mathematiker EUKLID von Alexandria (ca. 365-300 v.Chr.) benannt sind, beruhen auf dem so genannten Euklidischen Lehr- bzw. Kathetensatz, aus

dem unmittelbar der Satz des PYTHAGORAS abgeleitet werden kann, dessen Formulierung wiederum dem griechischen Philosophen PYTHAGORAS von Samos (ca. 580-496 v.Chr.) zugeschrieben wird und der verbal wie folgt zusammengefasst werden kann: In einem rechtwinkligen Dreieck ist die Fläche des Quadrats über der Hypotenuse c gleich der Summe der Flächen der Quadrate über den Katheten a und b, so dass $a^2 + b^2 = c^2$ gilt. Während die Hypotenuse c (grch.: *hypo* → unter + *teinein* → sich erstrecken) die Dreieckseite ist, die sich „unter dem rechten Winkel erstreckt" bzw. ihm gegenüber liegt, sind die beiden Katheten a und b (grch.: *kathetos* → Senkblei) die beiden Schenkel des rechten Winkels.

Abbildung 10.1-1: Euklidische Distanz

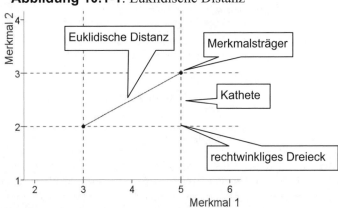

Euklidische Distanz. In der Abbildung 10.1-1 ist die Euklidische Distanz für zwei Merkmalsträger γ_i (i = 1, 2) skizziert, für die jeweils zwei problemadäquate metrische Merkmale X_j (j = 1, 2) empirisch erhoben und in einem zweidimensionalen Euklidischen Raum grafisch dargestellt wurden. Die Euklidische Distanz zwischen den beiden Merkmalsträgern γ_i in Gestalt der Länge der Hypotenuse c berechnet sich gemäß dem Lehrsatz des PYTHAGORAS im konkreten Fall wie folgt: Da im rechtwinkligen Dreieck die Länge der Kathete a durch die Merkmalswertedifferenz a = 5 − 3 = 2 des Merkmals X_1 und die Länge der Kathete b durch die Merkmalswertedifferenz b = 3 − 2 = 1 des Merkmals X_2 gegeben ist, ergibt sich zwischen den beiden Merkmalsträgern γ_i im Hinblick auf die beiden Erhebungsmerkmale X_j eine quadrierte Euklidische Distanz von
$$c^2 = a^2 + b^2 = 2^2 + 1^2 = 4 + 1 = 5$$
und in logischer Konsequenz eine Euklidische Distanz von
$$c = \sqrt{a^2 + b^2} = \sqrt{4+1} = \sqrt{5} \cong 2{,}236.$$
Analog können für die n Merkmalsträger $\gamma_i \in \Gamma_n$ einer statistischen Gesamtheit Γ_n die Euklidischen Distanzen berechnet, als Ähnlichkeitsmaße bzw. als Unähnlichkeitsmaße interpretiert und für eine Merkmalsträgerklassifikation verwendet werden. ♣

10.2 Geometrische Klassifikation

Motivation. Verfahren der geometrischen Klassifikation basieren auf der Grundidee, eine Menge $\{\gamma_i, i = 1,2,...,n\}$ von Merkmalsträgern γ_i mit Hilfe grafischer Darstellungen und/oder geometrischer Figuren zu klassifizieren. Gleichwohl eine geometrische Merkmalsträgerklassifikation stets subjektiv ist, erweist sich diese Analyseform vor allem dann als praktikabel, hinreichend und zielführend, wenn sowohl die Anzahl n der zu klassifizierenden Merkmalsträger γ_i als auch die Anzahl m der problemadäquaten Clustermerkmale X_j (j = 1,2,...,m) überschaubar groß ist. Obwohl in SPSS (etwa im Vergleich zum Statistik-Software-Paket *Statistica*) Verfahren der geometrischen Klassifikation etwas „unterbelichtet" sind, soll im folgenden Beispiel das Grundkonzept einer geometrischen Klassifikation an einem praktischen Sachverhalt skizziert und demonstriert werden. ♣

Beispiel 10.2-1: Geometrische Klassifikation
Motivation. Die Abbildung 10.2-1 beinhaltet einen Auszug aus der SPSS Daten-Datei *Grundstudium.sav*, in der die fächerspezifischen Abschlussbewertungen für den Diplomstudiengang Betriebswirtschaftslehre an der HTW Berlin aus dem Wintersemester 2002/03 zusammengefasst sind.

Abbildung 10.2-1: SPSS Daten-Editor

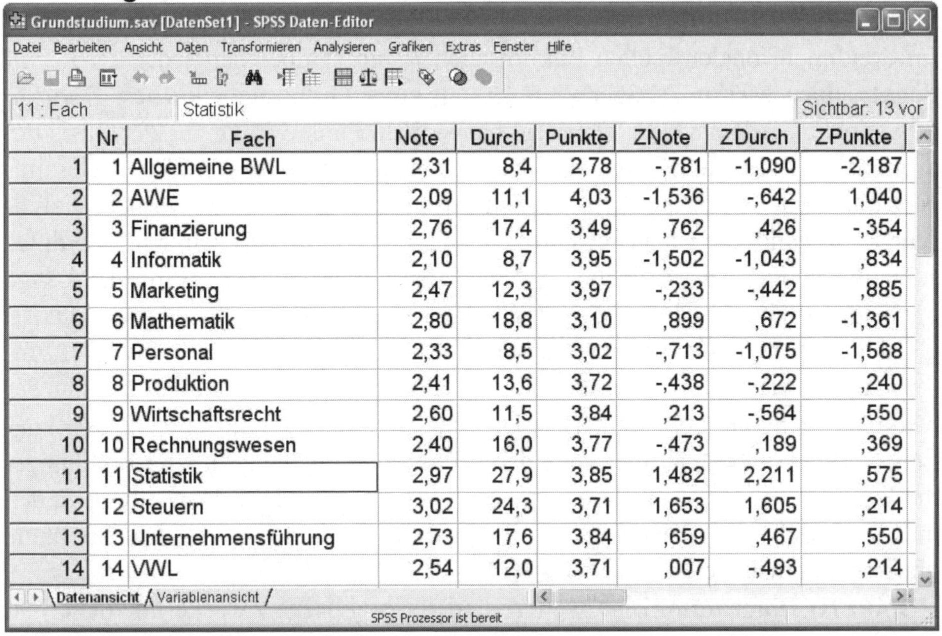

Nr	Fach	Note	Durch	Punkte	ZNote	ZDurch	ZPunkte
1	1 Allgemeine BWL	2,31	8,4	2,78	-,781	-1,090	-2,187
2	2 AWE	2,09	11,1	4,03	-1,536	-,642	1,040
3	3 Finanzierung	2,76	17,4	3,49	,762	,426	-,354
4	4 Informatik	2,10	8,7	3,95	-1,502	-1,043	,834
5	5 Marketing	2,47	12,3	3,97	-,233	-,442	,885
6	6 Mathematik	2,80	18,8	3,10	,899	,672	-1,361
7	7 Personal	2,33	8,5	3,02	-,713	-1,075	-1,568
8	8 Produktion	2,41	13,6	3,72	-,438	-,222	,240
9	9 Wirtschaftsrecht	2,60	11,5	3,84	,213	-,564	,550
10	10 Rechnungswesen	2,40	16,0	3,77	-,473	,189	,369
11	11 Statistik	2,97	27,9	3,85	1,482	2,211	,575
12	12 Steuern	3,02	24,3	3,71	1,653	1,605	,214
13	13 Unternehmensführung	2,73	17,6	3,84	,659	,467	,550
14	14 VWL	2,54	12,0	3,71	,007	-,493	,214

Die n = 14 Merkmalsträger γ_i in Gestalt der Grundstudienfächer, die jeweils durch die m = 3 problemadäquaten und metrischen Erhebungsmerkmale *DurchschnittsNOTE*, *DURCHfallerquote (in %)* und von den Studierenden im Durchschnitt vergebenen *EvaluationsPUNKTE* in Gestalt der originären und der standardisierten Werte bzw. z-Werte beschrieben wurden, sollen einer geometrischen bzw. grafischen Clusteranalyse unterzogen werden.

3D Streudiagramm. Die Abbildung 10.2-2 beinhaltet das zugehörige dreidimensionale Streudiagramm, das man via *Grafiken, Interaktiv, Streudiagramm, 3D-Koordinate* anfordern kann.

Abbildung 10.2-2: 3D-Streudiagramm

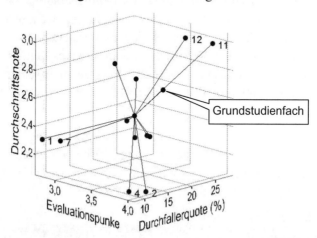

Im dreidimensionalen reellen Euklidischen Raum symbolisiert jeder der n = 14 Punkte einen Merkmalsträger γ_i in Gestalt eines Grundstudienfaches. Der Anschaulichkeit halber wurde die dreidimensionale Punktewolke auf der Basis der originären Daten noch durch die Projektionslinien zum so genannten Gesamtzentroid (grch., engl.: *centroid* → Schwerpunkt) ergänzt. Ohne großen analytischen Aufwand kann man im konkreten Fall (recht augenscheinlich, allerdings subjektiv bedingt) c = 4 disjunkte Cluster bzw. eine Fächerpartition der Länge c = 4 identifizieren: Cluster C_1 = {γ_1: allgemeine BWL, γ_7: Personalwirtschaft}, Cluster C_2 = {γ_2: Allgemeinwissenschaftliche Ergänzungsfächer AWE, γ_4: Informatik}, Cluster C_3 = {γ_{11}: Statistik, γ_{12}: Steuern} und Cluster C_4 als Menge der restlichen acht Grundlagenfächer. Der Nachteil dieses grafischen Klassifizierungsverfahrens besteht allerdings darin, dass man für mehr als drei Erhebungsmerkmale X_j (j = 1,2,...,m) eine andere Form der grafischen Darstellung finden muss, mit der man in der Lage ist, höher dimensionierte (m > 3) Datenbefunde grafisch zu präsentieren.

PARETO-Diagramm. Eine weitere und für praktische Zwecke nützliche und hinreichende grafische Klassifikation der n = 14 Grundstudienfächer γ_i ermöglicht das gestapelte PARETO-Diagramm innerhalb der Abbildung 10.2-3, das via Sequenz 5.1-2 im Dialogfeld *Gestapeltes PARETO-Diagramm definieren: Summe* *verschiedener Variablen* erstellt und im SPSS Diagramm-Editor entsprechend bearbeitet werden kann. Zum Zwecke der Vergleichbarkeit der in Niveau und Dimension unterschiedlichen m = 3 Clustermerkmale X_j wurden gemäß Abbildung 10.2-1 die Werte der standardisierten Erhebungsmerkmale Z_j verwendet. Aufgrund dessen, dass ein PARETO-Diagramm aufgrund seiner Konstruktion als Häufigkeitsdiagramm nur für positive Werte erstellt werden kann, wurden die standardisierten und mit dem Präfix Z gekennzeichneten Erhebungsmerkmale Z_j mittels der Berechnungsvorschriften

NNote = ZNote + 3, NDurch = ZDurch + 3 und NPunkte = ZPunkte + 3

derart „niveauverschoben", dass alle z-Werte innerhalb der Abbildung 10.2-1 als positive reelle Zahlen erscheinen.

Abbildung 10.2-3: Gestapeltes PARETO-Diagramm und ANDREW-Plots

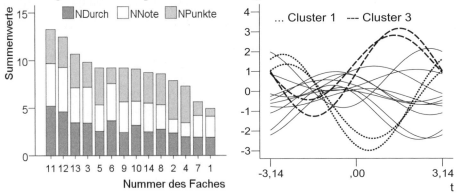

Der offensichtliche Vorteil des gestapelten PARETO-Diagramms besteht darin, dass man allein schon aus der absteigend geordneten Folge der strukturierten Säulen eine Fächerklassifikation entlehnen kann, die sich weitestgehend mit der vorherigen Klassifikation auf der Basis des dreidimensionalen Streudiagramms in der Abbildung 10.2-2 deckt. Der Nachteil dieses einfachen grafischen Klassifikationsverfahrens besteht allerdings darin, dass man es in SPSS erst „basteln" muss. Gleiches gilt auch für die so genannten ANDREW-Plots.

ANDREW-Plots. Eine ebenso recht einfache und in SPSS leicht nachvollziehbare grafische Darstellung von mehr als zwei standardisierten Clustermerkmalen Z_j (j = 1,2,...,m ≥ 2) ermöglichen die so genannten ANDREW-Plots, die in der rechten Grafik innerhalb der Abbildung 10.2-3 mittels orthogonaler (grch.: *orthos* → recht + *gonia* → Winkel) trigonometrischer (grch.: *tri* → drei + *gonia* → Winkel + *metron* → Maß) Funktionen dargestellt sind. Die orthogonalen trigonometrischen Funktionen können via Sequenz 7.1-2 mit Hilfe eines Sequenzdiagramms für die Merkmalträger γ_i der Ordnung i = 1,2,...,n auf der Basis der orthogonalen trigonometrischen Funktion

$$y_i(t) = Z_{1i} \cdot (\sqrt{2})^{-1} + Z_{2i} \cdot \sin t + Z_{3i} \cdot \cos t + Z_{4i} \cdot \sin 2 \cdot t + Z_{5i} \cdot \cos 2 \cdot t + Z_{6i} \cdot \sin 3 \cdot t \ldots$$

erzeugt werden. Für eine grafische Klassifikation genügt es, wenn die Variable t in äquidistanten (lat.: *aequus* → gleich + *distantia* → Entfernung) Abständen die reellen Zahlen zwischen $-\pi$ und π durchläuft. $\pi = 3{,}14159...$ bezeichnet die transzendente LUDOLFsche Zahl Pi, die als Quotient aus Umfang und Durchmesser eines Kreises definiert ist. Im Büschel der n = 14 fächerspezifischen Graphen $y_i(t)$ sind der Anschaulichkeit halber die Grundstudienfächer-Cluster C_i der Ordnung i = 1 und i = 3, die eingangs identifiziert wurden, kenntlich gemacht. Im konkreten Fall sind dies jeweils zwei Grundstudienfächer γ, die bezüglich der drei Clustermerkmale X_j jeweils durch einen ähnlichen Graphen der orthogonalen trigonometrischen Funktion y(t) gekennzeichnet sind.

CHERNOFF-Gesichter. Zu einem vergleichbaren Fusionsergebnis der Grundstudienfächer gelangt man, wenn man die alphabethisch geordneten CHERNOFF-Gesichter innerhalb der Abbildung 10.2-4 analysiert, die im konkreten Fall mit Hilfe des Software-Paketes *Statistica* erstellt wurden.

Abbildung 10.2-4: CHERNOFF-Gesichter

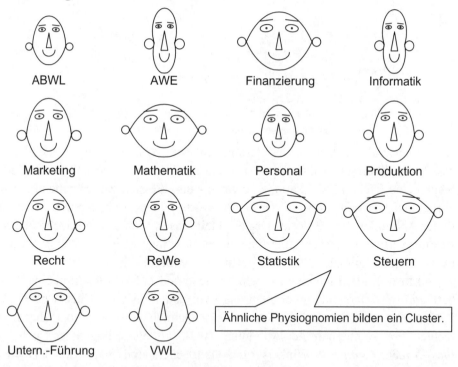

Die Grundidee der CHERNOFF-Gesichter ist so einfach wie sie wirkungsvoll ist: Den m Clustermerkmalen X_j (j = 1,2,...,m) werden Gesichtspartien zugeordnet, wobei sich Niveau und Variation der Merkmalswerte x_{ij} in unterschiedlich ausgeprägten und merkmalträgerspezifischen Physiognomien (grch.: *physis* → Natur

+ *gnonai* → erkennen) niederschlagen. Ähnliche merkmalsträgerspezifische Gesichter bzw. Physiognomien, werden jeweils subjektiv einem Cluster zugeordnet. In der augenscheinlichen und subjektiven physiognomischen Klassifikation der n = 14 Grundstudienfächer γ_i springen zumindest die so genannten Fächercluster „Statistik und Steuerlehre" einerseits und „AWE-Fächer und Informatik" andererseits wegen ihrer „ähnlichen Physiognomien" sofort ins Auge. ♣

10.3 Hierarchisch-agglomerative Klassifikation

Motivation. Besitzt man für eine statistische Gesamtheit $\Gamma_n = \{\gamma_i, i = 1,2,...,n\}$ im Vorfeld einer Clusteranalyse keinerlei Kenntnisse über die Anzahl „homogener" Cluster, dann verwendet man zur Aufdeckung der Clusterstruktur ein geeignetes hierarchisches (grch.: *hieros* → heilig + *archein* → herrschen) Klassifikationsverfahren, wobei in praxi lediglich den agglomerativen (lat.: *agglomerare* → fest anschließen, zusammenballen) Verfahren eine praktische Bedeutung zukommt. Während man bei einem hierarchisch-agglomerativen Klassifikationsverfahren von der „feinsten Partitionierung" einelementiger Cluster ausgeht und schrittweise die sich jeweils am stärksten ähnelnden Cluster zu einem „neuen" Cluster zusammenfügt, bis letztlich alle Merkmalsträger $\gamma_i \in \Gamma_n$ in einem „finalen" Cluster zusammengefasst sind, geht man bei einem hierarchisch-divisiven (lat.: *divisio* → Teilung) Klassifikationsverfahren den umgekehrten Weg.

Fusionstabelle. Die Fusionsergebnisse im Kontext einer hierarchischen Klassifikation werden in tabellarischer Form in einer so genannten Zuordnungs- oder Fusionstabelle zusammengefasst. Ist eine statistische Gesamtheit Γ_n, die es hinsichtlich ihrer Merkmalsträger $\gamma_i \in \Gamma_n$ zu klassifizieren gilt, bezüglich ihres Umfanges n nicht allzu groß und somit noch „überschaubar", dann kann das Fusionsergebnis einer hierarchisch-agglomerativen Klassifikation noch durch ein so genanntes Dendrogramm (grch.: *dendron* → Baum + *gramma* → Zeichnung) ergänzt werden. Hierarchisch-agglomerative Klassifikationsverfahren finden in praxi vor allem dann eine breite Anwendung, wenn es eine überschaubare Menge von Merkmalsträgern $\gamma_i \in \Gamma_n$ zu klassifizieren gilt und man keinerlei Vorstellung bzw. Kenntnis über die Clusterstruktur der statistischen Gesamtheit Γ_n besitzt. In diesem Sinne kann eine hierarchisch-agglomerative Klassifikation auch als eine Vorstufe einer partitionierenden Klassifikation gedeutet werden.

Verfahrensübersicht. Die Tabelle 10.3-1 vermittelt einen Überblick über die in SPSS implementierten hierarchisch-agglomerativen Klassifikationsverfahren. Aufgrund dessen, dass jedes hierarchisch-agglomerative Verfahren noch mit verschiedenen Proximitätsmaßen kombiniert werden kann, ergibt sich eine babylonische Vielfalt unterschiedlicher Klassifikationsmethoden, die für die Merkmalsträger $\gamma_i \in \Gamma_n$ ein und derselben statistischen Gesamtheit $\Gamma_n = \{\gamma_i, i = 1,2,...,n\}$ durchaus unterschiedliche Ergebnisse liefern können.

Tabelle 10.3-1: Hierarchisch-agglomerative Klassifikationsverfahren

Verfahren	Charakteristik
Linkage-Methode (engl.: *linkage* → Verknüpfung)	
nächstgelegener Nachbar (engl.: single linkage, nearest neighbour)	kleinste Distanz zwischen zwei Objekten zweier Cluster; beliebiges Proximitätsmaß
entferntester Nachbar (engl: *complete linkage, furthest neighbour*)	größte Distanz zwischen zwei Objekten zweier Cluster, beliebiges Proximitätsmaß
Linkage zwischen den Gruppen (engl.: *average linkage between groups*)	mittlere Distanz zwischen den Objekten zweier Cluster, beliebiges Proximitätsmaß
Linkage innerhalb der Gruppen (engl.: *average linkage within groups*)	mittlere Distanz zwischen den Objekten zweier Cluster und innerhalb zweier Cluster, beliebiges Proximitätsmaß
Zentroid-Methode (engl.: *centroid* → Schwerpunkt)	
Zentroid-Verfahren (engl.: *Centroid-Clustering*)	Distanz zwischen den Zentroiden zweier Cluster; metrische Clustermerkmale, quadriertes euklidisches Distanzmaß
Median-Verfahren (engl.: *Median-Clustering*)	Modifiziertes Zentroid-Verfahren, quadriertes euklidisches Distanzmaß
Varianz-Methode	
WARD-Verfahren	kleinster Zuwachs der Fehlerquadratsumme bei Clusterfusion, metrische Clustermerkmale, quadriertes euklidisches Distanzmaß

Ein Klassifikationsverfahren, das in praxi eine breite Anwendung findet, sobald die Merkmalsträger $\gamma_i \in \Gamma_n$ einer statistischen Gesamtheit Γ_n ausschließlich mittels metrischer Erhebungsmerkmale X_j (j = 1,2,...,m) beschrieben wurden, ist das so genannte WARD-Verfahren, das paradigmatisch im folgenden Beispiel demonstriert und erläutert wird. ♣

Beispiel 10.3-1: WARD-Verfahren

Motivation. Das Grundprinzip einer hierarchischen Clusteranalyse auf der Basis eines agglomerativen Klassifikationsverfahrens soll in Anlehnung an das Beispiel 10.2-1 unter Verwendung der m = 3 fächerspezifischen Semesterbewertungen demonstriert werden, die für die statistische Gesamtheit $\Gamma_n = \{\gamma_i, i = 1,2,...,n\}$ der n = 14 Grundstudienfächer γ_i in der Abbildung 10.2-1 aufgelistet und in der SPSS Daten-Datei *Grundstudium.sav* gespeichert sind.

Sequenz. Die angestrebte hierarchische Clusteranalyse kann gemäß Sequenz 10.3-1 bewerkstelligt werden.

Sequenz 10.3-1: Hierarchische Clusteranalyse
Analysieren
    Klassifizieren
        Hierarchische Cluster... → Abbildung 10.3-1

Abbildung 10.3-1: Dialogfeld(er) *Hierarchische Clusteranalyse*

Standardisierung. Aufgrund dessen, dass für die n = 14 Grundstudienfächer γ_i jeweils m = 3 metrische, allerdings unterschiedlich dimensionierte Clustermerkmale X_j erhoben wurden, ist es für die angestrebte hierarchische Clusteranalyse geboten, gemäß Abbildung 10.3-4 im Unterdialogfeld *Hierarchische Clusteranalyse: Methode* für die m = 3 Clustermerkmale optional eine standardisierende oder z- Transformation zu vereinbaren.

Tabelle 10.3-2: Distanz-Matrix

	Quadriertes euklidisches Distanzmaß						
Fall	1:Allg. BWL		9: Wirtschafts recht		11: Statistik		14:VWL
1:Allg. BWL	,000	..	8,756	..	23,650	..	6,744
		:		:		:	
9:Wirtschaftsrecht	8,756		,000		9,311		,160
		:		:		:	
11:Statistik	23,650		9,311		,000		9,615
		:		:		:	
14:VWL	6,744		,160		9,615		,000

Dies ist eine Unähnlichkeitsmatrix

Distanzmatrix. In der Tabelle 10.3-2 ist gemäß Abbildung 10.3-1 im Unterdialogfeld *Hierarchische Clusteranalyse: Statistik* die angeforderte und aus Übersichtlichkeitsgründen reduzierte (14 × 14)-Distanz-Matrix der n = 14 Grundstudienfächer γ_i auf der Basis der quadrierten Euklidischen Distanz (QED) dargestellt. Demnach besteht zum Beispiel zwischen den Grundstudienfächern „Allgemeine BWL" und „Statistik" im Hinblick auf die m = 3 metrischen Erhebungsmerkmale X_1: DURCHfallerquote, X_2: DurchschnittsNOTE und X_3: EvaluationsPUNKTE eine vergleichsweise große Distanz bzw. Unähnlichkeit, die sich unter Verwendung der standardisierten Werte aus der Abbildung 10.1-1 für die m = 3 Clustermerkmale X_j der beiden Grundlagenfächer γ_i der Ordnung i = 1 und i = 11 wie folgt errechnet:

$QED_{1;11} = (-0{,}781 - 1{,}482)^2 + (-1{,}090 - 2{,}211)^2 + (-2{,}187 - 0{,}575)^2 \cong 23{,}650$.

Analog können die übrigen Distanzwerte innerhalb der Distanzmatrix, die auch als Unähnlichkeitsmatrix bezeichnet wird, berechnet und interpretiert werden.

Tabelle 10.3-3: Fusionstabelle

Schritt	Zusammengeführte Cluster		Koeffizienten	Erstes Vorkommen des Clusters		Nächster Schritt
	Cluster 1	Cluster 2		Cluster 1	Cluster 2	
1	9	14	,080	0	0	5
2	8	10	,173	0	0	8
3	2	4	,275	0	0	10
4	1	7	,470	0	0	12
5	5	9	,722	0	1	8
6	11	12	,985	0	0	11
7	3	13	1,400	0	0	9
8	5	8	1,997	5	2	10
9	3	6	3,474	7	0	11
10	2	5	6,763	3	8	12
11	3	11	10,562	9	6	13
12	1	2	20,688	4	10	13
13	1	3	39,000	12	11	0

Fusionstabelle. In der Tabelle 10.3-3 ist die Fusionstabelle dargestellt, die in ihren Komponenten wie folgt interpretiert werden kann: Im Zuge des hierarchisch-agglomerativen WARD-Verfahrens sind insgesamt f = n − 1 = 14 − 1 = 13 Fusionsschritte erforderlich, um die gröbste Partitionierung erzielen zu können, die im konkreten Fall darin besteht, dass alle n = 14 Grundstudienfächer γ_i in einem Cluster $C_1 = \{\gamma_i, i = 1,2,...,n\}$ fusioniert werden, das in logischer Konsequenz mit der statistischen Gesamtheit Γ_n identisch ist. Im ersten Fusionsschritt wurden (gemäß der mit „zusammengeführte Cluster" überschriebenen Rubrik) die einelementigen Cluster $C_9 = \{\gamma_9\}$ und $C_{14} = \{\gamma_{14}\}$ in Gestalt der Grundstudienfächer „Wirtschaftsrecht" und „Volkswirtschaftslehre" als die zwei Cluster mit der größten Ähnlichkeit bzw. der kleinsten quadrierten Euklidischen Distanz von $QED_{9;14} = 0,160$ identifiziert und in einem „neuen" Cluster mit der Ordnungsnummer k = 9 zusammengefasst. Der in der Rubrik *Koeffizienten* ausgewiesene und kleinste Heterogenitäts- oder Unähnlichkeitskoeffizient von 0,080 koinzidiert mit der Aussage von der größten Cluster- bzw. Merkmalsträgerähnlichkeit. In der Rubrik, die mit „erstes Vorkommen des Clusters" überschrieben ist, wird angezeigt, in welchen Fusionsschritten das jeweilige Cluster bereits fusioniert wurde. Da sowohl das Cluster C_9 (Cluster 1) als auch das Cluster C_{14} (Cluster 2) bisher keinmal fusioniert wurden, sind die beiden Ordnungsnummern ihres ersten Vorkommens jeweils null. Schließlich und endlich wird in der letzten Tabellenspalte, die mit „nächster Schritt" überschrieben ist, angezeigt, dass das „neufusionierte" Cluster C_9 (das analog zum traditionellen Familienrecht stets den Namen des Erstgenannten trägt) im Fusionsschritt 5 mit dem erstgenannten Cluster C_5 fusioniert wird, das wiederum zu einem „neuen" Cluster mit dem „Familiennamen" bzw. der Clusterkennung 5 zusammengefasst wird. Analog sind die weiteren Fusionsschritte zu deuten, deren innere Logik im Dendrogramm innerhalb der Abbildung 10.3-2 bildhaft nachvollzogen werden kann.

Abbildung 10.3-2: Dendrogramm

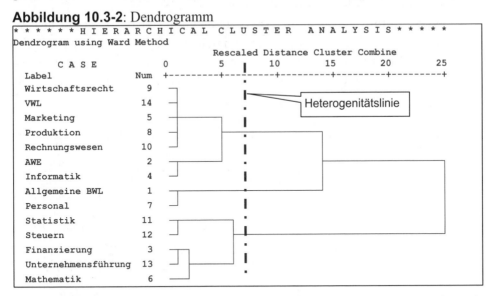

Dendrogramm. Im Dendrogramm innerhalb der Abbildung 10.3-2, das mit seiner leicht nachvollziehbaren Baumstruktur als eine bildhafte Umsetzung bzw. Ergänzung der Fusionstabelle 10.3-3 gedeutet werden kann, ist die (subjektiv und „per Hand" eingefügte) senkrechte und gestrichelte Linie von Interesse, die einer „Baumsäge" gleich im konkreten Fall an „drei Äste angelegt" wird. Offensichtlich hat man auf einem Wert des Unähnlichkeits- oder Heterogenitätskoeffizienten von ca. 7, der in SPSS auf eine reellwertige Skala mit den Randwerten 0 und 25 umgerechnet wird und im Dendrogramm unter dem englischen Begriff „Rescaled Distance Cluster Combine" firmiert, eine vergleichsweise niedrige Heterogenität bzw. eine vergleichsweise hohe Homogenität von letztlich drei schrittweise und hierarchisch fusionierten Clustern zu vermerken.

Abbildung 10.3-3: Unterdialogfelder *Diagramme* und *Variablen speichern*

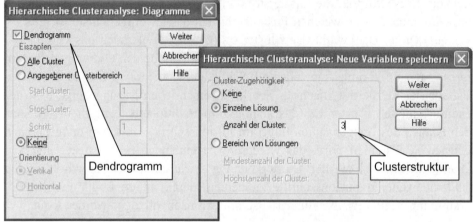

Clusterstruktur. Die „finale" Clusterstruktur auf der Basis von drei Clustern, die gemäß Abbildung 10.3-3 im Unterdialogfeld *Hierarchische Clusteranalyse: Neue Variablen speichern* optional vereinbart werden kann, ist für die n = 14 Grundstudienfächer (Objekte) in der Tabelle 10.3-4 zusammengefasst.

Tabelle 10.3-4: Finale Clusterstruktur

			Fach
Ward Method (3 Cluster)	1	1	Allgemeine BWL
		2	Personal
	2	1	AWE
		2	Informatik
		3	Marketing
		4	Produktion
		5	Wirtschaftsrecht
		6	Rechnungswesen
		7	VWL
	3	1	Finanzierung
		2	Mathematik
		3	Statistik
		4	Steuern
		5	Unternehmensführung
Insgesamt	Objekte		14

Hinweise. Für die Festlegung einer finalen und zugleich „optimalen" Partition P_c einer n-elementigen Objektmenge in Gestalt einer statistischen Gesamtheit $\Gamma_n = \{\gamma_i, i = 1,2,...,n\}$ gibt es keine „harten" Regeln, die für eine statistisch und sachlogisch plausible Deutung der erzielten Ergebnisse hilfreich sind. Mitunter bedient man sich auf der Suche nach einer „optimalen" Partition auch der Heterogenitätskoeffizienten innerhalb der Fusionstabelle 10.3-3, wobei man sich im konkreten Fall der folgenden „weichen" Entscheidungsregel bedienen würde: Da der Heterogenitätskoeffizient mit dem Fusionsschritt der Ordnung f = 11 regelrecht in seinen Werten explodiert, identifiziert man letztlich n – f = c = 14 – 11 = 3 „optimale" Cluster. ♦

Methode. Gleichwohl das Unterdialogfeld *Hierarchische Clusteranalyse: Methode* in der Abbildung 10.3-4 erst zum Schluss der paradigmatischen Betrachtungen dargestellt wird, ist es zweifelsfrei eines der „wichtigen" SPSS Dialogfelder im Kontext einer hierarchischen Clusteranalyse, zumal man mit dessen Hilfe jeweils die Cluster-Methode und das Distanzmaß sowie die Transformation der Clustermerkmale optional vereinbaren kann.

Abbildung 10.3-4: Unterdialogfeld ... *Methode*

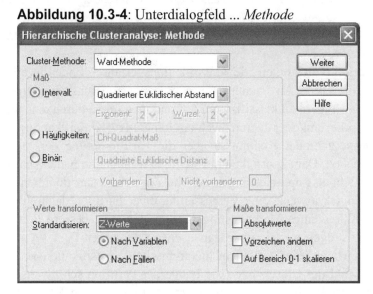

Auf Grund dessen, dass im konkreten Fall die m = 3 Clustermerkmale X_j metrisch skaliert sind, wobei in der statistischen Methodenlehre eine Intervallskala stets als die niedrigstwertige Form einer metrischen Skala eingestuft wird, wurde als Cluster-Methode das WARD-Verfahren appliziert, das gemäß Tabelle 10.3-1 wiederum auf dem quadrierten Euklidischen Distanzmaß basiert. Schließlich und endlich wurden die m = 3 metrischen Clustermerkmale X_j, die erfassungsstatistisch unterschiedlich „bemessen" sind, aus Gründen der Vergleichbarkeit im Zuge der hierarchisch-agglomerativen Clusteranalyse gemäß Abbildung 10.3-4 via z-Transformation standardisiert. ♣

10.4 Partitionierende Klassifikation

Motivation. Im Unterschied zur hierarchischen Klassifikation, die im Abschnitt paradigmatisch skizziert wurde, besitzt man bei einer partitionierenden (lat.: *partitio* → Teilung, Verteilung) Klassifikation eine gewisse Vorstellung von der Anzahl mehr oder weniger homogener Merkmalsträgergruppen bzw. Cluster, selbst wenn die antizipierte, vermutete bzw. angenommene Clusteranzahl im Sinne einer numerischen Klassifikation nicht als optimal anzusehen ist. Im Bestreben, für eine Objektmenge in Gestalt einer statistischen Gesamtheit $\Gamma_n = \{\gamma_i, i = 1,2,...,n\}$ eine „optimale" Partitionierung zu finden, verwendet man optimierende Austauschverfahren bzw. iterative Minimal-Distanz-Verfahren. Im Vergleich zu einem hierarchischen Verfahren, bei dem sich Schritt für Schritt die Anzahl der Cluster verändert, wobei ein bereits fusioniertes Cluster nicht mehr „aufgelöst" werden kann, bleibt bei einem partitionierenden Verfahren die Clusteranzahl unveränderlich. Hinzu kommt noch, dass bei partitionierenden Verfahren ein bereits gebildetes Cluster wieder „aufgelöst" werden kann und diese auch dann noch praktikabel sind, wenn die Anzahl der zu fusionierenden Merkmalsträger vergleichsweise groß ist.

Applikation. Partitionierende Klassifikationsverfahren finden in praxi vor allem dann eine breite Anwendung, wenn es eine vergleichsweise große Menge von Merkmalsträgern zu klassifizieren gilt und man (etwa durch eine vorgelagerte geometrische und/oder hierarchisch-agglomerative Klassifikation) bestimmte Vorstellungen und/oder Kenntnisse über die Partitionierung der Merkmalsträgermenge besitzt. Dabei wird die unterstellte bzw. angenommene Ausgangspartition selbst nicht als „optimal" angesehen. Im Zuge einer partitionierenden Klassifikation wird schrittweise eine Verbesserung einer Partition dadurch angestrebt, dass man mittels eines Merkmalsträgeraustausches eine bessere Partitionierung der Merkmalsträger $\gamma_i \in \Gamma_n$ einer statistischen Gesamtheit $\Gamma_n = \{\gamma_i, i = 1,2,...,n\}$ erreicht. Im Unterschied zu einem hierarchischen Klassifikationsverfahren, bei dem die Anzahl der Cluster bzw. die Länge der Partition schrittweise verändert wird, bleibt die Partitionslänge bei einem partitionierenden Klassifikationsverfahren konstant. Hinzu kommt noch, dass partitionierende Klassifikationsverfahren nur für metrische Clustermerkmale sinnvoll sind.

Standardisierung. Im Unterschied zur hierarchischen Clusteranalyse, die im Abschnitt 10.3 skizziert wurde und bei der gemäß Abbildung 10.3-4 im Unterdialogfeld *Hierarchische Clusteranalyse: Methode* eine Datentransformation optional vereinbart werden kann, sollte im Vorfeld einer Clusterzentrenanalyse stets eine Standardisierung der Clustermerkmale X_j bewerkstelligt werden, wenn die Analyseergebnisse sachlogisch plausibel und „glaubwürdig" sein sollen. Eine vorgelagerte Standardisierung der Clustermerkmale, die zum Beispiel gemäß

Abbildung 10.3-4 mittels der z-Transformation bewerkstelligt werden kann, ist vor allem immer dann geboten, wenn einer Clusterzentrenanalyse unterschiedlich dimensionierte metrische Clustermerkmale zugrunde liegen.

Arten. In Abhängigkeit vom Kriterium, das auf der Suche nach einer „optimalen" Partition zugrunde gelegt wird, unterscheidet man im Kontext einer partitionierenden Klassifikation zwischen *optimierenden Austauschverfahren* und *iterativen Minimal-Distanz-Verfahren*. Im Unterschied zu den optimierenden Austauschverfahren, die unmittelbar von einem Optimierungskriterium Gebrauch machen, basieren die iterativen Minimal-Distanz-Verfahren auf einem „mittelbaren" Optimierungskonzept, das wie folgt skizziert werden kann: Eine Verbesserung einer bestehenden Partition wird sukzessive dadurch angestrebt, dass durch einen Objektaustausch die Distanz des ausgetauschten Objekts zum „Zentrum" bzw. zum Zentroiden des „neu entstandenen" Clusters eine geringere Distanz besitzt als zum Zentrum des „ursprünglichen" Clusters.

Clusterzentrenanalyse. In SPSS firmiert die partitionierende Klassifikation von Merkmalsträgern γ_i einer statistischen Gesamtheit $\Gamma_n = \{\gamma_i, i = 1,2,...,n\}$ unter dem Begriff der so genannten „Clusterzentrenanalyse", die wiederum auf einem speziellen iterativen Minimal-Distanz-Verfahren, dem so genannten „k-Means-Verfahren" und dem quadrierten Euklidischen Distanzmaß (vgl. Beispiel 10.1-1) beruht. ♣

Beispiel 10.4-1: Clusterzentrenanalyse
Motivation. Im Kontext des Kapitels 9 zur Faktorenanalyse wurden unter Verwendung der SPSS Daten-Datei *Fragebogen.sav* zwei Faktoren zur Beschreibung der Studienaktivitäten von n = 519 befragten Studierenden extrahiert und auf die Namen „curriculares bzw. lehrveranstaltungsbezogenes Studium" und „extracurriculares bzw. Selbststudium" getauft. Diese faktorspezifischen und zugleich standardisierten sowie orthogonalen statistischen Informationen über die vergleichsweise große Anzahl von n = 519 Studierenden, die bezüglich der Frage 9 im standardisierten Fragebogen innerhalb der Abbildung 2.1.1-3 eine gültige Antwort gegeben haben, sollen clusteranalytisch derart aufbereitet werden, dass die n = 519 befragten Studierenden γ_i im Hinblick auf ihre Studienaktivitäten der Übersichtlichkeit halber einmal nur in c = 3 disjunkte Studierendencluster eingeordnet werden. Aufgrund dessen, dass für jeden Studierenden γ_i der Ordnung i = 1,2,...,n jeweils m = 2 metrische, reellwertige und zugleich standardisierte Faktorwerte f_{ij} vorliegen, ist es sinnvoll und angebracht, die angestrebte Partition P_c von der Länge c = 3 mit Hilfe einer partitionierenden Klassifikation zu bewerkstelligen.

Sequenz. Die partitionierende Klassifikation der Studierenden mittels einer Clusterzentrenanalyse kann via Sequenz 10.4-1 realisiert werden.

Sequenz 10.4-1: Clusterzentrenanalyse
Analysieren
   Klassifizieren
      Clusterzentrenanalyse → Abbildung 10.4-1

Abbildung 10.4-1: Dialogfeld *Clusterzentrenanalyse*

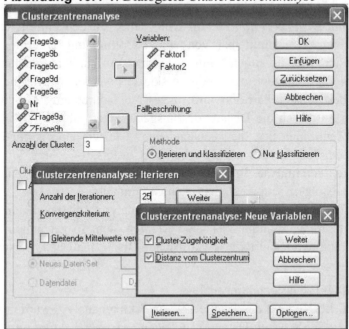

Hinweise. Im konkreten Fall wurde eine iterative Minimal-Distanz-Partition der Länge c = 3 vereinbart, wobei die für einen „Merkmalsträgeraustausch" erforderlichen Clusterzentroide der Anfangspartition automatisch erzeugt werden. Damit erübrigt sich ein Einlesen der Anfangswerte aus einer externen SPSS Daten-Datei. Obgleich im konkreten Fall die Standardeinstellung von 10 Iterationen zum Auffinden der „finalen und optimalen" Partition ausreicht, wurde zu Demonstrationszwecken die Anzahl der Iterationen im Unterdialogfeld *Clusterzentrenanalyse: Iterieren* optional auf 25 Iterationen verändert. Ist man an einer Zuordnung der Objekte bzw. Merkmalsträger zu einem Cluster interessiert, dann kann man im Unterdialogfeld *Clusterzentrenanalyse: Neue Variablen*, das man via Schaltfläche *Speichern* öffnen kann, die Option *Cluster-Zugehörigkeit* und/oder *Distanz vom Clusterzentrum* aktivieren. ♦

Ergebnisse. Während in der Tabelle 10.4-1 die drei „finalen" Clusterzentren in ihrer numerischen Beschreibung zusammengefasst sind, beinhaltet die Tabelle 10.4-2 die Verteilung der n = 519 befragten Studierenden γ_i, für die valide Faktorwerte ermittelt werden konnten, auf die drei disjunkten und bezüglich der beiden studienaktivitätsspezifischen Faktoren relativ homogenen Studierenden-Cluster der „finalen" Klassifikationslösung.

Tabelle 10.4-1: Finale Clusterzentren

	Cluster		
	1	2	3
Faktor 1: extracurricular	-,357	,812	-,782
Faktor 2: curricular	-2,042	,191	,414

Tabelle 10.4-2: Clusterverteilung

Anzahl der Fälle in jedem Cluster

Cluster	1	66
	2	237
	3	216
Gültig		519
Fehlend		0

Interpretation. Aufgrund dessen, dass gemäß der Beispiele 9.3-1 und 9.4-1 die beiden extrahierten und auf den Namen „extracurriculares Studium" bzw. „curriculares Studium" getauften Faktoren F_j (j = 1, 2) im konkreten Fall als standardisierte und orthogonale Clustermerkmale erscheinen, die durch einen Mittelwert von null, eine Varianz bzw. eine Standardabweichung von eins und einen Maßkorrelationskoeffizienten von null gekennzeichnet sind, ergibt sich die folgende sachbezogene Ergebnisinterpretation der partitionierenden Klassifikation der n = 519 befragten Studierenden:

Cluster 1: Aufgrund dessen, dass das Clusterzentrum sowohl des Faktors der Ordnung j = 1 in Gestalt der extracurricularen Studienaktivitäten als auch des Faktors der Ordnung j = 2 in Gestalt der curricularen Studienaktivitäten kleiner als null ist, ordnet man (66/519)·100 % ≅ 12,7 % der befragten Studierenden in die Gruppe derer ein, die weder ein curriculares noch ein extracurriculares Studium präferieren und praktizieren. Mehr noch: Wegen eines extrem niedrigen bzw. extrem hohen negativen Clusterzentrums von -2,042 handelt es sich offensichtlich um Studierende, die vermutlich aus klaustrophobischen Gründen einen großen Bogen um Hörsäle und Seminarräume machen.

Cluster 2: Da das Clusterzentrum sowohl des Selbststudienfaktors F_1 als auch des Lehrveranstaltungsfaktors F_2 positiv ist, reiht man (237/519)·100 % = 45,7 % der befragten Studierenden in die Gruppe derer ein, die im Hinblick auf das extracurriculare und auf das curriculare Studium gleichsam überdurchschnittlich aktiv sind und zurecht die akademische Bezeichnung eines „Studiosus" (lat.: *studiosis* → eifrig) führen, die etymologisch nichts anderes bedeutet, als eifrig und wissbegierig zu sein.

Cluster 3: Schließlich und endlich ordnet man wegen des vergleichsweise negativen Clusterzentrenwertes im extracurricularem Studium und des positiven Clusterzentrenwertes im curricularen Studium (216/519)·100 % = 41,6 % der

Studierenden in die Gruppe derer ein, die sich eher durch ein curriculares als durch extracurriculares Studium auszeichnen.

Cluster-Diagramm. In der Abbildung 10.4-2 ist zur bildhaften Untermauerung der Ergebnisse der Clusterzentrenanalyse zudem noch ein Clusterzentren-Diagramm dargestellt, das man zum Beispiel via Sequenz 5.3-1 mittels eines einfachen Streudiagramms für die beiden Faktoren konstruieren kann, wobei gemäß Abbildung 5.3-1 in die Rubrik *Legendenvariable: Farbe* die Variable zu platzieren ist, welche die merkmalsträgerspezifischen Clusternummern enthält. In der zugrundeliegenden SPSS Daten-Datei *Fragebogen.sav* sind die Clusternummern in der Variable *Cluster* gespeichert. Projiziert man das Diagramm in den SPSS Diagramm-Editor, dann kann man im Dialogfeld *Eigenschaften* mittels der Option *Projektionslinien* die Darstellung *Zentroid* anfordern und über die Option *Markierung* das Diagramm spezifizieren und hinsichtlich seiner grafischen Bausteine komplettieren.

Abbildung 10.4-2: Clusterzentren-Diagramm

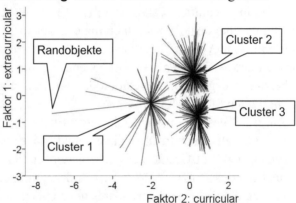

Partitionsbeschreibung. Anhand des Clusterdiagramms kann man sich nicht nur die dreier Partitionierung der n = 519 befragten Studierenden γ_i, für die valide Faktorwerte berechnet werden konnten, hinsichtlich ihrer Studienaktivitäten verdeutlichen, man erkennt auch, dass ein Cluster zudem noch durch so genannte Kernobjekte und Randobjekte gekennzeichnet ist. Während die „Kernobjekte" diejenigen Merkmalsträger sind, die sich mehr oder weniger eng um ein Zentrum „scharen", sind die „Randobjekte" dadurch gekennzeichnet, dass sie eine „größere Distanz" zum jeweiligen Clusterzentrum besitzen. Die zugehörigen Distanzwerte zum Clusterzentrum kann man gemäß Abbildung 10.4-1 im Dialogfeld *Clusterzentrenanalyse* via Schaltfläche *Speichern* anfordern und je nach Erfordernis statistisch „tiefer greifend" analysieren. Während die Cluster 2 und 3 eher durch Kernobjekte getragen werden, ist das Randobjekt-Phänomen im Cluster 1 eher augenscheinlich und vordergründig charakteristisch. ♣

Aufgaben

Die mit * gekennzeichneten Aufgaben sind Klausuraufgaben.

Aufgabe 10-1
Verwenden Sie zur Lösung der folgenden Aufgaben die SPSS Daten-Datei *Berlin.sav*.
a) Anhand standardisierter Daten wollen Sie mit Hilfe eines statistischen Analysekonzeptes eine Stadtbezirksklassifikation bewerkstelligen. Wie heißt das Analysekonzept?
b) Zu welchen Ergebnissen gelangen Sie im Zuge Ihrer statistischen Analyse, wenn Sie unter Verwendung aller verfügbaren zahlenmäßigen Informationen die statistische Gesamtheit in drei disjunkte Teilgesamtheiten gliedern und von der Prämisse ausgehen, dass die Klassifikation auf der Grundlage des quadrierten euklidischen Abstandsmaßes auf der Basis der folgenden Analysemethoden bewerkstelligt wird: i) nächstgelegener Nachbar, ii) entferntester Nachbar und iii) kleinste Erhöhung der Gesamtvarianz zwischen den Nachbarn.

Aufgabe 10-2*
Im Zuge der Ausarbeitung eines Referats zum Thema „Deutschland - einig Wirtschaftsland?" sind Sie bestrebt, einige Kernaussagen Ihres Referats empirisch zu untermauern. Dazu bedienen Sie sich clusteranalytischer Ergebnisse, die Sie mittels der SPSS Daten-Datei *Bundesländer.sav* erzielt haben. Resümieren Sie kurz Ihre Analyseergebnisse. Gehen Sie dabei von den folgenden Prämissen aus: Unter Verwendung aller geeigneten Informationen sollen die Bundesländer i) in drei bzw. ii) in zwei disjunkte Ländergruppen gegliedert werden. Die Klassifikation der Bundesländer soll jeweils auf der Grundlage standardisierter Merkmalswerte, des quadrierten euklidischen Abstandsmaßes und des WARD-Verfahrens bewerkstelligt werden.

Aufgabe 10-3*
Verwenden Sie zur Lösung der folgenden Aufgaben die SPSS Daten-Datei *Automarxx.sav* die auf dem Automarkenindex AUTOMARXX beruht, der vom ADAC für den Monat Dezember 2005 herausgegeben wurde. Von Interesse sind die erfassten europäischen Automarken.
a) Geben Sie explizit die SPSS Auswahlbedingung an.
b) Benennen Sie ein statistisches Analysekonzept, das es ermöglicht, die Automarken derart zu gruppieren, dass die Automarken, die sich bezüglich der jeweils auf einer gleichen Punkte-Skala mit den Randwerten null und fünf gemessenen Erhebungsmerkmale „Markenimage", „Marktstärke", „Kundenzufriedenheit", „Fahrzeugqualität", „Techniktrends" und „Markentrends" am ähnlichsten sind, jeweils in einer Gruppe zusammengefasst werden.
c) Sie entschließen sich für ein Gruppierungsverfahren, das von der feinsten Partition ausgeht und schrittweise die Automarken zu homogenen Gruppen zusammenfasst. Wie wird dieses statistische Verfahren bezeichnet?
d) Wie viele Gruppen von Automarken identifizieren Sie, wenn Sie von den folgenden Prämissen ausgehen: i) Als Gruppierungsmethode dient das WARD-Verfahren auf der Basis standardisierter Werte. ii) Im Dendrogramm bildet ein normierter Fusionskoeffizient von 7,5 die Entscheidungsgrundlage.
e) Wie viele Automarken sind gemäß Aufgabenstellung d) in der i) kleinsten und ii) größten Gruppe zusammengefasst? Listen Sie die Automarken in der kleinsten Gruppe auf.
f) Geben Sie in Auswertung der Distanzmatrix das Distanzmaß für die folgenden Automarken-Paare an: i) Alfa Romeo und Porsche, ii) Audi und Mercedes. Zu welcher Aussage gelangen Sie aus deren Vergleich?

Aufgabe 10-4*

Verwenden Sie zur Lösung der folgenden Problemstellungen die SPSS Daten-Datei *Preisvergleich.sav*. Die Datei basiert auf einem kommunalen Preisvergleich aus dem zweiten Quartal 2007, der für ausgewählte Städte und Gemeinden in den Bundesländern Berlin und Brandenburg durchgeführt wurde.

a) Benennen Sie die statistische Gesamtheit und charakterisieren Sie die Erhebungsmerkmale aus statistisch-methodischer Sicht.
b) Benennen Sie ein statistisches Analysekonzept, das es ermöglicht, die statistische Gesamtheit derart zu gruppieren, dass die Merkmalsträger, die sich bezüglich der empirisch ermittelten Steuersätze und Preise von kommunalen Dienstleistungen am ähnlichsten sind, jeweils in einer Gruppe zusammengefasst werden.
c) Sie entschließen sich für ein Gruppierungsverfahren, das von der feinsten Partition ausgeht und schrittweise die Merkmalsträger zu homogenen Gruppen zusammenfasst. Wie wird dieses statistische Verfahren bezeichnet?
d) Wie viele Merkmalsträgergruppen identifizieren Sie unter Nutzung aller empirisch ermittelten Daten, wenn Sie von den folgenden Prämissen ausgehen: Als Gruppierungsmethode dient das WARD-Verfahren auf der Basis standardisierter Werte und im Dendrogramm bildet ein normierter Fusionskoeffizient von fünf die Entscheidungsgrundlage.
e) Wie viele Merkmalsträger sind gemäß Problemstellung d) in der größten Gruppe zusammengefasst?
f) Zu welcher sachbezogenen Aussage gelangen Sie in Auswertung der Näherungsmatrix aus dem Vergleich der Unähnlichkeitsmaße i) für „Bernau" und „Calau" und ii) für „Bernau" und „Luckau"?
g) Welche Merkmalsträger wurden aufgrund ihrer größten Ähnlichkeit als erste zu einer Gruppe zusammengefasst? Listen Sie die Merkmalsträger auf.

Aufgabe 10-5*

Verwenden Sie zur Lösung der folgenden Problemstellungen die SPSS Datendatei *Parkhäuser.sav*. Von Interesse sind alle erfassten Berliner Parkhäuser.

Hinweis: Die SPSS Variablen ZW0 bis ZW9 beinhalten durchschnittliche Zufriedenheitswerte mit dem Parkhausinneren, die jeweils auf einer Punkte-Skala mit den Randwerten null (für unzufrieden) und neun (für zufrieden) im Zuge einer Befragung von Parkhausnutzern im vierten Quartal 2006 gemessen wurden.

a) Wie viele Parkhausgruppen identifizieren Sie unter Nutzung der empirisch ermittelten durchschnittlichen Zufriedenheitswerte, wenn Sie von den folgenden Prämissen ausgehen: Als Gruppierungsmethode dient das WARD-Verfahren auf der Basis standardisierter Werte und im Dendrogramm bildet ein normierter Fusionskoeffizient von fünf die Entscheidungsgrundlage.
b) Wie viele Merkmalsträger sind in der kleinsten Gruppe zusammengefasst? Listen Sie die Merkmalsträger namentlich auf.
c) Geben Sie in Auswertung der Näherungsmatrix das Unähnlichkeitsmaß für die folgenden Parkhaus-Paare an. Zu welcher sachbezogenen Aussage gelangen Sie aus dem Vergleich der Unähnlichkeitsmaße für „DomAquaree" und „Bebelplatz" einerseits und „DomAquaree" und „Europa Center" andererseits?
d) Welche Merkmalsträger wurden aufgrund ihrer größten Ähnlichkeit als erste zu einer Gruppe zusammengefasst? Listen Sie die Merkmalsträger namentlich auf. ♣

Anhang

A	Verzeichnis der SPSS Daten-Dateien	344
A.1	Alphabetische Auflistung	344
A.2	Kapitelbezogene Auflistung	346
A.3	Datenzugriff via Internet	347
B	Empirisches Signifikanzniveau	348
C	Ausgewählte Grenz- und Elastizitätsfunktionen	349
D	Lösungen zu den Übungs- und Klausuraufgaben	350
E	Verzeichnis ausgewählter SPSS Funktionsgruppen	360
	Stichwortverzeichnis	361

A   Verzeichnis der SPSS Daten-Dateien

A.1   Alphabetische Auflistung

ARIMA.sav Die SPSS Daten-Datei beinhaltet die Werte von simulierten stochastischen Prozessen zum Zwecke ihrer Nachbildung mit Hilfe von ARIMA-Modellen.

Automarxx.sav Die SPSS Daten-Datei basiert auf dem Automarkenindex AUTOMARXX, der vom ADAC für den Monat Dezember 2005 herausgegeben wurde.

Baby.sav Die SPSS Daten-Datei beinhaltet Daten von lebendgeborenen Babys, die 1998 in einem Berliner Geburtshaus „das Licht der Welt erblickten".

Bachelor.sav Die SPSS Daten-Datei beinhaltet Angaben von Studierenden in den Bachelor-Studiengängen, die im Sommersemester 2007 am Fachbereich Wirtschaftswissenschaften I der HTW Berlin mittels eines standardisierten Fragebogens erhoben wurden.

Bayer.sav Die SPSS Daten-Datei enthält für den Zeitraum vom 2. Januar 2002 bis zum 2. Juno 2003 die Zeitreihe des amtlichen Schlusskurses für die Stammaktie der BAYER AG.

Befragung.sav Die SPSS Daten-Datei beinhaltet Angaben von Studierenden, die im Winter- und im Sommersemester 2005/06 am Fachbereich Wirtschaftswissenschaften I der HTW Berlin in den Statistik-Kursen I, II und III erhoben wurden.

Berlin.sav Die SPSS Daten-Datei enthält sozio-ökonomische Daten für die Berliner Stadtbezirke aus dem Jahr 2002.

BerlinerZeitungen.sav Die Datei beinhaltet Daten von zufällig ausgewählten Personen, die im Sommersemester 2003 bezüglich favorisierter Berliner Tageszeitungen befragt wurden.

Billet.sav Die SPSS Daten-Datei basiert auf einem Marktforschungsprojekt aus dem Jahr 1995. Im Rahmen des Projektes wurden mittels einer geschichteten Zufallsauswahl Fahrgäste im Berliner Öffentlichen Personen-Nahverkehrs (ÖPNV) befragt.

Bonität.sav Die SPSS Daten-Datei basiert auf Kennzahlen von zufällig ausgewählten und vergleichbaren Berliner Unternehmen, die aus dem jeweiligen Jahresabschluss für das Wirtschaftsjahr 1995 berechnet und banktechnisch zur Einstufung ihre Bonität benutzt wurden.

Bundesländer.sav Die Datei enthält arbeitsmarktbezogene Daten für die deutschen Bundesländer aus dem Wirtschaftsjahr 2002.

Diplom.sav Die SPSS Daten-Datei beinhaltet Angaben von Studierenden in den Diplom- Studiengängen, die im Sommersemester 2007 am Fachbereich Wirtschaftswissenschaften I der HTW Berlin mittels eines standardisierten Fragebogens erhoben wurden.

Discount.sav Die SPSS Daten-Datei basiert auf einer Kundenbefragung, die im Sommersemester 2002 auf der Grundlage eines standardisierten Fragebogens durchgeführt wurde.

Eier.sav Die SPSS Daten-Datei beinhaltet Daten eines Loses von 1000 Hühnereiern.

Evaluation.sav Die SPSS Daten-Datei beinhaltet Informationen über Lehrveranstaltungen, die im Wintersemester 2002/03 am Fachbereich WiWi I der HTW Berlin evaluiert wurden.

Fahrschule.sav Die SPSS Daten-Datei beinhaltet Informationen von zufällig ausgewählten Berliner Fahrschülern, die im Wirtschaftsjahr 1995 ihren Führerschein erwarben.

Fahrzeit.sav Die SPSS Daten-Datei basiert auf einer Befragung von Mitgliedern der Professoren- und Mitarbeiterschaft des Fachbereichs Wirtschaftswissenschaften I der HTW Berlin im Wintersemester 2003/04 bezüglich der Fahrzeit zur Hochschule.

FKK.sav Die SPSS Daten-Datei basiert auf einer Umfrage unter zufällig ausgewählten Studierenden an Berliner Hochschulen, die im Sommersemester 1996 mit dem Ziel durchgeführt wurde, die Einstellung von Studierenden zur Frei-Körper-Kultur zu erforschen.

Fluggäste.sav Die SPSS Daten-Datei beinhaltet für den Zeitraum von Januar 2002 bis Oktober 2007 die Zeitreihe der monatlichen Fluggästeanzahlen auf den Berliner Flughäfen.

Fragebogen.sav Die SPSS Daten-Datei ist das Resultat einer Studierendenbefragung, die im Sommersemester 2007 am Fachbereich Wirtschaftswissenschaften I der HTW Berlin mittels eines standardisierten Fragebogens durchgeführt wurde.

Gebrauchtwagen.sav Die SPSS Daten-Datei beinhaltet Daten von PKW, die im zweiten Quartal 2003 auf dem Berliner Gebrauchtwagenmarkt angeboten wurden.

Grundstudium.sav Die SPSS Daten-Datei enthält die Semesterabschlussbewertungen für die Grundstudienfächer im BWL-Studiengang der HTW Berlin im Wintersemester 2002/03.

Hotelgäste.sav Die SPSS Daten-Datei basiert auf einer Gästebefragung in Romantik-Hotels, die im vierten Quartal 2005 im deutschsprachigen Raum durchgeführt wurde.

Hühnereier.sav Die SPSS Daten-Datei beinhaltet extremwertbereinigte Hühnereierdaten.

Klausurergebnisse.sav Die SPSS Daten-Datei beinhaltet die Ergebnisse der Abschlussklausur zur Deskriptiven Statistik aus dem Sommersemester 2000.

Klausurtraining.sav Die SPSS Daten-Datei beinhaltet Daten, die im Sommersemester 2003 im Kontext eines Klausurtrainings zur „Deskriptiven Statistik" erhoben wurden.

Körperwelten.sav Die SPSS Daten-Datei beinhaltet die Zeitreihe der täglichen Besuchszahlen der Ausstellung „Körperwelten" in Berlin im Jahr 2001.

LehrEvaluation.sav Die SPSS Daten-Datei beinhaltet Daten von Lehrveranstaltungen, die im Wintersemester 2002/03 am Fachbereich WiWi I der HTW Berlin evaluiert wurden.

Lehrveranstaltung.sav Die SPSS Daten-Datei beinhaltet Evaluationsdaten Lehrveranstaltungen, die an der HTW Berlin im Wintersemester 2002/03 erhoben wurden.

Logo.sav Die SPSS Daten-Datei beinhaltet die Bewertungen eines neuen Hochschullogos, die von zufällig ausgewählten Hochschulvertretern abgegeben wurden.

Lufthansa.sav Die SPSS Daten-Datei beinhaltet für den Zeitraum vom 2. August 2004 bis zum 29. Juli 2005 die amtlichen Schlusskurse für die Stammaktie der LUFTHANSA AG.

Mietenerhebung.sav Die SPSS Daten-Datei beinhaltet Daten von zufällig ausgewählten Mietwohnungen, die im zweiten Quartal 2003 deutschlandweit angeboten wurden.

Mietspiegel.sav Die SPSS Daten-Datei beinhaltet Daten von zufällig ausgewählten Mietwohnungen, die im Jahr 2007 auf dem Berliner Mietwohnungsmarkt angeboten wurden.

Mobilfunk.sav Die SPSS Daten-Datei beinhaltet Mobilfunk-Gesprächsdauerdaten.

Nebenjob.sav Die SPSS Daten-Datei beinhaltet die Daten einer Befragung von zufällig ausgewählten Berliner Studierenden aus dem Sommersemester 2002.

Neuzulassungen.sav Die SPSS Daten-Datei beinhaltet die Zeitreihe der Anzahl der Neuzulassungen von PKW in Deutschland für den Zeitraum von Januar 2000 bis Mai 2006.

Parkhäuser.sav Die SPSS Daten-Datei basiert auf einer Befragung von zufällig ausgewählten Nutzern von Berliner Parkhäusern aus dem Jahr 2006.

Parkhausnuter.sav Die SPSS Daten-Datei basiert auf einer Befragung von zufällig ausgewählten Nutzern von Berliner Parkhäusern aus dem Jahr 2006.

Passagiere.sav Die SPSS Daten-Datei beinhaltet die Zeitreihe der Anzahl von Passagieren auf den Berliner Flughäfen von Januar 1994 bis Mai 2006.

Pkw.sav Die SPSS Daten-Datei beinhaltet Informationen von PKW spezieller Marken, die im zweiten Quartal 2003 auf dem Berliner Gebrauchtwagenmarkt angeboten wurden.

Preisvergleich.sav Die SPSS Daten-Datei basiert auf einem kommunalen Preisvergleich aus dem zweiten Quartal 2007, der für Städte und Gemeinden in den Bundesländern Berlin und Brandenburg durchgeführt wurde.

Prüfungen.sav Die SPSS Daten-Datei enthält die Semesterabschlussbewertungen von Lehrveranstaltungen am Fachbereich WiWi I der HTW Berlin aus dem Wintersemester 2002/03.

Raststätte.sav Die SPSS Daten-Datei basiert auf einer Kundenbefragung zweier Autobahn-Raststätten, die im Wintersemester 2002/03 realisiert wurde.

Schlusskurs.sav Die SPSS Daten-Datei beinhaltet die prozentualen Veränderungsraten des amtlichen Schlusskurses einer Aktie.

Speichelprobe.sav Die SPSS Daten-Datei basiert auf Speichelmengendaten eines Patienten, die im Zuge eines ernährungsmedizinischen Experiments chronologisch erhoben wurden.

Stadtbezirke.sav Die SPSS Daten-Datei beinhaltet sozio-ökonomische Daten für die Berliner Stadtbezirke aus dem Jahr 2002.

Umsatz.sav Die SPSS Daten-Datei beinhaltet für die Zeitreihe der Tagesumsätze eines Reise-Shops auf einem Berliner Bahnhof.

VW Golf Benziner.sav Die SPSS Daten-Datei beinhaltet Daten von zufällig ausgewählten VW Golf Benzinern, die 2003 auf dem Berliner Gebrauchtwagenmarkt angeboten wurden.

VW Polo.sav Die SPSS Daten-Datei beinhaltet Daten von zufällig ausgewählten VW Polo, die im Jahr 2003 auf dem Berliner Gebrauchtwagenmarkt angeboten wurden.

Zehn Dutzend.sav Die SPSS Daten-Datei basiert auf der SPSS Daten-Datei *Hühnereier.sav* und beinhaltet 10 Zufallsstichproben jeweils mit einem Umfang von 12 Hühnereiern. ♣

A.2 Kapitelbezogene Auflistung

2 Datenmanagement		
Bachelor.sav	Fragebogen.sav	Mietspiegel.sav
Diplom.sav	LehrEvaluation.sav	Prüfungen.sav
Evaluation.sav	Mietenerhebung.sav	StädteMieten.sav
3 Verteilungsanalyse		
Befragung.sav	Fragebogen.sav	Mobilfunk.sav
Billet.sav	Hotelgäste.sav	Schlusskurs.sav
Discount.sav	Mietspiegel.sav	
4 Mittelwertanalyse		
Automarxx.sav	Fahrschule.sav	LehrEvaluation.sav
Befragung.sav	Fragebogen.sav	Logo.sav
BerlinerZeitungen.sav	Gebrauchtwagen.sav	Mietspiegel.sav
Eier.sav & Hühnereier.sav	Klausurtraining.sav	Zehn Dutzend.sav
5 Zusammenhangsanalyse		
Befragung.sav	Gebrauchtwagen.sav	LehrEvaluation.sav
Fahrschule.sav	Hotelgäste.sav	Mietspiegel.sav
FKK.sav	Hühnereier.sav	
6 Regressionsanalyse		
Baby.sav	Gebrauchtwagen.sav	PKW.sav
Bonität.sav	Mietspiegel.sav	Raststätte.sav
Fahrzeit.sav	Nebenjob.sav	VW Golf.sav & VW Polo.sav
7 Zeitreihenanalyse		
ARIMA.sav	Körperwelten.sav	Passagiere.sav
Bayer.sav	Lufthansa.sav	Speichelprobe.sav
Fluggäste.sav	Neuzulassungen.sav	Umsatz.sav

8 Reliabilitätsanalyse		
Evaluation.sav	Fragebogen.sav	
Fahrschule.sav	Klausurergebnisse.sav	
9 Faktorenanalyse		
Bachelor.sav	Fragebogen.sav	Parkhausnutzer.sav
Bundesländer.sav	Lehrveranstaltung.sav	Stadtbezirke.sav
10 Clusteranalyse		
Automarxx.sav	Fragebogen.sav	Preisvergleich.sav
Berlin.sav	Grundstudium.sav	
Bundesländer.sav	Parkhäuser.sav	

In die kapitelbezogene Auflistung sind alle SPSS Daten-Dateien einbezogen, welche die Basis für die Beispiele und für die Aufgaben bilden. ♣

A.3 Datenzugriff via Internet

Internet-Adresse. Alle in diesem Buch verwendeten und in den alphabetisch geordneten Verzeichnissen A.1 und A.2 aufgelisteten SPSS Daten-Dateien stehen im Internet unter der Adresse

http://www.f3.fhtw-berlin.de/Professoren/Eckstein/buecher/download.html

zur freien Verfügung. Der Downloadbereich ist in der Abbildung A.3-1 skizziert.

Abbildung A.3-1: Downloadbereich

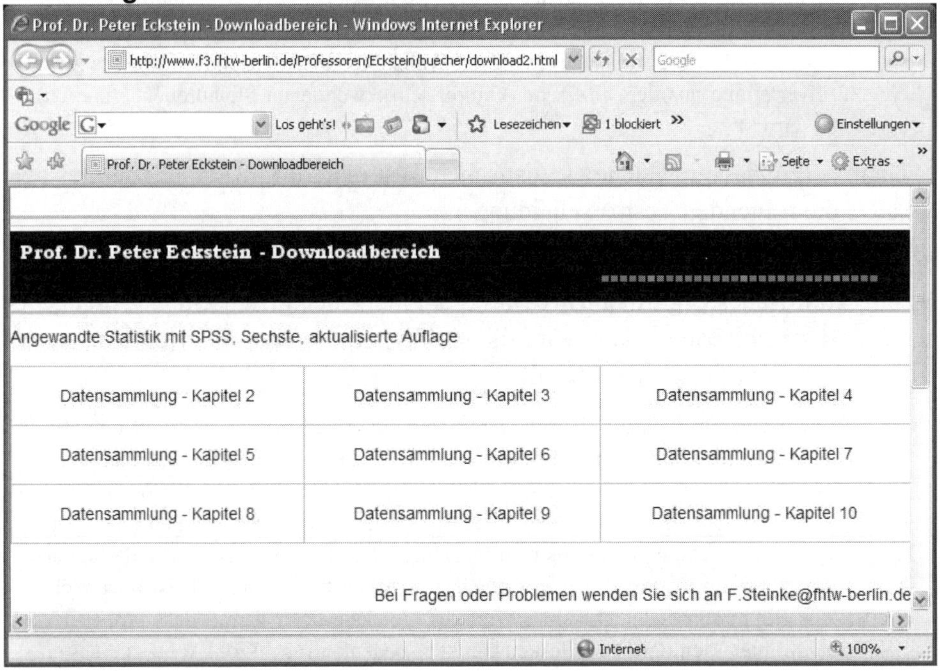

Hotline. Für den Fall, dass beim Datentransfer Probleme auftreten, wende man sich an die folgende eMail- Adresse: F.Steinke@fhtw.berlin.de. ♣

B Empirisches Signifikanzniveau

In SPSS werden Testentscheidungen auf der Basis eines Vergleichs eines vorgegebenen Signifikanzniveaus α mit einem empirischen Signifikanzniveau α^* herbeigeführt. Während das Signifikanzniveau α stets im Vorfeld eines Tests zu vereinbaren ist, wird das empirische Signifikanzniveau α^* unter Einbeziehung der jeweiligen Prüfverteilung aus dem jeweiligen Stichprobenbefund ermittelt.

Empirisches Signifikanzniveau

Ist T eine Testvariable und t_n ein Testvariablenwert, der aufgrund einer Zufallsstichprobe vom Umfang n ermittelt wurde, dann heißt die Wahrscheinlichkeit dafür, dass unter einer Nullhypothese H_0 die Testvariable T Werte annimmt, die gleich oder kleiner bzw. gleich oder größer sind als der Testvariablenwert t_n, empirisches Signifikanzniveau α^*.

Hinweise. Für das Verständnis des Begriffs und Konstrukts eines empirischen Signifikanzniveaus erweisen sich die folgenden Hinweise als hilfreich: i) **Synonyme**. Ein empirisches Signifikanzniveau wird in SPSS synonym auch als Signifikanz, Alpha*, p-Wert, p(robability)-value bezeichnet. ii) **Semantik**. Da der Begriff Signifikanz in seiner synonymen Verwendung für ein empirisches Signifikanzniveau aus statistisch-methodischer Sicht missverständlich sein kann und semantisch streng genommen nicht exakt ist, wurde an Stelle des Begriffs Signifikanz der Begriff empirisches Signifikanzniveau vereinbart und mit dem Symbol α^* belegt. Das Attribut empirisch erklärt sich daraus, dass das Signifikanzniveau unter Annahme eines Verteilungsgesetzes bzw. einer Prüfverteilung aus dem (bzw. den) empirisch gewonnenen Stichprobenbefund(en) berechnet wird. ♦

Unabhängig davon, welchen statistischen Test man in SPSS praktiziert, es gelten stets die folgenden Testentscheidungen:

Testentscheidungen

Ist ein empirisches Signifikanzniveau α^* kleiner oder gleich einem vorgegebenen Signifikanzniveau α, dann wird die Nullhypothese H_0 verworfen. Ansonsten wird die Nullhypothese H_0 beibehalten.

Hinweise. Im Kontext einer Testentscheidung erweisen sich die folgenden Hinweise als hilfreich: i) **Interpretation**. Im Fall, dass $\alpha^* \leq \alpha$ gilt, sagt man auch: Das Testergebnis ist statistisch signifikant (zum Niveau α). Gilt $\alpha^* > \alpha$ dann sagt man: Das Testergebnis ist statistisch nicht signifikant (zum Niveau α). ii) **Semantik**. Aus der Interpretation wird deutlich, dass man mit Hilfe eines statistischen Tests lediglich erkennen kann, ob ein Testergebnis im statistischen Sinne bedeutungsvoll ist oder nicht. Statistische Signifikanz ist nicht ohne Weiteres gleichzusetzen damit, dass ein Testergebnis auch unter sachlogischen Gesichtspunkten bedeutend ist. Wohl kann ein Testergebnis statistisch signifikant, jedoch ökonomisch irrelevant sein. Die Umkehrung ist gleichsam möglich: Ein nicht signifikantes Ergebnis kann ökonomisch relevant sein. ♦

C Ausgewählte Grenz- und Elastizitätsfunktionen

Motivation. Für eine sachbezogene und plausible Interpretation der Parameter einer Regressionsfunktion erweisen sich die zugehörige Grenz- und als nützlich. Der Wert einer Grenzfunktion heißt marginale (lat.: *marginalis* → den Rand betreffend) oder Grenzneigung. Der Wert einer Elastizitätsfunktion heißt Punkt-Elastizität. Während eine marginale Neigung als eine Maßzahl für eine durchschnittliche absolute Veränderung einer abhängigen Variablen gedeutet werden kann, wird eine Elastizität als eine Maßzahl für eine durchschnittliche relative Veränderung einer abhängigen Variablen angesehen.

Einfache Funktionen. In der Tabelle C-1 sind in Anlehnung an die Tabelle 6.2-1 und in Anlehnung an das Dialogfeld *Kurvenanpassung*, das in der Abbildung 6.2-2 dargestellt ist, für ausgewählte und in praxi häufig applizierte einfache (stetige und differenzierbare) Funktionen vom Typ $Y = f(X)$ die zugehörige Grenzfunktion und die zugehörige Elastizitätsfunktion dargestellt.

Tabelle C-1: Grenz- und Elastizitätsfunktion für einfache Funktionen

Funktion (Modelltyp)	Grenzfunktion	Elastizitätsfunktion
Linear	$Y' = \beta_1$	$\varepsilon = \beta_1 \cdot X \cdot (\beta_0 + \beta_1 \cdot X)^{-1}$
Logarithmisch	$Y' = \beta_1 \cdot X^{-1}$	$\varepsilon = \beta_1 \cdot (\beta_0 + \beta_1 \cdot (\ln X))^{-1}$
Invers	$Y' = -\beta_1 \cdot X^{-2}$	$\varepsilon = -\beta_1 \cdot (\beta_0 \cdot X + \beta_1)^{-1}$
Exponent (Potenz)	$Y' = \beta_0 \cdot \beta_1 \cdot X^{\beta_1} \cdot X^{-1}$	$\varepsilon = \beta_1$
Aufbau (Wachstum)	$Y' = \beta_1 \cdot \exp(\beta_0 + \beta_1 \cdot X)$	$\varepsilon = \beta_1 \cdot X$

Multiple Funktionen. Bei multiplen Funktionen $Y = f(X_j)$, $j = 1,2,...,k$ mit $k \geq 2$ erklärenden Variablen X_j beruhen die Betrachtungen zu den Grenz- und Elastizitätsfunktionen auf den partiellen Ableitungen erster Ordnung $\partial Y / \partial X_j$. Für eine multiple lineare Funktion $Y = f(X_1, X_2,..., X_k) = \beta_0 + \beta_1 \cdot X_1 + ... + \beta_k \cdot X_k$ ist die j-te partielle Grenzfunktion $\partial Y / \partial X_j = \beta_j$ ($j = 1,2,...,k$) eine Konstante, die mit dem Koeffizienten β_j für die erklärende Variable X_j identisch ist. Die zur multiplen linearen Funktion gehörende partielle Elastizitätsfunktion ist dann durch die Funktion $\beta_j \cdot X_j / (\beta_0 + \beta_1 \cdot X_1 + ... + \beta_k \cdot X_k)$ gegeben. Für eine multiple Exponentialfunktion $Y = f(X_1, X_2,..., X_k) = \exp(\beta_0 + \beta_1 \cdot X_1 + ... + \beta_k \cdot X_k)$ lautet die entsprechende partielle Grenzfunktion $\partial Y / \partial X_j = \beta_j \cdot \exp(\beta_0 + \beta_1 \cdot X_1 + ... + \beta_k \cdot X_k)$ und die zugehörige partielle Elastizitätsfunktion $\beta_j \cdot X_j$ ($j = 1,2,...,k$). ♣

---

[31] Eine elementare Einführung in die einfache Regressionsanalyse, worin die Darstellung der Methode der kleinsten Quadratesumme sowie die Betrachtung der zu einer einfachen linearen bzw. nichtlinearen Kleinst-Quadrate-Regression zugehörigen Grenz- und Elastizitätsfunktion eingeschlossen sind, findet man u.a. bei ECKSTEIN, Peter P.: Repetitorium Statistik, Deskriptive Statistik – Stochastik – Induktive Statistik, Mit Klausuraufgaben und Lösungen, 6., aktualisierte Auflage, GABLER Verlag Wiesbaden 2006.

D Lösungen zu den Übungs- und Klausuraufgaben

Die mit * gekennzeichneten Aufgaben sind Klausuraufgaben.

Aufgabe 2-1
a) analog zu Beispiel 2.3-3, b) analog zu Beispiel 2.3-4 mit KMI = Gewicht /(Größe/100)**2, c) analog zu Beispiel 2.3-6 mit Umkodierungen 0 → „m" und 1 → „w" z.B. für Variable „Geschlecht", d) analog zum Beispiel 2.3-7, in Bereiche eingeteilte Variable: Gewichtigkeit, e) etwa via *Analysieren, Tabellen, einfache Tabellen*, Rubrik *Auswerten*: Gewichtigkeit, Rubrik *Untergruppen*: Sex, 10 schwergewichtige Männer und 93 untergewichtige Frauen

Aufgabe 2-2
Die separaten SPSS Daten-Dateien können jeweils via Sequenz 2.3-7 erstellt werden. a) West-Ost <= 7: 3583 Mietwohnungen, b) WestOst > 7: 4005 Mietwohnungen, c) NordSüd > 4: 5532 Mietwohnungen, d) NordSüd <= 4: 2056 Mietwohnungen, e) WestOst > 5 & WestOst < 8 & NordSüd > 4 & NordSüd < 6: 1832 Mietwohnungen. f) ~(WestOst > 5 & WestOst < 8 & NordSüd > 4 & NordSüd < 6): 5756 Mietwohnungen

Aufgabe 2-3*
a) Merkmalsträger: Lehrveranstaltung, Grundgesamtheit: alle Lehrveranstaltungen, die am Fachbereich Wirtschaftswissenschaften I der HTW Berlin im Wintersemester 2002/03 angeboten wurden, b) Studiengang: nominal, Stern: ordinal, Durchfaller: metrisch, c) Lehrveranstaltungsverteilung auf die fünf Studiengänge (Schichten): insgesamt: 120 LV, Wirtschaftsrecht: 25 LV, Betriebswirtschaftslehre: 30 LV, BWL-Immobilien: 25 LV, BWL-Banken: 20 LV, Public Management: 20 LV, d) Filter: *Studium = 0 & Teilnehmer >= 40 & Durchfaller > 20*, Anzahl: 9 Lehrveranstaltungen, e) analog zu Beispiel 2.3-10, Break-Variable Studium, Grund- bzw. Hauptstudium: 66 bzw. 54 Lehrveranstaltungen, 2816 bzw. 1297 Teilnehmer, durchschnittliche Durchfallerquote: 13,49 % bzw. 8,88 %, Standardabweichung der Durchfallerquoten: 9,83 % bzw. 11,18 %, kleinster mittlerer Punktewert: 2,28 bzw. 2,11 Punkte, größter mittlerer Punktewert: 4,47 bzw. 4,88 Punkte

Aufgabe 3-1*
a) SPSS Auswahlbedingung: *Sex = 1 & Grund = 0*, b) 302 Hotelgäste c) i) 12 Erwartungen, ii) dichotome Variablen mit der Ausprägung 1 bei einer Nennung und systemdefinierter fehlender Wert bei Nichtnennung, Variablenkonzept: multiple Dichotomien, Analysekonzept: Analyse von Mehrfachantworten, iii) 2 Hotelgäste, iv) 77,3 % der Hotelgäste, v) 12,6 % der Erwartungen, vi) 136 mal, vii) im Durchschnitt 6,38 Erwartungen

Aufgabe 3-2*
a) 160 Börsentage, b) KOLMOGOROV-SMIRNOV-Anpassungstest in der LILLIEFORS- Modifikation auf eine unvollständig spezifizierte Normalverteilung, Testentscheidung: wegen $\alpha^* \geq 0{,}2 > \alpha = 0{,}05$ besteht kein Anlass, die unvollständig spezifizierte Normalverteilungshypothese zu verwerfen, c) Mittelwert: −0,43 %, d.h. in den vergangenen 160 Börsentagen lag die durchschnittliche prozentuale börsentägliche Veränderungsrate des Schlusskurses bei −0,43 %, Standardabweichung: 3,39 %, d.h. in den vergangenen 160 Börsentagen lag die durchschnittliche Streuung der prozentualen börsentäglichen Veränderung um den Mittelwert von −0,43 % bei 3,39 %, d) via Sequenz 2.3-4 berechnet man i) eine Wahrscheinlichkeit von CDF.NORMAL (2,−0.43,3.39) = 0,763 und ii) ein 0,9-Quantil der börsentäglichen prozentualen Veränderungsraten von IDF.NORMAL(0.9,−0.43,3.39) = 3,91 %

Anhang 351

Aufgabe 3-3*

a) Filter: *Sex = 2 & Einkommen = 2 & Alter = 2*, Stichprobenumfänge: 22 Kundinnen für Region Nord, 19 Kundinnen für Region Ost, 26 Kundinnen für Region West, 28 Kundinnen für Region Süd, b) via Sequenz 3.2.1-1 kann für die „abhängige Variable" Sortiment sowie für die „unabhängige Variable" Region der unvollständig spezifizierte KOLMOGOROV-SMIRNOV-Anpassungstest auf eine Normalverteilung in der LILLIEFORS-Modifikation appliziert werden, Testergebnisse: für jede der vier Regionen besteht wegen $\alpha^* \geq 0{,}2 > \alpha = 0{,}05$ kein Anlass, an der Normalverteilungsannahme der gemessenen Kundenzufriedenheitswerte zu zweifeln, c) Filter: *Sex = 2 & Einkommen = 2 & Alter = 2 & Region = 2*, Stichprobenmittel: 5,22 Punkte, Stichprobenstandardabweichung: 1,42 Punkte, realisiertes 99 %-Konfidenzintervall [4,28 Punkte; 6,16 Punkte] kann via Sequenz 3.2.1-1 angefordert werden; demnach ist es nahezu sicher, dass der „wahre, jedoch unbekannte" durchschnittliche Preiszufriedenheitswert zwischen 4,28 und 6,16 Punkten liegt, d) via Sequenz 2.3-4 berechnet man i) eine Wahrscheinlichkeit von 1 – CDF.NORMAL(7,5.22,1.42) = 0,105 und ii) ein 0,8-Quantil der Preiszufriedenheit von IDF.NORMAL(0.8,5.22,1.42) = 6,42 Punkten

Aufgabe 3-4*

a) Stichprobenmittel: im Durchschnitt 0,899 Prüfungswiederholungen je Semester und Student, Stichprobenvarianz: 1,051, Stichprobenstandardabweichung: 1,025, d.h. im Durchschnitt streuen die Anzahlen der Prüfungswiederholungen um 1,025 Prüfungswiederholungen um den Durchschnitt, b) wegen $\alpha^* = 0{,}629 > \alpha = 0{,}05$ besteht kein Anlass, für die diskrete Zufallsgröße A: Anzahl der Prüfungswiederholungen pro Student und Semester die vollständig spezifizierte Verteilungshypothese H_0: A ~ Po(0,899) zu verwerfen, c) Ereigniswahrscheinlichkeiten: i) PDF.POISSON(3,0.899) = 0,0493, ii) CDF.POISSON(3,0.899) = 0,9866, iii) 1 – CDF. POISSON(3,0.899) + PDF.POISSON(3,0.899) = 1 – 0,9866 + 0,0493 = 0,0627

Aufgabe 3-5*

a) analog zu Beispiel 3.2.2-2 vollständig spezifizierter KOLMOGOROV-SMIRNOV- Anpassungstest auf eine Exponentialverteilung, wegen $\alpha^* = 0{,}552 > \alpha = 0{,}05$ besteht kein Anlass, die Ausgangshypothese zu verwerfen, b) vollständig spezifizierte Verteilungshypothese, Ereigniswahrscheinlichkeiten via Sequenz 2.3-4 berechnen, wobei 2 min = 120 sec, i) CDF.EXP(120,0.021) = 0,9195, ii) 1 – CDF.EXP(120,0.021) = 0,0805

Aufgabe 4-1*

a) via Sequenz 2.3-4 z.B. die SPSS Variable *Jahresmittel = Fahrleistung/(Alter/12)* in die Arbeitsdatei einfügen, Filter *Typ = 6* (Ford Fiesta) setzen, Stichprobenmittel von 12,604 (1000 km/Jahr) und Stichprobenstandardabweichung von 5,634 (1000 km/Jahr) z.B. via Sequenz 3.1.1-1 ermitteln, b) realisiertes 90 %-Konfidenzintervall [11,669 (1000 km/Jahr); 13,540 (1000/Jahr)] via Sequenz 3.2.1-1 anfordern, c) KOLMOGOROV-SMIRNOV-Test auf eine Normalverteilung (LILLIEFORS-Modifikation), der via Sequenz 3.2.1-1 angefordert werden kann, Testergebnis: wegen $\alpha^* = 0{,}043 > \alpha = 0{,}01$ besteht kein Anlass, an der Normalverteilungshypothese zu zweifeln, d) wegen 15 (1000 km) gilt 1 – CDF.NORMAL(15,12.604,5.634) ≈ 0,335; e) t-Test für zwei unabhängige Stichproben bei ungleichen Varianzen (WELCH-Test): wegen $\alpha^* = 0{,}748 > \alpha = 0{,}05$ wird Mittelwerthomogenitätshypothese nicht verworfen

Aufgabe 4-2*

a) z.B. Gesamt = Image*0.25 + Stärke*0.10 + Zufrieden*0.15 + Qualität*0.30 + Technik*0.10 + Trend*0.10, b) Europa: 14 Automarken, 2,93 Punkte, 0,71 Punkte, Asien: 9 Automarken, 2,55

Punkte, 0,44 Punkte, Amerika: 10 Automarken, 2,03 Punkte, 0,61 Punkte, c) i) Varianzhomogenitätstest nach LEVENE: wegen $\alpha^* = 0{,}293 > \alpha = 0{,}05$ besteht für die drei kontinentalen Automarkengruppen kein Anlass, an der Varianzhomogenität der Gesamtbewertungen zu zweifeln, ii) einfaktorielle ANOVA: wegen $\alpha^* = 0{,}006 < \alpha = 0{,}05$ muss für die drei kontinentalen Automarkengruppen die Mittelwerthomogenitätshypothese bezüglich der Gesamtbewertungen verworfen werden, d) z.B. Post-Hoc-Test nach SCHEFFÉ: zwei homogene Untergruppen, Gruppe 1: Europa und Asien, Gruppe 2: Amerika

Aufgabe 4-3*

a) K-S-Test in der LILLIEFORS-Modifikation, abhängige Variable *Note* und unabhängige Variable *Studiengang*, Testentscheidungen: da für alle fünf studiengangsspezifischen Stichproben $\alpha^* > \alpha = 0{,}05$ gilt, können die lehrveranstaltungsbezogenen Durchschnittsnoten jeweils als Realisationen einer normalverteilten Zufallsgröße aufgefasst werden, b) Varianzhomogenitätstest nach LEVENE: wegen $\alpha^* = 0{,}865 > \alpha = 0{,}05$ besteht kein Anlass, die Varianzhomogenitätshypothese zu verwerfen, c) einfaktorielle ANOVA: wegen $\alpha^* = 0{,}000 < \alpha = 0{,}01$ muss die Mittelwerthomogenitätshypothese verworfen werden, d) z.B. SCHEFFÉ-Test: es gibt zwei homogene Untergruppen, Gruppe 1: BWL-Banken und BWL-Immobilen; Gruppe 2: BWL, Wirtschaftsrecht, Public Management

Aufgabe 4-4*

a) K-S-Test in der LILLIEFORS-Modifikation, abhängige Variable *Votum*, unabhängige Variable *Status*, Testentscheidungen: da für alle drei gruppenspezifischen Stichproben $\alpha^* > \alpha = 0{,}05$ gilt, können die abgegebenen Voten der Statutsgruppenmitglieder jeweils als Realisationen einer normalverteilten Zufallsgröße aufgefasst werden, b) Varianzhomogenitätstest nach LEVENE: wegen $\alpha^* = 0{,}323 > \alpha = 0{,}05$ besteht kein Anlass, die Varianzhomogenitätshypothese zu verwerfen, c) einfaktorielle ANOVA: wegen $\alpha^* = 0{,}000 < \alpha = 0{,}02$ muss die Mittelwerthomogenitätshypothese verworfen werden, d) z.B. SCHEFFÉ-Test: es gibt zwei homogene Untergruppen, Gruppe 1: Professoren und Mitarbeiter; Gruppe 2: Studenten

Aufgabe 4-5*

a) 11 Knoten, 5 dichotome Knoten, 6 Endknoten (der Ordnung 3, 6, 7, 8, 9, und 10), b) Verbesserung: 2,158, c) Eta-Quadrat = 0,437, d.h. zu 43,7 % kann die Gesamtvarianz der erfassten Körper-Masse-Indizes aus den 6 Endknoten erklärt werden, d) Merkmalsträger 1001: Knoten 3, 19,630 kg/m², Merkmalsträger 1002: Knoten 9, 23,882 kg/m²

Aufgabe 5-1*

a) *Abschluss*: ordinal, *Einkommen*: originär metrisch, wegen Klassierung ordinal, b) wegen einer rechteckigen Kontingenztabelle vom Typ (4·3) bzw. (3·4) ist das Kontingenzmaß Tau-c nach KENDALL geeignet, wegen $\tau_c = 0{,}232$ ist eine mittelstark ausgeprägte positive statistische Kontingenz zwischen Bildungsabschluss und Einkommen für die privat logierenden Hotelgäste nachweisbar, c) da die vier bildungsspezifischen Konditionalverteilungen nicht identisch sind, ist eine Kontingenz angezeigt, d) wegen $\alpha^* = 0{,}000 < \alpha = 0{,}01$ wird die Unabhängigkeitshypothese verworfen, e) Quantil einer Chi-Quadrat-Verteilung der Ordnung p = 1 − 0,01 = 0,99 für df = (4 − 1)·(3 − 1) = 6 Freiheitsgrade: $\chi^2_{0{,}99;6}$ = IDF.CHISQ(0.99,6) = 16,81

Aufgabe 5-2*

a) rechteckige (2·3)- bzw. (3·2)-Kontingenztabelle, b) da die zwei studiumsspezifischen Konditionalverteilungen nicht „völlig" identisch sind, ist dies ein Hinweis auf eine „schwache" Kontingenz zwischen beiden Merkmalen, c) da das Merkmal *Studiumsstufe* nominal und das Merkmal *Klassifikation* ordinal ist, verwendet man das Kontingenzmaß V nach CRAMÉR, wegen V = 0,163 ist eine schwache statistische Kontingenz zwischen beiden Merkmalen empirisch nachzuweisen, d) χ^2-Unabhängigkeitstest: wegen $\alpha^* = 0{,}203 > \alpha = 0{,}05$ besteht kein Anlass, die Unabhängigkeitshypothese zu verwerfen, demnach ist die angezeigte statistische Kontingenz nicht signifikant (verschieden von null), e) Quantilsberechnung mittels der SPSS Funktion IDF.CHISQ(1 − 0.02, 2) = 7,824, f) erwartete absolute Häufigkeit von 14,3 Lehrveranstaltungen kann im Unterdialogfeld *Kreuztabellen: Zellen anzeigen* angefordert werden

Aufgabe 5-3

a) 9 Knoten insgesamt, 6 Endknoten (Knoten 1, 3, 5, 6, 7 und 8), b) höchste Trefferquote von 95,7 % im Knoten 1 für die 177 weiblichen Personen (von insgesamt 185), die ein Körpergewicht von 69 kg oder weniger besitzen, niedrigste Trefferquote von 0 % im Knoten 7, in dem nur 54 männliche Personen vorkommen, die schwerer sind als 79 kg und einen Körper-Masse-Index unter 26 kg/m² besitzen, c) exakte Klassifikation: i) 86,7 % aller weiblichen Personen, ii) 88,7 % aller männlichen Personen, iii) 87,6 % aller Personen, d) Risiko für Fehlklassifikation: (24 + 32)/425 = 0,124 bzw. 12,4 %

Aufgabe 5-4*

Filter *Studiengang* = 16 setzen und eine Maßkorrelationsanalyse bewerkstelligen, a) wegen −0,023 ist nur ein sehr schwacher negativer linearer statistischer Zusammenhang zwischen den Evaluationspunkten und der Semesterabschlussnote empirisch nachweisbar, der Maßkorrelationskoeffizient von −0,023 ist wegen $\alpha^* = 0{,}914 > \alpha = 0{,}05$ nicht signifikant verschieden von null ist, b) wegen 0,861 ist ein starker positiver linearer statistischer Zusammenhang zwischen der Durchfallerquote und der Semesterabschlussnote empirisch nachweisbar, der Maßkorrelationskoeffizient von 0,861 ist wegen $\alpha^* = 0{,}000 < \alpha = 0{,}05$ signifikant verschieden von null

Aufgabe 5-5*

Filter *Typ* = 9 setzen, a) Merkmalsträger: gebrauchter PKW von Typ Opel Vectra; Erhebungsmerkmale mit Skalierung: Typ, nominal; Alter, Fahrleistung, Hubraum, Zeitwert jeweils metrisch, b) SPSS Variable *Durch = Fahrleistung/(Alter/12)*, c) KOLMOGOROV-SMIRNOV- Anpassungstest auf eine vollständig spezifizierte Normalverteilung: während die Merkmale Alter, (bisherige) Fahrleistung und jahresdurchschnittliche Fahrleistung jeweils als eine normalverteilte Zufallsgröße gedeutet werden können, trifft dies auf das Merkmal Zeitwert nicht zu, d) Maßkorrelationsanalyse: wegen 0,806 und $\alpha^* = 0{,}000 < \alpha = 0{,}05$ besteht zwischen dem Alter und der Fahrleistung ein signifikanter starker positiver linearer statistischer Zusammenhang, wegen −0,859 und $\alpha^* = 0{,}000 < \alpha = 0{,}05$ besteht zwischen dem Alter und dem Zeitwert ein signifikanter starker negativer linearer statistischer Zusammenhang, wegen −0,118 und $\alpha^* = 0{,}243 > \alpha = 0{,}05$ besteht zwischen dem Alter und der jahresdurchschnittlichen Fahrleistung kein signifikanter Zusammenhang, wegen 0,383 und $\alpha^* = 0{,}000 < \alpha = 0{,}05$ besteht zwischen der (bisherigen) Fahrleistung und der jahresdurchschnittlichen Fahrleistung ein signifikanter, allerdings schwacher positiver linearer statistischer Zusammenhang, wegen −0,138 und $\alpha^* = 0{,}170 > \alpha = 0{,}05$ besteht zwischen dem Zeitwert und der jahresdurchschnittlichen Fahrleistung kein signifikanter statistischer Zusammenhang, e) partielle lineare Maßkorrelationsanalyse: wegen −0,471 und $\alpha^* = 0{,}000 < \alpha = 0{,}05$ besteht zwischen dem Zeitwert und der jahresdurchschnittlichen Fahrleistung bei Gebrauchtwagen gleichen Alters ein signifikanter negativer partieller linearer statistischer Zusammenhang, f) Streudiagramm-Matrix kann via Grafiken, Diagrammerstellung angefordert werden, obgleich zwischen Alter und Zeitwert bzw. zwischen Alter und logarithmiertem Zeitwert ein negativer statistischer Zusammenhang ersichtlich ist, unterscheiden sich beide Korrelationskoeffizienten in Höhe von −0,859 bzw. in Höhe von −0,879 voneinander, dies erklärt sich daraus, dass der Maßkorrelationskoeffizient immer nur die Stärke und die Richtung eines linearen statistischen Zusammenhanges messen kann, der im konkreten Fall für die originären Altersangaben und den logarithmierten Zeitwerten stärker ausgeprägt ist als für die originären Altersangaben und Zeitwerte, dieser Zusammenhang wird gleichsam augenscheinlich für den Korrelationskoeffizienten von „nur" 0,978 zwischen den originären und den logarithmierten Zeitwerten, obgleich zwischen beiden Variablen ein (nichtlinearer) funktionaler Zusammenhang besteht

Aufgabe 6-1

a) Filter *Geschlecht* = *1* setzen, Streudiagramm mit linearer Regression analog zum Beispiel 6.1-1, b) Y: Körpergewicht, X: Körpergröße, lineare Kleinst-Quadrate-Regressionsfunktion $Y^*(X) = -3654 + 140 \cdot X$ des Körpergewichts Y über der Körpergröße X, Parameterinterpretation: die Regressionskonstante $b_0 = -3654$ g fungiert als bloße Ausgleichskonstante und ist im konkreten Fall nicht plausibel interpretierbar, die Regressionskoeffizient $b_1 = 140$ g/cm ist ein Maß für die durchschnittliche Veränderung des Körpergewichts je Körpergrößeneinheit, d.h. steigt (fällt) die Körpergröße um 1 cm, dann steigt (fällt) im Mittel das Gewicht um 140 g, c) mittels der Regression ist man wegen $R^2 = 0,574$ in der Lage, „nur" zu 57,4 % die Varianz des Körpergewichts allein aus der Varianz der Körpergröße statistisch zu erklären, die vergleichsweise geringe Bestimmtheit der Regression koinzidiert mit der vergleichsweise stark streuenden Punktewolke in Streudiagramm, d) wegen $Y^*(50) = -3654 + 140 \cdot 50 = 3346$ g hätte ein lebendgeborenes und 50 cm großes Mädchen erwartungsgemäß ein Körpergewicht von 3346 g

Aufgabe 6-2*

a) Merkmalsträger: ein gebrauchter VW Polo, Grundgesamtheit: alle 2003 auf dem Berliner Gebrauchtwagenmarkt angebotenen VW Polo, b) jeweils metrisch, c) aufgrund des „höchsten" Bestimmtheitsmaßes von $R^2 = 0,931$ wählt man das so genannte „Aufbaumodell" $Z^*(A) = \exp(9,5156 - 0,0173 \cdot A)$ aus, Interpretation des Bestimmtheitsmaßes: mit Hilfe der bivariaten nichtlinearen Regression ist man bereits in der Lage, zu 91,3 % die Varianz des Zeitwertes Z allein aus der Varianz des Alters A statistisch zu erklären, d) Test auf Signifikanz des Zeitwertfaktors Alter ist identisch mit Test des Bestimmtheitsmaßes auf Signifikanz, wegen $\alpha^* = 0,000 < \alpha = 0,01$ wird das Bestimmtheitsmaß von $R^2 = 0,931$ als signifikant verschieden von null und damit auch das Alter A als ein signifikant von null verschiedener Zeitwertfaktor gedeutet, e) auf der Grundlage der Grenzfunktion berechnet man eine marginale Zeitwertneigung von $d Z^*/d A(120) = -0,0173 \cdot e^{9,5156 - 0,0173 \cdot 120} \approx -29,4$ €/Monat, demnach hat man bei 120 Monate bzw. 120/12 = 10 Jahre alten Gebrauchtwagen vom Typ VW Polo im Verlaufe eines Monats im Mittel mit einem Zeitwertverlust von ca. 30 € zu rechnen, auf der Grundlage der Elastizitätsfunktion berechnet man eine Punkt-Elastizität von $\varepsilon(120) = -0,0173 \cdot 120 \approx -2,1$ und interpretiert sie wie folgt: wegen $|\varepsilon(120)| = 2,1 > 1$ hat man bei 120 Monate bzw. 10 Jahre alten VW Polo mit einem überproportionalen durchschnittlichen relativen Zeitwertverfall von 2 % bei einer 1 %-igen Alterszunahme zu rechnen, f) wegen $Z^*(12) = \exp(9,5156 - 0,0173 \cdot 12) \approx 11026$ besäße c.p. ein Einjahreswagen erwartungsgemäß einen Zeitwert von 11026 €

Aufgabe 6-3*

a) Symbole: Z(eitwert), Z* geschätzter Zeitwert, A(lter), F(ahrleistung), M(otorleistung); multiple quasilineare Regressionsfunktion $\ln Z^*(A, F, M) = 9,231 - 0,108 \cdot A - 0,008 \cdot F + 0,003 \cdot M$, multiple nichtlineare Zeitwertfunktion: $Z^*(A, F, M) = e^{9,231 - 0,108 \cdot A - 0,008 \cdot F + 0,003 \cdot M}$, b) da für alle drei Regressoren $\alpha^* < \alpha = 0,05$ gilt, können sie jeweils als signifikante Zeitwertfaktoren aufgedeckt werden, c) mit Hilfe der multiplen quasilinearen Regression ist man in der Lage, zu 81,9 % die Varianz der logarithmierten Zeitwerte aus der Varianz des Alters, der Fahrleistung und der Motorleistung statistisch zu erklären, d) unter Verwendung der nichtlinearen Funktion berechnet man einen Zeitwert von $Z^*(5, 100, 90) = e^{9,231 - 0,108 \cdot 5 - 0,008 \cdot 100 + 0,003 \cdot 90} \approx 3500$ €, e) partielle Grenzfunktionen: $\partial Z^*/\partial A = -0,108 \cdot \exp(9,231 - 0,108 \cdot A - 0,008 \cdot F + 0,003 \cdot M)$, $\partial Z^*/\partial F = -0,008 \cdot \exp(9,231 - 0,108 \cdot A - 0,008 \cdot F + 0,003 \cdot M)$, $\partial Z^*/\partial M = 0,003 \cdot \exp(9,231 - 0,108 \cdot A - 0,008 \cdot F + 0,003 \cdot M)$, f) wegen $\ln Z^*(5, 100, 90) = 9,231 - 0,108 \cdot 5 - 0,008 \cdot 100 + 0,003 \cdot 90 = 8,161$ ergeben sich die folgenden marginalen Zeitwertneigungen: $\partial Z^*/\partial A = -0,108 \cdot \exp(8,161) \approx -378$ €/Jahr, d.h. ein mittlerer partieller Zeitwertverlust von 378 € pro Jahr, $\partial Z^*/\partial F = -0,008 \cdot \exp(8,161) \approx -28$ €/1000 km, d.h. ein mittlerer partieller Zeitwertverlust von 28 € je weitere 1000 km, $\partial Z^*/\partial M = 0,003 \cdot \exp(8,161) \approx 11$ €/PS, d.h. eine mittlere partielle Zeitwerterhöhung von 11 € je weiteres PS, g) da alle drei VIF-Werte kleiner als 5 sind, kann die Kollinearität unter den drei Regressoren vernachlässigt werden

Aufgabe 6-4*
a) Merkmalsträger: Kunde, Erhebungsmerkmale: Raststätte, Zufriedenheit mit Preis-Leistung, Reisegrund jeweils nominal, Pro-Kopf-Ausgaben, Verweildauer und Getränkeanzahl jeweils metrisch, b) 440 Kunden, c) multiples Logit-Modell $P^*(A, D) = 1/(1 + \exp(-(-1,679 + 0,219 A - 0,093 D)))$ mit P^* für geschätzte Wahrscheinlichkeit, A für Pro-Kopf-Ausgaben und D für Verweildauer ermitteln, d) wegen $\alpha^* = 0,000 < \alpha = 0,05$ sind beide Regressionskoeffizienten signifikant verschieden von null und damit wesentliche Faktoren zur Unterscheidung von Privat- und Geschäftsreisenden, e) ja: höhere Ausgaben bei gleicher Verweildauer erhöhen partiell die Wahrscheinlichkeit, dass ein Kunde ein Geschäftsreisender (Grund = 1) ist, eine längere Verweildauer bei gleichen Ausgaben vermindert partiell die Wahrscheinlichkeit, dass ein Kunde ein Geschäftsreisender ist, f) mit dem multiplen binären Logit-Modell ist man in der Lage, „nur" zu 45,7 % die Zuordnung von Kunden (Privat- oder Geschäftsreisender) allein aus der Varianz der Pro-Kopf-Ausgaben für Speisen und Getränke sowie der Verweildauer statistisch zu erklären, g) gemäß der Klassifikationstabelle sind es 78,4 % aller befragten Kunden, h) Kunde A: wegen $P^*(25, 30) = 1/(1 + \exp(-(-1,679 + 0,219 \cdot 15 - 0,093 \cdot 30))) \approx 0,732 > 0,5$ Einordnung als Geschäftsreisender, Kunde B: wegen $P^*(20, 45) = 1/(1 + \exp(-(-1,679 + 0,219 \cdot 20 - 0,093 \cdot 45))) \approx 0,185 < 0,5$ Einordnung als Privatreisender

Aufgabe 6-5*
a) binäre logistische Regressionsfunktion $P^*(K1, K2, K4, K5) = 1/(1 + \exp(-(-0,514 + 0,288 \cdot K1 + 0,279 \cdot K2 + 0,566 \cdot K4 - 0,282 \cdot K5)))$, für die vier signifikanten Bilanzkennzahlen gilt jeweils $\alpha^* < \alpha = 0,08$, b) 77,1 % aller erfassten Unternehmen, c) bei Festlegung eines Trennwertes von 0,5 für die Bonitätsentscheidung würde man wegen $P^*(8, 2, 1; 4) = 1/(1 + \exp(-(-0,514 + 0,288 \cdot 8 + 0,279 \cdot 2 + 0,566 \cdot 1 - 0,282 \cdot 4))) \approx 0,86$ das Unternehmen A „sehr wahrscheinlich" als solvent (Bonität = 1) und analog wegen $P^*(-3, -2, -1; 5) = 1/(1 + \exp(-(-0,514 + 0,288 \cdot (-3) + 0,279 \cdot (-2) + 0,566 \cdot (-1) - 0,282 \cdot 5))) \approx 0,02$ das Unternehmen B als insolvent bzw. „sehr unwahrscheinlich" als solvent einstufen

Aufgabe 7-1*
a) äquidistante Zeitintervallreihe, b) Beobachtungszeitraum $T_B = \{t \mid t = 1,2,...,77\}$, Prognosezeitraum $T_P = \{t \mid t = 78,79,...,84\}$ und Relevanzzeitraum $T_R = \{t \mid t = 1,2,...,84\}$, c) U bezeichnet den Umsatz und t die Zeit; lineare Trendfunktion $U^*(t) = 50,618 + 0,289 \cdot t$ für $t \in T_R$, Interpretation der Trendparameter: wegen $U^*(0) = 50,618 = b_0$ hätte man für Samstag, den 10.2. einen Umsatz von ca. 5062 € geschätzt, wegen $d U^*(t)/d t = 0,289 = b_1$ steigt von Tag zu Tag der

Umsatz im Durchschnitt um ca. 29 €, d) mittels der Berechungsvorschrift *Modell = Trend + Saison* können die Umsatzwerte auf der Basis des additiven Trend-Saison-Modells bestimmt werden, Umsatzprognose (Angaben in €) für die Wochentage der 12. Woche: 8762, 5878, 6554, 7155, 7091, 7423, 8981, e) über Berechnungsvorschrift *Residuen = Umsatz − Modell* können die Modellresiduen berechnet werden, Residualstandardfehler: 4,465 (100 €), d.h. im Mittel weichen die Umsatzzahlen um 447 € von den Modellwerten nach oben und nach unten ab

Aufgabe 7-2

a) äquidistante Zeitintervallreihe, Beobachtungszeitraum $T_B = \{t \mid t = 1,2,...,77\} = \{t^* \mid t^* = $ Januar 2000, Februar 2002, ..., Mai 2006$\}$, b) einfaches Modell der exponentiellen Glättung, Prognose für Juno bis Dezember 2006, Angaben in 1000 PKW-Neuzulassungen: 313, 281, 245, 277, 281, 273, 248, c) da für volatile und schwach stationäre Zeitreihe die empirischen Autokorrelationskoeffizienten rasch aussterben und die empirischen partiellen Autokorrelationskoeffizienten in Folge zwei signifikant von null verschiedene Koeffizienten indizieren, diagnostiziert man für die schwach stationäre Zeitreihe ein AR(2)-Modell und für die originäre Zeitreihe letztlich ein ARIMA(2, 1, 0)(0, 1, 0)-Modell, d) autoregressives Modell zweiter Ordnung mit Trend- und Saisonkomponente erster Ordnung, wegen $\alpha^* < \alpha = 0,05$ können die beiden autoregressiven Parameter von −0,66 und −0,41 als signifikant verschieden von null gedeutet werden, demnach kann man davon ausgehen, dass die Anzahl der PKW-Neuzulassungen jeweils durch die beiden vorhergehenden Monate beeinflusst wird, e) ARIMA-Modell-Prognose für Juno bis Dezember 2006, Angaben in 1000 PKW-Neuzulassungen: 353, 275, 265, 298, 301, 291, 272, die unterschiedliche Prognosen liegen in den verschiedenen Modellen begründet

Aufgabe 7-3*

a) äquidistante Zeitpunktereihe, Beobachtungszeitraum $T_B = \{t \mid t = 1,2,...,70\} = \{t^* \mid t^* = $ Samstag, 10. Februar,..., Freitag, 27. April$\}$, b) via Sequenz 7.2.1-1 die Zeitreihe für die zentrierten gleitenden Durchschnitt MA7 bzw. für die zurückgreifenden gleitenden Durchschnitte PMA7 erstellen und via Sequenz 7.1-2 gemeinsam mit der originären Zeitintervallreihe Besuche in einem Sequenzdiagramm darstellen, originäre Zeitreihe der Besuchszahlen ist volatil mit leichtem Anstieg und augenscheinlicher Saisonalität, beide Zeitreihen der gleitenden Durchschnitte lassen im Beobachtungszeitraum einen volatilen und steigenden Verlauf der Besuchszahlen erkennen, der von den saisonalen Schwankungen bereinigt ist, c) Prognosen der Besuchszahlen für die elfte Ausstellungswoche: i) additives Trend-Saison-Modell: 8289, 6638, 5307, 6024, 6674, 6523, 6998, ii) Holt-Winters-Modell der exponentiellen Glättung: 8993, 7357, 6059, 6859, 7564, 7432, 7946, iii) ARIMA-Modell: 7854, 7268, 6269, 6622, 7619, 7626, 7442, d) Filter Zeit > 70 setzen und für die jeweiligen Abweichungen der ex-post Besuchszahlen von den Modellwerten die Standardabweichung berechnen: i) Trend-Saison-Modell: 274 Besuche; ii) Holt-Winters-Modell: 317 Besuche; iii) ARIMA-Modell: 530 Besuche

Aufgabe 7-4

a) Variablengenerierung: Zeitvariable $t = \$casenum$ und Variable $v1 = RV.NORMAL(0,1)$, Trajektorie ist schwach stationär, volatil und simuliert „weißes Rauschen", b) Zeitreihe $v2 = CSUM(v1)$ mittels der SPSS Funktion *Kumulierte Summe* erstellen, Trajektorie simuliert einen „Random Walk", c) Zeitreihe mittels der „Zielvariable" v3 und des „numerischen Ausdrucks" $1 - 2*v2$ „berechnen", Trajektorie simuliert einen „Random Walk with Drift", d) Zeitreihe $v4 = CSUM(v3)$ analog zu b) erstellen, Trajektorie simuliert einen „Random Walk with Drift" bzw. eine „Irrfahrt mit ausgeprägtem Trend"

Anhang 357

Aufgabe 7-5*
Im Beobachtungszeitraum, der insgesamt 256 Börsentage im Zeitraum vom 2. August 2004 bis zum 29. Juli 2005 umspannt, gleicht die Trajektorie des amtlichen Schlusskurses der Lufthansa-Stammaktie einem „Random Walk with Drift" bzw. einer „trendbehafteten Irrfahrt", der bzw. die letztlich nur mittels eines ARIMA(0, 1, 0)-Modells beschrieben werden kann.

Aufgabe 7-6
a) stark trendbehafteter bzw. integrierter stochastischer Prozess, b) Trajektorie der ersten Differenzen ist volatil und indiziert einen trendbehafteten konvexen Verlauf, Trajektorie der zweiten Differenzen ist volatil und augenscheinlich schwach stationär, c) da die empirischen partiellen Autokorrelationskoeffizienten rasch aussterben und nur der empirische Autokorrelationskoeffizient erster Ordnung signifikant verschieden von null ist, diagnostiziert man für die „trendbereinigte" Zeitreihe einen MA(1)-Prozess, so dass die originäre Zeitreihe letztlich mittels eines ARIMA(0, 2, 1)-Modells beschrieben werden kann, d) wegen $\alpha^* = 0{,}00 < \alpha = 0{,}05$ wird der geschätzte MA-Parameter von 0,834 als signifikant verschieden von null gedeutet

Aufgabe 8-1*
a) analog zum Beispiel 2.3-6 die originären Variablen Praxis bzw. Theorie in die 0-1-kodierten „Ausgabevariablen" Praxis1 bzw. Theorie1 „umkodieren", b) für die Variablen Praxis1 und Theorie1 das arithmetische Mittel bestimmen, das seinem Wesen nach ein Anteil ist, der als ein Gradmesser für die Schwierigkeit einer Prüfung interpretiert werden kann, da „nur" 48 % der Fahrschüler im ersten Anlauf die Praxisprüfung bestanden haben, indiziert der „niedrigere Wert" einen „höheren Schwierigkeitsgrad" für eine Praxis-Prüfung als für eine Theorie-Prüfung, für die ein „höherer Wert" von 0,67 und somit ein „niedrigerer Schwierigkeitsgrad" ausgewiesen wird, c) McNemar-Test: wegen $\alpha^* = 0{,}000 < \alpha = 0{,}05$ ist die Hypothese bezüglich der Gleichheit der Schwierigkeitsgrade zu werfen, d) obgleich der punktbiseriale Korrelationskoeffizient von 0,262 eine „geringe Trennschärfe" indiziert, ist diese geringe Trennschärfe wegen $\alpha^* = 0{,}000 < \alpha = 0{,}05$ dennoch statistisch gesichert, demnach können die Merkmale Geschlecht und Fahrübungsbedarf als trennscharf gedeutet werden

Aufgabe 8-2*
a) Merkmalsträger: Lehrveranstaltung, Gesamtheit: alle im Wintersemester 2003/03 im Studiengang BWL-Banken an der HTW Berlin evaluierten Lehrveranstaltungen, Umgang: 20 Lehrveranstaltungen, b) Reliabilitätsanalyse, c) CRONBACH´s Alpha: 0,949, demnach sind die Fragen 20 bis 32 (ohne Frage 31) zur Messung des Konstrukts „didaktische Fertigkeiten eines Dozenten" geeignet, d) verbannt man die Frage 28 aus dem Fragekatalog, dann erhöht sich CRONBACH´s Alpha schrittweise von 0,949 auf 0,958, die „Verbannung" der Frage 28 aus dem Katalog ist auch sachlogisch nachvollziehbar: die Aufgeschlossenheit und Freundlichkeit eines Dozenten muss nicht in einem Zusammenhang mit seinen didaktischen Fertigkeiten stehen

Aufgabe 9-1*
a) Merkmalsträger: Berliner Stadtbezirk, metrische Erhebungsmerkmale: Arbeitslosenquote, Anteil der Sozialhilfeempfänger, Anteil der Personen mit weniger als 500 €/Monat, Rentneranteil, Anteil der Personen mit Hauptschulabschluss, Anteil der Personen mit Hochschulreife, Akademikeranteil, Anteil der Personen ohne beruflichen Abschluss, Anteil der Arbeiter an Erwerbstätigen, Analysekonzept: Faktorenanalyse, b) zwei extrahierte Faktoren mit 82,3 % Erklärungsanteil an der Gesamtvarianz, inhaltliche Bestimmung der Faktoren: Faktor 1 beschreibt die soziale Situation, der Faktor 2 den sozialen bzw. Bildungsstatus, c) Scree-Plot: da nur die ersten

beiden Eigenwerte größer als eins sind, extrahiert man nur zwei Faktoren aus den neun Erhebungsmerkmalen, Ladungs- oder Komponenten-Diagramm: auf dem Faktor bzw. auf der Komponente 1 „soziale Situation" hoch geladen sind die Merkmale Rentneranteil, Arbeitslosenquote, Sozialhilfeempfängerquote und Anteil der Personen ohne beruflichen Abschluss, auf dem Faktor bzw. auf der Komponente 2 „sozialer bzw. Bildungsstatus" sind die Merkmale Arbeiteranteil, Anteil der Personen mit Hauptschulabschluss; Anteil der Personen mit Hochschulreife und Akademikeranteil; d) die merkmalsträgerspezifischen Rangfolgen auf der Grundlage der Faktorwerte der beiden extrahierten Faktoren können via *Transformieren, Rangfolge bilden* erzeugt werden, der Grad der Übereinstimmung zwischen den faktorbasierten Rangfolgen und den beiden originären SPSS Variablen *Sozial* und *Status* kann z.B. mit dem SPEARMANschen Rangkorrelationskoeffizienten gemessen werden, da beide Koeffizienten (in ihren absoluten Beträgen) nahe an eins liegen (0,91 bzw. 0,89), ist ein hoher Übereinstimmungsgrad zwischen den „vorgegebenen" und den „faktoranalytisch ermittelten" Stadtbezirksrängen zu konstatieren

Aufgabe 9-2*

a) Korrelationsmatrix für die 7 Erhebungsmerkmale analog zur Abbildung 9.2-3 anfordern, wegen 0,961 korrelieren die „Anzahl offener Stellen" und „Anzahl von Kurzarbeitern" am stärksten positiv und wegen −0,72 die „Insolvenzquote" und „Erwerbstätigenquote" am stärksten negativ miteinander, b) zwei Faktoren mit einem Varianzerklärungsanteil von insgesamt 75,4 %, Faktor 1 beschreibt den ersten und Faktor 2 den zweiten Arbeitsmarkt

Aufgabe 9-3*

a) Filter: *(Fachbereich = 3 | Fachbereich = 4) & Fragebögen >= 20*; Umfang: 36 Lehrveranstaltungen, b) neun (metrische) Evaluationsmerkmale: Aufbau, Praxisbezug, Verständlichkeit, Umgang mit Studierenden, Tempo, Einbeziehung der Studierenden, Weiterempfehlung, Teilnehmeranzahl, Anzahl auswertbarer Fragebögen, c) Faktorenanalyse, d) Varimax-Methode, Ladungsdiagramm: i) Kernaussage: zwei Gruppen von Merkmalen scharen sich jeweils um die orthogonalen und rotierten Komponentenachsen, ii) Faktorentaufe: der Faktor 1 beschreibt qualitative und der Faktor 2 quantitative Eigenschaften einer Lehrveranstaltung, iii) auf dem Faktor 1 ist das Evaluationsmerkmal „Dozent kann Kompliziertes verständlich machen" mit einer Faktorladung von 0,967 am höchsten geladen, auf dem Faktor 2 ist das Evaluationsmerkmal „Anzahl der eingeschriebenen Teilnehmer" mit einer Faktorladung von 0,973 am höchsten geladen, e) wegen der Faktorwerte 0,13 und 5,48 ist die Lehrveranstaltung mit Nr. 6200 überdurchschnittlich gut bewertet und sehr stark frequentiert worden, wegen der Faktorwerte −2,10 und −0,50 erfuhr die Lehrveranstaltung mit Nr. 8884 sehr geringe qualitative Bewertung, aus quantitativer Sicht wurde sie unterdurchschnittlich stark frequentiert bzw. besucht

Aufgabe 9-4*

a) Faktorenanalyse, b) drei Faktoren, c) 73,4 %, d) Varimax-Methode nach KAISER, e) Faktor 1: Fahrspurbreite, Ladung: 0,895, Faktor 2: Belüftung, Ladung: 0,886, Faktor 3: Stellplatz wiederfinden, Ladung: 0,860, f) Faktor 1: Konstruktionsfaktor, Faktor 2: Zustandsfaktor, Faktor 3: Orientierungsfaktor, g) ANDERSON-RUBIN-Verfahren, h) weibliche Parkhausnutzer bewerten den Konstruktionsfaktor überdurchschnittlich (0,164), den Zustandsfaktor unterdurchschnittlich (-0,120) und den Orientierungsfaktor durchschnittlich (0,070)

Aufgabe 9-5*

a) Faktorenanalyse, b) zwei Faktoren, c) Varimax-Methode nach KAISER, d) Faktor 1: Selbststudium mit Faktorladung 0,789, Faktor 2: Vorlesungsbesuch mit Faktorladung 0,860, e) Faktor

1: curriculares Studium, Faktor 2: extracurriculares Studium, f) ANDERSON-RUBIN-Verfahren, g) weibliche Studierende bewerten das curriculare (0,358) und extracurriculare (0,031) Studium überdurchschnittlich, männliche Studierende bewerten wegen -0,436 und -0,038 beide Studienfaktoren unterdurchschnittlich

Aufgabe 10-1

a) Analysekonzept: hierarchische Clusteranalyse, Basis: standardisierte Daten, b) Klassifikationen: i) nächstgelegener Nachbar: Cluster 1: Charlottenburg-Wilmersdorf; Cluster 2: Mitte, Friedrichshain-Kreuzberg, Cluster 3: die restlichen neun Stadtbezirke, ii) entferntester Nachbar: Cluster 1: Mitte, Friedrichshain-Kreuzberg, Neukölln, Cluster 2: Pankow, Tempelhof-Schöneberg, Treptow-Köpenick, Marzahn-Hellersdorf, Lichtenberg; Cluster 3: die restlichen vier Stadtbezirke, iii) Ward-Verfahren: Cluster 1: Mitte, Friedrichshain-Kreuzberg, Neukölln, Cluster 2: Pankow, Tempelhof-Schöneberg, Treptow-Köpenick, Marzahn- Hellersdorf, Lichtenberg; Cluster 3: die restlichen vier (westlichen) Stadtbezirke

Aufgabe 10-2*

i) 3-Cluster-Klassifikation: Cluster 1: Baden-Württemberg, Bayern, Nordrhein-Westfalen; Cluster 2: Berlin, Brandenburg, Bremen, Mecklenburg-Vorpommern, Sachsen, Sachsen-Anhalt, Thüringen; Cluster 3: restlichen sechs (westlichen) Bundesländer; ii) 2-Cluster-Klassifikation: Cluster 1: Berlin, Bremen und die fünf neuen Bundesländer; Cluster 2: die restlichen neun alten Bundesländer

Aufgabe 10-3*

a) Auswahlbedingung: *Kontinent = 1*, b) Clusteranalyse, c) hierarchisch-agglomerative Klassifikation, d) 4 Automarkengruppen, e) 1 Automarke, Porsche, f) i) 38,82, d.h. Alfa Romeo und Porsche sind sich hinsichtlich der sechs Erhebungsmerkmale sehr unähnlich, ii) 2,36, d.h. Audi und Mercedes sind sich hinsichtlich der sechs Erhebungsmerkmale sehr ähnlich

Aufgabe 10-4*

a) 16 Kommunen, die zum Zwecke eines Preisvergleichs im zweiten Quartal 2007 erfasst wurden, für jede Kommune wurden sechs metrische Erhebungsmerkmale erfasst, b) Clusteranalyse, c) hierarchisch-agglomerative Klassifikation, d) sechs Kommunen-Cluster, e) sechs Kommunen, f) während sich wegen einer quadrierten euklidischen Distanz von 3,261 die Kommunen *Bernau* und *Calau* bezüglich der sechs metrischen Erhebungsmerkmale ähneln, sind sich wegen einer quadrierten euklidischen Distanz von 14,248 die Kommunen *Bernau* und *Luckau* bezüglich der sechs metrischen Erhebungsmerkmale unähnlich

Aufgabe 10-5*

a) drei Parkhaus-Cluster, b) drei Parkhäuser: Europa-Center, Rathaus-Passagen und Kultur-Brauerei, c) hinsichtlich der zehn Erhebungsmerkmale sind sich wegen 2,368 die Parkhäuser „DomAquaree" und „Bebelplatz" ähnlich und die wegen 57,987 die Parkhäuser „DomAquaree" und Europa Center" unähnlich, d) Parkhäuser „Bebelplatz" und „Sony Center" ♣

E Verzeichnis ausgewählter SPSS Funktionsgruppen

Die nachfolgend angebotene Zusammenstellung soll das Auffinden von ausgewählten SPSS Funktionsgruppen erleichtern, die via Transformieren, Berechnen gemäß Abbildung 2.3-6 im SPSS Dialogfeld *Variable berechnen* bereitgestellt und in der praktischen Arbeit mit SPSS häufig appliziert werden.

Funktionsgruppe	Funktion	Anmerkung
Alle		alle Funktionen
Arithmetisch	Exp	Exponent zur Basis e
	Ln	Logarithmus zur Basis e
	Rnd	Rundung eines Wertes
	Sqrt	Quadratwurzel
CDF & CDF (nichtzentral) (Verteilungsfunktionen)	Cdf.Exp	Exponentialverteilung
	Cdf.Normal	Normalverteilung
Fehlende Werte	Missing	
Inverse ~~Freiheitsgrade~~ Verteilungsfunktionen	Idf.Chisq	Chi-Quadrat-Verteilung
	Idf. Exp	Exponentialverteilung
	Idf.F	F-Verteilung
	Idf. Normal	Normalverteilung
	Idf.T	t-Verteilung
PDF & PDF (nichtzentral) (Wahrscheinlichkeitsfunktionen)	Pdf.Binom	Binomialverteilung
	Pdf.Poisson	Poisson-Verteilung
Signifikanz(niveau)	Sig.Chisq	Chi-Quadrat-Verteilung
	Sig.F	F-Verteilung
Statistisch	Mean	Arithmetisches Mittel
	Sd	Standardabweichung
	Sum	Summe
	Variance	Varianz
Suchen	Index	Stringsuche
	Rindex	Zahlensuche
Umwandlung	Number	String in numerische Variable
	String	Numerische Variable in String
Verschiedene	$Casenum	Fälle nummerieren
Zufallszahlen	Rv.Normal	normalverteilte Zufallszahlen
	Rv.Uniform	gleichverteilte Zufallszahlen

Erläuterung. Die Funktionen werden nach ihrem Aufruf im SPSS Dialogfeld *Variable berechnen* in der mittig platzierten Rubrik jeweils kurz erläutert. ♣

Stichwortverzeichnis

A

Abstand
  euklidischer 324
  quadrierter euklidischer 324
ACF 256
ANDERSON-RUBIN-Verfahren 315
ANDREW-Plots 327
AR(p)-Modelle 255
ARIMA(p,d,q)-Modelle 269
ARIMA-Modelle 254
  mit saisonalen Parametern 277
ARMA(p,q)-Modelle 266
Ausreißerwerte 88
Autokorrelation 258
Autokorrelationsdiagramme 261

B

Balkendiagramm
  einfaches 68
  gestapeltes 66
  gruppiertes 138
Bestimmtheitsmaß 191
Binomialtest 74
Biseriale Korrelation 291
Box-and-Whisker-Plot 86
BOX-JENKINS-Verfahren 275

C

CDF 71
CHAID-Klassifizierungsbaum 160
CHERNOFF-Faces 328
Chi-Quadrat-
  Anpassungstest 67
  Unabhängigkeitstest 157
Clusteranalyse 321
Clusterstruktur 334
Clusterzentrenanalyse 337

Clusterzentren-Diagramm 340
COHEN's Kappa 169
CRONBACH's Alpha 293
CRT-Klassifizierungsbaum 143

D

Datei aufteilen 109
Dateien zusammenfügen 32
Daten
  aggregieren 49, 107
  bearbeiten 31
  eingeben 26
  einlesen 28
  speichern 27
Datenansicht 19
Datenbegriff 12
Datenerhebung 12
Datum definieren 231
Dendrogramm 333
Dichotome Methode 58
Dichotomie, multiple 25
Distanzmaß
  euklidisches 323
  quadriertes euklidisches 323
Distanzmatrix 331
Drei-Sigma-Regel 81
Duplikate identifizieren 47

E

Eigenwerte 310
Einheitsmatrix 318
Ein-Stichproben-Verfahren 103
Elastizitätsfunktion 198, 349
Erhebungskonzept 14, 17
Eta-Koeffizient 292
Eta-Quadrat 147
Explorative Datenanalyse 77
Extraktionsregel 304

Extremwerte 88

F

Faktorenanalyse 301
Faktoren-Extraktion 303
Faktoren-Rotation 311
Faktorentaufe 314
Faktorenwerte 315
Faktorladung 308
Fälle
   auswählen 44
   hinzufügen 32
   nummerieren 36
Fehlende Werte 54
Fehlerbalken 80
Filter 46
Fragebogen 16, 18
   Auswertung 52
   Konzept 16
Funktionstypen, nichtlineare 193
Fusionskoeffizient 333
   normiertes 333
Fusionstabelle 332

G

Gleitende Durchschnitte 236
   zentrierte 236
   zurückgreifende 237
Grenzfunktion 198, 349

H

Häufigkeitstabelle 53
Histogramm
   normiertes 83
Homogenitätsindex Alpha 293

I

IDF 71
Interaktionsvarianz 142
Inter-Item-Korrelation 296

Interquartilsbereich 82

K

k-Stichproben-Verfahren 127
Kernschätzer 223
Klassierung
   äquidistante 43
   äquifrequente 43
   Drei-Sigma 43
Klassifikation
   geometrische 325
   hierarchisch-agglomerative 329
   partitionierende 336
Klassifizierungsbaum 143
   CHAID 160
   CRT 143
Klassifikationsverfahren 330
Koeffizientenmatrix 316
Kollinearität 201
KOLMOGOROV-SMIRNOV-Test 93
   auf eine Exponentialverteilung 98
   auf eine Normalverteilung 94
   auf eine POISSON-Verteilung 96
Kommunalität 309
Konditionalverteilung 153
Konfidenzintervall 79
Kontingenzmaße 166
   nach COHEN 169
   nach CRAMÉR 167
   nach KENDALL 167
Kontingenztabelle 152
Korrelation
   Maß- 174
   multiple 299
   partielle 180
   punktbiseriale 291
   Rang- 171
Korrelationsmatrix 208, 304, 306
Kreisdiagramm 64
Kreuztabelle 153

Stichwortverzeichnis

KRUSKAL-WALLIS-Test 135
Kurvenanpassung 195

L

Ladungsdiagramm 309
Lag-Zeitreihe 259
Lag-Operator 271
LEVENE-Test 119
LILLIEFORS-Modifikation 94
Linkage-Verfahren 330
LLR-Glättung 225
Logit 217

M

MA(q)-Modelle 263
MANN-WHITNEY-U-Test 120
Maßkorrelation 174
    partielle 180
MCNEMAR-Test 288
Median 81
Mehrfachantwortenanalyse 57, 60
    Sets definieren 59
Mittelwertvergleich 102
Modell
    Aufbau 195
    Exponent 195
    Exponentiell 195
    Invers 195
    Linear 195
    Logarithmisch 195
    S 195
    Zusammengesetzt 195
Monte-Carlo-Experiment 106
Multiple Dichotomien 58

O

Objektivität 287
Odds-Ratio 217
Operatoren, logische 44
Orthogonalität 318

P

PACF 256
PARETO-Diagramm 55, 327
Phi-Koeffizient 289
Post-Hoc-Test 131
Potenzfunktion 199
Profildiagramm 142
Proximitätsmaße 323

Q

Q-Q-Plot 90, 91
Quantilsberechnung 71
Quartile 82

R

Random Walk 271
Rangkorrelation 171
Regression
    bivariate lineare 186
    bivariate nichtlineare 193
    logistische 210
    lokale lineare 223
    multiple 201
Reliabilität 287
Residualstandardfehler 192
Rotationsverfahren 312

S

Saisonkomponente 247
SCHEFFÉ-Test 131
Schiefe 82
Scree-Plot 307
Sequenz 3
Sequenzdiagramm 233
Spannweite 82
SPSS Auswahlbedingung 45
SPSS beenden 3
SPSS Daten-Editor 4
SPSS Diagramm-Editor 7
SPSS Dialogfeld 8

SPSS Expert Modeler 250
SPSS für Windows 2
SPSS Hilfesystem 9
SPSS Optionen 10
SPSS Pivot-Tabellen-Editor 6
SPSS starten 3
SPSS Variablendefinition 20, 24
SPSS Viewer 4
Standardabweichung 81
Standardisierung 331
Stationarität 254
Stem-and-Leaf-Plot 84
Stengel-Blatt-Diagramm 104
Stochastischer Prozess 254, 269
   integrierter 269
Streudiagramm 175
Streudiagramm-Matrix 207
STUDENT t-Verteilung 107

T

Testentscheidung
   klassische 70
   unter SPSS 70
Trajektorie 257, 264
Trendfunktion 239
Trend-Saison-Modell 243
   additives 244
   multiplikatives 251
t-Test
   doppelter 112
   einfacher 108
   für gepaarte Stichproben 122
   für zwei unabhängige Stichproben 112

U

Unabhängigkeitstest 157, 173, 177
Urlistenauszug 15
Urlistenkonzept 13

V

Validität 287
Variablen
   hinzufügen 34
   umkodieren 40
Variablenansicht 21
Variablenwerte berechnen 37, 40
Varianz 81
Varianzanalyse 127
   einfaktorielle 127
   zweifaktorielle 137
Varianzhomogenitätstest 116
Varimax-Verfahren 312
Verteilungsparameter 79
VIF-Werte 209
Visuellen Klassieren 41

W

Wachstumsfunktion 193
WARD-Verfahren 330
Wahrscheinlichkeitsmodell
   lineares 211
   logistisches 212
WELCH-Test 118
WILCOXON-Test 125
Wölbung 82

Z

Zeitreihe 231
Zeitreihemodelle
   deskriptive 235
   stochastische 254
Zufallsstichprobe ziehen 103
Zufallszahlen 272
   normalverteilte 272
Zuordnungsübersicht 331
Zwei-Stichproben-Verfahren 112
z-Transformation 302
z-Werte 317, 335

Mehr wissen – weiter kommen

Gut vorbereitet in die Statistik-Klausur

Ein Autorenkollegium unter Leitung von Peter P. Eckstein hat aus einem umfangreichen Fundus jeweils 100 elementare und anspruchsvolle Übungs- und Klausuraufgaben zur Deskriptiven Statistik, Stochastik und Induktiven Statistik ausgewählt. Die insgesamt 300 Aufgabenstellungen wurden nach inhaltlichen Schwerpunkten zusammengestellt und beziehen sich neben allgemeinen statistischen Fragen insbesondere auf betriebs- und volkswirtschaftliche Probleme. Die ausführlichen Lösungen zu allen Aufgaben ermöglichen nicht nur für Studierende ein effektives Selbststudium und eine gezielte Klausurvorbereitung.

Peter P. Eckstein
Klausurtraining Statistik
Deskriptive Statistik – Stochastik – Induktive Statistik
Mit kompletten Lösungen
5., akt. Aufl. 2006. VIII, 278 S.
Br. EUR 29,90
ISBN 978-3-8349-0308-2

Statistik verstehen und anwenden

„Statistik lernen und verstehen anhand praktischer Problemstellungen" ist das Leitmotiv, unter dem dieses Buch klassische und moderne Verfahren der Deskriptiven Statistik, Stochastik und Induktiven Statistik anspruchsvoll und verständlich vermittelt.
Das „Repetitorium Statistik" verbindet die Komponenten eines Statistik-Lehr- und Übungsbuches mit denen eines Statistik-Lexikons. Begriffe und Methoden werden komprimiert dargestellt und an praktischen Beispielen demonstriert und erläutert. Jedes Kapitel enthält zudem Klausuraufgaben mit vollständigen Lösungen. Für die sechste Auflage wurden die Daten durchgehend aktualisiert sowie die Didaktik der statistischen Verfahren und Methoden weiter verfeinert.

Peter P. Eckstein
Repetitorium Statistik
Deskriptive Statistik – Stochastik – Induktive Statistik
Mit Klausuraufgaben und Lösungen
6., akt. Aufl. 2006. X, 388 S.
Br. EUR 31,90
ISBN 978-3-8349-0464-5

Änderungen vorbehalten. Stand: Februar 2008.
Erhältlich im Buchhandel oder beim Verlag.

Gabler Verlag . Abraham-Lincoln-Str. 46 . 65189 Wiesbaden . www.gabler.de

Mehr wissen – weiter kommen

Neues Statistik-Lehrbuch für das Bachelor- und Masterstudium

Peter P. Eckstein
Statistik für Wirtschaftswissenschaftler
Eine realdatenbasierte Einführung mit SPSS
2008. X, 404 S.
Br. EUR 29,90
ISBN 978-3-8349-0920-6

Dieses neue Lehrbuch führt umfassend und praxisrelevant in die statistische Methodenlehre für wirtschaftswissenschaftliche Studiengänge ein. Verfahren der Deskriptiven Statistik, der Explorativen Datenanalyse, der Stochastik, der Induktiven Statistik sowie der Multivariaten Statistik werden auf der Basis realer Daten mit Hilfe des Statistik-Programm-Pakets SPSS anschaulich und leicht verständlich vermittelt.

In seiner konzeptionellen Anlage ist das Lehrbuch in idealer Weise als ein vorlesungsbegleitendes und selbststudienunterstützendes Kompendium geeignet. Um ein effektives Selbststudium zu fördern, stehen unter *http://www.f3.fhtw-berlin.de/Professoren/Eckstein/buecher/download.html* neben den verwendeten Realdaten auch Übungs- und Klausuraufgaben mit vollständigen Lösungen bereit.

Studierende, insbesondere der wirtschafts- und sozialwissenschaftlichen Bachelor- und Master-Studiengänge, können sich mit diesem didaktisch und methodisch durchdachten Lehrbuch gezielt auf ihre Prüfungen vorbereiten. Für Praktiker, die in ihrer täglichen Arbeit statistische Verfahren nutzen, ist es wegen seines anwendungsorientierten Charakters ein hilfreiches Nachschlagewerk.

Änderungen vorbehalten. Stand: Februar 2008.
Erhältlich im Buchhandel oder beim Verlag.

Gabler Verlag . Abraham-Lincoln-Str. 46 . 65189 Wiesbaden . www.gabler.de